M. Herbst

Führungsinstrumente
für die Nonprofit Organisation

Rolf Eschenbach (Hrsg.)

Führungsinstrumente für die Nonprofit Organisation

Bewährte Verfahren im praktischen Einsatz

Schriftleiter: Stefan Güldenberg

1998
Schäffer-Poeschel Verlag Stuttgart

Herausgeber:
o. Univ.-Prof. Dr. Rolf Eschenbach, Vorstand des Instituts
für Unternehmensführung der Wirtschaftsuniversität Wien

Schriftleiter:
Dr. Stefan Güldenberg, Universitätsassistent am Institut für Unternehmensführung
der Wirtschaftsuniversität Wien

Die Deutsche Bibliothek – CIP-Einheitsaufnahme

Führungsinstrumente für die Nonprofit Organisation : bewährte Verfahren
im praktischen Einsatz / Rolf Eschenbach (Hrsg.). - Stuttgart : Schäffer-Poeschel, 1998
    ISBN 3-7910-1262-2

Gedruckt auf säure- und chlorfreiem, alterungsbeständigem Papier.

ISBN 3-7910-1262-2

Dieses Werk einschließlich aller seiner Teile ist urheberrechtlich geschützt. Jede Verwertung außerhalb der engen Grenzen des Urheberrechtsgesetzes ist ohne Zustimmung des Verlages unzulässig und strafbar. Das gilt insbesondere für Vervielfältigungen, Übersetzungen, Mikroverfilmungen und die Einspeicherung und Verarbeitung in elektronischen Systemen.

© 1998 Schäffer-Poeschel Verlag für Wirtschaft · Steuern · Recht GmbH & Co. KG
Einbandgestaltung: Willy Löffelhardt
Druck und Bindung: Franz Spiegel Buch GmbH, Ulm
Printed in Germany

Schäffer-Poeschel Verlag Stuttgart
Ein Tochterunternehmen der Verlagsgruppe Handelsblatt

Vorwort

„**Führungsinstrumente für die Nonprofit Organisation**" stellt den dritten Baustein einer Buchreihe zum Thema Management in Nonprofit Organisationen (NPOs) dar. Bisher erschienen sind das „Handbuch der Nonprofit Organisation", herausgegeben von Christoph Badelt, und die „Fallstudien zum Nonprofit Management", herausgegeben von Renate Buber und Michael Meyer. Alle Bücher sind das Ergebnis des Forschungsschwerpunkts „Nonprofit Organisationen" der Wirtschaftsuniversität Wien, in dem Professoren, Assistenten und Lektoren verschiedenster wissenschaftlicher Disziplinen zusammenarbeiten.

Private und nicht auf Gewinn ausgerichtete Organisationen (Nonprofit Organisationen, NPOs) spielen in unserer Gesellschaft eine große, nur allzuoft unterschätzte Rolle. Gemessen an ihrer wirtschaftlichen Bedeutung, leiden manche NPOs unter einem Defizit an professionellem Management-Know-how und den damit verbundenen Instrumenten. Gleichzeitig besteht von seiten der NPO-Angehörigen großes Interesse, diesen Rückstand aufzuholen. Dies zeigt die Nachfrage nach den beiden bisher erschienenen Büchern.

Das „Handbuch der Nonprofit Organisation" hat als erstes Werk seiner Art das Ziel, umfassende Informationen zu wirtschaftlichen und gesellschaftlichen Aspekten von NPOs und deren Management zu liefern. Als Leser sollen neben Studenten und Wissenschaftlern in erster Linie aufgeklärte, lesebereite Praktiker angesprochen werden, die in NPOs arbeiten oder mit ihnen durch ihre Tätigkeit verbunden sind. Das Buch „Fallstudien zum Nonprofit Management" richtet sich an alle, die einen Einblick in die Praxisvielfalt des NPO-Sektors erhalten wollen.

Das nun vorliegende Buch „Führungsinstrumente für die Nonprofit Organisation" setzt diese Linie unmittelbar fort und ergänzt Handbuch und Fallstudienbuch in dem Sinne, daß alle drei zu einem Gesamtwerk verschmelzen. Das eine wäre ohne das andere unvollständig. Während Handbuch und Fallstudienbuch Praktikern und Interessierten am Nonprofit Bereich das Management-Wissen liefern, verfolgt das Instrumentenbuch das Ziel, das dazu nötige Handwerkszeug in Form eines Werkzeugkoffers zur Verfügung zu stellen. Dem „Know-why and what for" folgt damit das eigentliche „Know-how", mit dem sich die im Handbuch beschriebenen Managementstrukturen instrumentell verwirklichen lassen.

In diesem Buch wird auf verständliche Sprache und praxisnahe Darstellung Wert gelegt. Aus diesem Grunde wurde bei personenbezogenen Aussagen auf die weiblich-männliche Aussageform verzichtet. Grafiken, Musterformulare und Praxisbeispiele sollen die Anwendungsmöglichkeit erhöhen. Ein mit dem Handbuch vergleichbarer Aufbau und die einheitliche Gestaltung der einzelnen Kapitel fördert die Übersichtlichkeit. Damit wird dieses Instrumentenbuch sowohl den Leser, dem es auf den raschen Überblick ankommt, als auch den erfahrenen und systematisch interessierten Praktiker ansprechen.

Das vorliegende Werk ist ein Beispiel für interdisziplinäre Forschung und Zusammenarbeit zwischen Wissenschaft, Beratung und Praxis. Ich danke deshalb allen Koordinatorinnen und Koordinatoren, Autorinnen und Autoren für die fruchtbare Zusammenarbeit, ohne die ein solches Buch nicht hätte entstehen können. Unserem Schriftleiter, Herrn Dr. Stefan Güldenberg, bin ich für die Mühe der Koordination bei Inhalten und Terminen sehr verbunden. Mein Dank gilt weiterhin Frau Dr. Christa Hanten, die das Lektorat für das vorliegende Werk übernahm, Frau Claudia Skala für Abbildungen und Layout sowie Frau Marion Dolezal für das Abstimmen der Literatur und das Durchsehen des Quellenverzeichnisses. Vielen Dank auch den Verantwortlichen des Schäffer-Poeschel Verlages, die uns wieder jederzeit mit Rat und Tat zur Seite standen. Das Ergebnis dieser fruchtbaren Zusammenarbeit halten Sie als Leser in Händen.

Wien, im Mai 1998   Rolf Eschenbach

Inhaltsübersicht

Teil I
Ziel und Inhalt
(Rolf Eschenbach, Stefan Güldenberg)

1 Führung und Führungsinstrumente in Nonprofit Organisationen 3

2 Verbindung zwischen Handbuch, Fallstudienbuch und Instrumentenbuch der Nonprofit Organisation 5

3 Aufbau 7

4 Grafiken als Wegweiser für den Leser 9

Teil II
Funktionsspezifische Instrumente

1 Instrumente für das strategische Management in NPOs
 (**Tarek Haddad**, Christian Horak, Stefan Tweraser) 13

2 Instrumente für die Organisation in NPOs
 (**Peter Heimerl-Wagner**, Heinz Ebner, Erich Prisching, Brigitte Tschirk) 65

3 Instrumente für das Marketing in NPOs
 (**Claudia Klausegger, Dieter Scharitzer, Fritz Scheuch**) 93

4 Instrumente für das Personalmanagement in NPOs
 (**Dudo von Eckardstein**, Helene Mayerhofer, Gabriela Riedl) 135

5 Instrumente für das Finanzierungsmanagement in NPOs
 (**Stefan Bernhardt**) 167

6 Instrumente für das Rechnungswesen in NPOs
 (**Tarek Haddad**, Elisabeth Fröstl) 193

7 Instrumente für das operative Controlling in NPOs
 (**Karin Exner**, Rolf Eschenbach, Stefan Tweraser) 225

Teil III
Funktionsübergreifende Instrumente

1   Instrumente für das Projektmanagement in NPOs
      (**Helene Mayerhofer**, Gabriela Riedl, Ruth Simsa) 271

2   Instrumente für das Entscheidungsmanagement in NPOs
      (**Dudo von Eckardstein, Ruth Simsa,** Helene Mayerhofer) 287

3   Instrumente für das Konfliktmanagement in NPOs
      (**Ruth Simsa,** Helene Mayerhofer, Christoph Warhanek) 315

4   Instrumente für das Veränderungsmanagement in NPOs
      (**Dudo von Eckardstein**, Peter Heimerl-Wagner, Norbert Kailer, Alfred Zauner) 349

5   Instrumente für das Qualitätsmanagement in NPOs
      (**Claudia Klausegger, Dieter Scharitzer**) 371

6   Instrumente für das Wissensmanagement in NPOs
      (**Stefan Güldenberg**, Alfred Zauner) 409

Teil IV
Ausblick

1   Besonderheiten der Implementierung von Instrumenten in NPOs
      (**Stefan Tweraser**) 437

2   Zukünftiger Entwicklungsbedarf an Instrumenten in NPOs
      (**Christian Horak**) 445

Inhaltsverzeichnis

Teil I
Ziel und Inhalt

1 Führung und Führungsinstrumente in Nonprofit Organisationen 3

2 Verbindung zwischen Handbuch, Fallstudienbuch und Instrumentenbuch der Nonprofit Organisation 5

3 Aufbau 7

4 Grafiken als Wegweiser für den Leser 9

Teil II
Funktionsspezifische Instrumente

1 **Instrumente für das strategische Management in NPOs** 13
   1.1 Strategisches Management in NPOs – Ziele und Funktionen 13
   1.2 Leitbild, Mission 15
      1.2.1 Beschreibung 15
         1.2.1.1 Definition, Abgrenzung, Einordnung 15
         1.2.1.2 Inhalte und Kriterien für die Erstellung 16
         1.2.1.3 Der Prozeß der Mission Statement- und Leitbilderstellung 19
      1.2.2 Vor- und Nachteile 21
   1.3 Stakeholder-Analyse 22
      1.3.1 Beschreibung 22
      1.3.2 Vor- und Nachteile 25
      1.3.3 Praxisbeispiel 26
   1.4 Potentialanalyse 29
      1.4.1 Beschreibung 30
      1.4.2 Vor- und Nachteile 31
      1.4.3 Praxisbeispiel 32
   1.5 Szenarioanalyse 36
      1.5.1 Beschreibung 36
      1.5.2 Vor- und Nachteile 40
      1.5.3 Praxisbeispiel 40
   1.6 Portfoliomanagement in NPOs 43
      1.6.1 Beschreibung 43
      1.6.2 Vor- und Nachteile 48
      1.6.3 Praxisbeispiel 48

	1.7	Strategiebewertung 50
		1.7.1 Beschreibung 51
		1.7.1.1 Quantitative Strategiebewertung 51
		1.7.1.2 Qualitative Strategiebewertung 52
		1.7.2 Vor- und Nachteile 53
		1.7.3 Praxisbeispiel 53
	1.8	Balanced Scorecard 58
		1.8.1 Beschreibung 58
		1.8.2 Vor- und Nachteile 63
	1.9	Weiterführende Literatur 63
2	**Instrumente für die Organisation in NPOs** **65**	
	2.1	Organisation in NPOs – Ziele und Funktionen 65
	2.2	Aufgaben- und Verantwortungszuordnung: Entlastung und Motivation durch Delegation 67
		2.2.1 Beschreibung 67
		2.2.1.1 Warum Delegation? Ein Blick auf die eigentlichen Leitungsaufgaben 67
		2.2.1.2 Delegation 69
		2.2.1.3 Instrumentiertes Vorgehen 71
		2.2.2 Vor- und Nachteile 73
	2.3	Definition von Kernprodukten für NPOs 78
		2.3.1 Beschreibung 78
		2.3.1.1 Kernprodukte definieren 79
		2.3.1.2 Vorgehensweise 80
	2.4	Definition von Schlüsselprozessen und Erstellen einer Prozeßlandkarte 83
		2.4.1 Beschreibung 83
		2.4.1.1 Schlüsselprozesse definieren 84
		2.4.1.2 Vorgehensweise 85
		2.4.1.3 Folgeaktivitäten 88
		2.4.2 Vor- und Nachteile 89
	2.5	Weiterführende Literatur 90
3	**Instrumente für das Marketing in NPOs** **93**	
	3.1	Marketing in NPOs – Ziele und Funktionen 93
	3.2	Leistungspolitik 94
		3.2.1 Beschreibung 94
		3.2.2 Entscheidungskriterien 99
	3.3	Programmpolitik 101
		3.3.1 Beschreibung 102
		3.3.2 Entscheidungskriterien 103
		3.3.3 Praxisbeispiel 105
	3.4	Kommunikationspolitik 109
		3.4.1 Beschreibung 109
		3.4.2 Praxisbeispiel 114

	3.5	Distributionspolitik		116
		3.5.1 Beschreibung		117
			3.5.1.1 Dienstleistungen als Gegenstand des Angebots und der Distribution	117
			3.5.1.2 Distributionssysteme	120
			3.5.1.3 Dezentralisierung des Angebots von Dienstleistungen	120
		3.5.2 Praxisbeispiel		121
	3.6	Gegenleistungspolitik		123
		3.6.1 Beschreibung		123
		3.6.2 Entscheidungskriterien		124
	3.7	Marktforschung		126
		3.7.1 Beschreibung		127
		3.7.2 Vor- und Nachteile		130
		3.7.3 Praxisbeispiel		131
	3.8	Weiterführende Literatur		134

4 Instrumente für das Personalmanagement in NPOs ... 135

4.1	Personalmanagement in NPOs – Ziele und Funktionen		135
4.2	Mitarbeiter-Gespräch		136
	4.2.1 Beschreibung		136
	4.2.2 Vor- und Nachteile		138
	4.2.3 Praxisbeispiel		139
4.3	Auswahlinterview		144
	4.3.1 Beschreibung		145
	4.3.2 Vor- und Nachteile		147
	4.3.3 Praxisbeispiel		148
4.4	Assessment Center		150
	4.4.1 Beschreibung		151
	4.4.2 Vor- und Nachteile		152
	4.4.3 Praxisbeispiel		153
4.5	Personalstrukturanalyse		157
	4.5.1 Beschreibung		157
	4.5.2 Vor- und Nachteile		161
4.6	Bildungsbedarfsanalyse		162
	4.6.1 Beschreibung		162
	4.6.2 Vor- und Nachteile		164
	4.6.3 Praxisbeispiel		165
4.7	Weiterführende Literatur		165

5 Instrumente für das Finanzierungsmanagement in NPOs ... 167

5.1	Finanzierungsmanagement in NPOs – Ziele und Funktionen		167
5.2	Das Fundraising-Kosten-Chart		168
	5.2.1 Beschreibung		168
	5.2.2 Vor- und Nachteile		169
	5.2.3 Praxisbeispiel		171

5.3	Cash-flow-Berechnung		172
	5.3.1	Beschreibung	172
		5.3.1.1 Berechnungsschema für die direkte Ermittlung des Cash-flow (nach Perridon, Steiner, 1995, S. 518)	172
		5.3.1.2 Berechnungsschema für die indirekte Ermittlung des Cash-flow	173
	5.3.2	Vor und Nachteile	175
5.4	Das Gift Range Chart		176
	5.4.1	Beschreibung	176
		5.4.1.1 Erster Schritt: Fixierung der Spendenklassen	178
		5.4.1.2 Zweiter Schritt: Ermittlung der derzeit aktiven Spender und Spenderinnen (Ist-Analyse)	179
		5.4.1.3 Dritter Schritt: Ermittlung des Planmengengerüsts je Spendenklasse	180
		5.4.1.4 Vierter Schritt: Berechnung des Ist- und des Soll-Spendenaufkommens	181
	5.4.2	Vor und Nachteile	181
5.5	Der Fundraising-Entscheidungsbaum zur Make or buy-Decision im Fundraising (Outsourcing-Frage)		182
	5.5.1	Beschreibung	183
	5.5.2	Vor- und Nachteile	184
5.6	Der Fundraising-Prozeß		186
	5.6.1	Beschreibung	186
	5.6.2	Vor- und Nachteile	190
5.7	Weiterführende Literatur		190
6	**Instrumente für das Rechnungswesen in NPOs**		**193**
6.1	Rechnungswesen in NPOs – Ziele und Funktionen		193
6.2	Einnahmen-Ausgaben-Rechnung		194
	6.2.1	Beschreibung	194
	6.2.2	Vor- und Nachteile	196
	6.2.3	Praxisbeispiel	196
6.3	Erfolgsrechnung		199
	6.3.1	Beschreibung	199
	6.3.2	Vor- und Nachteile	201
	6.3.3	Praxisbeispiel	201
6.4	Bestandsrechnung		203
	6.4.1	Beschreibung	203
	6.4.2	Vor- und Nachteile	205
	6.4.3	Praxisbeispiel	206
6.5	Vollkostenrechnung		207
	6.5.1	Beschreibung	208
	6.5.2	Vor- und Nachteile	210
	6.5.3	Praxisbeispiel	211

6.6	Teilkostenrechnung		212
	6.6.1	Beschreibung	213
	6.6.2	Vor- und Nachteile	215
	6.6.3	Praxisbeispiel	215
6.7	Prozeßkostenrechnung		218
	6.7.1	Beschreibung	218
	6.7.2	Vor- und Nachteile	220
	6.7.3	Praxisbeispiel	221
6.8	Weiterführende Literatur		223

7 Instrumente für das operative Controlling in NPOs 225

7.1	Operatives Controlling in NPOs – Ziele und Funktionen		225
7.2	Leistungsbudget		226
	7.2.1	Beschreibung	227
		7.2.1.1 Aufbau des Leistungsbudgets	227
		7.2.1.2 Planung mit Hilfe des Leistungsbudgets	227
		7.2.1.3 Kontrolle mit Hilfe des Leistungsbudgets	231
	7.2.2	Vor- und Nachteile	231
	7.2.3	Praxisbeispiel	232
7.3	Finanzplan		236
	7.3.1	Beschreibung	236
		7.3.1.1 Aufbau des Finanzplans	236
		7.3.1.2 Ermittlung des Cash-flow	237
		7.3.1.3 Ermittlung der Veränderungen im kurzfristigen Bereich	238
		7.3.1.4 Ermittlung der Veränderungen im langfristigen Bereich	238
		7.3.1.5 Ermittlung der Veränderungen in der Eigentümersphäre	239
		7.3.1.6 Alternative: Direkte Ermittlung der flüssigen Mittel	239
	7.3.2	Vor- und Nachteile	241
	7.3.3	Praxisbeispiel	241
7.4	Planbilanz		243
	7.4.1	Beschreibung	243
	7.4.2	Vor- und Nachteile	245
	7.4.3	Praxisbeispiel	245
7.5	Soll-Ist-Vergleich		246
	7.5.1	Beschreibung	247
	7.5.2	Vor- und Nachteile	251
	7.5.3	Praxisbeispiel	252
7.6	Erwartungsrechnung		253
	7.6.1	Beschreibung	253
	7.6.2	Vor- und Nachteile	256
	7.6.3	Praxisbeispiel	256
7.7	Kennzahlen		260
	7.7.1	Beschreibung	260
	7.7.2	Vor- und Nachteile	262
	7.7.3	Praxisbeispiel	263

7.8 Managementinformationssystem (MIS)/Berichtswesen 265
    7.8.1 Beschreibung 265
    7.8.2 Vor- und Nachteile 266
    7.8.3 Praxisbeispiel 267
7.9 Weiterführende Literatur 268

Teil III
Funktionsübergreifende Instrumente

1 Instrumente für das Projektmanagement in NPOs 271
  1.1 Projektmanagement in NPOs – Ziele und Funktionen 271
  1.2 Projektumfeldanalyse 273
    1.2.1 Beschreibung 274
    1.2.2 Vor- und Nachteile 276
    1.2.3 Praxisbeispiel 277
  1.3 Regeln für die Implementierung von Projektgruppen 279
    1.3.1 Beschreibung 279
    1.3.2 Vor- und Nachteile 284
  1.4 Weiterführende Literatur 285

2 Instrumente für das Entscheidungsmanagement in NPOs 287
  2.1 Entscheidungsmanagement in NPOs – Ziele und Funktionen 287
  2.2 Entscheidungsanalyse nach Kepner, Tregoe 288
    2.2.1 Beschreibung 288
    2.2.2 Vor- und Nachteile 290
    2.2.3 Praxisbeispiel 291
  2.3 Das Normative Entscheidungsmodell nach Vroom, Yetton 296
    2.3.1 Beschreibung 296
    2.3.2 Vor- und Nachteile 298
    2.3.3 Praxisbeispiel 299
  2.4 Problem- und Entscheidungsanalyse 300
    2.4.1 Beschreibung 300
    2.4.2 Vor- und Nachteile 304
  2.5 Kontinuierlicher Verbesserungsprozeß (KVP) 305
    2.5.1 Beschreibung 305
    2.5.2 Vor- und Nachteile 306
  2.6 Moderation von Entscheidungsprozessen 307
    2.6.1 Beschreibung 308
    2.6.2 Vor- und Nachteile 312
    2.6.3 Praxisbeispiel 312
  2.7 Weiterführende Literatur 313

3 Instrumente für das Konfliktmanagement in NPOs 315
3.1 Konfliktmanagement in NPOs – Ziele und Funktionen 315
3.2 Fragetechniken 316
3.2.1 Beschreibung 316
3.2.1.1 Systemisch projektives Fragen 317
3.2.1.2 Offenes Fragen 321
3.2.2 Vor- und Nachteile 323
3.3 Moderation von Konfliktgesprächen 324
3.3.1 Beschreibung 324
3.3.2 Vor- und Nachteile 328
3.4 Methoden der Konfliktanalyse: Diagnose von Konfliktsystemen 328
3.4.1 Beschreibung 329
3.4.2 Vor- und Nachteile 331
3.4.3 Praxisbeispiel 332
3.5 Soziometrische Übungen als Methode der Konfliktanalyse 334
3.5.1 Beschreibung 335
3.5.1.1 Differenzenübung 335
3.5.1.2 Soziogramm 336
3.5.1.3 Rollensoziogramm 336
3.5.2 Vor- und Nachteile 339
3.6 Coaching 340
3.6.1 Beschreibung 341
3.6.2 Vor- und Nachteile 345
3.6.3 Praxisbeispiel 345
3.7 Weiterführende Literatur 346

4 Instrumente für das Veränderungsmanagement in NPOs 349
4.1 Veränderungsmanagement in NPOs – Ziele und Funktionen 349
4.2 Strategieklausur 350
4.2.1 Beschreibung 350
4.3 Zukunftskonferenzen 353
4.3.1 Beschreibung 353
4.3.2 Vor- und Nachteile 355
4.4 Organisationsentwicklung (OE) 356
4.4.1 Beschreibung 356
4.4.1.1 Charakteristika der OE 356
4.4.1.2 Ablauf eines OE-Projekts 359
4.4.1.3 Bedeutung der OE für NPOs 361
4.4.1.4 Leistungsfähigkeit der OE 362
4.4.1.5 Zusammenfassung: Folgen für eine Organisation, die sich auf OE einläßt 363
4.5 Entscheidungshilfen für die Auswahl und Beauftragung von Beratern 363
4.5.1 Beschreibung 363
4.5.2 Vor- und Nachteile 368
4.6 Weiterführende Literatur 369

| 5 | Instrumente für das Qualitätsmanagement in NPOs | 371 |

5.1 Qualitätsmanagement in NPOs – Ziele und Funktionen 371
5.2 Zertifizierung nach ISO 9000 372
    5.2.1 Beschreibung 372
    5.2.2 Vor- und Nachteile 376
    5.2.3 Praxisbeispiel 378
5.3 Die Selbstbewertung nach dem EFQM-Modell 383
    5.3.1 Beschreibung 383
    5.3.2 Vor- und Nachteile 387
    5.3.3 Praxisbeispiel 388
5.4 Befragung von Kunden 389
    5.4.1 Beschreibung 390
    5.4.2 Praxisbeispiel 395
5.5 Benchmarking 395
    5.5.1 Beschreibung 396
    5.5.2 Vor- und Nachteile 402
5.6 Qualitätszirkel 403
    5.6.1 Beschreibung 403
    5.6.2 Praxisbeispiel 406
5.7 Weiterführende Literatur 408

| 6 | Instrumente für das Wissensmanagement in NPOs | 409 |

6.1 Wissensmanagement in NPOs – Ziele und Funktionen 409
6.2 Wissenslandkarten 410
    6.2.1 Beschreibung 411
    6.2.2 Vor- und Nachteile 412
    6.2.3 Praxisbeispiel 413
6.3 Soziale Netzwerke 414
    6.3.1 Beschreibung 414
    6.3.2 Vor- und Nachteile 417
    6.3.3 Praxisbeispiel 418
6.4 Wissensnetzwerke 419
    6.4.1 Beschreibung 419
    6.4.2 Vor- und Nachteile 420
    6.4.3 Praxisbeispiel 421
6.5 Leiter der Schlußfolgerungen 422
    6.5.1 Beschreibung 422
    6.5.2 Vor- und Nachteile 425
    6.5.3 Praxisbeispiel 426
6.6 Mind-Mapping 428
    6.6.1 Beschreibung 428
    6.6.2 Vor- und Nachteile 431
    6.6.3 Praxisbeispiel 432
6.7 Weiterführende Literatur 433

Teil IV
Ausblick

1 Besonderheiten der Implementierung von Instrumenten in NPOs 437
    1.1 Besonderheiten in der Managementstruktur von NPOs 437
        1.1.1 Komplexe Zielsysteme 437
        1.1.2 Managementdefizite 438
        1.1.3 Informelle Strukturen mit unterschiedlichen Mitarbeitertypen 439
        1.1.4 Veränderungswiderstände 439
    1.2 Maßnahmen zur Unterstützung der Implementierung 440
        1.2.1 Bewußtsein schaffen 441
        1.2.2 Bereitschaft erzeugen 442
        1.2.3 Fähigkeiten aufbauen 442
        1.2.4 Feedback- und Verstärkungsschleifen nutzen 443

2 Zukünftiger Entwicklungsbedarf an Instrumenten in NPOs 445
    2.1 Grundlagen 445
    2.2 Allgemeine Trends der Instrumentenentwicklung für NPOs 445
        2.2.1 Einsatzgrad betriebswirtschaftlicher Instrumente in NPOs 445
        2.2.2 Zunehmende Professionalisierung von Dienstleistern
             in Abgrenzung zu Basisorganisationen 446
        2.2.3 Zunehmende Anforderungen aus dem Umfeld 446
        2.2.4 Pauschale Übertragung der Instrumente aus
             dem Unternehmensbereich 446
        2.2.5 Wo liegen die Grenzen der Optimierung? 446
        2.2.6 Zunehmende Bedeutung qualitativer Aspekte 447
        2.2.7 Kooperationsmodelle gewinnen an Bedeutung 447
    2.3 Spezieller Bedarf an Instrumenten in einzelnen Anwendungsbereichen 448
        2.3.1 Instrumente für das strategische Management 448
        2.3.2 Erfolgsmessung, Evaluation 448
        2.3.3 Einsatz neuer Medien 449
        2.3.4 Lobbying zur besseren Vertretung der Interessen von NPOs 449
        2.3.5 Veränderung der Finanzierungsstruktur:
             Neue Finanzierungsmodelle 450
        2.3.6 Verfeinerung des Rechnungswesens 450
        2.3.7 Entwicklung NPO spezifischer Software 450
        2.3.8 Qualitative Controllinginstrumente 451
        2.3.9 Personalmanagement für Ehrenamtliche 451
    2.4 Zusammenfassung 451

Literaturverzeichnis 453

Weiterführendes Literaturverzeichnis 469

Stichwortverzeichnis 475

Kurzvorstellung der Autorinnen und Autoren..483

Abbildungsverzeichnis

Abb. II 1.1	Ziele und Funktionen der Instrumente zum strategischen Management	14
Abb. II 1.2	Möglicher Prozeßablauf für eine Leitbilderstellung – Analyse, Konzeption und Umsetzung	20
Abb. II 1.3	Die Organisation ist in ein Meer von Stakeholdern eingebettet	23
Abb. II 1.4	Die Stakeholder-Analyse hat vier Dimensionen	23
Abb. II 1.5	Wer ist Stakeholder der Mittelschulverbindung?	27
Abb. II 1.6	Beurteilung des Verhaltens der Gruppe 1 anhand der Kriterien	28
Abb. II 1.7	Ziele, Grundeinstellungen und Stakeholder der Gruppe 1	29
Abb. II 1.8	Die Potentialanalyse läuft in sechs Schritten ab	30
Abb. II 1.9	Die Erfolgsfaktoren werden im Verhältnis zur stärksten Konkurrenzorganisation bewertet	35
Abb. II 1.10	Als Denkmodell für Szenarien dient der Szenariotrichter	38
Abb. II 1.11	Die Szenariomethode ist ein Prozeß in acht Schritten	39
Abb. II 1.12	Die Vernetzungsmatrix dient zur Feststellung der Vernetzung verschiedener Einflußbereiche	41
Abb. II 1.13	Die Unterteilung in Aktiv- und Passivachsen ergibt vier Felder	42
Abb. II 1.14	Grafische Darstellung von Portfolios	44
Abb. II 1.15	Portfolio: Verein für Tier- und Umweltschutz	50
Abb. II 1.16	Bestimmen der Bewertungskriterien und der möglichen Ausprägungen	54
Abb. II 1.17	Bestimmen der Gewichte der Bewertungskriterien	55
Abb. II 1.18	Bewerten der Strategien durch die Bewertungskriterien	56
Abb. II 1.19	Berechnen der Nutzwerte der Strategien	57
Abb. II 1.20	Hauptziel einer NPO ist die Erzielung von Wirkungen	60
Abb. II 1.21	Die Unterschiede in den Perspektiven der Balanced Scorecard	60
Abb. II 1.22	Die vier Dimensionen einer Balanced Scorecard in NPOs	61
Abb. II 2.1	Was behindert die Erfüllung der eigentlichen strategisch-leitenden Aufgaben in der Organisation?	69
Abb. II 2.2	Erhebungsblatt	74
Abb. II 2.3	Auswertungsblatt	75
Abb. II 2.4	Organigramm	76
Abb. II 2.5	Aufgaben- und Zuständigkeitsbeschreibung	77
Abb. II 2.6	Maßnahmenplanung	78
Abb. II 2.7	Ablaufschritte zur Definition von Kernprodukten	81
Abb. II 2.8	Formular zur Definition von Kernprodukten	82
Abb. II 2.9	Ablaufschritte für das Erstellen einer Prozeßlandkarte	86
Abb. II 2.10	Schlüsselprozeß	87
Abb. II 2.11	Prozeßlandkarte	88
Abb. II 3.1	Entscheidungstatbestände der Produkt- und Programmpolitik	95

Abb. II 3.2	Organisatorische Merkmale und Anforderungen für die Kontaktorganisation	98
Abb. II 3.3	Matrix zur ziel- und restriktionsbezogenen Beurteilung von ökonomischen Produktmerkmalen	100
Abb. II 3.4	Verfahren zur Komprimierung mehrdimensionaler Beurteilungskriterien	101
Abb. II 3.5	Produktentwicklung unter Berücksichtigung mehrdimensionaler Beurteilungskriterien	106
Abb. II 3.6	Spiel- und Terminplan der Salzburger Festspiele	108
Abb. II 3.7	Prozeß der Werbeplanung	111
Abb. II 3.8	Akquisitorische Aufgaben in Dienstleistungsprozessen	118
Abb. II 3.9	Logistische Aufgaben in Dienstleistungsprozessen	119
Abb. II 3.10	Kartendistribution der Salzburger Festspiele	122
Abb. II 3.11	Instrumente der Marktforschung	127
Abb. II 3.12	Phasen eines Marktforschungsprozesses	128
Abb. II 3.13	Vor- und Nachteile der Befragungsformen	131
Abb. II 4.1	Beobachtungsbogen: Kommunikationsverhalten	155
Abb. II 4.2	Auswertungsbogen: Kommunikationsverhalten	156
Abb. II 4.3	Verteilung der Beschäftigtenkategorien nach Verwendungszwecken	158
Abb. II 4.4	Verteilung der Ehrenamtlichen auf die Zahl der jährlichen Einsätze	159
Abb. II 4.5	Personal-Portfolio nach Odiorne	160
Abb. II 4.6	Neun-Felder-Führungskräfte-Portfolio	161
Abb. II 5.1	Plankosten des vorstrukturierten Fundraisingprozesses "Upgrading-Aktion"	171
Abb. II 5.2	Das Gift Range Chart (1. Schritt)	178
Abb. II 5.3	Das Gift Range Chart (2. Schritt)	179
Abb. II 5.4	Das Gift Range Chart (3. Schritt)	180
Abb. II 5.5	Das Gift Range Chart (4. Schritt)	181
Abb. II 5.6	Entscheidungsbaum zur Make or buy-Decision im Fundraising	185
Abb. II 5.7	In Tabellenform vorstrukturierter Fundraisingprozeß	187
Abb. II 5.8	In Tabellenform vorstrukturierter Fundraisingprozeß	188
Abb. II 6.1	Gliederung der Einnahmen-Ausgaben-Rechnung	195
Abb. II 6.2	Aufteilung der einzelnen Zahlungen in die drei Bereiche und Bildung von Zwischensummen sowie Errechnung des Bestands an Geldmitteln zum Ende der Periode	198
Abb. II 6.3	Aufbau der Gewinn- und Verlustrechnung nach betriebswirtschaftlichen Grundsätzen	200
Abb. II 6.4	Gegenüberstellung Gesamtkostenverfahren-Umsatzkostenverfahren	202
Abb. II 6.5	Die Bilanz als Gegenüberstellung von Vermögen und Kapital	204
Abb. II 6.6	Gegenüberstellung des Vermögens und Kapitals in der Eröffnungsbilanz (EB) und in der Schlußbilanz (SB)	207
Abb. II 6.7	Aufbau einer Kostenrechnung basierend auf der Finanzbuchhaltung	210

Abb. II 6.8	Gegenüberstellung der Leistungen und Kosten in der Periodenerfolgsrechnung	212
Abb. II 6.9	Darstellung in Form einer stufenweise Fixkostendeckungsbeitragsrechung	217
Abb. II 6.10	Der Grundgedanke der Prozeßkostenrechnung	219
Abb. II 6.11	Die Verdichtung der Teilprozesse zu Hauptprozessen	220
Abb. II 6.12	Vergleich zwischen Zuschlagskalkulation und Prozeßkostenrechnung	222
Abb. II 7.1	Grundstruktur eines operativen Leistungsbudgets in Staffelform	227
Abb. II 7.2	Struktur einer stufenweisen Budgetierung bei mehreren Leistungselementen (oder Einnahmequellen) der NPO	230
Abb. II 7.3	Anlagespiegel der Umweltschutzorganisation	235
Abb. II 7.4	Leistungsbudget der Umweltschutzorganisation (stufenweise Budgetierung)	235
Abb. II 7.5	Grundstruktur eines Finanzplans in Staffelform	237
Abb. II 7.6	Grundstruktur Planung des Finanzmittelbestands aus der Einnahmen-Ausgaben-Rechnung	240
Abb. II 7.7	Finanzplan der Umweltschutzorganisation	242
Abb. II 7.8	Grundstruktur einer Planbilanz	244
Abb. II 7.9	Erweiterung der Planbilanz durch eine Bewegungsbilanz	244
Abb. II 7.10	Eröffnungsbilanz der Umweltschutzorganisation	245
Abb. II 7.11	Planbilanz (inkl. Planbewegungsbilanz) der Umweltschutzorganisation	246
Abb. II 7.12	Schematische Darstellung des Planungs- und Kontrollregelkreises	247
Abb. II 7.13	Monatlicher Soll-Ist-Vergleich	250
Abb. II 7.14	Soll-Ist-Vergleich der gesamten vergangenen Budgetperiode	250
Abb. II 7.15	Quartals-Soll-Ist-Vergleich der Umweltschutzorganisation	252
Abb. II 7.16	Abweichungsanalyse Budgetposition Kappen	253
Abb. II 7.17	Einfachste Form der Erwartungsrechnung	254
Abb. II 7.18	Erweiterte Form einer Erwartungsrechnung	255
Abb. II 7.19	Monatliche Erwartungsrechnung für den Vorstand eines Sportvereins – Ausgaben und Einnahmen	257
Abb. II 7.20	Quartalserwartungsrechnung für einen Gemeindepfarrer – Gottesdienste und Amtshandlungen	258
Abb. II 7.21	Jährliche strategische Erwartungsrechnung für eine Religionsgemeinschaft	259
Abb. II 7.22	Kennzahlen für unterschiedliche Leistungsbereiche der Umweltschutzorganisation	261
Abb. II 7.23	Kennzahlensystem der Umweltschutzorganisation	263
Abb. II 7.24	Indikatoren Soll-Ist-Vergleich zur laufenden Überwachung der Sachzielerreichung einer wissenschaftlichen Hochschule	264
Abb. II 7.25	Monatsbericht der Umweltschutzorganisation	267
Abb. III 1.1	Checkliste 1: Analyseraster zur Erfassung von relevanten Umweltsystemen	278

Abb. III 1.2	Checkliste 2: Analyseraster zur Erfassung von inhaltlich-sachlichen Einflußgrößen	278
Abb. III 1.3	Zehn Regeln für die Implementierung von Projektgruppen	280
Abb. III 2.1	Die Bewertung der Alternativen hinsichtlich der Wunschziele	295
Abb. III 2.2	Die Einschätzung der Entscheidungssituation	298
Abb. III 2.3	Der übliche Weg zur Entscheidung	301
Abb. III 2.4	Der effizientere Weg der Entscheidung	301
Abb. III 3.1	Phasen des Moderationsgespräches und Aufgaben des Moderators	326
Abb. III 3.2	Übersicht der Konfliktsysteme	329
Abb. III 3.3	Fragebogen für ein Rollensoziogramm	337
Abb. III 4.1	Die wichtigsten Annahmen der Theorien X und Y	357
Abb. III 4.2	Sieben Ebenen und die entsprechenden Beobachtungsfelder	359
Abb. III 4.3	Phasen eines OE-Projekts	361
Abb. III 4.4	Checkliste "Beraterauswahl"	369
Abb. III 5.1	Schritte zur Durchführung einer Zertifizierung nach DIN ISO 9000	373
Abb. III 5.2	Qualitätsmanagementsystem des bfi	380
Abb. III 5.3	Das Modell der European Foundation of Quality Management (EFQM) als Grundlage der Selbstbewertung	384
Abb. III 5.4	Schritte zur Durchführung der Selbstbewertung nach Empfehlung der EFQM	386
Abb. III 5.5	Schritte zur Durchführung einer Kundenbefragung	390
Abb. III 5.6	Ausgewählte Interessentengruppen einer Bezirksstelle des Roten Kreuzes	393
Abb. III 5.7	Die zehn Benchmarking-Prozeßschritte	397
Abb. III 5.8	Fragenkatalog zur Bestimmung des Benchmarkinggegenstands	398
Abb. III 5.9	Schritte zur Entwicklung von Aktionsplänen	400
Abb. III 5.10	Vor- und Nachteile von Benchmarking	402
Abb. III 5.11	Ziele von Qualitätszirkeln	405
Abb. III 5.12	Ablauf einer Zirkelarbeit	406
Abb. III 6.1	Die drei Steuerungsmedien Macht, Geld und Wissen in unserer Gesellschaft	410
Abb. III 6.2	Elemente sozialer Netzwerke	416
Abb. III 6.3	Die einzelnen Abstraktionsstufen	425
Abb. III 6.4	Kommunikation zwischen einem Mitarbeiter und seinem Vorgesetzten	427
Abb. III 6.5	Einflußfaktoren auf die Qualität des Lernprozesses	429
Abb. III 6.6	Beispiel für die Erstellung eines Mind-Maps	430
Abb. IV 1.1	Maßnahmen zur Implementierung betriebswirtschaftlicher Instrumente	443

Teil I
Ziel und Inhalt

1 Führung und Führungsinstrumente in Nonprofit Organisationen

Nonprofit Organisationen (NPOs) sind ein wichtiges Verbindungsglied zwischen öffentlichen und privatwirtschaftlichen Organisationen. Ihre Brückenfunktion macht sie immer wichtiger für das moderne Gesellschaftsleben. Kulturvereine, Sportvereine, Feuerwehren, Wohlfahrtsverbände, soziale Dienste, Bildungseinrichtungen und sonstige Interessenvertretungen spiegeln ein breites Spektrum bedeutsamen gesellschaftlichen Lebens zwischen Staat und Privatwirtschaft wider. Häufig wird dabei übersehen, daß diese Organisationen in ihrer gesamten Bandbreite eigenen Gesetzmäßigkeiten und Regeln unterliegen, spezifische Stärken und Schwächen, typische Chancen und Risiken sowie Erfolge und Herausforderungen haben. Dies muß zu Konsequenzen in der Führung von NPOs führen.

Führung heißt, eine Organisation zu gestalten und zu Zielen zu lenken. (vgl. Eschenbach, 1997, S. 93) Dabei ist auf die besondere Situation der NPOs einzugehen. NPOs sind private Organisationen, die keine Gewinne an Eigentümer oder Mitglieder ausschütten und durch ein Mindestmaß an Selbstverwaltung und Freiwilligkeit gekennzeichnet sind. *(vgl. HANDBUCH - Badelt, 1997c: Zielsetzungen, S. 8f.)* Die Führung von NPOs hat als Thema bisher keinen breiten Eingang in die betriebswirtschaftliche Literatur gefunden, ganz im Gegensatz zu den Verhältnissen in der Privatwirtschaft. Angesichts der Bedeutung der NPOs in der Gesellschaft ist diese Entwicklung zwar bedauerlich, jedoch auch erklärbar.

Die Wissenschaft von der Führung in NPOs erfordert noch mehr interdisziplinäre Zusammenarbeit, als dies in der klassischen Allgemeinen Betriebswirtschaftslehre für den privatwirtschaftlichen Bereich der Fall ist. Bei der Zusammenarbeit unterschiedlicher Disziplinen und Fachrichtungen gilt es, Grenzen zu überwinden und Barrieren abzubauen. Der **interdisziplinäre Forschungsschwerpunkt „Nonprofit Organisationen"** an der Wirtschaftsuniversität Wien hat sich diese Kooperation zum Ziel gesetzt.

Während der Führungsbegriff trotz aller Richtungsvielfalt innerhalb der Betriebswirtschaftslehre Inhalt zahlreicher Definitionen ist, hat es bisher kaum ein Instrumentenbuch geschafft, sich näher mit dem Begriff des Instruments bzw. Führungsinstruments auseinanderzusetzen (eine rühmliche Ausnahme bildet die Arbeit von Hanselmann, 1995). Dieses Defizit soll durch folgende Überlegungen reduziert werden.

Grundsätzlich versteht man ein **Instrument** „als Mittel, dessen man sich (wie eines Werkzeugs) zur Ausführung von etwas bedient". (Duden, 1970, S. 1716) Man kann also sagen, ein Instrument ist ein Werkzeug, eine Methode bzw. Maßnahme, die zur Umsetzung oder Ausführung dient.

In diesem Fall handelt es sich um **Führungsinstrumente**, wofür in der Praxis auch die Begriffe Managementinstrument, Führungstechnik, Managementmethode, Managementverfahren usw. verwendet werden. (vgl. Hopfenbeck, 1995, S. 345) Gemeint ist bei allen der instrumentelle Einsatz von Maßnahmenbündeln (z.B. Management, Organisation, Marketing, Finanzierung, Personal, Rechnungswesen, Controlling ...) oder Einzelmaßnahmen (Leitbild, Stakeholder-Analyse, Potentialanalyse, Szenarioanalyse ...), um Organisationen zu führen und Ziele zu erreichen. (vgl. Hanselmann, 1995, S. 23)

Der Begriff Führungsinstrument wird in diesem Buch in einem sehr weiten Sinne gesehen und bezeichnet Hilfsmittel, die Führungsprozesse unterstützen können. Er umfaßt alle Interventionsformen, die sich für die Realisierung entwicklungsbezogener Gestaltungsziele „instrumentalisieren" lassen, also z.B. Leitbilder, Organisationsmodelle, Methoden des Personalmanagements, Führungstechniken usw. (vgl. Klimecki, Probst, Eberl, 1991, S. 148) Führungsinstrumente ermöglichen dabei die Verwirklichung bestimmter Ziele und Zwecke (Mittel-Zweck-Zusammenhang) und werden je nach vorliegender Situation in Organisationen gestaltet und eingesetzt.

2 Verbindung zwischen Handbuch, Fallstudienbuch und Instrumentenbuch der Nonprofit Organisation

Das Fundament der Buchreihe zum Thema Management in Nonprofit Organisationen (NPOs) bildet das im Jahre 1997 veröffentlichte „**Handbuch der Nonprofit Organisation**", herausgegeben von Christoph Badelt. Das Handbuch richtet sich an Studierende und Wissenschaftler, in erster Linie jedoch an die aufgeklärte, lesebereite Gruppe von Praktikern, die in NPOs arbeiten oder durch ihre Tätigkeit mit diesen in Verbindung stehen. Für solche Leser bietet dieses Werk, dem Handbuchcharakter entsprechend, als erstes Buch seiner Art einen umfassenden Überblick über Strukturen und Management in NPOs. Aber nicht nur Faktenwissen und fachliche Analysen sind Inhalt des Handbuches, sondern auch praktische Hilfestellungen, wie Literaturhinweise oder ein kurzes Glossar wichtiger Managementbegriffe, die die Orientierung auf dem Gebiete des NPO Managements erleichtern sollen.

Zweiter Baustein der Buchreihe ist das ebenfalls im Jahre 1997 erschienene Buch „**Fallstudien zum Nonprofit Management**", herausgegeben von Renate Buber und Michael Meyer. In diesem Fallstudienbuch werden konkrete Problemlösungen und Anwendungsbeispiele vorgestellt, anhand derer anwendungsorientiertes Wissen vermittelt wird. Das Ergebnis ist ein Kompendium des praktischen NPO-Managements, das alle wesentlichen Teilbereiche der Betriebswirtschaftslehre - von der Führung über das Personalmanagement und die Organisationsentwicklung bis zur Finanzierung - abdeckt.

Das vorliegende Buch „**Führungsinstrumente für die Nonprofit Organisation**" bildet den vorläufigen Abschlußstein der Buchreihe. Innerhalb dieses Buches werden für den Einsatz in NPOs geeignete Führungsinstrumente vorgestellt, ihre Handhabung beschrieben, die Chancen und Grenzen ihres Einsatzes dargestellt sowie Beispiele aus der Praxis geschildert. Das Instrumentenbuch ergänzt damit das Faktenwissen des Handbuches und das Anwendungswissen des Fallstudienbuches um das Know-how, das Prozeßwissen, und vervollständigt das Managementwissen über NPOs.

Alle **drei Bücher sind als Gesamtwerk** gesehen das Ergebnis des interdisziplinären Forschungsschwerpunkts „Nonprofit Organisationen" der Wirtschaftsuniversität Wien und charakterisieren die **Wiener NPO-Schule** gut. Die Autoren sind zum Großteil Mitglieder dieses Forschungskreises und haben auch bei Handbuch und Fallstudienbuch mitgewirkt. Neben Publikationen bieten die Mitglieder dieses Forschungskreises, der sich aus Professoren, Assistenten und Lektoren der Wirtschaftsuniversität Wien zusammensetzt, durch Kongresse, Fachtagungen sowie Weiterbildungs- und Lehrveranstaltungen immer wieder Einblicke in ihre Arbeit. NPO-interessierte Praktiker, Berater und Wissenschaftler erhalten dadurch die Möglichkeit zum kontinuierlichen Erfahrungsaustausch und zum gemeinsamen Lernen.

Aufbau und Gestaltung des Instrumentenbuches ähneln denen des Handbuches, um die Nutzung zu erleichtern. Gezielte und gesondert hervorgehobene **Querverweise** auf Handbuch (*siehe HANDBUCH - Autor, 1997: Kurzwort*) und Fallstudienbuch (*siehe FALLSTUDIEN - Autor, 1997: Kurzwort*) vernetzen das Gesamtwerk. In zukünftigen Auflagen von Handbuch und Fallstudienbuch werden ebensolche Querverweise auf die jeweiligen Stellen des Instrumentenbuches angegeben werden.

3 Aufbau

Das vorliegende Buch enthält außer diesem einführenden und erläuternden **Teil I** weitere drei Teile:

Teil II behandelt **funktionsspezifische Instrumente** des NPO-Bereichs für:

- Strategisches Management
- Organisation
- Marketing
- Personalmanagement
- Finanzierungsmanagement
- Rechnungswesen
- Operatives Controlling.

Teil III widmet sich den **funktionsübergreifenden Instrumenten** des NPO-Bereichs in den Kategorien:

- Projektmanagement
- Entscheidungsmanagement
- Konfliktmanagement
- Veränderungsmanagement
- Qualitätsmanagement
- Wissensmanagement.

Beide Teile sind in enger Anlehnung an die Gliederung des Handbuches entstanden. Sie enthalten eine Fülle von Querverweisen und Vernetzungen mit den Inhalten des Handbuches, sind aber auch ohne Vorwissen für den Leser verständlich und selbsterklärend. Die meisten Instrumente eignen sich auch für den Einsatz in Profit-Unternehmen, auch wenn fast alle Beispiele im vorliegenden Buch dem NPO-Sektor entnommen sind.

Jedes Kapitel von Teil II und Teil III beginnt mit einer kurzen Einführung in die jeweilige Managementthematik und baut auf den Erkenntnissen im Handbuch auf. Querverweise zum Handbuch vermeiden Überschneidungen. Im Anschluß daran werden die einzelnen Instrumente genauer vorgestellt. Anhand einer einleitenden Kurzbeschreibung für jedes Instrument kann der Leser schnell und innerhalb weniger Zeilen die für ihn relevanten Instrumente herausfiltern. Es folgt eine ausführliche Beschreibung des jeweiligen Instrumentes, ergänzt durch mögliche Vor- und Nachteile sowie Praxisbeispiele. Teilweise fließen die Beispiele auch unmittelbar in die ausführliche Darstellung des Instrumentes mit ein. Diese gleichzeitig prägnante Erklärung, die für jedes Instrument rund fünf Seiten umfaßt, soll jeden Leser in die Lage versetzen, ohne anschließenden zusätzlichen Beratungsbedarf das Instrument in seiner Organisation anzuwenden. Jedes Kapitel wird durch Literaturtips abgeschlossen.

Teil IV des Buches geht auf die **Besonderheiten der Implementierung von Instrumenten** sowie den **zukünftigen Entwicklungsbedarf an Instrumenten in NPOs** ein. Dieser Teil gibt auch einen Ausblick auf die zukünftigen inhaltlichen Schwerpunkte des Forschungsschwerpunkts „Nonprofit Organisationen".

Literaturverzeichnis, ein Verzeichnis weiterführender Literatur, ein Stichwortverzeichnis sowie das Autorenverzeichnis runden das Buch ab.

4 Grafiken als Wegweiser für den Leser

Die grafische Gestaltung soll dem Leser den Inhalt dieses Buches besser erschließen:

- **Kurzbeschreibung**

    Kompakte Einführung, die in wenigen Sätzen erkennen läßt, ob dieses Führungsinstrument für die eigene Organisation wichtig ist.

- **Beschreibung**

    Ausführliche Erläuterung des beschriebenen Instrumentes, die den Leser in die Lage versetzt, das Instrument ohne zusätzlichen Erklärungs- und Beratungsbedarf anzuwenden.

- **Vor- und Nachteile**

    Diskussion des situativ-richtigen Einsatzes des Instrumentes in der Praxis, bei der mögliche Fallstricke und Fehlerquellen angesprochen werden.

- **Praxisbeispiel**

    Checklisten, Tabellen und Formulare, die den Einsatz des Instrumentariums anschaulich vor Augen führen.

- **Weiterführende Literatur**

    Angabe von weiterführenden Literaturhinweisen, die aus Sicht der Autorinnen und Autoren zur Vertiefung hilfreich sein können.

Damit wird dieses Instrumentenbuch sowohl den Leser, dem es auf einen raschen Überblick ankommt, als auch den aufgeklärten und systematisch interessierten Praktiker ansprechen.

Teil II
Funktionsspezifische Instrumente

1 Instrumente für das strategische Management in NPOs

(Koordination: Tarek Haddad)

1.1 Strategisches Management in NPOs – Ziele und Funktionen

Dieses Kapitel stellt grundlegende Instrumente des strategischen Managements und ihre Einsatzmöglichkeiten in NPOs dar. Im Detail werden folgende Instrumente beschrieben:

- Leitbild, Mission
- Stakeholder-Analyse
- Potentialanalyse
- Szenariotechnik
- Portfoliotechnik
- Strategiebewertung
- Strategisches Budget[1]
- Balanced Scorecard.

---

[1] Das strategische Budget wird im Rahmen des Instruments des Leistungsbudgets in *Teil II Kapitel 7.2* anhand eines Beispiels erläutert.

Abb. II 1.1 zeigt die Ziele und Funktionen der einzelnen Instrumente in Kurzform:

Abb. II 1.1

Ziele und Funktionen der Instrumente für das strategische Management		
STRATEGISCHE INSTRUMENTE		
Instrument	**Ziel**	**Funktion**
Leitbild	Formulierung der Grundwerte einer NPO	Grundlage der Konkretisierung von Aufgaben und Handlungen
Mission	Kurzdefinition des Zwecks einer NPO	Kommunikation nach innen und außen, Ableitung von Zielen, Zukunftsorientierung
Stakeholder-Analyse	Identifikation, Klassifikation und Beschreibung der wichtigen Anspruchsgruppen einer NPO	Grundlage für Stakeholder-Management – Umgang mit wichtigen Anspruchsgruppen lenken
Potentialanalyse	Identifikation der Stärken und Schwächen, Aufzeigen von Entwicklungspotentialen	Sensibilisierung für Stärken, Schwächen, Chancen und Risiken; Konzentration auf zukünftige Schlüsselfaktoren; Investition in die Stärken
Szenariotechnik	Trendanalyse, Generierung von verschiedenen Zukunftsperspektiven	Grundlage für Strategieentwicklung, Alternativengenerierung
Portfoliotechnik	Entwickeln von Teilstrategien für gewählte Betrachtungsobjekte	Übersichtliche Darstellung von komplexen Zusammenhängen
Strategiebewertung	Auswahl der zweckmäßigsten Strategie	Abwägen zwischen quantitativen und qualitativen Kriterien in den Dimensionen Durchführbarkeit, Stimmigkeit und Risiko
Strategisches Budget	Planung des Nutzens und der Kosten einer Strategie	Grundlage für strategische Kontrolle und Erwartungsrechnung
Balanced Scorecard	Umsetzung der Strategie	Implementierung von Strategien, Kommunikationsinstrument, Grundlage für zielorientierte Detailplanung

1.2 Leitbild, Mission
(Christian Horak)

Kurzbeschreibung

Strategisches Leitbild beziehungsweise Mission Statement sind **schriftlich formulierte Grundaussagen, die normativ die Basis beziehungsweise die Rahmenbedingungen für alle weiteren strategischen und operativen Managemententscheidungen einer NPO vorgeben.** NPOs verfügen über ein komplexes und vielschichtiges Zielsystem. Während der Sinn der Existenz eines Unternehmens oft eindimensional in der Renditemaximierung gesehen wird, ist für eine NPO eine Mission beziehungsweise ein Leitbild zur Definition von verschiedensten Sach- und Formalzielen unverzichtbar. *(vgl. dazu im Detail HANDBUCH - Horak, Matul, Scheuch, 1997: Ziele)*

Ziel ist es, daß sich die NPO durch die Formulierung dieser Grundwerte in weiterer Folge auf ihre wichtigsten Aufgaben und Handlungen fokussieren kann. Es ist zwischen dem Instrumentencharakter dieser Aussagen als Grundlage für andere Instrumente und dem Prozeß, wie diese Aussagen erarbeitet werden, zu unterscheiden.

Der Einsatzbereich ist universell. Grundsätzlich benötigt jede NPO Grundaussagen und Grundwerte, die zielorientiertes Handeln, Gestalten und Steuern ermöglichen. Mission Statement und Leitbild dienen somit als Orientierungshilfe und normativer Rahmen für alle weiteren Handlungen in einer NPO.

1.2.1 Beschreibung

1.2.1.1 Definition, Abgrenzung, Einordnung

In diesem Beitrag wird zwischen Leitbild und Mission Statement unterschieden. Inhaltlich werden mit beiden Instrumenten ähnliche Ziele verfolgt.

Das **Mission Statement** ist vor allem im angloamerikanischen Sprachraum sehr verbreitet. Im Idealfall wird der Sinn und Zweck einer NPO in einem Satz ausgedrückt; je kürzer, desto besser.[2] Man könnte das Mission Statement als Kurzvisitenkarte einer NPO bezeichnen. Im Gegensatz zum werbetechnischen **Slogan**, der in erster Linie eine Verkaufsbotschaft an einen

---

[2] Als Orientierungsgröße gilt: "It has to fit on a T-shirt."

Kunden vermitteln soll, vermittelt ein Mission Statement die Kernaussage der Aufgabe einer NPO und hat damit eine vielschichtigere und tiefere Bedeutung.

Die Visitenkarte einer NPO ist das **Leitbild,** das im europäischen Raum stärkere Verbreitung gefunden hat. Dadurch werden ähnliche Ziele wie mit dem Mission Statement verfolgt, doch ist das Leitbild grundsätzlich umfangreicher gestaltet, und je nach Situation können die Schwerpunkte unterschiedlich gesetzt werden, z.B. eher inhaltlich strategisch oder intern kulturell orientiert.

„Das ... Leitbild ist als Führungsinstrument zu verstehen, das in einzelnen Leitsätzen einen künftig zu erreichenden Sollzustand (Idealzustand) darstellen soll." (Schauer, 1990, S. 45) *„Darin (im Leitbild; Anm. d. Verf.) nimmt die Organisation dazu Stellung, wie sie sich sieht, welche Werte für sie wichtig sind, welche Aufgaben sie erfüllen will und wie sie dabei die Unternehmensumwelt und -inwelt einbeziehen wird."* (Kattnigg, 1990, S. 93) Das Leitbild kann somit als realistische Antizipation einer idealen Unternehmenskultur betrachtet werden. (vgl. Heinen, 1987, S. 167ff.) Zusätzlich sollte das Leitbild grobe strategische Stoßrichtungen für die angestrebten Leistungserbringungsziele beinhalten.

Eine NPO kann auch ein Mission Statement und ein Leitbild gemeinsam entwickeln. Das Mission Statement bildet die Grundlage für die detailliertere Ausformulierung der Grundsätze und Werte im Rahmen des Leitbilds.

1.2.1.2 Inhalte und Kriterien für die Erstellung

Mission Statement

Ein Mission Statement besteht in der Regel aus einem Satz, der die Grundlage für die Existenz einer NPO, the reason for being, möglichst treffend und unaustauschbar darstellen soll. **Das Mission Statement ist die Basis für das erfolgreiche Führen einer NPO.**[3] Die Formulierung dieses Satzes ist erst nach entsprechenden Analysen und Auswertung von Meinungen und Informationen möglich. Laut Peter F. Drucker (vgl. Drucker, 1990, S. 7f.) muß ein Mission Statement von drei Punkten getragen werden:

- Wofür halten wir uns kompetent, nachdem wir unsere Stärken und Schwächen analysiert haben?
- Wo liegen die wahren Möglichkeiten und Bedürfnisse in unserem Umfeld? Wie können wir diese Bedürfnisse mit unseren begrenzten Mitteln realisieren?

---

[3] Die Girl Scouts USA gelten als eine der erfolgreichsten NPOs in den USA. Als ein wichtiger Grund dafür wird übereinstimmend ihre klare und prägnante Mission genannt. Durch die Überarbeitung der Mission in den achtziger Jahren kam es zu einer strategisch kompletten Neupositionierung (starke Einbindung von Minderheiten, Anbieten von Programmen im Vorschulalter), die einen umfassenden Aufschwung der Organisation einleitete.

- Glauben wir auch daran, haben wir das Commitment, die gestellten Aufgaben zu erfüllen?[4]

Beispiele für Mission Statements:

- To create a national Forum capable of encouraging the giving, volunteering and not-for-profit initiative that help all of us to better serve people, communities and causes. (Independent Sector)
- It is the mission of the American Heart Association to reduce disability and death from cardiovascular diseases and stroke.
- Helping people prevent, prepare for and cope with emergencies. (American Red Cross)
- To protect and improve the quality of life for present and future generations. (The Cousteau Society)
- It's our mission to help each girl reach their own highest potential. (Girl Scouts USA)
- It's our mission to make citizens out of the rejected. (Salvation Army)

Damit ein Mission Statement seinen Zweck erfüllen kann, muß bei der Erstellung auf folgende Punkte geachtet werden. Das Mission Statement sollte

- für eine breite Öffentlichkeit verständlich sein,
- nicht länger als ein bis zwei Sätze sein,
- realistisch im Rahmen der derzeitigen Situation der Organisation sein und daher in der Gegenwart geschrieben werden,
- andererseits aber auch eine klare Zukunftsorientierung aufweisen,
- so exakt sein, daß operationale Ziele daraus ableitbar sind,
- gleichzeitig aber so breit sein, daß es nicht dauernd geändert werden muß,
- eine passende Reflexion der Intentionen der Organisationsverantwortlichen sein
- und klarstellen, an wen sich die NPO richtet, wer die eigentlichen Kunden sind.

Die Erfüllung dieser Kriterien setzt eine intensive Auseinandersetzung der NPO mit den Stärken und Schwächen, Chancen und Risiken sowie den Anspruchsgruppen voraus. Eine gute Mission kann nicht innerhalb eines Tages zu Papier gebracht werden!

Leitbild

Das strategische Leitbild wird in Beiträgen über NPOs im Vergleich zu allgemeinen Veröffentlichungen über strategisches Management oder Controlling auffallend oft als strategisches In-

---

[4] So wurde das Edsel Automobil von Ford trotz bester Technik und Idee ein Flop, weil niemand bei Ford selbst an den Erfolg glaubte.

strument erwähnt. Darin zeigt sich die Bedeutung und Wichtigkeit einer Standortbestimmung in einem dynamischen und komplexen System durch ein Leitbild.

Das Leitbild einer NPO eignet sich hervorragend zur Einbindung der Vorstellungen und Interessen der verschiedensten Anspruchsgruppen beziehungsweise als Informationsträger nach innen und außen, um die eigentlichen Aufgaben und Inhalte der NPO, die vielschichtig und komplex sein können, zu transportieren. Die Beschreibung der Mission und die Art der Bedürfnisbefriedigung bestimmter Bezugsgruppen sollten den Kern eines NPO Leitbilds darstellen, und aus dem Inhalt sollten die Leistungswirkungsziele nach Möglichkeit direkt operationalisiert werden können.

Ein Leitbild soll in der Regel auf folgende Grundfragen Antwort geben können:
- Wer sind wir, und was wollen wir? Wofür sind wir eigentlich da?
- Wer sind unsere wichtigsten Anspruchsgruppen, und wie gehen wir mit diesen um?
- Welche Aufgaben und Bedürfnisse wollen wir erfüllen beziehungsweise befriedigen?
- Wie gehen wir mit uns um? Welche Werte bilden die Grundlagen des gemeinsamen Handelns?

Innerhalb dieser Rahmenfragen kann es unterschiedliche Schwerpunkte beziehungsweise Adressatengruppen für Leitbilder geben. Zu unterscheiden sind Leitbilder,
- die sich gesamthaft nach außen orientieren und den Anspruchsgruppen Informationen über die NPO liefern,
- die sich primär nach innen orientieren und sich auf die Unternehmenskultur konzentrieren,
- die sich innerhalb einer Organisation mit einzelnen Bereichen oder Abteilungen beschäftigen.

Ein gutes Leitbild sollte folgende Wirkungen erzielen:
- Klarheit und Akzeptanz nach innen und außen: Jeder Interessierte kann sich ein klares Bild über die NPO machen.
- Langfristige und fokussierte Orientierung: Das Leitbild ist eine Orientierungshilfe für alle Entscheidungen, um sich auf das Wesentliche konzentrieren zu können. Ohne Leitbild ist zielorientierte Führung nicht möglich.
- Synchronisierung des Verhaltens: Einheitliches Grunddenken ermöglicht raschere Entscheidungen und erleichtert Delegation.
- Orientierungshilfe für alle wichtigen Entscheidungen durch schriftliche Form.

1.2.1.3 Der Prozeß der Mission Statement- und Leitbilderstellung

Neben den inhaltlichen Kriterien ist vor allem die Frage der Erarbeitung der Inhalte die Grundlage für eine später von allen getragene Umsetzung. Der Prozeß der Erarbeitung ist bei Mission Statement und Leitbild ähnlich gestaltet. Im Idealfall werden Mission Statement und Leitbild in einem Erstellungsprozeß erarbeitet.

Beim Erstellungsprozeß sind folgende Grundsätze zu beachten:

- **Einbindung aller Betroffenen:** An der Erstellung müssen alle Betroffenen teilnehmen, damit sich bei der Umsetzung, beim „Leben" der Inhalte, alle damit identifizieren können. Dabei können vor allem bei größeren NPOs organisatorische Probleme auftreten.
- **Prioritäten richtig setzen, Leitbilderstellung zur Chefsache erklären:** Wenn sich eine NPO dazu entschließt, ein Mission Statement und ein Leitbild zu erarbeiten, dann muß dies mit voller Konzentration und darf nicht nebenbei erfolgen. Speziell die Führungskräfte, die als Vorbild und Promotoren für alle Mitarbeiter dienen, müssen diesen Prozeß tragen.
- **Genügend Zeit und Kapazität zur Verfügung stellen:** Ein Leitbildprozeß, der nicht länger als ein halbes Jahr dauert, ist in vielen Fällen zu oberflächlich, und das Ergebnis erfüllt seinen Zweck nicht. Gerade NPOs benötigen ein qualitativ wertvolles Mission Statement beziehungsweise Leitbild als Orientierungshilfe für zunehmend komplexe und vielschichtige Entscheidungssituationen.
- **Zielgruppenorientierte Gestaltung:** Vor allem Leitbilder können sehr unterschiedlich gestaltet sein. Dabei gelten die Grundregeln „So knapp und präzise wie möglich!" und „Kann unsere primäre Zielgruppe für das Leitbild mit den Inhalten etwas anfangen?".
- **Regelmäßiges Aktualisieren und Hinterfragen der Inhalte:** Mission Statement und Leitbild dürfen nicht täglich geändert werden. Regelmäßiges Hinterfragen der Inhalte (ca. alle drei Jahre) ist aber eine Grundvoraussetzung für die kontinuierliche Weiterentwicklung einer NPO.

Der detaillierte Prozeß der Leitbilderstellung ist von der Ausrichtung der Inhalte und der Größe der NPO abhängig. In jedem Fall spielt dabei ein anderes Instrument – die Strategieklausur – eine wichtige Rolle, da die wesentlichen Erkenntnisse in meist mehreren Klausuren erarbeitet werden. *(vgl. dazu im Detail Teil III Kapitel 4.2)*

Nachfolgend beispielhaft ein möglicher Leitbilderstellungsprozeß für eine größere, dezentralisierte NPO:

Abb. II 1.2

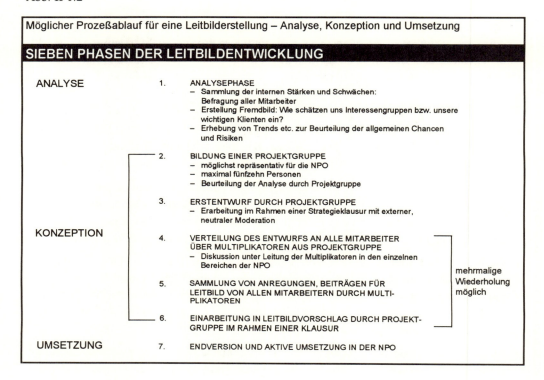

Erläuterungen zum Prozeßablauf:

- Ohne entsprechende Analyseergebnisse ist kein realistisches Bild erarbeitbar. Als Ergänzung der eigenen Erkenntnisse sollte auch die Meinung Externer berücksichtigt werden.

- In größeren Organisationen muß die Projektgruppe ein repräsentatives, schlagkräftiges Team sein. Die sinnvolle Auswahl der Mitarbeiter für diese Gruppe ist eine Grundvoraussetzung für den Erfolg des Prozesses. Alle formal und informal für die Wertediskussion wichtigen Personen müssen enger involviert werden.

- Auch in größeren Organisationen müssen nach Möglichkeit alle Betroffenen, daher auch Ehrenamtliche, die Möglichkeit haben, sich zu artikulieren und Ideen einzubringen, damit sich niemand ausgeschlossen fühlt. Das erleichtert das Umsetzen und Leben der Inhalte sehr. Es ist ein sinnvoller Mix zwischen schriftlichen und mündlichen Beiträgen zu finden. Eine sehr wichtige Rolle spielen in diesem Prozeß die Multiplikatoren, die als Informationsdrehscheibe in ihrem jeweiligen Bereich fungieren.

- Der Prozeß wird am besten durch eine neutrale Instanz moderiert und geleitet, damit die Objektivität gesichert ist.

1.2.2 Vor- und Nachteile

Mission und Leitbild sind absolute Voraussetzungen für sinnvolles, zielgerichtetes Führen im NPO Bereich, daher kann man eigentlich nicht von Nachteilen und Vorteilen sprechen.

Beide Instrumente dürfen aber nicht Selbstzweck sein. Nur wenn sie gelebt und sinnvoll eingesetzt werden, erfüllen sie ihren Zweck. Ist dies nicht der Fall, können sie hemmend statt förderlich wirken. Ein Leitbild oder eine Mission als „Dekoration" oder nur zu PR-Zwecken hat keinen wirklichen Wert.

In der Praxis gibt es Beispiele für gute und schlechte Lösungen. Untersuchungen in den USA haben ergeben, daß Organisationen, die eine klar formulierte Mission haben, generell als deutlich erfolgreicher eingestuft werden. (vgl. z.B. Knauft, Berger, Gray, 1991, S. 1ff.)

Folgende Kriterien können für die Beurteilung von Mission und Leitbild herangezogen werden:

- Prozeßdauer der Erstellung: Prozesse unter einem halben Jahr sind meist oberflächlich.
- Wie oft wird Mission/Leitbild in der täglichen Arbeit erwähnt?
- Werden Entscheidungen auf Mission/Leitbild abgestimmt?
- Wie bekannt sind den Mitarbeitern die Inhalte?
- Kann man sich auf die Inhalte berufen?
- Wie bekannt ist Mission/Leitbild dem Umfeld der NPO?

Es ist aufgrund des großen Zeitaufwands und der Kapazitätsbelastung nicht ratsam, ein Leitbild zu erstellen, wenn die Notwendigkeit und der Wille dazu nicht hundertprozentig vorhanden sind.

1.3 Stakeholder-Analyse
(Tarek Haddad)

Kurzbeschreibung

Stakeholder sind Anspruchs- beziehungsweise Interessengruppen einer NPO. Freeman definiert Stakeholder als „any group or individual who can affect or is affected by the achievement of the organizations' objectives". (Freeman, 1984, S. 52)

Die Stakeholder-Analyse dient der Identifikation der relevanten Stakeholder einer NPO, der Untersuchung beziehungsweise Erklärung ihrer Ansprüche, ihres Verhaltens und der Koalitionen zwischen den verschiedenen Stakeholdern.

Sie ist ein Instrument, das Transparenz in der gegenwärtigen Situation schafft und eine Ausgangsbasis für die Strategieentwicklung darstellt.

Die Stakeholder-Analyse hilft, zwischen den verschiedenen Stakeholdern nach ihrer Bedeutung für die NPO zu unterscheiden, und ermöglicht damit effizientes Stakeholder-Management.

1.3.1 Beschreibung

Die weite Definition Freemans umfaßt all jene Gruppen beziehungsweise Personen, die in irgendeiner Weise einen Anspruch an eine NPO haben beziehungsweise von den Zielerreichungsversuchen einer NPO betroffen sind. *(vgl. Abb. II 1.3)* Im allgemeinen gilt auch die ökologische Umwelt als Anspruchsgruppe, weil z.B. der Anspruch zukünftiger Generationen auf eine intakte Umwelt gefährdet ist. Auch eigene Werte und ethische Vorstellungen einer Organisation können als Stakeholder verstanden werden, wenn sie den gemeinsamen Anspruch der Organisationskultur verkörpern.

Nach Einigung auf die für die eigene NPO relevanten Stakeholder beginnt die eigentliche Stakeholder-Analyse. Diese kann auf zwei Ebenen stattfinden:

- ganz allgemein für die ganze NPO und/oder
- speziell für ein Problem.

Diese unterschiedliche Betrachtung bezieht sich auf den Umfang der Analyse, nicht aber auf den Ablauf.

Abb. II 1.3

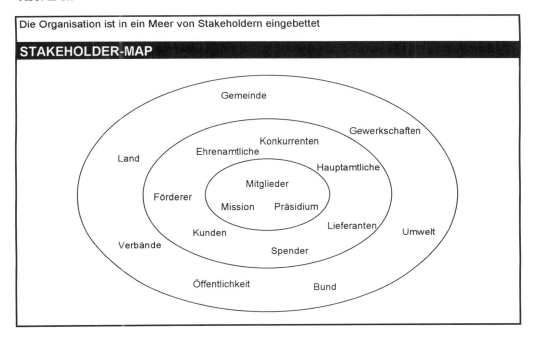

Abb. II 1.4

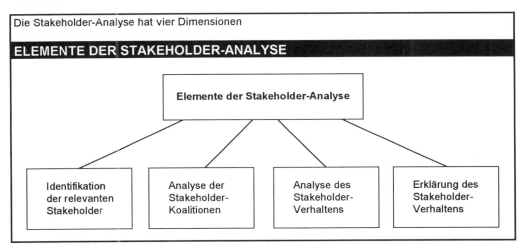

Bei der Identifikation der relevanten Stakeholder werden alle zur Organisation in Beziehung stehenden Anspruchsgruppen im Sinne einer Stakeholder-Map aufgelistet. Dabei unterscheidet man

- interne,
- primäre und
- sekundäre Stakeholder.

Interne Stakeholder sind nach dieser Klassifikation Vertreter des Organisationszwecks, die die Sinnerfüllung der NPO überwachen. Primäre Stakeholder sind Gruppen, die mit der Organisation über den Markt in direkten Kontakt treten, z.B. Kunden, Lieferanten, Konkurrenten, Spender, aber auch – haupt- sowie ehrenamtliche – Mitarbeiter. Sekundäre Stakeholder beeinflussen (werden beeinflußt) die NPO indirekt, wie es z.B. Gemeinden, Länder, Bund tun (wenn es nicht um spezifische Förderungen geht). Dazu gehören auch diverse Verbände, politisch/rechtliche, ökologische und ökonomische Rahmenbedingungen.

Ergänzend kann ein anderes Klassifikationskriterium herangezogen werden: die Stakeholder-Macht. (vgl. Freeman, 1984, S. 50ff.) Darunter versteht Frederick die Fähigkeit, Ressourcen zur Zielerreichung einzusetzen. (vgl. Frederick, Post, Davis 1992, S. 14) Die Anspruchsgruppen können anhand folgender drei Arten der Stakeholder-Macht klassifiziert werden:

- „voting power": Entscheidungsmacht
- „economic power": Macht durch Ausüben wirtschaftlichen Drucks
- „political power": politische Macht (nicht nur durch Gesetze, sondern auch durch Meinungsbildung in der Öffentlichkeit etc.).

Es kann vorkommen, daß eine Anspruchsgruppe zwei oder drei Arten von Macht ausübt.

Im Rahmen der Analyse werden auch Stakeholder-Koalitionen untersucht. Typische Fragen sind:

- Welche Stakeholder kooperieren auf welchem Gebiet miteinander?
- Welche gemeinsamen Verhaltensweisen, Ziele, Einstellungen etc. haben Stakeholder?

Die Antworten ermöglichen die sinnvolle Zusammenfassung von Stakeholdern, um eine vernünftig bearbeitbare Anzahl von Stakeholder-Gruppen zu ermitteln.

Aus dem Blickwinkel der Stakeholder versucht man, ihr Verhalten gegenüber der eigenen Organisation zu erklären und besser zu verstehen. Grundsätzlich sind folgende Beurteilungskriterien für Stakeholder zu beachten (vgl. Horak, 1995b, S. 28f.):

- Wie verhält sich ein Stakeholder derzeit meiner Organisation gegenüber?
- Welche Möglichkeiten der Zusammenarbeit wären denkbar?
- Welche potentiellen Bedrohungen gehen von einem Stakeholder aus?

- Welche aktiven und passiven Abhängigkeiten und Beeinflussungen liegen vor?
- Welcher Zusammenhang besteht zwischen Stakeholder und Missionserfüllung?
- Wie intensiv wird ein Stakeholder betreut, wie viele Ressourcen fließen ein?
- Inwieweit kann der Stakeholder seine Bedürfnisse artikulieren?

Nach der Beschreibung ihres Verhaltens folgt die Erklärung. Dabei werden

- die Ziele und
- die Wertvorstellungen

jedes Stakeholders festgestellt beziehungsweise eingeschätzt und zusätzlich

- deren Stakeholder

identifiziert. Durch das Nachvollziehen der jeweiligen Vorgaben, der Werte und der Umfelder der Stakeholder wird ihr Verhalten verständlicher und kann in Zukunft besser beurteilt werden.

Alle Antworten auf diese Fragen liefern Anhaltspunkte, wie eine NPO mit verschiedenen Stakeholder-Gruppen umgehen soll.

1.3.2 Vor- und Nachteile

Die Vorteile der Stakeholder-Analyse sind:

- Schaffen von Transparenz in den Ansprüchen, die gegenüber der NPO bestehen,
- Identifikation kritischer und weniger kritischer Stakeholder,
- besseres Verständnis für Haltungen und Interessen der Stakeholder,
- Entwicklung einer Basis für die Befriedigung von Stakeholder-Ansprüchen (Stakeholder-Management).

Daneben gibt es auch praktische Überlegungen für die Umsetzung einer Stakeholder-Analyse. Zum einen sind Stakeholder-Ansprüche nicht unbedingt transparent und die Motive für das Stakeholder-Verhalten verborgen. Die Analyse stützt sich in diesen Fällen auf Einschätzungen. Zum anderen ist bei der gegebenen Vielfalt an Stakeholdern in der Regel mit Interessenkonflikten zu rechnen. Hier hilft die Analyse jedoch bei der Differenzierung nach der Wichtigkeit der Stakeholder.

Lebensfähig ist eine NPO nur, wenn sie imstande ist, die Ansprüche und Interessen, die an sie gestellt werden, dauerhaft zu befriedigen.

1.3.3 Praxisbeispiel

Eine Mittelschulverbindung an einem Gymnasium ist zunehmender Kritik seitens der Lehrer und Eltern ausgesetzt, ebenso hat die Gemeinde vor, das Vereinslokal nicht mehr finanziell zu unterstützen, weil die Verbindung in der Öffentlichkeit durch unangemessenes Verhalten auffalle. Dadurch wurde zwischen der Aktivitas (den Mittelschülern) einerseits sowie der Altherrenschaft und den Inaktiven (den Hochschülern) andererseits eine Kluft aufgerissen. Der Führungsberater (ein Student, der als Bindeglied zwischen Aktivitas und Altherrenschaft fungiert) schlägt den Aktiven wie auch den Philistherchargen vor, die verschiedenen Ansprüche des Umfelds an die Verbindung zu untersuchen und Vorschläge für einen besseren Umgang miteinander zu machen.

Er organisiert eine zweitägige Strategieklausur an einem neutralen Ort und sorgt dafür, daß ein externer Moderator den Prozeß leitet. Er wählt auch zwölf Personen aus, die daran teilnehmen sollen, wobei er darauf achtet, daß alle Entscheidungsträger anwesend sind (damit rasche Entscheidungen möglich sind) und sich ein Team bildet, das die Interessen der Stakeholder richtig und so objektiv wie möglich einschätzen kann. Deshalb sucht er unter den Altherren Lehrer, Eltern, Gemeindebedienstete etc. aus, die diese Interessen vertreten können.

In einem Brainstorming wird zunächst versucht, alle Stakeholder der Organisation zu ermitteln, und es wird eine Stakeholder-Map erstellt:

Abb. II 1.5

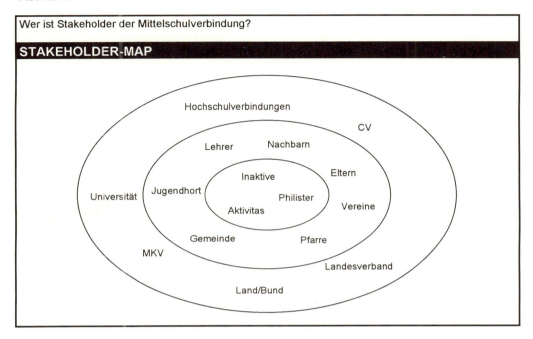

Danach erstellt das Team eine vernünftig bearbeitbare Anzahl von Stakeholder-Gruppen, die ähnliche Ansprüche an die Verbindung haben. Diese setzen sich folgendermaßen zusammen:

- Gruppe 1:
  Eltern, Lehrer, Philister (Ansprüche an Disziplin, Schulerfolg, Persönlichkeitsentwicklung)
- Gruppe 2:
  Aktivitas, Inaktive (Freizeitgestaltung, Freundschaften, Netzwerke)
- Gruppe 3:
  Nachbarn, Gemeinde (Ansprüche an reibungsloses Verbindungsleben, Ruhe, Ordnung)
- Gruppe 4:
  Jugendhort, Vereine (Alternativen zur Mittelschulverbindung, Konkurrenten)
- Gruppe 5:
  Pfarre (Grundprinzip „religio", stellt Verbindungsseelsorger, wünscht Teilnahme an Prozessionen, traditioneller Partner)
- Gruppe 6:
  Landesverband, MKV, Hochschulverbindungen, CV (suchen Aktive, Mitglieder, Funktionäre, wollen Tradition bewahren, Netzwerke aufbauen und pflegen)

- Gruppe 7:
  Universität („scientia" als eines der vier Grundprinzipien)
- Gruppe 8:
  Land/Bund (Grundprinzip „patria").

Die Problemlage empfiehlt die Konzentration auf die ersten vier Gruppen.

Anschließend wird das aktuelle Stakeholder-Verhalten charakterisiert. Dabei identifiziert das Team z.B. für die Gruppe 1:

Abb. II 1.6

Beurteilung des Verhaltens der Gruppe 1 anhand der Kriterien	
ELTERN, LEHRER, PHILISTER	
Kriterium	Ausprägung
Aktuelles Verhalten	negative Einstellung, Beschwerden über die Verbindung
Aktive Abhängigkeit	Eltern und Lehrer nicht von der Verbindung abhängig, Philister als Mitglieder sehr wohl (Burscheneid)
Passive Abhängigkeit	Verbindung von der gesamten Gruppe in vielerlei Hinsicht abhängig
Aktive Beeinflussung	Verbindung kann die Gruppe mäßig bis stark beeinflussen
Passive Beeinflussung	Verbindung wird äußerst stark von der Gruppe beeinflußt
Widerstandspotential	Gruppe hat enormes Widerstandspotential
Kooperationspotential	Gruppe hat sehr großes Kooperationspotential
Zusammenhang mit Mission	starker Zusammenhang zwischen dieser Stakeholder-Gruppe und der Mission
Betreuungsintensität	relativ schwach
Ressourcenintensität	schwach
Fähigkeit zur Meinungsäußerung	gegeben

Um dieses Verhalten besser zu verstehen, versucht das Team zu ermitteln, welche Ziele die wichtigsten Stakeholder selbst verfolgen, welche Grundeinstellungen sie haben und welche Stakeholder hinter ihnen stehen.

Abb. II 1.7

Ziele, Grundeinstellungen und Stakeholder der Gruppe 1	
ELTERN, LEHRER, PHILISTER	
Ziele	Vorbereitung auf selbständiges Leben in der Gesellschaft, bestmögliche Persönlichkeitsentwicklung
Grundeinstellung	Ehrlichkeit, Friedlichkeit, Teilnahme am Gesellschaftsleben, Eigenverantwortung etc.
Stakeholder	Familie, Staat, Gesellschaft, Justiz

Diese Informationen sind die Basis für die Entwicklung von Stakeholder-Strategien, die den besseren Umgang beziehungsweise die passende Berücksichtigung der Stakeholder im Zielsystem der NPO zum Ziel haben.

1.4 Potentialanalyse
(Tarek Haddad)

Kurzbeschreibung

Ziel der Potentialanalyse ist die Identifikation von Stärken der Organisation und der Grad der Nutzung der Potentiale im Vergleich zu dem (der) schärfsten Konkurrenten. Auf diesen Potentialen können – nach dem Grundsatz „Stärken verstärken" – Strategien aufgebaut werden.

Im Potentialprofil werden die Bereiche der Organisation übersichtlich dargestellt, in denen sie gegenüber den Konkurrenten Wettbewerbsvorteile beziehungsweise Wettbewerbsnachteile hat.

Voraussetzung für die Durchführung einer Potentialanalyse ist das Wissen über die Ressourcen und Fähigkeiten der eigenen Organisation und die der Konkurrenten. Ebenso müssen die Wettbewerbsstruktur, die Stellung der Organisation in ihrem Umfeld und die kritischen Erfolgsfaktoren bekannt sein beziehungsweise erarbeitet werden. Für NPOs in geschützten, wettbewerbsfreien Märkten ist der Einsatz dieses Instruments nicht sinnvoll.

1.4.1 Beschreibung

Die Potentialanalyse verbindet Informationen aus der Umfeldanalyse mit Informationen aus dem Innenbereich der Organisation. *Abb. II 1.8* zeigt den Erstellungsprozeß:

Abb. II 1.8

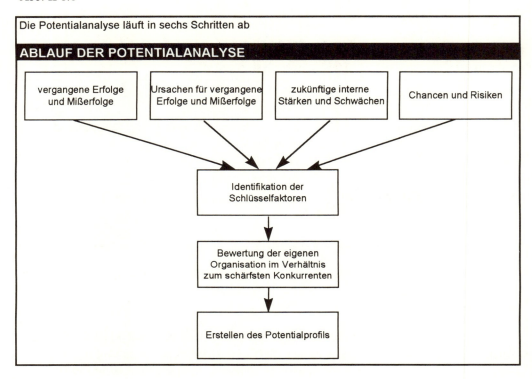

Um die Innensicht der Organisation zu entwickeln, wird eine Ad-hoc-Stärken-Schwächen-Analyse durchgeführt. Darin werden vergangene Erfolge und Mißerfolge, ihre Ursachen und die wahrgenommenen zukünftigen internen Schwächen und Stärken aufgelistet und einander gegenübergestellt.

Diese drei Ergebnisse bilden die Grundlage für die Identifikation von Schlüsselfaktoren beziehungsweise kritischen Erfolgsfaktoren. Schlüsselfaktoren sind Variablen, deren Ausprägung den Erfolg wesentlich determinieren beziehungsweise die die dauerhafte Lebensfähigkeit einer Organisation bestimmen. Die Identifikation der kritischen Erfolgsfaktoren basiert auf Ergebnissen der Chancen-Risiken- und Stärken-Schwächen-Analyse (SWOT), es kommen aber auch zusätzliche Informationsquellen wie z.B. Marktstudien, Kunden- und Spenderbefragungen etc.

(siehe Teil II Kapitel 3.7) in Frage. Mann (vgl. Mann, 1973, S. 60) empfiehlt eine Auswahl von fünf bis zehn wichtigsten Erfolgsfaktoren, beispielsweise:

- Produktbereich: Qualität, Preis, Angebotsvielfalt, Spezifizität
- Ressourcen: hauptamtliche und freiwillige Mitarbeiter, Spendenvolumen, finanzielle Unterstützungen, technische Ausstattung
- Marketing: Kundennähe, Spenderbetreuung, Image
- Flexibilität: personell, finanziell, technisch
- Innovationskraft, Know-how
- Logistik
- Kostenposition
- Risiko.

Im nächsten Schritt wird ein schärfster Wettbewerber identifiziert, für den die gleichen Erfolgsfaktoren angenommen werden können. Wenn eine NPO auf verschiedenen „Märkten" tätig ist, kann man auch verschiedene Potentialprofile mit unterschiedlichen Wettbewerbern erstellen. Keinesfalls soll aber ein fiktiver Wettbewerber (eine Mischung aus den schärfsten) konstruiert werden, der das Maß aller Dinge ist. Der schärfste Wettbewerber repräsentiert als Referenzmaß die „Null-Linie" im Potentialprofil. *(vgl. Abb. II 1.9)*

Schließlich wird die eigene Organisation im Verhältnis zu diesem Wettbewerber auf einer Skala bewertet. Mann schlägt eine siebenstufige Skala vor (-3 bis +3), wobei negative (positive) Werte bedeuten, daß die Organisation hinsichtlich des bewerteten Erfolgsfaktors schlechter (besser) als der Wettbewerber ist. (vgl. Mann, 1973, S. 61)

Damit können die Bereiche identifiziert werden, in denen die Organisation einen Wettbewerbsvorteil hat. Dies sind die genutzten Potentiale. In einem zweiten Durchlauf kann auch noch das zusätzlich aufbaubare Potential untersucht werden, indem strategische Engpässe beseitigt und ihre Auswirkungen auf den Ausbau der Stärken gezeigt werden.

1.4.2 Vor- und Nachteile

Die Vorteile der Potentialanalyse liegen in der Identifikation der Schlüsselfaktoren und im Vergleich zum schärfsten Mitbewerber. Damit werden die bedeutenden Einflußfaktoren auf den Erfolg im Tätigkeitsbereich der Organisation transparent. Der Vorteil liegt im Schaffen eines Bewußtseins um die zentralen Kriterien des Erfolgs.

Gefahren im Zusammenhang mit der Potentialanalyse sind vor allem in der Methode zu sehen. Da die Identifikation der Schlüsselfaktoren über eine Ad-hoc-Stärken-Schwächen-Analyse erfolgt, ist die Gestaltung dieses Prozesses sehr wichtig. Es besteht die Gefahr der Subjektivität, die an mehreren Punkten angreifen kann:

- bei der Bestimmung der vergangenen Erfolge beziehungsweise Mißerfolge und ihren Ursachen,
- bei der Einschätzung der zukünftigen internen Stärken und Schwächen,
- bei der Destillation der kritischen Erfolgsfaktoren,
- bei der Bewertung der eigenen Organisation im Verhältnis zum Wettbewerber.

Dieses Risiko kann nicht ausgeschlossen, aber durch einen sinnvoll gestalteten Prozeß minimiert werden. Es kommt darauf an, bewußt einseitige Meinungsbildung und dominante Gruppendynamik auszuschalten. Eine Vielfalt an Meinungen sichert mehr Objektivität. Daher ist im Erstellungsprozeß darauf zu achten, daß

- mehrere Personen daran teilnehmen (10 bis 15),
- diese Personen aus verschiedenen Bereichen der Organisation kommen,
- eventuell auch Externe eingebunden werden,
- alle Teilnehmer gleichberechtigt sind und die Möglichkeit zur Offenheit herrscht,
- gegebenenfalls ein Advocatus Diaboli ernannt wird.

Am sinnvollsten ist der Einsatz dieses Instruments in rein preisfinanzierten Märkten und in Konkurrenzsituationen mit anderen NPOs. In geschützten, konkurrenzfreien Märkten ist der Einsatz nicht sinnvoll. Abstufungen gibt es für den Fall, wo direkte Konkurrenz zur Produktion von privaten Gütern besteht, weil dort die Schlüsselfaktoren sich nicht am Überlebensziel, sondern an der Erzielung einer Wirkung beim Klienten orientieren *(vgl. HANDBUCH - Horak, Matul, Scheuch, 1997: Ziele, S. 136f.)*, und wo NPOs mit Unternehmen oder Staat in indirekter Konkurrenz stehen (Substitionsprodukte) *(vgl. HANDBUCH - Horak, 1997: Management, S. 307)*.

1.4.3 Praxisbeispiel

Eine NPO, die internationale medizinische Notfallhilfe in Entwicklungs- und Krisenländern anbietet, will sich in ihrem Wettbewerbsumfeld orientieren und die eigene Leistungsfähigkeit beurteilen. Neben der Bereitstellung von medizinischem und technischem Fachpersonal ist auch die Spendenakquisition ein immer wichtiger werdender Bestandteil der nationalen Büros.

Aus dieser Situation heraus setzt der hauptamtliche Geschäftsführer ein Team zusammen, das eine Potentialanalyse mit einem Moderator durchführen soll. Er wählt den fünfköpfigen Vorstand, einen hauptamtlichen Mitarbeiter, der für die Organisation verantwortlich ist, einen Vertreter der Fundraisingagentur, zwei Ärzte und eine Krankenschwester, die bereits mehrere Einsätze in Krisenregionen miterlebt haben, und einen Projektkoordinator, der Erfahrungen in der organisatorischen und logistischen Gestaltung solcher Hilfsprojekte hat. Zusätzlich bittet er auch zwei Vertreter der internationalen Mutterorganisation, an dieser Klausur teilzunehmen.

Der Moderator beauftragt die Gruppe zuerst mit einer einfachen Listung der vergangenen Erfolge und Mißerfolge. Diese läßt er auf Kärtchen schreiben und sammelt sie an einer Pinnwand. Die Aufstellung hat etwa folgendes Aussehen:

vergangene Erfolge	vergangene Mißerfolge
• 13 Ärzte auf Einsatz geschickt	• Mailingaktion fehlgeschlagen
• wachsender Bekanntheitsgrad	• private Spenderzahl gering
• neues Büro eröffnet	• staatliche Förderungen nicht erhalten

Danach bittet der Moderator die Gruppe, die Ursachen dieser Erfolge und Mißerfolge mit den gleichen Mitteln zu identifizieren:

Ursachen vergangener Erfolge	Ursachen vergangener Mißerfolge
• großer Bekanntheitsgrad in medizinischen Kreisen	• kein Know-how bei Mailings
• gute Kontakte zur Ärztekammer	• Fundraising bisher nur Nebenaktivität
• verstärktes Engagement der Mutterorganisation	• kaum Kontakte zu Regierungsstellen
• verstärkte PR-Aktivitäten	

Anschließend lenkt der Moderator den Blick auf die Zukunft, indem er die Teilnehmer dazu auffordert, die zukünftigen internen Stärken und Schwächen der Organisation und die zukünftigen externen Chancen und Risiken im Umfeld einzuschätzen:

interne Stärken	interne Schwächen
• Qualität des bereitgestellten Personals	• schwache Durchdringung des privaten Spendenmarkts
• Kontakte zu medizinischen Organisationen	• geringes Potential bei öffentlichen Förderungen
• Neutralität und politische Unabhängigkeit	• Abhängigkeit von internationaler Mutterorganisation

externe Chancen	externe Risiken
• Bedarf an qualifizierten Kräften steigt	• Mittelknappheit der öffentlichen Hand
• Kooperationen zwischen NPOs werden häufiger	• schlechte wirtschaftliche Lage verringert Spendenaufkommen

Damit wurde die Grundlage für die Identifikation der Schlüsselfaktoren geschaffen, und in einer abschließenden Gesprächsrunde einigt sich die Gruppe auf folgende Faktoren:

- Qualität des medizinischen Personals
- Verfügbarkeit des medizinischen Personals
- Kontakte zu Regierungsstellen
- Fundraisingfähigkeiten
- Image der Organisation
- Bekanntheitsgrad
- Finanzkraft
- Autonomie.

Abb. II 1.9

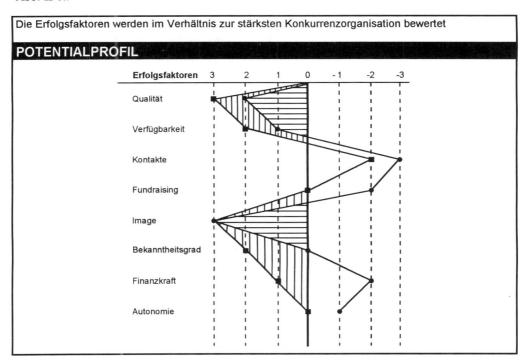

Die quer schraffierten Flächen zeigen das derzeit genutzte Potential – die im Vergleich zur Konkurrenz entscheidenden Wettbewerbsstärken der Organisation. In den Erhalt und Ausbau dieser Stärken muß investiert werden. Allerdings sind auch Engpaßfaktoren erkennbar, die die Leistungsfähigkeit der Organisation hemmen. Überlegungen, wie kritische Defizite abgebaut beziehungsweise verringert werden können, entsprechen dem Grundsatz „zuerst tödliche Schwächen abbauen und dann in Stärken investieren".

Als abschließender Schritt ist es noch wichtig, das noch nutzbare Potential zu identifizieren. Dies wird durch eine neuerliche Bewertung möglich, die unter der Annahme des Wegfalls der größten Einschränkung (in der Regel Kapital beziehungsweise Mitarbeiter) durchgeführt wird. Dieses noch nutzbare Potential wird durch die längs schraffierten Flächen dargestellt.

1.5 Szenarioanalyse
(Tarek Haddad)

Kurzbeschreibung

Unter Szenarien versteht man alternative Zukunftsbilder, die aus in sich stimmigen, logisch zusammenpassenden Annahmen bestehen, und die Beschreibung der Entwicklungspfade, die zu diesen Zukunftsbildern hinführen.

Die Methode der Szenariotechnik versucht, den Informationsbedarf für die strategische Planung zu identifizieren und interne und externe Informationsquellen gezielt einzusetzen.

Der Ablauf der Szenarioanalyse umfaßt folgende Schritte:
- Aufgabenanalyse
- Einflußanalyse
- Projektionen
- Alternativenbildung
- Szenariointerpretation
- Konsequenzanalyse
- Störereignisanalyse
- Szenariotransfer.

1.5.1 Beschreibung

Mit der Szenariomethode versucht man die Entwicklung zukünftiger Umfeldsituationen und aus der heutigen Situation den Weg in diese Zukunft zu beschreiben. (vgl. von Reibnitz, 1987, S. 15f.) Dabei können
- Globalszenarien und/oder
- organisationsspezifische Szenarien

erstellt werden. Globalszenarien beziehen sich auf bestimmte, generell interessante Themen für übergeordnete Bereiche. Für eine Organisation sind jedoch meist spezifische Szenarien interessanter, weil sie von organisationsspezifischen Voraussetzungen ausgehen und für die jeweilige Organisation relevante Einflußfaktoren ermittelt werden, die dann in die Zukunft projiziert werden.

Zur Verdeutlichung von Szenarien dient der Szenariotrichter. Die Grundüberlegung dabei ist, daß sich Umfeldbedingungen der Organisation in einer kurzfristigen Sichtweise nicht unbedingt gravierend ändern, zum Teil sind sie sogar festgeschrieben (Normen, Gesetze etc.). Eine langfristige Betrachtung macht allerdings die Prognose der Entwicklung von Einflußfaktoren und ihrer alternativen Auswirkungen auf die Organisation unmöglich. Je weiter man sich von der Gegenwart wegbewegt, desto vielfältiger werden die Kombinationsvarianten der möglichen Entwicklungen und desto größer wird die Komplexität und damit die Unsicherheit. Durch die Öffnung eines Trichters kann dieser Zuwachs gut dargestellt werden.

Ein Schnitt durch den Trichter an einem Punkt der Zeitachse stellt die Gesamtheit der zu diesem Zeitpunkt theoretisch möglichen Zukunftssituationen (Szenarien) dar. Es ist selbstverständlich nicht notwendig, alle diese denkbaren Situationen systematisch zu bearbeiten und in der Planung zu berücksichtigen.

Der Pionier der Szenarioentwicklung, die Firma Shell, hat erkannt, daß zwei Szenarien ausreichend sind, wenn folgende Kriterien berücksichtigt werden:

- große Stimmigkeit
- Konsistenz
- Widerspruchsfreiheit
- große Unterschiedlichkeit zwischen den Szenarien.

Diese beiden Szenarien sind in einem systematischen Prozeß (Szenariomethode) zu erarbeiten, um Leitstrategien zu entwickeln, die den unterschiedlichen Situationen gerecht werden. Darüber hinaus werden in Szenarien Störereignisse berücksichtigt und ihre Auswirkungen systematisch analysiert, zusätzlich werden Präventiv- und Reaktivmaßnahmen definiert.

Abb. II 1.10

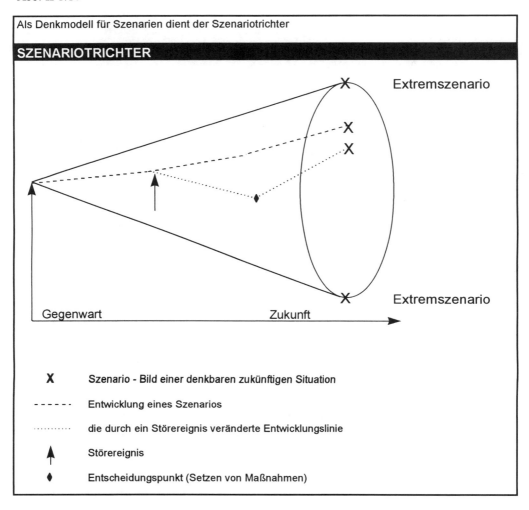

Abb. II 1.11

Die Szenariomethode ist ein Prozeß in acht Schritten	
ABLAUF DER SZENARIOERSTELLUNG	
Schritt	Darstellung
1. Aufgabenanalyse	exakte Formulierung der Aufgabenstellung, Identifikation der Strukturmerkmale und Problemfelder, Erfassen von Kenngrößen (Deskriptoren), Handlungs- und Gestaltungsparametern
2. Einflußanalyse	Identifizierung und Strukturierung der wichtigsten Einflußbereiche auf das Untersuchungsfeld (Stakeholder-Analyse)
3. Projektionen	Ermittlung von Entwicklungstendenzen und kritischen Deskriptoren für die Anspruchsgruppen, Einsatz von Expertenwissen, Prognosen, Recherchen, Befragungen
4. Alternativenbündelung	Schätzung der Verhältnisse unterschiedlicher Ausprägungen von kritischen Deskriptoren zueinander (welche stehen neutral zueinander, welche gegensätzlich, welche verstärkend?), Bildung von zwei konsistenten, stabilen, unterschiedlichen Bündeln
5. Szenariointerpretation	Hinzufügen der unkritischen Deskriptoren (neutrale und verstärkende aus Schritt 3), Entwicklung der Umfeldszenarien in Zeitschritten (z.B. zweimal fünf Jahre), Rückgriff auf Wechselwirkungen der Anspruchsgruppen und Umfelder aus Schritt 2, plastische Ausformulierung der Zukunftsbilder (ca. fünf bis acht Seiten)
6. Konsequenzanalyse	Auswirkungen dieser Szenarien für die Organisation und Entwicklung von geeigneten Maßnahmen zur Nutzung von Chancen und Verminderung von Risiken, Unterscheidung in mittelfristige (bis zum ersten Zeithorizont) und langfristige Aktivitäten (bis zum zweiten Zeithorizont)
7. Störereignisanalyse	Sammlung und Bewertung der Signifikanz von abrupt auftretenden internen und externen Ereignissen, die die Organisation erheblich beeinflussen können, Entwickeln von Präventiv- und Reaktivmaßnahmen
8. Szenariotransfer	Festlegen einer Strategie mit Alternativstrategien und Aktivitäten zu Chancen und Risiken, Etablieren eines Umfeldbeobachtungssystems, Integration der Präventiv- und Reaktivmaßnahmen gegen Störereignisse, Untergliederung der Strategie für verschiedene Funktionen/Bereiche

1.5.2 Vor- und Nachteile

Szenarien werden idealerweise in Workshops mit Hilfe von Gruppenarbeitsmethoden *(siehe Teil III Kapitel 5.6)* entwickelt. Sie können aber auch in Form einer Studie erstellt werden. Die wesentlichen Vorteile der Gruppenarbeit sind:

- Das unterschiedliche Fachwissen wird simultan eingebracht und abgestimmt.
- Es sind relativ viele Mitarbeiter eingebunden, was die Akzeptanz der Ergebnisse erhöht.
- Die im Prozeß beteiligten Personen werden mit neuartigen Denkweisen und Fakten konfrontiert.
- Es besteht aber auch die Gefahr von Spannungen innerhalb der Gruppe, und der Erfolg des Prozesses hängt von der Kompetenz des Moderators ab.

Es hat sich bewährt, den Prozeß bis inklusive Schritt 2 mit sechs bis acht Mitarbeitern zu beginnen und danach Experten und weitere Mitarbeiter einzubeziehen. Die Schritte 3 bis 6 (Beschäftigung mit Umfeldern) erlauben auch eine Untergliederung in Kleingruppen von drei bis vier Personen. Der gesamte Entwicklungsprozeß von Szenarien dauert etwa acht bis zehn Tage, die meistens in zweitägige Sitzungen unterteilt werden. Daraus ergibt sich eine Bearbeitungsdauer von vier bis sieben Monaten, wobei die Termine ab Schritt 5 eher eng beieinander liegen sollten. (vgl. Geschka, Hammer, 1997, S. 486f.)

1.5.3 Praxisbeispiel

Da ein integriertes Beispiel den Rahmen sprengen würde, beschränken wir uns auf den zweiten Schritt der Szenario-Methode.

Dieser Schritt ist die Einflußanalyse, bei der es darum geht, die externen Einflußfaktoren zu ermitteln, zu bewerten und die Vernetzung zwischen den Einflußbereichen zu erarbeiten. Elemente dieses Schritts findet man auch in der Stakeholderanalyse, die ebenfalls eine Informationsgrundlage bieten kann.

Zentrale Fragestellung ist: Wie stark beeinflußt jeder Bereich – charakterisiert durch seine wichtigsten Einflußfaktoren – alle anderen Bereiche? (vgl. von Reibnitz, 1987, S. 37)

Dies geschieht mit Hilfe einer Vernetzungsmatrix, in der alle Einflußfaktoren mit allen anderen in Beziehung gesetzt werden. Die Buchstaben in der Matrix stehen für verschiedene Einflußbereiche, die Einflußstärken werden mit folgender Bewertungsskala gemessen:

- 0 = kein Einfluß
- 1 = schwacher Einfluß
- 2 = mittlerer Einfluß.

Abb. II 1.12

Die Vernetzungsmatrix dient zur Feststellung der Vernetzung verschiedener Einflußbereiche									
DARSTELLUNG GEGENSEITIGER BEEINFLUSSUNG									
Einflußbereiche	A	B	C	D	E	F	G	H	Aktivsumme
A	X	2	2	2	2	1	2	1	12
B	1	X	1	1	0	0	0	0	3
C	0	2	X	2	2	1	2	1	10
D	0	2	2	X	2	1	1	0	8
E	1	2	1	1	X	0	0	0	5
F	0	1	0	0	1	X	0	1	3
G	1	1	1	0	0	0	X	0	3
H	0	0	1	1	0	1	0	X	3
Passivsumme	3	10	8	7	7	4	5	3	47/8=5,9

Die Aktivsumme ist die Stärke, mit der ein Element insgesamt auf alle anderen Einflußbereiche einwirkt, die Passivsumme gibt an, wie stark ein Einflußbereich von allen anderen beeinflußt wird.

Diese Aktiv(Zeilen) und Passiv(Spalten)-Summen werden in ein System-Grid übertragen, das die Einflußbereiche übersichtlich systematisiert.

Feld I beinhaltet die aktiven Einflußbereiche, die alle anderen sehr stark beeinflussen und selbst nur schwach beeinflußt werden.

In Feld II befinden sich die ambivalenten Einflußbereiche, die hohe Aktivität wie auch Passivität aufweisen, sie beeinflussen oft genauso stark, wie sie beeinflußt werden.

Puffernde und niedrig ambivalente Einflußbereiche werden Feld III zugeordnet. Sie beeinflussen das System kaum und werden auch kaum beeinflußt.

In Feld IV werden die passiven Elemente eingetragen, die sich sehr stark beeinflussen lassen und selbst das System relativ wenig beeinflussen.

42 II Funktionsspezifische Instrumente

Daraus lassen sich folgende Grundregeln ableiten:

- Größte Verstärkerwirkung erreicht man, wenn man aktive Elemente zur eigenen Zielerreichung nutzen kann, teilweise gilt dies auch für ambivalente Elemente mit deutlicher Aktivbilanz.
- Keine passiven oder puffernden Elemente beeinflussen, da die Wirkung im System ausbleiben wird.

Abb. II 1.13

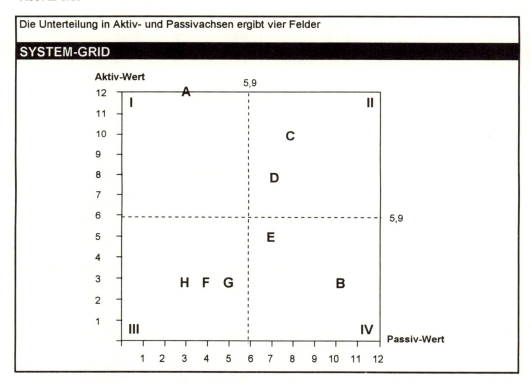

1.6 Portfoliomanagement in NPOs
(Stefan Tweraser)

Kurzbeschreibung

Portfolios sind ein Darstellungsinstrument, mit dem komplexe Zusammenhänge in zwei Dimensionen einfach und übersichtlich präsentiert werden können. Die beiden Dimensionen werden durch ihre Beeinflußbarkeit unterschieden: Die eine ist in großem Maß von der NPO beeinflußbar, die andere wird primär vom Umfeld der NPO geprägt und ist daher für die NPO selbst eine weitgehend gegebene Größe. Jede der beiden gewählten Dimensionen hat einen Anfangspunkt, (mindestens) einen Mittelpunkt und einen Endpunkt. Dadurch wird das Darstellungsfeld in Teilfelder oder Quadranten zerlegt. In dem so geschaffenen zweidimensionalen Darstellungsraum mit vier Feldern werden Teilbereiche der NPO als strategische Betrachtungsobjekte positioniert. Da mit jedem Quadranten ein Bündel an Maßnahmenvorschlägen für die Betrachtungsobjekte verbunden ist, können aus der Positionierung Aktionspläne für die Betrachtungsobjekte abgeleitet werden.

1.6.1 Beschreibung

Mit Portfolios werden komplexe Zusammenhänge grafisch dargestellt; sie können für die unterschiedlichsten Aufgabenstellungen eingesetzt werden. Bei der Erstellung eines Portfolios sind – unabhängig von der gewählten Zielsetzung – folgende Fragen zu stellen und zu beantworten:

- Welche strategischen Betrachtungsobjekte (z.B. die einzelnen Aktivitäten der NPO oder der Mitgliedergruppen) sollen im Portfolio dargestellt werden?
- Welche (von den Entscheidungen innerhalb der NPO) abhängige Dimension soll gewählt werden?
- Welche (von den Entscheidungen innerhalb der NPO) unabhängige Dimension soll gewählt werden?
- Welche (a) Anfangspunkte, (b) Mittelpunkte und (c) Endpunkte können für die abhängige beziehungsweise die unabhängige Dimension gewählt werden, d.h. (d) welche Quadranten werden gebildet?
- Welche Bündel an Maßnahmenvorschlägen können für die einzelnen Quadranten beziehungsweise für die darin positionierten Betrachtungsobjekte zusammengestellt werden?

Die Antworten auf diese Fragen bestimmen die Aussagen, die aus dem Portfolio abgeleitet werden können, und sind natürlich von der Wahl der Zielsetzung abhängig. In der grafischen Darstellung lassen sich diese fünf Fragen folgendermaßen abbilden:

Abb. II 1.14

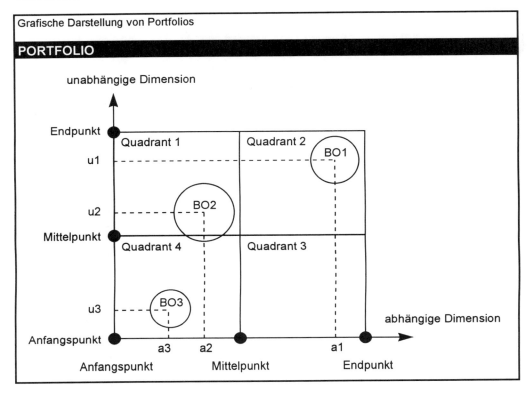

Im abgebildeten Portfolio sind drei Betrachtungsobjekte (BO1, BO2 und BO3) eingetragen. Diese haben in der unabhängigen Dimension die Ausprägungen u1, u2 beziehungsweise u3 und in der abhängigen Dimension die Ausprägungen a1, a2 beziehungsweise a3. Durch die Radien der Kreise, mit denen die Betrachtungsobjekte eingezeichnet werden, können zusätzliche Informationen über die einzelnen Objekte (Spendenvolumen, Kosten ...) kommuniziert werden.

In der Managementlehre hat die Portfoliotechnik seit Anfang der siebziger Jahre einen fixen Platz. Zu dieser Zeit entwickelte die US-amerikanische Beratergruppe BCG (Boston Consulting Group) gemeinsam mit General Electric das Marktanteils-Marktwachstums-Portfolio. Die Antworten auf die oben dargestellten fünf Grundfragen lassen sich wie folgt darstellen:

ad 1.) Im Marktanteils-Marktwachstums-Portfolio werden strategische Geschäftsfelder positioniert. Ein strategisches Geschäftsfeld (SGF) ist ein Ausschnitt aus dem gesamten betrieblichen Geschehen einer NPO, der in sich möglichst einheitlich und homogen ist, zu anderen Teilbereichen der Organisation aber wesentliche Unterschiede aufweist. Ein SGF erfüllt eine eigenständige Marktaufgabe, kann in einem Markt eigene Wettbewerbsvorteile aufbauen und ist dem Druck spezifizierbarer Wettbewerber ausgesetzt. In einer NPO des Gesundheitswesens können beispielsweise Dienstleistungen des Krankentransports einerseits und eine Blutspendeorganisation andererseits als SGFs betrachtet werden. Ebenso können missionarische Anliegen und soziale Dienstleistungen SGFs einer NPO sein. Für die Definition sollte man ein SGF als spezifische Produkt-Markt-Kombination betrachten, wobei eine Differenzierung der Märkte nach geographischen, soziodemographischen oder anderen Kriterien erfolgen kann.

ad 2.) Als von der NPO beeinflußbare Dimension des Marktanteils-Marktwachstums-Portfolios wird der relative Marktanteil eines SGFs am Gesamtmarkt gewählt, wodurch die Wettbewerbsstärke des SGFs zum Ausdruck gebracht werden soll. Der absolute Marktanteil kann zu falschen Aussagen über die Position des Unternehmens im Vergleich zu den Mitbewerbern verleiten, z.B. kann in einem Markt ein Marktanteil von 20 Prozent sehr groß sein (wenn der stärkste Mitbewerber nur über 10 Prozent Marktanteil verfügt und der Rest des Markts von vielen kleinen Anbietern umkämpft wird). Andererseits sind 20 Prozent aber ein sehr geringer Marktanteil, wenn der Marktführer z.B. 60 Prozent des Markts gewinnen konnte. Der relative Marktanteil umgeht diesen Nachteil bei der Interpretation, indem der Marktanteil der NPO mit dem Marktanteil des stärksten Mitbewerbers ins Verhältnis gesetzt wird. Marktführer haben daher einen relativen Marktanteil über 1. In der Abbildung wird der relative Marktanteil logarithmisch aufgetragen (d.h. der Abstand zwischen 0,1 und 1 entspricht dem Abstand zwischen 1 und 10).

Ein großer relativer Marktanteil gilt bei der Interpretation des Portfolios als guter Wert, ein geringer relativer Marktanteil als schlechte Ausgangsposition für die NPO. Hintergrund dieser Interpretation ist der Erfahrungskurveneffekt. Diesem Phänomen entsprechend, kann bei einer Verdopplung der kumulierten Ausbringungsmenge (also z.B. bei einer Steigerung von 1.000 Stück auf 2.000 Stück, die insgesamt von einem Produkt hergestellt wurden) eine Gesamtkostensenkung zwischen 10 und 30 Prozent erzielt werden. Die Führung der NPO muß aber bei der Erstellung eines Marktanteils-Marktwachstums-Portfolios kritisch hinterfragen, ob solche Größenvorteile bei Dienstleistungen tatsächlich realisiert werden können. So erscheinen z.B. bei Blutspendediensten oder Sportvereinen Erfahrungseffekte nutzbar, bei Forschungsaufträgen oder Beratungstätigkeiten werden Größenvorteile allerdings nur eine untergeordnete Rolle spielen.

ad 3.) Als von der NPO unbeeinflußbare Dimension des Marktanteils-Marktwachstums-Portfolios wählt man das Marktwachstum. Bei der Interpretation des Portfolios wird ein schnell wachsender Markt positiv gesehen, ein langsam wachsender, stagnierender oder schrumpfender Markt negativ. Grund dafür ist, daß in schnell wachsenden Märkten expansive Maßnahmen, die das Wachstum der NPO sicherstellen sollen, leichter umzusetzen sind als in weniger dynamischen Umfeldern. Grafisch wird das Marktwachstum linear aufgetragen (d.h. der Abstand zwischen 1 und 2 entspricht dem Abstand zwischen 10 und 11).

ad 4. (a) und (c)) Die Anfangspunkte der beiden Dimensionen werden in Abhängigkeit der konkreten Ausprägungen in den einzelnen SGFs der NPO gewählt. Meist können jedoch als minimale Größe des Marktwachstums 0 Prozent (d.h. ein stagnierender Markt) und als kleinster relativer Marktanteil 0,1 (d.h. der stärkste Mitbewerber hat den zehnfachen Marktanteil der NPO) angenommen werden. An den anderen Skalenenden wird 10 Prozent Wachstum und ein relativer Marktanteil von 10 wohl nur selten überschritten.

ad 4. (b)) Die Wahl der Mittelpunkte ist kritisch, da durch sie die Quadranten und die damit verbundenen Empfehlungen für die einzelnen SGFs unterschieden werden. Einfach ist die Bestimmung der Mitte für den relativen Marktanteil mit 1. Alle SGFs mit einem relativen Marktanteil größer 1 sind Marktführer. Für den Mittelpunkt der Dimension Marktwachstum können unterschiedliche Verfahren herangezogen werden: der Mittelwert aus den konkreten Ausprägungen bei den einzelnen SGFs, das Wachstum des BIP (oder eines anderen volkswirtschaftlichen Indikators) oder eine normative Vorgabe der Führung der NPO.

ad 4. (d)) Durch die Wahl der Dimensionen, Anfangs-, Mittel- und Endpunkte können im Marktanteils-Marktwachstums-Portfolio vier Quadranten unterschieden werden:

- Geringes Marktwachstum, geringer relativer Marktanteil: SGFs, die in diesem Quadranten positioniert werden, nennt man „Dogs". Produkte und Dienstleistungen dieser SGFs befinden sich meist am Ende des Produktlebenszyklus und liefern keinen positiven Beitrag zum **Unternehmensergebnis.**

- Geringes Marktwachstum, hoher relativer Marktanteil: „Cash Cow"-SGFs sind Marktführer in ihrem Segment. In profitorientierten Unternehmen erwirtschaften diese Produkte und Dienstleistungen einen besonders hohen Beitrag zum Unternehmensergebnis.

- Hohes Marktwachstum, geringer relativer Marktanteil: Derartige SGFs befinden sich in der Entwicklungsphase, kommen also oft direkt aus der F&E-Abteilung des Unternehmens und werden in Zukunftsmärkten positioniert. Die Ertragsaussichten dieser „Fragezeichen" sind ungewiß, und die Entwicklung muß mit erheblichen Finanzmitteln unterstützt werden.

- Hohes Marktwachstum, hoher relativer Marktanteil: Diese SGFs sind die „Stars" des Unternehmens, da sie in Wachstumsmärkten bereits hohe relative Marktanteile erreichen konnten. „Stars" können sich meist auch selbst finanzieren, liefern aber keinen wesentlichen Beitrag zum Unternehmensergebnis.

ad 5.) Für die vier Quadranten („Dog", „Cash Cow", „Fragezeichen", und „Star") können vier Maßnahmenbündel unterschieden werden, die aufgrund ihres Vorgabecharakters auch als Normstrategien bezeichnet werden. Sie geben Anhaltspunkte für die Verteilung knapper Ressourcen (Geld, Zeit, Managementfähigkeiten ...) zwischen den SGFs:

- Dogs: Eine Desinvestitionsstrategie vermeidet eine unnötig hohe finanzielle Belastung des Unternehmens durch diese SGFs. Durch Desinvestitionen freigesetzte Ressourcen können so in anderen SGFs eingesetzt werden.
- Cash Cow: Durch eine Abschöpfungsstrategie wird die gegenwärtige Wettbewerbsposition dieser SGFs gefestigt, um die Einnahmenüberschüsse für das Unternehmen langfristig zu sichern. Ein weiterer Ausbau des Marktanteils ist in einem stagnierenden Markt wenig sinnvoll.
- Fragezeichen: Eine Investitionsstrategie soll künftige Marktanteilsgewinne sichern. Dabei ist zu berücksichtigen, daß aufgrund mangelnder Finanzmittel meist nicht alle Fragezeichen ausgebaut werden können.
- Star: Eine Wachstumsstrategie baut die Marktführerschaft des SGFs aus und sichert so künftige Kostenvorteile.

Ziel des Portfoliomanagements ist ein „ausgeglichenes" Portfolio, d.h. die durch die einzelnen SGFs in Gegenwart und Zukunft verursachten positiven und negativen Zahlungsmittelströme sollen in Summe ausgewogen und positiv sein.

Aus den Antworten auf die Portfolio-Fragen, die bei einem Marktanteils-Marktwachstums-Portfolio gegeben werden, ist abzulesen, daß dieses Portfolio nur beschränkt in NPOs eingesetzt werden kann. Die Profitorientierung ist in den meisten Fällen zu dominant. Der grundlegende Zweck des Portfolios – die einfache Darstellung komplexer Zusammenhänge soll die Zuteilung von knappen Ressourcen transparent machen – ist aber auch für NPOs sinnvoll und wichtig.

Durch andere Dimensionen der Darstellung kann man die Portfoliotechnik für NPOs adaptieren. In der Regel werden die Dimensionen nicht nur aus einer Größe (wie relativer Marktanteil oder Marktwachstum) bestehen, sondern mehrdimensional zusammengesetzt. Denkbar sind z.B.:

- abhängige Dimension: Position des Aktivitätsfelds im Vergleich zu Konkurrenzorganisationen

  unabhängige Dimension: Zukunftsorientierung des Aktivitätsfelds (vgl. Grünig, Maass, 1996, S. 16-22)

- abhängige Dimension: Relative Wettbewerbssituation

  unabhängige Dimension: Marktattraktivität

  Es ergeben sich die vier Quadranten Nachwuchsleistungen, Stars, Imagebringer und Auslaufleistungen. (vgl. Kattnigg, 1995, S. 1-15)

Entscheidend für den Einsatz von Portfolios mit zusammengesetzten Dimensionen ist die Wahl und Bewertung jener Größen, von denen die Dimensionen beeinflußt werden. Bei der Auswahl ist vor allem die Unterscheidung in „abhängig" (d.h. von der NPO beeinflußbar) und

„unabhängig" (d.h. von der NPO nicht beeinflußbar) ausschlaggebend. Die Bewertung dieser Größen sollte mit Hilfe der Nutzwertanalyse *(siehe Teil II Kapitel 1.7)* transparent und nachvollziehbar erfolgen.

1.6.2 Vor- und Nachteile

Der größte Vorteil der Portfoliotechnik liegt in der einfachen Darstellung. Anschauliche Grafiken fassen unübersichtliche Zahlenberge transparent zusammen. Durch die zweidimensionale Darstellung, bei der die Dimensionen auch aus mehreren Größen zusammengesetzt werden können, wird auch eine übertriebene Simplifizierung (Eindimensionalität im Sinne des Wortes) vermieden.

Mit diesem Vorteil ist allerdings auch der größte Nachteil verbunden: Durch zu hohe Informationsverdichtung kann leicht Informationsvernichtung betrieben werden. In vielen Fällen wird eine zweidimensionale Darstellung der komplexen Wirklichkeit nur ungenügend gerecht.

Die Anwendung der Portfoliotechnik ist daher mit dem Risiko der Entscheidungsautomatisierung auf der Basis ungenügender, weil nur zweidimensionaler Analyse verbunden. Wird nur nach Normstrategien gehandelt, so kann darin eine unzulässige Verkürzung der Entscheidungsfindung liegen.

Gerade für den NPO Bereich sind die klassischen Portfolios (Marktanteils-Marktwachstums-Portfolio) nicht geeignet. Das hat den Nachteil, daß die Dimensionen für den spezifischen Einsatz in jeder NPO auf die Besonderheiten im jeweiligen Markt angepaßt werden müssen. Dadurch vermeidet man unreflektierte Übernahme von Strategieempfehlungen, und der genannte Vorteil der Portfoliotechnik – die Informationsverdichtung und Entscheidungsvorbereitung – rückt in den Vordergrund.

1.6.3 Praxisbeispiel

Ein Verein für Tier- und Umweltschutz möchte die von seinen Mitarbeitern (angestellt und ehrenamtlich) durchgeführten Projekte mit Hilfe eines Portfolios strukturieren und auf Basis dieser Strukturierung neue Ressourcen zuweisen.

Die Antworten auf die fünf Portfoliofragen sind:
- Die einzelnen Projekte werden als strategische Betrachtungsobjekte im Portfolio eingetragen. Neben der Position werden die Projekte auch durch Kreise beschrieben, deren Radius den für die Projekte eingesetzten Arbeitstagen entspricht.

- Als abhängige Dimension wird der Grad der Eigenfinanzierung der Projekte gewählt. Eigenfinanzierung wird durch dedizierte Spenden oder direkte Rückflüsse aus den Projekten erreicht.
- Als unabhängige Dimension wird die gesellschaftliche Relevanz der Projekte festgesetzt.
- Mittel-, Anfangs- und Endpunkte der Dimensionen werden qualitativ bestimmt (d.h. hoch, mittel oder niedrig). Es können daher vier Quadranten – vier Projekttypen – unterschieden werden:
  - Fokusprojekte (Grad der Eigenfinanzierung hoch, gesellschaftliche Relevanz hoch): Fokusprojekte tragen wesentlich zum wirtschaftlichen und gesellschaftlichen Erfolg des Vereins bei.
  - Zuschußprojekte (Grad der Eigenfinanzierung niedrig, gesellschaftliche Relevanz hoch): Zuschußprojekte sind für die gesellschaftliche Position des Vereins sehr wichtig, müssen aber aus anderen Projekten subventioniert werden.
  - Finanzierungsprojekte (Grad der Eigenfinanzierung hoch, gesellschaftliche Relevanz niedrig): Durch diese Projekte, die wenig zu den gesellschaftlichen Zielen des Vereins beitragen, werden überschüssige Finanzmittel erwirtschaftet, durch die z.B. Zuschußprojekte unterstützt werden können.
  - Vampirprojekte (Grad der Eigenfinanzierung niedrig, gesellschaftliche Relevanz niedrig): Vampirprojekte verschlingen Aufmerksamkeit, Arbeitskraft und Finanzmittel, da sie keine ausreichenden Geldströme generieren und zur gesellschaftlichen Position des Vereins nur einen geringen Beitrag leisten.
- Mit den vier Quadranten sind folgende (vereinfachten) Normstrategien verbunden:
  - Fokusprojekte: Projektvolumen und -anzahl ausbauen, zusätzliche Personalressourcen zuweisen, Grad der Eigenfinanzierung halten oder ausbauen (aufgrund der hohen gesellschaftlichen Relevanz der Projekte möglich)
  - Zuschußprojekte: Projektvolumen und -anzahl halten, Grad der Eigenfinanzierung ausbauen, straffes Ressourcenmanagement, Vermarktung verbessern
  - Finanzierungsprojekte: Projektvolumen und -anzahl halten, Projekte mit negativem gesellschaftlichem Konfliktpotential abbauen, straffes Ressourcenmanagement, Finanzmittelabfluß für andere Projekte optimieren
  - Vampirprojekte: Projektvolumen und -anzahl abbauen, Ressourcen in andere Projekte umleiten, straffes Ressourcenmanagement

In der folgenden Abbildung sind die bestehenden (weiß) und künftigen (grau) Projekte des Vereins dargestellt. Durch die Pfeile zwischen den Projekten wird die geplante Wirkung der angewendeten Normstrategien dargestellt.

Abb. II 1.15

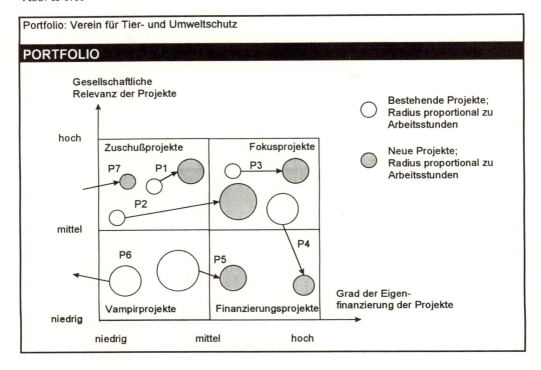

1.7 Strategiebewertung
(Stefan Tweraser)

Kurzbeschreibung

Im Rahmen der Strategiebewertung werden die entwickelten Strategiekonzeptionen quantitativ oder qualitativ beurteilt. Für NPOs wird eine rein qualitative Bewertung von strategischen Optionen nur selten sinnvoll sein, während eine qualitative Bewertung der erarbeiteten Konzeptionen in den Dimensionen Durchführbarkeit, Stimmigkeit und Risiko ein wesentlicher Schritt zur Professionalisierung des Managements in NPOs ist. Ergebnis der Strategiebewertung ist eine Rangfolge der erstellten Strategiekonzeptionen oder die Auswahl der am besten bewerteten Strategie.

1.7.1 Beschreibung

Bei der Strategieentwicklung steht die Erarbeitung unterschiedlicher strategischer Optionen für die NPO im Vordergrund. Dabei ist darauf zu achten, daß einzelne Vorgangsweisen nicht zu schnell „abgewürgt" werden. Sonst entsteht die Gefahr, daß kreative Problemlösungen, die eine positive Entwicklung der NPO sichern können, nicht weit genug vorangetrieben werden, um konkret umsetzbar zu werden. Es sollten also auch ausgefallene, unübliche, „nicht-auf-der-Hand-liegende" Optionen entwickelt werden.

Die Strategiebewertung hat die Aufgabe, jene Strategiekonzeption auszuwählen, die für die Sicherung der Lebensfähigkeit der NPO den größten Beitrag leisten kann. Man unterscheidet zwischen quantitativer und qualitativer Strategiebewertung.

1.7.1.1 Quantitative Strategiebewertung

Die quantitative Strategiebewertung hat in gewinnorientierten Unternehmen in den letzten Jahren immer mehr an Bedeutung gewonnen. Unter der Bezeichnung Shareholder Value Analyse oder Wertsteigerungsanalyse versteht man ein finanzorientiertes Strategiebewertungsmodell, das die Auswirkungen der Strategie auf den künftigen Unternehmenswert (im Falle einer Aktiengesellschaft der Börsenkapitalisierung oder des Shareholder Value) aus Eigentümersicht untersucht. Vereinfacht gesagt, werden dabei den künftigen Einzahlungsströmen, die eine Strategie bedingt (Umsätze, Förderungen ...) die künftigen Auszahlungen (Investitionen, Rohstoffe, Löhne, Steuern ...) gegenübergestellt und die Differenz abgezinst. Ziel ist es, jene Strategie zu identifizieren, die den größten Zahlungsmittelüberschuß und damit die größte Steigerung im Shareholder Value hervorbringt.

In NPOs ist die Strategiebewertung mit Hilfe des Shareholder Value aufgrund der unterschiedlichen Zielsetzung nicht anwendbar. Einzahlungen und Auszahlungen spielen aber auch für das Management einer NPO eine wesentliche Rolle, daher kann eine Analyse des Zusammenhangs zwischen strategischen Maßnahmen und Zahlungsströmen die Strategiebewertung unterstützen. Folgender Fragenkatalog kann helfen, diese Zusammenhänge zu erkennen und zu quantifizieren:

- Wie viele neue Mitglieder können durch die Strategie gewonnen werden, und wie hoch sind die daraus resultierenden Einnahmen aus Mitgliedsbeiträgen (mit Zeitangaben)?
- Wie viele neue Sponsoren können durch die Strategie gewonnen werden, und wie hoch sind die daraus resultierenden Einnahmen aus Sponsorbeiträgen (mit Zeitangaben)?
- Wie viele sonstige Einnahmen (z.B. durch Merchandising, Förderungen ...) können durch diese Strategie realisiert werden (mit Zeitangaben)?
- Welche Investitionen sind notwendig, um diese Strategie umzusetzen, und welche Auszahlungen sind damit verbunden (mit Zeitangaben)?

- Welche Personalausgaben sind notwendig, um diese Strategie umzusetzen (mit Zeitangaben)?
- Welche Ausgaben für Materialien (Rohstoffe, Forschungschemikalien ...) sind notwendig, um diese Strategie umzusetzen (mit Zeitangaben)?
- Welche sonstigen Ausgaben sind notwendig, um diese Strategie umzusetzen (mit Zeitangaben)?

Die Gegenüberstellung von Einzahlungen und Auszahlungen sowie die Abzinsung der Differenz ermöglicht eine quantitative Strategiebewertung.

1.7.1.2 Qualitative Strategiebewertung

Die qualitative Strategiebewertung baut im wesentlichen auf drei Fragen auf (vgl. Hoffmann, Klien, Unger, 1996):

- Ist die Strategie durchführbar? Fehlen für die Umsetzung der Strategie Fähigkeiten oder Ressourcen, so ist die Strategie für die NPO nicht positiv zu bewerten. Für die Umsetzung von Forschungsprojekten werden z.B. geeignete Mitarbeiter und Forschungseinrichtungen benötigt. Sind diese nicht vorhanden oder können diese nicht beschafft werden, so kann die Strategie nicht verfolgt werden, auch wenn damit potentiell ein großer Gewinn an Mitgliedern verbunden wäre.
- Steht die Strategie nicht im Widerspruch zu anderen Teilstrategien, zum Führungssystem der NPO oder zu ihrem Umfeld? Die Strategie muß „zur NPO passen". Dabei ist vor allem das Umfeld der NPO ein entscheidender Faktor, da es zum Großteil aus (zahlenden und nichtzahlenden) Kunden besteht. Daher ist die Frage nach der Identität und dem Wertverständnis dieser Kunden von zentraler Bedeutung: „Who is our customer?" und „What does the customer consider value?" (vgl. Drucker, 1993)
- Welche Risiken für die NPO sind mit der Strategie verbunden? Jede Entscheidung, die die Zukunft der NPO beeinflußt, ist mit Risiken verbunden. Eine Bewertung jener Risiken, die mit einer Strategiekonzeption zusammenhängen, ist daher auch für NPOs besonders wichtig. Grundsätzlich sind dabei Risiken der künftigen Einnahmenausfälle und der künftigen Ausgabenerhöhungen zu unterscheiden. Bei der Risikoanalyse sind die Wahrscheinlichkeit des Eintritts, das Ausmaß der finanziellen Folgen sowie mögliche Verbundrisiken zu analysieren.

Für die Analyse dieser qualitativen Größen bietet sich die Nutzwertanalyse an. Durch dieses – auch Scoring-Modell genannte – Verfahren können qualitative Bewertungen transparent in quantitative Größen übergeführt werden.

1.7.2 Vor- und Nachteile

Größter Vorteil der Strategiebewertung ist die Transparenz in der Entscheidung für die eine oder andere strategische Alternative. Diese Transparenz ist vor allem für eine strategische Erfolgskontrolle und die daraus abgeleiteten Korrekturmaßnahmen wichtig. Wenn Entscheidungen nicht bewußt getroffen werden, können sie auch schwer hinterfragt und sinnvoll geändert werden.

Sowohl bei der quantitativen als auch bei der qualitativen Strategiebewertung mit Hilfe der Nutzwertanalyse besteht allerdings die Gefahr der Scheingenauigkeit. Künftige Zahlungsströme oder Risiken können meist nur mit relativ hohen Schwankungsbreiten prognostiziert werden, wodurch die darauf basierenden Entscheidungen immer mit einem entsprechenden Grad an Ungewißheit getroffen werden müssen. Eine Analyse „auf Kommastellen genau" ist in diesen Fällen wenig sinnvoll und sollte zugunsten von Trendaussagen vermieden werden.

1.7.3 Praxisbeispiel

Ein grundsätzlich an einem gemeinwirtschaftlichen Wohlfahrtsauftrag orientiertes Pensionistenwohnheim hat – basierend auf Unternehmensanalyse und Umfeldanalyse – zwei grundsätzlich unterschiedliche Strategien entwickelt:

Strategie 1: Konzentration auf Pflegeleistungen für pflegebedürftige alte Menschen

Strategie 2: Konzentration auf die aktive Begleitung rüstiger Jung-Pensionäre

Mit Hilfe der Nutzwertanalyse soll eine qualitative Strategiebewertung durchgeführt werden.

Ablauf der Nutzwertanalyse in fünf Schritten:

Schritt 1: Bestimmen der Bewertungskriterien und der möglichen Ausprägungen

In diesem Schritt werden jene Kriterien festgelegt, durch die der künftige Erfolg einer Strategie überprüft werden kann. Diese qualitativen Kriterien zu ermitteln verlangt umfassendes Geschäftsverständnis und ausreichendes Abstraktionsvermögen. Die Kriterien müssen unabhängig von den entwickelten strategischen Optionen bestimmt werden und dürfen nicht durch bewußte oder unbewußte Präferenzen zu einzelnen Optionen beeinflußt sein. Die Anzahl der Kriterien sollte zwischen 5 und 10 liegen.

Für das Pensionistenwohnheim werden folgende Bewertungskriterien bestimmt:

Abb. II 1.16

Bestimmen der Bewertungskriterien und der möglichen Ausprägungen
STRATEGIEBEWERTUNG
Kriterien Strategiebewertung Pensionistenwohnheim
Marktgröße und Marktwachstum
Finanzierungspotential durch Kunden (Umfang, Dauerhaftigkeit, Risiko)
Finanzierungspotential durch Fördermittel (Umfang, Dauerhaftigkeit, Risiko)
Eignung der vorhandenen Mitarbeiter und Möglichkeiten, neue Mitarbeiter aufzubauen
Attraktivität für vorhandene ehrenamtliche Mitarbeiter
Eignung der bestehenden (und teilweise unveränderbaren) Infrastruktur
Soziale Relevanz und gesellschaftlicher Beitrag
Know-how (Dienstleistungserbringung und Management)

Mögliche Ausprägungen dieser Kriterien werden zwischen 0 (schlechteste Bewertung für die betrachtete Strategie) und 3 (beste Bewertung für die betrachtete Strategie) festgelegt.

Schritt 2: Bestimmen der Gewichte der Bewertungskriterien

Durch die Gewichtung der Bewertungskriterien – ebenso wie die Auswahl der Kriterien eine normative Entscheidung des Managements – wird eine Rangordnung der Kriterien bestimmt. Entscheidend für die Qualität der Nutzwertanalyse ist neben den tatsächlichen Werten die transparente (nachvollziehbare) Ermittlung und Dokumentation der Gewichte.

Abb. II 1.17

Bestimmen der Gewichte der Bewertungskriterien	
STRATEGIEBEWERTUNG	
Kriterien Strategiebewertung Pensionistenwohnheim	**Gewicht**
Soziale Relevanz und gesellschaftlicher Beitrag	20 %
Know-how	20 %
Finanzierungspotential durch Fördermittel	15 %
Vorhandene und neue Mitarbeiter	15 %
Marktgröße und Marktwachstum	10 %
Attraktivität für vorhandene ehrenamtliche Mitarbeiter	10 %
Eignung der Infrastruktur	5 %
Finanzierungspotential durch Kunden	5 %

Die Summe der Gewichte muß 100 Prozent ergeben.

Schritt 3: Bewerten der Strategien durch die Bewertungskriterien

Die Bewertung der strategischen Optionen anhand der Bewertungskriterien ist die dritte normative Managemententscheidung, die im Rahmen der Nutzwertanalyse zu treffen ist. Auch hier steht neben den Inhalten die Transparenz und Nachvollziehbarkeit der Entscheidung im Vordergrund.

Abb. II 1.18

Bewerten der Strategien durch die Bewertungskriterien			
STRATEGIEBEWERTUNG			
Strategiebewertung Pensionistenwohnheim		**Bewertung Strategie**	
Kriterien	Gew.	1 (Pflege)	2 (Rüstige)
Soziale Relevanz und gesellschaftlicher Beitrag	20 %	3	2
Know-how	20 %	2	1
Finanzierungspotential durch Fördermittel	15 %	2	0
Vorhandene und neue Mitarbeiter	15 %	2	1
Marktgröße und Marktwachstum	10 %	1	3
Attraktivität für vorhandene ehrenamtliche Mitarbeiter	10 %	2	1
Eignung der Infrastruktur	5 %	2	2
Finanzierungspotential durch Kunden	5 %	0	3

Schritt 4: Berechnen der Nutzwerte der Strategien

Im nächsten Schritt werden die Einzelwerte gewichtet und summiert. Diese Summe entspricht dem Nutzwert der Strategie. Gewichtet werden die Werte durch Multiplikation mit den Gewichten der Kriterien.

Abb. II 1.19

Berechnen der Nutzwerte der Strategien					
STRATEGIEBEWERTUNG					
Strategiebewertung Pensionistenwohnheim		Bewertung		Gewicht	
Kriterien	Gew.	1	2	1	2
Soziale Relevanz und gesellschaftlicher Beitrag	20 %	3	2	0,6	0,4
Know-how	20 %	2	1	0,4	0,2
Finanzierungspotential durch Fördermittel	15 %	2	0	0,3	0
Vorhandene und neue Mitarbeiter	15 %	2	1	0,3	0,15
Marktgröße und Marktwachstum	10 %	1	3	0,1	0,3
Attraktivität für vorhandene ehrenamtliche Mitarbeiter	10 %	2	1	0,2	0,1
Eignung der Infrastruktur	5 %	2	2	0,1	0,1
Finanzierungspotential durch Kunden	5 %	0	3	0	0,15
Summe (Nutzwert)				**2,0**	**1,4**

Der Nutzwert der Strategie 1 (Konzentration auf Pflegeleistungen für pflegebedürftige alte Menschen) beträgt 2,0, der Nutzwert der Strategie 2 (Konzentration auf die aktive Begleitung rüstiger Jung-Pensionäre) beträgt 1,4.

Schritt 5: Entscheiden auf Basis der berechneten Nutzwerte

Für die Entscheidung auf Basis der berechneten Nutzwerte sind neben der Betrachtung der eigentlichen Nutzwerte – zwei unterstützende Fragen zu stellen:

- Wie weit sind die Nutzwerte von der schlechtest möglichen Bewertung entfernt?
- Wie groß ist der Unterschied zwischen den ermittelten Nutzwerten?

Die möglichen Maximalwerte sind 3,0 (bester Wert) und 0,0 (schlechtester Wert). Die beiden Nutzwerte liegen daher deutlich über dem möglichen Minimalwert. Wären beide Werte diesem Minimalwert sehr nahe, so müßte der Prozeß der Strategiebewertung (Kriterien und Bewertung) oder sogar der Prozeß der Strategieentwicklung wiederholt werden, da keine der Optionen im bestehenden Modell einen ausreichenden Nutzwert geliefert hätte.

Der Unterschied zwischen den berechneten Nutzwerten ist ein Maß für die Trennschärfe der durchgeführten Nutzwertanalyse. Im betrachteten Beispiel ist der Unterschied 0,6 (oder 20 Prozent der Maximalausprägung) und damit eine gute Differenzierung zwischen den strategischen Optionen möglich.

Auf Basis der Nutzwertanalyse sollte für das Pensionistenwohnheim die Strategie 1 (Konzentration auf Pflegeleistungen für pflegebedürftige alte Menschen) gewählt werden.

1.8 Balanced Scorecard
(Tarek Haddad)

Kurzbeschreibung

Die Balanced Scorecard ist eine Aufstellung von strategierelevanten Zielen und Meßgrößen sowie der Aktionsprogramme mit dem Zweck, die Strategie in bearbeitbare, konkrete Ziele zu übersetzen und die Erreichung meßbar zu machen. Sie involviert einen Zielvereinbarungsprozeß und eine detaillierte Maßnahmenplanung. Dadurch eignet sie sich sowohl als Führungs- als auch als transparentes Kommunikationsinstrument.

Die Balanced Scorecard baut auf einer bestehenden Strategie auf, sie entwickelt sie nicht. Sie gibt aber Feedback auf die Verwirklichung der Strategie und erlaubt daher auch Zielrevisionen.

1.8.1 Beschreibung

Wenn es um Strategieimplementierung geht, tritt in der Praxis oft das Problem auf, daß die formulierte Strategie nicht konkret genug ist. Das Management und die Mitarbeiter können daraus nicht unmittelbar Handlungen für die tägliche Arbeit ableiten.

Die Balanced Scorecard versucht systematisch und auf mehreren Ebenen die Strategie in konkrete Ziele umzuformulieren und für diese Ziele Indikatoren zu finden, die die Zielerreichung repräsentativ messen. Mit Hilfe dieses Systems können Zielvereinbarungen getroffen und Zielwerte für diese Indikatoren geplant werden. Integraler Bestandteil der Balanced Scorecard ist es, geeignete Maßnahmen, Initiativen, Projekte und Aktionsprogramme zu definieren, um Planwerte zu erreichen. (vgl. Kaplan, Norton, 1992, S. 72ff.)

Die gesamte Scorecard setzt auf einer bereits entwickelten Strategie auf. Die in den verschiedenen Ebenen aufgestellten Ziele werden so in Beziehung gesetzt, daß sie tatsächlich den Erfolg der Organisation im Sinne von Vorsteuergrößen abbilden können.

In Unternehmen gilt, daß die Finanzperspektive der letzte und unmittelbarste Ausdruck des Erfolgs ist. Finanzieller Erfolg kann aber nicht direkt erreicht werden, er entsteht durch Akzeptanz bei Kunden, durch Kundenzufriedenheit, angemessenes Preis-Leistungs-Verhältnis etc.

Um wiederum im Bereich der Kunden Erfolg zu haben, d.h. Kundenzufriedenheit zu schaffen, ist es notwendig, die betriebsinternen Prozesse danach auszurichten. Im wesentlichen bedeutet das, die Abläufe so zu gestalten, daß sie mithelfen, die Kundenziele zu erreichen.

Voraussetzung dafür ist die Erreichung von Zielen auf der Innovations- und Wissensebene, wo die Grundlagen für erfolgreiche interne Prozesse gelegt und diese auch weiterentwickelt werden.

Letztendlich bedeutet dieser Aufbau, daß der Erfolg einer Organisation nicht nur in den unmittelbaren, offensichtlichen Bereichen Finanzen und Kunden bestimmt wird, sondern daß auch die dahinterliegenden Vorsteuergrößen des Erfolgs ebenso Erfolgsgrundlage und daher zu berücksichtigen sind.

In NPOs ist die Situation grundsätzlich nicht anders, allerdings ist von einem differenzierteren Zielsystem auszugehen. Horak differenziert das Zielsystem einer NPO wie in *Abb. II 1.20* dargestellt. (vgl. Horak, 1995a, S. 165)

Daher ist für NPOs klar, daß die Finanzperspektive niemals die beabsichtigte Wirkungserzielung sein kann. Leistungswirkungen sind der eigentliche Sinn einer NPO, sie zielen auf die Beeinflussung ab, auf die Wirkung einer NPO. Sie sind im wesentlichen qualitative Ziele, die schwer meßbar sind.

Leistungserbringungsziele können als Aufgaben verstanden werden, die konkrete an NPOs gestellte Anforderungen zu erfüllen versuchen. Insgesamt sollen Leistungserbringungsziele die Leistungswirkung unterstützen.

Verfahrens- und Potentialziele betreffen den Prozeß der Leistungserstellung beziehungsweise die Ressourcen und Möglichkeiten einer NPO. Sie sind Voraussetzung für die Erfüllung von Leistungserbringungs- und Leistungswirkungszielen.

Alle diese Ziele stehen in Beziehung zu den Stakeholdern der Organisation. In allen Zieldimensionen müssen die Ansprüche der internen und externen Stakeholder berücksichtigt und die Gesamtheit der Ziele darauf abgestimmt werden.

Diese Spezifizität des Zielsystems erfordert eine Anpassung der Balanced Scorecard für ihren Einsatz in NPOs. *(siehe Abb. II 1.21)*

Abb. II 1.20

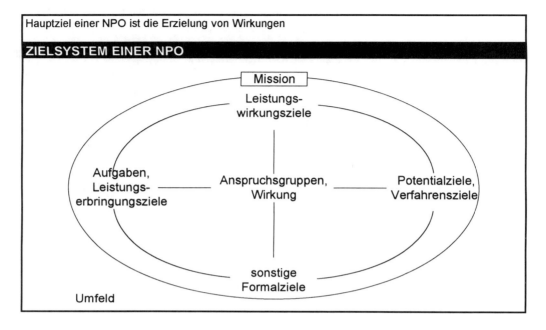

Abb. II 1.21

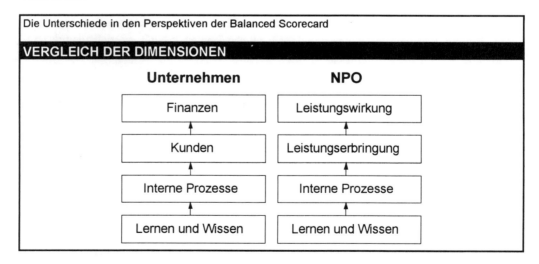

Eine Anpassung der Balanced Scorecard kann insofern erfolgen, als die Zielhierarchie des oben erwähnten Zielsystems integriert wird. Das ergibt folgendes Aussehen einer Balanced Scorecard für eine NPO:

Abb. II 1.22

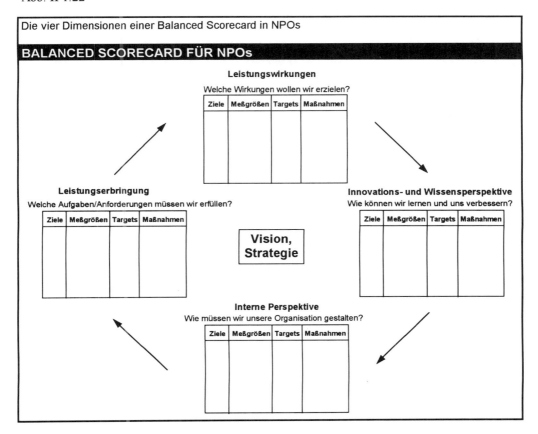

Die vier Dimensionen einer Balanced Scorecard in NPOs

Aufbauend auf dieser Struktur der Balanced Scorecard, interessiert der Prozeß der Erstellung einer Scorecard für eine spezifische NPO. Dieser Prozeß wird in folgende Schritte unterteilt (vgl. Gaiser, Kaufmann, 1997, S. 1ff.):

- Erarbeiten von Zielen in den einzelnen Dimensionen
- Identifizieren von geeigneten Meßgrößen
- Überprüfung von Zusammenhängen zwischen den Zielen
- Vereinbarung von Zielwerten
- Zuordnung von geeigneten Maßnahmen.

In jeder Dimension werden drei bis fünf Ziele identifiziert, die konkret die Umsetzung der Strategie bedeuten. Das sind diejenigen Bereiche, in denen ein Teil der Strategie wirken soll. Es ist verständlich, daß nicht alle Ziele abgebildet werden können, es sollten aber die wesentlichen, den Erfolg der NPO am meisten beeinflussenden Zielgebiete behandelt und die Leistung der NPO auf diesem Gebiet abgebildet werden.

Dieser Prozeß soll in Gruppen erfolgen, wobei verschiedene Gruppen einzelne Dimensionen bearbeiten können. Wichtig ist, daß die Zusammensetzung der Gruppen beachtet wird: Die Teilnehmer sollten aus unterschiedlichen Bereichen der Organisation kommen und verschiedene Aufgaben innerhalb der Organisation erledigen. Es ist durchaus denkbar, in der einen oder anderen Dimension auch Externe zu integrieren.

Dieser erste Schritt ist ein kritischer Prozeß, denn die Zielauswahl bestimmt die Qualität des aufgebauten Zielsystems, und dieses wiederum die Funktionsweise der entwickelten Scorecard. Es zeigt sich auch, daß Einigkeit über die Art der Ziele, die den Erfolg der Organisation tatsächlich beeinflussen, in NPOs schwierig zu erreichen ist, vor allem im Bereich der Leistungswirkungen.

Im zweiten Schritt sind geeignete Maßgrößen für die definierten Ziele zu finden, wobei es primär darum geht, sich auf eine Auswahl geeigneter, d.h. repräsentativer Indikatoren zu einigen. Diese Indikatoren müssen so ausgeprägt sein, daß sie eine meßbare Größe darstellen. Es muß eindeutig hervorgehen, auf welche Weise der Indikator gemessen wird.

Die nächste Phase geht einen Schritt zurück und versucht, die in den einzelnen Dimensionen erarbeiteten Ziele in einen Ursache-Wirkungs-Zusammenhang zu bringen. Die Ziele werden in den Dimensionen hierarchisch eingeordnet und zueinander in Beziehung gesetzt. Dabei ist zu beachten, ob z.B. ein Ziel in der internen Prozeßdimension positiv auf ein Ziel in der Leistungserbringungsebene wirkt. Bei Zielen mit negativen Auswirkungen auf Ziele der nächsten Dimension beziehungsweise bei Zielen, die gar keine Auswirkungen auf andere haben, muß es zu einem Diskussionsprozeß kommen.

Zielkonflikte können zum Teil bewußt akzeptiert werden, wenn sie den realen Anforderungen entsprechen. Ziele, die in keinem Zusammenhang mit anderen Zielen stehen, liegen offensichtlich außerhalb des Zielsystems und sind daher auszuschließen; in NPOs ist es allerdings vorstellbar, auch diese Ziele zu berücksichtigen, weil sie spezifische Anforderungen eines Stakeholders abdecken könnten, die nicht vernachlässigbar sind. Dennoch ist im weiteren Verlauf der Nutzung der Balanced Scorecard darauf zu achten, daß die Ziele innerhalb des hierarchischen Zielsystems bleiben.

In der vierten Phase kommt es zu typischen Zielvereinbarungsprozessen, in denen die konkreten Zielwerte („Targets") für die jeweiligen Indikatoren vereinbart werden. Dies hat in Zusammenarbeit mit denjenigen Personen zu geschehen, die auch für die Realisierung verantwortlich sind.

Zur Vervollständigung der Scorecard ist es noch notwendig, für die Erreichung der einzelnen Ziele konkrete Maßnahmen, Initiativen, Aktionsprogramme oder Projekte zu definieren. Nach

Abschluß dieses Schritts darf kein Zweifel mehr darüber bestehen, wer was macht und in welchem Zusammenhang das zur Strategie steht.

Nach der Erstellung der Scorecard auf oberer Ebene kann der Prozeß auf den unteren Ebenen der Organisation wiederholt werden, so daß die gesamte NPO ihre Subziele im Einklang mit der Strategie formuliert. Die Strategie wird damit in die tägliche Arbeit integriert.

Es ist wichtig, die Balanced Scorecard nicht als statisches, einmal zu entwickelndes Kennzahlensystem zu sehen, sondern sie regelmäßig an die realen Gegebenheiten anzupassen. Das gilt sowohl für die Übersetzung von Strategien in konkrete Ziele als auch für die Suche nach geeigneten Meßgrößen.

1.8.2 Vor- und Nachteile

Die Balanced Scorecard ist ein Instrument, das in Unternehmen erst am Beginn seiner Verbreitung steht. Anwendungen in NPOs sind noch neu, obwohl bereits bestehende Kennzahlensysteme in vielen Organisationen der Balanced Scorecard ähneln. Die größten Vorteile der Scorecard sind:

- die relativ einfache Prozeßführung
- der gute Überblick
- die Systematisierung
- die Strategieorientierung
- die Integration der Vorsteuergrößen des Erfolgs.

Dem stehen auch Nachteile gegenüber:

- die Schwierigkeit, in NPOs repräsentative Indikatoren zu finden
- das Risiko der Fehleinschätzung bei der Erstellung
- die Notwendigkeit der laufenden Anpassung der Scorecard.

1.9 Weiterführende Literatur

Peter F. Drucker baut sein Buch „Managing the Nonprofit Organization" (1990) auf dem Mission-Gedanken auf und streicht die absolute Wichtigkeit der Mission als Grundlage für alles weitere Handeln heraus, vor allem in Teil 1 und Teil 2 (S. 3-99).

Der konkrete Prozeß der Leitbilderstellung ist im Rahmen der Fallstudie des Verkehrsclubs Österreich *(FALLSTUDIEN - Grottenthaler-Riedl, Radeschnig, 1997: Verkehrsclub)* im Buch

„Fallstudien zum Nonprofit Management" (Buber, Meyer, 1997, S. 63-84) gut nachvollziehbar.

Ebenfalls eine umfassende Darstellung eines konkreten Leitbildprozesses für eine NPO beinhaltet die Broschüre „Leitbildentwicklung im Jugendring". (Volk, Wolfsfeller, 1993)

2 Instrumente für die Organisation in NPOs
(Koordination: Peter Heimerl-Wagner)

2.1 Organisation in NPOs – Ziele und Funktionen

Gibt es ein Problem der Organisation in NPOs? Ja und nein. „Organisation" ist aus externer Sicht zweifellos ein bedeutendes Thema in Forschung und Praxis von NPOs.

Viele NPOs sehen das Problem erfahrungsgemäß weniger als eines der Strukturen und Prozesse in Organisationen, sondern eher als eines der handelnden Personen. Wenn etwas nicht wunschgemäß läuft, wird im Umfeld der beteiligten Personen nach den Ursachen geforscht. Ist die „aufbrausende Art" der Obfrau oder des Obmanns die Wurzel des Übels oder die Inflexibilität der Mitarbeiter? Mitunter scheint es überhaupt so, als ob bloß die Abnehmer der NPO (Mitglieder, Patienten, Klienten etc.) etwas zu anspruchsvoll geworden wären ...

Es ist ein spezifisches Merkmal der Branche: In kaum einer anderen Branche ist es so schwierig, „Organisation" im Sinne von Strukturen überhaupt zum Thema zu machen. Sehr oft denkt man gar nicht daran, daß manches vordergründig persönliche Problem auch strukturelle Ursachen und damit Lösungsmöglichkeiten haben könnte. In mitunter auch tragischer Weise zeigt sich dies, nachdem Schlüsselpersönlichkeiten ausgetauscht wurden, die Inhalte der Diskussionen aber dennoch die alten bleiben.

Es gibt aber auch kaum das NPO Organisationsproblem schlechthin. Das hängt sicherlich davon ab, welche NPOs man betrachtet: Viele kleine, eher junge und basisnahe NPOs stehen vor völlig anderen Problemen als große, eher ältere und verwaltungs- oder wirtschaftsorientierte. *(vgl. HANDBUCH - Zauner, 1997: Solidarität, S. 107ff.)* Entsprechend sind auch die folgenden Instrumente geordnet.

Das Instrument „Aufgaben- und Verantwortungszuordnung: Entlastung und Motivation durch Delegation" richtet sich vor allem an pionierhafte NPOs und es bietet eine Antwort auf deren zentrale Problemstellungen an *(vgl. HANDBUCH - Heimerl-Wagner, 1997: Organisationen, S. 194ff.)*:

- Schaffung von Verbindlichkeit
- starke Gruppenverbundenheit und geringe Organisationsverbundenheit der Mitglieder
- von Gleichheit aller beteiligten Personen zu Gleichwertigkeit unterschiedlicher Aufgaben Einzelner beziehungsweise von Gruppen in der NPO
- Entlastung der zentralen Organisationsmitglieder
- Verselbständigung der Organisation: Wie kann die NPO auch mit anderen Schlüsselpersonen erfolgreich existieren?

Große, etablierte NPOs sehen sich dagegen (auch) anderen Zielen gegenüber *(vgl. HANDBUCH - Heimerl-Wagner, 1997: Organisationen, S. 199ff.)*:

- Wiedererlangung strategischer Marktorientierung
- Entbürokratisierung der Abläufe
- Dezentralisierung der operativen Verantwortung
- Abkopplung von politischen beziehungsweise religiösen Einflüssen auf das operative „Geschäft".

Die Erfahrung zeigt, daß es solchen NPOs häufig schwerfällt, ihre Kernprodukte und deren Schlüsselprozesse zu definieren. Erstgenanntes dient der Förderung einer strategischen Marktorientierung, letzteres ist die Grundlage für eine neue, schlanke Ablauforganisation und flache Entscheidungsstrukturen. Die beiden Instrumente „Definition von Kernprodukten für NPOs" sowie „Definition von Schlüsselprozessen und Erstellen einer Prozeßlandkarte" widmen sich diesen Herausforderungen.

Die Festlegung der Kernprodukte und der Schlüsselprozesse als klare „Mission Statements" *(siehe Teill II Kapitel 1.2)* ist die wesentliche Voraussetzung für die Bewältigung der aktuellen Erfordernisse, die sich bereits abzeichnen:

- überbetriebliche Vernetzung
- Flexibilisierung der Arbeitsverhältnisse und damit verbunden
- weniger organisationstreue MitarbeiterInnen, die zunehmend wie Mini-Unternehmer auftreten könnten.

Diese Entwicklungen sind mit seriösen Maßstäben noch nicht in konkrete instrumentelle Managementhinweise zu fassen. Es bleibt daher spannend, die weitere Entwicklung des NPO Sektors in Praxis wie Theorie zu verfolgen.

2.2 Aufgaben- und Verantwortungszuordnung: Entlastung und Motivation durch Delegation
(Peter Heimerl-Wagner, Brigitte Tschirk)

Kurzbeschreibung

„Professionalisierung" gilt im NPO Sektor als eines der gängigen Schlagworte. In bezug auf die Organisation wird damit vor allem in kleineren, pionierhaften NPOs ein Prozeß der Strukturierung, der ordnenden Gestaltung, der Erhöhung der Zuverlässigkeit etc. bezeichnet. Das vorliegende Instrument richtet sich an NPOs, denen die Notwendigkeit von Strukturierung und Verantwortungsdelegation bewußt ist. Auf Basis einer Analyse der bestehenden Aufgaben- und Verantwortungsverteilung wird hier Unterstützung angeboten, um neue beziehungsweise adaptierte Aufgaben und Verantwortungsbündel festzulegen und damit die Leitungsebene von operativen Aufgaben zu entlasten. Daraus ergibt sich eine Aufwertung der formalen Organisationsstrukturen im Vergleich zu den handelnden Personen und ihren informellen Beziehungen, wodurch die Abhängigkeit der Organisation von einzelnen Personen(gruppen) sinkt.

2.2.1 Beschreibung

2.2.1.1 Warum Delegation? Ein Blick auf die eigentlichen Leitungsaufgaben

Je größer eine Organisation wird, desto mehr sollte der Leitung auch bewußt sein, woraus ihre wesentlichen Funktionen bestehen, um diese nicht zu vernachlässigen und im Tagesgeschäft untergehen zu lassen. Die folgenden Fragen zu den eigentlichen Leitungsaufgaben sollten zum Nachdenken über die Situation anregen und gleichzeitig zum Verständnis der verschiedenen Aufgabenbereiche beitragen. (vgl. Kailer, Heimerl, Kalcher-Formayer, 1990, S. 233 ff.)

(1) Die Zukunft der Organisation schaffen

Entwicklung von Zielen, Organisationsstrategien, Plänen, Gestaltung der Personal- und Finanzierungspolitik usw. und mit den Fragen leben:

- Wohin soll/kann sich die Organisation weiterentwickeln?
- Was muß heute getan/geändert werden, daß es (auch) morgen noch gutgeht?

Also: **Vorausdenken (können)**.

(2) Die Organisation als Ganzes gestalten und gesund erhalten

Die einzelnen Bereiche stärken und aufeinander abstimmen und mit den Fragen leben:

- Wo sind die Stärken und Schwächen?
- Hat jedes Arbeitsgebiet eine passende Organisation?
- Was geschieht zwischen den Bereichen (Schnittflächen, Beziehungen)? Zum Beispiel Rivalitäten oder gegenseitige Dienstleistung?

Also: **Organisieren (können)**.

(3) Außenbeziehungen pflegen

In Fühlung bleiben mit (Änderungen sowie) dem Umfeld der Organisation und mit den Fragen leben:

- Wie geht es meinen Kunden/Klienten? Was brauchen sie (Neues)?
- Wie geht es meinen Lieferanten, was haben sie Neues?
- Wo begegne ich Menschen, die für die Organisation wichtig sind oder es werden können, um Erfahrungen auszutauschen, Ideen zu entwickeln, neue Kunden/Klienten zu gewinnen?
- Was geht vor bei Konkurrenten, in der Branche, der Politik, im Land, bei Gemeinden usw., was in Wissenschaft, Technologie auf meinem Gebiet?

Also: **Interesse für das Umfeld aufbringen (wollen)**.

(4) Mitarbeiter führen

insbesondere:

- inspirieren, motivieren
- Fähigkeiten/Ressourcen pflegen
- Gespräche führen, Konflikte behandeln.

Das bedeutet vor allem, mit der Frage leben: Wie entwickle ich das Verständnis, die Fähigkeit und die innere Ruhe, um mit menschlichen Problemen in meiner Organisation umzugehen?

Also: **Mensch sein (wollen)**.

2.2.1.2 Delegation

Abb. II 2.1

Was behindert die Erfüllung der eigentlichen strategisch-leitenden Aufgaben in der Organisation?	
FÜHRUNGSBARRIEREN DURCH MANGELNDE DELEGATION	
	Wenn Sie sagen oder denken:
Dauerüberlastung mit Arbeit für die Organisation	„Ich nehme beinahe jeden Abend Arbeit mit nach Hause."
	„Ich habe keine Zeit (mehr) für Familie, Kultur, Sport usw."
	„Ich kann eigentlich keinen freien Tag/Urlaub nehmen."
	„Ich darf nicht krank werden, sonst ..."
Zuviel beschäftigen (müssen) mit Einzelheiten	„Ich werde dauernd durch Fragen und Mitteilungen bei der Arbeit unterbrochen."
	„Ich führe viele Gespräche und Telefonate über Detailentscheidungen."
	„Ich sehe vor Bäumen den Wald nicht mehr."
	„Ich bleibe beim Erledigen, komme nicht zum Vordenken."
	„Ich gehe unter im Tagesgeschehen."
Einseitige Aufmerksamkeit	„Ich befasse mich mit ..., die Buchhaltung interessiert mich nicht."
	„Ich bin dauernd auf Achse und spreche mit Kunden/Klienten, für die Auseinandersetzung mit anderen Problemen reicht es dann kaum mehr."
	„Den Zugriff zu den Kunden- beziehungsweise Klientendaten perfektioniere ich immer weiter."
Zuwenig Vertrauen in Fähigkeiten und Verantwortungsbereitschaft der Mitarbeiter	„Ich muß alles wissen, was vorgeht, ich trage ja die Verantwortung."
	„Meine Mitarbeiter zeigen zuwenig Initiative."
	„Ich habe keine/zuwenig qualifizierte Mitarbeiter."
	„Wenn ich es selbst tue, geht es schneller, und ich weiß, daß es erledigt ist."
	„Ich muß alles kontrollieren, sonst passieren Unglücke."
	„Meine besten Mitarbeiter haben das Unternehmen verlassen."

Delegieren heißt: nicht mehr selbst machen/entscheiden, was auch ein anderer machen/entscheiden kann. Anders gesagt: einen Teil der **Vorgesetztenfunktion** an Mitarbeiter übertragen. Bei einer Funktion sind hauptsächlich zu unterscheiden:

- **Tätigkeiten:** Was die Person zu tun hat.

- **Befugnis** (Kompetenz): Was die Person (nicht) wissen, beurteilen oder entscheiden darf.
- **Verantwortung:** Was von der Person erwartet wird, z.B. Initiativen, Ideen, selbständige Antworten auf Probleme, Durchführung bestimmter Aufgaben.

Das Wort „delegieren" bedeutet, eine Befugnis übertragen, im Sinne einer „gesetzlichen" Regelung von Rechten und Pflichten. „Delegieren" wird aber meistens – etwas ungenau – für alle drei Aspekte gebraucht. Es ist wichtig, daß Delegierende sich selbst im klaren sind und den Mitarbeitern klarmachen, welche dieser Aspekte delegiert werden. Dazu ein einfaches Beispiel: Der Einkauf von kleinem Büromaterial wird übertragen. Welche Befugnis wird mitgegeben? Darf der Mitarbeiter bis zu einem bestimmten Höchstbetrag selbständig entscheiden, oder ist das nicht geklärt worden? Oft wird eine „Verantwortung" delegiert ohne beziehungsweise mit einer unklaren Entscheidungsbefugnis – d.h. Mitarbeiter sollen zwar entscheiden, aber Vorgesetzte widerrufen die Entscheidung ohne Rücksprache, wenn etwas nicht paßt. Das ist „Scheindelegation", die Verwirrung und Unmut zur Folge hat. Viele Vorgesetzte bleiben überlastet, weil sie „falsch" delegier(t)en.

Delegation erfordert, bewirkt aber auch selbständige und qualifizierte MitarbeiterInnen: Interessante Arbeit, Identifikation etc. gelten als wichtige Motivatoren.

Es kann das „Nicht-Unternehmerische" delegiert werden, z.B.:
- wiederkehrende (Routine-)Arbeit oder leicht auszuführende Arbeit
- alles, wobei man sich in viele Einzelheiten vertiefen muß
- was andere genausogut oder besser können
- was man selbst eigentlich ungern tut, ein anderer aber gern.

Wenn Sie daran denken, bestimmte Aufgaben zu delegieren, fragen Sie sich im konkreten Fall:
- Welche (bisher ungenützten) Fähigkeiten hat ein Mitarbeiter vermutlich beziehungsweise kann diese nach kurzer Einarbeitung erwerben?
- Wie steht es mit Bereitschaft und Verantwortungsfreudigkeit, beziehungsweise kann ich diese durch Vertrauen und Herausforderung wecken?
- Durch welche (neuen) Tätigkeiten und Erfahrungen werden Mitarbeiter wertvoller für die Organisation (Qualifizierung)?
- Welche Aufgaben sind motivierend (Einsatzfreude)?
- Welche Verantwortung bedeuten eine Herausforderung (Entwicklungschance)?

Es soll so delegiert werden, daß Mitarbeiter die übertragenen Aufgaben in den meisten Fällen selbständig ohne Vorgesetzte erledigen können.

- Erklären Sie deutlich:

  was übertragen/delegiert wird und was nicht

  was damit erreicht werden soll (Ergebnisse)

  was zu beachten ist

  wo Initiative gewünscht ist und selbst entschieden werden kann

  und wo eine Rückfrage erwünscht ist.

- Geben Sie in der ersten Zeit Hinweise, Unterstützung, Ermutigung; gegebenenfalls Training, Ausbildung.
- Delegieren Sie zunächst nur einfachere und, wenn es gutgeht, weitere Aufgaben. Nicht alles zugleich!
- Fragen Sie von Zeit zu Zeit nach.
- Nehmen Sie die Delegation nicht gleich beim ersten Fehler wieder zurück.
- Setzen Sie niemanden herab, der einen Fehler gemacht hat – vor allem nicht vor Kollegen –, sondern analysieren Sie gemeinsam, wie der Fehler zustande kam.

Schließlich bedenken Sie: Man kann es auch anders machen als Sie und doch ein gutes Ergebnis erreichen. Wenn Sie alles genau so haben wollen, wie Sie es sich vorstellen, werden die Mitarbeiter in Kürze jede Entscheidung an Sie „rückdelegieren".

2.2.1.3 Instrumentiertes Vorgehen

Die Bearbeitung des vorliegenden Instruments erfolgt in mehreren Phasen:

(1) Ist-Analyse

Grundlage der Neufestlegung der Aufgaben- und Verantwortungsverteilung besteht in einer Selbstaufzeichnung seitens der Beteiligten mit Hilfe des *Arbeitsblatts 1*. Als Erhebungszeitraum empfehlen sich etwa vier Wochen. Die erfaßten Tätigkeiten sollten in mindestens halbstündige Blöcke zusammengefaßt werden. Diese Art der Zeiterfassung kann bei kontinuierlicher Anwendung auch als Basis für die Leistungs- beziehungsweise Projektkalkulation *(vgl. Teil II Kapitel 6)* herangezogen werden. Pro Woche sollten die Daten auf *Arbeitsblatt 2* kategorisiert werden. Nach gleichem Schema erfolgt eine abschließende Zusammenfassung über den gesamten Erhebungszeitraum.

(2) Check

Ausgewertet wird in Form einer Zeitverteilung nach

- Aufgabenbündeln (z.B. Kundenkontakte, Rechnungswesen) beziehungsweise
- Aufgabenausführung versus Entscheidungsfindung.

Schließlich werden anhand folgender Checkliste die Tätigkeits- und Verantwortungsprofile geprüft:

Checkliste

- Haben Sie für die anfallenden Aufgaben ausreichend Zeit?
- Wo fallen welche Entscheidungen? Sind Sie damit einverstanden?
- Stimmen Entscheidungskompetenz und Verantwortungsbereich überein?
- Entsprechen die beiden Zeitverteilungen Ihren Vorstellungen beziehungsweiseErwartungen?
- Welche strategisch-leitende Aufgabe möchten Sie in der nächsten Zeit als erste ergreifen beziehungsweise vorrangig betreiben?
- Welche nichtleitende Aufgabe möchten Sie demnächst an andere übertragen?
- Was könnte Sie an der Delegation bestimmter Tätigkeiten hindern?
- Welche Schwierigkeiten erwarten Sie?
- Wer sind die Mitarbeiter, die den Bereich beziehungsweise die Tätigkeit nach kurzer Besprechung und Einarbeitung übernehmen könnten?
- Wer sind die Mitarbeiter, die die Aufgabe nach einer Lern- und Unterstützungsphase vermutlich erfüllen können?

Für die beteiligten Leitungskräfte schließt sich hier die Entscheidung über die grundsätzliche Ausrichtung der neuen Organisationsstruktur an. *(vgl. HANDBUCH - Heimerl-Wagner, 1997: Organisationen, S. 196-197)*

(3) Veränderungskonzept

Damit sind die Informationsgrundlagen für die Neufestlegung der Zuständigkeiten geschaffen. In einem Meeting aller Beteiligten bereiten alle ihre Analyse-Ergebnisse auf. Jede Einzelzuständigkeit wird auf eine Karte geschrieben und mit dem Zeitanteil versehen; z.B. nach folgendem Schema:

- Kartenfarbe grün für Zuständigkeiten, die man verstärkt wahrnehmen möchte
- Kartenfarbe rot für Zuständigkeiten, die man in geringerem Umfang wahrnehmen möchte
- Kartenfarbe weiß für Zuständigkeiten, die man weiterhin unverändert wahrnehmen möchte.

Ziel dieser Veranstaltung ist ein Austausch von Zuständigkeiten und die Neubündelung in Aufgabenbereiche. Da dies ein komplexer und interdependenter Prozeß ist, ist die Beiziehung eines externen Moderators *(vgl. Teil III Kapitel 2 und 3)* dringend zu empfehlen.

(4) Dokumentation und Maßnahmenplanung

Ist man über die Neuverteilung der Aufgabenbündel und Einzelzuständigkeiten einig, kann dies in Form eines Organigrammschemas und der Aufgaben- und Zuständigkeitsbeschreibung *(Arbeitsblätter 3 und 4)* schriftlich niedergelegt und konkretisiert werden. Daraus lassen sich schließlich konkrete Maßnahmen *(Arbeitsblatt 5)* ableiten, z. B. im Bereich der Weiterbildung, der Entlohnung, der Kommunikationssysteme etc.

2.2.2 Vor- und Nachteile

- Nach Durcharbeiten dieses Instruments können Sie das Thema „Delegation" noch nicht einfach abhaken. Um die Früchte richtigen Delegierens ernten zu können, ist viel Zeit erforderlich, da es nicht möglich ist, von heute auf morgen selbständige Mitarbeiter zu entwickeln.
- Es besteht die Gefahr der Strukturabwehr, da NPOs zur Personalisierung organisationaler Fragen neigen. Häufig findet Denken in Personen statt Denken in Strukturen statt.
- Eine zu detaillierte Stellenbeschreibung kann zum Erstarren der Organisation führen. Man sollte sich bewußt sein, daß auch in Zukunft Änderungen wichtig sein werden.
- Eine weitere Gefahr liegt im Glauben, daß Festgeschriebenes endgültig und bereits umgesetzt ist. Es ist meist eine begleitende Unterstützung durch Externe erforderlich.
- Da die Datengrundlage durch Selbstaufzeichnung gewonnen wird, setzt dieses Instrument ein offenes und vertrauensorientiertes Organisationsklima voraus.
- „Structure follows strategy" (Chandler, 1962): Eine Neufestlegung der Aufgaben und Verantwortungen setzt im Grunde Klarheit über die strategische Ausrichtung der Organisation voraus. Erst wenn deutlich ist, welche Kunden beziehungsweise Klienten mit welchen Leistungen angesprochen werden sollen, ist es sinnvoll möglich, über das Thema dieses Instruments zu diskutieren.

Formulare

Abb. II 2.2

Erhebungsblatt
ARBEITSBLATT 1

Erhebungsblatt (Arbeitsblatt 1)

AUFGABENDOKUMENTATION MITARBEITER

Wer macht was? Wer entscheidet was? Wer verantwortet was?

Name des Mitarbeiters: Datum:

                                                 Stunden:

	Tätigkeit	Projekt	# Stunden
1.			
2.			
3.			
4.			

Auswertung erstellt von: Datum:

Abb. II 2.3

Auswertungsblatt	
ARBEITSBLATT 2	

Auswertungsblatt (Arbeitsblatt 2)

AUFGABENDOKUMENTATION MITARBEITER

Name des Mitarbeiters:　　　　　　　　　　Datum:

　　　　　　　　　　　　　　　　　　　　Stunden:

Aufgabenbündel	Dauer	Entscheidungs-kompetenz		Verant-wortung		Delegierbar?	
		ja	nein	ja	nein	ja (an wen)	nein
Buchhaltung/Rechnungswesen							
Klienten- bzw. Kundenkontakte							
MA-Führung							
Eigentliche Leistungserbringung							
Leitung							

Neue Aufgabenbündel definieren

Der Beitrag „Organisation und NPOs" (Heimerl-Wagner, 1997) beschreibt die Vor- und Nachteile der funktionalen und divisionalen Arbeitsteilung.

Bitte tragen Sie nun die „Aufgabenbündel" Ihrer Organisation in das nachfolgende Organigramm ein.

Abb. II 2.4

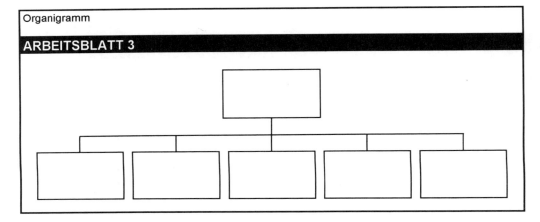

Bitte führen Sie nun für die einzelnen Bereiche (Aufgabenbündel) sowie die Leitung eine Aufgaben- beziehungsweise Zuständigkeitsbeschreibung durch.

Abb. II 2.5

Aufgaben- und Zuständigkeitsbeschreibung

ARBEITSBLATT 4

AUFGABEN- UND ZUSTÄNDIGKEITSBESCHREIBUNG (Arbeitsblatt 4)

Bereichsbezeichnung:	
verantwortliche Personen:	
Bezeichnung der vorgesetzten Stelle:	
Überstellung:	
aktive Stellvertretung:	
passive Stellvertretung:	
Hauptaufgaben:	
Entscheidungskompetenzen und Verantwortlichkeiten:	

Abb. II 2.6

Maßnahmenplanung		
ARBEITSBLATT 5		
MASSNAHMENPLANUNG (Arbeitsblatt 5)		
Wer?	Was?	Bis wann?

2.3 Definition von Kernprodukten für NPOs
(Heinz Ebner, Erich Prisching)

Kurzbeschreibung

Die Neuorientierung und Anpassung an geänderte Rahmenbedingungen stellt für viele NPOs eine existentielle Herausforderung dar. Die Chancen, die sich durch das hier beschriebene Instrument eröffnen, liegen in der strategischen Neupositionierung von Produkten und Leistungen und deren Ausrichtung auf die Markterfordernisse. Ausgehend von der strategischen Analyse der Dienstleistungen, werden Kernprodukte definiert, die wichtigsten Kundengruppen dafür identifiziert, deren Erwartungen erhoben und diese in der Folge in Qualitäts- und Produktmerkmale übersetzt.

2.3.1 Beschreibung

Die Neudefinition von Kernprodukten kann ein wichtiger erster Schritt sein, um die strategischen Voraussetzungen für den Einsatz von wirkungsvollen Instrumenten auf der operativen Ebene zur Bewältigung der neuen Ansprüche zu schaffen. In diesem Zusammenhang stellen sich zwei wesentliche Fragen, die in den folgenden Kapiteln behandelt werden.

Warum Kernprodukte definieren?

Ausgehend von veränderten Rahmenbedingungen, wird die mögliche Bedeutung der Definition von Kernprodukten für NPOs ausgeleuchtet. *(vgl. Kapitel 2.3.1.1)*

Wie vorgehen?

Das Instrumentarium wird methodisch aufgearbeitet und mit einer Beschreibung der einzelnen Ablaufschritte ergänzt. *(vgl. Kapitel 2.3.1.2)*

2.3.1.1 Kernprodukte definieren

Veränderte Rahmenbedingungen verstärken den Druck auf NPOs

Die Veränderung der Rahmenbedingungen ist unter drei Aspekten zu sehen: Um erfolgreich bestehen zu können, müssen NPOs auf strategischer, struktureller und operativer Ebene reagieren.

- In einigen Bereichen zieht sich die öffentliche Hand zunehmend aus der direkten oder indirekten finanziellen Unterstützung von Nonprofit Leistungen zurück. In anderen Bereichen werden Leistungen zwar in NPOs ausgelagert, aber nicht mehr pauschal, sondern leistungsorientiert finanziert. Viele NPOs sind von dieser Entwicklung existenzentscheidend betroffen. Die Leistungen müssen verstärkt über neue Kanäle finanziert, günstiger produziert und ihr muß Nutzen besser argumentiert werden. *(vgl. HANDBUCH - Badelt, 1997c: Zielsetzungen, S 13ff.)*
- Der generelle gesellschaftliche Trend zu einem gesteigerten Anspruchsverhalten von Kunden macht auch vor NPOs nicht halt. Es erhöhen sich damit nicht nur die qualitativen Anforderungen an NPOs, sondern auch der Druck, mit dem diese eingefordert werden.
- Sowohl der finanzielle Druck als auch das kritischere Kundenbewußtsein verschärfen die Konkurrenzsituation, insbesondere wenn neue Anbieter auf den Markt drängen. Die Leistung beziehungsweise ihr Nutzen wird nicht mehr isoliert betrachtet, sondern vergleichend bewertet. Zugleich wird es schwieriger, sich in der Außenwahrnehmung von anderen NPOs innerhalb eines Sektors abzuheben.

Die drei wesentlichen Merkmale für die veränderten Rahmenbedingungen sind:

- steigender finanzieller Druck
- anspruchsvolleres Kundenverhalten
- steigender Konkurrenzdruck.

Die Bedeutung der Definition von Kernprodukten

Kernprodukte stehen für die strategische Positionierung einer Organisation.

Es handelt sich dabei um Produkte und Dienstleistungen, die hinsichtlich der Wertschöpfung bedeutend sind und auf eigenen Stärken und Kompetenzen basieren. Sie ermöglichen der Organisation, sich auf die wesentlichen und existenzentscheidenden Aufgaben zu konzentrieren und sich danach auszurichten. Damit verbunden ist die inhaltliche Abgrenzung von Mitanbietern, womit sich die Organisation von anderen NPOs abhebt. Wesentlich für den Erfolg wird aber auch für NPOs immer mehr die Fähigkeit, ihre Kernprodukte so zu definieren, daß sie den Bedürfnissen der wichtigsten Kunden entsprechen. Erst damit wird Konkurrenzfähigkeit sichergestellt.

2.3.1.2 Vorgehensweise

Festlegen der Kernprodukte

Im ersten Schritt erfolgt eine Analyse aller Produkte beziehungsweise Dienstleistungen, die eine NPO erbringt. Davon ausgehend, werden jene Leistungen identifiziert, für die einerseits ein hohes Marktpotential vorhanden ist und die andererseits der Kernkompetenz der NPO entsprechen.

Identifikation und Gewichtung der Kunden

Im nächsten Schritt werden die wichtigsten Kunden ermittelt. Gerade in NPOs ist es nicht immer eindeutig, wer als Kunde gilt. Die Bandbreite reicht dabei von jenen, die die Leistung unmittelbar in Anspruch nehmen, über jene, die indirekt Nutzen daraus ziehen, bis hin zu jenen, die sich an der Finanzierung beteiligen. Je weiter der Kundenbegriff gefaßt wird, desto divergierender können auch die Erwartungen ausfallen.

Methodisch ist zu empfehlen, die Sammlung der Kunden und ihre Gewichtung getrennt durchzuführen. Für die Gewichtung eignen sich einschlägige Verfahren wie die „Nominale Gruppentechnik" oder „Multivoting". Als Ergebnis sollte eine nach Kernprodukten geordnete Liste aller Kunden in der Reihenfolge ihrer Bedeutung vorliegen. (vgl. Juran, 1988, S 20ff.)

Erhebung der Kundenbedürfnisse

Dabei sind die Bedürfnisse und Erwartungen der priorisierten Kunden zu den einzelnen Produkten zu erheben und nach ihrer Bedeutung zu gewichten. Für die Erhebung stehen die klassischen Methoden der Marktforschung wie Einzelinterview, Fokusgruppen oder Fragebogen zur Gewinnung repräsentativer Aussagen zur Verfügung. *(siehe auch Teil II Kapitel 3)*

Festlegen der Qualitäts- beziehungsweise Produktmerkmale

Die Ableitung der Qualitäts- beziehungsweise Produktmerkmale geht von den Kundenbedürfnissen aus. Im Mittelpunkt steht die Frage, welches Merkmal das Produkt aufweisen muß, um Bedürfnisse der Kunden zu erfüllen. Die Kundenbedürfnisse und -erwartungen werden in die Sprache des Leistungserbringers übersetzt, damit dieser die Produkte danach ausrichten beziehungsweise letztendlich die entsprechende Qualität auch in den Prozessen sicherstellen kann. (vgl. Juran, 1988, S. 25ff.; Ebner, Köck, 1996a, S. 80ff.) In *Abb. II 2.7* sind die einzelnen Ablaufschritte zur Definition von Kernprodukten aufgelistet.

Abb. II 2.7

Ablaufschritte zur Definition von Kernprodukten				
DEFINITION VON KERNPRODUKTEN				
Ablaufschritt	**Typische Fragestellungen**	**Methode**	**Ergebnis**	**Beispiel**
Festlegen der Produkte	Was sind unsere Leistungen? Was ist unser Auftrag?	Strategischer Entscheidungsprozeß, Portfolioanalyse	Liste der Kernprodukte	Operation
Identifikation und Gewichtung der Kunden	Wer nimmt unsere Leistungen in Anspruch? Gibt es unterscheidbare Kundengruppen? Welche ist die wichtigste Kundengruppe?	Methoden der Marktforschung	Liste der wichtigsten Kunden, nach Kernprodukten geordnet	erwachsene Patienten mit Leistenbruch
Erhebung und Gewichtung der Kundenbedürfnisse	Was erwarten die Kunden von uns? Welche Ansprüche haben sie an unsere Leistungen?	Einzelinterviews, Fokusgruppen, Fragebogen	Liste von gewichteten Kundenerwartungen	keine Verschiebung der Operation
Ableiten von Qualitätsmerkmalen	Welche Produktmerkmale müssen unsere Produkte haben, um die Kundenbedürfnisse zu erfüllen?	Teamsitzungen	Liste von Produktmerkmalen, geordnet nach Kundenerwartungen	Operationstermin wird eingehalten

Abb. II 2.8

Formular zur Definition von Kernprodukten						
KERNPRODUKT: OPERATION						
	betroffene Kundengruppen			Produktmerkmale		
Bedürfnisse	A erwachsene Patienten	B	C	1 Operations- termin wird eingehalten	2	3
keine Ver- schiebung der Operation	x			x		

2.4 Definition von Schlüsselprozessen und Erstellen einer Prozeßlandkarte
(Peter Heimerl-Wagner, Heinz Ebner, Erich Prisching)

Kurzbeschreibung

Stark veränderte Rahmenbedingungen führen vor allem bei größeren NPOs dazu, die Zweckmäßigkeit der strukturellen organisatorischen Gegebenheiten in Frage zu stellen. Das vorliegende Instrument unterstützt die Veränderung von einer klassisch funktional ausgerichteten zu einer produkt- und prozeßorientierten Organisationsstruktur. Ausgehend von den wertschöpfenden Prozessen, wird schrittweise eine hierarchische Prozeßlandkarte aufgebaut. Sie dient als Grundlage für die Neudefinition von Verantwortlichkeiten und kann als Basis für die Veränderung der Leistungserbringungsprozesse angewandt werden.

2.4.1 Beschreibung

Angesichts der unter *Teil II Kapitel 2.3.1.1* beschriebenen Rahmenbedingungen gewinnt die Umgestaltung der Organisationsstruktur vor allem bei größeren NPOs immer mehr an Bedeutung. Unter diesem Gesichtspunkt stellen sich vier wesentliche Fragen, die in den folgenden Kapiteln behandelt werden.

Warum Schlüsselprozesse definieren?

Dabei geht es um die Bedeutung der Zweckmäßigkeit einer Organisationsstruktur für NPOs, um die neuen Herausforderungen zu bewältigen.

Wie vorgehen?

Die einzelnen Ablaufschritte werden methodisch aufbereitet, beschrieben und anhand von Beispielen illustriert.

Was sind mögliche Folgeaktivitäten?

Die Definition der Schlüsselprozesse bildet die Grundlage für weitere Verbesserungsarbeit. Es wird ein Ausblick auf die nächsten daran anknüpfenden Aktivitäten gegeben.

Was sind Grenzen und implizite Voraussetzungen der Definition von Schlüsselprozessen?

Abschließend wird diskutiert, welche grundsätzlichen Grenzen für den sinnvollen Einsatz des Instruments identifiziert werden müssen. Davon lassen sich implizit Hinweise ableiten, welche Voraussetzungen für die Neudefinition von Schlüsselprozessen erforderlich sind.

2.4.1.1 Schlüsselprozesse definieren

Prozeßorientierung als Überlebensfrage für NPOs

Ein Ansatzpunkt, auf die veränderten Anforderungen aus dem Umfeld zu reagieren, besteht in der Auseinandersetzung mit der Aufbaustruktur der Organisation, die im wesentlichen entweder nach Funktionen oder nach Produkten und Prozessen gegliedert sein kann.

Bei der funktionalen Gliederung werden die Organisationsbereiche anhand der zu verrichtenden Aufgaben differenziert. *(vgl. HANDBUCH - Heimerl-Wagner, 1997: Organisationen)* Für ein Krankenhaus beispielsweise ergibt sich daraus meist die Gliederung nach Berufsgruppen (ärztlicher Bereich/Pflegebereich/Verwaltung/Technik). Die Stärken liegen dabei in der hohen Spezialisierung, die bestmögliche Nutzung der fachlichen Fähigkeiten gewährleistet, und in der potentiell hohen Effizienz durch arbeitsteilige Produktion. Grundvoraussetzung ist ein geringer Komplexitätsgrad hinsichtlich Aufgabenstellung, technologischer Entwicklung und institutionellem Umfeld. (vgl. Schertler, 1991, S. 32ff.)

Die zweite Form der Differenzierung orientiert sich an den Produkten oder Produktgruppen sowie den dahinterliegenden Schlüsselprozessen. Für ein Pflegeheim sind dies beispielsweise die Produkte Langzeitbetreuung/reaktivierende Pflege/Sterbebegleitung. Prozesse bezeichnen dabei ein Bündel von Aktivitäten, für das mehrere Inputs benötigt werden und das für die Kunden ein Ergebnis von Wert erzeugt. (vgl. Krickl, 1995, S. 32) Nach der strategischen Bedeutung für die Organisation und dem wahrnehmbaren Kundennutzen unterscheidet man zwischen Schlüssel- und unterstützenden Prozessen. Schlüsselprozesse produzieren hohen wahrnehmbaren Kundennutzen und sind von großer strategischer Bedeutung für die Organisation. (vgl. Osterloh, Frost, 1996, S. 35ff.) Für ein Krankenhaus kommen bei fast jedem Produkt die Schlüsselprozesse Aufnahme/Diagnostik/Therapie/Entlassung/Nachbetreuung in Frage. Für die Etablierung einer produkt- und prozeßorientierten Organisationsstruktur sprechen unter anderem:

- bessere Ausrichtung auf das spezifische „Umfeld" und die Marktverhältnisse
- Möglichkeit, rasch auf Veränderungen im Umfeld zu reagieren
- Klarheit der Trennung und Verantwortlichkeiten für Ergebnisse und Prozesse
- unmittelbare Ausrichtung der Organisationsstruktur auf die Wertschöpfungskette

- direkter Bezug zwischen dem Prozeß der Leistungserbringung und dem Ergebnis (z.B. Kundenzufriedenheit)
- hohes Sinnstiftungspotential für die Mitarbeiter.

Aufgrund der komplexer werdenden Rahmenbedingungen ist auch bei NPOs in den letzten Jahren ein Trend zur produktorientierten Organisationsgliederung zu erkennen.

Der Einzelprozeß als Ansatzpunkt für nachhaltige Verbesserung

Allgemeine Grundlage für Verbesserungsarbeit ist die produktorientierte Gestaltung der Organisationsstruktur. Für eine nachhaltige Verbesserung im Sinne der Effizienzsteigerung und Steigerung der Kundenzufriedenheit muß als weitere Voraussetzung gegeben sein, die Verbesserungsbemühungen direkt an die Einzelprozesse und somit an die einzelnen Arbeitsabläufe anzubinden. Dafür stehen die Methoden der Qualitätsverbesserung beziehungsweise Qualitätsplanung zur Verfügung *(siehe Teil III Kapitel 5)*, die im Anschluß an die Neudefinition der Schlüsselprozesse durchgeführt werden können und als Folgeschritte ansatzweise dargestellt sind.

2.4.1.2 Vorgehensweise

Ausgehend von der Definition der Kernprodukte, erfolgt die Neustrukturierung der Organisation von der funktionalen zur prozeßorientierten Gliederung, wobei die Definition von Schlüsselprozessen entscheidend ist. Nachfolgend sind die einzelnen Ablaufschritte beschrieben.

Festlegen der Schlüsselprozesse und Erstellung der Prozeßlandkarte

Die Prozeßlandkarte stellt die hierarchische Gliederung der Leistungserbringungsprozesse dar. Die Schlüsselprozesse repräsentieren dabei die erste Ordnung der Prozesse, die unmittelbar wertschöpfend die Erstellung der Kernprodukte sichern. Die zweite bis n-te Ordnung bilden die unterstützenden Prozesse (Zulieferprozesse), die notwendige Zwischenprodukte für die Durchführung der Schlüsselprozesse bereitstellen.

Die Anwendung des Instruments wird in Form eines Projekts mit Hilfe von Projektmanagementmethoden empfohlen. Die enge Vernetzung mit dem Linienmanagement und die Einbindung der betroffenen Mitarbeiter in Teamsitzungen gewährleistet die Verbindlichkeit der Entscheidung.

Ableiten der Verantwortlichkeiten

Ausgehend von der Prozeßlandkarte, werden prozeßbezogene Verantwortungsbereiche definiert, die die Gesamtverantwortung für die Erstellung des Produkts (Teilprodukts) auf Basis von Qualitäts- und Aufwandskriterien umfassen.

Zuordnung der Verantwortlichkeiten

Sind die Prozeßverantwortungen definiert, werden sie mit konkreten Personen besetzt. Dieser Vorgang ist dem Personalmanagement (in klassischer Weise) zuzuordnen, auch wenn sich die Auswahlkriterien von jenen der Besetzung funktional ausgerichteter Verantwortungsbereiche unterscheiden werden.

Abb. II 2.9

Ablaufschritte für das Erstellen einer Prozeßlandkarte			
ERSTELLUNG EINER PROZESSLANDKARTE			
Ablaufschritt	**Typische Fragestellungen**	**Methode**	**Ergebnis**
Schlüsselprozeß festlegen und Erstellung der Prozeßlandkarte	Welche sind die Schlüsselprozesse zur Erstellung der Kernprodukte? Wie stehen Prozesse und Zulieferprozesse zueinander in bezug auf die Erstellung des Kernprodukts?	Projekt in enger Vernetzung mit dem Linienmanagement und betroffenen Mitarbeitern (Teamsitzungen)	Darstellung des Schlüsselprozesses und der zugeordneten, unterstützenden Prozesse (Beispiel siehe Abb. II 2.10 und Abb. II 2.11)
Ableiten der Verantwortlichkeiten	Welche Funktion ist für einen Schlüssel- oder unterstützenden Prozeß verantwortlich?	Managemententscheidung (Teamsitzungen)	Liste von Funktionen, die Schlüssel- und unterstützenden Prozessen zugeordnet sind
Zuordnung von Verantwortlichkeiten	Wer ist für einen Teil- oder unterstützenden Prozeß verantwortlich?	Personalentscheidung	Liste von Personen, die Funktionen zugeordnet sind

Abb. II 2.10

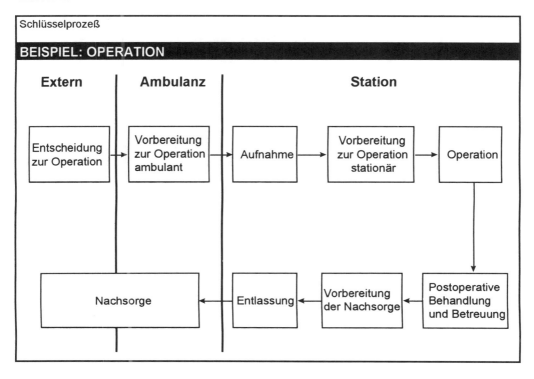

Abb. II 2.11

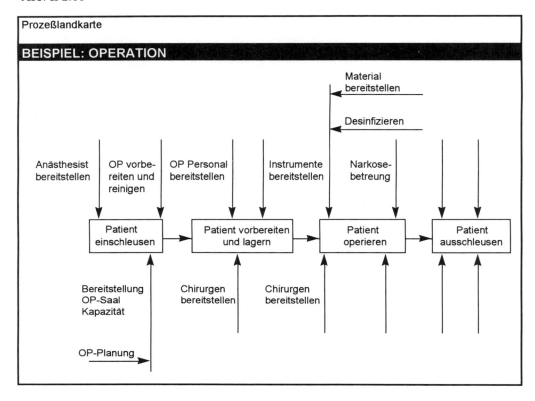

2.4.1.3 Folgeaktivitäten

Die Neudefinition der Schlüsselprozesse stellt die Grundlage für die Verbesserung der Einzelprozesse dar. Dabei wird durch konkrete Einwirkung auf die Arbeitsabläufe die Steigerung der Effizienz und der Kundenzufriedenheit angestrebt. Die Durchführung erfolgt in mehreren Schritten. Am Anfang steht die Ist-Analyse, indem man die Einzelprozesse in relevante Arbeitsschritte zerlegt (z.B. Darstellung im Flußdiagramm). Im Anschluß daran werden kritische Bereiche anhand zuvor definierter Prozeßkriterien ermittelt (qualitative und quantitative Verfahren). Diese bilden die Datengrundlage für den dritten Schritt, die Ableitung von Verbesserungsmaßnahmen, die in der Folge umgesetzt werden. Den Abschluß bildet eine Kontrollmessung zur Evaluierung des Erfolgs.

2.4.2 Vor- und Nachteile

Die im folgenden beschriebenen organisationalen Faktoren ziehen grundsätzliche Grenzen für die fundamentale Umorientierung von NPOs in Richtung Prozeßorientierung.

1. Keine Veränderung erforderlich

Wenn die Umfeldanforderungen keine Notwendigkeit zur Veränderung erkennen lassen, steht der Aufwand für die Definition von Schlüsselprozessen in keiner sinnvollen Relation zum Nutzen. Ansonsten haben der Grad des wahrgenommen Drucks und die grundlegende Veränderungsbereitschaft Einfluß auf die Radikalität des zu empfehlenden Veränderungskonzepts. Je höher der Umfelddruck und je geringer die Veränderungsbereitschaft, desto eher sind radikale Konzepte im Top-Down-Verfahren angebracht. Bei geringerem Umfelddruck und hoher Veränderungsbereitschaft bieten sich evolutionäre Konzepte an.

2. Äußere Rahmenbedingungen, die Veränderung behindern

Gewisse legistische und bürokratische Hemmnisse (z.B. unkündbare Mitarbeiter) können vor allem die Entwicklung und Umsetzung von Veränderungsmaßnahmen behindern. Die Organisation kann in diesem Fall nicht angemessen auf die bestehenden Umfeldanforderungen reagieren.

3. Bedingungen auf Führungsebene, die Veränderung behindern

Radikale Veränderung stellt hohe Anforderungen an die Führungskräfte. Heute wird in vielen NPOs der professionelle Zugang zu Führung vernachlässigt. Statt dessen dominiert die zufalls- und intuitionsgeleitete Auseinandersetzung mit Führungsverhalten. Der Komplexität des Umfelds sollte allerdings durch verstärkt situationsspezifisches Führungsverhalten Rechnung getragen werden. Im Zusammenhang mit einem Wandel der Organisation in Richtung Prozeßorientierung werden von Führungskräften vor allem Integrationsleistungen verlangt. Diese beziehen sich auf die Kooperation der verschiedenen Funktionen und Bereiche der Leistungserbringung, auf das Spannungsfeld zwischen Kosten und Nutzen, aber auch auf jenes zwischen professionistischer (interner) und kundenbezogener (externer) Sichtweise in der Bewertung der Leistungen. Sofern Führungskräfte in NPOs nicht in der Lage sind, diesen gesteigerten Komplexitätsgrad erfolgreich zu bewältigen, wird auch der Weg der Entwicklung von einer funktionalen zu einer prozeßorientierten Organisation nur schwer zu beschreiben sein. (vgl. Ebner, Köck, 1996b, S. 128ff.)

2.5 Weiterführende Literatur

Das Buch „Qualitätsmanagement für Dienstleistungen. Grundlagen, Konzepte, Methoden" (Bruhn, 1996) fokussiert im Gegensatz zu den meisten anderen Werken zum Thema Qualität auf Dienstleistungsprozesse. Der weite Themenbogen umfaßt:

- begriffliche Grundlagen
- Analyseinstrumente zur Messung der Dienstleistungsqualität
- Konzeption eines Qualitätsmanagements für Dienstleistungsunternehmen
- Einsatz von Instrumenten zum Management der Dienstleistungsqualität
- Implementierung des Qualitätsmanagements.

Die abschließenden Kapitel beschäftigen sich mit den Themen Zertifizierung, Qualitätsauszeichnungen, nationale Kundenbarometer und Zukunftsperspektiven.

Das Buch spricht besonders „an Wissenschaft und Praxis interessierte Leser" an. Die grafische Aufbereitung erleichtert dabei den Zugang. Es ist ein für interessierte Praktiker gut bearbeitbares Werk, das sich umfassend mit den relevanten Aspekten des Qualitätsmanagements auseinandersetzt. Für NPOs erscheinen insbesondere die Themen Analyseinstrumente, Qualitätsmanagement-Konzeption, Qualitätsmanagement-Instrumente und Implementation von Bedeutung. Die Lektüre kann zwar professionelle externe Unterstützung bei der Einführung von Qualitätsmanagement in NPOs nicht ersetzen, aber man kann dadurch als Verantwortlicher den Experten als kompetenter Gesprächspartner gegenübertreten. Dieses Buch ist für alle empfehlenswert, die Qualitätsmanagement in NPOs analysieren, konzipieren beziehungsweise umsetzen möchten und sich dabei professioneller Unterstützung bedienen.

Das Buch „Management in Gesundheitsorganisationen; Strategien, Qualität, Wandel" (Heimerl-Wagner, Köck, 1996) setzt sich mit einem bestimmten Segment von NPOs auseinander. Dabei konzentrieren sich die Autoren auf verhaltenswissenschaftliche Aspekte des Managens und Organisierens. Folgende Themen werden in den einzelnen Beiträgen ausführlich erörtert:

- strategische Rahmenbedingungen im Gesundheitssystem
- Qualität als Wettbewerbsfaktor
- Managementkonzeptionen
- Organisation
- Prozesse der Führung
- Teamarbeit
- Personalmanagement als Fit-Management

- Marketing
- Handhabung von Veränderungsprozessen.

Das Buch ist als Lehrbuch konzipiert und führt daher sowohl in die Fachterminologie als auch in praxisrelevante Problemstellungen ein. Es werden jene allgemeinen Konzepte dargestellt, die im spezifischen Branchenkontext von Relevanz sind. Für Praktiker zielt das Buch auf das Herstellen von Zusammenhängen zwischen „Theorie" und „Praxis", die Reflexion konkreter Erfahrungen vor dem Hintergrund allgemeiner Erklärungsmuster. Weiters werden alternative Modelle und Entwicklungsperspektiven zu den einzelnen Themen beschrieben. Dieses Buch ist für alle empfehlenswert, die sich fragen, warum das organisationale Arbeiten in Gesundheitsorganisationen soviel Freude macht und gleichzeitig soviel Kraft kostet.

Das Werk „Dynamische Unternehmensentwicklung. Wie Pionierbetriebe zu schlanken Unternehmen werden" (Glasl, Lievegoed, 1993) ist branchenneutral gehalten. In der Terminologie wird man auf den ersten Blick an wirtschaftliche Unternehmen erinnert. Inhaltlich sind die vorgestellten Theorien jedoch unschwer auf NPOs übertragbar. Das Buch setzt sich mit vier Entwicklungsstadien von Organisationen auseinander:

- Pionierphase: Die Organisation als „große Familie"
- Differenzierungsphase: Die Organisation als Maschine
- Integrationsphase: Die Organisation als soziales System
- Assoziationsphase: Die Organisation als „Glied im Biotop".

Dieses vierte Entwicklungsstadium ist durch unterschiedliche Formen überbetrieblicher Zusammenarbeit sowie organisationsinterner Dezentralisierung von Entscheidungskompetenzen und Teamorganisation gekennzeichnet. Ein besonderer Schwerpunkt wird dabei auf Führungskonzeptionen (z.B. Management by Objectives, Management by Delegation, Management by Exception) und deren Zusammenhänge mit den Entwicklungsphasen der Organisation gelegt. Dadurch werden für den Leser viele Phänomene, die in der Praxis erlebt werden, als personenunabhängig – d.h. strukturbedingt – erkennbar und reflektierbar. Dieses Buch ist für alle empfehlenswert, die sich schon lange fragen, warum Organisationen so sind, wie sie sind.

3 Instrumente für das Marketing in NPOs
(Koordination: Claudia Klausegger, Dieter Scharitzer, Fritz Scheuch)

3.1 Marketing in NPOs – Ziele und Funktionen

Marketing ist der Überbegriff für Entscheidungen und Maßnahmen mit der Funktion, Güter- und Leistungstransfer vorzubereiten und zu realisieren. Dabei sind die Wünsche und Bedarfsinhalte von für die NPO relevanten Interessentengruppen – Kunden, Adressaten von Informationen, Personen und Gruppierungen der Öffentlichkeit – zu beachten.

Dieser Güter- und Leistungstransfer kann als **„Beschaffungsmarketing"** der **Ressourcenbeschaffung** dienen, d.h. Verfügungsmöglichkeiten über materielle Güter (z.B. Sachspenden), Benützungsrechte (z.B. Verfügungsmöglichkeit über Räumlichkeiten), Geld (z.B. Spenden, Mitgliedsbeiträge, Sponsorengelder) und Arbeitsleistung (z.B. freiwillige Mitarbeit, Gewährung günstiger Honorarsätze) gewährleisten. Als **„Absatzmarketing"** richten sich die zentralen Leistungsprozesse an Leistungsempfänger: Kunden, Hilfs- und Pflegebedürftige, Schüler und Studierende, Medien oder die allgemeine Öffentlichkeit (z.B. humanitäre Organisationen, Umweltorganisationen, politische Parteien).

Marketing ist ein betriebswirtschaftlicher Aufgabenbereich, der sich an den Zielen beziehungsweise dem Zielsystem der NPO ausrichten muß. Dies umfaßt die **„Mission"** *(siehe Teil II Kapitel 1.2)* als allgemeinstes Oberziel oder Gründungsabsicht, z.B. Sanierung und Erhaltung von Baudenkmälern bei gleichzeitigem Ausbau eines zeitgemäßen Kulturangebots und des touristischen Angebots. *(vgl. FALLSTUDIEN - Szirota, 1997: Schönbrunn, S. 85-112)*

Davon abzuleiten sind konkrete **Leistungsziele** (z.B. Spielplangestaltung für das Schloßtheater, Renovierungspläne etc.), **Kommunikationsziele** (z.B. zur Gestaltung einer Imagekampagne oder zur Akquisition von Touristen) und **Ressourcengewinnungsziele** (z.B. zur Sponsorengewinnung, Auslastungsplanung, Eintrittskartenkalkulation), die den Einsatz absatzpolitischer Instrumente beziehungsweise konkreter Maßnahmen steuern sollen. *(vgl. HANDBUCH - Scheuch, 1997: Marketing, S. 215ff.)*

Marketinginstrumente stellen die konkreten praktischen Aufgabenbereiche zur Erreichung der Ziele der NPO dar. Sie umfassen Maßnahmen der Leistungs(programm)gestaltung (z.B. Krankentransport, Blutspendedienst, Katastrophenhilfe, Vermißtensuchdienst, Ausbildung, Verbreitung des humanitären Völkerrechtsgedankens als Aufgaben des ÖRK, Österreichisches Rotes Kreuz), der Gegenleistungspolitik (Preise, Konditionen, Gegengeschäftsvarianten, Gebühren und Kostensätze), der Distributionspolitik (z.B. Aufbau von Beratungsstellen,

Tourenplanung) und der Kommunikation (Werbegestaltung, Mediaplanung, Öffentlichkeitsarbeit etc.). *(vgl. HANDBUCH - Horak, Matul, Scheuch, 1997: Ziele, S. 135ff.)*

Marketingmaßnahmen stellen stets eine Kombination aller Instrumente – „**Marketing-Mix**" dar: Beispielsweise dient ein Gewinnspiel einerseits der Öffentlichkeitsarbeit, gleichzeitig unterstützt es die Bemühungen zur Gewinnung von Sponsoren beziehungsweise finanzieller Ressourcen, kann bei einer Zeitschrift als Kooperationspartner die Überlassung von Inseratenraum ermöglichen und schließlich als marktstimulierende Maßnahme das Spendenaufkommen erhöhen.

3.2 Leistungspolitik

(Claudia Klausegger, Dieter Scharitzer, Fritz Scheuch)

Kurzbeschreibung

Produkt- und Sortimentspolitik beziehungsweise – bei Dienstleistungsanbietern – Leistungsgestaltung und Leistungsprogrammpolitik umfassen alle Maßnahmen zur kunden- beziehungsweise adressatengerechten Gestaltung von Gütern und Leistungen.

Entscheidungen in der Produkt- oder Leistungspolitik unterscheiden sich danach, wieweit sie als isolierte Aufgabenbereiche, weitgehend unabhängig von anderen Instrumentalbereichen, oder als verbundene Entscheidungsaufgaben vorliegen (z.B. erfordern erweiterte Beratungs- und Versorgungsdienstleistungen die gleichzeitige Lösung von Distributionsproblemen durch neue Beratungsstellen, Vergrößerung des Fuhrparks und Betreuungsgebiets, Hotline-Dienste, Telefonseelsorge, Essenszustellung für Hilfsbedürftige etc.).

3.2.1 Beschreibung

Typische abgrenzbare Entscheidungssituationen kann man nach der Position im **Produktlebenszyklus** (Absatzentwicklung im Zeitablauf) unterscheiden, woraus sich ein Katalog von Entscheidungstatbeständen ergibt:

- Produktentwicklung
  - Ideenfindung und Entscheidungsanlaß
  - technische Produktentwicklung
  - marktbezogene Produktentwicklung
  - Kontrolle beziehungsweise Testphasen

- Markteinführung
  - Einführungsplanung
  - Einführungsdurchführung
  - Kontrolle der realisierten Maßnahmen und Ergebnisse
- Produktvariation
  - Produktmodifikation: Eine Variante des ursprünglichen Produkts wird entwickelt und auf den Markt gebracht, die ursprünglichen Varianten werden nicht mehr angeboten.
  - Produktdifferenzierung: Eine Variante in Ausstattung, Farbe, Leistungsmerkmalen etc. des ursprünglichen Produkts wird entwickelt und zusätzlich zum bestehenden Angebot aufgenommen (das Produktprogramm umfaßt alle Varianten).
- Produkteliminierung: Ein bestehendes Produkt oder ein Teil des Produktprogramms wird nicht mehr angeboten.

Abb. II 3.1

Entscheidungstatbestände der Produkt- und Programmpolitik	
ENTSCHEIDUNGSSITUATIONEN	
Anzahl der Produkte	**Entscheidungssituationen**

Ein-Produkt-Entscheidungen	• Entwicklung
	• Einführung
	• Variation
	  • Modifikation
	  • Differenzierung
	• Eliminierung

Mehr-Produkt-Entscheidungen	genetische
	• Einführung
	  • schrittweise
	  • gesamt
	• Variation des Programms
	• Eliminierung von Programmteilen
	strukturelle
	• Produktprogramm oder Gesamtsortiment
	• Produktgruppen
	• Markenfamilien

Dienstleistungen unterscheiden sich in Einführungs-, Variations- und Eliminierungsentscheidungen von materiellen Produkten vor allem dadurch, daß nicht fertige Produkte zu gestalten, zu produzieren und zu lagern sind, sondern Dienstleistungsbetriebe in einen leistungsbereiten Zustand versetzt werden müssen. Gegenstand der Produktpolitik ist die Vorbereitung auf Verrichtungen beziehungsweise die Herstellung der Handlungsbereitschaft für ausgewählte Leistungsbereiche, die Gegenstand des Angebots sind. Produktpolitische Entscheidungen beziehen sich daher auf die Entwicklung, Veränderung und Liquidation von Dienstepotentialen, d.h. die Ausstattung, die Personen, die Verrichtungsprogramme, die Planung raum- und zeitbezogener Kapazitäten etc. Produktmerkmale werden durch die Beschreibung von Dienstepotentialen beziehungsweise Dienstleistungsbetrieben und Verrichtungen definiert. Im wesentlichen dienen organisatorische Merkmale dazu, Verrichtungen als Produkte beziehungsweise Dienstleistungen eindeutig zu definieren, zu Vertragsgegenständen zu machen und zu kalkulieren. *(siehe Abb. II 3.2)*

Programmpolitische Entscheidungen für Dienste bedeuten die Entwicklung von „Verrichtungssortimenten". Analog zu anderen Gutskategorien umfaßt daher das Dienstesortiment eines Anbieters verschiedene Dienstegruppen, Dienstearten und Verrichtungsvarianten.

Diese „Potentialdimension" der Produkt- beziehungsweise Programmpolitik ist um die „Prozeßdimension" zu ergänzen. Das Endergebnis des Diensteproduktionsprozesses unter Einbeziehung und, bei personenbezogenen Diensten, Mitwirkung der Diensteobjekte beziehungsweise Diensteempfänger liegt im Einzelfall erst nach Ablauf dieses Schlußteils der Diensteproduktion fest. Das Prozeßergebnis ist in der Folge Gegenstand der Beurteilung und unmittelbaren Qualitätszuschreibung („Ergebnisdimension"). (vgl. Corsten, 1988; Donabedian, 1980; Meyer, Mattmüller, 1987)

Der Prozeßcharakter, zusammen mit der Einbeziehung des Kunden beziehungsweise der Dienstobjekte des Kunden in den Produktionsprozeß, hat erhebliche Konsequenzen für Angebotstypen und Situationsmerkmale, die für Kundenverhalten und Kundenerlebnisse von Bedeutung sind.

Der Konsument von Dienstleistungen nimmt nicht nur das Endergebnis wahr, sondern auch der Prozeß spielt eine entscheidende Rolle. In der Wahrnehmung des Kunden kann der Leistungserstellungsprozeß selbst das dominierende „Produkt" sein. Dieses wird auch durch unterschiedliche Aktivitätsgrade der Teilnahme mitbestimmt und konsumiert. Aus dieser Sicht unterscheidet sich die Teilnahme an einer Konzertaufführung stark von der Beteiligung an einer Hochseekreuzfahrt als Aktivurlaubsvariante. Bei anderen Dienstleistungen kann sich das Hauptinteresse des Kunden auf das Endergebnis konzentrieren (z.B. Entnahme aus einem Bargeldautomaten). Unabhängig davon ist für die fehlerfreie und pünktliche Abschlußhandlung jener Teil der Vorbereitung und Abwicklung des Leistungsprozesses wesentlich, der teilweise auch ohne aktive Beteiligung des Konsumenten – nicht sichtbar (hinter der „Line of visibility") – abläuft.

Aus dem Blickwinkel des Kunden, der sich auf den gesamten persönlich erlebten Prozeß und alle wahrnehmbaren Merkmale und Beurteilungsobjekte richtet, ist die „Sachmittelausstattung" differenziert zu betrachten: Einerseits handelt es sich dabei um die für den Kernbereich der Dienstleistung notwendige materielle Ausstattung (z.B. ein Ultraschallgerät für die entsprechende Untersuchung). Andererseits können Sachmittel das unmittelbare Leistungsumfeld betreffen, soweit es noch durch den Dienstleistungsanbieter direkt gestaltbar ist (z.B. Wartezimmereinrichtung). Schließlich tragen auch Umfeldmerkmale, die nicht ausschließlich durch den Dienstleistungsanbieter beeinflußt werden können, zur Gesamtbeurteilung bei (z.B. verkehrstechnische Erreichbarkeit und Verfügbarkeit von Parkplätzen auf öffentlichem Grund). Diese Merkmale wirken bereits in der Kaufentscheidung als „Search Qualities", sind aber auch Ansatzpunkte für die Bewertung der Leistungsqualität, weil diese Ersatzkriterien der Beurteilung durch den nicht fachkundigen Dienstleistungskunden eher zugänglich sind als die häufig hochspezialisierte Kernleistung. (vgl. Scharitzer, 1994; Zeithaml, 1981)

Abb. II 3.2

Organisatorische Merkmale und Anforderungen für die Kontaktorganisation

KONTAKTORGANISATION

Kontakt- und Bereitschaftsorganisation / Verrichtung	Kontaktelemente		Raum		Zeit			
	Personen	Sachmittel	fix	variabel	Termin		Dauer	
					fix	variabel	fix	variabel
			ortsgebunden	regional	absolut	Terminrahmen	absolut limitiert	Toleranzgrenzen
Handlungsprogramm (z.B. Regieanweisung, Text, Partitur für Kulturangebote, vorgeschriebene Phasen und Prüfschritte eines Operationsablaufs in einem Krankenhaus)								
Standardisierungs- bzw. Individualisierungsmöglichkeiten (Normalangebot, auf den Einzelfall ausgerichtete Zusammenstellung von Aktivitäten zur Bedarfszeit und am Bedarfsort und oder individuelle Ergänzungen standardisierter Kernleistungen)								
Organisation (z.B. Supervision, Stellvertretung, Schicht- oder Saisonregelung)								

3.2.2 Entscheidungskriterien

Alle produktpolitischen Varianten müssen in der Planung und Umsetzung systematisch geprüft werden. Der Prozeß beginnt mit einer **Ziel- und Konsistenzprüfung**. Dabei ist die grundsätzliche Eignung beziehungsweise Zulässigkeit vor dem Hintergrund des gültigen Zielsystems zu beurteilen.

Die folgende **ökonomische Prüfung** umfaßt die Umsatzerwartungen, die Kostenentwicklung und die Ertragsplanung. *(siehe Teil II Kapitel 6)* Für NPOs sind dabei insbesondere Verbundeffekte mit anderen Zielgrößen wie z.B. die Verfügbarkeit nichtmonetärer Ressourcen als Nebenwirkungen einer Maßnahme zu berücksichtigen und im Falle nichtkostendeckender Angebote die Eigendeckungsquote, der interne Subventionsbedarf aus anderen Leistungsbereichen oder der Zuschußbedarf aus Spenden und externen Subventionsquellen.

Als systematisches Verfahren der Beurteilung und Selektion nach mehreren und manchmal auch widersprüchlichen Zielen und Kriterien dienen auf strategischer Ebene Portfoliomodelle *(siehe Teil II Kapitel 1)*, auf operativer Ebene Verfahren der Kalkulation und Kostenrechnung, Budgetierung und Liquiditätsplanung *(siehe Teil II Kapitel 6 und 7)*. Zusätzlich zur finanziellen Beurteilung sind auch weitere Bedingungen (z.B. verfügbare Kapazitätsreserven, Knowhow der Mitarbeiter etc.) zu berücksichtigen. Um die Vielfalt der Anforderungen systematisch und übersichtlich darzustellen, eignen sich auf den Einzelfall zu adaptierende Nutzwertverfahren.

Abb. II 3.3

Matrix zur ziel- und restriktionsbezogenen Beurteilung von ökonomischen Produktmerkmalen

IDEENFILTERUNG

Merkmale \ Ausprägung	Bewertungsklassen			
Sortimentsbezug	Beginn einer neuen Produktgruppe	Fortsetzung einer begonnenen Produktgruppe	Nicht widersprüchlich zu vorhandenen Produktkategorien	Fremdartige Produktkategorien
Umsatz- oder Marktanteilswirkungen auf bestehende Produkte	Steigert den Umsatz vorhandener Produkte	Hat keinen Einfluß	Steht in Konkurrenz zu bestehenden Produkten	Erfolg ausschließlich durch Substitutionswirkung bei bestehenden Produkten
Notwendige Produktionsmittel	Ungenützte Anlagen vorhanden	Ausnützung der Kapazität verwendeter Anlagen	Teilweise Neuinvestitionen notwendig	Völlig neue Produktionsmittel erforderlich
Personal, technisches und Marketing-Know-how	Völlig vorhanden	Im wesentlichen vorhanden	Im wesentlichen zu beschaffen	Neu zu beschaffen
Beschaffungs- und Rohstoffabhängigkeit	Eigene Quellen	Bisherige Lieferanten	Einige neue Quellen	Völlig neue Quellen sind zu erschließen
Verfügbarkeit von Personal	Vorhandenes Personal reicht aus	Vorhandenes Personal hat noch freie Kapazitäten	Personal kann durch organisatorische Maßnahmen, Schulung und technische Hilfsmittel zusätzliche Leistungen erbringen, zusätzliches Personal muß aufgenommen werden	Vorhandenes Personal reicht nicht, zusätzliches Personal kann nicht beschafft werden
usw.				

Ein Verfahren zur Komprimierung dieser mehrdimensionalen Beurteilung ist die **Punktwertmethode**, die Gewichtungs- und Beurteilungsstufen kombiniert und zu einem Gesamtwert (Bewertungsziffer) zusammenfaßt, z.B.:

Abb. II 3.4

Verfahren zur Komprimierung mehrdimensionaler Beurteilungskriterien

PUNKTWERTMETHODE								
Beurteilungsmerkmal	Gewichtung (G)	Beurteilungskoeffizient (B)						G x B
		0,0	0,2	0,4	0,6	0,8	1,0	
Eignung der Absatzwege	0,3		x					0,06
Verfügbarkeit der Fertigungskapazität	0,2					x		0,12
Rohstoffverfügbarkeit	0,2						x	0,16
relativer Konkurrenzvorteil	0,1		x					0,02
etc.								
	1.0							(Bewertungsziffer)

3.3 Programmpolitik
(Claudia Klausegger, Dieter Scharitzer, Fritz Scheuch)

Kurzbeschreibung

Gegenstand programmpolitischer Entscheidungen ist eine Mehrheit von Produkten beziehungsweise Marktleistungen, wobei Entscheidungen immer unter Berücksichtigung der Auswirkungen für mehrere Produkte und Marktleistungen getroffen werden. Entscheidungstatbestände sind Art, Zahl und Struktur im Angebot befindlicher Produkte oder Leistungsbereiche. Analog zu Einproduktentscheidungen kann dabei eine zeitpunktbezogene Betrachtung der aktuellen Struktur des Programms oder eine genetische Betrachtung der Entwicklung beziehungsweise Veränderung des Programms gewählt werden.

3.3.1 Beschreibung

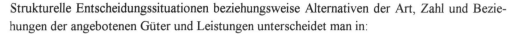

Strukturelle Entscheidungssituationen beziehungsweise Alternativen der Art, Zahl und Beziehungen der angebotenen Güter und Leistungen unterscheidet man in:

- Produktlinien
- Produktfamilien
- Einzelprodukte mit Verbundwirkung.

Produktlinie bezeichnet eine Menge von Produkten oder Marktleistungen, die aufgrund absatzpolitisch relevanter Kriterien aus der Sicht des **Anbieters** die gemeinsame Betrachtung in der Entscheidungssituation fordern (gleicher Vertriebsweg, gleiches Marktsegment, vom Hersteller interpretierter Bedarfsverbund etc.).

Produktfamilie ist eine Menge von Produkten beziehungsweise Marktleistungen, die einen durch den **Kunden** perzipierbaren Verbund aufweist (gemeinsame Marke, tatsächlicher Verwendungsverbund etc.).

Auch Einzelprodukte sind innerhalb des Gesamtprogramms unter Berücksichtigung ihrer **Verbundwirkungen** zu sehen. Diese können einerseits in ertragspolitischen Effekten bestehen, d.h. daß die Deckungsbeitragsbeurteilung unter Inanspruchnahme gegebenenfalls knapper Kapazitäten ein wesentliches Entscheidungskriterium darstellt, andererseits kann auch bei relativ schwacher Ertragskraft eine positive Wirkung auf den Gesamtabsatz gegeben sein (z.B. wirkt die „Vollständigkeit" des Angebots absatzfördernd, wenn damit für potentielle Kunden einfachere Einkaufs- und Vergleichsmöglichkeiten gegeben sind), ohne daß damit Verbundkäufe im engeren Sinn ausgelöst werden müssen.

Die besondere Aufgabenstellung betriebswirtschaftlicher Programmpolitik liegt in der Berücksichtigung von wechselseitigen Effekten wie **Substitution** von unterschiedlichen Tätigkeitsbereichen (z.B. unterschiedliche, aber gleichzeitig geführte Spendenaktionen), der Wirkung des **Gesamtangebots** („akquisitorische Wirkung" des Programms beziehungsweise Sortiments wie etwa die Attraktivität eines Gesamtkatalogs von Abonnementprogrammen oder eines Gesamtprospekts von Festspielen) oder **Verbundwirkungen** (z.B. erhöht die Tätigkeit als Krankentransportanbieter und die damit verbundene Popularität des Roten Kreuzes den Bekanntheitsgrad, die zugeschriebene Nützlichkeit und fördert die Bereitschaft, Geld zu spenden oder an Blutspendeaktionen teilzunehmen).

Der meßbare Sortimentsverbund kann aus der Sicht des Anbieters umsatzmäßige, kalkulatorische und kapazitätspolitische Wirkungen betreffen (z.B. durch statistische Analyse von „Einkaufskörben" beziehungsweise Artikelzahl und -art pro Kassenzettel oder durch die Korrelation der Umsatzverläufe von häufig gemeinsam gekauften Artikeln). Kapazitätspolitische Verbundeffekte treten beispielsweise bei typischen Ketten von medizinischen Untersuchungen auf, die zur diagnostischen Abklärung von Krankheitsbildern erforderlich sind. Patientensegmentbezogen sind die dafür notwendigen Kapazitäten zentral zu planen oder dezentrale Angebote zu koordinieren. Aus der Sicht der Verwender ist bei Verbundeffekten zu unterscheiden, ob sie für den Anbieter ein Entscheidungskriterium für die Sortimentsbildung sind. Diese empfänger- oder kundenbezogene Verbundwirkung kann vom Anbieter antizipiert werden und als Entscheidungskriterium für den Aufbau von Produktprogrammen zum Einsatz kommen. Dabei unterscheidet man Sortimente und Leistungsangebote mit Herkunftsorientierung, d.h. mit traditionellen branchen-, standort- oder betriebsformenabhängigen Angeboten, sowie bedarfsorientierte Sortimentsstrukturen mit antizipierter Nachfrage- beziehungsweise Kaufverbundwirkung (z.B. Ambulatorien mit komplementären Diagnose- und Behandlungsmöglichkeiten).

Sortimente für Handelswaren werden häufig durch „Sortimentsdimensionen" beschrieben: Die relative Sortimentsbreite kann durch die Anzahl von Artikelgruppen und Sortimentsbereichen bestimmt werden. Die relative Sortimentstiefe wird durch die Anzahl einzelner Artikel, Sorten oder lagernder Einzelprodukte gebildet.

3.3.2 Entscheidungskriterien

Entscheidungen über Produkt- oder Leistungsprogramme müssen genauso wie die Entscheidung über Einzelprodukte viele Kriterien berücksichtigen, die isoliert betrachtet auch durchaus unterschiedliche Entscheidungen nahelegen könnten und daher gewichtet und zu einer Gesamtbeurteilung zusammengefaßt werden müssen. Die folgenden Kriterien können in einfachster Form als Checkliste verstanden werden, aber auch Ausgangspunkt der Entwicklung eines geeigneten Nutzwertverfahrens sein *(siehe Teil II Kapitel 1.7.3)*:

Ertragspolitische Entscheidungen

- Ertragskraft (Lagerumschlag, Deckungsbeiträge, Rendite)
- kalkulatorischer Ausgleich
- Kapitalbindung
- Lagerkosten
- verfügbare Kapazität (z.B. Lager, Präsentationsflächen, Gerätekapazität, Bettenzahl und Personal)
- Kapazitätsauslastung beziehungsweise optimale Widmung knapper Kapazitäten (Deckungsbeitrag pro Engpaßeinheit)
- Nachfrageverlauf (gleichmäßige oder fluktuierende Nachfrage und daraus folgende Kapazitäts- und Kostenwirkungen)
- etc.

Rechtliche Rahmenbedingungen

- Zulässigkeit von Sortimentsteilen und Leistungsangeboten
- Verpflichtung zur Führung von Sortimentsteilen etc.
- Preisregelungen, Spannenfixierung
- Zusammenhang mit waren- und vertriebswegspezifischen Marktbeziehungen (Verschreibung des Arztes, Abrechnung mit Krankenkassen etc.)
- besondere Auflagen (Verschlußartikel etc.)
- Vorschriften für die Art der Leistungserstellung (Sondermüllentsorgung, Bewährungshilfe etc.)
- etc.

Kundenbezogene Kriterien

- akquisitorische Wirkung (Präsentationsfähigkeit, Sortimentsbreite etc.)
- Sortimentsverbund (positive Beeinflussung bestehender und neuer Sortimentsteile)
- Servicegrad (Vollständigkeit des Programms und Erhältlichkeit)
- Marktfähigkeit (Preis-Qualitäts-Relation)
- Aktualität des Sortiments
- Eignung für einen Vertriebsweg
- Notwendigkeit der Kundenberatung
- Standortangemessenheit
- etc.

Lieferantenbezogene Kriterien

- Übernahme von Logistikaufgaben (Zustellung, Lagerhaltung etc.)
- Lieferverläßlichkeit
- Konditionen und Finanzierung
- Verkaufsunterstützung
  - medial (Werbung und PR)
  - verkaufsbegleitend (Ladenwerbung, Übernahme von Merchandising-Aufgaben, Auslagengestaltung, Auflage von Informationsmaterial etc.)
- Personalschulung
- Kooperationsbereitschaft (z.B. Exklusivität des Vertriebs, Gebietsschutz etc.)
- etc.

Konkurrenzbezogene Kriterien

- Exklusivität (keine Konkurrenz zwischen alternativen Vertriebswegen)
- Sicherung einer preispolitischen Autonomiezone
- Gefahr für Substitutionskonkurrenz
- etc.

3.3.3 Praxisbeispiel

Der Spielplan der Salzburger Festspiele dient als Anwendungsbeispiel für die Berücksichtigung mehrdimensionaler Beurteilungskriterien zur Entwicklung von Produktprogrammen. Dabei handelt es sich um ein Dienstleistungsangebot, das durch den Inhalt der Tätigkeit und die organisatorischen Merkmale Kontaktelemente, Raum, Termin und Dauer definiert wird. Alle Gestaltungsdimensionen der Dienstleistungsprodukte beziehungsweise -programme sind einem systematischen Prüfverfahren zu unterziehen. Die unterschiedlichen Beurteilungsdimensionen betreffen einzelne oder mehrere Gestaltungsbereiche:

Abb. II 3.5

Produktentwicklung unter Berücksichtigung mehrdimensionaler Beurteilungskriterien						
BEURTEILUNGSKRITERIEN	Gestaltungselemente der Dienstleistung	Verrichtung	Kontaktelemente		Raum	Termin	Dauer
Beurteilungskriterien		Theaterstücke, Kompositionen, Regie, Dramaturgie	Dirigenten, Solisten, Orchester, techn. Personal etc.	Ausstattung, Spezifika der Spielstätten etc.	Spielstätten, Theater, Festspielhäuser, Domplatz etc.	Aufführungsdatum, Wiederholungstermine, Beginnzeiten	Ende der Vorstellungen
• Mission (kulturelle und wirtschaftliche Funktion)							
• strategische Ziele (künstlerisches Konzept, Positionierung)							
• einzelwirtschaftliche ökonomische Beurteilung (Einnahmenplanung, Subventionsrahmen, Sponsorenattraktivität etc.)							
• gesamtwirtschaftliche ökonomische Beurteilung (Steuerleistung, Kaufkraftzufluß für Stadt und Bundesland, Multiplikatoreffekte etc.)							

Die systematische Entwicklung beziehungsweise Planung von Vorstellungen, Aufführungen, Spielstättenwahl und Spielstättengestaltung, Terminfestsetzungen usw. vor dem Hintergrund relevanter Entscheidungskriterien ergibt die konkreten Spielplanelemente und die Gesamtspielplangestaltung als Dienstleistungsprogramm.

Dabei entstehen auch **Zielkonflikte**. Beispielsweise kann eine Opernaufführung oder ein Solistenabend im kleinen Festspielhaus akustisch günstiger sein und mehr Atmosphäre vermitteln, während die erzielbaren Umsätze aufgrund der verkaufbaren Sitzplätze für die Veranstaltung im großen Festspielhaus sprechen. Künstlerisches Konzept und Politik der Stück- und Komponistenauswahl sind auch vor dem Hintergrund der Attraktivität für Besucher zu sehen, wenn eine Subventionsgrenze nicht überschritten werden kann oder ein Deckungsgrad aus Kartenverkäufen angestrebt wird. Ergebnis ist häufig ein Kompromiß der Spielplanzusammensetzung beziehungsweise betriebswirtschaftlich ein Portfolio von Aufführungen.

Die Terminwahl und der Wiederholungsrhythmus für Aufführungen ist einerseits auf Realisierbarkeit mit den Künstlern zu prüfen, andererseits aus der Sicht der Umwegeffekte für Tourismuswirtschaft, lokale Gastronomie und Handel. Die durchschnittliche Verweildauer eines Festspielgasts in der Region sollte für ausgewählte Kundensegmente beispielsweise mehrere Tage umfassen, daher muß der Spielplan solche Perioden mit entsprechend abwechslungsreichem Programm berücksichtigen. Tägliche Wiederholungen desselben Stücks würden einem solchen Ziel widersprechen. Als generelle Nebenbedingung gelten die Verfügbarkeit der unterschiedlich dimensionierten und geeigneten Spielstätten und die Bereitschaft der Künstler, mehrmals über einen längeren Zeitraum verteilt aufzutreten.

Diese produkt- beziehungsweise programmpolitischen Entscheidungen sind durch entsprechend abgestimmte Maßnahmen in den anderen absatzpolitischen Instrumenten zu ergänzen, um ein vollständiges Marketing-Mix zu erstellen. Beispielsweise sind entsprechende Preisstaffelungen für die Veranstaltungstypen und Sitzplatzkategorien zu entwickeln, um die Auslastung einnahmenmaximal zu optimieren. Auch für operative Ziele und Maßnahmen in den absatzpolitischen Instrumenten wirken strategische Ziele als Prüfkriterien. Gibt es z.B. auch Ziele der Kulturerziehung und Kulturverbreitung der Publikumssegmente, sind Sonderpreise für Studenten, Zählkarten oder günstige Abonnementkonditionen anzubieten?

Für die Förderung der mehrtägigen Anwesenheit von Festspielgästen sind Paketangebote oder Miniabonnements mit einer attraktiven Auswahl von Stücken an mehreren Tagen vorzusehen.

Ergebnis dieser Plan- und Prüfschritte ist der konkrete Spiel- und Terminplan. *(siehe Abb. II 3.6)*

108 II Funktionsspezifische Instrumente

Abb. II 3.6

Spiel- und Terminplan der Salzburger Festspiele

3.4 Kommunikationspolitik
(Claudia Klausegger, Dieter Scharitzer, Fritz Scheuch)

Kurzbeschreibung

Kommunikation beschäftigt sich mit den gestaltbaren Maßnahmen der Informationsabgabe von NPOs, um bei den Empfängern (Nachfrager, Interessentengruppen etc.) zielentsprechende Reaktionen auszulösen. (vgl. Scheuch, 1996, S. 346) Das Verhältnis NPO und Botschaftsempfänger ist als ein System wechselseitiger Kommunikations- und Austauschprozesse zu verstehen. Grundsätzlich kann man zwischen der Produktwerbung (Leistungen der Organisation werden beworben) und der institutionellen Werbung (Erzeugung einer bestimmten Einstellung zur Organisation) unterscheiden. Als Instrumente eignen sich neben den klassischen Werbemaßnahmen (Funk, Film, Plakat etc.) auch nichtklassische Werbeaktivitäten (z.B. Direktmarketing, Verkaufsförderung, Veranstaltungen, Sponsortätigkeiten). Hinsichtlich des Adressatenkreises ist zwischen internen Adressaten (Schaffung einer Corporate Identity = Unternehmensidentität, die u.a. in Form des Corporate Design, z.B. Logo, einheitliches Briefpapier zum Ausdruck kommt) und externen Adressaten (z.B. Kunden, Lieferanten, Standesvertretung, politische Organisationen, Behörden) zu differenzieren.

3.4.1 Beschreibung

In der **Produktwerbung** stehen die Leistungen der Organisation im Vordergrund. Bei NPOs ist zu berücksichtigen, daß der häufig immaterielle und komplexe Charakter der Nutzenstiftung hohe Anforderungen an die Kommunikation stellt und dazu führt, daß die Ausführung selbst nicht Werbeträger ist. (vgl. Scheuch, 1996, S. 491) Bei vielen Produkten ist die Gestaltung der Verpackung eine wesentliche Kommunikationsaufgabe, die jedoch bei Dienstleistungen häufig nicht anwendbar ist. In der **Unternehmenswerbung** („**Öffentlichkeitsarbeit**", „**Public Relations**") ist nicht die Marktleistung dominierender Kommunikationsinhalt, sondern die Organisation und ihre Merkmale. Sehr häufig findet man im Nonprofit Bereich Leistungen kommunikativ mit der dahinterstehenden Organisation verknüpft. Unter **Public Relations** wird häufig die unbezahlte Einschaltung in Medien verstanden, die gerade für NPOs große Bedeutung aufweist. PR-Aktivitäten gelten bei vielen Zielpersonen für glaubwürdiger als Werbeeinschaltungen, setzen jedoch konsequente Pressebetreuung voraus. (vgl. Hasitschka, Hruschka, 1982, S. 117)

Neben den **klassischen Werbemaßnahmen** Funk, Fernsehen und Plakatwerbung nimmt in NPOs vor allem das **Direkt-Marketing** eine besonders wichtige Stellung ein. Direkt-Marketing bedeutet, daß durch geeignete Instrumente nichtanonyme Zielgruppen bearbeitet werden.

Die Vorteile liegen in der Möglichkeit einer persönlichen und zielgruppenadäquaten Ansprache. Voraussetzung dafür ist geeignetes Datenmaterial, das im Zuge von **Database-Marketing** beschafft, gewartet und entsprechend aufbereitet werden muß. Der häufigste Anwendungsfall ist das Direct-Mailing, wobei Postsendungen in personalisierter Form verfaßt werden.

Die **interne Kommunikation** kann als bedeutender Faktor der Unternehmenskultur gesehen werden und ist aus diesem Grund gerade für NPOs besonders wichtig. Innerhalb eines ausgewogenen Kommunikationskonzepts soll eine integrierte Organisationskommunikation zusammengestellt werden. Als Instrumente der internen Kommunikation können Mitarbeiterzeitschriften, „Zirkelarbeit" (z.B. Qualitätszirkel, *siehe Teil II Kapitel 5.6*), Vorträge über interne Angelegenheiten der Organisation, Weiterbildungsmöglichkeiten, Assessment-Center, Mängel- und Wunschlisten, Rundschreiben, Praxishilfen, Informationsdienste, Mitarbeitergespräche etc. eingesetzt werden. Die **externe Kommunikation** ist die organisationseigene Informationspolitik nach außen.

Eine Grundsatzentscheidung betrifft die **„Make or Buy"-Frage**, d.h. ob die benötigte Kommunikationsleistung selbst erstellt oder von anderen Organisationen ganz beziehungsweise teilweise „zugekauft" wird. Als Determinanten für diese Entscheidung kann die Relation zwischen der Entgelthöhe der Fremdbeschaffung und den Kosten der Eigenproduktion, die Verfügbarkeit betrieblicher Ressourcen (Kapital, Arbeitskräfte), die Verfügbarkeit von „Know-how" sowie die Sicherstellung der Qualität und des Qualitäts-Images der zu erstellenden Leistung herangezogen werden. (vgl. Wollnitz, 1983, S. 136) Beim Outsourcing ist zusätzlich die Frage zu beantworten, ob eine „Full-Service-Agentur" oder eine für ausgewählte Aufgabenbereiche zuständige Agentur (z.B. PR-Agentur, Media-Agentur) beauftragt wird. Für eine Agenturbeauftragung ist ein sogenanntes **„Briefing"** zu verfassen, das in kurzer Form Aussagen über das Werbeobjekt (Gegenstand der Kampagne), eine Beschreibung der vorliegenden Ist-Situation, die angestrebten Ziele, die vermutete Konkurrenz, die anzusprechenden Kundensegmente und die bisherigen Maßnahmen beinhalten soll.

Die Zusammenfassung aller Entscheidungstatbestände eines Kommunikationsprojekts bezeichnet man als **Werbekampagne**. In der Folge werden in kurzer Form die wichtigsten Schritte einer Kampagnenplanung dargestellt.

Abb. II 3.7

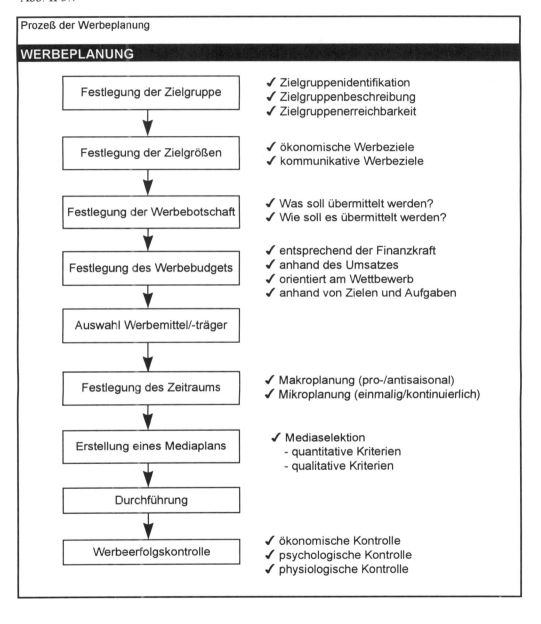

Festlegung der Zielgruppe

In einem ersten Schritt muß der Adressatenkreis der kommunikationspolitischen Maßnahmen festgelegt werden. Als Zielgruppen kommen nicht nur Abnehmersegmente, sondern auch Lieferanten, Tauschmittler und sonstige Öffentlichkeitssegmente in Betracht. (vgl. Hasitschka, Hruschka, 1982, S. 116) Abhängig vom jeweiligen Medium stellt sich die Frage, ob die gewählte Zielgruppe dadurch überhaupt erreichbar ist (z.B. über Streumedien) beziehungsweise ob eine Zielgruppe entsprechend den Segmentierungskriterien sogar trennscharf – ohne Streuverluste – durch ein entsprechendes Zielgruppenmedium („special interest-Medium") angesprochen werden kann.

Festlegung der Zielgrößen

Für die Kampagnenplanung beziehungsweise insbesondere die Messung der Wirkung kommunikationspolitischer Maßnahmen ist es wichtig, operationale (d.h. in Inhalt, Ausmaß, Zeitbezug festgelegte) kommunikationspolitische Zielsetzungen zu definieren. Die Zieloperationalisierung ist bei NPOs wesentlich schwieriger als bei profitorientierten Unternehmen. Für die Werbewirkungsmessung bei kommunikationspolitischen Einzelaktionen kann man zwischen den „ökonomischen Werbezielen" (z.B. Spendenaufkommen, Mitgliedsbeiträge, Umsätze aus Dienstleistungsverkäufen, Kosteneinsparungsziele) und den kommunikativen Zielen (z.B. Erinnerungswirkung, Einstellungsveränderung, Verhaltensänderungen) unterscheiden. Außerökonomische Ziele sind festzulegen, da neben den kommunikationspolitischen Maßnahmen eine Vielzahl von Einflußfaktoren auf die ökonomischen Werbeziele beziehungsweise auf eine konkrete Verhaltensänderung wirkt (Produkt- und Sortimentsgestaltung, Vertrieb, Konkurrenzverhalten etc.) und daher ein kurzfristiger, eindeutiger Werbewirkungszusammenhang schwierig feststellbar ist. Eine Kontrolle, die sich ausschließlich auf beobachtbare Veränderungen im Kundenverhalten beschränkt, würde sämtliche Maßnahmen, die längerfristig wirken (z.B. Imagekampagne), als ineffizient ausweisen.

Festlegung der Werbebotschaft

Bei der Entwicklung der Werbebotschaft geht es um die inhaltliche und formale Gestaltung des Kommunikationsmittels (Spot, Anzeige). Häufig wollen NPOs nicht primär eine konkrete Marktleistung darstellen beziehungsweise anbieten, sondern eine generelle Verhaltenstendenz beeinflussen, die indirekt zum Erfolg der Organisation beiträgt. Wenn der Hauptzweck die Weitergabe von Informationen mit verhaltensbeeinflussendem Appellcharakter ist (z.B. karitative Organisationen), geht es nicht um eine mittelbare Marktentnahme, sondern es sollen bestimmte Einstellungen verändert oder Aktionen ausgelöst werden (Erhöhung der Wahlbeteiligung betreffend EU-Abstimmung, Spendenneigung für Umweltorganisationen, freiwillige Krebsvorsorgeuntersuchung, Mülltrennung etc.). Kommuniziert werden soziale Ideen („Haltet die Wälder rein"), Investitionen und Nutzungsappelle (z.B. Recycling-Container) sowie Sanktionen (z.B. Bekanntmachung von Förderungen, Begründung von Strafmaßnahmen). (vgl. Hasitschka, 1984, S. 251) Die Botschaft kann grundsätzlich **rational** (die Botschaft zeigt die

Nutzenstiftung eines Guts beziehungsweise einer Organisation) oder **emotional** (die Botschaft führt beim Empfänger zu positiven oder negativen Empfindungen) gestaltet werden.

Festlegung des Werbebudgets

Vor der Realisierung eines Mediaplans ist die Budgetierungsentscheidung *(siehe Teil II Kapitel 7.2)* zu treffen, wobei die festgelegten Werbeziele berücksichtigt werden müssen. Restriktionen ergeben sich aufgrund der verfügbaren Finanzkraft der NPO, der Einnahmenentwicklung (z.B. Prozentsatz des Spendenaufkommens) und/oder in Abhängigkeit des Werbeniveaus der Konkurrenz (z.B. Erhöhung des „Werbedrucks" bei erwarteten Konkurrenzmaßnahmen).

Werbemittel und Werbeträger

Die „kreative" Umsetzung der Werbebotschaft und die Gestaltung konkreter Werbemittel beruht auf der ziel- und restriktionenabhängigen Formulierung von Aussagen. Werbeträger stellen die technische Übertragungsmöglichkeit für Werbemittel dar. Als Werbeträger können z.B. Zeitungen, Zeitschriften, Plakatwände, Sonderveröffentlichungen, Briefpapier, Rundfunk, Fernsehen, Sportanlagen, Gebäude etc. eingesetzt werden. Mögliche Werbemittel sind Plakate, Poster, Aufkleber, Anzeigen, Brieftexte, Druckwerke, Leuchtwerbung, Objektwerbung, Filme, Veranstaltungen etc. (vgl. Tietz, Zentes, 1980, S. 182)

Festlegung des Kommunikationszeitraums

Bei der zeitlichen Mediaeinsatzplanung müssen

- der Zeitpunkt beziehungsweise Zeitraum des Medieneinsatzes (Sendetermin, Plakatanschlagsperiode) und
- die Einsatzhäufigkeit beziehungsweise der Einsatzrhythmus festgelegt werden.

Durch zeitlich verteilte Wiederholung einer Werbung können durchschnittlich höhere Lernleistungen erzielt werden als durch massierte Wiederholung. (vgl. Kroeber-Riel, 1984, S. 407) Massierte Werbung kommt daher am ehesten dann zum Einsatz, wenn zu einem bestimmten Zeitpunkt (z.B. bei politischer Wahlwerbung) ein Beeinflussungserfolg erzielt werden soll. Wenn Kontinuität der Werbewirkung erreicht werden soll, sind Wiederholungen über einen längeren Zeitraum die bessere Alternative. (vgl. Kroeber-Riel, 1984, S. 408)

Erstellung eines Mediaplans

Der Mediaplan verkörpert das Ergebnis der Medienauswahlentscheidung (Mediaselektion). Dabei unterscheidet man:

- **Intermedienselektion:** Entscheidung zwischen Medienkategorien (z.B. Bevorzugung von Printmedien gegenüber Rundfunkmedien oder Fernsehen)

- **Intramedienauswahl:** Auswahl eines Werbeträgers innerhalb einer Kategorie (Belegung einer Regionalzeitung oder einer nationalen Zeitung, Entscheidung über Tages-, Wochenzeitung etc.). (vgl. Scheuch, 1996, S. 136)

Wichtige **quantitative Kennzahlen** für die Medienauswahl sind neben der Reichweite (Anzahl der Personen, die innerhalb eines Streubereichs eines Mediums erreicht werden) der sogenannte Tausenderpreis (Schaltkosten für 1000 Kontakte, Berechnungsformel für den Tausender-Anzeigenpreis: Preis der Belegung multipliziert mit 1000 und dividert durch die erzielte Reichweite). Zusätzlich können **qualitative Kriterien** wie die Erreichbarkeit der Zielgruppe, die Darstellungsmöglichkeiten (Text, Bild, Musik etc.), die Funktion des Kommunikationsumfelds (Information, Unterhaltung), die Aufnahmesituation (zu Hause, in Gemeinschaft, im Kino) oder die Werbezeitenbeschränkungen (z.B. Fernsehen) für die Auswahlentscheidung herangezogen werden.

Werbeerfolgskontrolle

Im Zuge der **ökonomischen Erfolgskontrolle** kann die Entwicklung im Zeitablauf analysiert werden, ein Vergleich zwischen Organisationen in vergleichbaren Tätigkeitsbereichen (z.B. Benchmarking) oder ein regionaler Gebietsvergleich durchgeführt werden. Im Rahmen der **psychologischen Kontrolle** läßt sich das Erreichen der außerökonomischen Zielsetzungen (Bekanntheitsgrad, Einstellungsveränderungen etc.) durch Methoden der Marktforschung (z.B. Befragung, Imageanalyse) messen. Bei den **physiologischen Kontrollen** setzt man apparative Meßverfahren der Psychologie ein (z.B. Aktivierungsmessung, Blickaufzeichnungsverfahren).

3.4.2 Praxisbeispiel

Als praktisches Beispiel einer Werbekampagne wurde die **Österreich Werbung** ausgewählt, eine international agierende NPO (Rechtsform Verein), die weltweit Marketingaufgaben für den österreichischen Tourismus erfüllt. Die Österreich Werbung wurde 1996 neu strukturiert mit dem Hauptziel, den österreichischen Tourismus zu fördern. Aufgrund des komplexen Marktsystems umfaßt der Tätigkeitsbereich der Österreich Werbung neben der Vermarktung der Marke Österreich das Anbieten von Tourismus-Know-how, das Organisieren von touristischen Großveranstaltungen, das Schaffen einer Kooperationsplattform (Schaffung von Synergien durch die Koordination der Marktbearbeitung aller Partner im Tourismusmarketing) und die Erfüllung einer strategischen Vordenkerfunktion (Entwicklung von Visionen und Strategien für das Fremdenverkehrsmarketing).

Die weiteren Ausführungen beziehen sich auf das primäre Kommunikationsziel der Österreich Werbung, nämlich den Aufbau einer starken Markenpersönlichkeit der **Marke „Österreich"** mit den inhaltlichen Schwerpunkten Natur (Berge, Seen, intakte Natur etc.), Kultur und Städte, ganzheitliche Winterkompetenz (u.a. Ski, Snowboard, Funsport) sowie Kompetenz der Gastlichkeit (Servicequalität, Gemütlichkeit etc.). Durch Erlebniswerte, Bilder, Gefühle und

Stimmungen soll das Angebot mit emotionalem Zusatznutzen angereichert werden und sich eindeutig von Konkurrenzprodukten differenzieren (Österreich als „Gegenpol" zu Sonne, Sand und Meer). Zusätzlich zu diesen inhaltlichen Zielen werden regionale Serviceziele (z.B. Zufriedenheit der österreichischen Partner) und Marktziele (Steigerung von Nächtigungen, Deviseneinnahmen etc.) festgelegt. Als **Instrumente der externen Kommunikation** setzt die Österreich Werbung u.a. klassische Werbung, Direkt-Marketing, Public Relations und Verkaufsförderungsmaßnahmen ein. Innovative kommunikationspolitische Ideen für die Zukunft sind der verstärkte Einsatz neuer Medien (Internet/Intranet), die Einführung sogenannter Call-Center (direkt bei der Österreich Werbung einlangende Anfragen sollen in Buchungen münden; zusätzlich ist eine zentrale Telefonnummer – „Urlaubs-Hotline" – geplant), Event-Marketing (innovative, unverwechselbare „Mega-Events") sowie ein modulares Messestandkonzept.

In weiterer Folge wird ein Kurzauszug der **Winterkampagne „Mountains of Austria" 1996** vorgestellt. Die gesamte Kampagne umfaßte Einschaltungen in den Medien TV, Kino, Film, Print, Internet, Aktivitäten der Außenstellen, Kooperationen (z.B. mit Austrian Airlines, Tyrolean Airways, ÖBB) und den Winterhauptprospekt.

Im Rahmen der **Intramediaselektion „TV"** wurden als Zielgruppe für die TV-Kampagne 14- bis 30jährige, aktive, sportlich interessierte Personen in Europa mit Hauptschwerpunktmärkten Österreich, Deutschland und Schweiz ausgewählt. Im Mittelpunkt der Werbebotschaft der TV-Spots stand die einzigartige Bergwelt und die Vielfalt des Wintersportangebots: „Eine Gruppe Jugendlicher verbringt einen großartigen Urlaub in den Bergen Österreichs. Wintersport, in der Gruppe ausgeübt, verspricht mehr Spaß, verstärkt Gruppenbeziehungen und Freundschaften." Dabei wurden neben einer modernen, speziell konzipierten Musik sogenannte „Real People" als starke und glaubwürdige Vertreter von „Tribe-Kulturen" und Lebenswirklichkeiten eingesetzt. Als **Werbebudget** standen für diese TV-Kampagne 1,5 Millionen EURO zur Verfügung, als Werbezeitraum wurde November bis Dezember 1996 festgelegt.

Mediaplan TV: insgesamt 375 Schaltungen von 18.11. bis 8.12.1996, Konzentration auf Prime-Time und zielgruppenadäquate Sendeplätze

- RTL, RTL 2, PRO 7: 128 Schaltungen, Belegung ab 16 Uhr bis Late Night

- ORF 1, ORF 2: 62 Schaltungen, täglich zwei bis drei Spots zwischen 17 und 22.00 Uhr, bei Vorabendserien, ZIB, Wetter, Sport/Seitenblicke, Hauptabendprogramm und Teleclubbing sowie Sportübertragungen

- Eurosport: insgesamt 110 Schaltungen, Belegung im Umfeld folgender Sportarten: Extremsport, Winter- und Motorsport, Fußball sowie News und Eurofun

- MTV: 75 Frequenzen, Belegung im Umfeld von Morgenshows, Sportsendungen (Fun- und Extremsportarten, Show-Wochenendnächte, Musikshows)

Die Komplexität des Zielsystems und die schwierige Operationalisierbarkeit der einzelnen Aufgabenbereiche der Österreich Werbung erschweren die Leistungsbeurteilung. Zur Beurteilung der Zielerreichung dieser NPO müssen anstelle der Gewinnziele Ersatzindikatoren herangezogen werden. Es reicht nicht aus, die Kommunikationsleistung allein durch die Entwicklung der Zahl der Nächtigungen zu bewerten, sondern es müssen andere Indikatoren wie die Häufigkeit der Inanspruchnahme von Leistungen oder die Messung der Zufriedenheit mit den Leistungsangeboten bezogen auf die unterschiedlichen Anspruchsgruppen erhoben werden.

3.5 Distributionspolitik
(Claudia Klausegger, Dieter Scharitzer, Fritz Scheuch)

Kurzbeschreibung

Distributionspolitische Maßnahmen und Entscheidungen dienen dazu, Güter und Leistungen in den Verfügungsbereich von Kunden zu bringen beziehungsweise den Güter- und Leistungstransfer vorzubereiten und zu realisieren. Voraussetzung ist die Erfüllung akquisitorischer und logistischer Aufgaben. **Akquisitorische Aufgaben** umfassen Verrichtungen im Rahmen des direkten Kontakts zwischen Anbieter und Nachfrager. Dabei unterscheidet man zwischen Informationsaufgaben von Distributionsorganen gegenüber den Marktpartnern und kontrahierungswirksamen Aufgaben, d.h. Verrichtungen zur unmittelbaren Vorbereitung und Durchführung von Kaufabschlüssen beziehungsweise gewünschten Kontakten (Inanspruchnahme einer Beratungsstelle, Einzahlung einer Spende).

Logistische Aufgaben umfassen Verrichtungen von Distributionsorganen, um räumliche und zeitliche Distanzen zwischen anbietenden und nachfragenden Personen und/oder Organisationen in physischer Hinsicht zu überwinden, d.h. transport- und lagerpolitische Aufgaben.

Die Aufteilung beziehungsweise Kombination von akquisitorischen und logistischen Aufgaben und die Zuordnung zu dafür zuständigen **Distributionsorganen** stellen zentrale Entscheidungstatbestände für die Gestaltung des Distributionssystems dar. Akquisitorische und logistische Aufgaben können durch getrennte Organe erfüllt werden (Akquisitions- und Logistikorgane) oder durch ein Distributionsorgan gemeinsam erfüllt werden (z.B. Auslieferung von Nachbestellungen durch den Außendienstmitarbeiter, Erfüllung akquisitorischer und logistischer Aufgaben durch lagerhaltende Abgabestellen).

Die Trennung von akquisitorischen und logistischen Aufgaben bedeutet, daß ein Teil der Distributionsorgane informativ und kontrahierungswirksam tätig wird, Kaufabschlüsse tätigt, die Auslieferung oder der Leistungsvollzug jedoch durch andere organisatorische Einheiten der gleichen NPO oder von selbständigen Unternehmen durchgeführt wird.

Die Behandlung des Instrumentalbereichs „Distribution" wäre aufgrund einiger wesentlicher Unterschiede sowohl für materielle Produkte wie auch für Dienstleistungen darzustellen. Beispielsweise sind materielle Produkte lagerbar, Logistikaufgaben beinhalten daher Lagerplanung, Auslieferungstermine, Tourenplanung etc. Im Gegensatz dazu sind distributionspolitische Entscheidungen für Dienstleistungen vor allem Entscheidungen über Standorte oder Tätigkeitsregionen, innerhalb derer ein Dienstleistungsbetrieb aktiv werden kann. Da die Tätigkeit vieler NPOs Dienstleistungen beinhaltet oder diese ausschließlich Dienstleistungsanbieter sind, konzentriert sich das folgende Kapitel weitgehend auf distributive Aufgaben für Dienstleistungsanbieter. Hinsichtlich distributiver Aufgaben für materielle Produkte wird auf die Literatur verwiesen. (vgl. Scheuch, 1996, S. 302ff.)

3.5.1 Beschreibung

3.5.1.1 Dienstleistungen als Gegenstand des Angebots und der Distribution

Dienstleistungen als Wirtschaftsgüter sind durch die Merkmale der Immaterialität, des Handlungs- oder Prozeßcharakters und des notwendigen Direktkontakts bei Dienstevollzug zwischen Dienstepotential und Objekt der Dienstleistung beschreibbar. Objekte des Dienstleistungsvollzugs können Personen, Sachen, Geld oder Wertpapiere, Informationen etc. sein. Im Gegensatz zur Herstellung materieller Serienprodukte wird kein fertiges Produkt auf Lager produziert. Dienstleistungsbetriebe sind leistungsbereite Potentiale, die Produktionsfaktoren wie Informationen, Energie, Personen und Sachmittel so vorbereiten, daß die angebotene Leistung bei Bedarf vollzogen werden kann. Der Schwerpunkt kann auf technisch-organisatorischen Bereitschaftsleistungen liegen (z.B. die notwendigen Potentialfaktoren zum Betrieb einer Schulbuslinie) oder auf kreativen, gestalterischen Leistungen, die insbesondere zur Gestaltung des geplanten Prozeßablaufs dienen (z.B. die Vorbereitung einer neuen Operninszenierung, d.h. zusätzlich zur Verpflichtung von Orchester- und Ensemblemitgliedern, Dirigent, Regisseur, Bühnenbildner etc. umfangreiche Probenarbeit, bis das Potential in einen zielkonformen, leistungsbereiten Zustand gebracht ist). Personen, Energie und Sachmittel werden nach Prozeßanweisungen, die im Einzelfall des Tätigwerdens als Diensteprodukte oder Varianten von Dienstleistungsprozessen wirksam werden, in Bereitschaft gehalten. Der Dienstleistungsproduktionsprozeß und die Distribution beziehungsweise Leistungsübertragung werden durch den Direktkontakt mit dem Diensteobjekt abgeschlossen.

Akquisition und Logistik in Dienstleistungsprozessen

Akquisitorische Aufgaben können in allen Phasen der Vorbereitung des Dienstepotentials, des Leistungsvollzugs an den Verrichtungsobjekten und nach Abschluß einer Dienstleistungsphase oder eines Geschäftsfalls wahrgenommen werden. Sie bestehen im Vorverkauf, im Abschluß von Verträgen, in der Nachbetreuung usw. und unterscheiden sich daher in Organisation und Erscheinungsform nicht grundsätzlich von jenen für materielle Güter.

Abb. II 3.8

Akquisitorische Aufgaben in Dienstleistungsprozessen			
AKQUISITION			
Distributive Aufgaben	Vor dem Direktkontakt	Während der Inanspruchnahme der Kernleistung (Direktkontakt/Prozeß)	Nach der Inanspruchnahme der Kernleistung
Akquisitorische Aufgaben	• Verkaufsgespräche • Vertragsabschluß • gegebenenfalls Verkauf von Anrechten (Tickets, Abonnements etc.)	• akquisitorische Wirkung des Direktkontakts (Prozeßqualität, Qualitätszuschreibung aufgrund von Eigenschaften der Sachmittel, des Umfelds und der Personen im Kundenkontakt) • akquisitorische Wirkung des Vollzugs auf Dritte (Zuschauer, wartende Personen etc.)	• Nachbetreuung • Feststellung der Kundenzufriedenheit • vorbereitende Arbeiten für Folgegeschäfte

Besonderheiten gibt es in den dienstleistungsspezifischen Erscheinungsformen von logistischen Aufgaben. Logistikleistungen im engeren Sinn bestehen im Vollzug der vereinbarten Handlungen, die zu einem Veränderungszustand beim Diensteobjekt führen. Diese Veränderungen als Ergebnis des Leistungstransfers sind in Abhängigkeit von der Art der Dienstleistung und den kaufvertraglichen Vereinbarungen in unterschiedlichen Veränderungskategorien möglich: Schaffung von Gütern (z.B. Bauprojekt), Nutzung von Gütern (z.B. Vermietung), Erhaltung von Gütern (z.B. Reparatur), Veränderung von Gütern (z.B. Innenraumgestaltung), Vernichtung oder Entsorgung von Gütern (z.B. Müllabfuhr, Verbrennung).

Wendet man allgemeine logistische Aufgabenbereiche wie Beschaffungs-, Produktions- und Absatzlogistik in Analogie an und trennt die Übertragung der Kernleistung (z.B. Teilnahme an einer Opernaufführung) von ergänzenden Leistungen (z.B. Organisation der An- und Abreise als logistische Aufgabe), so ergeben sich einerseits Logistikaufgaben, die das Dienstepotential betreffen, andererseits Logistikaufgaben, die den Transport von Personen und/oder Sachen als Diensteobjekte zum Gegenstand haben. Diese Aufgaben können entlang des gesamten Dienstleistungsproduktionsprozesses analysiert werden:

Abb. II 3.9

Logistische Aufgaben in Dienstleistungsprozessen			
LOGISTIKAUFGABEN			
Distributive Aufgaben	Vor dem Direktkontakt	Während der Inanspruchnahme der Kernleistung (Direktkontakt/Prozeß)	Nach der Inanspruchnahme der Kernleistung
Logistische Aufgaben	• Vorbereitung des Dienstepotentials durch Transport der Produktionsfaktoren an den Ort des Dienstevollzugs (ortsgebunden oder zum Bedarfsort) • Vorbereitung der Kunden oder der Diensteobjekte durch Transport an den Ort des Dienstleistungsvollzugs, sofern dies zum Leistungsumfang zählt (Abholservice, Flughafentransport etc.) • Produktion, Transport und Übergabe von Anrechtdokumenten an die Kunden (Buchungsbestätigung, Abonnementausweis, Flugticket etc.)	• Vollzug der Handlungen im Direktkontakt • Transfer der Nutzenstiftung auf Objekte der Handlungen (Arbeitsleistung, Informationsweitergabe, Sicherung durch Aufbewahrung etc.) • Kontrolle der Anrechtdokumente als Nachweis für den abgeschlossenen Kaufvertrag oder die dadurch gegebene Zugangsberechtigung	• Rücktransport der Produktionsfaktoren des Anbieters an den Bereitschafts- oder Aufbewahrungsort • Rücktransport der Kunden oder Diensteobjekte vom Vollzugsort der Kernleistung, sofern dies zum Leistungsumfang zählt • gegebenenfalls Entsorgungsleistungen für verbrauchte Materialien, Abfallstoffe etc.

Aus der Sicht der Kontaktsituation beziehungsweise Prozeßphase im Dienstevollzug ist zwischen der Kontaktorganisation und der gesamten Organisation des Dienstleistungsbetriebs zu unterscheiden. Die Gesamtorganisation umfaßt alle notwendigen Einsatzfaktoren, die zur Planung und Herstellung der Leistungsbereitschaft notwendig sind. Dieser Gesamtmenge aller Einsatzfaktoren ist jener Ausschnitt aus dem Dienstepotential gegenüberzustellen, der direkt mit dem Diensteobjekt bei Dienstevollzug zusammentrifft. Die davon betroffenen Personen, Sachmittel, Abwicklungsprozeduren und Umfeldqualitäten stellen den sichtbaren und auch akquisitorisch wirksamen Teil des Dienstepotentials beziehungsweise das Distributionsorgan für Verrichtungen dar. Da die **Kontaktorganisation** vom Empfänger direkt wahrgenommen und erlebt wird, zählen zu den distributiven Aufgabenstellungen für Dienstleistungsbetriebe auch die systematische Qualitätskontrolle und entsprechende Veränderungsentscheidungen über diese Kontaktorganisation, d.h. Personen und Sachmittel, die vor der „**Line of visibility**" tätig werden. (Stauss, Hentschel, 1991) Die im direkten Kundenkontakt stehenden Personen und Sachmittel erfordern allerdings eine auf die Dienstleistungsprozesse gut abgestimmte „back office"-Organisation (z.B. Vermeidung bürokratischer und langwieriger Erledigungen, Leistungsfähigkeit des Patiententransportdienstes und der Küche für ein Krankenhaus etc.).

Da zur Kontaktorganisation auch der unmittelbare Kundenkontakt gehört, können nach Vollzug von Diensten spezifische Folgeereignisse für die Kontaktorganisation auftreten. Zufriedenheit beziehungsweise Unzufriedenheit und Beschwerden können unmittelbar an die Kontaktorganisation oder die Distributionsorgane herangetragen werden.

3.5.1.2 Distributionssysteme

Durch den Direktkontakt bei Erstellung von Dienstleistungen ergibt sich beim Transfer von Handlungen in jedem Fall ein **direktes** Distributionssystem für Dienste, und zwar in Form von Filialen, durch räumlich flexible Einsatzorganisationen oder durch enge vertragliche Bindung mit rechtlich selbständigen, wirtschaftlich aber hinsichtlich des angebotenen Dienstes gelenkten Distributionsorganen wie z.B. Franchisingbetrieben. **Indirekte** Distributionssysteme können bei der Vermarktung von Anrechten zum Einsatz kommen (z.B. Vermittler, Kartenvertrieb).

Vertriebssysteme für Dienstleistungen können zentralisiert organisiert sein, beispielsweise bei lokalen Bindungen wesentlicher Komponenten des Dienstleistungspotentials (z.B. Standort einer Festspielorganisation mit verschiedenen Spielstätten). Auch Segmentorientierung führt zu Zentralisation, wenn etwa zur Wahrung eines bestimmten Qualitätsniveaus ausgewählte Experten nur an einem Angebotsort zentral zur Verfügung stehen. Für dezentrale Vertriebssysteme ergeben sich spezifische Entscheidungsaufgaben.

3.5.1.3 Dezentralisierung des Angebots von Dienstleistungen

Für jede unternehmerische Tätigkeit stellt sich die strategische Grundsatzfrage nach der regionalen Bestimmung und möglichen Abgrenzung der Berufsausübung. Aus Anbietersicht umfaßt dies die Entscheidung über den Standort, d.h. jenen Platz, an dem die wesentlichen personellen und sachlichen Einsatzmittel konzentriert werden (Geschäftslokal, Praxis, Beratungsstelle, Krankenhaus, Theater etc.), die Entscheidung über die Tätigkeitsregion, die vom Anbieter als Marktgebiet angesehen und aktiv bearbeitet wird, in Sonderfällen durch Regelungen auch ausschließlich bearbeitet werden darf (z.B. Schulbusfahrten), beziehungsweise Entscheidungen über das Einzugsgebiet, d.h. jene Region, aus der aufgrund der Standortentscheidung und Marktbearbeitung voraussichtlich Klienten erwartet werden.

über das Einzugsgebiet, d.h. jene Region, aus der aufgrund der Standortentscheidung und Marktbearbeitung voraussichtlich Klienten erwartet werden.

Das Tätigkeits- und Einzugsgebiet kann durch entsprechende akquisitorische Maßnahmen mit höherer Reichweite regional erweitert werden (Werbemaßnahmen, Weiterempfehlung etc.) oder durch die Errichtung von Betriebsstätten an anderen Standorten. Überregionale Organisationsformen können sein:

- klassische Filialisierung, d.h. Errichtung von Zweigbetriebsstätten,
- freiwillige Kooperation von selbständigen Anbietern und
- vertragliche Bindung von Unternehmen, die jeweils die Funktion einer Filiale übernehmen (Partnerschaften in unterschiedlicher Rechtsform, Franchising).

Bei regionaler Dezentralisierung der Betriebstätigkeit ist in jedem Fall über den Aufgabenumfang der Niederlassung beziehungsweise der kooperierenden Betriebsstätten zu entscheiden. „Filialen" sind in diesem Fall entweder Vollfunktionsträger (Duplizierung der Betriebsform) oder können spezielle Teilfunktionen übernehmen, z.B. als Kontakt-, Auskunfts- und Beratungsstelle.

Kooperationen können auch dem Zweck dienen, an anderen dafür geeigneten Standorten eine gemeinschaftliche Einrichtung zu schaffen, die Zusatzfunktionen zum Nutzen der Kooperationspartner erfüllt (gemeinsame Informations- und Buchungszentrale, gemeinsame Beratungsstelle und Auskunftssysteme für Anwälte).

3.5.2 Praxisbeispiel

Für die Leistungsübertragung im engeren Sinn, d.h. die Teilnahme an einer Aufführung, wird auf die Planung des Leistungsangebots verwiesen. *(Teil II Kapitel 3.2)* Besonderheiten treten in der Logistik der Kunden auf, wenn Reiseveranstalter Hotel- und/oder Transferleistungen in Paketen mit den bestellten Eintrittskarten anbieten.

Ein besonders wichtiger, mit entsprechendem Terminvorlauf zu planender Aufgabenbereich ist die zentralisierte, aber über verschiedene Medien realisierbare Kartenlogistik. Als Illustration dient ein Auszug aus dem Prospektangebot und Bestellheft der Salzburger Festspiele:

Abb. II 3.10

Kartendistribution der Salzburger Festspiele

KARTENLOGISTIK

Hinweise für Bestellungen

1. Stichtage für Bestellungen:
   Förderer   20. Dezember 1996
   Abonnenten   2. Jänner 1997
   Freier Verkauf   7. Jänner 1997

2. Alle Bestellungen erbitten wir schriftlich an das
   KARTENBÜRO DER SALZBURGER FESTSTPIELE
   A-5010 Salzburg, Postfach 140
   Fax 662/84 66 82, Tel. 662/84 45 01
   Internet E.mail: info@salzb-fest.co.at
   World-Wide-Web (WWW):
   http://www.salzb-fest.co.at/salzb-fest/

3. Die Beantwortung erfolgt schriftlich bis spätestens Ende März.

4. Bestellungen, die nach dem Stichtag eintreffen, können erst nach den zeitgerecht eingetroffenen Bestellungen bearbeitet werden.

5. Plätze für Rollstuhlfahrer müssen gesondert bestellt werden.

6. Bereits bestätigte Bestellungen können nachträglich nicht mehr abgeändert werden. Bei späteren Änderungswünschen erfolgt eine Stornierung der Reservierung und eine Neubearbeitung.

7. Zahlungen können erst nach Rechnungslegung angenommen werden.

8. Direktverkauf in der Tageskasse des Festspielhauses ab 17. März 1997.
   Öffnungszeiten: Mo-Fr   9.30-15 Uhr
   ab 1. Juli   Mo-Sa   9.30-17 Uhr
   ab 19. Juli   täglich   9.30-17 Uhr

9. Besetzungs- und Programmänderungen berechtigen nicht zur Rückgabe der Karten.

10. Kartenrücknahmen nur bei ausverkauften Vorstellungen zum kommissionsweisen Verkauf gegen eine Stornogebühr von 10%.

11. Hotelbuchungen bitte direkt bei den Hotels.
    Auskunft:
    Fremdenverkehrsbetriebe der Stadt Salzburg
    A-5020 Salzburg, Auerspergstraße 7
    Fax 662/88 9 87-32, Tel. 662/88 9 87-0

3.6 Gegenleistungspolitik
(Claudia Klausegger, Dieter Scharitzer, Fritz Scheuch)

Kurzbeschreibung

Im Zuge der Preispolitik einer Organisation wird festgelegt, zu welchen Bedingungen Waren oder Leistungen mit den Kunden getauscht werden. Meffert beschreibt den Gegenstand der Kontrahierungspolitik als die Festlegung aller Vereinbarungen zwischen dem Nachfrager und dem Anbieter über das Entgelt des Leistungsangebots, über Rabatte sowie Lieferungs-, Zahlungs- und Kreditierungsbedingungen. (vgl. Meffert, 1991, S. 260) Entgelte beziehungsweise Gegenleistungen müssen nicht zwingend Geldwerte sein, es können auch unbare Geschäfte abgewickelt oder wechselseitig Leistungen getauscht werden. Charakteristisch für NPOs ist, daß im Gegensatz zu erwerbswirtschaftlich orientierten Unternehmen nicht ausschließlich Geld, Dividenden oder Zinsleistungen den Gegenwert für eine Leistung repräsentieren, sondern daß auch nichtmonetäre Leistungen, beispielsweise Lob und Anerkennung, die Zeitwidmung freiwilliger Helfer oder Mitglieder einer Organisation, gegenseitige Unterstützung etc., getauscht werden können.

3.6.1 Beschreibung

Scheuch formuliert in Zusammenhang mit der Gegenleistungspolitik in NPOs folgende vier grundsätzlichen Formen von Entgeltlichkeit *(vgl. HANDBUCH - Scheuch, 1997: Marketing, S. 224)*:

- **direkte kostendeckende Entgeltlichkeit** auf der Basis einer betriebswirtschaftlichen Kalkulation des Anbieters,
- **indirekte Abgeltung** (Gratiskonsum des Kunden, bei gleichzeitiger Abdeckung beziehungsweise Refinanzierung der Kosten durch Dritte),
- **nichtdeckende Gebühren und Tarife,** begleitet von einer Restabdeckung durch Dritte, und
- **Mischsysteme** von Gratisbezug, vergünstigten und entgeltlichen Bezugsformen.

Auch hier zeigt sich eine Besonderheit der Preisgestaltung in Zusammenhang mit NPOs: Die anbietende Organisation hat für die Deckung der Kosten festzulegen, welcher Deckungsgrad vom Kunden direkt erwirtschaftet werden muß und welche Mittel aus Spenden, Subventionen und anderen Refinanzierungsquellen zur Verfügung stehen.

Gegenstand der weiteren Ausführungen aus der Marketingperspektive soll nicht das Akquirieren von Drittmitteln sein, da diese Finanzierungsform ausführlich an anderer Stelle behandelt wird *(siehe auch Teil II Kapitel 5.2)*, sondern die Gestaltung der Gegenleistungspolitik in Form der Bepreisung von Gütern und Leistungen in der unmittelbaren Kundenbeziehung.

3.6.2 Entscheidungskriterien

Bei der Preisfestsetzung von Produkten und Dienstleistungen gibt es im wesentlichen fünf Arten:

- Kostenorientierung
- Konkurrenzorientierung
- Wertorientierung
- Orientierung an strategischen Entscheidungen
- Orientierung an preispolitischen Aktionszielen.

In der Praxis hat sich bei isolierter Betrachtung keine der genannten Lösungen als vorteilhaft erwiesen, vielmehr müssen in der Regel alle oder zumindest mehrere Varianten der Preisfestsetzung berücksichtigt werden.

Die **kostenorientierte** Preisfindung geht vor allem vom Prinzip der Kostendeckung *(siehe Teil II Kapitel 6.5 und 6.6)* aus und basiert auf einer umfassenden Kalkulation der erbrachten Leistungen. Diese betriebswirtschaftlich orientierte Vorgangsweise kann im Einzelfall zwei gravierende Probleme mit sich bringen: Besonders in Zusammenhang mit der Kalkulation von Dienstleistungen stellt sich die Frage der Kostenerfassung. Je weniger materielle Anteile in das Angebot mit einfließen, desto schwieriger ist die Kostenermittlung und die spätere Argumentation sowie Transparenz der Preisfestsetzung gegenüber dem Kunden (z.B. gibt es große Unterschiede bei den Honorarforderungen externer Berater, die sich, wenn überhaupt, nur durch den Ruf, die Erfahrung oder das Know-how der Person erklären lassen). Bei der kostenorientierten Preisfindung kann es passieren, daß sich der Anbieter aus dem Markt „hinauskalkuliert". Bei einer sehr schlechten Kostenstruktur oder geringen Zahl der Nachfrager ist der ermittelte Preis der Leistung für den einzelnen Kunden unerschwinglich beziehungsweise er liegt weit über dem eines Konkurrenz- oder Substitutionsangebots. Würde man etwa bei den öffentlichen Verkehrsmitteln den wahren Preis der Fahrscheine verrechnen, würden viele Passagiere wieder auf das individuelle Fahrzeug zurückgreifen.

Der letztgenannte Kritikpunkt erklärt die Notwendigkeit der **Konkurrenzorientierung** in der Preisfindungsphase. Abhängig von der Wettbewerbssituation und den Zugangsmöglichkeiten der Nachfrage zu Substitutionsangeboten wird es für eine NPO notwendig sein, sich bei der Preisfestsetzung am Markt zu orientieren: Das Rote Kreuz etwa steht im Bereich der Krankentransporte in Konkurrenz zu privaten Fuhrunternehmern und zum Taxigewerbe. Der Preisdruck wird dabei zunehmend nicht nur durch die Einsparungsmaßnahmen seitens der Krankenkassen, sondern auch durch das Auftreten alternativer Angebote spürbar.

Gerade bei Leistungsangeboten, die sehr neu am Markt sind oder bei denen es kaum Möglichkeiten zu Preisvergleichen gibt, orientiert sich der Anbieter nach dem **Wertprinzip** aus Kundensicht. Was ist ein Kunde bereit, für die Leistung zu zahlen? Ist der Kunde bereit, für einen erkennbaren Mehrwert (z.B. die Qualität einer Leistung) einen höheren Preis zu akzeptieren?

Bei der **strategischen** Preisfindung orientiert sich die Organisation vor allem an Positionierungszielen. Am bekanntesten sind die sogenannten Diskontstrategie, die das Anstreben der Preisführerschaft durch Billigangebote unterstützen soll, und die Qualitäts- oder Premiumpreisstrategie. Dabei soll die bewußt hohe Preiseinstufung gegenüber Vergleichsprodukten die Exklusivität und Qualitätswahrnehmung des Angebots beim Kunden widerspiegeln.

Abschließende Überlegungen gelten den **preispolitischen Aktionszielen**. Die Veränderung des Verkaufspreises ist eine sehr einfach durchzuführende Marketingmaßnahme. Vor allem bei drastischen Veränderungen nach unten sind bei entsprechender Bewerbung auch positive nachfragesteigernde Effekte zu erwarten. Wird der Wettbewerb über den Preis ausgetragen, stehen Gewinner und Verlierer aber meist schon vorher fest: Gewinner ist der Kunde, der sich über günstigere Beschaffungsmöglichkeiten freut. Verlierer sind häufig alle Branchenanbieter, da nach einer Preisaktion des einen die Antwort des Mitbewerbers nur kurz auf sich warten läßt. Am Ende findet sich die Branche auf einem niederen Preisniveau wieder, mit dem Effekt, daß sich zusätzlich zur schlechteren Deckungsbeitragssituation kaum Vorteile am Markt ergeben haben.

Neben den dargestellten Varianten der Preisfindung ist grundsätzlich zu überlegen, ob mit der Preisermittlung ein **Verhandlungsprozeß** mit dem Kunden verbunden ist, mit dem das Preis-Leistungs-Verhältnis individuell angepaßt werden kann. Das ist vor allem bei Dienstleistungen mit einem hohen Individualisierungsgrad der Leistung sinnvoll. Häufiger ist die Preisfestsetzung gegenüber einer zunächst noch anonymen Zielgruppe, wobei der Kunde mit **feststehenden Preisen** konfrontiert wird, bei denen in der Regel keine Preisverhandlungen vorgesehen sind (z.B. die Eintrittspreise für ein Theater, Konzert oder Museum).

Legt der Anbieter ein Leistungsangebot selbständig fest, stellt sich für ihn die Frage, ob er für seine Angebote einen **einheitlichen Preis** verlangt oder ob er die verschiedenen Möglichkeiten der **Preisdifferenzierung** nützt. Gerade bei Dienstleistungen findet man in der Praxis häufig den Fall, daß Kunden zwar eine an sich gleiche Leistung erhalten, aber der Preis, der dafür zu bezahlen ist, variiert. Diese Preisdifferenzierung kann nach verschiedenen Kriterien isoliert oder kombiniert vorgenommen werden (vgl. Meffert, Bruhn, 1995, S. 309):

- **räumliche Kriterien** (z.B. Abstufung nach der Sitzreihe im Theater, Entgelt für eine Wegstrecke oder Distanzüberwindung)

- **zeitliche Kriterien** (Zeitpunkt und Dauer der Inanspruchnahme einer Leistung – wie z.B. Saisonpreise, günstige Verlängerungstarife etc. –, Aufzahlungen für Expreß-Dienste etc.)
- **Differenzierung nach Abnehmersegmenten** (z.B. Kinder-, Studenten-, Pensionistentarife bei Eintrittskarten in Museen, Preisvorteile für Einheimische etc.)
- **Verwendungsintensität** (z.B. Jahreskarten, Preisvorteile für Dauer- oder Mehrfachkunden mit Vorteilen gegenüber den Einzelbezugspreisen)

Als letzter Punkt muß noch die **Strategie der Preisbündelung** angesprochen werden. Diese ist in der Regel mit einer Kombination von Dienstleistungsangeboten verknüpft, wobei ein „Paketpreis" festgesetzt wird. Beispiele dafür sind der Verkauf von Theaterabonnements oder ein Kuraufenthalt, der als „All-inclusive-Paket" alle Serviceleistungen rund um Anreise, Aufenthalt und Kurbehandlung des Gastes umfaßt. Diese Leistungsbündelung kann einerseits einen Vorteil für den Kunden darstellen, da er die Sicherheit hat, daß er bei der Wahl eines Angebotsbündels nicht mit zusätzlichen Kosten zu rechnen hat. Auf der anderen Seite wird die Transparenz und Vergleichbarkeit verschiedener Angebote bei der Auswahl erschwert.

3.7 Marktforschung
(Claudia Klausegger, Dieter Scharitzer, Fritz Scheuch)

Kurzbeschreibung

Marketingentscheidungen in NPOs sollten auf Basis ausreichender Informationen getroffen werden. Unter Marktforschung versteht man dabei die systematische Anlage und Durchführung von Datenerhebungen sowie die Analyse der Daten. (vgl. Kotler, Bliemel, 1995, S. 187) Die Ziele beziehungsweise Informationsbereiche können sich sowohl auf die Erhebung der Marktsituation als auch auf die Analyse von Wirkungszusammenhängen beziehen. (vgl. Scheuch, 1996, S. 182) Der vorliegende Abschnitt gibt einen Einblick in die Vielfalt der Instrumente, die – abhängig vom jeweiligen Informationsbedarf ñ im Rahmen der Marktforschung eingesetzt werden können. Unabhängig davon, ob eine Organisation die Markterhebungen selbst durchführt oder an ein Marktforschungsinstitut auslagert, sollten einige Kernfragen durch die NPO selbst geklärt beziehungsweise in einem Briefing (Konkretisierung des Auftrags an ein Marktforschungsunternehmen) strukturiert werden, um die Qualität der Informationen sicherzustellen.

3.7.1 Beschreibung

Bei den Informationsquellen der Marktforschung kann zwischen der **Sekundär-** und der **Primärerhebung** unterschieden werden.

Abb. II 1.11

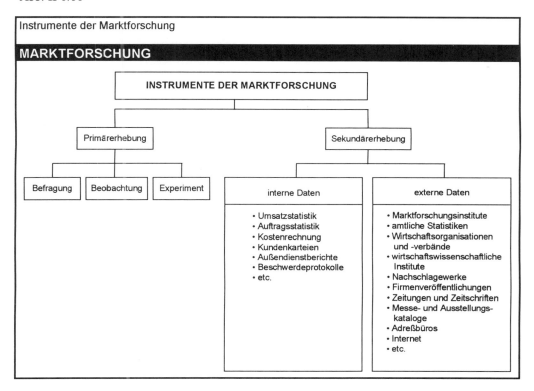

Bei der **Sekundärerhebung** wird Datenmaterial beschafft und ausgewertet, das bereits für einen anderen Zweck erhoben wurde. Als Grundlage können **unternehmensinterne** und **unternehmensexterne Datenquellen** herangezogen werden. Der Vorteil der Sekundärerhebung liegt vor allem in einer sehr raschen und kostengünstigen Datenbeschaffung. Probleme können sich aufgrund mangelnder Aktualität, Vergleichbarkeit unterschiedlicher Quellen, Genauigkeit beziehungsweise Detailliertheit der Informationen ergeben. (vgl. Berekoven, Eckert, Ellenrieder, 1996, S. 44f.)

Bei der **Primärerhebung** wird der durch die verfügbaren Quellen nicht ausreichend gedeckte Informationsbedarf durch eigene Erhebungen in Form einer **Befragung**, einer **Beobachtung** oder eines **Experiments** ergänzt.

Die Festlegung des Marktforschungsprozesses läuft in mehreren Phasen ab.

Abb. II 3.12

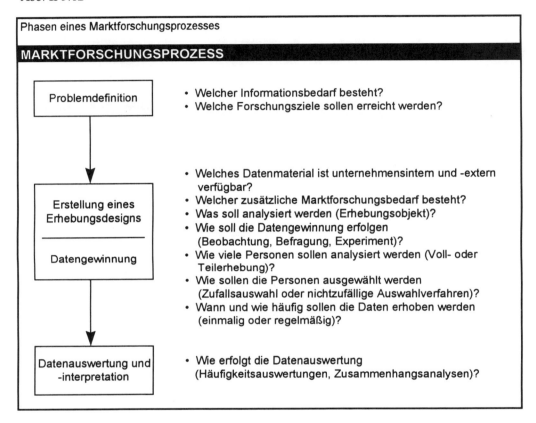

Problemdefinition

In einem ersten Schritt sollte die NPO das Forschungsproblem und die genauen Forschungsziele spezifizieren. Sehr häufig liegt der Grund für Unzufriedenheit mit Marktforschungsergebnissen darin, daß Organisationen ihre Fragen beziehungsweise Wünsche nicht genau festlegen.

Erstellung des Erhebungsdesigns/Datengewinnung

In der zweiten Phase des Forschungsprozesses ist zu untersuchen, inwieweit die benötigten Informationen bereits in der Organisation selbst oder extern vorhanden sind und nur noch beschafft beziehungsweise in der gewünschten Form aufbereitet werden müssen.

Die meisten Marktforschungsprojekte erfordern aber die Erhebung von Primärdaten. Wenn das Untersuchungsziel festgelegt wurde, muß ein Plan zur Abdeckung des Informationsbedarfs erstellt werden. Dazu ist das **Erhebungsobjekt** zu klären, d.h. ob es sich um eine Analyse beziehungsweise Beschreibung der gegenwärtigen Marktsituation (z.B. in Form einer Konkurrenz-, Konsumenten-, Interessentengruppenanalyse beziehungsweise einer Erhebung der Rahmenbedingungen) handelt oder ob sogenannte Zusammenhangsanalysen (z.B. Messung der Werbewirkung, segmentspezifisches Antwortverhalten, Einstellungs- oder Verhaltensunterschiede zwischen Populationen der Befragten etc.) durchgeführt werden sollen.

Bei den **Erhebungsverfahren** der Primäranalyse kann zwischen

- der Beobachtung
- dem Experiment und
- der Befragung unterschieden werden.

Beobachtungen können sowohl im Rahmen der Konsumentenforschung (Beobachtung des Kundenverhaltens) als auch im Zuge der Konkurrenzforschung (Beobachtung von Konkurrenzorganisationen) herangezogen werden. Ein in der Praxis häufig eingesetztes Beobachtungsinstrument, um potentielle Schwachstellen einer Organisation aufzudecken, ist das sogenannte „mystery shopping". Darunter versteht man die verdeckte Beobachtung von Erlebnissen bei der Inanspruchnahme von Leistungen einer Organisation.

Beim **Experiment** wird eine Erhebungssituation unter kontrollierbaren Rahmenbedingungen geschaffen, die künstlich beeinflußt werden kann, um die Wirkung von Maßnahmen auf die Versuchspersonen festzustellen (z.B. Akzeptanz von Preisänderungsentscheidungen, Reaktion auf die unterschiedliche Gestaltung von Leistungsangeboten, Tests zur Überprüfung der Wirkung verschiedener alternativer Anzeigensujets).

Die **Befragung** ist die am häufigsten eingesetzte Methode der primären Datengewinnung, wobei zwischen schriftlicher, persönlicher, telefonischer und telekommunikativer Form (z.B. Bildschirmerhebung) unterschieden werden kann. Die wichtigsten Analyseschritte bei der Gestaltung eines Fragebogens sind die Festlegung der Frageformulierung (standardisierte Fragebögen oder explorative Interviews) und der Antwortmöglichkeiten (Vorgabe von Antwortskalen oder Möglichkeiten zur freien Meinungsäußerung). Die Einsetzbarkeit des Fragebogens sollte mit einem sogenannten **Pretest** geprüft werden. Dabei geht es um das Erkennen möglicher Schwächen des Fragebogens, bevor die eigentliche Datenerhebung erfolgt, z.B. ob die Fragen (eindeutig) verstanden werden, die Antwortkategorien vollständig sind und die Länge des Fragebogens die Befragten nicht überfordert. (vgl. Holm, 1991, S. 126)

Bei der Auswahl der Befragten ist zu überlegen, ob eine Vollerhebung – bei kleinen Grundgesamtheiten – realisierbar ist oder ob eine Einschränkung auf ausgewählte Untersuchungsobjekte (Teilerhebung/Stichprobenziehung) notwendig ist. Soll nur eine Teilerhebung durchgeführt werden, muß ein Stichprobenplan erstellt werden. Bei den Stichprobenauswahlverfahren gibt es zwei Möglichkeiten: Zu den **nicht zufälligen Auswahlverfahren** zählen unter anderen das Quotenverfahren (es wird eine Stichprobe konstruiert, die in der Verteilung aller herangezogenen Merkmale – z.B. Alter, Berufs- oder Einkommensschicht – für die Grundgesamtheit repräsentativ ist) und die Auswahl aufs Geratewohl (z.B. zu einer bestimmten Tageszeit werden in einem Museum willkürlich Besucher herausgegriffen und befragt). Die zweite Möglichkeit sind die **zufälligen Auswahlverfahren,** wobei als Voraussetzung für die Durchführbarkeit einer Zufallsauswahl gilt, daß alle Einheiten der Grundgesamtheit identifizierbar sind und zufallsgesteuert gezogen werden. Der Vorteil der nicht zufälligen Verfahren liegt in der leichten Durchführbarkeit und den relativ niedrigen Kosten. Allerdings kann es zu Verzerrungen kommen, die zu Fehlinterpretationen beziehungsweise in der Folge zu falschen Managemententscheidungen führen können.

Eine Sonderform der Datenerhebung sind sogenannte **Paneluntersuchungen.** Dabei werden identische Befragte in regelmäßigen Abständen mit den gleichen Fragekatalogen konfrontiert, um auf diese Weise Entwicklungen im Zeitablauf dokumentieren zu können. (vgl. Scheuch, 1996, S. 193)

Auswertung

Bei der Auswertung ist zwischen Häufigkeitsanalysen (Auszählung der verschiedenen Ausprägungen eines Merkmals der Stichprobe, z.B. Verteilung der Geschlechter, der Berufszugehörigkeit, Anzahl der Personen in einem Haushalt etc.) und Zusammenhangsanalysen wie Regressions- und Korrelationsanalysen (z.B. welchen Einfluß nehmen einzelne Faktoren auf die Gesamtzufriedenheit, die Kaufabsicht oder das Kaufverhalten eines Kunden) zu unterscheiden. Die Auswertungsmöglichkeiten hängen von der experimentellen Anlage, der Fragenformulierung und den jeweiligen Antwortkategorien ab.

3.7.2 Vor- und Nachteile

Eine Gegenüberstellung der Vor- und Nachteile der einzelnen Befragungsformen hilft bei der Entscheidung, welches Instrument (der Befragung) am besten geeignet ist. *(siehe Abb. II 3.13)*

Abb. II 3.13

Vor- und Nachteile der Befragungsformen			
BEFRAGUNGSFORMEN			
Beurteilungskriterien	schriftliche Befragung	telefonische Befragung	mündliche Befragung
Antwortquote	-	+	+
einheitlicher Erhebungsstichtag	-	+	+
Antwortzeit			
- Ausschluß unüberlegter Antworten	o	-	+
- Messung	-	+	o
Einfluß von dritter Seite	-	o	+
Umfang des Fragebogens	-	-	+
Gefahr von Mißverständnissen	-	+	+
Abfrage komplexer Informationen	-	-	+
Interviewereinfluß	+	o	-
schwer erreichbare Berufskreise	+	o	-
räumliche Repräsentation	+	+	-
Kosten	+	+	-

+ = Vorteil, - = Nachteil, o = Indifferenz, unklar

Quelle: Hüttner, 1997, S. 47

3.7.3 Praxisbeispiel

Das sehr umfangreiche Repertoires von Marktforschungsinstrumenten wird durch das marketingrelevante Thema „Kundenzufriedenheit" illustriert. Zur Darstellung einer exemplarischen Projektskizze dient eine als Diplomarbeit veröffentlichte Studie (vgl. Völk, 1997) über ein Marktforschungsprojekt aus dem Bereich Kultur und Fremdenverkehr: Kundenzufriedenheit der Ausstellungsbesucher im Schloß Schönbrunn in Wien.

Informationsbedarf/Ziel des Marktforschungsprojekts

Das Schloß Schönbrunn in Wien ist das am häufigsten besuchte Kulturobjekt in Österreich. Schätzungen zufolge besichtigen mehr als 1,3 Millionen Besucher jährlich die ehemalige Sommerresidenz der Habsburger. Das Schloß befindet sich heute im Besitz der Republik Österreich, doch wurden im Jahr 1992 die Verwaltung und das Management in einer privatrechtlichen Gesellschaft ausgegliedert. Die neue Geschäftsführung sieht sich vor allem als Dienstleister an den Besuchern aus aller Welt und hat daher im Zuge eines Marktforschungsprojekts die Erwartungen der Besucher und ihre Zufriedenheit mit der Qualität der Schloßführungen erhoben. Zur Unterstützung von Managemententscheidungen wurde nicht nur der Grad der Kundenzufriedenheit, sondern auch die maßgeblichen Gründe dafür erhoben. Die Ergebnisse bilden die Grundlage für Verbesserungsmaßnahmen und für die zukünftige Gestaltung des Dienstleistungsangebots.

Datenquelle/Marktforschungsbedarf

Informationen über die Erwartungen, die Wünsche und die Zufriedenheit von Ausstellungsbesuchern waren zum Zeitpunkt der Auftragsvergabe unternehmensintern nicht verfügbar. Die Analyse von Sekundärdatenmaterial beschränkte sich daher auf Zählungen der Besucherfrequenz, die saisonale Auswertung des Ticketverkaufs und episodenhafte Erlebnisberichte sowie Wahrnehmungen der Mitarbeiter. Da keine direkten Rückmeldungen von Besuchern in systematisch gesammelter Form vorlagen, mußte eine Primärdatenerhebung konzipiert werden, um den Status der Kundenzufriedenheit feststellen zu können. Die Erstellung eines geeigneten Untersuchungsdesigns war somit ein zentraler Schritt der Marktforschungsaufgabe.

Das Erhebungsdesign

Zielgruppe der Erhebung waren alle Besucher, die im Untersuchungszeitraum von drei Tagen privat das Schloß besichtigten, die nicht Mitglieder einer Reisegruppe waren (diese organisierten Gruppen stehen unter zu großem Zeitdruck) und die in deutscher oder englischer Sprache befragt werden konnten. Innerhalb der Befragungsperiode wählte man damit eine Vollerhebung, d.h. jeder Besucher wurde von Interviewern vor Ort gebeten, an der Befragung teilzunehmen. Hinsichtlich der Grundgesamtheit der Besucherschaft entspricht diese Vorgangsweise einer Stichprobenziehung. Die Repräsentativität ist aufgrund der Beobachtungen und Kenntnisse über die Besucherzusammensetzung zu prüfen. Insgesamt wurden 196 Besucher befragt, einige davon in zwei getrennten Erhebungswellen – zu den Erwartungen **vor** Beginn der Schloßführung und zur Zufriedenheit unmittelbar **nach** dem Ausstellungsbesuch.

Die Erhebungstechnik kombinierte die Vorteile einer persönlichen und schriftlichen Befragung anhand eines standardisierten Fragebogens. Die Schloßbesucher wurden vom Interviewer persönlich angesprochen, füllten den Fragebogen danach selbständig aus und gaben ihn im Anschluß daran wieder beim Interviewer ab.

Diese Vorgangsweise hat folgende Vorteile:

- Die persönliche Ansprache motiviert und überzeugt viele Besucher, an der Befragung teilzunehmen. Wäre der Fragebogen einfach am Eingang zur Ausstellung ausgelegt worden, hätten sich viele Besucher gar nicht damit beschäftigt.
- Das Selbstausfüllen spart Zeit, in der der Interviewer weitere Personen ansprechen kann.
- Der Interviewer kann auf die Antworten der Besucher keinen Einfluß nehmen (Durchführungsobjektivität).
- Die Rücklaufquote war kein Problem, da kein Befragter, der sich bereit erklärt hat, teilzunehmen, später verweigert oder mitten im Fragebogen abgebrochen hatte. Es gab auch keine Wartezeit auf den Rücklauf.

Inhaltlich war der Fragebogen folgendermaßen aufgebaut: Als Grundlage für konkrete Fragestellungen zur Besucherzufriedenheit und deren Gründe wurden die Erfahrungen des Managements und der Mitarbeiter, vergleichbare Studienergebnisse (vgl. Brockhaus, 1994) und vor allem einige explorative Interviewgespräche mit Besuchern herangezogen. Danach wurde der konkrete Fragebogen erstellt und in ein geeignetes Layout gebracht. Gefragt wurde unter anderem nach:

- dem Verhalten des Kassenpersonals (Freundlichkeit, Schnelligkeit, Informationskompetenz)
- der organisatorischen Abwicklung der Führung (ausreichende Besuchszeit, klares Angebot an Führungen, gute Beschilderung, keine Belästigung durch andere Gäste)
- der Qualität der Audio-Guides (eine auf einer Tonkassette gespeicherte Führung in englischer und deutscher Sprache)
- die Inhalte der Führung (Informationen zu historischen Daten und Fakten, Schilderungen des Zeitgeschehens, Anekdoten und Sagen)
- Gestaltung der Räumlichkeiten und Zustand der Ausstellungsobjekte.

Diese leistungsbezogenen Merkmale der Ausstellung wurden ergänzt durch Fragen nach dem Gesamteindruck vom Schloß Schönbrunn sowie zahlreichen demographischen Merkmalen und statistischen Angaben über die Person des Besuchers.

Der Fragebogen wurde mit einem sogenannten Pretest hinsichtlich der Vollständigkeit der Fragen, der Verständlichkeit der Fragestellung und der Möglichkeit zur Selbstausfüllung geprüft. Dafür befragte man eine kleine Gruppe von Besuchern, um anschließend notwendige Veränderungen am Erhebungsinstrument vornehmen zu können.

Nach diesem Kontrollschritt wurde die Datenerhebung (Feldphase), wie oben bereits dargestellt, durchgeführt.

Datenauswertung und Interpretation

Die vollständig ausgefüllten Fragebögen wurden vom Interviewer eingesammelt und mit EDV-Unterstützung ausgewertet. Zunächst mußten die Fragebögen codiert und in einer Datenbank abgespeichert werden. Ausgewertet wurden:

- Häufigkeit und Verteilung der Nennungen (55 Prozent der Besucher fanden das Schloß Schönbrunn „sehr beeindruckend", 44 Prozent bewerteten die Besichtigung als überdurchschnittlich, nur ein Prozent der befragten Besucher zeigte sich enttäuscht)
- Zusammenhangsanalysen, z.B. Analyse der Einflußfaktoren auf die Gesamtzufriedenheit (die rein organisatorischen Merkmale der Führungen sind nur von geringer Bedeutung in Hinblick auf die Gesamtzufriedenheit der Besucher, hingegen wird großer Wert auf die Inhalte der Führung und die Qualifikation sowie das Verhalten der Mitarbeiter vor Ort gelegt)

Technisch wurden die Fragebögen mit der Statistik-Software SPSS ausgewertet, die eine sehr einfache und rasche Datenanalyse ermöglicht. Die Ergebnisse wurden in Form eines schriftlichen Berichtes zusammengefaßt, der die Ausgangssituation der Untersuchung, das Untersuchungsdesign, Ergebnisse, Grafiken und eine Interpretation der Befragungsergebnisse enthält. (vgl. im Detail die Ergebnisse in der Diplomarbeit der WU-Wien: Völk, 1997)

3.8 Weiterführende Literatur

Dem Spezifikum der NPO als Dienstleistungsanbieter wird als vertiefende Literatur „Dienstleistungsmarketing" (Meffert, Bruhn, 1995) gerecht. Die Autoren behandeln darin spezifische marketingrelevante Problemstellungen aus verschiedenen Instrumentalbereichen, ergänzt durch Fallstudien.

Für den Bereich Marktforschung kann das Taschenbuch von Hammann und Erichson (1994) empfohlen werden, in dem es vor allem um verständliche Darstellungen der klassischen Anwenderprobleme geht. Beispiele von konkreten Projekten und zahlreiche Abbildungen erhöhen die Lesbarkeit und Verständlichkeit für den Einsteiger in diesen Fachbereich. Ein umfangreicheres Werk zu diesem Thema stammt von Berekoven, Ecker, Ellenrieder (1996).

Ebenfalls als Praktikerlektüre für den Bereich Werbung gilt das Taschenbuch von Schweiger und Schrattenecker (1995). Die Inhalte sind gut strukturiert und zeigen anschaulich die Vielfältigkeit des kommunikationspolitischen Instrumentariums.

Bei den angeführten Empfehlungen handelt es sich zwar nicht um NPO spezifische Fachliteratur, aber es wird dem interessierten Leser nicht schwerfallen, die geeigneten Implikationen für die organisationsspezifischen Problemfelder einer NPO vorzunehmen.

4 Instrumente für das Personalmanagement in NPOs
(Koordination: Dudo von Eckardstein)

4.1 Personalmanagement in NPOs – Ziele und Funktionen

Die Aufgabe des Personalmanagements besteht darin, die Arbeitsleistung der Beschäftigten auf einem erwünschten Qualitätsniveau zu angemessenen Kosten zu sichern. Ergänzend sind von den Organisationen Erwartungen der Beschäftigten zu erfüllen, die als relevant angesehen werden. Sollten sie nicht berücksichtigt werden, darf zumindest keine Beeinträchtigung der Organisationszwecke eintreten, z.B. durch mangelnde Verfügbarkeit oder Leistungsbereitschaft der Beschäftigten als Reaktion auf unzureichend empfundene Berücksichtigung ihrer Erwartungen. In dem Maße, wie NPOs sich diesen Zwecken verpflichtet fühlen – sei es aufgrund einer autonom festgelegten Strategie, in die die Wertorientierung der NPO einfließt, sei es aufgrund zunehmenden Wettbewerbs mit anderen NPOs oder gewinnorientierten Organisationen –, müssen sie sich systematisch darum kümmern, ihre personellen Ressourcen besser zu nutzen und in diesem Sinne Personalmanagement zu betreiben. Im folgenden sind einige Instrumente des Personalmanagements zusammengestellt, die dazu beitragen sollen, die Qualität der personellen Ressourcen zu verbessern und damit die Leistungsfähigkeit und Leistungsbereitschaft günstig zu beeinflussen.

Das regelmäßig durchzuführende **Mitarbeitergespräch** gilt heute als unerläßlicher Bestandteil entwickelten Personalmanagements und ist damit eines der zentralen Führungsinstrumente, um das zielorientierte Verhalten der Beschäftigten zu fördern. Die Instrumente **Auswahlinterview** und **Assessment Center** sollen dazu beitragen, die Qualität der Auswahlentscheidungen und damit die Qualität der Personalressourcen zu verbessern. Die Erfahrung zeigt, daß in der Praxis die Chancen systematischer und informationsgestützter Personalauswahl oft verschenkt werden. Die **Personalstrukturanalyse** konzentriert sich auf die Gesamtheit der Beschäftigten. Ziel ist die Optimierung des Personalbestands durch Neuaufnahme qualifizierter Kräfte und durch die bildungsmäßige Förderung bereits beschäftigter Mitarbeiter, wobei das Instrument der **Bildungsbedarfsanalyse** als analytische Grundlage zum Einsatz kommt.

4.2 Mitarbeiter-Gespräch
(Dudo von Eckardstein)

Kurzbeschreibung

Beim Mitarbeitergespräch handelt es sich um ein üblicherweise in jährlichem Abstand regelmäßig zwischen Vorgesetzten und Mitarbeitern durchgeführtes Gespräch über Aspekte des Beschäftigungsverhältnisses, der Leistung und der Zusammenarbeit, wofür im Rahmen des täglichen Betriebs meist kein Platz ist. Es dient der wechselseitigen Information zwischen Mitarbeitern und Vorgesetzten und trägt im positiven Fall zur Herausbildung einer gemeinsam geteilten Vorstellung von Wirklichkeit in der Zusammenarbeit bei.

4.2.1 Beschreibung

Das Mitarbeitergespräch (auch Entwicklungsgespräch, Karrieregespräch, Beurteilungsgespräch) ist ein wichtiges Instrument der Mitarbeiterführung und steht in diesem Zusammenhang neben anderen Gesprächsarten wie Anerkennungs- und Kritikgespräch, Zielvereinbarungsgespräch und Delegations- beziehungsweise Auftragserteilungsgespräch. Mit dem Mitarbeitergespräch werden mehrere, miteinander verbundene Zwecke verfolgt. Vor allem soll es zu einer umfassenden Rückmeldung der Mitarbeiter beitragen, die ihnen Orientierung vermittelt und das Leistungsverhalten positiv beeinflussen kann.

Weitere Zwecke des Mitarbeitergesprächs sind die Vereinbarung künftiger Arbeitsschwerpunkte und erwünschter Verhaltensweisen, die Kommunikation über Entwicklungsmöglichkeiten der Beschäftigten in der Organisation sowie die Information über sonstige wissenswerte Punkte.

Für den Vorgesetzten dient das Mitarbeitergespräch zur Gewinnung von Informationen über Sichtweisen, Erwartungen, Wünsche und Pläne der Beschäftigten. In einem vertrauensvollem Klima kann es auch ergänzend eine Rückmeldung der Mitarbeiter an den Vorgesetzten über sein Führungsverhalten umfassen.

In theoretischer Perspektive erfolgt die Verhaltensbeeinflussung einerseits durch Verstärkung, indem gezeigtes, von der Organisationsleitung erwünschtes Verhalten anerkannt wird, andererseits durch Abschwächung, indem unerwünschtes Verhalten vom Vorgesetzten negativ bewertet wird.

In Unternehmen gehört das Mitarbeitergespräch mittlerweile zum Standard eines entwickelten Personalmanagements. In NPOs ist es vielfach noch unbekannt, zumindest jedoch wenig verbreitet. Insbesondere wird es kaum für Ehrenamtliche und Zivildienstleistende praktiziert (im letzteren Fall wäre es nicht im Jahresabstand, sondern in kürzeren Abständen und mit frühzeitigem Beginn zu führen), da diese Beschäftigtenkategorien aus anderen Motiven als die bezahlten Mitarbeiter tätig werden und Vorgesetzte es z.B. oft für verfehlt halten, sich mit Ehrenamtlichen über gezeigtes Leistungsverhalten auseinanderzusetzen, weil diese doch unentgeltlich tätig sind. Durch die Nichtanwendung dieses Instruments verschenkt die NPO aber eine wirksame Möglichkeit, das Leistungsverhalten zu beeinflussen, und zugleich die Chance, wichtige Informationen zu erhalten. Beides ist im Rahmen eines Personalmanagements, das sich der Leistung der Organisation und der Zufriedenheit der Mitarbeiter verpflichtet fühlt, von erheblicher Bedeutung.

Wenn in einer Organisation die Absicht reift, das Mitarbeitergespräch als Führungsinstrument einzuführen, empfiehlt es sich, das Design dieses Instruments nicht als isolierte Maßnahme zu entwickeln, sondern im Gesamtzusammenhang der Personalstrategie. *(siehe HANDBUCH - von Eckardstein, 1997: Personalmanagement)* Darüber hinaus ist es auf andere Instrumente der Mitarbeiterführung (MbO – Führung durch Zielvereinbarung, Führungsausbildung, Supervision und Coaching, Vorgesetztenbeurteilung) abzustimmen.

Das Design des Mitarbeitergesprächs ist sinnvollerweise im Rahmen des Projektmanagements einer Projektgruppe zu übertragen, in der alle von diesem Instrument betroffenen Mitarbeitergruppen repräsentiert sein sollten. Aufgabe der Projektgruppe ist es, einen **Leitfaden** zu entwickeln, nach dem die Vorgesetzten bei der Gesprächsführung vorgehen. Dadurch entsteht zunächst eine Vereinheitlichung, die den einzelnen Gesprächsführern bei der Durchführung der Gespräche Orientierung und Unterstützung bietet. Durch den Leitfaden kann auch der Neigung mancher Vorgesetzter entgegengewirkt werden, unliebsame Themen in einem Gespräch auszusparen und auf diese Weise das Gesprächsziel zumindest teilweise zu verfehlen. Zentrale Stichworte des Leitfadens sind Leistungsbeiträge, Zufriedenheit der Beschäftigten und Entwicklungsmöglichkeiten.

Bei der Einführung des Mitarbeitergesprächs in die Organisation ist zu empfehlen, zunächst offen über die verfolgten Zielsetzungen zu informieren, z.B. mit einem Informationsblatt. Danach sollte innerhalb der Organisationshierarchie kaskadisch vorgegangen werden, d.h. eine erste Runde von Mitarbeitergesprächen zwischen der Organisationsleitung und den Mitgliedern der ersten nachgeordneten Führungsebene geführt werden. Die dabei gemachten Erfahrungen sind gegebenenfalls für eine Anpassung des Leitfadens zu nutzen. Erst auf der Grundlage der in eigener Sache erworbenen Erfahrungen sollte das Instrument dann sukzessive von oben nach unten auf alle hierarchischen Ebenen übertragen werden. Ergänzend sind Schulungsmaßnahmen zur Einübung der Gespräche nützlich. Diese Vorgehensweise stellt sicher, daß mit Ausnahme der Mitglieder der Organisationsleitung alle gesprächsführenden Vorgesetzten selbst Gesprächspartner eines Mitarbeitergesprächs mit ihren Vorgesetzten waren.

Bei der Durchführung des Mitarbeitergesprächs sollten folgende Regeln beachtet werden:

- rechtzeitige Festlegung eines Termins durch den Vorgesetzten
- Einplanung von genügend Gesprächszeit (z.B. eine Stunde)
- Abschirmen von Störungsmöglichkeiten (z.B. durch Telefon, Klienten)
- sorgfältige Vorbereitung anhand des Leitfadens, den Vorgesetzte und Mitarbeiter erhalten
- Bemühen um klare Ausdrucksweise, Heranziehen konkreter Beispiele, um allgemeine Aussagen nachvollziehbar zu machen, Bemühen um wechselseitiges Verständnis
- Bewegung im Gespräch auf Basis der Ebenbürtigkeit, d.h. menschlicher Gleichwertigkeit, die nicht durch unterschiedliche Positionen in der formellen Hierarchie in Frage gestellt werden darf
- Erstellung und gemeinsame Abstimmung eines Protokolls über das Gespräch, das als Gedankenstütze dient und auf das beim nächsten Gespräch Bezug genommen wird (z.B. bei der Analyse des Erfolgs vereinbarter Maßnahmen und Arbeitsschwerpunkte)
- Soweit keine gemeinsame Sicht hergestellt werden kann, sind abweichende Sichtweisen gleichfalls zu protokollieren.

4.2.2 Vor- und Nachteile

Das Mitarbeitergespräch ist Ausdruck einer aufmerksamen gedanklichen und interaktiven Beschäftigung der Vorgesetzten mit ihren Mitarbeitern, die generell gefordert wird und nützlich ist. Das vermittelte Feedback enthält die Chance zur wechselseitigen Beeinflussung des Verhaltens im Sinne der Organisation(sleitung) und der Gesprächsführenden. Insbesondere wird auch positiv die Orientierungsfunktion hervorgehoben.

Ein Nachteil ist sicher der beträchtliche Zeitaufwand für Vorgesetzte, der sich aus der Vorbereitung, Durchführung und Nachbereitung ergibt und in Summe durchaus drei Stunden pro Mitarbeiter und Jahr ausmachen kann. Dem stehen jedoch die positiven Effekte gegenüber, die den Aufwand zumeist überkompensieren sollten. Über ein geändertes Mitarbeiterverhalten (mehr Selbständigkeit und Verantwortlichkeit) sollte auch der Vorgesetzte im Gegenzug entlastet werden. Erfahrungen zeigen, daß Mitarbeiter dort, wo Vorgesetzte die Gespräche aus Überlastung verschieben, diese oftmals einfordern, was die Wertschätzung dieser Austauschmöglichkeit belegt.

4.2.3 Praxisbeispiel

Im folgenden wird in verkürzter Form ein Formular vorgestellt, das als Leitfaden und Unterlage zur Gesprächsvorbereitung dient. (Quelle: Dietzel, Klima, Garbsch-Havranek, 1990) Das Formular ist nicht nur dem Vorgesetzten, sondern auch dem Mitarbeiter rechtzeitig auszuhändigen. Derartige Leitfäden/Vorbereitungsbögen sollten von der Projektgruppe an die spezifische Situation jeder Organisation angepaßt werden. Das Formular gilt für Vorgesetzte; das entsprechende Formular für Mitarbeiter ist spiegelbildlich gleich, im Text wird statt des Vorgesetzten der Mitarbeiter angesprochen.

Vorbereitungsbogen für den Vorgesetzten

Das Gespräch findet zwischen

Ihr Name	Name des Mitarbeiters	Datum	Uhrzeit

und ... am ... um ... statt.

Arbeitsleistung

Was waren die drei bis fünf wichtigsten Aufgabenschwerpunkte Ihres Mitarbeiters im vergangenen Jahr?

Welche davon hat er gut/weniger gut erfüllt? Ursachen?

Aufgaben	Ursachen
gut	
weniger gut	

Rückblick auf die Fördermaßnahmen der vergangenen Periode

Wie wurden die in Aussicht genommenen Fördermaßnahmen durchgeführt?

Haben sie Veränderungen bewirkt? Was hat sich bewährt/nicht bewährt?

Mitarbeiterprofil

Was halten Sie für die besonderen Stärken und Talente Ihres Mitarbeiters?

Wo sind noch Verbesserungen erforderlich?

Mitarbeiterführung

Fragen Sie im Gespräch den Mitarbeiter, wo er Sie als Führungskraft sehr/weniger unterstützend erlebt hat. Wie sehen Sie das selbst?

Abteilungsentwicklung

Welche Informationen über die Arbeits- und Entwicklungsschwerpunkte der ganzen Abteilung möchten Sie Ihrem Mitarbeiter geben?

Fragen Sie im Gespräch, wie Ihr Mitarbeiter die gesamte Entwicklung sieht und wo aus seiner Sicht Organisationsabläufe in der Abteilung verbessert werden können.

Aufgabenplanung

Bedenken Sie, daß es eine effiziente Förderung ist, Mitarbeiter so einzusetzen, daß sie ihre Stärken zeigen können.

Was sollten die Arbeitsschwerpunkte Ihres Mitarbeiters im nächsten Jahr sein?

Versuchen Sie Ziele und Kriterien der erfolgreichen Aufgabenerfüllung für die Arbeitsschwerpunkte festzulegen! Diese sind Grundlagen Ihres nächstjährigen Gesprächs.

Aufgabe	bis wann abzuschließen

Über das nächste Jahr hinaus

Welche berufliche Entwicklung können Sie sich für Ihren Mitarbeiter in den nächsten fünf Jahren vorstellen?

Mitarbeiterförderung

Durch welche konkreten Förderungsmaßnahmen kann sich Ihr Mitarbeiter, in Zusammenarbeit mit Ihnen, im nächsten Jahr verbessern?

Und zum Schluß

Welche zusätzlichen Themen, welche weiteren Inhalte liegen Ihnen für das gemeinsame Gespräch ganz besonders am Herzen?

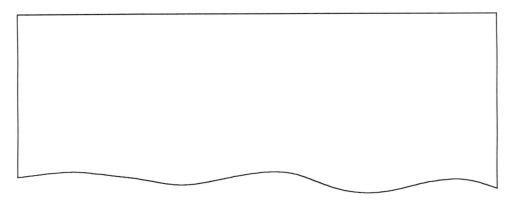

4.3 Auswahlinterview
(Helene Mayerhofer)

Kurzbeschreibung

Das Auswahlinterview (Vorstellungsgespräch, Einstellungsinterview) ist die verbreitetste Methode der Auswahl von Organisationsmitgliedern – sowohl für ehrenamtlich als auch für hauptamtlich tätige Personen. Im persönlichen Gespräch werden die Vorstellungen der Bewerber (über die zukünftigen Aufgaben, bisherigen Erfahrungen) erhoben und in Beziehung zu den Anforderungen des Arbeitsplatzes gesetzt. Dabei kann auch eine Einschätzung der Bewerber in bezug auf Motivation für die Tätigkeit und auf vorhandene Schlüsselqualifikationen (verbale Ausdrucksfähigkeit, Auftreten, Gesprächsführung) gewonnen werden. Die standardisierte Form des Auswahlinterviews (festgelegte Themen, formulierte Fragen etc.) reduziert die Fehlerquellen (z.B. in der Wahrnehmung von Interviewern) und erlaubt eine bessere Vergleichbarkeit der BewerberInnen. In der Praxis erfolgt die Durchführung oftmals unsystematisch (Bewerbungsunterlagen nicht durchgesehen, kein konkretes Anforderungsprofil) sowie unstrukturiert und ist daher vom Ergebnis weniger effektiv als ein strukturiertes Vorgehen.

4.3.1 Beschreibung

Das Vorstellungsgespräch als Instrument der Personalauswahl kommt sowohl in Wirtschaftsunternehmen als auch in NPOs faktisch bei jeder Stellenbesetzung zum Einsatz, wenn auch in unterschiedlicher Intensität und Gestaltung. Grundsätzlich kann zwischen nichtstandardisierter Gesprächsführung (Themen und Fragen ergeben sich frei im Gespräch), halbstandardisierter Vorgangsweise (Fragenkatalog vorhanden, Zusatzfragen möglich) und standardisierter Form (alle Fragen sind im Wortlaut und in der Reihenfolge vorgegeben) unterschieden werden. Im folgenden wird die halbstandardisierte Form von Auswahlinterviews dargestellt, da diese tendenziell bessere Ergebnisse in bezug auf die Gültigkeit und Zuverlässigkeit der Einstellungsentscheidung aufweist.

Personalauswahl ist dann gelungen, wenn eine – ehrenamtliche wie hauptamtliche – Stelle mit einer Person besetzt ist, die über die entsprechenden Qualifikationen und das gewünschte Engagement verfügt und in das Sozialgefüge der Organisation paßt. Dieses Ergebnis kann nur auf Basis entsprechender Vorarbeiten erreicht werden:

- Erstellung von konkreten Anforderungsprofilen auf Basis der Aufgabenbereiche der zu besetzenden Stellen (z.B. mittels Tätigkeitsaufzeichnungen)
- Ableitung von Soll-Qualifikationsprofilen für Bewerber (Art der formalen Bildungsabschlüsse, Art und Umfang von Berufserfahrung, zentrale Aspekte der Motivation, Schlüsselqualifikationen etc.)
- Auswahl von Personalwerbekanälen entsprechend der potentiellen Zielgruppe der Ausschreibung und Herausstreichen der zentralen Anforderungen in konkretisierter Form *(siehe dazu HANDBUCH - von Eckardstein, 1997: Personalmanagement, S. 232)*: Die gezielte Nutzung des Selbstselektionsmechanismus durch entsprechende Plazierung und Gestaltung der Personalwerbung erspart Zeit und Kosten.
- Festlegung eines systematisierten Auswahlverfahrens (Ablauf, Instrumente und Beteiligte der Personalauswahl): Ablaufplan inhaltlich und zeitlich erstellen; Einsatz von verschiedenen Instrumenten festlegen; Selektions- und Bewertungskriterien für schriftliche Bewerbungen erarbeiten; Zuständigkeiten und Mitsprachemöglichkeiten bei Stellenbesetzungen vereinbaren etc.

Das Auswahlinterview bietet sowohl der Organisation als auch den Bewerbern die Möglichkeit, eine große Bandbreite an Informationen und Einschätzungen einzuholen: über die Art des zukünftigen Arbeitsplatzes und die diesbezüglichen Vorstellungen der Bewerber darüber, über gebotene Entwicklungsmöglichkeiten und vorhandene Entwicklungsabsichten. Speziell die Einschätzungen zur „Passung" von Organisation und Bewerbern in bezug auf Ziele der Organisation („Mission"), Organisationskultur, persönliche Motivation für die Tätigkeit und Arbeitshaltung etc. sind für NPOs von zentraler Bedeutung. Darüber hinaus bekommt der Interviewer einen ersten Eindruck über Teilbereiche von vorhandenen Schlüsselqualifikationen, z.B. mündliche Ausdrucksfähigkeit, Auftreten, Gesprächsführung, Auffassungs- und Reaktionsvermögen, Kontaktverhalten.

Grundsätzlich ist zu bemerken, daß sich die Beteiligten am Interview in einem Interessengegensatz befinden: Organisation und Bewerber möchten sich jeweils so gut wie möglich darstellen; dies führt dazu, daß relevante Informationen – über Vor- und Nachteile der Stelle beziehungsweise Stärken und Schwächen der Person – bewußt oder unbewußt verschleiert oder ungenau dargestellt werden. (Kompa, 1989, S. 8ff.) Dieser Interessengegensatz trifft stärker bei der Bewerbung um eine hauptamtliche Tätigkeit zu.

Grobstruktur für einen Gesprächsverlauf (Zimmer, Brake, 1993, S. 69ff.):

- Kontaktphase
- Interviewphase
- Motivationsphase
- Diskussionsphase.

In der **Kontaktphase** (ca. 5 bis 10 Minuten) wird eine entspannte Atmosphäre hergestellt, unter anderem mit „Anwärmfragen" (z.B. Wie war die Anreise?). In der **Interviewphase** wird das Ziel verfolgt, möglichst viele Informationen von den Bewerbern einzuholen; entsprechend lang sollte diese Sequenz dauern (ca. 20 bis 60 Minuten) und die Redezeit verteilt sein (Interviewer fragt! Bewerber antwortet! Viele Interviewer machen den Fehler, selbst einen Großteil der Redezeit zu beanspruchen.) Die Inhalte der Fragen sollten dabei an konkreten realen und/oder fiktiven Situationen orientiert sein, damit tatsächliches und/oder potentielles Verhalten der Bewerberin/des Bewerbers sichtbar wird. (Lueger, 1996, S. 367) Durch situative Fragen sind der Zusammenhang und die wechselseitige Einflußnahme von Verhalten und Situation einschätzbar (z.B. In welchen ehrenamtlichen Tätigkeiten waren Sie besonders erfolgreich, und worauf führen Sie diesen Erfolg zurück?). Falls der Interviewer von der grundsätzlichen Eignung des Kandidaten überzeugt ist, folgt die **Motivationsphase**. Dabei geht es um die Darstellung des Arbeitsplatzes, der Leitideen und Zielsetzungen der Organisation und ihrer Leistungen für die Mitglieder. Interviewer neigen manchmal auch dazu, die Inhalte der Motivations- vor die Interviewphase zu legen, was insofern problematisch sein kann, da sich die Bewerber in ihrer Selbstdarstellung den vorher dargelegten Wünschen entsprechend präsentieren können. Bei der Umkehr der Abfolge sind die Antworten tendenziell stärker durch soziale Erwünschtheit gekennzeichnet. In der **Diskussionsphase** stehen offene Fragen und die Klärung von Unklarheiten im Mittelpunkt. Den Abschluß des Gesprächs bilden Informationen zur weiteren Vorgangsweise.

4.3.2 Vor- und Nachteile

Die Vorteile des Auswahlinterviews liegen in der Bandbreite der ansprechbaren Themenbereiche, in der Möglichkeit, einen „persönlichen" Eindruck zu gewinnen, und last but not least in den relativ geringen Kosten. Insbesondere lassen sich mit Hilfe des Auswahlinterviews Stärken und Schwächen in der Ausdrucksfähigkeit, im Auftreten und in der Gesprächsführung erkennen.

Trotz der Vorteile sind die Ergebnisse des Personalauswahlinterviews mit Vorsicht zu interpretieren. Die Fehlerquellen liegen neben einer **ungenügenden Vorbereitung** und **Standardisierung** vor allem in Aspekten der **Wahrnehmungsverzerrung** in Interaktionssituationen. (ausführlich dazu Lueger, 1992) Als wichtige Fehlerquellen sind zu nennen:

- Idealbildeffekt: In der Regel haben Interviewer – meist wenig bewußte – Vorstellungen[5] darüber, wie ein „guter Bewerber ist" (z.B. in bezug auf Geschlecht, Aussehen, Auftreten, Verhaltensweisen). In der Interviewsituation werden jene Bewerber positiver beurteilt, die diesem impliziten Bild am ehesten entsprechen. Die Einschätzungen sind dann auch kaum an das Anforderungsprofil gekoppelt.
- Similar-to-me-Effekt (Ähnlichkeitsfehler): Personen, die ähnliche Eigenschaften/Verhaltensweisen wie der Interviewer aufweisen, werden tendenziell besser eingeschätzt.
- Primacy- und Recencyeffekt: Der zeitlich erste und letzte Eindruck (beziehungsweise erhaltene Information) wirkt am stärksten auf die Interviewer.
- Halo-Effekt (Überstrahlungsfehler): Ein Merkmal (z.B. lange Haare) strahlt insofern auf die gesamte Einschätzung aus, als z.B. weitere Eigenschaften ungeprüft zugeschrieben werden.

Ist die Personalauswahl systematisch aufgebaut und das Vorstellungsgespräch entsprechend vorbereitet (Anforderungsprofil erstellt, schriftliche Bewerbungsunterlagen bearbeitet) und standardisiert (z.B. durch Gesprächsleitfaden), ist eine effektive Personalauswahl durchaus möglich. Zur Verbesserung der Einschätzgenauigkeit (und Vermeidung von Fehlern der Wahrnehmung) ist es auch sinnvoll, mehrere Interviewer einzusetzen (z.B. Koppelung der für Personalangelegenheiten zuständigen Person und einer fachlich betroffenen Person).

---

[5] Verfestigt in Form von Stereotypen, die relativ stabil ausgeprägt sind. Trotz wiederholter gegenteiliger Erfahrungen bleibt ein Stereotyp unverändert; die Stabilität zeigt sich z.B. bei Geschlechterstereotypen und ihren zugeschriebenen Fähigkeiten und Fertigkeiten.

4.3.3 Praxisbeispiel

In einem gemeinnützigen Verein zur Altenpflege sind immer wieder hauptamtliche Stellen in der Verwaltung und in der mobilen Pflege (Pflegerinnen und Pfleger) zu besetzen. Die Personalauswahl verläuft meist nach folgenden Schritten:

- Die Personalwerbung erfolgt über Mundpropaganda oder, wenn diese erfolglos ist, mit Anzeigen in der regionalen Zeitung. Manchmal geben auch „regionale Größen", in diesem Fall der Bürgermeister, gerne eine Empfehlung für bestimmte Personen ab.
- Als Bewerbungsunterlagen werden ein kurzer schriftlicher Lebenslauf und Zeugnisse verlangt.
- Der Obmann und seine Stellvertreterin führen ein Vorstellungsgespräch mit Bewerbern, wobei in entspannter Atmosphäre über dieses und jenes gesprochen wird.

Befragt nach den Auswahlkriterien, sagt der Obmann: „Wir schauen uns den Bewerber an, und wenn wir ihn sympathisch finden, dann bekommt er die Stelle!" Diese Entscheidungsgrundlage kann erfolgreich sein, wenn sich die ausgewählten Personen gut in den Verein integrieren (andererseits fehlt der Vergleich, ob nicht andere Bewerber besser geeignet gewesen wären). Die Begründung von Auswahlentscheidungen gegenüber Dritten (z.B. bei Empfehlungen, wenn man diesen nicht nachkommen will) ist schwieriger als bei standardisierten Interviews, die auf die Anforderungen der Stelle zugeschnitten sind. Die Möglichkeiten des Auswahlinstruments Interview werden nur eingeschränkt genützt.

Das folgende Beispiel skizziert einen Fragenkatalog eines Auswahlinterviews (aus Lueger, 1996, S. 366f.):

1. Einleitende Fragen

- Hatten Sie eine gute Anreise?
- Wie sind Sie hierhergekommen?
- Darf ich Ihnen etwas anbieten?

2. Früher ausgeübte Tätigkeiten

- Was war/ist Ihre letzte Stellung?
- An welchen Aufgaben waren Sie davon besonders interessiert, beziehungsweise woran waren Sie weniger interessiert?
- In welchen Bereichen waren Sie besonders erfolgreich, und worauf führen Sie diesen Erfolg zurück?
- Erzählen Sie von einem beruflichen Mißerfolg! Wie sind Sie damit umgegangen?

- Was waren die typischen Arbeiten eines Arbeitstags?
- Was hat Ihnen bei Ihrer Stellung besonders gefallen, was nicht?
- Warum wollen Sie Ihre jetzige Tätigkeit aufgeben?

3. Schulbildung und Ausbildung
- Welche Fächer sind Ihnen während der Schulzeit am meisten gelegen und welche nicht?
- Welche Berufsausbildung haben Sie absolviert, und warum haben Sie gerade diese gewählt?
- Wenn Sie heute nochmals beginnen könnten, würden Sie dieselbe Ausbildung wieder absolvieren?
- Haben Sie Aus- oder Weiterbildungsaktivitäten abgebrochen, und was waren die Gründe dafür?
- Welche Weiterbildungsaktivitäten haben Sie absolviert, und welchen Stellenwert messen Sie einer kontinuierlichen Weiterbildung zu?
- Waren Sie in Schüler- und/oder Studentenorganisationen aktiv?

4. Einstellung und Persönlichkeit
- Beschreiben Sie Ihre Stärken!
- Beschreiben Sie Ihre Schwächen!
- Welchen Stellenwert hat Arbeit in Ihrem Leben?
- Welche Einstellungen sollten Vorgesetzte ihren Mitarbeitern gegenüber haben?
- Was, glauben Sie, sollten Unternehmen ihren Mitarbeitern bieten?
- Was, glauben Sie, unterscheidet erfolgreiche Menschen von weniger erfolgreichen Menschen?

5. Erwartungen an die berufliche Zukunft
- Was erwarten Sie von der Tätigkeit, für die Sie sich beworben haben?
- Wie möchten Sie diese Tätigkeit gestalten?
- Welche früher erworbenen Kenntnisse und Erfahrungen würden Sie an dieser Stelle ganz besonders einsetzen?
- Was ist Ihr langfristiges berufliches Ziel? Was möchten Sie tun beziehungsweise haben Sie geplant, um dieses Ziel zu erreichen?
- Was würden Sie tun, wenn Sie bei uns nicht engagiert würden?

6. Privates Umfeld

- Wie ist Ihre private Lebenssituation?
- Was halten Ihr Ehepartner beziehungsweise Ihre Kinder von dieser Bewerbung?
- Wie gestalten Sie Ihre Freizeit?
- Welche Aktivitäten entwickeln Sie in Ihrem Freundeskreis?
- Womit beschäftigen Sie sich dabei ganz besonders? Können Sie aus diesem Bereich etwas Interessantes erzählen?
- Sind Sie Mitglied in irgendwelchen Organisationen?

7. Fragen zum Beschäftigungsverhältnis

- Was möchten Sie von uns über den Arbeitsplatz beziehungsweise das Unternehmen noch wissen?
- Wann könnten Sie bei uns beginnen?
- Welche Gehaltsvorstellungen haben Sie?

Dieser allgemeine Interviewleitfaden ist an die jeweilige Organisation anzupassen und auf die zu besetzende Stelle abzustimmen. Besonders bei der Interpretation der Antworten ist auf die Anforderungen der Stelle Rücksicht zu nehmen.

4.4 Assessment Center
(Helene Mayerhofer)

Kurzbeschreibung

Das Assessment Center (Beurteilungsseminar, Erfahrungsseminar) ist ein systematisches, standardisiertes Personalauswahl-Verfahren, das mit der Kombination von situativen Übungen, Interviews, Planspielen und Gruppendiskussionen betriebliche (Führungs-)Aufgaben simuliert. Die Kandidaten absolvieren die Übungen einzeln oder in der Gruppe und werden dabei von Beobachtern (Führungskräfte aus der Organisation und/oder externe, geschulte Personen) nach bestimmten Anforderungsmerkmalen bewertet. Das Ergebnis des Auswahlverfahrens dient als Grundlage personalpolitischer Entscheidungen, wobei je nach Zielsetzung unterschiedliche Maßnahmen daran geknüpft werden (z.B. Neuaufnahme, Aufnahme in die Führungsnachwuchsgruppe bei „Förder-Assessment Centers"). Nach Abschluß der Bewertungen erhalten die Kandidaten Rückmeldungen über die gezeigten Stärken und Schwächen.

4.4.1 Beschreibung

Die amerikanische Industrie griff in den fünfziger Jahren erstmals den Gedanken der kombinierten Gruppenübung aus dem militärischen Bereich auf, seit den siebziger Jahren kommt das Assessment Center (AC) in europäischen Industrieunternehmen zum Einsatz.

ACs dienen dazu die Führungskompetenz und damit verbundene Schlüsselqualifikationen der Teilnehmer festzustellen, während Fachqualifikationen durch ein AC nicht abgetestet (Fisseni, Fennekels, 1995, S. 17) werden. ACs wurden vorwiegend für die Auswahl beziehungsweise Einschätzung von Spezialisten/Führungskräften entwickelt, werden aber auch für andere Beschäftigtengruppen immer wichtiger (z.B. Mitarbeiter im Verwaltungs- und Produktionsbereich). Für den Nonprofit Bereich bietet sich diese Methode ebenso an, da Führungskompetenz und vor allem Schlüsselqualifikationen für viele Mitarbeiter von zentraler Bedeutung sind. Die Einsatzhäufigkeit in kleinen und mittleren NPOs ist jedoch eher gering.

Der Einsatz von ACs ist mit anderen Elementen eines systematischen Personalauswahlverfahrens zu kombinieren. *(siehe auch Teil II Kapitel 4.3)* Eine wesentliche Voraussetzung für den Erfolg liegt in der gründlichen Vorbereitung, wobei die Konkretisierung der Anforderungen ein zentrales Element darstellt. Das Anforderungsprofil für eine Stelle ist die Grundlage für die Festlegung der Verhaltensausprägungen. Im AC wird durch an betrieblichen Aufgaben orientierte Übungen das gezeigte Verhalten der Teilnehmer eingeschätzt und in der Folge mit den geforderten Verhaltensausprägungen verglichen. Auf dieser Basis kann eine validere Aussage darüber getroffen werden, ob Bewerber für eine bestimmte Stelle geeignet sind. Eine weitere Voraussetzung für den Erfolg von ACs ist die Auswahl und Schulung der Beobachter, um Fehlerquellen in der Beurteilung zu verringern. Das Assessoren-Gremium sollte sich aus Fach- und Führungskräften zusammensetzen, meist werden externe Berater mit einbezogen. Wahrnehmungsverzerrungen als Fehlerquellen von Auswahlprozessen sind auch im AC-Verfahren nicht auszuschließen, speziell der Idealbildeffekt *(siehe dazu Teil II Kapitel 4.3)* und Zuschreibungen von Eigenschaften und deren Bewertung (z.B. kann eine laute, klare Darstellung von Argumenten bei einem männlichen Teilnehmer als Durchsetzungsfähigkeit, bei einer weiblichen Teilnehmerin als Aggression interpretiert werden) sind hier zu nennen. Eine weitere Fehlerquelle liegt darin, daß beispielsweise „Erfolgstypen", die sich gut darstellen können, auch im AC besser bewertet werden.

Kennzeichen von Assessment Centers sind:

- Mehrere Kandidaten werden gleichzeitig beobachtet: meist ca. vier bis zwölf Personen, ca. ein bis zwei Tage lang (früher: drei bis fünf Tage!).
- Sie haben Übungen zu absolvieren, die reale Anforderungen des Arbeitsplatzes abbilden (z.B. Rollenspiel, Postkorb-Übung, führerlose Gruppendiskussion).
- Die Beobachtung und Bewertung erfolgt durch mehrere geschulte Beobachter (Assessoren-Gremium).

- Beobachtung und Bewertung sind zeitlich und inhaltlich getrennt.
- Die Kandidaten werden von mehreren Assessoren anhand von Verhaltensbeschreibungen beurteilt, die aus dem Anforderungsprofil abgeleitet sind.

Der Einsatz von verschiedenen Methoden erlaubt es, unterschiedliche Verhaltensanforderungen situationsspezifisch zu beobachten. Als „klassische" Übungen haben sich der **„Postkorb"**[6] (vor allem zur Erhebung von Selbstmanagementfähigkeit, Informationsverarbeitung und Entscheidungsfreude), die **führerlose Gruppendiskussion**[7] (z.B. Leistungs-/Führungsverhalten, Zielstrebigkeit/Durchsetzungsfähigkeit, Kommunikationsverhalten), **Rollenspiele** (je nach Aufgabe z.B. Umgang mit sozial schwierigen Situationen, Motivation, Überzeugungskraft, Führungsverhalten) und **Präsentationen** (Selbstpräsentation zu den eigenen Stärken und Schwächen oder ähnliches) herausgebildet.

Grundsätzlich lassen sich zwei Einsatzmöglichkeiten von Assessment Centers unterscheiden:

- Auswahl-AC: Selektion von meist externen Bewerbern
- Entwicklungs-AC: Potentialermittlung zur Feststellung des Weiterbildungsbedarfs der Mitarbeiter allgemein oder in Hinblick auf zukünftige (Sonder-)Aufgaben

Die Übungen sind nach dem jeweiligen Einsatzzweck gestaltet, in erster Linie müssen jedoch die konkretisierten Anforderungen in beobachtbare Verhaltensskalen umgesetzt werden.

4.4.2 Vor- und Nachteile

Der Einsatz des ACs erlaubt es, eine Fülle von Informationen über Bewerber zu erhalten, die auf konkret gezeigtem Verhalten und nicht auf Vermutungen beruhen. Mit entsprechender Vorbereitung (Anforderungsanalyse, Beobachterschulung etc.), kann eine arbeitsplatznahe Beurteilung vorgenommen werden. Den Teilnehmern von ACs – auch „Langsamstartern" – bietet das Verfahren die Möglichkeit, ihre sozialen Fähigkeiten konkret darzustellen. Durch die Rückmeldegespräche am Ende eines ACs erhalten auch Teilnehmer, die nicht ausgewählt werden, eine Einschätzung ihrer Leistungen.

Das AC gilt als „gutes" Beurteilungsinstrument: Ein Validitätswert von 0,45 (prognostische Validität) zeigt, daß die ursprüngliche Bewertung einer Person im AC im Vergleich mit dem

---

[6] Die einzelnen Teilnehmer haben die Aufgabe, schriftliche Vermerke, eingegangene Post etc. zu bearbeiten und entsprechende Entscheidungen zu treffen.

[7] Alle Teilnehmer erhalten eine kurze schriftliche Aufgabenstellung, z.B. die Verteilung von Ressourcen, in der Folge soll in der Gesamtgruppe eine Entscheidung getroffen werden.

später tatsächlich gezeigten Leistungsverhalten in relativ hohem Ausmaß übereinstimmt. (Lueger, 1996, S. 383)

Ein zentrales Problem der Anwendung des ACs ist der hohe zeitliche und finanzielle Aufwand. Dieser betrifft die Entwicklung von auf die Organisation zugeschnittenen Übungen, die Konkretisierung von Verhaltensbeschreibungen, die Schulung von Beobachtern und den Zeitbedarf bei der Durchführung (daher Reduktion auf ein bis zwei Tage). Meist werden ACs in eigenen Fachabteilungen und/oder durch externe Experten entwickelt. Werden die Übungen an standardisierte Übungen angelehnt, Beobachterschulungen nicht durchgeführt etc., verursacht das AC zwar weniger Kosten, ist aber für die Organisation auch weniger effektiv.

Aus der Sicht der Kandidaten besteht die Gefahr, daß sich einzelne Teilnehmer als „Versager" abgestempelt fühlen. Speziell bei internen Bewerbern um einen Führungsposten muß durch das Verfahren sichergestellt sein, daß die Daten aus dem AC nicht nach außen dringen, so daß niemand befürchten muß, durch schlechtes Abschneiden im AC das Gesicht zu verlieren. Um dieses Problem zu begrenzen, sollte im Vorgespräch und im Feedback darauf hingewiesen werden, daß ein AC keine objektiven Aussagen über die grundsätzliche Eignung oder Qualifikation erlaubt, sondern lediglich ein Selektionsinstrument für die Besetzung dieses einen Arbeitsplatzes mit seinen konkreten Anforderungen ist.

4.4.3 Praxisbeispiel

Der Einsatz von ACs ist in NPOs (vor allem in kleineren und mittleren) noch nicht sehr verbreitet. Daher soll der folgende Überblick den Ablauf wiedergeben, der bei der Einführung dieses Instruments zu beachten ist. Ergänzend wird die Ausgestaltung von Beobachtungsunterlagen beispielhaft skizziert.

Ablaufschritte (in Anlehnung an Jeserich, 1981, S. 35):

1. Festlegung der Ziele und der Zielgruppe
2. Auswahl der Beobachter
3. Definition des Anforderungsprofils
4. Zusammenstellen von Übungen in bezug auf die Anforderungen
5. Information der Teilnehmer, organisatorische Vorbereitung
6. Training der Beobachter
7. Durchführung des ACs (Übungen/Beobachtung)
8. Auswertung der Beobachtungen
9. Abstimmung der Auswertungen zwischen den Beobachtern (schriftliche) Gutachten

10. Auswahl aufgrund der Ergebnisse des ACs (z.B. werden die drei besten Bewerber zu einem weiteren Auswahlinterview eingeladen)
11. Information der Teilnehmer über die Ergebnisse (Rückmeldegespräche).

Der Einsatz von ACs sollte mit den anderen Verfahren der Personalauswahl beziehungsweise der Personalentwicklung abgestimmt werden. Die Akzeptanz des Verfahrens in der Organisation ist durch die Transparenz von Zielsetzungen und der mit dem Instrument verbundenen Stärken und Schwächen zu erhöhen.

Beobachtungsunterlage: Kommunikationsverhalten *(Abb. II 4.1)*

Das folgende Beispiel eines Beobachtungsbogens ist für Übungen geeignet, in denen die Kommunikationsfähigkeit der Teilnehmer im Mittelpunkt des Interesses steht, z.B. für führerlose Gruppendiskussionen.

Abb. II 4.1

Beobachtungsbogen: Kommunikationsverhalten
BEOBACHTUNGSBOGEN
1. Wie viele Redebeiträge leistet der Kandidat? Strichliste: Zusätzliche qualitative Bemerkungen:
2. Wie viele Zustimmungsreaktionen (mhm, Kopfnicken, bestätigende Einwürfe) macht der Kandidat, wenn andere in der Gruppe reden? Wählen Sie einen Zeitpunkt, wo der Bewerber nur Zuhörer ist; begrenzen Sie die Beobachtung auf etwa eine Minute. Strichliste (ev. dickere Striche für stärkere Reaktionen): Zusätzliche qualitative Bemerkungen:
3. Wie oft unterbricht der Kandidat andere? Strichliste: Zusätzliche qualitative Bemerkungen:
4. Wie oft wird der Bewerber von anderen unterbrochen? Strichliste: Zusätzliche qualitative Bemerkungen:
5. Beobachten Sie die Körperhaltung, Mimik und Gestik: z.B. ausladende Handbewegungen, Blickkontakt, mit Kugelschreiber spielend ... ? Beobachtungen in Stichworten:

Quelle: Seminarunterlagen: Beisheim, 1997

Auswertungsbogen: Kommunikationsverhalten *(Abb. II 4.2)*

Die Ergebnisse der Beobachtung müssen in einem nächsten Schritt von den Assessoren im Auswertungsbogen gebündelt werden. Anhand von sechs Verhaltensausprägungen werden die Kandidaten von ihren Beobachtern auf einer Skala eingeschätzt.

Abb. II 4.2

Auswertungsbogen: Kommunikationsverhalten

AUSWERTUNGSBOGEN

Bitte ordnen Sie Ihren Kandidaten beziehungsweise Ihre Kandidatin in die untenstehende Skala ein (Mischformen sind möglich)

Ausprägungen:

1. Kann sich in der Gruppe nicht behaupten, wird sehr häufig unterbrochen oder aber ist sehr still; teilt die Mehrheitsmeinung, unterbricht andere nicht, sondern unterstützt ihre Meinung häufig mit Zustimmungsäußerungen.

2. Bringt sich gelegentlich in die Diskussion ein, aber nur mit kurzen Redebeiträgen; ist beeinflußbar von der Gruppenmeinung und paßt sich an.

3. Nicht sehr hervortretend, aber sicher und durchsetzungsfähig in der Diskussion. Sagt wenig, wenn aber, dann fundiert. Ist sparsam mit Zustimmungsäußerungen. Bezieht sich wenig auf die Beiträge anderer.

4. Hat Durchsetzungsvermögen, wird von der Gruppe anerkannt, unterbricht andere selten, geht sicher und bestimmt in die Diskussion, hat deutlich mehr Redebeiträge als andere, bezieht sich aber auf Beiträge anderer, ermuntert andere zur Mitarbeit/Diskussion und geht auf sie ein.

5. Versucht, sich mit vielen Redebeiträgen durchzusetzen, wird aber von der Gruppe als Führer nicht akzeptiert. Versucht, die Diskussion an sich zu reißen und in seine Richtung zu lenken, unterbricht dabei andere. Hat Schwierigkeiten, die Gruppenentscheidung zu akzeptieren, mauert.

6. Setzt sich knallhart durch, unterbricht andere häufig, will ihnen seine Meinung aufzwingen, redet pausenlos, hat klare, feste Vorstellungen über die Aufgabenlösung; läßt andere nicht zu Wort kommen oder deren Ansichten gelten.

Quelle: Seminarunterlagen: Beisheim, 1997

4.5 Personalstrukturanalyse
(Dudo von Eckardstein)

Kurzbeschreibung

Mit diesem Instrument werden die personellen Ressourcen überprüft, ob sie für Erreichung der Zwecke einer Organisation geeignet sind. Es beruht auf der Vorstellung, daß die Ausprägung personeller Strukturen die Entwicklung der Leistung und der Leistungspotentiale einer Organisation wesentlich beeinflußt.

4.5.1 Beschreibung

NPOs sind meistens Dienstleistungsorganisationen, für die charakteristisch ist, daß die Leistung in Form menschlicher Arbeit erbracht wird (z.B. im Gegensatz zur Bereitstellung großteils automatisch erstellter Dienstleistungen wie in der Telekommunikation). Daher sind für Dienstleistungsorganisationen die Verfügbarkeit, die Eignung und die Motivation der arbeitenden Menschen besonders wichtig. Mit Hilfe der Personalstrukturanalyse wird untersucht, ob und gegebenenfalls in welchem Ausmaß die Zusammensetzung der Gesamtheit der Beschäftigten in der Organisation den Leistungsanforderungen entspricht. Bei Defiziten ist es notwendig, die Personalstruktur durch geeignete Maßnahmen an den Bedarf anzupassen. Dieses zeitaufwendige Verfahren verlangt, sich frühzeitig mit der Struktur des Personals zu beschäftigen, um genügend zeitlichen Vorlauf für die Durchführung von Anpassungsmaßnahmen zu schaffen.

Methodisch stehen für Personalstrukturanalysen zunächst einfache Häufigkeitsverteilungen zur Verfügung, die sich auf zahlreiche Fragestellungen im Bereich der Personalstrukturanalyse anwenden lassen, z.B. auf die Standardfrage, aus welchen Mitarbeiterkategorien sich die Belegschaft zusammensetzt. In NPOs, deren Belegschaft aus bezahlten und zusätzlich aus ehrenamtlichen Kräften besteht, gegebenenfalls noch ergänzt um Zivildienstleistende, ist das jeweilige Mischungsverhältnis maßgeblich, speziell der Anteil der genannten Mitarbeiterkategorien an der Gesamtbelegschaft. Hintergrund dieser Differenzierung sind Unterschiede in der zeitlichen Einsetzbarkeit der verschiedenen Mitarbeiterkategorien, darüber hinaus in manchen Organisationen auch Unterschiede in der durch diese Mitarbeiterkategorien angebotenen und für die Leistungserstellung nutzbaren Qualifikation und Motivation; abhängig von den jeweiligen Beschäftigtenkategorien ergeben sich meist auch Personalkostenunterschiede.

Abb. II 4.3 zeigt ein Anwendungsbeispiel der Personalstrukturanalyse. Es wird dargestellt, in welcher Weise die verschiedenen Kategorien von Beschäftigten in einer NPO für unterschiedliche Verwendungszwecke eingesetzt werden. Präziser wird die Aussage, wenn man statt der Zahl der Mitarbeiter nach Beschäftigtenkategorien die von den jeweiligen Gruppen für die verschiedenen Verwendungszwecke geleisteten Arbeitsstunden analysiert. In den Ergebnissen schlägt sich die in der Vergangenheit betriebene Personaleinsatzpolitik nieder, und darüber hinaus stellt diese Analyse den Ausgangspunkt für die Prüfung der Frage dar, ob die bisherige Personaleinsatzpolitik unter den Aspekten Kostengünstigkeit, Verfügbarkeit, Motivation und Qualifikation der Beschäftigten nicht noch verbessert werden kann.

Abb. II 4.3

Verteilung der Beschäftigtenkategorien nach Verwendungszwecken						
BESCHÄFTIGTENKATEGORIEN						
			VERWENDUNGSZWECK			
KATEGORIEN	A	B	C	D	E	Summe
Bezahlte						
Teilbezahlte						
Ehrenamtliche						
Zivildienstleistende						
Summe						

Analysen der **Altersstruktur** informieren darüber, ob eine Organisation sich verstärkt um Nachwuchs bemühen muß, um eine ausgeglichene Altersstruktur zu erhalten. Bei Ungleichgewicht in der Altersstruktur, z.B. überproportional hohe Besetzung der Altersklasse zwischen 50 und 60 Jahren, ist zu prüfen, ob die Organisation in ihrer Anpassungs- und Entwicklungsfähigkeit zu erstarren droht und in welcher Weise sie sich den dann in einigen Jahren anstehenden Generationenübergang vorbereiten kann. Wenn zwei Altersgruppen stärker besetzt sind, die durch schwächer besetzte Altersgruppen voneinander getrennt sind, können Kommunikationsschwierigkeiten in der Organisation auftreten, da erfahrungsgemäß zwischen den Mitgliedern unterschiedlicher Altersgruppen weitaus weniger kommuniziert wird als innerhalb einer Altersgruppe.

Verteilungen nach der formalen Qualifikation in der Belegschaft geben Aufschluß darüber, wieweit die Belegschaft einer Organisation neue Aufgaben übernehmen kann, deren Erfüllung an bestimmte Nachweise formaler Qualifikation gebunden ist.

Ein abschließendes praktisches Anwendungsbeispiel für Häufigkeitsverteilungen zeigt die Verteilung der von Ehrenamtlichen in einer Rot-Kreuz-Organisation geleisteten Einsätze *(Abb.*

II 1.4). In vielen Fällen ergibt dieses Instrument eine sehr schiefe Verteilung: Ein großer Anteil aller ehrenamtlich Tätigen leistet keine oder nur sehr wenige Dienste im Jahr, während eine verhältnismäßig kleine Gruppe das Gros der jährlichen Einsätze übernimmt. Wieweit ist in solchen Fällen begründbar, einen großen Pool von Ehrenamtlichen zu unterhalten und in diesen auch in Form von Weiterbildung und anderen Maßnahmen zu investieren, wenn der größte Teil der Einsätze nur von einer relativ kleinen Gruppe erbracht wird? Ist es unter diesen Bedingungen nicht sinnvoller, über eine Veränderung des Ehrenamtlichen-Konzepts nachzudenken, etwa in dem Sinn, daß die „Hauptleister" stärker gefördert und anerkannt werden, während man für die wenig leistenden Ehrenamtlichen z.B. Mindesteinsatzzeiten pro Jahr festsetzt, um die notwendige Qualifikation aufrechtzuerhalten, beziehungsweise ein Ruhen des Status der Ehrenamtlichen verfügt, bis die Betreffenden wieder bereit oder in der Lage sind, in größerem Umfang mitzuwirken?

Abb. II 1.4

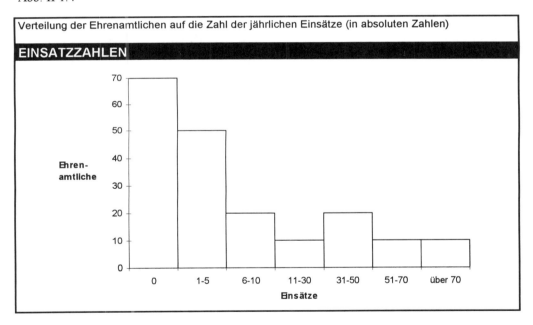

Einen anderen methodischen Zugriff auf die Analyse der Personalstruktur stellen die sogenannten **Personal-Portfolios** *(siehe Teil II Kapitel 1.6)* dar. Derartige Portfolio-Matrizen verbinden zwei strukturrelevante Merkmale miteinander, z.B. Leistung und Entwicklungsfähigkeit. *(siehe Abb. II 1.5)* Im Rahmen einer Vier-Felder-Matrix, die sich an diesen beiden Kriterien orientiert, lassen sich z.B. insgesamt vier Mitarbeiterkategorien definieren, deren jeweilige quantitative Besetzung unter Umständen Handlungsbedarf in Richtung Verbesserung der Leistungs- und Entwicklungsfähigkeit einer Organisation anzeigt.

Abb. II 4.5

Personal-Portfolio nach Odiorne

PERSONAL-PORTFOLIO

Leistung

hoch

work horses	stars
deadwood	trainees

niedrig

niedrig — hoch

Entwicklungsfähigkeit

Kritikwürdig ist sicherlich die abfällige Bezeichnung, die der Autor für die Gruppe links unten gewählt hat und die a priori nur als diskriminierend verstanden werden kann.

Die Portfolio-Methode kann beispielsweise auch bei der Einordnung aller Führungskräfte nach der folgenden Neun-Felder Matrix eingesetzt werden, womit sich die Leitung eine rasche Übersicht über die Gesamtheit ihrer Führungskräfte verschaffen kann. *(siehe Abb. II 4.6)*

Abb. II 4.6

Neun-Felder-Führungskräfte-Portfolio

FÜHRUNGSKRÄFTE-PORTFOLIO

Führungsfähigkeit: hoch / mittel / niedrig

fachliche Fähigkeit: niedrig / mittel / hoch

4.5.2 Vor- und Nachteile

Die Vorteile von Personalstrukturanalysen bestehen – zusammenfassend formuliert – in der übersichtlichen Veranschaulichung komplexer Strukturen, die unmittelbar sinnlich kaum wahrgenommen werden können. Ohne daß ausdrücklich gefragt wird, werfen sie fast von selbst die Frage nach Ursachen und Wirkungen auf und führen damit über die Analyse zu Gestaltungsvorschlägen.

Die Nachteile sind einerseits der Arbeitsaufwand für die Erstellung der Auswertung, andererseits sind bei geringer Sorgfalt kurzschlüssige Folgerungen möglich – ein Standardproblem, das nicht auf die Personalstrukturanalyse beschränkt ist. Diese führt ja nicht zur Verschlechterung der Datenlage, sondern zu einer Verdichtung, aus der leichter Schlüsse gezogen werden können als aus unverdichtetem Datenmaterial.

Es liegt auf der Hand, daß die Aussagefähigkeit der vorgestellten Struktur-Portfolios sehr stark von der Qualität der eingehenden Daten beeinflußt wird. Die im obigen Beispiel angeführten Kategorien Führungsfähigkeit und fachliche Fähigkeit sind objektiv kaum zu beurteilen, so daß man sich mit mehr oder minder groben Schätzungen begnügen muß. Daraus darf jedoch kein Ausschlußargument gegen diese Form der Personalstrukturanalyse konstruiert werden, denn bei dieser Methode geschieht ja nichts anderes, als daß ohnehin im Bewußtsein der Akteure gespeicherte Bewertungen beziehungsweise Zuschreibungen von Qualifikation, die auch ohne Matrix ihre Wirkung entfalten, systematisch zusammengestellt werden, um begründbare Entscheidungen ableiten zu können. Darüber hinaus ist mit einem quasi-automatischen Überprüfen der Einschätzungen bei der Niederschrift zu rechnen.

4.6 Bildungsbedarfsanalyse
(Gabriela Riedl)

Kurzbeschreibung

Die Bildungsbedarfsanalyse (BBA) stellt systematisch den aktuellen und zukünftigen Bedarf an gewünschten Fähigkeiten, Fertigkeiten, Wissen und Verhaltensweisen sowie an Werten, Normen und Einstellungen fest, wobei dieser Bedarf ganz allgemein als Lücke oder Abweichung zwischen Soll und Ist, also zwischen gewünschten Anforderungen und erworbenen Fähigkeiten, Fertigkeiten etc. definiert werden kann. Damit ist die Vorstellung verbunden, daß Bildungsmaßnahmen ein festgestelltes Defizit ausgleichen können. Die BBA ist als eigenständiger Teilbereich – und zwar als erster Schritt – der Bildungsplanung zu betrachten. Diese beinhaltet neben der Analyse auch die Festlegung von Bildungszielen, die Planung von konkreten Bildungsmaßnahmen sowie ihre Umsetzung, Evaluierung und gegebenenfalls Planungskorrektur. Unter Bildung soll hier sowohl die betriebliche (Erst-)Ausbildung als auch die betriebliche Fort- beziehungsweise Weiterbildung verstanden werden; der gesamte Bereich ist der personalwirtschaftlichen Querschnittsfunktion Personalentwicklung zuzuordnen.

Die BBA dient vorrangig der Bereitstellung von Entscheidungsgrundlagen für die Bildungsplanung und anderen Aufgabenbereichen der Personalwirtschaft, der zeitgerechten Deckung des aktuellen und zukünftigen Bedarfs an qualifizierten Arbeitnehmern (AN) sowie der Sicherstellung eines effizienten Ressourceneinsatzes.

4.6.1 Beschreibung

Die BBA erfolgt nicht losgelöst von gesellschaftlichen, technischen, wirtschaftlichen und organisatorischen Kontextbedingungen. Da sie idealerweise kein einmaliges Ereignis, sondern Teil einer rollierenden betrieblichen Bildungsplanung ist, können bei veränderten Realitäten neuerliche Erhebungen des Bildungsbedarfs und Abstimmungen mit anderen betrieblichen Teilplänen, Zielsetzungen und Maßnahmen notwendig werden. Die Art der Erhebung und Aufbereitung der Daten kann personalwirtschaftliche Entscheidungen determinieren und damit indirekt individuelle Karriere- beziehungsweise Lebensplanungen mitentscheiden. Vor diesem Hintergrund gilt es folgende Fragen zu klären:

- **Wer definiert, was als Soll und Ist zu gelten hat?** Für die Festlegung dieser beiden Größen kommen prinzipiell verschiedene Personen(gruppen) in Betracht, z.B. der Vorstand, die Personalabteilung, interne Bildungsbeauftragte, direkte Vorgesetzte, externe Berater und nicht zuletzt die betroffenen AN beziehungsweise Gruppen von AN selbst. Abhängig von der Unternehmensgröße, Personalpolitik, Mitbestimmungskultur etc. ist zu klären, wessen Interessen, Meinungen und Vorstellungen am meisten berücksichtigt werden und wer letztendlich die zu vergleichenden Bildungsinhalte bestimmt.

- **Feststellung des Bildungsbedarfs:** Ein vollständiger Vergleich zwischen Anforderungs- und Fähigkeitsprofil ist nur dann möglich, wenn die gleichen Kriterien gelten. Das trifft in den seltensten Fällen zu, weil häufig unterschiedliche Methoden zur Erhebung beziehungsweise Festlegung von Soll und Ist herangezogen werden. Was allerdings unter Fähigkeiten, Fertigkeiten, Werten, Normen etc. zu verstehen ist, ist uneinheitlich und im Zeitablauf variabel. Strebt man Objektivierbarkeit und damit Vergleichbarkeit an, muß man sich in der Organisation auf gemeinsame, überprüfbare Kriterien einigen und diese auch kommunizieren.

- **Zeitliche Dimension:** Dabei ist die Frage zu klären, für welchen Zeitraum und zu welchem Zeitpunkt Ist-Soll-Vergleiche vorgenommen werden sollen. Eine Solländerung kann aktuell anhand bestimmter Symptome, Warnsignale, Veränderungen in der organisationsinternen und -externen Umwelt etc. durchgeführt werden, oder man erstellt Zukunftsprognosen über den künftigen Bildungsbedarf. Ersteres ermöglicht flexibles Reagieren von Fall zu Fall mit dem Risiko, daß Bildungsmaßnahmen zu spät oder gar nicht mehr getroffen werden können, zweiteres führt zwar zu proaktivem Handeln, ist allerdings mit dem Risiko der Fehleinschätzung beziehungsweise Fehlprognose verbunden.

- **Gewichtung:** Bildungsbedarfe können unterschiedlich wichtig und dringlich sein, weshalb festzulegen ist, ob und in welcher Reihenfolge und Fristigkeit man sich des Bedarfs annimmt.

- **Bildungsorientierung:** Der jeweilige Bedarf an Bildungsmaßnahmen richtet sich danach, ob man AN als defizitäre Wesen betrachtet, deren Schwächen und Mängel zu beseitigen sind (defizitorientierte Sichtweise), oder als Menschen, deren vorhandene Potentiale, Qualifikationen und Stärken man fördern und besser nutzen kann (potentialorientierte Sichtweise).

- **Ressourcen:** Die Art der Erhebung ist nicht zuletzt von den zur Verfügung stehenden Ressourcen abhängig zu machen sowie von der dadurch erwarteten Zieldienlichkeit.

Im Rahmen der BBA verwendet man unterschiedliche Methoden zur Feststellung von Ist und Soll, die entweder alternativ oder auch kombiniert eingesetzt werden können. Die Auswahl ist in Abstimmung mit den jeweiligen betrieblichen Gegebenheiten zu treffen. Nachstehend sind die gebräuchlichsten Erhebungsmethoden angeführt:

- **Schriftliche Befragung:** Fragebogenerhebung bei betrieblichen Experten und bei AN (häufig im Rahmen von Mitarbeiterbefragungen); nur bei einer größeren Anzahl von Befragten sinnvoll.

- **Mündliche Befragung:** Befragung von einzelnen AN (häufig im Rahmen eines Mitarbeitergesprächs), Anmeldung des Bildungsbedarfs durch die AN selbst, Erhebung der Bildungsbedürfnisse im Rahmen von Seminaren oder Befragung von Vorgesetzten und Experten.

- **Beobachtung:** Bildungsbeauftragte, Vorgesetzte oder externe Berater beobachten die Arbeitnehmer bei der realen Arbeitsausführung oder bei Simulation der Tätigkeiten und leiten daraus einen Bedarf ab.

- **Dokumentenanalyse:** Personalwirtschaftliche Kennziffern, Anforderungsprofile, Stellen(besetzungs)pläne, Beurteilungsprotokolle, Leitbilder, Führungsgrundsätze, Revisionsberichte, Produktionsmängel, Kundenbeschwerden etc. werden in Hinblick auf ableitbare Bildungsdefizite analysiert.

4.6.2 Vor- und Nachteile

Die durch BBA erhobenen Daten sind eine wichtige Ausgangsbasis für die Gestaltung einer Bildungs- und Personal(entwicklungs)politik in Abstimmung mit den Erfordernissen der NPO. Darüber hinaus kann die Analyse zur Klärung beitragen, ob erkannte Probleme auf Bildungsdefizite oder auf andere organisatorische beziehungsweise individuelle Ursachen zurückzuführen sind.

Die BBA erfolgt – schon allein aufgrund der Zukunftsunsicherheit und der Komplexität von Entscheidungstatbeständen – meist anhand vereinfachter, reduzierter Wirklichkeitsabbildungen. In Literatur und Praxis geht man nicht selten von einem rational technischen Steuerungs- und Planungsverständnis aus und berücksichtigt dabei die Kontextbedingungen nur unzureichend oder blendet sie sogar völlig aus. Eine unreflektierte Übernahme von Methoden der BBA ohne Anpassung an die betrieblichen Gegebenheiten und ohne Beachtung der oben angesprochenen Fragestellungen kann jedoch zu einem zweifelhaften Ergebnis führen. Darüber hinaus ist zu berücksichtigen, daß die BBA ein Instrument des Managements ist. Alle Ausführungen und Überlegungen, die von Gleichrangigkeit und Gleichwertigkeit betrieblicher und individueller Ziele ausgehen, suggerieren Gleichheit und nicht selten auch Integrierbarkeit von widersprüchlichen Zielsetzungen und Interessen, die faktisch nicht gegeben beziehungsweise nicht durchsetzbar ist.

Die Feststellung des Bildungsbedarfs ist daher auch als eigenständiger (politischer) Prozeß zu sehen, der nicht automatisch weitere darauf bezogene Handlungen (Formulierung von Bildungszielen, Maßnahmen, Umsetzung und Evaluierung) hervorrufen muß. Bei **V**ernachlässigung dieses Umstands können unerwünschte, kontraproduktive Wirkungen wie Demotivation bei den Betroffenen, ineffizienter Ressourceneinsatz, Fehleinschätzungen des tatsächlichen Bildungsbedarfs etc. eintreten.

4.6.3 Praxisbeispiel

Die folgenden Fragen stellen eine Art Checkliste für Vorgesetzte zur (gedanklichen und eventuell auch schriftlichen) Vorbereitung auf die mündliche Befragung von einzelnen Mitarbeitern dar:

1. Ist die Übernahme neuer Arbeitsbereiche/Kompetenzen geplant?
2. Gibt es geplante organisatorische Änderungen, die einen Weiterbildungsbedarf auslösen? Wenn ja, welchen?
3. Laufen demnächst neue Projekte an, die einen Weiterbildungsbedarf auslösen und wenn ja, welchen?
4. Gibt es neue unternehmerische Zielsetzungen, die einen Weiterbildungsbedarf auslösen? Welchen?
5. Treten AN aus und müssen dafür andere oder neue AN weitergebildet oder eingearbeitet werden?
6. Sind Umschulungen aufgrund des Wegfalls von alten Arbeitsplätzen erforderlich? In welchen Bereichen?
7. Haben die AN in letzter Zeit eigene Bildungswünsche geäußert und wurden diese berücksichtigt?
8. Wurden eigenständig Seminare zur eigenen Fort- und Weiterbildung besucht?
9. ...

Diese beispielhaft und keineswegs abschließend formulierten Fragen sollen als erste Orientierung dienen und sind entsprechend der eigenen betrieblichen Situation beliebig zu erweitern beziehungsweise zu verändern.

4.7 Weiterführende Literatur

Für das Personalmanagement in NPOs existiert bisher kaum Literatur. Jedoch gibt es zum Personalmanagement für Profit Organisationen eine um so größere, kaum mehr zu überschauende Vielfalt an Titeln, woraus die meisten Instrumente für NPOs übernommen werden können.

Eine überblicksweise Gesamtdarstellung vermittelt der Beitrag „Personalmanagement in NPOs". *(siehe HANDBUCH - von Eckardstein, 1997)*

Ausführliche Gesamtdarstellungen des Personalmanagements liefern „Personalwirtschaftslehre 1 und 2" (Hentze, mehrere Auflagen) sowie „Personalmanagement, Führung, Organisation" (Kasper, Mayrhofer, 1996).

Grundlagen der Personalauswahl und eine ausführliche Darstellung der Probleme der Wahrnehmungsverzerrungen finden sich in den Beiträgen von Lueger (1996).

Die detaillierte Beschreibung von Bewerbungsgesprächen, gekoppelt mit Fragebogen und Auswertungshilfen, findet sich in „Ganzheitliche Personalauswahl, Grundüberlegungen, Instrumente und praktische Hinweise für Führungskräfte". (Zimmer, Brake, 1993)

Zur Gesprächsführung wird die knappe Schrift von Oswald Neuberger „Miteinander arbeiten – miteinander reden!" empfohlen (gegen eine Schutzgebühr zu beziehen vom Bayerischen Staatsministerium für Arbeit und Sozialordnung, München).

Eine aktuelle Zusammenfassung und auch praktische Vorschläge zur Realisierung von Assessment-Centers bieten das Buch „Das Assessment-Center, Eine Einführung für Praktiker". (Fisseni, Fennekels, 1995)

Wesentliche Inhalte der Bildungsbedarfsanalyse und ihr Stellenwert für die Personalentwicklung sind in dem Buch „Die Ermittlung des betrieblichen Bildungsbedarfs als Voraussetzung einer systematischen Personalentwicklung: grundsätzliche Überlegungen und praktische Ansätze" (Sauer, 1995) nachzulesen.

5 Instrumente für das Finanzierungsmanagement in NPOs
(Koordination: Stefan Bernhardt)

5.1 Finanzierungsmanagement in NPOs – Ziele und Funktionen

Das Finanzierungsmanagement von NPOs unterscheidet sich in vielen Bereichen von finanzwirtschaftlichen Fragestellungen in erwerbswirtschaftlich ausgerichteten Unternehmen. So wird die betriebswirtschaftliche Sichtweise der Gestaltung erfolgreichen Finanzmanagements bereits durch die sogenannte Non Distribution Constraint (Verbot der Gewinnausschüttung für NPOs) maßgeblich verändert. (zur begrifflichen Klärung *siehe HANDBUCH - Badelt, 1997c: Zielsetzungen, S. 8*) Die Frage, wie die finanzwirtschaftliche Basis einer NPO gesichert werden kann, wird sich nicht primär an erfolgswirtschaftlichen Kriterien orientieren, sondern muß den Sachzielen der NPO angepaßt sein. *(vgl. HANDBUCH - Matul, Horak, Scheuch, 1997: Ziele, S. 138ff.)* Nicht Rentabilitätsgesichtspunkte haben erste Priorität, sondern Überlegungen, wie die finanzielle Stabilität der in Frage stehenden NPO gesichert werden kann. *(vgl. HANDBUCH - Bernhardt, 1997: Finanzierungsmanagement, S. 248f.)* Im Kapitel zum Finanzierungsmanagement von NPOs im *HANDBUCH* der Nonprofit Organisation (Badelt, 1997d) wurden Instrumente – vor allem im Bereich des Fundraising – dargestellt, die im nachfolgenden Beitrag zum Teil vertieft, zum Teil erweitert beschrieben werden. Neben den Instrumenten des Gift-Range-Chart (Spendenaufkommen-Übersicht) und der Fundraising-Kosten-Übersicht *(vgl. HANDBUCH - Bernhardt, 1997: Finanzierungsmanagement, S. 267f.)* geht es um neue beziehungsweise modifizierte Ansätze zum Einsatz von Instrumenten für das Finanzierungsmanagement in NPOs. Den Schwerpunkt bilden Überlegungen, die eine stärkere Prozeßsicht vor allem für die Fundraising-Arbeit zum Gegenstand haben. Fundraising wird als zentraler Aspekt des finanzwirtschaftlichen Managements in NPOs angesehen. Ergänzend wird das Konzept des Entscheidungsbaums für eine Outsourcing-Fragestellung im Bereich Fundraising vorgestellt, um auch für andere komplexe Probleme in NPOs eine instrumentelle Handreichung anbieten zu können. Die Cash-flow-Berechnungsformeln sollen helfen, das dieser Kennziffer zugrundeliegende Konzept besser zu verstehen. Nicht bilanzanalytische (bestandsorientierte) Spitzfindigkeiten ermöglichen erfolgreiches Finanzmanagement in NPOs, sondern ein an Stromgrößen ausgerichtetes „Flow of Funds-Management", wobei dem Cash-flow zentrale Bedeutung zukommt.

5.2 Das Fundraising-Kosten-Chart
(Stefan Bernhardt)

Kurzbeschreibung

Mit dem unter *Teil II Kapitel 5.6* vorgestellten Fundraising-Prozeßstrukturierungsformular wird aus prozeßkostenrechnerischer Sicht ein vereinfachtes Schema zur Errechnung der Fundraising-Kosten präsentiert. Die aufgezeigte Kostenstruktur stellt exemplarisch dar, wie eine sogenannte Upgrading-Aktion über Direct Mailing aus prozeßkostenrechnerischer Sicht erfaßt werden kann. Für andere Fundraising-Techniken sind sicher andere Kostenarten anzuführen, aber von dieser Adaption abgesehen, ist dieser Zutritt auch auf weitere Fundraising-Techniken übertragbar. So können Kostenstrukturen von Fundraising-Techniken mit diesem Schema analysiert werden.

5.2.1 Beschreibung

In Anlehnung an die unter *Teil II Kapitel 5.6* vorgestellte Prozeßsicht des Fundraising geht es bei diesem Instrument darum, den Aktivitäten und Verrichtungen des Fundraising-Prozesses entsprechend Kosten zuzuordnen, um die Datenbasis für Effizienz- und Effektivitätsüberlegungen zum Abschluß eines Fundraising-Prozesses zu verbessern (Evaluierung). Will man wissen, ob das Spendeneinwerben rein quantitativ erfolgreich war, muß bekannt sein, welche Summen in das Fundraising investiert wurden beziehungsweise ob sich das Vorhalten verschiedener Ressourcen (Personen, Räume, Computerhard- und Software, Fundraising-Material etc.) für das Fundraising gerechnet hat und somit gerechtfertigt werden kann. Der theoretische Bezugsrahmen für die nachfolgenden Ausführungen ist die Prozeßkostenrechnung (Activity-Based Costing).

Grundgedanke dieser Kostenrechnungssichtweise ist es, betriebliche Abläufe und dafür notwendige innerbetriebliche Kapazitäten zu identifizieren und die daraus resultierenden Kosten diesen zuzuweisen. (vgl. Männel, 1995, S. 18) Primär ist zu fragen, welche Kapazitäten für einen oder mehrere bestimmte Prozesse bereitgehalten sind – hier das Fundraising – und wie sich die Nutzung dieser zumeist personalintensiven Kapazitäten verteilt. Was kostet die NPO das Bereithalten und das Nutzen der Fundraising-Ressourcen?

Ein kurzes Gedankenexperiment: Hat eine NPO ein Fundraising-Team, das sich ausschließlich dieser Aktivität widmet, so läßt sich einfach und auf direktem Weg errechnen, wie hoch die daraus resultierenden strukturkostenintensiven Ressourcen (insbesondere Personalkosten) sind und in welche konkreten Leistungen diese Fundraising-Kapazität (Personen, Büroausstattung,

Hardware etc.) eingebracht wird. Angenommen, es werden im Abrechnungszeitraum fünf Kampagnen durchgeführt, die in Summe zwei Millionen EURO erbringen, dann kann dieses Ergebnis den aus den (angenommenen) fünf Fundraising-Prozessen resultierenden Kosten gegenübergestellt werden. Nimmt man weiters an, daß die fünf Kampagnen Prozeßkosten in der Höhe von insgesamt 500.000,- EURO verursacht haben, dann läßt sich schnell errechnen, daß für jeden eingeworbenen EURO ein viertel EURO aufgewendet werden mußte.

Besser wäre es natürlich, für jede einzelne der fünf Fundraising-Aktionen eine Gegenüberstellung der Prozeßkosten und Prozeßergebnisse vornehmen zu können. Für diesen Zweck wurde das in *Abb. II 5.1* abgebildete Schema erstellt. Jede Kampagne wird, wie unter *Teil II Kapitel 5.6* beschrieben, strukturiert und nach prozeßkostenadäquater Sicht mit Plankosten versehen. Sinn macht diese Vorgehensweise für alle Formen des Fundraising, wobei sich bei den unterschiedlichen Techniken spezifische Kostenstrukturen herauskristallisieren werden. Das Upgrading soll mittels Direct Mailing erfolgen.

Bei einer (vollkostenrechnerischen) Betrachtung des Fundraising-Prozesses „Upgrading-Aktion" ergeben sich gemäß Plan Gesamtprozeßkosten von 25.000,- EURO. Man kann davon ausgehen, daß sich im Zuge der Umsetzung der „Upgrading-Mailing-Aktion" Abweichungen von diesen Plankosten ergeben werden. Stellt man diesen geplanten Kosten die voraussichtlichen (erhofften) Erlöse aus Spendeneinzahlungen gegenüber (hier mit 100.000,- EURO angesetzt), so würde das für jeden eingeworbenen Spenden-EURO Kosten von 0,25 EURO bedeuten. Das wäre ein Ergebnis, das sich mit dem Durchschnittswert für Upgrading-Aktionen im US-amerikanischen Raum decken würde. (vgl. Fogal, 1994, S. 377)

5.2.2 Vor- und Nachteile

Eine Darstellung in der vorliegenden Form wird der Komplexität dieses Themas nur schwer gerecht. Kostenrechnung ist von Konventionen und akzeptierten Übereinkünften geprägt, die als fixiert und unumstößlich gelten, was aber nicht zutrifft. Jede NPO muß selbst definieren, wie die (Prozeß-)Kostenrechnung zu konstruieren ist. Auch wenn bestimmte Grundsätze und begriffliche Konventionen übernommen werden können, dürfen die Spezifika von NPOs, sich mit dem Thema der Kosten auseinanderzusetzen, keinesfalls übersehen werden. Selbst auf die Gefahr hin, daß inter-organisatorische Vergleiche (Benchmarking) dadurch erschwert werden, muß gesichert sein, daß der gewählte Zutritt für die in Frage stehende NPO akzeptiert und lebbar ist. Eine von der Organisation nicht mitgetragene Kostenrechnung – und das darf hier als These formuliert werden – ist unter Umständen schädlicher als gar keine (Prozeß-)Kostenrechnung.

Eine Gegenüberstellung von Prozeßkosten einer Kampagne und (Fundraising-)Prozeßergebnis darf allerdings nur ein Teilbereich der abschließenden Evaluierung der Fundraising-Arbeit sein. Nicht jeder Aspekt einer umfassenden Evaluierung, der sich nicht quantifizieren läßt, ist für die

Evaluierung bedeutungs- und somit gegenstandslos. Ganz im Gegenteil: Eines der Spezifika von NPOs ist gerade die Fragestellung, ob die aus der Fundraising-Arbeit resultierenden Geldflüsse auch tatsächlich gut für die in Frage stehende NPO sind oder nicht. Ein Beispiel aus der universitären Praxis: Gelder, die ein universitätsnahes Institut für die Erstellung eines Konzepts einnehmen könnte, die aber keinen Wissenszuwachs bringen und lediglich den Fortbestand des Forschungsinstituts auf gleichem Wissensniveau ermöglichen, sind weniger hoch einzuschätzen als Mittel, die dem Forschungsinstitut über ein Forschungsprojekt einfließen, das von einem großen Fonds zur Förderung der wissenschaftlichen Forschung finanziert wird. Der Forschungsprojekt-EURO bietet für das Institut die Chance, (an Wissen) zu wachsen und als Organisation besser zu werden, während der Konzept-EURO keinen oder nur sehr geringen (Wissens-)Zugewinn ermöglichen würde. Nicht jeder vereinnahmte EURO ist daher automatisch ein „guter" EURO, oder – weniger radikal gesagt – nicht jeder EURO ist ein gleich guter EURO im Sinne der langfristigen Zielsetzung einer NPO. Das muß bei der Evaluierung und somit auch bei Prozeßkosten-Prozeßergebnis-Vergleichen eine Rolle spielen. Eine rein quantitative Betrachtung, wie sie das hier vorgestellte Instrument nahelegen könnte, ist deshalb für NPOs mit Sicherheit abzulehnen.

5.2.3 Praxisbeispiel

Abb. II 5.1

Plankosten des vorstrukturierten Fundraising-Prozesses „Upgrading-Aktion"		
FUNDRAISING-PROZESS-KOSTEN		
Nummer und Bezeichnung der Prozeßphase	Kostenarten in der Phase	Plankosten der „Upgrading-Aktion" (EURO)
Prozeßphase 1 Ist-Analyse (Phase des Problemerkennens)	Personalkosten (anteilig)	2.400
	HW- und SW-Kosten (anteilig)	250
Prozeßphase 2 Planung (Phase der Zielsetzung)	Personalkosten (anteilig)	4.200
	HW- und SW-Kosten (anteilig)	400
Prozeßphase 3 Umsetzung (Phase der Implementierung)	Personalkosten (anteilig)	5.500
	HW- und SW-Kosten (anteilig)	1.250
	Kosten des Versandmaterials	2.400
	Kuvertierungskosten	700
	Porto	3.900
Prozeßphase 4 Durchführungssteuerung (Phase der begleitenden Prozeßsteuerung)	Personalkosten (anteilig)	3.500
Prozeßphase 5 Evaluierung (Phase der Gesamtüberprüfung des Fundraising-Prozesses)	Personalkosten (anteilig)	500
Summenzeile	Gesamtkosten	25.000
(Plan-)Spendenerlöse	Gesamtspendenerlös	100.000

5.3 Cash-flow-Berechnung
(Stefan Bernhardt)

Kurzbeschreibung

Es gibt zwei grundsätzliche Zutritte für die Berechnung des Cash-flow einer Organisation: die direkte und die indirekte. Die Absicht für die Bestimmung dieser Kennzahl ist die gleiche: Konnte die NPO in der letzten Abrechnungsperiode (Geschäftsjahr) den laufenden Betrieb aus den laufenden einzahlungswirksamen Erträgen finanzieren oder nicht? Bei einem positiven Cash-flow kann diese Frage mit „ja" beantwortet werden, bei einem negativen Cash-flow muß sie verneint werden. Der Cash-flow gilt als eine der wichtigsten stromgrößenorientierten Kennzahlen in der Betriebswirtschaftslehre und ist die Grundlage für liquiditätsbezogene Kapitalflußrechnungen.

5.3.1 Beschreibung

Grundgedanke des Cash-flow-Ansatzes ist es, die sogenannten **Stromgrößen** einer Organisation in einem Abrechnungszeitraum (Geschäftsjahr) darzustellen und einer Analyse zugänglich zu machen. Ordnet man den Cash-flow in die Systematik der Kennzahlen ein, so kann man ihn als stromgrößenorientierte, absolute Erfolgskennzahl bezeichnen. (in Anlehnung an Perridon, Steiner, 1995, S. 511) Ziel dieser Kennzahl ist es, anstelle von Beständen – wie in der Bilanz – innerhalb eines Zeitraums aufgetretene Bewegungen (Flows) erkennbar und analysierbar zu machen. Prinzipiell lassen sich zwei unterschiedliche Ermittlungsmethoden des Cash-flow unterscheiden: die **direkte Ermittlung** und die **indirekte Ermittlung**.

5.3.1.1 Berechnungsschema für die direkte Ermittlung des Cash-flow
(nach Perridon, Steiner, 1995, S. 518)

Cash-flow =

Betriebseinnahmen der NPO (zahlungswirksame Erträge)

– Betriebsausgaben der NPO (zahlungswirksame Aufwendungen)

Diese Berechnungsmethode wird dann regelmäßig eingesetzt werden, wenn man über eine vollständige Datenbasis der Einzahlungs- und Auszahlungsbewegungen einer Organisation verfügt, wenn also interne Überlegungen hinsichtlich möglicher Einzahlungsüberschüsse beziehungsweise Einzahlungsunterdeckungen angestellt werden. Dieser Zutritt mag zwar trivial anmuten, aber nicht alles Triviale ist zugleich unwichtig oder irrelevant. Ganz im Gegenteil: Sich mit den Bewegungsgrößen einer NPO auseinanderzusetzen, ebnet den Weg für eine eingehende Analyse ihrer finanziellen Basis.

Wie ist diese Kennzahl nach direkter Ermittlungsmethode zu interpretieren? Hat der Cash-flow ein positives Vorzeichen, dann war die NPO in der abgelaufenen Abrechnungsperiode in der Lage, die angefallenen (zahlungswirksamen) Auszahlungen aus den laufenden Einzahlungen zu bestreiten. Die NPO hat mehr eingenommen als ausgegeben und kann deshalb ihre Aktivitäten aus den laufenden Einzahlungen finanzieren. Auf einen negativen Cash-flow müßte die NPO entweder mit der Auflösung zuvor gebildeter Reserven reagieren oder sich um externe Zwischenfinanzierung bemühen. Die Eigenfinanzierungskraft müßte in diesem Fall (für die abgelaufene Abrechnungsperiode) negativ beurteilt werden; die NPO hat „über ihre Verhältnisse" gelebt.

Weiter verbreitet und besser bekannt ist der Cash-flow nach der sogenannten indirekten Ermittlungsmethode. Die Erklärung dafür ist einleuchtend: Wendet man den indirekten Zutritt an, so genügt es, für die näherungsweise Berechnung über die im Rahmen von Jahresabschlüssen vorzulegende Datenbasis einer NPO (öffentlich bekanntzumachende Zahlen) zu verfügen, und das sind genau jene Berechnungen, die vornehmlich in der Fach(wirtschafts)-Presse anzutreffen sind.

5.3.1.2 Berechnungsschema für die indirekte Ermittlung des Cash-flow

    Bilanzgewinn (oder Verlust laut Bilanz)

+   Rücklagenerhöhungen (Aufwand) oder

−   Rücklagenauflösungen (Ertrag)

+   Verlustvortrag aus dem Vorjahr (falls vorhanden) oder

−   <u>Gewinnvortrag aus dem Vorjahr (falls vorhanden)</u>

=   Jahresüberschuß

+   Abschreibungen (falls angefallen) oder

−   Zuschreibungen (falls angefallen)

+   Erhöhung der langfristigen Rückstellungen oder

−   <u>Verminderung der langfristigen Rückstellungen</u>

=   <u>Cash-flow</u>

Geht man davon aus, daß Cash-flow-Analysen für NPOs eher aus internen Beweggründen durchgeführt werden, so ist für eine solche Analyse der erste (trivial anmutende) Zutritt der direkten Ermittlung zu wählen. Bei publizierten Cash-flow-Analysen ist in der Regel von gewinnorientierten Unternehmen die Rede, weshalb implizit eine stärker erfolgswirtschaftliche

Sichtweise für die Interpretation gewählt wird. Bei NPOs kann man allerdings davon ausgehen, daß nicht die erfolgswirtschaftliche, sondern die finanzwirtschaftliche Überschußermittlung im Zentrum des Interesses steht. Also nicht die Frage, ob die betrachtete NPO besonders ertragsstark ist, sondern ob sie finanzwirtschaftlich auf solidem Fundament oder auf tönernen Füßen steht, d.h. in der Lage ist, Investitionen, Schuldentilgungen und die Aufrechterhaltung der Liquidität aus eigener Kraft vorzunehmen oder sicherzustellen. Oft wird der Cash-flow als die Beurteilungsgröße schlechthin für die Innenfinanzierungskraft einer Organisation bezeichnet, was allerdings nur bedingt richtig ist. Geht man von einer intern erstellten Cash-flow-Berechnung aus, so ist es zielführender (weil genauer), eine entsprechend detaillierte Einnahmen- und Ausgabenerfassung sowie Einnahmen- und Ausgabenplanung für die Bestimmung der finanzwirtschaftlichen Situation einer Organisation heranzuziehen, als nur einer Cash-flow-Analyse zu vertrauen. Der finanzwirtschaftliche Spielraum kann aber auch über extern zugängliche Daten abgeschätzt werden (vgl. indirekter Berechnungszutritt), und wenn eine NPO nicht über ein elaboriertes Rechnungswesen verfügt, dann kann die finanzwirtschaftliche Betrachtung des Cash-flow notwendige (erste) Orientierung geben.

Bleibt man dabei, der finanzwirtschaftlichen Betrachtungsweise des Cash-flow für NPOs vor einer Fokussierung der erfolgswirtschaftlichen Seite den Vorrang zu geben, dann läßt sich folgender angeführte Gedanke (vgl. Perridon, Steiner, 1995, S. 521) - unter Einhaltung bestimmter Prämissen – weiter verfolgen: Der Cash-flow läßt sich auch zur Bestimmung des Finanzierungspotentials einer Organisation heranziehen. Dieser Ansatz stellt auf die Fristigkeit des Finanzierungspotentials ab: Man unterscheidet in Cash-flow, der der Organisation lang- bis mittelfristig zur Verfügung steht, und kurzfristig verfügbaren Cash-flow.

    Gewinnvortrag (für NPOs Überschußvortrag)

+   Rücklagenzuführung

+   Abschreibungen

+   <u>Erhöhung der langfristigen Rückstellungen</u>

=   Cash-flow, der mittel- bis langfristig zur Verfügung steht

und

Erhöhung der kurz- und mittelfristigen Rückstellungen

+   Ertrag- und Vermögenssteuer (falls abzuführen)

+   Dividendenbetrag (wird bei einer NPO entfallen)

+   <u>passive Rechnungsabgrenzungen</u>

=   Cash-flow-Teile, die kurzfristig zur Verfügung stehen

Bisher wurde (implizit) angenommen, daß der Cash-flow als Kennzahl für vergangenheitsgerichtete Analysen gilt (**Ex-post-Betrachtung**). Der Cash-flow eignet sich aber auch für eine

Ex-ante-Perspektive, wenn man von prognostizierten Cash-flows ausgeht. Perridon, Steiner weisen allerdings auf entsprechend zu berücksichtigende Unwägbarkeiten hin, wenn man sich auf die reine Tendenzfortschreibung aufgrund von Werten vergangener Abrechnungsperioden stützt (reine Extrapolation ohne Berücksichtigung kausaler Zusammenhänge). (Perridon, Steiner, 1995, S. 519f.)

5.3.2 Vor und Nachteile

Zur Bekanntheit der Cash-flow-Analyse hat sicherlich beigetragen, daß damit externen Personen (unter anderem ist hier auch die Fachwirtschaftspresse zu nennen) ein Analysezutritt zur Verfügung steht, der gleichsam Insider-Wissen über eine Organisation suggeriert. Man weiß aufgrund publizierter Daten über ein Unternehmen mehr als ohne Cash-flow-Analyse und kann somit einen Wissensvorsprung erzielen. Das sollte aber nicht darüber hinwegtäuschen, daß die Cash-flow-Berechnung bei intern durchzuführenden Analysen oftmals nicht das einzige Instrument ist, um finanzwirtschaftlich-liquiditätsbezogene Überlegungen anzustellen, sondern daß für diese Problemstellung andere Instrumente wie zyklische Finanzplanungsprozeduren besser und genauer sind. In diesen Bereichen ist eine gute **Finanzplanung** *(siehe Teil II Kapitel 7)* einer noch so elaborierten Cash-flow-Analyse vorzuziehen.

Die Cash-flow-Analyse ist also kein „alleinseligmachendes" Instrument, um das Finanzierungsmanagement einer NPO gut abwickeln zu können, sondern stellt lediglich ein zentrales Element dieser Führungsaufgabe in NPOs dar. Als Planungsinstrument ist der Cash-flow aus den erwähnten Gründen *(vgl. Teil II Kapitel 5.3.1)* weniger mächtig als gemeinhin angenommen (unzureichende Abbildung der finanzwirtschaftlich relevanten Markt- und Umfeldbedingungen), kann aber mithelfen, sich bestimmter Defizite hinsichtlich der finanziellen Basis einer NPO bewußter zu werden.

Als weiterer Schwachpunkt der Cash-flow-Analyse sind die Analysevoraussetzungen zu nennen, die in NPOs zum Teil erst geschaffen oder verfeinert werden müssen. Doppelte Buchführung oder eine entsprechend detaillierte und ausgefeilte Einnahmen-Ausgaben-Rechnung sind hier ebenso anzuführen wie das Management-Know-how, das sich der Stärken und Schwächen des Instruments bewußt ist.

Darüber hinaus ist bei NPOs tendenziell von hoher Eigenfinanzierungskraft (bei schlechter Kapitalausstattung) auszugehen, so daß sich aus der Analyse der zahlungswirksamen Erträge und zahlungswirksamen Ausgaben im Normfall keine Überraschungen ergeben werden. Viele NPOs werden in der Regel ihren laufenden Betrieb aus dem Cash-flow (plus/minus null) bestreiten, gleichsam von der Hand in den Mund leben. Die Frage der unbaren Aufwendungen (Aufwendungen, die nicht auszahlungswirksam sind) wird sich bei NPOs sehr oft auf die Frage der **Rückstellungsbildung/Rückstellungsauflösung** beziehungsweise **Rücklagenbildung/ Rücklagenauflösung** reduzieren, und der Aspekt der Cash-flow-Generierung aus Abschreibungsgegenwerten wird aufgrund der im allgemeinen wenig kapitalintensiven Leistungserstellung in NPOs von untergeordneter Bedeutung sein. Ausnahmen, vielleicht sogar in Gestalt der „Flaggschiffe des NPO Sektors", lassen sich zwar sicher finden; an der abschließenden thesenhaften Anmerkung wird festgehalten: Für NPOs als tendenziell wenig verschuldete, wenig kapitalintensive – weil dienstleistungsorientierte – Organisationen hat die Cash-flow-Analyse zumeist wenig Überraschendes zu bieten; sie ist und bleibt aber ein kritisches Element des erfolgreichen Finanzierungsmanagements von NPOs.

5.4 Das Gift Range Chart
(Stefan Bernhardt)

Kurzbeschreibung

Das **Gift Range Chart** ist ein Analyse- und Planungsinstrument, das im Zuge von Fundraising-Planungsarbeiten eingesetzt wird. Ziel ist es, vor dem Start einer Fundraising-Kampagne Orientierung für die operative Arbeit zu geben. Nach der Bildung von Spendenklassen wird diesen ein Ist-Wert (Analyse) und ein Soll-Wert (Planung) für die Anzahl der in der jeweiligen Spendenklasse angestrebten Menge an Spenden zugewiesen. Für jede Spendenklasse wird über die Multiplikation des Preisgerüsts (Höhe der Spenden in den Spendenklassen) mit der geplanten Anzahl an Spenden das Spendenaufkommen eruiert. Diese Zwischensummen werden addiert, wodurch das geplante Spendenaufkommen für eine Kapitalkampagne oder für das Jahresspendenziel einer NPO ermittelt und für die operative Umsetzung dargestellt werden kann.

5.4.1 Beschreibung

In Anlehnung an Fogal (Fogal, 1994, S. 372f.) kann man den Fundraising-Managementprozeß in fünf Aktivitäten unterteilen:

- Analyse (Definition des Ist-Zustands)
- Planung (Definition des Soll-Zustands und Maßnahmenplanung)
- Ausführung
- operative Überwachung und Steuerung der Ausführung
- Evaluation des Ergebnisses (Ex-post-Soll-Ist-Vergleich).

Für die ersten beiden Aktivitäten – Analyse und Planung – wird regelmäßig das Gift Range Chart (Spendenaufkommen-Übersicht) verwendet, das in diesem Zusammenhang vor allem als

Planungs- und nicht als Analyseinstrument betrachtet werden soll. Analyse wird nur insofern betrieben, als der Ist-Stand die Ausgangsbasis für eine entsprechend realistische Planung ist. Ursprünglich wurde das Gift Range Chart nur bei Kapitalkampagnen eingesetzt, in zunehmendem Maß gilt es aber auch als taugliches Instrument der Jahresplanung für spendeneinwerbende NPOs. Im Kern eignet sich das Gift Range Chart für eine klare, nach Spendenhöhe geordnete Darstellung des angestrebten Spendenmixes einer NPO.

Ein Gift Range Chart *(siehe Abb. II 5.2 bis Abb. II 5.5)* besteht üblicherweise aus vier bis fünf Spalten, die im wesentlichen stets die gleiche Information beinhalten. In der ersten Spalte, der Spendenklassenspalte (das Preisgerüst), werden die für die in Frage stehende NPO und für den Anlaßfall adäquaten Spendenklassen eingetragen. Die zweite Spalte zeigt die gegenwärtig realisierten Mengen der Spendenflüsse in den einzelnen Spendenklassen. In der dritten Spalte, der eigentlichen Planungsspalte, werden die angestrebten Mengenwerte je Spendenklasse vermerkt. In der Spalte vier werden die Ist-Mengenwerte der Spalte zwei mit den jeweiligen Spendenklassenbeträgen berechnet und ausgewiesen. In einer fünften Spalte können die Planwerte je Spendenklasse (Spalte eins x Spalte drei) dargestellt werden.

Die beiden kritischen (und intellektuell herausforderndsten) Teilaufgaben sind die Ermittlung der für Anlaß und NPO passenden Spendenklassen und die Festsetzung der Mengenplanwerte (Spalte drei). Die Wahl der Spendenklassen wird insbesondere von zwei Aspekten bestimmt sein: Spektrum der Höhe der Einzelspenden (Homogenität/Heterogenität des Spendenmixes) sowie Anlaßfall (Art) und Abwicklungsstrukturen der Fundraising-Arbeit in der NPO (Mehrfachkampagne innerhalb eines Jahres, einmalige Kapitalkampagne etc.).

Die Fixierung der Planwerte (Mengengerüst, Spalte drei) muß mit entsprechender Umsicht erfolgen, wofür es allerdings kein Patentrezept gibt. Allgemeine Planungsempfehlungen können aber auch hier helfen: Sie sollen realistisch, aber durchaus ambitioniert formuliert werden. Die Planwerte sollen herausfordern, aber nicht frustrieren. Planen heißt, Risiko zu nehmen, Risiko zu antizipieren; Planen heißt nicht, Risiko zu eliminieren. Werden Daten aus vorangegangenen Kampagnen als Planungsgrundlage herangezogen, so ist zu hinterfragen, ob sich im Umfeld, in den spendenakquisitionsspezifischen Rahmenbedingungen maßgebliche Änderungen eingestellt haben, die als Planungsprämissen beachtet werden müssen. Welche Umweltvariablen für die Spendenakquisition einer NPO spendenverhaltenswirksam sind und welche nicht, wird vom Einzelfall abhängen. Davon unberührt bleiben jene Faktoren, die für sämtliche spendeneinwerbenden NPOs gleichermaßen relevant sind. Exemplarisch erwähnt seien in diesem Zusammenhang steuerrechtliche Vorschriften, Entwicklung des verfügbaren Haushaltsnettoeinkommens, gesellschaftliche Grundstimmung etc.

Bei der Erstellung eines Gift Range Chart sind folgende vier Schritte vorzunehmen:

5.4.1.1 Erster Schritt: Fixierung der Spendenklassen

In einem ersten Schritt müssen die für eine NPO typischen Spendenhöhen sinnvoll klassifiziert werden. Ist die Spendenhöhe sehr unterschiedlich, wird man Spendenklassen bilden, die ein weites Spektrum möglicher Spendenhöhen umfassen. Sind die geleisteten Geldspenden in ihrer Höhe homogen, kann man engere Spendenhöhen vorsehen und entsprechend detaillierter planen. Wie eng die Spendenklassen definiert werden, bleibt jeder NPO überlassen und muß auf Basis von Praktikabilitäts- und Sinnhaftigkeitsüberlegungen schrittweise überprüft werden.

Abb. II 5.2 ist ein Beispiel für die Struktur eines Gift Range Chart, wie es für den nordamerikanischen Raum für eine etablierte NPO und ihre Fundraising-Arbeit gültig sein könnte. (vgl. Fogal, 1994, S. 373) Für den deutschsprachigen Raum gibt es derzeit keine vergleichbare Orientierungsgröße.

Abb. II 5.2

Das Gift Range Chart (1. Schritt)			
GIFT RANGE CHART			
Spendenklassen (EURO)	Anzahl derzeit aktiver Spender (Ist)	Anzahl potentieller Spender (Plan)	Zwischensummen je Spendenklasse (EURO)
8.000 4.000 2.000 1.000 500 250 100 <100			

Der erste und für die Qualität der Planungsarbeit entscheidende Schritt für die Erstellung eines Gift Range Chart ist die NPO- und/oder kampagnespezifische Festlegung der Spendenklassen nach Spendenhöhe. (Whiters, 1986, S. 19) Das gewählte Beispiel enthält die Gruppe der Großspenden mit bis zu 8.000,– EURO und die Gruppe der Kleinspenden, die pro Spende zwischen 250,– EURO und weniger als 100,– EURO bringen. Auch diese Einteilung in Groß- und Kleinspenden wird von NPO zu NPO verschieden sein. Wichtig ist nur, daß man diese Unterscheidung trifft und entsprechend für die Maßnahmenplanung (operative Phase) vermerkt.

5.4.1.2 Zweiter Schritt: Ermittlung der derzeit aktiven Spender und Spenderinnen (Ist-Analyse)

Um den Aufwand für die Ermittlung des derzeit aktuellen Spendenmixes geringzuhalten, ist – in Analogie zur Fixierung der Spendenklasse – ein gutstrukturiertes Rechnungswesen notwendig. Entsprechende Datenbestände und EDV-technische Ausstattung vorausgesetzt, kann dieser Schritt zumeist mit einer kurzen Auswertung des bisher erzielten Spendenaufkommens bewältigt werden. Zunächst ist allerdings zu klären, ob eine Gesamtauswertung der Datenbestände oder eine über Analogieschlüsse eingeschränkte Teilauswertung sinnvoller ist. Auch hier gilt: Je präziser der Planungsgegenstand gefaßt ist, desto genauer kann die notwendige Informationsbasis beschrieben und gegebenenfalls bereitgestellt werden. *Abb. II 5.3* zeigt exemplarisch, wie das Gift Range Chart nach Abschluß des zweiten Schritts aussehen soll.

Abb. II 5.3

Das Gift Range Chart (2. Schritt)			
GIFT RANGE CHART			
Spendenklassen (EURO)	Anzahl derzeit aktiver Spender (Ist)	Anzahl potentieller Spender (Plan)	Zwischensummen je Spendenklasse (EURO)
8.000	2		
4.000	5		
2.000	10		
1.000	20		
500	40		
250	80		
100	200		
<100	viele		

Es ist nicht weiter verwunderlich, daß die Anzahl der Großspenden geringer ist als die Anzahl der Kleinspenden. Das muß aber nicht unbedingt so sein. Daß die genaue Anzahl der Kleinspenden nicht ausgewiesen ist, sei als Hinweis zu verstehen, daß Planung nicht Selbstzweck ist und somit nicht unbegrenzt perfektioniert werden kann. Aus dem gleichen Grund sollte das Anspruchsniveau für den Planungsinput (Information) nicht beliebig nach oben geschraubt werden. Wer zuviel (zu detailliert) plant und meint, man müsse die Datenbasis vor der Entscheidung immer weiter ausbauen, dem bleibt keine Zeit mehr für Aktivität; und wer nicht beginnt, Spenden einzuwerben, sondern immer nur plant, der wird in letzter Konsequenz vor leeren Spendenkonten stehen und ist spätestens dann zur Inaktivität gezwungen. Daß das oftmals das Ende einer NPO wäre, scheint unmittelbar einzuleuchten.

5.4.1.3 Dritter Schritt: Ermittlung des Planmengengerüsts je Spendenklasse

Die Anzahl der Spenden pro Spendenklasse sind Planwerte und als solche hinterfragbar und argumentierbar. Wichtig ist, sich zu vergegenwärtigen, daß in so gut wie allen Planungsprozessen, die sich im Rahmen vorbestimmter Möglichkeiten bewegen, Erfahrungswissen und Knowhow als entscheidende Grundlage und als wertvoller Beitrag zu werten sind.

Wurden bereits vor der in Aussicht genommenen Spendenkampagne ähnliche Fundraising-Kampagnen durchgeführt, so können die damals erzielten Ergebnisse als wertvoller Input für die aktuelle Planungsarbeit herangezogen werden. Insbesondere bei Kampagnen, die sich im Jahresabstand wiederholen, lohnt sich eine Analyse der Vorjahresmengenergebnisse in den einzelnen Spendenklassen doppelt. Es wird eine präzise Ist-Analyse durchgeführt (sofern nicht die letztjährige Aktivität umfassend evaluiert wurde) und zugleich ein über Analogieschlüsse klar ermittelbarer Planungsfall bearbeitbar. Für das gewählte, idealtypische Beispiel ergibt sich folgendes Bild:

Abb. II 5.4

Das Gift Range Chart (3. Schritt)			
GIFT RANGE CHART			
Spendenklassen (EURO)	**Anzahl derzeit aktiver Spender (Ist)**	**Anzahl potentieller Spender (Plan)**	**Zwischensummen je Spendenklasse (EURO)**
8.000	2	3	
4.000	5	6	
2.000	10	15	
1.000	20	25	
500	40	45	
250	80	100	
100	200	250	
<100	viele	viele	

Die Planwerte müssen nicht zwingend höher sein als die Ist-Werte. In diesem Beispiel wurde allerdings genau dieser Fall gewählt, weil er in der Regel als die erstrebenswerte, also bessere Planungsperspektive gilt. Es kann aber auch Ausdruck einer qualitätsvollen Planungsarbeit sein, zu erkennen, daß zum Beispiel Vorjahresergebnisse aufgrund geänderter Rahmenbedingungen sicher nicht mehr erreichbar sind und diesmal mit einem geringeren Spendenaufkommen gerechnet werden muß.

Auf die Frage, wie viele **prospects** identifiziert werden müssen, um die Planmengenwerte der Spendenkampagnen tatsächlich zu erreichen, wird hier bewußt nicht eingegangen, um den Rahmen, der zur Präsentation eines Instruments zur Verfügung steht, nicht ganz zu sprengen. Die US-amerikanische Literatur nennt regelmäßig Werte zwischen zwei und vier. (vgl. Grieff, 1986, S. 37ff.)

5.4.1.4 Vierter Schritt: Berechnung des Ist- und des Soll-Spendenaufkommens

Hat man sich auf die Spendenmengenzusammensetzung nach den fixierten Spendenklassen geeinigt, erhält man über Multiplikation der Spendenklassenbeträge mit den Spendenmengen je Spendenklasse (Spalte zwei für das Ist-Spendenaufkommen und Spalte drei für das Soll-Spendenaufkommen) die Einzelsummen der Spendenklassen, also jene Geldmenge, die jede einzelne Spendenklasse zum Gesamtspendenaufkommen beisteuern kann, und nach Addition der Einzelsummen die Gesamtsumme als Ist und als Soll.

Abb. II 5.5

Das Gift Range Chart (4. Schritt)				
GIFT RANGE CHART				
Spendenklassen (EURO)	Anzahl derzeit aktiver Spender (Ist)	Anzahl potentieller Spender (Soll/Plan)	Zwischensumme je Spendenklasse (Ist)	Zwischensumme je Spendenklasse (Soll)
8.000	2	3	16.000	24.000
4.000	5	6	20.000	24.000
2.000	10	15	20.000	30.000
1.000	20	25	20.000	25.000
500	40	45	20.000	22.500
250	80	100	20.000	25.000
100	200	250	20.000	25.000
<100	viele	viele	24.000	30.000
		Gesamtsummen	160.000	205.500

5.4.2 Vor und Nachteile

Prinzipiell zeigt dieses Instrument die gleichen Vorteile wie andere Planungsinstrumente. Planen heißt in diesem Zusammenhang, sich auf sachliche Art und Weise mit der Zukunft auseinanderzusetzen, was eine Organisation fitter und stärker machen soll, etwaige Untiefen oder widrige Gegebenheiten auszugleichen hilft etc. Hauptvorteil des Gift Range Chart ist aber mit Sicherheit, daß es den Fundraisern einer NPO – gleichgültig ob ehrenamtlich oder hauptberuflich engagiert – Orientierung gibt und somit im Idealfall als Motor für verstärkten Einsatz wirkt. Zu wissen, wie der Zielzustand beschaffen ist, wird – wenn er akzeptiert wird – motivieren. Darüber hinaus wird Verbindlichkeit aufgebaut und über die gewonnene Transparenz einforderbar gemacht (Möglichkeit der Erfolgskontrolle).

Als einer der zentralen Nachteile des Gift Range Chart kann die Fixierung auf quantitative Größen angeführt werden. (Millar, 1990, S. 217ff.) Wird die Evaluierung von Fundraising-Kampagnen – und das bietet jedes Planungsinstrument, das Erfolgskontrollen möglich macht – auf quantitative Größen reduziert, kann es zu starken Dissonanzen in einer NPO führen, wo sich mit Sicherheit komplexere Zielsysteme als rein pekuniär orientierte feststellen lassen. Die Form der Planung, wie sie durch das Gift Range Chart ermöglicht wird, sagt noch nichts über die Qualität der Fundraising-Arbeit aus. Erfolg nur an den vorher festgesetzten, den geplanten Werten des Gift Range Chart festzumachen, ist eine potentielle Gefahr des Instruments und für das Instrument. Formalismen entbinden die planenden Personen nicht ihrer Pflicht, intellektuell hart zu arbeiten und scharf nachzudenken. Sie können planende Tätigkeiten lediglich unterstützen, nicht ersetzen. Ein prägnantes Instrument wie das Gift Range Chart wird ohne Dokumentation der Planungsschritte nicht die volle Wirkung entfalten können. Insbesondere in NPOs wird bei fehlender Dokumentation der Zielwertfindung das Instrument nicht akzeptiert werden. Planungsschritte müssen nachvollziehbar sein, um Akzeptanz zu schaffen und das kann nur über eine saubere Dokumentation erfolgen, was wiederum helfen kann, Menschen zu motivieren. Andernfalls kann es zum gegenteiligen Effekt kommen und vom Gift Range Chart demotivierende Wirkung ausgehen. Wenn man an die Situation vieler NPOs denkt, gerade in ihrer Fundraising-Arbeit oftmals auf die Mitarbeit ehrenamtlicher Personen angewiesen zu sein, darf der Einsatz dieses Instruments keine langfristig negativen Folgen auslösen.

5.5 Der Fundraising-Entscheidungsbaum zur Make or buy-Decision im Fundraising (Outsourcing-Frage)
(Stefan Bernhardt)

Kurzbeschreibung

Der Entscheidungsbaum ist ein Instrument, um komplexe Entscheidungssituationen darstellbar und somit leichter oder qualitativ besser bewältigbar zu machen. Die hier zu bearbeitende Entscheidung bezieht sich auf die Frage, ob eine NPO die Funktion des Fundraising ganz oder teilweise auslagern (outsourcen) soll oder nicht. Anhand einzelner mit „ja" oder „nein" beantwortbarer Fragen werden die verschiedenen aus der Fragestellung abgeleiteten Problemdimensionen, die sich als eine Kette von Wahlentscheidungen darstellen lassen, abgearbeitet.

5.5.1 Beschreibung

Wie lauten die im Zusammenhang mit Fundraising-Outsourcing auftretenden Fragen, und wie kann man diesen Zutritt für sich nutzbar machen? Eine Möglichkeit, den zu durchlaufenden Entscheidungsprozeß zu visualisieren, stellt der Entscheidungsbaum dar. Entscheidungsbäume sind Techniken, um ökonomische Entscheidungen einer rationalen Wahl zuzuführen. Dabei werden verschiedenen Handlungsoptionen erstens bestimmten Eintrittswahrscheinlichkeiten und zweitens – in Geldeinheiten bewertet – Handlungsfolgen (Konsequenzen) zugeordnet. (Mansfield, 1991, S. 524ff.) Beides wird für den hier gewählten Ansatz ausgeblendet, der Grundgedanke wird aber weiterverfolgt. Welche Fragen muß man sich stellen, beziehungsweise welche Arbeitsschritte sind zur Klärung bestimmter Vorfragen zu absolvieren, um in letzter Konsequenz eine richtige, eine qualitativ bessere Entscheidung getroffen zu haben? Dieses Vorgehen soll bewußt dem „Aus-dem-Bauch-heraus-Entscheiden" gegenübergestellt werden. Nicht alles, manchmal erstaunlich wenig, wird in der beruflichen Realität rational entschieden, und sehr oft verbietet der Zeitmangel ein umsichtiges Problemlösungsverhalten. Dennoch sollte man sich bewußt darauf einlassen, von Zeit zu Zeit eine schrittweise, Problem-portionierende und leicht dokumentierbare Handlungsweise – gleichsam als Kontrast zum Normalbetrieb – an den Tag zu legen. Das hilft, sich des üblichen Agierens im operativen Tagesgeschäft bewußter zu werden, und kann gleichsam im Hintergrund als situative Notbremse für allzu hektische Betriebsamkeit verfügbar bleiben. Die nachfolgend im Entscheidungsbaum gestellten Fragen sind nicht mit dem Anspruch formuliert worden, die Thematik abschließend – sozusagen rezepthaft – bearbeitet zu haben. Ganz im Gegenteil: Für jede auszulagernde beziehungsweise zuzukaufende (Teil-)Aktivität im Bereich des Fundraising werden unterschiedliche Aspekte relevanter sein als andere. Es soll hier also lediglich illustriert werden, wie der vorzustellende Problemlösungszutritt funktioniert. *(siehe Abb. II 5.6)*

Schlagworte, die im Zuge von Outsourcing-Entscheidungen immer wieder fallen, sind unter anderem Kostenvorteile, Zukauf an Expertenwissen (Branchenerfahrung), Qualitätsüberlegungen und allgemein das Nützen von Synergien. Outsourcing ist in Mode, und Konzepte wie Lean-Management oder Re-Engeneering fokussieren diese Frage in hohem Maße.

Primär muß allerdings geklärt werden, ob es einen Markt gibt, der sich für Outsourcing anbietet. Könnten also bestimmte Leistungen zugekauft werden, oder gäbe es dafür keinen Markt? Ließe sich vielleicht durch Ausgliederung bestimmter Bereiche einer Organisation ein Markt definieren, der unter Umständen ein Erfolgsfaktor für sämtliche daran beteiligten Organisationen würde? Hilft Outsourcing „müden" und zugleich teuren Abteilungen auf die Sprünge, oder ist dieses Thema als „Rute im Fenster" geeignet, Personen im Mitarbeiterstand neu zu motivieren? Vielleicht sind aber genau konträre Überlegungen einflußreicher. Vielleicht ist man wegen Qualitätssicherungsüberlegungen gut beraten, bestimmte Leistungen nicht fremd zu vergeben, sondern weiterhin selbst zu erbringen.

Wenn Kostenvorteile für Outsourcing-Fragestellungen angeführt werden, muß zunächst geklärt sein, welche Kosten die Selbsterstellung/Selbsterbringung von Leistungen verursacht. Ansonsten sollten Kostenargumente seriöserweise keine Rolle spielen.

5.5.2 Vor- und Nachteile

Der Entscheidungsbaum hat den Vorteil, ein flexibles und ausbaufähiges Hilfswerkzeug zur Entscheidungsfindung zu sein. Mit der Anwendung selbst ist aber noch lange nicht sichergestellt, daß die richtige oder beste Entscheidung getroffen wird. Komplexe oder neuartige Entscheidungssituationen lassen sich aber bewältigbarer machen, und nachweisbar eignet sich diese Art Fragestellung besonders gut, um über kreative Gruppenprozesse möglichst viele der relevanten Problemdimensionen zu benennen. Dabei sind die (konstruktiven) Zweifler und die unschlüssigen Personen, manchmal sogar die (argumentierenden) Bremser besonders hilfreich. Ihr Beitrag in Diskussionen ist es, Fragen zu formulieren, und der Entscheidungsbaum wächst und gewinnt an Relevanz und Güte. Nicht zu übersehen ist seine Dokumentationsfunktion, die sich aus der Anwendung gleichsam automatisch ergibt. Zukünftige Entscheidungen können aufgrund einer möglichen Dokumentation früherer Situationen ex post-analytisch positiv beeinflußt werden.

Abb. II 1.6

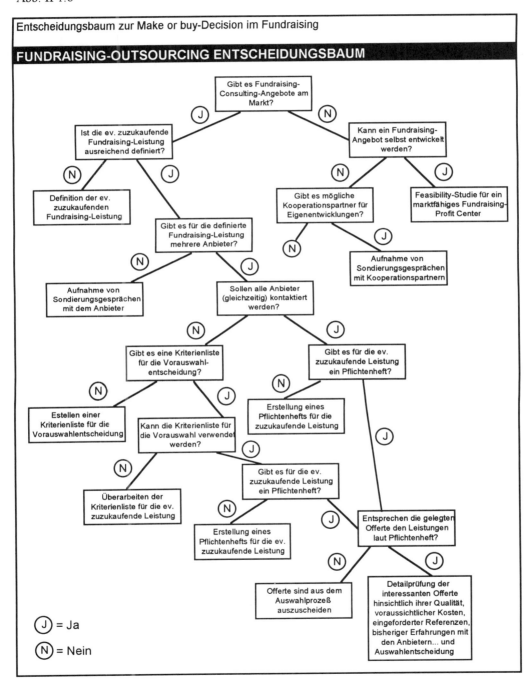

5.6 Der Fundraising-Prozeß
(Stefan Bernhardt)

Kurzbeschreibung

Das vorzustellende Instrument ist ein Formular, das dazu dient, Fundraising-Prozesse über die Beantwortung von vier entscheidenden Fragen zu den hier definierten (fünf) Phasen zu strukturieren. Das Instrument orientiert sich an einem idealtypischen Ablauf organisationalen Entscheidens und ist als universell einsetzbares Strukturierungs-Hilfsinstrument für sämtliche gängigen Fundraising-Techniken gedacht.

5.6.1 Beschreibung

Der Begriff des Fundraising kann von vielen Seiten und unter Betonung verschiedenster Nuancen betrachtet werden. Nachfolgend wird ein Instrument besprochen, das helfen soll, Fundraising als Prozeß zu sehen und zu verstehen. In einer NPO, die (unter anderem) davon lebt, Spenden einzuwerben, wird dieser Prozeß auf vielfältige Art und Weise und in verschiedener Gestalt durchlaufen. (vgl. *FALLSTUDIEN - Sonne, 1997: Greenpeace, S. 363ff.*; Scheibe-Jaeger, 1996, S. 100ff.) Den Ausprägungsformen des Fundraising soll über die Sichtweise als Prozeß eine gemeinsame Klammer gegeben werden. Die folgenden Ausführungen skizzieren diese Sichtweise. Staehle (Staehle, 1994, 484ff.) unterscheidet folgende Prozesse in Organisationen:

- Prozesse des Entscheidens
- Prozesse des Planens und der Kontrolle
- Prozesse der Koordination
- Prozesse des Wandels in Organisationen.

Unter dem Punkt Prozesse des Entscheidens stellt Staehle (1994) verschiedene Theorien und Modelle zu diesem Thema vor und skizziert in Anlehnung an Arnold, Feldmann (1986) auch die Theorie der rational wählenden Person. Ist man sich der Schwächen dieses Ansatzes bewußt und nimmt man die anzubringenden Relativierungen auf (vgl. Staehle, 1994, 486f.), so bleibt im Kern folgendes Phasenschema des ökonomischen Entscheidungsprozesses bestehen:

- Phase des Problemerkennens
- Phase der Zielsetzung
- Phase der Alternativensuche

- Phase der Alternativenbewertung
- Phase der Auswahl der besten Alternative
- Phase der Umsetzung (Implementierungsphase).

In Anlehnung an Fogal (Fogal, 1994, S. 372f.), der ebenfalls eine Prozeßsicht für die thematische Aufbereitung des Fundraising wählt, lassen sich folgende Ergänzungen anbringen, um das Bild des Entscheidungsmanagements (als Prozeß) abzurunden: Neben der Phase des Problemerkennens (Analyse), der Zielsetzung (Planung) und der Ausführung (Implementierung) zählt Fogal (1994) folgende zusätzliche Aktivitäten auf:

- Durchführungssteuerung (Control) und
- Evaluation des Endergebnisses (des Fundraising-Prozesses).

Aus diesen beiden Zutritten läßt sich eine Struktur des Fundraising in Tabellenform generieren, die folgendermaßen aussieht:

Abb. II 5.7

In Tabellenform vorstrukturierter Fundraising-Prozeß	
FUNDRAISING-PROZESS	
Phasennummer	Bezeichnung der Phase im Fundraising-Prozeß
Prozeßphase 1	Ist-Analyse (Phase des Problemerkennens)
Prozeßphase 2	Planung (Phase der Zielsetzung)
Prozeßphase 3	Umsetzung (Phase der Implementierung)
Prozeßphase 4	Durchführungssteuerung (Phase der Prozeßsteuerung)
Prozeßphase 5	Evaluierung (Phase der Gesamtüberprüfung des Fundraising-Prozesses)

Der von Staehle (1994) angeführte Prozeß des rationalen Entscheidens wurde um die Phasen der Alternativengenerierung, -bewertung und -auswahl gekürzt und um die von Fogal (1994) angeführten Phasen Durchführungssteuerung (Control) und Evaluierung (Evaluation) erweitert.

Dieser Raster soll in einem nächsten Schritt anhand von vier in jeder Phase des Fundraising-Prozesses zu beantwortenden Fragen konkretisiert werden, nämlich: Was? Wer? Wann? Wie? Diese Fragen erscheinen trivial; eine eingehende Beantwortung schafft aber unvermutet viel Klarheit, hilft Abläufe zu strukturieren und baut Verbindlichkeit auf. Wie die vier Fragen genau zu verstehen sind, wird im Anschluß an die *Abb. II 5.8* ausführlicher dargestellt.

Abb. II 5.8

In Tabellenform vorstrukturierter Fundraising-Prozeß		
FUNDRAISING-PROZESS		
Phasennummer	**Bezeichnung der Phase im Fundraising-Prozeß**	**Vier Fragen, die für die Phase zu klären sind:**
Prozeßphase 1	Ist-Analyse (Phase des Problemerkennens)	Was? (Was ist in dieser Phase zu tun?) Wer? (Von wem ist es zu erledigen?) Wann? (Bis wann ist es zu erledigen?) Wie? (Welche Mittel stehen dafür zur Verfügung?)
Prozeßphase 2	Planung (Phase der Zielsetzung)	Was? (Was ist in dieser Phase zu tun?) Wer? (Von wem ist es zu erledigen?) Wann? (Bis wann ist es zu erledigen?) Wie? (Welche Mittel stehen dafür zur Verfügung?)
Prozeßphase 3	Umsetzung (Phase der Implementierung)	Was? (Was ist in dieser Phase zu tun?) Wer? (Von wem ist es zu erledigen?) Wann? (Bis wann ist es zu erledigen?) Wie? (Welche Mittel stehen dafür zur Verfügung?)
Prozeßphase 4	Durchführungssteuerung (Phase der Prozeßsteuerung)	Was? (Was ist in dieser Phase zu tun?) Wer? (Von wem ist es zu erledigen?) Wann? (Bis wann ist es zu erledigen?) Wie? (Welche Mittel stehen dafür zur Verfügung?)
Prozeßphase 5	Evaluierung (Phase der Gesamtüberprüfung des Fundraising-Prozesses)	Was? (Was ist in dieser Phase zu tun?) Wer? (Von wem ist es zu erledigen?) Wann? (Bis wann ist es zu erledigen?) Wie? (Welche Mittel stehen dafür zur Verfügung?)

Was? (Was ist in dieser Phase zu tun?)

Beantwortet man diese Frage ausführlich, so erhält man ein vollständiges Bild, welche Teilaufgaben und Aktivitäten in dieser Phase anfallen. Ergebnis könnte eine Aktivitätenliste sein, die zyklisch auf Vollständigkeit zu überprüfen ist. Aktivitäten, die unter Umständen zu Beginn vergessen wurden, sind nachträglich zu erfassen, um das Arbeitsprogramm zu vervollständigen und Lerneffekte für nachfolgende Fundraising-Kampagnen zu ermöglichen. Nach dem Motto, ein Fehler ist erst dann ein Fehler, wenn er zum zweiten Mal passiert, soll über eine vollständige Dokumentation der „Was-Antworten" organisationales Lernen ermöglicht werden und in bescheidenem Umfang Wissensmanagement *(siehe Teil III Kapitel 6)* Platz greifen.

Wer? (Von wem ist es zu erledigen?)

In dieser Phase werden die Antworten auf die Was-Frage geordnet und gegebenenfalls gruppiert, um sie danach einzelnen Personengruppen oder besser Einzelpersonen (unter Umständen in koordinierender Funktion, aber mit Ergebnisverantwortung) zuordnen zu können. So werden entsprechende Verpflichtungen (Committment) und damit verbundene Rechenschaftspflichten definiert.

Wann? (Bis wann ist es zu erledigen?)

Das Ergebnis der Bearbeitung der Wann-Frage sollte eine Terminliste sein, in der jeder Aktivität Beginn- und Fertigstellungszeitpunkte zugeordnet sind. Damit wird im Wege der Konsensfindung mit den verantwortlichen Personen geregelt, bis wann welche Aktivität abgeschlossen sein müßte. Das schafft terminliche Klarheit und soll motivierend wirken.

Wie? (Welche Mittel stehen dafür zur Verfügung?)

Hier wird geklärt, mit welchen Ressourcen die vereinbarte Leistung erbracht werden soll. Das Spektrum der an dieser Stelle anzuführenden Ressourcen kann von Wissen (methodisches Know-how etc.) über bestimmte Materialien bis hin zu verfügbaren Budgets und Etats reichen.

Wichtig ist, daß die vier Fragen im Konsens beantwortet werden, zumindest aber mit Wissen der betroffenen Personen, um die Antworten als vereinbart einstufen zu können. Fehlt diese Bedingung, kann jede noch so gut gemeinte Strukturierung nicht die gewünschte Wirkung entfalten. Dann wurde nicht gut geplant, und die erhoffte Wirkung – hinsichtlich Inhalt, Qualität, Zeit und Kosten gelungener Leistung – wird sich nicht einstellen.

Abschließend ist zu klären, für welche Art des Fundraising diese Prozeßstruktur verwendbar ist. In der gewählten abstrakten Form – das sei an dieser Stelle herausfordernd formuliert – sollte die vorgestellte Vorgehensweise für alle Arten und für jede organisationale Ausgangssituation anwendbar sein, gewissermaßen ein Universalformular für die Planung jeder Art/Technik des Fundraising. Auch sollte es für den Einsatz des Instruments gleichgültig sein, ob Fundraising für eine NPO eine sich zyklisch wiederholende Routinetätigkeit ist, ob sich eine NPO erstmals an (Teil-)Öffentlichkeiten wendet, um Spenden einzuwerben, oder ob eine großangelegte Kapitalkampagne (erstmals) gestartet wird. Jede NPO könnte sich des vorgestellten Phasenschemas bedienen, um Fundraising-Prozesse zu strukturieren.

5.6.2 Vor- und Nachteile

Der gewählte Strukturierungszutritt lehnt sich einerseits an „klassische" Entscheidungsmethoden an, setzt also eine rational handelnde Person voraus, und knüpft andererseits an eine prozeßorientierte Betrachtungsweise organisationalen Handelns an. (Fogal, 1994, S. 372ff.) Beide Zutritte sind idealtypischer Natur und werden in der hier skizzierten Form in der organisationalen Praxis selten anzutreffen sein. Sinn kann ein solches „Prozeßformular" machen, wenn es eben diesen idealtypischen Zugang repräsentiert. Inwiefern es in der Umsetzung von Fundraising-Aktivitäten modifiziert werden kann beziehungsweise verändert werden muß, ist von Fall zu Fall zu entscheiden und kann nicht vorgedacht werden.

Sehr oft wird man Fundraising als Projekt *(siehe Teil III Kapitel 1)* oder projektähnliche Aktivität in einer NPO verstehen können. Das Formular *(siehe Abb. II 5.8)* kann dann ein wertvoller Input für die Erstellung von Projektmanagement-Instrumenten *(vgl. HANDBUCH - Gareis, 1997: Projekte, S. 299ff.)* sein. Die Prozeßphasenliste kann helfen, Projektstrukturpläne oder Meilensteinlisten anzufertigen, die komplexe und zum Teil längerfristige Aufgaben bewältigbarer machen. Unterlegt man das hier vorgestellte Formular mit Terminvorgaben und personenbezogenen Verantwortlichkeiten, so erhält man ein gut handhabbares Steuerungsinstrument, das auch als Strukturvorgabe für (Teil-)Erfolgsmessungen (Stichwort Projektcontrolling und abschließende Evaluierung) herangezogen werden kann.

5.7 Weiterführende Literatur

Für den gesamten Themenkomplex der Fundraising-Arbeit kann vor allem auf Literatur aus dem angelsächsischen Raum, insbesondere auf US-amerikanische Beiträge verwiesen werden. Besonders umfassend ist die Publikation von Rosso (1991), die sowohl Grundprinzipien als auch Methoden des Fundraising umfassend beschreibt. Auch die Fragestellung, wie Fundraising aus strategischer Sicht zu betrachten ist, wird sehr gut dargestellt. Nach der Lektüre ist man mit der Fundraising-Terminologie bestens vertraut.

Ein bestimmt nicht für den NPO Bereich konzipiertes Werk zu finanzwirtschaftlichen Themen ist das von Perridon, Steiner (1995) verfaßte Lehrbuch zur Finanzwirtschaft des Unternehmens. Läßt man jene Kapitel beiseite, die sich mit Fragestellungen der optimalen Gewinnausschüttungspolitik erwerbswirtschaftlicher Unternehmen beschäftigen, und versucht man die

Ausführungen aus dem Blickwinkel der NPOs zu interpretieren und umzudeuten, so erhält man einen umfassenden, verständlichen Einblick in die zentralen Themen und Problemkreise finanzwirtschaftlicher Zusammenhänge in Organisationen.

6 Instrumente für das Rechnungswesen in NPOs
(Koordination: Tarek Haddad)

6.1 Rechnungswesen in NPOs – Ziele und Funktionen

Das Rechnungswesen verfolgt das Ziel, dem „Management und einer Reihe von Stakeholdern ein Instrument zur zielorientierten verantwortlichen Führung" *(HANDBUCH - Eschenbach, Horak, 1997: Rechnungswesen, S. 275)* der Organisation in die Hand zu geben.

In der Betriebswirtschaftslehre (BWL) versteht man unter diesem Begriff die Verfahren zur planvollen, systematischen Erfassung und Beurteilung quantifizierbarer Beziehungen, Vorgänge, Mengen und Werte des Unternehmens zu Zwecken der Planung, Steuerung und Überwachung des betrieblichen Geschehens.

Häufig wird internes und externes Rechnungswesen unterschieden, womit die Kostenrechnung und die Finanzbuchführung gemeint sind. Die Finanzbuchführung erfüllt in erster Linie den Zweck der Rechenschaftslegung. Die Kostenrechnung wird für zielorientierte Entscheidungen und zukunftsorientierte Lenkung einer Organisation eingesetzt.

In diesem Kapitel werden

- die Einnahmen-Ausgaben-Rechnung,
- die Gewinn- und Verlustrechnung und
- die Bilanz

als Teile der Finanzbuchführung erläutert.

Im Rahmen der Kostenrechnung wird auf

- die Vollkostenrechnung,
- die Teilkostenrechnung und
- die Prozeßkostenrechnung

eingegangen.

6.2 Einnahmen-Ausgaben-Rechnung
(Tarek Haddad)

Kurzbeschreibung

Die Einnahmen-Ausgaben-Rechnung ist die einfachste Form der Finanzbuchführung. Die betrieblichen Einnahmen werden den betrieblichen Ausgaben gegenübergestellt. Dadurch kann für jede Periode ein Überschuß/Gewinn beziehungsweise Fehlbetrag/Verlust errechnet werden.

Die Einnahmen-Ausgaben-Rechnung dokumentiert die Geschäftstätigkeit. Darin werden alle Bewegungen erfaßt, denen Zu- und Abflüsse an Geldmitteln zugrunde liegen.

6.2.1 Beschreibung

Wenn eine Organisation nicht gesetzlich zu einer anderen Form der Buchführung verpflichtet ist beziehungsweise die Satzung/Statuten keine andere Form vorsehen, kommt die Einnahmen-Ausgaben-Rechnung als einfachstes Instrument zum Einsatz.

Dabei fallen unter Einnahmen (Ausgaben) alle Zahlungen, die einen Geldzufluß (Geldabfluß) aus der Organisation darstellen. Einnahmen und Ausgaben sind zeitpunktbezogen.

Typische Einnahmen in NPOs sind *(vgl. HANDBUCH - Eschenbach, Horak, 1997: Rechnungswesen, S. 278)*:

- Spenden
- Mitgliedsbeiträge
- öffentliche Zuschüsse
- Schenkungen, Erbschaften, Vermächtnisse
- Einnahmen aus Vermögensanlagen
- Leistungsentgelte.

Wichtige Ausgaben aus laufender Tätigkeit sind:

- Mittelzuweisung an Dritte
- Personalausgaben (Löhne, Gehälter, Sozialausgaben, Werklöhne)
- Sachausgaben (z.B. Miete, Büromaterial, Werbematerial, Reiseausgaben).

Eine Einnahmen-Ausgaben-Rechnung sollte in verschiedene Bereiche unterteilt sein, um dem Grundsatz der Klarheit zu entsprechen. Man kann unterscheiden in:

- laufende Tätigkeit
- Investitionstätigkeit
- Finanztätigkeit.

Einnahmen und Ausgaben werden diesen Bereichen jeweils zugeordnet und mit den entsprechenden Gegenpositionen saldiert, abschließend werden die Teilergebnisse zusammengefaßt. Ersichtlich ist dieser Aufbau in *Abb. II 6.1* (vgl. IDW, 1995, S. 698).

Abb. II 6.1

Gliederung der Einnahmen-Ausgaben-Rechnung				
FORMBLATT/AUFBAU				
Nr.		Text	Betrag	Summe
1.		Einnahmen aus laufender Tätigkeit		
2.	-	Ausgaben aus laufender Tätigkeit		
3.	=	**Einnahmen-Ausgaben-Überschuß aus laufender Tätigkeit**		
4.		Einnahmen aus Abgängen von Gegenständen des Anlagevermögens mit Ausnahme von Finanzanlagen		
5.	-	Ausgaben für Investitionen in das Anlagevermögen mit Ausnahme von Finanzanlagen		
6.	=	**Einnahmen-Ausgaben-Überschuß aus der Investitionstätigkeit**		
7.		**Finanzierungsfreisetzung/-bedarf (Summe der Zeilen 3 und 6)**		
8.		Einnahmen aus dem Finanzbereich		
9.	-	Ausgaben aus dem Finanzbereich		
10.	=	**Einnahmen-Ausgaben-Überschuß aus dem Finanzbereich**		
11.		Erhöhung/Verminderung des Bestands an Geldmitteln im engeren Sinn (Summe der Zeilen 7 und 10)		
12.	+	Bestand der Geldmittel im engeren Sinn am Anfang der Periode		
13.	=	**Bestand der Geldmittel im engeren Sinn am Ende der Periode**		

6.2.2 Vor- und Nachteile

Die Einnahmen-Ausgaben-Rechnung ist ein sehr einfaches Instrument, das leicht anzuwenden ist. Damit sind aber auch Nachteile verbunden, die aus der eingeschränkten Betrachtung resultieren. In einigen NPOs kann sie zu Dokumentations- und Rechenschaftszwecken verwendet werden, sie gibt jedoch keine genauen Angaben zur Ertrags-, Vermögens- und Finanzlage des Unternehmens.

6.2.3 Praxisbeispiel

Im Laufe des Jahres 1997 haben in einem Männergesangverein folgende Zahlungsvorgänge stattgefunden (alle Beträge in EURO):

- Girokontostand am 1.1.97: 9.752,00
- Kassastand am 1.1.97: 2.436,60
- Festgeldkontostand (mit 4,125% p.a. verzinst): 15.000,00
- monatliche Miete Vereinslokal: 200,00
- Mitgliedsbeiträge von 98 Mitgliedern (60,00/Jahr) 5.880,00
- Zinsen für 96 am 2.1.97 (Festgeldkonto + Girokonto) 638,75
- Kontoführungsgebühren für 96 am 2.1.97 11,50
- Rechnung vom 31.1.97: Druckerpapier: 20,00
- Rechnung vom 3.2.97: Postgebühren: 234,60
- Rechnung vom 17.2.97: Honorar 200,00
- Rechnung vom 6.3.97: Kuverts: 400,00
- Rechnung vom 8.3.97: Toner: 140,00
- Rechnung vom 17.3.97: Copyshop: 213,00
- Rechnung vom 24.4.97: Ordner: 16,00
- Rechnung vom 28.4.97: Diverse: 36,00
- Rechnung vom 21.5.97: Hefter: 4,00
- Spendeneinnahmen bei Auftritt am 2.6.97 156,00
- Reiseausgabenabrechnung MGV-Treffen 14.6.97 725,00
- Rechnung vom 13.7.97: Druckerpapier: 11,00
- Rechnung vom 8.8.97: Diverse: 24,00

- Rechnung vom 31.8.97:   Copyshop: 312,00
- Rechnung vom 6.9.97:   Kuverts: 236,00
- Rechnung vom 15.9.97   Etiketten   48,00
- Rechnung vom 17.9.97:   Postgebühren: 211,90
- Rechnung vom 29.9.97:   Honorar   180,00
- Rechnung vom 5.10.97:   Bildschirm   700,00
- Verkauf des alten Bildschirms am 10.10.97   150,00
- Rechnung vom 10.11.97:   Hefter: 2,00
- Mietzuschuß der Gemeinde am 12.12.97   2.000,00

Als Geldmittel im engeren Sinn sind Kasse und Girokonto-Guthaben zu zählen, nicht jedoch Festgeldkonten. Alle oben genannten Zahlungsvorgänge werden in die drei Bereiche laufende Tätigkeit, Investitionen und Finanzen eingeordnet, abschließend wird eine Einnahmen-Ausgaben-Rechnung mit folgendem Aussehen erstellt:

Abb. II 6.2

		Aufteilung der einzelnen Zahlungen in die drei Bereiche und Bildung von Zwischensummen sowie Errechnung des Bestands an Geldmitteln zum Ende der Periode		
EINNAHMEN-AUSGABEN-RECHNUNG				
Nr.		Text	Betrag	Summe
1		*Einnahmen aus laufender Tätigkeit*		
		Mitgliedsbeiträge	5.880,00	
		Spenden	156,00	
		öffentliche Zuschüsse	2.000,00	
		Summe	**8.036,00**	
2	−	*Ausgaben aus laufender Tätigkeit*		
		Büromaterial	1.462,00	
		Porti	446,50	
		Honorare	380,00	
		Reiseausgaben	725,00	
	=	**Summe**	**3.013,50**	
3	=	**Einnahmen-Ausgaben-Überschuß aus laufender Tätigkeit**	**5.022,50**	**5.022,50**
4		*Einnahmen aus Abgängen von Gegenständen des Anlagevermögens*		
		Bildschirmverkauf	150,00	
5	−	*Ausgaben für Investitionen in das Anlagevermögen*		
		Bildschirmkauf	700,00	
6	=	**Einnahmen-Ausgaben-Überschuß aus der Investitionstätigkeit**	**−550,00**	**−550,00**
7		**Finanzierungsfreisetzung/-bedarf (Summe der Zeilen 3 und 6)**		**4.472,50**
8		*Einnahmen aus dem Finanzbereich*		
		Zinsen	638,75	
9	−	*Ausgaben aus dem Finanzbereich*		
		Kontoführungsgebühren	11,50	
10	=	**Einnahmen-Ausgaben-Überschuß aus dem Finanzbereich**	**627,25**	**627,25**
11		**Erhöhung/Verminderung des Bestands an Geldmitteln im engeren Sinn (Summe der Zeilen 7 und 10)**		**5.099,75**
12		*Bestand an Geldmitteln im engeren Sinn am Anfang der Periode*		
		Kasse	2.436,60	
		Girokonto	9.752,00	
	+	**Summe**	**12.188,60**	**12.188,60**
13	=	**Bestand der Geldmittel im engeren Sinn am Ende der Periode**		**17.288,35**

6.3 Erfolgsrechnung
(Tarek Haddad)

Kurzbeschreibung

Die Erfolgsrechnung ist Subsystem der doppelten Buchführung. Der Gewinn beziehungsweise Verlust einer Periode wird dadurch ermittelt, daß die Erträge den Aufwendungen gegenübergestellt werden.

Erträge und Aufwendungen unterscheiden sich von Einnahmen und Ausgaben. Sie sind nicht zeitpunkt-, sondern periodenbezogen, d.h. es geht nicht um den Zeitpunkt des Geldzu- und Geldabflusses, sondern um die in einer Periode verbrauchten und in Anspruch genommenen Mittel.

6.3.1 Beschreibung

Die Erfolgsrechnung wird in der Regel Gewinn- und Verlustrechnung (GuV) genannt. Im System der doppelten Buchführung wird der Gewinn (Verlust) auf zweifache Weise eruiert:

- durch die Differenz zwischen Erträgen und Aufwendungen
- durch die Differenz zwischen Vermögen und Kapital

Die Begriffe Erträge und Aufwendungen unterscheiden sich von den Begriffen Einnahmen und Ausgaben. Einnahmen (Ausgaben) sind Zahlungen, die zu einem Zeitpunkt Geldzuflüsse (Geldabflüsse) darstellen. Erträge und Aufwendungen hingegen sind keine Zahlungen, sondern der Wertezuwachs beziehungsweise Werteverzehr einer Abrechnungsperiode.

So ist zum Beispiel eine Barzahlung immer eine Ausgabe, nicht unbedingt aber ein Aufwand, wenn dieser nicht der Abrechnungsperiode zuzurechnen ist. Die Anpassung an die Periode ist oft aufwendig, z.B. wenn Versicherungsprämien für ein Jahr im voraus bezahlt werden und zwei Abrechnungsperioden betroffen sind.

Eine Lieferung mit 30 Tagen Ziel wird beispielsweise am Tag der Rechnungslegung als Aufwand gebucht, während die Auszahlung erst zum Zeitpunkt der Begleichung der Rechnung stattfindet. Umgekehrt würde der Lieferant bereits mit Rechnungslegung einen Ertrag buchen, aber erst später die Einzahlung erhalten.

Ein weiterer Unterschied zwischen Ausgaben/Einnahmen und Aufwendungen/Erträgen liegt in ihrer „baren" Natur. Aufwendungen und Erträge sind nicht unbedingt „bare" Zahlungsvorgänge beziehungsweise Werteverzehr (Wertezuwachs). „Unbare" Vorgänge, wie z.B. Abschreibungen, Dotationen von Rücklagen etc., sind dadurch gekennzeichnet, daß ihnen keine Veränderungen im Bestand an Geldmitteln gegenüberstehen, jedoch Veränderungen von Werten stattfinden.

Grundsätzlich ist bei der GuV zwischen zwei Verfahren der Gewinnermittlung auszuwählen:

- Gesamtkostenverfahren
- Umsatzkostenverfahren.

Beim Umsatzkostenverfahren werden nur die Herstellungsaufwendungen herangezogen, die den in dieser Periode erwirtschafteten Umsatzerlösen (Erträge) zuzurechnen sind. Im Gesamtkostenverfahren werden die gesamten Herstellungsaufwendungen angesetzt und über die Bestandsveränderungen der Halb- und Fertigfabrikate, der noch nicht verrechenbaren Leistungen und der Eigenleistungen ausgeglichen.

Die GuV wird in Staffelform aufgestellt und hat folgende Struktur:

Abb. II 6.3

Aufbau der Gewinn- und Verlustrechnung nach betriebswirtschaftlichen Grundsätzen			
GuV-STRUKTUR			
	Text	Betrag	Summe
	Betriebsleistung		
−	betriebliche Aufwendungen		
=	Betriebserfolg		
+/−	Finanzerfolg		
=	Ergebnis der gewöhnlichen Geschäftstätigkeit		
+/−	a.o. Ergebnis		
=	Jahresüberschuß (Jahresfehlbetrag) vor Steuern		
−	Steuern vom Einkommen und Ertrag		
=	Jahresüberschuß (Jahresfehlbetrag)		
+/−	Zuweisung und Auflösung versteuerter und unversteuerter Rücklagen		
+/−	Gewinnvortrag (Verlustvortrag) aus dem Vorjahr		
=	Bilanzgewinn		

6.3.2 Vor- und Nachteile

Die Durchführung der GuV ist oft Pflicht, es gibt auch genaue Vorschriften, wie die einzelnen Positionen zu errechnen und zu bewerten sind. Die GuV eignet sich kaum zur Steuerung der Organisation, da sie eine Vergangenheitsbetrachtung darstellt und keine aktuellen Daten liefern kann. Dennoch wird sie in der Praxis oft als zentrales Instrument verwendet.

Die GuV stellt in der Regel auch das Basissystem dar, auf dem die Kostenrechnung *(vgl. Teil II Kapitel 6.4 bis 6.7)* aufbaut.

6.3.3 Praxisbeispiel

Ein Lebenshilfe-Verein, der eine Werkstätte für körperlich und geistig behinderte Menschen betreibt, hat folgende Jahresabschlußdaten (alle Angaben in EURO):

- Umsatzerlöse aus Verkäufen, Spenden und Zuschüssen: 225.638,–.
- Materialaufwand der Periode: 90.000,–.
- 1/6 des Materials fließt in Fertigfabrikate ein, die in dieser Periode nicht abgesetzt werden konnten.
- Die Löhne für zwei Beschäftigte betragen 15,–/h; es wird mit 2.200 Arbeitsstunden p.a. gerechnet.
- 1/6 der Stunden wird für die noch nicht verkauften Fertigfabrikate aufgewendet.
- Die Gehälter (16.000,–/Person/p.a.) setzen sich aus jeweils einem Angestellten in der Verwaltung und dem Vertrieb zusammen.
- Die Lohn- und Gehaltsnebenkosten betragen 55% und sind noch nicht berücksichtigt.
- An Energieaufwendungen entstehen 3.467,–
- Es sind Abschreibungen in der Höhe von 8.000,– anzusetzen.
- An Zinsen vom Festgeldkonto erwirtschaftet der Verein 2.632,20.
- Fremdkapitalzinsen und Bankspesen belaufen sich auf 452,30.
- Der Verein muß mit einem Steuersatz von 34% rechnen.
- Sollte ein Gewinn von über 5.000,– entstehen, so sollen 3.000,– der Gewinnrücklage zugeführt werden.

Abb. II 6.4

Gegenüberstellung Gesamtkostenverfahren-Umsatzkostenverfahren

LÖSUNG ZUM PRAXISBEISPIEL

Gesamtkostenverfahren	Betrag	Summe	Umsatzkostenverfahren	Betrag	Summe
1. Umsatzerlöse (Spenden, Verkäufe, Beiträge, Zuschüsse etc.)	225.638,00		1. Umsatzerlöse	225.638,00	
2. Erhöhung oder Verminderung des Bestands an Halb- und Fertigfabrikaten und an noch nicht verrechenbaren Leistungen	32.050,00		2. Herstellungskosten der zur Erzielung der Umsatzerlöse erbrachten Leistungen	160.250,00	
3. im Anlagevermögen berücksichtigte Eigenleistungen			3. Bruttoergebnis vom Umsatz	65.388,00	
4. sonstige betriebliche Erträge			4. sonstige betriebliche Erträge		
a.) Erträge aus dem Abgang von und der Zuschreibung zum Anlagevermögen mit Ausnahme der Finanzanlagen (Z. 12)			a.) Erträge aus dem Abgang von und der Zuschreibung zum Anlagevermögen mit Ausnahme der Finanzanlagen (Z. 11)		
b.) Erträge aus der Auflösung von Rückstellungen			b.) Erträge aus der Auflösung von Rückstellungen		
c.) übrige			c.) übrige		
5. Materialaufwand und Aufwendungen für bezogene Leistungen	90.000,00		5. Vertriebskosten	24.800,00	
6. Personalaufwand			6. Verwaltungskosten	24.800,00	
a.) Löhne	66.000,00		7. sonstige betriebliche Aufwendungen	11.467,00	
b.) Gehälter	32.000,00		8. Zwischensumme aus Z. 1 bis 7	4.321,00	4.321,00
c.) Aufwendungen für Abfertigungen und Pensionen			9. Erträge aus Beteiligungen		
d.) Aufwendungen für gesetzlich vorgeschriebene Sozialabgaben sowie vom Entgelt abhängige Abgaben und Pflichtbeiträge	53.900,00		10. Zinsenerträge, Wertpapiererträge und ähnliche, davon aus verbundenen Unternehmen	2.632,20	
e.) sonstige Sozialaufwendungen			11. Erträge aus dem Abgang von und der Zuschreibung zu Finanzanlagen		
7. Abschreibungen auf immaterielle Vermögensgegenstände und Sachanlagen	8.000,00		12. Aufwendungen aus Beteiligungen		
8. sonstige betriebliche Aufwendungen			13. Abschreibungen auf sonstige Finanzanlagen und auf Wertpapiere des Umlaufvermögens		
a.) Steuern, soweit sie nicht unter Z. 21 fallen			14. Zinsen und ähnliche Aufwendungen, davon betreffend verbundene Unternehmen	452,30	
b.) übrige	3.467,00		15. Zwischensumme aus Z. 10 bis 14	2.179,90	2.179,90
9. Zwischensumme aus Z. 1 bis 8	4.321,00	4.321,00	16. Ergebnis der gewöhnlichen Geschäftstätigkeit		6.500,90
10. Erträge aus Beteiligungen			17. außerordentliche Erträge		
11. Zinsenerträge, Wertpapiererträge und ähnliche, davon aus verbundenen Unternehmen	2.632,20		18. außerordentliche Aufwendungen		
12. Erträge aus dem Abgang von und der Zuschreibung zu Finanzanlagen			19. außerordentliches Ergebnis	0,00	6.500,90
13. Aufwendungen aus Beteiligungen			20. Steuern vom Einkommen und Ertrag		2.210,31
15. Abschreibungen auf sonstige Finanzanlagen und auf Wertpapiere des Umlaufvermögens			21. Jahresüberschuß/-fehlbetrag		4.290,59
15. Zinsen und ähnliche Aufwendungen, davon betreffend verbundene Unternehmen	452,30		22. Auflösung unversteuerter Rücklagen		
16. Zwischensumme aus Z. 10 bis 15	2.179,90	2.179,90	23. Auflösung von Kapitalrücklagen		
17. Ergebnis der gewöhnlichen Geschäftstätigkeit		6.500,90	24. Auflösung von Gewinnrücklagen		
18. außerordentliche Erträge			25. Zuweisung zu unversteuerten Rücklagen		
19. außerordentliche Aufwendungen			26. Zuweisung zu Gewinnrücklagen		3.000,00
20. außerordentliches Ergebnis	0,00	6.500,90	27. Gewinn-/Verlustvortrag aus dem Vorjahr		6.899,20
21. Steuern vom Einkommen und Ertrag		2.210,31	28. Bilanzgewinn/Bilanzverlust		8.189,79
22. Jahresüberschuß/-fehlbetrag		4.290,59			
23. Auflösung unversteuerter Rücklagen					
24. Auflösung von Kapitalrücklagen					
25. Auflösung von Gewinnrücklagen					
26. Zuweisung zu unversteuerten Rücklagen					
27. Zuweisung zu Gewinnrücklagen		3.000,00			
28. Gewinn-/Verlustvortrag aus dem Vorjahr		6.899,20			
29. Bilanzgewinn/Bilanzverlust		8.189,79			

Während im Gesamtkostenverfahren die Herstellkosten für die noch nicht verkauften Fertigfabrikate zur Betriebsleistung gezählt und bei den Aufwendungen zur Gänze abgezogen werden, werden die anteiligen Material- und Personalaufwendungen von vornherein ausgeschieden. Dieses Beispiel wird in *Teil II Kapitel 6.4* fortgeführt.

6.4 Bestandsrechnung
(Tarek Haddad)

Kurzbeschreibung

Die Bestandsrechnung wird in Form einer Bilanz geführt und sie gibt Auskunft über Mittelherkunft und Mittelverwendung. Mittelherkunft stellt die verschiedenen Formen des Kapitals dar (Passiva), Mittelverwendung das Vermögen (Aktiva). Der positive Saldo von Vermögen abzüglich Kapital heißt Gewinn, der negative Saldo Verlust.

Die Gliederungs-, Form- und Bewertungsvorschriften sind von nationalen Gesetzen abhängig, die Grundstruktur einer Bilanz ist jedoch immer dieselbe: Aktiva sind in Anlage- und Umlaufvermögen unterteilt, Passiva in Eigen- und Fremdkapital.

Die Bilanz ist ein Instrument zur Rechenschaftslegung und Dokumentation und richtet sich an interne und externe Adressaten.

6.4.1 Beschreibung

Die Bilanz ist eine wertmäßige (nach Kategorien zusammengefaßte) konten- oder staffelförmige Gegenüberstellung des Vermögens einerseits und der Schulden und des Eigenkapitals andererseits. (Lechner, Egger, Schauer, 1996, S. 555)

Das Vermögen stellt den Mitteleinsatz (Mittelverwendung – wohin fließen die Mittel, wo sind sie gebunden?) dar, ist also die Summe der investierten Mittel. Schulden und Kapital zeigen die Mittelherkunft (Mittelaufbringung – woher kommen die Mittel?), d.h. die Art und Weise, wie die Investitionen finanziert wurden. Der positive Saldo aus Vermögen abzüglich Kapital ist der Gewinn – auf indirekte Weise ermittelt (im Gegensatz zur direkten Ermittlung in der GuV).

Dadurch ergibt sich der Grundsatz der Soll-Haben-Gleichheit: Die Summen der Aktiva und die Summen der Passiva müssen einander entsprechen. Weitere Grundsätze bei der Buchführung sind (vgl. Lechner, Egger, Schauer, 1996, S. 584ff.):

- Grundsatz der Bilanzidentität: Die Schlußbilanz eines Jahres muß mit der Eröffnungsbilanz des Folgejahres ident sein. Sie bezieht sich auf den Zeitpunkt.

- Grundsatz der Bilanzkontinuität: Zwischen den Schlußbilanzen zweier aufeinanderfolgender Jahre muß ein organischer Zusammenhang bestehen, d.h. innerhalb dieses Zeitraums sollen die Gliederung der Bilanz (formell) und die Bewertungsmethoden (materiell) gleichbleiben. Abweichungen sind nur unter besonderen Umständen vorzunehmen.

- Grundsatz der Bilanzvorsicht: Nur tatsächlich realisierte Gewinne sollen Berücksichtigung finden, erkennbare Risiken und drohende Verluste sind auszuweisen. Dies führt zur Bewertung der Aktiva zum Niedrigstwert und der Passiva zum Höchstwert sowie zur Bildung von Rückstellungen als Vorsorge für drohende Risiken/Verluste.

- Grundsatz der Bilanzwahrheit: Dieser Grundsatz entspricht dem Verbot der Bilanzfälschung. Die Erfüllung steht jedoch im Konflikt mit dem Grundsatz der Bilanzvorsicht. Deshalb wird eine Bilanz als wahr anerkannt, wenn sie den gesetzlichen Vorschriften und den Grundsätzen ordnungsgemäßer Buchhaltung und Bilanzierung entspricht.

- Grundsatz der Bilanzklarheit: Die Vermögens- und Kapitalpositionen müssen deutlich, d.h. klar und übersichtlich, in der Bilanz zum Ausdruck gebracht werden. Dies schließt eine sachgerechte Bezeichnung der einzelnen Aktiven und Passiven, deren vollständigen Ausweis und eine klare Abgrenzung mit ein.

Bei der Erstellung einer Bilanz wird im wesentlichen die Frage beantwortet, wie reich ist eine Organisation? Dazu ist eine Inventur durchzuführen, als Bestandsaufnahme des Vermögens und der Schulden einer Organisation zu einem bestimmten Zeitpunkt. Dabei werden Vermögensgegenstände einerseits gezählt, gemessen und gewogen, andererseits bewertet (der Wert in Geld angegeben). Die Differenz aus Vermögen und Schulden ist das Eigenkapital. Mit eingerechnet ist der Betrag, um den die Organisation in der vergangenen Periode „reicher" (Gewinn) oder „ärmer" (Verlust) geworden ist.

Abb. II 6.5

Die Bilanz als Gegenüberstellung von Vermögen und Kapital

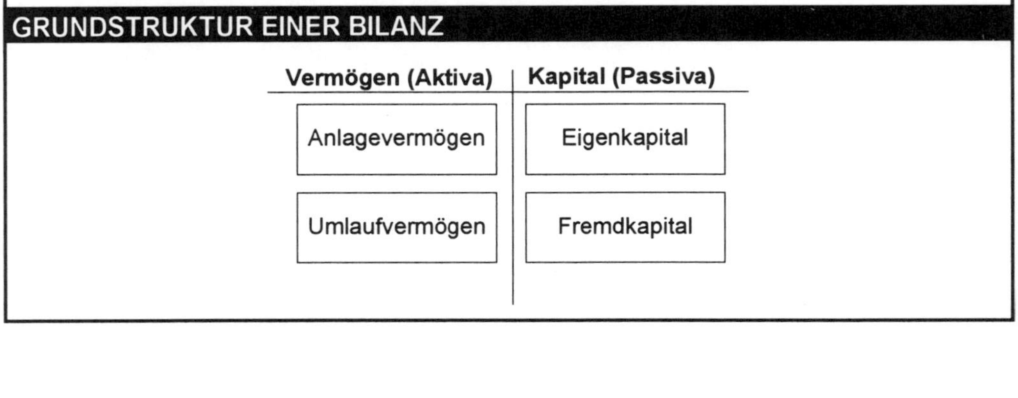

GRUNDSTRUKTUR EINER BILANZ

Vermögen (Aktiva)	Kapital (Passiva)
Anlagevermögen	Eigenkapital
Umlaufvermögen	Fremdkapital

Das Vermögen wird in Anlage- und Umlaufvermögen unterteilt. Als Anlagevermögen bezeichnet man Gegenstände, die dem dauernden Geschäftsbetrieb dienen sollen. Ein LKW, mit dem Transporte für eine Organisation durchgeführt werden, zählt zum Anlagevermögen. Aus der Sicht eines LKW-Händlers würde ein LKW, den er als Handelsware einsetzt, allerdings Umlaufvermögen darstellen. Das Umlaufvermögen wird auch als Beschäftigungsvermögen bezeichnet, weil es Voraussetzung für die Ingangsetzung des Betriebs im Sinne der Erbringung von Produkten und Leistungen ist.

Das Anlagevermögen (AV) kann weiter unterteilt werden in:

- Sachanlagevermögen (bebaute und unbebaute Grundstücke, Maschinen, Werkzeuge, Betriebs- und Geschäftsausstattung etc.)
- Finanzanlagevermögen (Wertpapiere des AVs)
- immaterielles Anlagevermögen (Konzessionen, Patente, Lizenzen, Firmenwert).

Das Umlaufvermögen (UV) gliedert sich in:

- Sachumlaufvermögen (Roh-, Hilfs- und Betriebsstoffe, Vorräte, Waren, Halb- und Fertigfabrikate)
- Finanzumlaufvermögen (Kassa, Schecks, Bankguthaben, Wertpapiere des UVs, Forderungen).

Unter Fremdkapital sind Schulden der Organisation zu verstehen, die im wesentlichen folgende Positionen umfassen:

- Rückstellungen (für Pensionen, Abfertigungen/Abfindungen, Garantien, Steuern)
- kurzfristiges Fremdkapital (Verbindlichkeiten gegenüber Banken, Lieferanten)
- langfristiges Fremdkapital (Darlehen, Hypotheken etc.).

Eigenkapital ist die Differenz zwischen Vermögen und Schulden, also das Reinvermögen. Es ist wichtig zu verstehen, daß dieses Reinvermögen nichts mit konkreten Vermögensgütern zu tun hat, also nicht in Geldform zur Verfügung steht. Es ist vielmehr ein abstrakter Begriff für den Teil des Vermögens, der vom Eigentümer des Nominalkapitals (Stammkapitals) zur Verfügung gestellt beziehungsweise durch einbehaltene Gewinne erwirtschaftet wurde.

6.4.2 Vor- und Nachteile

Die Erstellung einer Bilanz erfolgt nach den jeweiligen nationalen gesetzlichen Vorschriften, wodurch die Anwendung festgeschrieben ist. Die Bilanz im Rahmen der doppelten Buchführung hat die gleichen Vor- und Nachteile wie die GuV, vor allem liefert die späte Erstellung keine aktuellen Entscheidungsgrundlagen.

Der Hauptzweck der Bilanz ist die Dokumentation der Geschäftsvorgänge und die Abbildung der Vermögenslage des Organisation.

6.4.3 Praxisbeispiel

Zusätzlich zu den Angaben aus *Teil II Kapitel 6.3.3* hat der Verein Lebenshilfe folgende Vorgänge zu verbuchen (alle Angaben in EURO):

- An Maschinen sind laut Eröffnungsbilanz (EB) 32.000,– im Inventar, im Buchungsjahr sind noch 8.000,– an Abschreibungen zu berücksichtigen (siehe GuV).
- Der Bestand an Roh-, Hilfs- und Betriebsstoffen in der EB beträgt 8.000,–, im Buchungsjahr werden Rohstoffe im Wert von 85.000,– angeschafft.
- Bei den fertigen Erzeugnissen sind die Bestandsveränderungen zu berücksichtigen.
- Die Forderungen aus Lieferungen und Leistungen betragen in der EB 445,–, in der SB 520,–.
- Der Kassenstand zu Jahresbeginn war 325,–, zu Jahresende 1.526,–.
- Bei den satzungsmäßigen Rücklagen ist die Dotierung der Gewinnrücklage zu berücksichtigen.
- Die Verbindlichkeiten gegenüber Banken steigen von 8.965,– auf 10.470,10.
- Die Verbindlichkeiten aus Lieferungen und Leistungen steigen von 16.725,90 auf 31.256,21.

Lösung:

- Die Position Maschinen errechnet sich aus Wert EB – Abschreibungen.
- Roh-, Hilfs- und Betriebsstoffe berechnet man durch Wert EB + Zukäufe – Materialaufwand (GuV).
- Fertigfabrikate setzen sich zusammen aus Anfangsbestand + Bestandsveränderungen laut GuV.
- Die satzungsmäßigen Rücklagen erhöhen sich um die Dotierung laut GuV.
- Der Bilanzgewinn errechnet sich durch den Wert EB + Jahresüberschuß nach Steuern – Dotierung der Gewinnrücklage.

Abb. II 6.6

Gegenüberstellung des Vermögens und Kapitals in der Eröffnungsbilanz (EB) und in der Schlußbilanz (SB)

LÖSUNG BILANZBEISPIEL

Aktiva	EB	SB	Passiva	EB	SB
Anlagevermögen (AV)			**Eigenkapital (EK)**		
Immaterielle Vermögensgegenstände			Stammkapital	38.000,00	38.000,00
Konzessionen, Patente			Kapitalrücklagen		
Firmenwert			gebundene		
Sachanlagen			nichtgebundene		
bebaute Grundstücke und Bauten auf fremdem Grund			**Gewinnrücklagen**		
unbebaute Grundstücke			gesetzliche Rücklagen		
Maschinen	32.000,00	24.000,00	satzungsmäßige Rücklagen	1.500,00	4.500,00
Werkzeuge, Betriebs- und Geschäftsausstattung			freie Rücklagen		
Anlagen in Bau			**Bilanzgewinn (Bilanzverlust)**	6.899,20	8.189,79
Finanzanlagen			**unversteuerte Rücklagen**		
Beteiligungen			Bewertungsreserve		
Ausleihungen			sonstige unversteuerte Rücklagen		
Wertpapiere des AVs	30.000,00	30.000,00	**Rückstellungen**		
Umlaufvermögen (UV)			für Abfertigungen		
Vorräte			für Pensionen		
Roh-, Hilfs- und Betriebsstoffe	8.000,00	3.000,00	Steuerrückstellungen		
unfertige Erzeugnisse			sonstige Rückstellungen		
fertige Erzeugnisse und Waren	1.320,10	33.370,10	**Verbindlichkeiten**		
noch nicht abrechenbare Leistungen			Anleihen		
Forderungen			Verbindlichkeiten gegenüber Banken	8.965,00	10.470,10
Forderungen aus Lieferungen und Leistungen	445,00	520,00	erhaltene Anzahlungen auf Bestellungen		
Sonstige Forderungen und Vermögensgegenstände			Verb. aus Lieferungen und Leistungen	16.725,90	31.256,21
Wertpapiere des UVs			sonstige Verbindlichkeiten		
Kassenbestand, Schecks, Bankguthaben	325,00	1.526,00			
Rechnungsabgrenzungsposten			**Rechnungsabgrenzungsposten**		
Summe Aktiva	72.090,10	92.416,10	**Summe Passiva**	72.090,10	92.416,10

6.5 Vollkostenrechnung

(Tarek Haddad)

Kurzbeschreibung

Die Kostenrechnung liefert zahlenmäßige Grundlagen für Entscheidungen, anhand derer Verantwortliche die Organisation managen. Sie wird freiwillig geführt, grundsätzlich gibt es auch keine Gestaltungsvorschriften. Das Aussehen richtet sich nach Zweckmäßigkeit und Eignung für die Organisation.

Mit Hilfe einer Kostenrechnung können Preisober- und Preisuntergrenzen sowie Selbstkosten ermittelt sowie Deckungsbeiträge beziehungsweise kalkulatorische Gewinne errechnet werden.

6.5.1 Beschreibung

Der Kostenbegriff unterscheidet sich vom Begriff Auszahlung und Aufwand durch folgende Definition: Kosten sind betriebsbedingter, periodenbezogener, bewerteter Verbrauch von Gütern und Leistungen.

Damit unterscheiden sich Kosten von Auszahlungen, weil sie nicht unbedingt einen Zahlungsmittelabfluß bedeuten, und von Aufwendungen, weil sie betriebsbedingt sein müssen.

Verwendet wird die Kostenrechnung zur Ermittlung von Entscheidungsgrundlagen wie z.B.:

- Ermittlung der Selbstkosten als Grundlage für die Preisfestsetzung
- Errechnung der Wirtschaftlichkeit einzelner Produkte, Produktgruppen oder Betriebszweige
- Ermittlung von Preisuntergrenzen im Verkauf
- Ermittlung von Preisobergrenzen im Einkauf
- Entscheidung über Selbsterstellung oder Fremdbezug (make or buy) beziehungsweise Wahl zwischen unterschiedlichen Produktionsverfahren
- Ermittlung von Zuschlagsätzen für die Bewertung von Halb- und Fertigfabrikaten.

Grundlage für den Aufbau einer Kostenrechnung ist die Finanzbuchhaltung. Die in der GuV zu findenden Erträge und Aufwendungen werden in Leistungen und Kosten transformiert, indem neutrale Aufwendungen (solche, die nicht deckungsgleich mit Kosten sind) ausgeschieden und Zusatzkosten angesetzt werden. Zusatzkosten sind Kosten, die keine Aufwendungen sind.

Diese Kosten werden im ersten Schritt in die Kostenartenrechnung übergeführt. Unter Kostenarten findet man z.B.:

- Material
- Personal
- Kapital
- Fremdleistungen
- Energie.

Diese können wiederum in Einzelkosten und Gemeinkosten unterschieden werden. Unter Einzelkosten (direkte Kosten) versteht man einzelnen Kostenträgern (der Betriebsleistung, den Produkten) direkt zurechenbare Kosten, etwa:

- Fertigungsmaterial (zur Fertigung eines Produkts notwendiges Material)
- Fertigungslöhne (zur Erstellung eines Produkts/einer Leistung notwendige Löhne).

Gemeinkosten werden nicht direkt zugerechnet, sondern mittels Zuschlägen aufgeschlagen. Sie hängen nicht mit der direkten Leistungserstellung zusammen, sondern betreffen die gesamte Leistungserstellung der Organisation oder ihrer Teilbereiche. Beispiele für Gemeinkosten sind:

- Mieten
- Versicherungen
- Zinsen
- Abschreibungen
- Heizkosten
- Verwaltungspersonal
- Hilfsstoffe.

Einzel- und Gemeinkosten werden dort erfaßt, wo sie anfallen. Diese Betriebsbereiche nennt man Kostenstellen (Cost Center). Während Einzelkosten gleich auf Kostenträger weiterverrechnet werden können, verbleiben Gemeinkosten bei den Kostenstellen und werden erst über Zuschlagsätze auf die Kostenträger umgelegt.

Unter Kostenträgern kann man sich die Marktleistungen der Organisation vorstellen, das sind die Dienstleistungen und Produkte, die die Kosten tragen. Für diese Kostenträger erhält die Organisation über den Markt Leistungen/Erlöse. Dadurch kann der Erfolg eines Kostenträgers bestimmt werden (Kostenträgererfolgsrechnung).

Durch Summieren aller Leistungen und Gegenüberstellung der Kosten einer Periode erhält man die Periodenerfolgsrechnung. Sie bestimmt den Gewinn nach kalkulatorischen (kostenrechnerischen/verursachungsgerechten) Grundlagen.

Abb. II 6.7

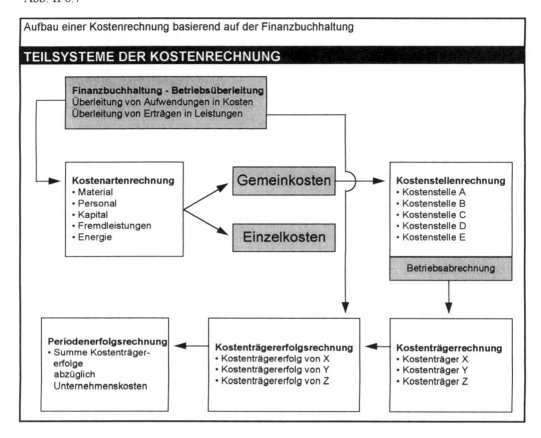

6.5.2 Vor- und Nachteile

Die Vollkostenrechnung betrachtet die Kosten undifferenziert, d.h. sie unterscheidet nicht beschäftigungsabhängige und beschäftigungsunabhängige Kosten. Dadurch werden Produkten teilweise Kosten zugerechnet, deren Höhe durch die Auslastung bestimmt ist. Bei geringerer Auslastung verteilen sich beschäftigungsunabhängige Kosten (Fixkosten/Strukturkosten) auf weniger Kostenträger und bewirken eine Verteuerung des Produkts.

Letztendlich müssen über eine Periode doch die Vollkosten verdient werden, obwohl unterjährig auch Preise von Produkten akzeptiert werden können, die unter den Vollkosten liegen.

Die so berechneten Preisuntergrenzen sind über eine Periode gesehen mit den Vollkosten anzusetzen. Allerdings sind für einzelne Aufträge durchaus auch kurzfristige niedrigere Preisuntergrenzen akzeptabel, solange sie noch einen Beitrag zur Deckung der Fixkosten leisten.

In der Praxis wurde die Vollkostenrechnung weitgehend von der Teilkostenrechnung verdrängt, findet aber in ihrer Sonderform als Prozeßkostenrechnung *(siehe Teil II Kapitel 6.7)* neue Beachtung.

6.5.3 Praxisbeispiel

Ein Verein für betriebliche Aus- und Weiterbildung veranstaltet regelmäßig für Mitarbeiter seiner Mitgliedsfirmen Weiterbildungsseminare in den Bereichen BWL, Technik und EDV.

Hauptbereich ist der Bereich BWL, wo in diesem Jahr 40 Seminare stattfinden. Im Bereich Technik werden 20, in EDV 21 Seminare abgehalten. Die Seminare BWL sind immer mit 14 Teilnehmern, Technik mit 10 und EDV mit 8 Teilnehmern belegt.

Die Mitgliedsfirmen zahlen keinen Jahresbeitrag, sondern nach Inanspruchnahme der Seminare. Für BWL-Seminare werden EURO 650,–, für Technik EURO 740,– und für EDV EURO 750,– pro Teilnehmer bezahlt.

Die Seminare dauern jeweils einen Tag, die Vortragenden erhalten für die Abhaltung einen Tagessatz von EURO 1.800,– für BWL, EURO 1.900,– für Technik und EURO 1.600,– für EDV. Weitere Kosten:

- Seminarmaterial   10.000
- Verpflegung der Teilnehmer   40.000
- Miete   45.900
- Kosten der Einladungen   16.200
- Seminarbetreuung   21.500
- Geschäftsführung   140.000
- Sekretariat   70.000
- Energie   2.265
- Hilfskräfte   5.500
- Telefon   7.845
- Abschreibungen   7.500

Der Periodenerfolg ist zu ermitteln.

Abb. II 6.8

Gegenüberstellung der Leistungen und Kosten in der Periodenerfolgsrechnung		
LÖSUNG DES PRAXISBEISPIELS		
		Summe
Erlöse	638.000,00	**638.000,00**
Kosten		
Honorare	143.600,00	
Seminarmaterial	10.000,00	
Verpflegung	40.000,00	
Miete	45.900,00	
Kosten Einladungen	16.200,00	
Seminarbetreuung	21.500,00	
Geschäftsführung	140.000,00	
Sekretariat	70.000,00	
Energie	2.265,00	
Hilfskräfte	5.500,00	
Telefon	7.845,00	
Abschreibungen	7.500,00	**510.310,00**
Periodenerfolg		**127.690,00**

6.6 Teilkostenrechnung
(Tarek Haddad)

Kurzbeschreibung

Die Teilkostenrechnung verwendet das gleiche System der Kostenrechnung wie die Vollkostenrechnung, zusätzliches Unterscheidungsmerkmal ist aber nicht nur die Zurechenbarkeit zu Kostenträgern, sondern auch die Variabilität der Kosten.

Man unterscheidet variable und fixe Kosten, wobei unter variablen Kosten solche zu verstehen sind, die sich in einem bestimmten Verhältnis zur Ausbringungsmenge verändern.

Fixkosten, auch Strukturkosten genannt, sind beschäftigungsunabhängig und bleiben daher von der Ausbringungsmenge beziehungsweise der Beschäftigung unbeeinflußt.

6.6.1 Beschreibung

Während eine Vollkostenbetrachtung alle Kosten in einer Organisation undifferenziert behandelt, wird bei der Teilkostenrechnung neben Einzel- und Gemeinkosten auch in variable und fixe Kosten differenziert. Das grundsätzliche Unterscheidungsmerkmal ist der Verlauf der Kosten bei unterschiedlichen Ausbringungsmengen.

Fixe Kosten bleiben bei sich ändernden Produktionsmengen gleich, wobei zwei Arten zu unterscheiden sind:

- absolut fixe Kosten
- sprungfixe Kosten.

Absolut fixe Kosten verändern sich nicht, egal wie stark die Beschäftigung variiert. Als Beispiele können herangezogen werden:

- Geschäftsführer/in
- Sekretär/in
- Kellner/in (Grundgehalt ohne Umsatzbeteiligung)
- Grundgebühren für Energie
- etc.

Unter sprungfixen Kosten sind jene zu verstehen, die über einen bestimmten Kapazitätsbereich unverändert bleiben, sich aber bei Über- beziehungsweise Unterschreiten einer Kapazitätsgrenze sprunghaft verändern.

Wenn ein Heim für obdachlose Kinder in einem Haus eine Kapazität von 20 Kindern hat, sind die Mietkosten für das Haus fix, egal wie viele Kinder darin untergebracht sind. Wenn die Organisation aber weitere Kinder aufnimmt, benötigt sie ein weiteres Haus, das wieder Mietkosten verursacht, die unabhängig von der Kinderzahl anfallen. Solche Mietkosten sind sprungfix, weil sie für einen Kapazitätsbereich gleichbleiben, sie steigen sprunghaft an (ab dem 21. Kind, das aufgenommen wird) oder sinken, wenn die Kapazität erweitert oder eingeschränkt wird.

Variable Kosten sind Kosten, die sich in einem bestimmten Verhältnis zur Ausbringungsmenge ändern. Man unterscheidet vier Arten von variablen Kosten:

- proportionale
- degressive
- progressive
- regressive

Unter proportionalen variablen Kosten sind solche zu verstehen, die im gleichen Verhältnis mit der Veränderung der Ausbringungsmenge variieren. Ein Beispiel dafür sind Handelswaren: Ihre Kosten steigen proportional mit den verkauften Stückzahlen.

Degressive Kosten steigen langsamer als die Ausbringungsmenge. Das ist z.B. der Fall, wenn bei Handelswaren durch größere Einkaufsmengen günstigere Stückpreise erzielt werden können (Mengenrabatt). Im Gegensatz dazu steigen progressive Kosten stärker an als die Ausbringungsmenge.

Schließlich gibt es auch die Form regressiver Kosten, die bei steigender Ausbringungsmenge sinken. Typischerweise ist dies bei Heizkosten der Fall; je mehr Besucher sich etwa in einem Theater befinden, desto niedriger werden die Heizkosten.

Beispiele für typische variable Kosten sind:

- Stücklöhne
- Handelswaren
- Rohmaterial
- Werklöhne.

Um von Vollkosten auf Teilkosten umzurechnen, müssen Vollkosten in ihre variablen und fixen Bestandteile aufgelöst werden. Dazu stehen drei Verfahren zur Verfügung:

- die buchtechnische Kostenauflösung
- die mathematische Kostenauflösung
- die statistische Kostenauflösung.

Die buchtechnische Methode besteht darin, aus Erfahrung die Gesamtkosten in fixe und variable einzustufen und dann einer getrennten Verrechnung zuzuführen. Bei der Berechnung der Kosten pro Kilometer würden z.B. Kraftfahrzeugsteuer, Versicherungskosten oder Abschreibungskosten als fix und Benzinkosten, Motoröl sowie Reifenkosten als variabel gelten.

Bei der mathematischen Methode errechnet man aufgrund von zwei Gesamtkostenwerten aus der Vergangenheit durch Vergleich der Differenzen zwischen Kosten einerseits und Ausbringungsmenge andererseits die variablen Kosten pro Einheit und schließt auf die Höhe der Fixkosten zurück.

Die statistische Kostenauflösung bedient sich einer Regressionsanalyse, wenn mehr als zwei Wertepaare zur Verfügung stehen. Mit Hilfe des Quotienten aus der Covarianz und der Varianz der unabhängigen Variablen werden die Kosten je Beschäftigungseinheit eruiert und darauf aufbauend eine lineare Kostenfunktion aufgestellt.

Sind die Vollkosten in Teilkosten differenziert, werden sie wie bei der Vollkostenrechnung weiterverrechnet. Einzelkosten werden direkt auf Kostenträger, Gemeinkosten auf Kostenstellen umgelegt.

Aufgrund dieser Rechnungen wird eine Periodenerfolgsrechnung in Form einer stufenweisen Fixkostendeckungsbeitragsrechnung geführt. Diese ist so aufgebaut, daß von den jeweiligen Produktumsätzen die zugehörigen variablen Kosten abgezogen und Produktdeckungsbeiträge errechnet werden. Im Anschluß werden meistens die einzelnen Produkte zu Produktgruppen zusammengefaßt und produktgruppenspezifische Kosten abgezogen. Je nach Aufbau des Produkt- und Leistungssortiments können hier noch weitere Ebenen eingefügt werden.

Im letzten Schritt werden die nicht mehr zurechenbaren Kosten vom Gesamtdeckungsbeitrag abgezogen und so der Periodenerfolg ermittelt.

6.6.2 Vor- und Nachteile

Im allgemeinen wird die Teilkostenrechnung als entscheidungsorientiertes Kostenrechnungssystem bezeichnet, weil die differenzierte Betrachtung der Kosten eine genauere Grundlage für Entscheidungen liefert. Dies gilt vor allem bei der Preisbildung beziehungsweise bei der Berechnung von Mindestumsätzen zur Kostendeckung.

Auf der anderen Seite ist die Teilkostenrechnung ein aufwendigeres System, da sie mehr Zeit und Kosten verursacht. Bei zusätzlichen Verfeinerungen sind immer die Vorteile des Zuwachses an Genauigkeit den erhöhten Kosten gegenüberzustellen und der Effekt auf die Entscheidungsqualität abzuwägen.

In der Praxis findet man meistens Teilkostenrechnungssysteme, die als stufenweise Fixkostendeckungsbeitragsrechnungen geführt werden und damit einen guten Überblick über die Gesamtlage der Organisation wie auch über den Erfolg in Teil- oder Produktbereichen bieten.

6.6.3 Praxisbeispiel

Für das Beispiel gilt die Angabe aus *Teil II Kapitel 6.5*. Bei der Position Miete ist eine Kostenauflösung durchzuführen. Dazu folgende Zusatzangabe:

Miete im Vorjahr: EURO 43.800,–

Anzahl Seminare: 74 Seminare

Die Kostenauflösung bezweckt die Aufspaltung in den fixen Teil der Miete für Bürogebäude und den variablen Teil der Miete für Seminarräume.

Lösung:

Kostenauflösung

Differenz Betrag	2.100,00
Differenz Seminare	7,00
Miete/Seminar	300,00
Fixkostenberechnung	
Vollkosten	45.900,00
variabler Anteil	−24300,00
	(81x300,00)
fixer Teil	21.600,00

Die Hilfskräfte sind als Fixkosten zu betrachten, sie beziehen sich zu EURO 1.500,– auf den Bereich BWL, der Rest kann nicht auf Technik und EDV aufgeteilt werden.

Mit dieser Information kann die Aufteilung auf die Produkte BWL, Technik und EDV erfolgen, wenn als Grundlage die Anzahl der Seminarteilnehmer herangezogen wird.

Abb. II 6.9

Darstellung in Form einer stufenweise Fixkostendeckungsbeitragsrechung				
LÖSUNG ZUM PRAXISBEISPIEL				
	Seminare BWL	**Seminare Technik**	**Seminare EDV**	**Summe**
Erlöse	364.000,00	148.000,00	126.000,00	638.000,00
variable Kosten				
Honorare	72.000,00	38.000,00	33.600,00	143.600,00
Seminarmaterial	6.034,48	2.155,17	1.810,34	10.000,00
Verpflegung	24.137,93	8.620,69	7.241,38	40.000,00
Miete Seminarräume	12.000,00	6.000,00	6.300,00	24.300,00
Seminarbetreuung	10.617,28	5.308,64	5.574,07	21.500,00
Kosten Einladungen	8.000,00	4.000,00	4.200,00	16.200,00
Summe variable. Kosten	132.789,70	64.084,50	58.725,80	255.600,00
Deckungsbeitrag	231.210,30	83.915,50	67.274,20	382.400,00
Zwischensumme	231.210,30		151.189,70	
bereichsfixe Kosten				
Hilfskräfte	1.500,00		4.000,00	5.500,00
Deckungsbeitrag II	229.710,30		147.189,70	376.900,00
fixe Kosten				
Geschäftsführung				140.000,00
Sekretariat				70.000,00
Energie				2.265,00
Telefon				7.845,00
Miete				21.600,00
Abschreibungen				7.500,00
fixe Kosten				249.210,00
Periodenerfolg				127.690,00

6.7 Prozeßkostenrechnung
(Elisabeth Fröstl)

Kurzbeschreibung

Das wesentliche und revolutionäre Unterscheidungsmerkmal zwischen der Prozeßkostenrechnung und der Teilkostenrechnung ist die Strukturierung der Kosten – die Unterscheidung fixer und variabler Kostenbestandteile verliert an Bedeutung. Die Kosten (Gemeinkosten) werden von indirekten Leistungsbereichen auf Kostenträger weiterzuverrechnen versucht, ohne Verwendung pauschaler Zuschlagsätze. Das Hauptaugenmerk richtet sich dabei auf die kostenverursachenden Faktoren („cost driver" oder „Kostentreiber").

Erklärtes Ziel der Prozeßkostenrechnung ist es, eine verursachungsgerechte Zurechnung von Kosten auf Kostenträger zu ermöglichen und damit ein Unternehmen langfristig strategisch optimal zu positionieren.

6.7.1 Beschreibung

Während die Teilkostenrechnung zur Aufschlüsselung der Gemeinkosten bestimmte wertorientierte Zuschlagsätze verwendet, um eine gerechte Aufteilung der Kosten zu erhalten, wird in der Prozeßkostenrechnung nicht mit Wertschlüsseln, sondern mit Mengenschlüsseln gearbeitet. Die Gemeinkosten sollen nach der Inanspruchnahme der betrieblichen Ressourcen auf die einzelnen Produkte verteilt werden. Ziel ist es, jene Kosten zu ermitteln, die für die Abwicklung der Prozesse in den einzelnen Gemeinkostenbereichen anfallen. Dadurch soll die rein proportionale Verrechnung der Gemeinkosten, wie sie bei der Teilkostenrechnung erfolgt, vermieden werden.

Um dieses Ziel zu erreichen, unterstellt die Prozeßkostenrechnung, daß alle Kosten variable Kosten sind und „verursachungsgerecht" auf einzelne Produkte weiterverrechnet werden können.

Die Voraussetzungen für den Einsatz der Prozeßkostenrechnung sind:

- große indirekte Leistungsbereiche mit bedeutendem Kostenumfang
- ein breites Produktionsprogramm, das unterschiedliche Prozeßstrukturen umfaßt (z.B. verschiedene Losgrößen, Sonderanfertigungen, neue Produkte)
- weiters sollten die Kosten (Gemeinkosten) der Kostenstellen des indirekten Leistungsbereichs von der Anzahl der Teilprozesse in diesem Bereich abhängig sein.

Die folgende Abbildung zeigt das Schema einer Prozeßkostenrechnung. Kosten der indirekten Leistungsbereiche werden abteilungsübergreifend den einzelnen Aktivitäten (Hauptprozessen) zugeordnet.

Abb. II 6.10

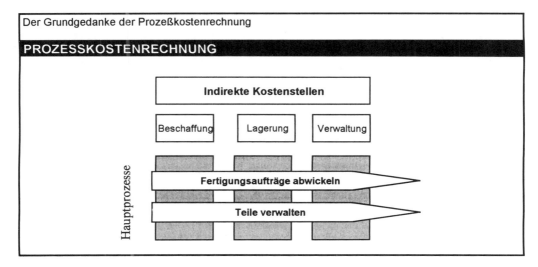

Um eine Prozeßkostenrechnung zu verwirklichen, müssen die Kosten je Einheit der Teilprozesse ermittelt werden. In der Regel wird die Summe der Periodenkosten der Teilprozesse durch die Summe der Einheiten der Teilprozesse dividiert.

Zur Ermittlung der Teilprozeß-Kostensätze ist je Kostenstelle des indirekten Leistungsbereichs folgendermaßen vorzugehen:

1. Ermittlung der derzeit (Ist) beziehungsweise in Zukunft (Plan) stattfindenden Teilprozesse (Verrichtung, Verrichtungsarten)
2. Feststellen der Anzahl dieser Teilprozesse durch eine Tätigkeitsanalyse
3. Berechnung der Kosten (Kostenarten, Kostenumfänge) der einzelnen Teilprozesse, die in der Abrechnungs- beziehungsweise Planungsperiode angefallen sind oder anfallen werden
4. Ermittlung, welcher Kostenträger (Auftrag) welche Mengen welcher Teilprozesse in Anspruch genommen hat oder in Anspruch nehmen wird
5. Berechnung der Höhe der Kosten je Teilprozeß im Soll und im Ist
6. Festlegen der Höhe der Kosten, die aus der Inanspruchnahme der Teilprozesse einem Auftrag zugerechnet werden können.

Die Verrechnung der Kosten der Kostenstellen erfolgt Prozeßmengen-proportional und nicht Stückzahl- oder Wert-proportional.

Zu welchem Ergebnis eine Tätigkeitsanalyse führen soll, zeigt die folgende Abbildung: Die Hauptprozesse werden durch die Kostenträger festgelegt, und diesen sollten schließlich die Teilprozesse zugeordnet werden können, die durch die Hauptprozesse in den Leistungsbereichen in Anspruch genommen oder ausgelöst werden.

Abb. II 6.11

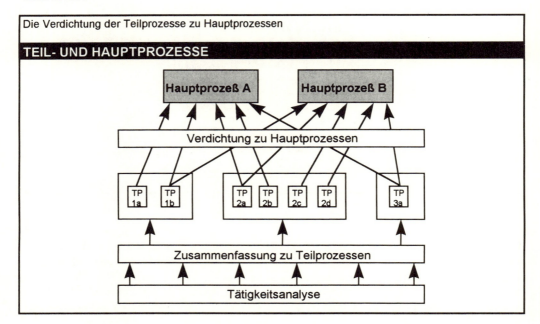

6.7.2 Vor- und Nachteile

Sinnvoll einzusetzen ist die Prozeßkostenrechnung nur in indirekten Leistungsbereichen (z.B. Beschaffung, Lagerung, Konstruktion, Fertigungsvorbereitung und -steuerung, Verwaltung, Vertrieb, Logistik). In den direkten Leistungsbereichen wurde der Gedanke des Verursachungsprinzips durch eine tiefe Gliederung der Kostenstellen, eine Bezugsgrößenrechnung oder Bezugsgrößendifferenzierung bereits verwirklicht.

Das stärkste Argument für den Einsatz der Prozeßkostenrechnung sind die zu erwartenden strategischen Informationsvorteile. Durch die strategische Orientierung und die Ausrichtung auf eine verursachungsgerechte Gemeinkostenverrechnung und damit auf die langfristige Gestaltung des Produktprogramms kann die Prozeßkostenrechnung wichtige Grundlagen für langfristige (strategische) Entscheidungen liefern.

Das größte Bedenken hinsichtlich der Prozeßkostenrechnung besteht in der Schlüsselung der Fixkosten und somit einer künstlichen Proportionalisierung (z.B. Verteilung von Raum- und Büromaterialkosten proportional zu den Personalkosten auf die Prozesse). Man geht fälschlicherweise davon aus, daß alle Kosten von Aktivitäten (Prozessen) verursacht werden und daher variable Kosten sind. Die Prozeßkostenrechnung negiert das Vorhandensein fixer Kosten der Leistungsbereitschaft und der Kapazität! Sofern in einem indirekten Leistungsbereich fixe Kosten (Kapazität, Leistungsbereitschaft) auftreten, ist eine Prozeßkostenrechnung nicht sinnvoll einsetzbar, denn nur die von der Anzahl der Prozesse (Aktivitäten) abhängigen Kosten können verursachungsgerecht auf Kostenträger weiterverrechnet werden. Verfechter der Prozeßkostenrechnung sind großteils Vertreter der Vollkostenrechnung und lassen Argumente dieser Art nicht gelten, sie nehmen an, daß langfristig sämtliche Kosten (auch Fixkosten) variabel sind.

In der Praxis hat sich die Prozeßkostenrechnung nicht oder nur im Rahmen des Prozeßmanagements durchgesetzt. Die Gründe für die Skepsis sind einerseits die hohen Kosten, die aus aufwendigen Tätigkeitsanalysen entstehen, die starke Orientierung am System der Vollkostenrechnung und andererseits ein Mangel an Informationen für kurzfristige Entscheidungen.

6.7.3 Praxisbeispiel

In einer Planungsperiode (Abrechnungsperiode) werden 1.000 Aufträge abgerechnet. Die Herstellungskosten betragen in Summe 10.000.000,-. Die Auftragsgrößen schwanken zwischen 500,- und 200.000,-. Die Kosten der Verwaltung (Verwaltungsgemeinkosten) belaufen sich auf 1.000.000,-, woraus sich ein pauschaler Zuschlagsatz auf die Herstellungskosten von 10 Prozent ergibt.

Zu kalkulieren sind die Herstellungskosten des Auftrags A (Herstellkosten 1.500,-) und die Herstellungskosten des Auftrage B (Herstellkosten 200.000,-).

Lösung:

Vorerst ist die Annahme zu treffen, daß jeder Kundenauftrag (unabhängig von seinem Wert) zu ungefähr gleich hohen Verwaltungskosten und dadurch auch zu gleich hohen Verwaltungskosten je Kundenauftrag führt.

$$\frac{\text{Verwaltungskosten insgesamt}}{\text{Anzahl der Kundenaufträge}} = \frac{1.000.000,-}{1.000} = \textbf{1.000,- je Kundenauftrag}$$

Abb. II 6.12

Vergleich zwischen Zuschlagskalkulation und Prozeßkostenrechnung

LÖSUNG

Lösung mit Zuschlagskalkulation

a) **Auftrag A**

Herstellkosten	1.500,00
+10% VWGK-Zuschlag	150,00
Herstellungskosten	*1.650,00*

b) **Auftrag B**

Herstellkosten	200.000,00
+10% VWGK-Zuschlag	20.000,00
Herstellungskosten	*220.000,00*

Lösung mit Prozeßkostenrechnung

a) **Auftrag A**

Herstellkosten	1.500,00
+ 1 Verwaltungsprozeß	1.000,00
Herstellungskosten	*2.500,00*

b) **Auftrag B**

Herstellkosten	200.000,00
+ 1 Verwaltungsprozeß	1.000,00
Herstellungskosten	*201.000,00*

Vergleich

	Zuschlagskalkulation	*Prozeßkostenrechnung*	
Auftrag A	1.650,00	2.500,00	**51,52%**
Auftrag B	220.000,00	201.000,00	**–8,64%**

Ein Vergleich der Herstellungskosten die auf Basis der Zuschlagskalkulation und auf Basis der Prozeßkostenrechnung errechnet wurden, zeigt große Unterschiede. Diese Abweichungen ergeben sich durch die Verrechnung eines fixen Betrages für den Verwaltungsprozeß, der unabhängig von den Herstellkosten des Auftrages ist. Bei Verwendung der Prozeßkostenrechnung wir dieser Betrag jedem Auftrag zugerechnet, ohne die Höhe der Herstellkosten zu berücksichtigen. Aus den Ergebnissen zeigt sich, daß im Rahmen einer Prozeßkostenrechnung Aufträge, die relativ niedrige Herstellkosten haben, letztendlich sehr hohe Herstellungskosten verursachen. Im Vergleich dazu ergeben sich bei Aufträge mit relativ hohen Herstellkosten, wesentlich niedrigere Herstellungskosten als bei einer Zuschlagskalkulation. Im Extremfall können bei einer Prozeßkostenrechnung die Kosten für die Prozesse in den indirekten Leistungsbereichen die Herstellkosten übersteigen.

6.8 Weiterführende Literatur

Péter Horváth ist Professor für Betriebswirtschaftslehre an der Universität Stuttgart. Horváth war einer der ersten, die sich mit der Prozeßkostenrechnung auseinandergesetzt haben. In seinem Buch „Controlling" (Horváth, 1994) beschäftigt er sich mit der Einsatzmöglichkeit dieses Instruments als Unterstützung bei der Informationsbeschaffung und -aufbereitung im Rahmen des Prozeßmanagements.

Einen anwendungsorientierten Beitrag zum Thema Prozeßkostenrechnung bieten Ralf Ewert und Albert Wagenhofer in ihrem Buch „Interne Unternehmensrechnung". Leser, die an einem umfassenderen Beispiel zur Prozeßkostenrechnung Interesse haben, finden in diesem Buch einige Beispiele. (Ewert, Wagenhofer, 1997).

Für Leser, die eine kritische Betrachtung der Prozeßkostenrechnung erwarten, ist der Beitrag zu diesem Thema von Gerhard Seicht (Professor für Betriebswirtschaftslehre an der Wirtschaftsuniversität Wien) zu empfehlen. In seinem Buch „Moderne Kosten- und Leistungsrechnung" unterwirft Seicht, der Anhänger der Teilkostenrechnung ist, dieses Instrument einer sogenannten „kritischen Würdigung". (Seicht, 1997 oder Seicht, 1992)

Weiters stellt dieses Buch ein Standardwerk zur traditionellen Kosten- und Leistungsrechnung dar. Das System der Kosten- und Leistungsrechnung wird erläutert und der Aufbau durch Beispiele verdeutlicht. Viele Spezialthemen der Kostenrechnung wie die interne Leistungsverrechnung, die Kostenauflösung, die Grenzplankostenrechnung, Abweichungsanalysen etc. werden ebenfalls behandelt.

Das Buch „Einführung in die Kostenrechnung" (Kemmetmüller, 1993) ist ein ideales Einsteigerbuch, das die Grundbegriffe und Funktionen der Kostenrechnung verdeutlicht. Es gibt genaue Anleitungen zum Aufbau einer Kosten- und Leistungsrechnung und bietet zahlreiche Übungsbeispiele. Der Praktiker findet wertvolle Hinweise und Anknüpfungspunkte.

7 Instrumente für das operative Controlling in NPOs
(Koordination: Karin Exner)

7.1 Operatives Controlling in NPOs – Ziele und Funktionen

Ziel des operativen Managements ist es, vorhandene Erfolgspotentiale bestmöglich zu nutzen. Ziel des operativen Controlling ist die Unterstützung des Managements bei der nachhaltigen Sicherung von Produktivität, Wirtschaftlichkeit, Rentabilität, Liquidität und Vermögen damit letztendlich bei der Sicherung des Überlebens der Organisation. In NPOs liegt der Schwerpunkt der operativen Ziele auf der Sicherung der Liquidität, verstanden als die Fähigkeit der Organisation, fälligen Zahlungsverpflichtungen fristgerecht nachkommen zu können.

Controlling ergänzt und unterstützt das operative Management beim Erreichen der operativen Ziele durch Führungsleistungen und Führungsdienstleistungen. Zu den Führungsleistungen zählen in erster Linie der Aufbau eines Planungs- und Kontrollsystems und die Koordination der einzelnen Systemelemente. Das operative Controlling muß dafür sorgen, daß die operativen Entscheidungen von der strategischen Planung nicht losgelöst sind, sondern mit dieser koordiniert werden. Zu den Führungsdienstleistungen gehören die Bereitstellung von internen und externen Informationen für die Entscheidungsträger der Organisation sowie die betriebswirtschaftliche Beratung der Führungskräfte.

Das operative Controlling muß für Transparenz der Prozesse, Entscheidungen und Ergebnisse der Organisation sorgen, durch Planung und Kontrolle das Zielbewußtsein und die Zielorientierung der Organisationsmitglieder verstärken, durch betriebswirtschaftliche Beratung der Entscheidungsträger sowie durch Versorgung mit entscheidungsrelevanten internen und externen Informationen die Qualität der operativen Entscheidungen erhöhen.

Dafür stellt das operative Controlling eine Reihe von Instrumenten zur Verfügung, die überwiegend quantitativ orientiert sind:

Voraussetzung für den Einsatz der Instrumente ist die Existenz der **Basisinformationssysteme** (Finanzbuchhaltung, Personalverrechnung etc.) und der Kostenrechnung – beides Informationsquellen, nicht jedoch Teil des Controlling. In der Praxis ist der Aufbau einer controllinggerechten Kostenrechnung allerdings meist Aufgabe des Controllers.

Leistungsbudget, **Finanzplan** und **Planbilanz** sind Bestandteile einer integrierten Planung von Erfolg, Liquidität und Vermögen und dienen der Koordination sowie der Integration der Teilpläne der Organisation. Der Controller muß die Methoden, die Instrumente und den Ablauf der Planung entwickeln und die kurzfristigen Pläne koordinieren.

Im Rahmen des **Soll-Ist-Vergleichs** wird die Zielerreichung unterjährig überprüft, um bei Abweichungen noch vor Ende der Planungsperiode Korrekturmaßnahmen durchführen zu können. Der Controller hat in diesem Zusammenhang die Aufgabe, die tatsächlichen Ergebnisse mit den Vorgaben aus der Planung zu vergleichen, Abweichungen auf ihre Ursachen hin zu analysieren und geeignete Korrekturmaßnahmen vorzuschlagen. Ein controllinggerechter Soll-Ist-Vergleich beschränkt sich nicht auf die Analyse der vergangenen Abweichungen und die Suche nach Verantwortlichen, sondern versucht im Rahmen der **Erwartungsrechnung** auch Auswirkungen der vergangenen Abweichungen und der bis zum Ende der Planperiode erwarteten Entwicklung auf die Zielerreichung zum Ende der Planperiode abzuschätzen, um rechtzeitig geeignete Gegensteuerungsmaßnahmen einleiten zu können.

Managementinformationssysteme beziehungsweise das **Berichtswesen** dienen dazu, die Entscheidungsträger der Organisation laufend mit Informationen zu versorgen, da interne und externe Information die Grundlage für die Führung der Organisation bilden. Der Controller muß ein controllinggerechtes Berichtswesen aufbauen und warten. Teil der Berichte sind **Kennzahlen**, die einen raschen Überblick über die wesentlichen Eckdaten der Organisation ermöglichen.

Controlling wird sowohl von Controllern als auch von Managern ausgeübt. In kleineren NPOs gibt es meist keine Controllerstellen. Controlling wird dort durch Obleute oder Geschäftsführer erledigt.

7.2 Leistungsbudget
(Stefan Tweraser)

Kurzbeschreibung

Das Leistungsbudget ist eines der zentralen operativen Planungs- und Kontrollinstrumente in einer NPO. Durch die Planung von Budgets werden Zielgrößen verbindlich vereinbart; durch die Kontrolle der Budgets wird der Grad der Zielerreichung überprüft und Ansätze für Maßnahmen- oder Zielkorrekturen gefunden. Im Leistungsbudget werden üblicherweise die Leistungen/Erträge/Einnahmen einer Abrechnungsperiode den Kosten/Aufwendungen/Ausgaben der Periode strukturiert gegenübergestellt, woraus der Periodenerfolg einer NPO abgeleitet werden kann. Häufig budgetiert man aber auch nichtmonetäre Größen, wie z.B. Mitgliederzahlen, Nennungen in Medien oder ehrenamtliche Mitarbeiter. Die umfassende Darstellung aller monetären und nichtmonetären erfolgsrelevanten Größen einer NPO in einem Leistungsbudget ermöglicht wertvolle Koordinations- und Abstimmungsarbeit zwischen einzelnen Bereichen.

7.2.1 Beschreibung

7.2.1.1 Aufbau des Leistungsbudgets

Das Grundschema eines operativen Leistungsbudgets entspricht einer Gegenüberstellung von Leistungen/Erträgen/Einnahmen (in der Folge wird verkürzend der Begriff Leistungen verwendet) und Kosten/Aufwendungen/Ausgaben (in der Folge wird verkürzend der Begriff Kosten verwendet) einer Periode in Staffelform. Die Periode für ein detailliertes operatives Budget ist in der Regel ein Jahr. Mehr als drei bis fünf Jahre operativ, wenn auch weniger detailliert zu betrachten, ist nur in Ausnahmefällen sinnvoll. Die mehrjährigen Budgets werden dabei in Form der rollierenden Planung erstellt.

Durch die Beachtung der unterschiedlichen Kostenarten (fix und variabel) wird die Staffelform des Leistungsbudgets stärker strukturiert, der Grundaufbau bleibt aber unverändert.

In der Staffelform hat ein Leistungsbudget folgende Grundstruktur:

Abb. II 7.1

Grundstruktur eines operativen Leistungsbudgets in Staffelform
GRUNDSTRUKTUR LEISTUNGSBUDGET
Leistungen
– variable Kosten (Kosten, die von der Leistungsmenge unmittelbar abhängig sind)
Deckungsbeitrag
– fixe Kosten (Kosten, die von der Leistungsmenge unabhängig sind)
Betriebsergebnis der NPO
+/– Betriebsüberleitung (Umrechnung zwischen kalkulatorischen und pagatorischen Größen)
Unternehmensergebnis der NPO

7.2.1.2 Planung mit Hilfe des Leistungsbudgets

Die Planung, d.h. die Budgeterstellung kann als Prozeß betrachtet werden, der durch Vorgaben der Führungsspitze der NPO (top-down) oder durch Detailpläne der einzelnen operativen Einheiten (bottom-up) begonnen werden kann. Durch die Kombination dieser beiden Ansätze im interaktiven Gegenstromverfahren läßt sich der Budgetierungsprozeß optimal auf die Gegebenheiten in der NPO abstimmen. Dabei wird sowohl top-down als auch bottom-up geplant. Die mit großer Wahrscheinlichkeit auftretenden Differenzen zwischen den Planansätzen werden in gemeinsamen Planungsrunden aufgearbeitet und beseitigt.

Wichtig ist die Einbindung der Budgetverantwortlichen in den Planungsprozeß durch Elemente des bottom-up Planungsansatzes. Dadurch fließt deren oft umfangreiches Wissen und ihre Erfahrung über wichtige Details des Tagesgeschäfts in den Planungsprozeß ein. Die Integration in den Planungsprozeß verstärkt auch die Identifikation der Verantwortlichen mit den vereinbarten Zielwerten mehr als bei einer reinen top-down Vorgabe.

Während der Budgeterstellung wird in der Regel nicht nur ein einziges Budget erarbeitet, sonder es sollten unterschiedliche Budgetvarianten erstellt werden. Die Prüfung dieser Alternativen und die Auswahl erfolgt anhand der strategischen Vorgaben der NPO. Jene Budgetalternative, die das Erreichen der strategischen Ziele im größten Umfang sichert, wird als Unternehmensbudget fixiert.

Entscheidend für die operative Planung mit Hilfe der Leistungsbudgets ist aber nicht nur der Planungsansatz selbst, sondern auch die Verbindung zwischen der operativen Planung und anderen Planungselementen der NPO. Es ist sicherzustellen, daß ein eindeutiger Zusammenhang zwischen den operativen Leistungsbudgets und den strategischen Plänen sowie dem Leitbild *(siehe Teil II Kapitel 1)* der NPO besteht. Ebensowichtig ist die Abstimmung der operativen Budgets der einzelnen Bereiche der NPO untereinander, z.B. zwischen dem Personalbudget und dem Budget der zu erbringenden personalabhängigen Dienstleistungen der NPO (z.B. soziale Betreuungsaufgaben, Informationsdienste etc.).

Die Budgetwerte haben in der NPO nach Abschluß der Planungsphase verbindlichen Zielcharakter. Notwendige Elemente eines Ziels sind Zeitbezug (Für welche Periode soll das Budget gelten?), Inhalt (Welche Leistungen und Kosten sind im Budget abgedeckt?) und Ausmaß (Welchen Betrag sollen die Leistungen erreichen beziehungsweise die Kosten nicht über- oder unterschreiten?). Die Budgetwerte selbst bleiben innerhalb der Planungsperiode unverändert. Die Zielwerte werden nicht an geänderte Rahmenbedingungen (z.B. Änderung des Spendenvolumens durch neue Regelungen im Steuersystem etc.) angepaßt. Die Einflüsse dieser geänderten Planungsprämissen werden in der Erwartungsrechnung *(siehe Teil II Kapitel 7.6)* berücksichtigt. Daher ist nicht nur das Leistungsbudget selbst zu dokumentieren, sondern auch die der Planung zugrundeliegenden Annahmen und Fakten sind festzuhalten.

Budgetzahlen müssen als Ziele noch zwei weitere Eigenschaften haben: herausfordernd und realistisch. Sind Ziele zu einfach – ohne besondere Anstrengungen – zu erreichen, so verschenkt die NPO Entwicklungspotential. Der herausfordernde Charakter kann zusätzliche Energien mobilisieren. Wichtig dabei ist, daß die Entwicklung und Vereinbarung der Ziele von Führungsspitze und Budgetverantwortlichen gemeinsam durchgeführt werden. Reine Vorgaben sind meist weniger herausfordernd, weil die Identifikation mit den Zielwerten fehlt. Durch das Streben nach Herausforderung darf aber die Realität der Planungsprämissen nicht aus den Augen verloren werden. Liegen die Planwerte so hoch, daß ein Erreichen dieser Ziele für die Budgetverantwortlichen unrealistisch erscheinen muß, wirken diese Ziele nicht mehr herausfordernd, sondern im Gegenteil demotivierend. Auch hier kann durch Einbinden der Verantwortlichen in den Planungsprozeß ein Regulativ gefunden werden.

Bei der Budgeterstellung selbst unterscheidet man die Planung der Leistungen (z.B. Spendeneinnahmen, Eintrittsgelder, Sponsorenbeiträge, Leistungsentgelte etc.) und die Planung der Kosten (z.B. Personalkosten, Raumkosten, Finanzierungskosten, Materialkosten etc.). Da in den meisten Organisationen die Leistungen (beziehungsweise Einnahmen und Erträge) weniger stark beeinflußt werden können als die Kosten, stellen die Leistungen den Engpaßfaktor der NPO dar. Die Budgeterstellung sollte daher mit der Planung dieses – oft mit großer Unsicherheit belegten – Faktors beginnen.

Bei der Budgetierung der Leistungen und Kosten ist zwischen Prognose und Planung zu unterscheiden. Eine Prognose beruht primär auf Erfahrung oder auf Daten der Vergangenheit, die mit bestimmten Änderungsfaktoren oder Änderungsfunktionen in die Zukunft fortgeschrieben werden. Die Qualität einer Prognose kann durch statistische Verfahren verbessert werden. Das ändert aber nichts an den Eigenschaften der Prognose, die immer nach wahrscheinlichen und möglichen Entwicklungen sucht (Wetterprognose). Prognosen sind daher keine geeigneten Budgetierungsansätze und sollten vermieden werden.

Die Planung hat im Gegensatz dazu Vorgabecharakter. Unter Beachtung der Planungsprämissen wird festgelegt oder vereinbart, welche Budgetzahlen erreicht werden sollen. Dabei werden nicht nur Ziele, sondern auch Maßnahmen geplant, durch die die Ziele erreicht werden können. Aussagekräftige Budgets basieren immer auf Maßnahmen- und Zielplanungen.

Für die Führung der NPO können Prognosen (fortgeschriebene Budgets der Vorjahre) nur mehr oder minder taugliche Anhaltspunkte bei der Budgeterstellung geben. Für eine Unterstützung der operativen Führung ist aber die Budgetplanung das geeignete Instrument.

Die Planung der Leistungen setzt meist ein Preis-Mengen-Gerüst voraus. In Produktions- oder Dienstleistungsunternehmen sind dies Zusammenhänge zwischen Verkaufspreisen für Produkte/Dienstleistungen und der Anzahl der abgesetzten Produkte/Dienstleistungen. Auch in NPOs gibt es ähnliche Preis-Mengen-Gerüste: Anzahl der Mitglieder und durchschnittliches Spendenvolumen je Mitglied, Anzahl der Besucher pro Veranstaltung, Anzahl der Veranstaltungen und Eintrittspreis zur Veranstaltung etc.

Durch die vielfältige Struktur der Beziehungen der NPO mit dem Umfeld ist es oft erforderlich, mehrere Preis-Mengen-Zusammenhänge zu finden: bei einem Sportverein z.B. Anzahl der Mitglieder und durchschnittlicher Preis pro Saisonkarte, Anzahl der sonstigen Besucher pro Spiel und durchschnittlicher Kartenpreis, Anzahl der Sponsoren und durchschnittliche Sponsorleistung sowie Anzahl der verkauften Fanartikel und Preis pro Fanartikel. Es empfiehlt sich, diese unterschiedlichen Leistungselemente (oder vereinfacht ausgedrückt: Einnahmequellen) auch mit eigenen Leistungsbudgets zu bearbeiten. Dafür müssen die Kosten nach den Ursachen, d.h. nach dem Zusammenhang mit den einzelnen Leistungselementen aufgespalten werden. Nur Kosten, die nicht getrennt werden können, werden von der Summe aller Leistungen abgezogen. Diese Anforderung an die stufenweise Budgetierung zeigt Abb. II 7.2:

Abb. II 7.2

Struktur einer stufenweisen Budgetierung bei mehreren Leistungselementen (oder Einnahmequellen) der NPO		
STUFENWEISE BUDGETIERUNG		
Menge Leistung 1	Menge Leistung 2	Menge Leistung 3
(Anzahl Mitglieder)	(Anzahl Sponsoren)	(Anzahl Fanartikel)
x **Preis Leistung 1**	x **Preis Leistung 2**	x **Preis Leistung 3**
(Preis Saisonkarte)	(Sponsorbeitrag)	(Preis Fanartikel)
Umsatz Leistung 1	**Umsatz Leistung 2**	**Umsatz Leistung 3**
– Kosten, die direkt durch die Leistung 1 verursacht werden	– Kosten, die direkt durch die Leistung 2 verursacht werden	– Kosten, die direkt durch die Leistung 3 verursacht werden
(Mitgliederservice, Tribünen, Mitgliederzeitung etc.)	(Sponsorenbetreuung, Plakate etc.)	(Produktionskosten, Werbekosten, Verkaufskosten etc.)
Ergebnis Leistung 1	**Ergebnis Leistung 2**	**Ergebnis Leistung 3**
– Kosten, die keiner Leistung direkt zurechenbar sind		
(Kosten für Spieler, Verwaltungspersonal, Spiel- und Trainingsanlagen etc.)		
Betriebsergebnis der NPO		

Durch diese getrennte Bearbeitung der einzelnen Leistungsarten kann ein Leistungsbudget die Entscheidungen der Führung einer NPO besser unterstützen. Im angeführten Beispiel lassen sich aus den Ergebnissen der einzelnen Leistungen Maßnahmen über die künftige Gestaltung der Leistungen und direkten Kosten ableiten.

Um ein aussagekräftiges Budget zu erstellen, sind die Kosten meist wesentlich stärker zu gliedern als die Leistungen. Zwei Arten von Unterscheidungen sind erforderlich:

- Die Gesamtkosten werden in variable und fixe Kosten unterteilt
- Die Gesamtkosten werden in Kostenarten unterteilt.

Variable Kosten werden in Abhängigkeit der Leistungsmenge geplant. Beispiele dafür sind Materialkosten oder Lohnkosten (wenn ein direkter Zusammenhang zwischen der Leistungsmenge und den Lohnkosten besteht, wie z.B. bei Leistungsprämien). Für variable Kosten ist bei der Planung daher ein Preis-Mengen-Gerüst (analog zu den Leistungen) zu finden. Die Planung der fixen Kosten entspricht der Planung der Leistungsbereitschaft oder der Kapazitätsplanung der NPO. Fixe Kosten fallen an, unabhängig ob eine Leistung erbracht wird oder nicht. Auch fixe Kosten sind beeinflußbar, dies geschieht aber nicht „automatisch" durch eine Änderung der Leistungsmenge, sondern es sind konkrete Maßnahmen dafür erforderlich. So können z.B. Raumkosten durch Neuverhandlungen der Mietpreise oder fixe Personalkosten durch Änderungen des Entlohnungssystems oder durch Änderung der Anzahl der Mitarbeiter verändert werden. Diese und ähnliche Maßnahmen sowie ihre Auswirkungen auf die Kosten sind bei der Planung der fixen Kosten zu berücksichtigen. Man kann davon ausgehen, daß in den meisten NPOs der Anteil der fixen Kosten am Gesamtkostenvolumen wesentlich größer ist als jener der variablen Kosten. Diese Tatsache ist in den meisten Dienstleistungsunternehmen zu beobachten und auf die Dominanz der Personal- und Raumkosten (beide fix) zurückzuführen. Diese Kosten werden durch die Struktur der Organisation verursacht. Deshalb spricht man neuerdings auch von Strukturkosten und nicht von Fixkosten.

Die Gliederung der Kostenarten muß besonders strukturiert erfolgen, um aus dem Budget auch Maßnahmen ableiten zu können. Als Grundaufbau einer Kostenartengliederung kann folgende Aufzählung angesehen werden (vgl. Egger, Winterheller, 1996, S. 93ff.):

- Materialkosten (Fertigungsmaterial, Hilfsmaterial, Betriebsstoffe, Büromaterial)
- Personalkosten (Löhne und Gehälter)
- Fremdleistungskosten (Güter und Dienstleistungen, die von Dritten bezogen werden wie Energie, Instandhaltung, Transporte, Mieten, Pachten, Versicherungen, Provisionen etc.)
- Kapitalkosten (Abschreibungen, Zinsen, Wagnisse)
- Steuern und Gebühren.

In diesen Kostenarten können jeweils fixe und variable Kosten anfallen.

7.2.1.3 Kontrolle mit Hilfe des Leistungsbudgets

Als Zielvereinbarungen haben die Größen im Leistungsbudget eine Kontrollfunktion zu erfüllen. Ohne Kontrolle wäre eine Planung wenig sinnvoll. Die Kontrolle darf im Verständnis einer modernen Führung (die durch Controlling unterstützt wird) aber nicht die Funktion der Schuldsuche und Schuldzuweisung haben. Für den genauen Ablauf der unterjährigen Kontrolle kann auf die Kapitel Soll-Ist-Vergleich *(Teil II Kapitel 7.5)* und Erwartungsrechnung *(Teil II Kapitel 7.6)* verwiesen werden.

7.2.2 Vor- und Nachteile

Kaum eine NPO wird gänzlich ohne operative Planung geführt oder kann ohne operative Planung geführt werden. Die Verwendung der zur Verfügung stehenden Mittel im Sinne des gesellschaftlichen Auftrags der NPO (der z.B. in einer Vision oder einem Leitbild festgehalten ist) kann nur durch detaillierte und realistische Planung und nachfolgende Rückkopplungen (Kontrollen) gesichert werden. Das Leistungsbudget hat den Vorteil, einen strukturierten Denkraster für diese Planung und Kontrolle zu bieten. Ein strukturiert aufgebautes Leistungsbudget integriert Maßnahmen- und Zielpläne, wodurch der Zusammenhang zwischen dem Leitbild (Was wollen wir als NPO machen?) und dem operativen Tagesgeschäft (Was machen wir als NPO?) sichergestellt wird.

Das größte Risiko der operativen Planung mit Hilfe eines Leistungsbudgets ist, daß die Planung nur der Planung wegen erfolgt, aber keine Auswirkungen auf das Tagesgeschehen in der NPO hat. In einer derartigen Situation werden die Planungsformulare immer aufwendiger, Planzahlen immer „genauer", Planungszeiträume immer länger, Planungsrechnung (idealerweise in der Form von Spreadsheets am PC) immer komplexer, die Planungsinhalte oder Ergebnisse finden aber keinen Niederschlag in konkreten Maßnahmen.

Ein weiteres Risiko kann in der reinen Extrapolation oder Fortschreibung von Vergangenheitsdaten liegen. Planung kann nicht nach dem Prinzip „Im Vorjahr haben wir 10.000,– EURO gebraucht, damit sind wir nicht ganz ausgekommen, also heuer 10.500,– EURO plus Inflation, in Summe daher 10.800,– EURO." funktionieren. Es müssen die angesprochenen Preis-Mengen-Gerüste sowie die Anforderungen an die Leistungskapazität der NPO untersucht und geplant (nicht extrapoliert oder nur prognostiziert) werden.

Als allgemeiner Maßstab kann gelten: Das Leistungsbudget einer NPO muß so gestaltet werden, daß daraus eine direkte Unterstützung des Tagesgeschäfts abgeleitet werden kann. Nur so ist der Aufwand der Budgeterstellung und Budgetkontrolle zu rechtfertigen.

7.2.3 Praxisbeispiel

Fallbeispiel Umweltschutzorganisation

Eine Umweltschutzorganisation (Rechtsform: GmbH) bezieht Einnahmen

- aus Spenden (von Mitgliedern und sonstigen Spendern) für die Durchführung von Umweltschutzprojekten,
- aus öffentlichen Förderungen (für die Durchführung von Forschungsprojekten) sowie
- aus dem Verkauf von Handelswaren (Kappen, T-Shirts etc.) mit Umweltmotiven, die zugekauft werden.

Für die operative Planung des Folgejahres stehen folgende Informationen zur Verfügung:

Umweltschutzprojekte:

Erlöse:

- Mitglieder   1.200
- Mitgliedsbeitrag   100 EURO
- Anzahl Spender   25.000
- durchschnittliche Spendenhöhe   10 EURO

Dem Bereich Umweltschutzprojekte können folgende Kosten (in EURO) direkt zugerechnet werden:

- 1 Projektmitarbeiter   54.600
- 1 Mitgliederbetreuer (halbtags beschäftigt)   27.300
- Kosten für freie Mitarbeiter   50.000
- Reisekosten   15.000
- Mitgliederaussendungen   10.000
- Sachkosten   30.000

Forschungsprojekte:

In diesem Bereich rechnet man mit einer Förderung in der Höhe von 30.000,– EURO. Dem Bereich können folgende Kosten (in EURO) direkt zugerechnet werden:

- 2 Forschungsmitarbeiter   109.200
- Reisekosten   7.500
- Sachkosten   10.000
- Publikationskosten   5.000

Verkauf von Handelswaren:

Erlöse:

	Verkaufspreis (EURO, exkl. USt.)	Menge
• Kappen	20	1.000
• T-Shirts	30	2.000
• Stofftiere	50	300
• Aufkleber	1	1.000
• Schlüsselanhänger	4	1.500

Dem Bereich können folgende Kosten direkt zugerechnet werden:

	Einkaufspreis pro Stück (EURO, exkl. USt.)
• Kappen	10
• T-Shirts	11
• Stofftiere	36
• Aufkleber	0,30
• Schlüsselanhänger	3
• Flugblatt	4.000
• 1 Merchandising Manager (halbtags beschäftigt)	27.300

Folgende Kosten können keinem Bereich direkt zugerechnet werden:

• Geschäftsführer	54.600
• Büromiete	12.000
• Betriebskosten (inkl. Telefon)	18.000
• Beratungskosten	2.000

Der Anlagespiegel der Organisation hat folgendes Aussehen (Werte in EURO):

Abb. II 7.3

Anlagespiegel der Umweltschutzorganisation

ANLAGESPIEGEL

			Buchwert zum 1.1.	Anschaffungswert	kalk. ND	buchh. ND	kalk. AfA	buchh. AfA	Buchwert zum 31.12.
unbebaute Grundstücke			50.000	50.000					50.000
Fuhrpark		Auto A	5.625	15.000	6	8	2.500	1.875	3.750
		Auto B		30.000	6	8	5.000	3.750	26.250
EDV		PC 1	1.500	3.000	3	4	1.000	750	750
		PC 2	1.500	3.000	3	4	1.000	750	750
		PC 3	1.500	3.000	3	4	1.000	750	750
		PC 4		2.400	3	4	800	600	1.800
		PC 5		2.400	3	4	800	600	1.800
Betriebs- und Geschäftsausstattung		Möbel	3.000	8.000	8	8	1.000	1.000	2.000
Summe			63.125				13.100	10.075	87.850

Abb. II 7.4

Leistungsbudget der Umweltschutzorganisation (stufenweise Budgetierung)

LEISTUNGSBUDGET

		Umweltschutzprojekte		Forschungsprojekte		Verkauf von Handelswaren	
Erlöse	aus Mitgliedsbeiträgen		120.000	öffentliche Förderung	30.000	Kappen	20.000
	aus sonstigen Spenden		250.000			T-Shirts	60.000
						Stofftiere	15.000
						Aufkleber	1.000
						Schlüsselanhänger	6.000
	Erlöse Umweltschutzprojekte		370.000	Erlöse Forschungsprojekte	30.000	Erlöse Handelswaren	102.000
- direkt zurechenbare Kosten	Kosten Umweltschutzprojekte		186.900	Kosten Forschungsprojekte	131.700	Kosten Handelswaren	78.900
Ergebnis des Leistungsbereichs	Ergebnis Umweltschutzprojekte		183.100	Ergebnis Forschungsprojekte	-101.700	Ergebnis Handelswaren	23.100
Summe Ergebnisse der Leistungsbereiche			104.500				
- Kosten, die keiner Leistung direkt zurechenbar sind	Geschäftsführer		54.600				
	Büromiete		12.000				
	Betriebskosten		18.000				
	Beratungskosten		2.000				
	kalk. Abschreibung		13.100				
	kalk. Zinsen		4.500				
Betriebsergebnis			300				
Betriebsüberleitung	+ kalk. Abschreibung		13.100				
	+ kalk. Zinsen		4.500				
	- buchh. Abschreibungen		10.075				
	- buchh. Zinsen		1.200				
Unternehmensergebnis vor Steuern			6.625				
	- 34% Steuern		2.253				
Unternehmensergebnis nach Steuern			4.373				

Die Organisation besitzt ein Grundstück, auf dem Forschungsprojekte durchgeführt werden. Auto B (30.000,– EURO) sowie PC 4 und 5 sollen zu Beginn der Planperiode angeschafft werden.

Die Organisation rechnet mit kalkulatorischen Zinsen in Höhe von 4.500,– EURO und mit buchhalterischen Zinsen von 1.200,– EURO. Der Steuersatz beträgt 34 Prozent.

7.3 Finanzplan
(Stefan Tweraser)

Kurzbeschreibung

Liquidität beschreibt die Fähigkeit einer NPO, den Forderungen, die an sie gestellt werden, fristgerecht nachkommen zu können. Illiquidität kann zum wirtschaftlichen Zusammenbruch der NPO führen, selbst wenn im Jahresbudget Überschüsse ausgewiesen werden. Die Liquidität muß daher geplant, gesteuert und kontrolliert werden. Das betriebswirtschaftliche Instrument dafür ist der Finanzplan.

Ausgangsgröße eines Finanzplans ist das Ergebnis laut Leistungsbudget nach Abzug der Steuern. Anschließend werden die Kosten und Leistungen des Leistungsbudgets in Zahlungsströme (Cash-flow) transformiert. Danach werden in drei Gruppen die Veränderungen im Vermögen und Kapital der NPO berücksichtigt, die zwar den Bestand an liquiden Mitteln, nicht aber das Ergebnis der NPO beeinflussen. Endgröße des Finanzplans ist der Zahlungsmittelbedarf beziehungsweise -überschuß.

7.3.1 Beschreibung

7.3.1.1 Aufbau des Finanzplans

Der Finanzplan schließt logisch an das Leistungsbudget an. Nach Berücksichtigung anfallender Steuern wird das Ergebnis aus dem Leistungsbudget in den Cash-flow transformiert. Anschließend werden

- die Veränderungen von Vermögen und Kapital der NPO im kurzfristigen Bereich,
- die Veränderungen von Vermögen und Kapital der NPO im langfristigen Bereich und
- die Veränderungen von Vermögen und Kapital der NPO in der Eigentümersphäre

berücksichtigt, die in der Planungsperiode anfallen werden, aber nur die Liquidität, nicht aber den Erfolg der NPO beeinflussen. Diese Veränderungen können positiv – d.h. die Liquidität erhöhend – oder negativ – d.h. die Liquidität verringernd – wirken.

In der Staffelform hat ein Finanzplan folgende Grundstruktur:

Abb. II 7.5

Grundstruktur eines Finanzplans in Staffelform
GRUNDSTRUKTUR FINANZPLAN
Ergebnis nach Steuern laut Leistungsbudget
-> Transformation der Kosten und Leistungen in Zahlungsströme
Cash-flow
+/– Veränderungen im kurzfristigen Vermögens- und Kapitalbereich (working capital) der NPO
+/– Veränderungen im langfristigen Vermögens- und Kapitalbereich der NPO
+/– Veränderungen in der Eigentümersphäre der NPO
= Zahlungsmittelbedarf bzw. -überschuß

Die Staffelform ermöglicht die strukturierte Planung liquiditätsbeeinflussender Maßnahmen und die Gliederung der auftretenden Effekte auf den Zahlungsmittelbestand der NPO. Ein Zahlungsmittelüberschuß könnte beispielsweise für zusätzliche Leistungen der NPO verwendet werden, ein Zahlungsmittelbedarf muß durch das Erschließen von alternativen Finanzquellen (Sponsoren, Kredite etc.) abgedeckt werden.

7.3.1.2 Ermittlung des Cash-flow

Erster konkreter Schritt bei der Erstellung des Finanzplans ist es, den Cash-flow zu berechnen. *(siehe Teil II Kapitel 5.3)* Dieser ist eine Kennzahl für die Fähigkeit der NPO, sich aus dem laufenden Betrieb zu finanzieren (Innenfinanzierung). Bei der indirekten Berechnung wird

- der Gewinn nach Steuern aus dem Leistungsbudget um alle unbaren Erträge reduziert (d.h. die erfolgswirksame Auflösung von Rückstellung und Rücklagen) und

- um alle unbaren Aufwendungen erhöht (d.h. Abschreibungen sowie die Bildung von Rückstellungen und Rücklagen).

Schließlich sind noch die im Leistungsbudget nicht berücksichtigten Steuerlasten, soweit sie auf den Erfolg der NPO fällig sind, abzuziehen.

Die indirekte Ermittlung des Cash-flow transformiert die Größen der Kosten- und Leistungsrechnung des Leistungsbudgets in Größen einer Einnahmen- und Ausgabenrechnung. Die Zahlen dafür werden aus Leistungsbudget und Bilanz abgeleitet.

7.3.1.3 Ermittlung der Veränderungen im kurzfristigen Bereich

Die Kennzahl für kurzfristige Finanzmittel ist das working capital, das als Bestandsgröße die Differenz aus Umlaufvermögen und kurzfristigen Verbindlichkeiten ist. Für die Finanzplanung sind primär die Veränderungen im kurzfristigen Bereich maßgebliche Größen. Drei Positionen kommen primär dafür in Frage:

- Veränderungen bei Lagerbeständen von Halb- oder Fertigprodukten: Verkauft ein Sportverein z.B. auch Fanartikel, so muß der Anfangsbestand des Lagers dem Endbestand des Lagers gegenübergestellt werden. Ist am Ende der Periode der Wert des Lagers größer als zu Beginn, so steigt das working capital (da das Lager an Fanartikeln zum Umlaufvermögen des Sportvereins gezählt wird) und umgekehrt.

- Veränderungen der Lieferforderungen: Forderungen aus Lieferungen und Leistungen, wie sie in den Bilanzen von Industrie- oder Handelsbetrieben aufscheinen, sind in NPOs eher ein Sonderfall. Forderungen können aber beispielsweise gegenüber Mitgliedern oder Sponsoren bestehen. Auch bei dieser Position sind Veränderungen zwischen Anfangs- und Endbestand für die Ermittlung des working capital relevant. Eine Erhöhung der Forderungen erhöht auch das working capital.

- Veränderungen der kurzfristigen Verbindlichkeiten: Verbindlichkeiten können in einer NPO primär gegenüber Mitarbeitern, Lieferanten, Anspruchsberechtigten (soweit vorhanden) oder öffentlichen Stellen bestehen. Eine Erhöhung dieser Positionen verringert das working capital und umgekehrt.

Eine Erhöhung des working capital wird in der skizzierten Staffelform des Finanzplans mit negativem Vorzeichen eingetragen (und umgekehrt). Je höher das working capital ist (z.B. durch Lagerbestände oder Forderungen), desto höher ist auch der Bedarf an Zahlungsmitteln, um diese Bestände während der Planungsperiode zu finanzieren.

7.3.1.4 Ermittlung der Veränderungen im langfristigen Bereich

Dispositionen, die langfristigen Charakter im Sinne der Finanzplanung haben, sind in erster Linie geplante Investitionen. Für Großinvestitionen sollte ein Investitionsplan erstellt werden, da die Anschaffung von Maschinen, Fahrzeugen, Gebäuden oder sonstigen Anlagen die Finanzmittel einer NPO stark beanspruchen kann. Da diese Anlagen im Leistungsbudget „nur" mit den Abschreibungen berücksichtigt werden, haben sie vielleicht nur mäßigen Einfluß auf den Gewinn der NPO. Die Finanzierung dieser Großinvestitionen und die Quelle dieser Finanzmittel (Innen- und/oder Außenfinanzierung) muß aber genau geplant werden.

Als Gegenposition zur Investition von Anlagen ist in der Finanzplanung auch das Ausscheiden (z.B. Verkaufen) von Anlagen zu berücksichtigen. Durch den Verkauf einer auszuscheidenden Anlage steigt der Bestand an liquiden Mitteln. Auch die Aufnahme und Rückzahlung langfristiger Bankkredite muß beachtet werden.

7.3.1.5 Ermittlung der Veränderungen in der Eigentümersphäre

Diese Position ist für NPOs nur im übertragenen Sinn relevant, da keine Gewinne an Eigentümer ausgeschüttet werden. Hier könnten allenfalls langfristig verfügbare Mittel wie z.B. eine Stiftung zugunsten eines Hilfswerks oder finanzielle Veränderungen in einem Verein durch Veränderungen in der Mitgliederstruktur berücksichtigt werden.

7.3.1.6 Alternative: Direkte Ermittlung der flüssigen Mittel

In NPOs, die eine Einnahmen-Ausgaben-Rechnung führen, kann der Bestand an liquiden Mitteln auch direkt festgestellt werden. Dafür kann folgende Struktur vorgeschlagen werden (vgl. Klien, 1995, S. 35).

Gerade für kleine NPOs kann diese Variante der direkten Ermittlung des Zahlungsmittelbestands eine Alternative zur indirekten Finanzplanung sein, da Zahlen direkt aus der Einnahmen-Ausgaben-Rechnung übernommen werden können.

Abb. II 7.6

Grundstruktur Planung des Finanzmittelbestands aus der Einnahmen-Ausgaben-Rechnung
GRUNDSTRUKTUR DIREKTE FINANZPLANUNG
Einzahlungen, die direkt mit Leistungen der NPO verbunden sind
+ Einzahlungen, die zur Unterstützung der Leistungsfähigkeit der NPO dienen
+ sonstige betriebliche Einzahlungen
− Personalauszahlungen
− Materialauszahlungen
− Auszahlungen, die durch direkte Leistungen der NPO verursacht werden
− sonstige betriebliche Auszahlungen
= Cash-flow aus der Tätigkeit der NPO (1)
Einzahlungen aus Beteiligungen
+ Einzahlungen aus Finanzvermögen (Zinsen)
− Auszahlungen aus Finanzverbindlichkeiten (Zinsen)
= Cash-flow aus dem Finanzergebnis (2)
(1) + (2) − Steuerauszahlungen = Operativer Cash-flow (3)
− Investition in Anlagen
+ Einzahlungen aus dem Abgang von Anlagen
= Cash-flow aus dem Investitionsbereich (4)
+ Einzahlungen mit Eigenkapitalcharakter
+ Einzahlungen mit Fremdkapitalcharakter
− Auszahlungen aus dem Eigenkapitalbereich
− Auszahlungen aus dem Eigenkapitalbereich
= Cash-flow aus dem Finanzierungsbereich (5)
Gesamt-Cash-flow = Operativer CF (3) + InvestitionsCF (4) + FinanzierungsCF (5)
+ Anfangsbestand an liquiden Mitteln
Endbestand an liquiden Mitteln = Zahlungsmittelbedarf oder -überschuß

7.3.2 Vor- und Nachteile

Von Vor- und Nachteilen der Finanzplanung zu sprechen ist im Grunde verfehlt. Da Liquidität eine Bestandsbedingung wirtschaftlich agierender Organisationen ist, muß die Planung der Zahlungsströme beziehungsweise der Finanzmittel mit der entsprechenden Umsicht erfolgen. Dabei darf sich die Führung der NPO allerdings nicht mit einer Ein-Jahres-Planung begnügen. Finanzpläne sind mindestens auf Monatsbasis zu erstellen, um den wechselnden Anforderungen an den Zahlungsmittelbestand gerecht werden zu können. So entsteht ein vorhersehbarer Mehrbedarf z.B. durch Urlaubs- und Weihnachtsremunerationen für die angestellten Mitarbeiter; unvorhersehbarer Mehrbedarf ergibt sich z.B. durch Notfälle, in denen die NPO reagieren will oder muß (Überflutungen, Umweltschäden, Kriege, Erkrankungen von Teamspielern etc.). Mehreinzahlungen, z.B. durch Spendenüberhänge vor Weihnachten, verlangen ebenfalls nach einer mindestens monatlichen Finanzplanung.

Chancen, die durch den Einsatz des Planungsinstruments Finanzplan und einer darauf aufbauenden Kontrolle genutzt werden können, sind:

- Vermeiden von Zahlungsmittelengpässen und Illiquidität
- Optimieren der Zinsstruktur (Minimierung der Soll-Zinsen und Maximierung der Haben-Zinsen) durch Terminanpassung der Zahlungsströme
- rechtzeitiges Erkennen von Finanzlücken, die mit entsprechenden Maßnahmen ohne das Entstehen von Zahlungsmittelengpässen geschlossen werden können.

Mit der Finanzplanung und Finanzkontrolle läßt sich der direkte Zusammenhang zwischen operativen Maßnahmen, die von der Führung der NPO gesetzt werden, und ihren Auswirkungen auf den Zahlungsmittelbestand darstellen.

7.3.3 Praxisbeispiel

Fortsetzung Fallbeispiel Umweltschutzorganisation aus *Teil II Kapitel 7.2.3*

Für die Finanzplanung liegen folgende zusätzliche Informationen vor:

Der Bestand an Handelswaren wird sich in der Planperiode voraussichtlich um 2.500,- EURO erhöhen, die Forderungen werden sich um 5.000,- EURO erhöhen. Die Verbindlichkeiten aus Lieferungen und Leistungen (L+L) werden um 500,- EURO steigen.

Ein Zahlungsmittelüberschuß kann für die Tilgung des Darlehens verwendet werden.

Ein Kreditinstitut ist bereit, zur Deckung eines Zahlungsmittelfehlbetrags ein zinsenfreies Darlehen in Höhe von höchstens 20.000,- EURO zu gewähren. Der Kontokorrentkredit beträgt zu Jahresbeginn 6.125,- EURO und kann bis maximal 15.000,- EURO erhöht werden.

Abb. II 7.7

Finanzplan der Umweltschutzorganisation	
FINANZPLAN	

	Unternehmensergebnis nach Steuern	4.373
	+ nicht ausgabewirksame Aufwendungen	
	+ buchh. Abschreibung	10.075
	+ dot. Steuerrückstellung	2.253
	= Cash-flow	16.700
	Veränderungen des working capital	
	- Erhöhung der Vorräte	2.500
	- Erhöhung der Forderungen	5.000
	+ Erhöhung der Verbindlichkeiten L+L	500
	Veränderungen des working capitals	-7.000
	Veränderungen aus langfristigen Dispositionen	
	- Anschaffung Auto B	30.000
	- Anschaffung PC 4	2.400
	- Anschaffung PC 5	2.400
	Veränderungen aus langfristigen Dispositionen	-34.800
	Zahlungsmittelüberschuß/-fehlbetrag	-25.100

Zur Deckung des Zahlungsmittelfehlbetrags wird das zinsenfreie Darlehen in Höhe von 20.000,- EURO in Anspruch genommen, der Kontokorrentkredit wird um 5.100,- EURO erhöht.

7.4 Planbilanz
(Karin Exner)

> **Kurzbeschreibung**
>
> Die Planbilanz als dritte Teilrechnung der integrierten Budgetrechnung dokumentiert die Vermögens- und Kapitallage einer Organisation am Ende einer Planperiode und ergibt sich zwingend als Ableitung aus den Zahlen des Leistungsbudgets und des Finanzplans. Werden ein Leistungsbudget und ein Finanzplan erstellt und die Besonderheiten der Bilanzerstellung in NPOs berücksichtigt, ist eine Planbilanz auf der Gesamtorganisationsebene in NPOs möglich und sinnvoll.

7.4.1 Beschreibung

Die Planbilanz ergibt sich zwingend aus Leistungsbudget und Finanzplan und kann simultan mit dem Finanzplan erstellt werden, da sich jede Veränderung der einzelnen Vermögens- und Schuldpositionen auf deren Endbestand auswirkt. Da zur Zeit der Planung die Anfangsbilanz der Planungsperiode noch nicht bekannt ist, nimmt man zunächst die erwartete Schlußbilanz der laufenden Periode (= Anfangsbilanz der Planungsperiode) als Vergleichsbilanz. Nach Vorlage der tatsächlichen Eröffnungsbilanz wird die Anfangsbilanz korrigiert, was sich auch auf die Schlußbilanz, aber nicht auf den Finanzplan auswirkt.

Mittelaufbringung und Mittelverwendung bilden eine Bewegungsbilanz, die zeigt, woher die Mittel für die Organisationstätigkeit kommen und wofür sie verwendet werden. Zur Mittelherkunft gehören die Abnahme von Aktiva und die Zunahme von Passiva, zur Mittelverwendung die Zunahme des Vermögens und die Abnahme von Passiva. Bei der Erstellung der Bewegungsbilanz sollen Investitionen in das Anlagevermögen und Abschreibungen auf das Anlagevermögen brutto ausgewiesen und nicht saldiert werden.

Abb. II 7.8

Grundstruktur einer Planbilanz					
PLANBILANZ					
	Erwartung Anfangsbilanz	Ist Anfangsbilanz	Plan Schlußbilanz	Ist Schlußbilanz

Anlagevermögen
    immaterielle Vermögensgegenstände
    Sachanlagen
    Finanzanlagen				

Umlaufvermögen
    Vorräte
    Forderungen
    Wertpapiere
    flüssige Mittel				

Summe Aktiva				

Eigenkapital
    Nennkapital
    Kapitalrücklagen
    Gewinnrücklagen
    Bilanzgewinn/Bilanzverlust				

Verbindlichkeiten				
Summe Passiva				

Abb. II 7.9

Erweiterung der Planbilanz durch eine Bewegungsbilanz				
BEWEGUNGSBILANZ				
	Anfangsbilanz 1. 1. 19..	Mittel-verwendung	Mittel-aufbringung	Planbilanz 31. 12. 19..

Anlagevermögen
    immaterielle Vermögensgegenstände
    Sachanlagen
    Finanzanlagen				

Umlaufvermögen
    Vorräte
    Forderungen
    Wertpapiere
    flüssige Mittel				

Summe Aktiva				

Eigenkapital
    Nennkapital
    Kapitalrücklagen
    Gewinnrücklagen
    Bilanzgewinn/Bilanzverlust				

Verbindlichkeiten				
Summe Passiva				

7.4.2 Vor- und Nachteile

Mit der Planbilanz lassen sich die Auswirkungen von Erfolgs- und Finanzplanung auf die Vermögens- und Kapitalstruktur einer Organisation abschätzen. Die Erstellung einer Planbilanz in NPOs ist allerdings nur dann sinnvoll, wenn die NPO gesetzlich zur doppelten Buchführung und zur Bilanzierung verpflichtet ist oder diese freiwillig durchführt, da sonst der Aufwand zu groß wäre. Wenn die NPO nur eine einfache Einnahmen-Ausgaben-Rechnung durchführt und davon losgelöst einen zweiten Rechenkreis in Form einer Kostenrechnung und Budgetierung aufbaut, wird sie auf die Erstellung der Planbilanz verzichten.

7.4.3 Praxisbeispiel

Fortsetzung Fallbeispiel Umweltschutzorganisation aus *Teil II Kapitel 7.3.3*

Die Eröffungsbilanz der Umweltschutzorganisation zum 1. 1. 19.. hat folgendes Aussehen:

Abb. II 7.10

Eröffnungsbilanz der Umweltschutzorganisation			
ERÖFFNUNGSBILANZ			
AKTIVA		PASSIVA	
Anlagevermögen		Eigenkapital	
unbebaute Grundstücke	50.000	Nennkapital	50.000
Fuhrpark	5.625	Fremdkapital	
EDV	4.500	Darlehen	30.000
Betriebs- und Geschäftsausstattung	3.000	Kontokorrent	6.125
Umlaufvermögen		Verbindlichkeiten L+L	3.500
Handelswaren	10.000		
Forderungen	15.000		
Kasse/Bank	1.500		
Summe Aktiva	89.625	Summe Passiva	89.625

Abb. II 7.11

Planbilanz (inkl. Planbewegungsbilanz) der Umweltschutzorganisation				
PLANBILANZ				
	Anfangsbilanz 1. 1. 19..	Mittel- verwendung	Mittel- aufbringung	Planbilanz 31. 12. 19..
Anlagevermögen				
Forschungsgrundstück	50.000			50.000
Fuhrpark	5.625	30.000	5.625	30.000
EDV	4.500	4.800	3.450	5.850
Betriebs- und Geschäftsausstattung	3.000		1.000	2.000
Umlaufvermögen				
Handelsware	10.000	2.500		12.500
Forderungen	15.000	5.000		20.000
Kasse/Bank	1.500			1.500
Summe Aktiva	89.625	42.300	10.075	121.850
Eigenkapital				
Nennkapital	50.000			50.000
Gewinn			4.373	4.373
Fremdkapital				
Darlehen 1	30.000			30.000
Darlehen 2 (zinsenfrei)			20.000	20.000
Kontokorrent	6.125		5.100	11.225
Steuerrückstellung			2.253	2.253
Verbindlichkeiten L+L	3.500		500	4.000
Summe Passiva	89.625			121.850

7.5 Soll-Ist-Vergleich

(Karin Exner)

Kurzbeschreibung

Der Soll-Ist-Vergleich ist ein zentrales Instrument der operativen Kontrolle. Die Ist-Daten werden erfaßt und den durch das Budget vorgegebenen Plandaten gegenübergestellt, Abweichungen werden festgestellt, und aufgrund von Abweichungsanalysen werden Korrekturmaßnahmen vorgeschlagen und veranlaßt.

Der Soll-Ist-Vergleich muß unterjährig, das heißt monatlich oder zumindest quartalsweise erfolgen, um Korrekturmaßnahmen rechtzeitig vor Abschluß der Planungsperiode durchführen zu können.

7.5.1 Beschreibung

Der Zusammenhang zwischen Planung und Kontrolle läßt sich am besten als kybernetisches Regelkreismodell darstellen:

Abb. II 7.12

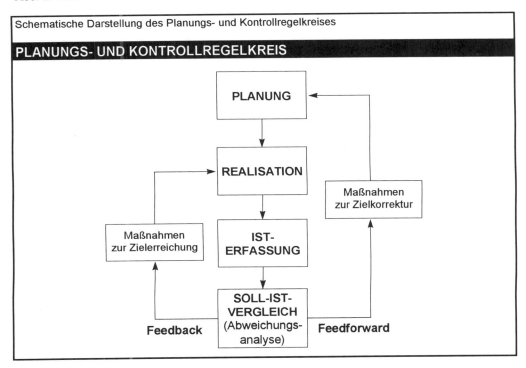

Quelle: Weber, 1991, S. 162

Planung und Kontrolle ergänzen einander innerhalb des betrieblichen Planungssystems. In der Planung werden Vorgaben festgelegt, deren Erreichen im Rahmen der Kontrolle überprüft wird. Kontrolle ohne Planung ist nicht möglich. Die Überprüfung der Qualität der Ist-Werte setzt die Existenz von (geplanten) Soll-Werten voraus. Umgekehrt wäre Planung ohne Kontrolle wenig sinnvoll.

Die Kontrolle darf im Sinne einer modernen Führung (die durch Controlling unterstützt wird) aber nicht die Funktion der Schuldsuche und Schuldzuweisung haben. Vielmehr sind drei Funktionen der Kontrolle zu unterscheiden:

- Sicherungs- oder Präventivfunktion: Förderung zielkonformen Verhaltens durch bloße Existenz der Kontrolle.

- Korrekturfunktion: Werden durch die Kontrolle Abweichungen festgestellt (vor Ablauf der Planungsperiode), so können Korrekturmaßnahmen rechtzeitig eingeleitet werden, um die Ziele zum Ende der Planungsperiode noch zu erreichen.
- Planungsbeurteilungsfunktion: Gründe für Abweichungen können auch in der (unrealistischen) Planung liegen. Unrealistische Planzahlen müssen erkannt werden, um daraus Maßnahmen für künftige Planungen abzuleiten.

Der Kontrollvorgang läßt sich in folgende Phasen zerlegen:

Festlegen der Kontrollmaßstäbe: Voraussetzung für den Vergleich ist die Existenz von Vergleichsmaßstäben, die in der Regel den Budgets entnommene Leistungen beziehungsweise Kosten sind. Die Häufigkeit der Kontrolle hängt von der Bedeutung und Veränderungsanfälligkeit der Plandaten ab.

Ermittlung der Ist-Daten: Soll und Ist müssen wirklich vergleichbar sein, und zwar sowohl in sachlicher als auch in zeitlicher Hinsicht.

Feststellung der Abweichungen gegenüber den Budgetzahlen (Soll): Der Kontrolle positiver Abweichungen (Soll übererfüllt) und negativer Abweichungen (Soll nicht erfüllt) muß die gleiche Aufmerksamkeit gewidmet werden. Die Übererfüllung in einem Teilbereich kann negative Auswirkungen auf die Gesamtorganisation haben.

Erstellen einer Abweichungsanalyse: Im Rahmen der Abweichungsanalyse wird versucht, die Ursachen festgestellter Abweichungen zu ermitteln. Dabei kann es sich um

1. mengen- oder preisbedingte Veränderungen der Erlöse beziehungsweise
2. mengen- oder preisbedingte Veränderungen der Kosten handeln.

Erlösabweichungen werden durch Veränderung der abgesetzten Mengen oder durch Veränderung der Preise der Leistungen verursacht. Man unterscheidet daher Absatz- und Verkaufspreisabweichungen.

Berechnung der Absatzabweichung:

	Planmenge	x	Planpreis
−	Ist-Menge	x	Planpreis
=	Mehr-/Minder-Absatz (zu Planpreisen)		

Dabei muß beachtet werden, daß eine Veränderung der abgesetzten Leistungsmengen auch zu Änderungen der variablen Kosten führt.

Bei den Kostenabweichungen unterscheidet man Preisabweichungen, die sowohl fixe Kosten (z. B. Gehälter) als auch variable Kosten (z. B. stundenweise bezahlte freie Mitarbeiter) betreffen können, und Mengenabweichungen. Die Mengenabweichung wird weiter in Beschäftigungsabweichung und Verbrauchsabweichung unterteilt.

Berechnung der Preisabweichung:

        Ist-Menge   x   Planpreis
−   Ist-Menge   x   Ist-Preis
=   Preisabweichung

Die Beschäftigungsabweichung gibt Auskunft über nicht ausgelastete Fixkosten (Leerkosten).

Berechnung der Beschäftigungsabweichung:

        Soll-Kosten (reale Plankosten bei Ist-Beschäftigung)
−   verrechnete Kosten (ideale Plankosten bei Ist-Beschäftigung)
        Beschäftigungsabweichung

Verbrauchsabweichungen entstehen durch einen Mehr- oder Minderverbrauch, d.h. durch einen geringeren oder höheren Einsatz der Produktionsfaktoren.

Berechnung der Verbrauchsabweichung:

        Planmenge   x   Planpreis
−   Ist-Menge   x   Planpreis
=   Verbrauchsabweichung

Aus wirtschaftlichen Gründen ist es sinnvoll, nur solche Abweichungen zu analysieren, die eine bestimmte Toleranzgrenze überschreiten. Aufgabe des Controllers ist es, aufgrund der Analyse der Abweichungen Vorschläge für Gegensteuerungsmaßnahmen auszuarbeiten.

Schlußfolgerung und Einleitung von Korrekturmaßnahmen beziehungsweise Maßnahmen der Plananpassung: Im Anschluß an die Abweichungsanalyse müssen Abweichungsgespräche stattfinden, bei denen eventuell notwendige Korrekturmaßnahmen zu diskutieren sind.

Ein monatlicher Soll-Ist-Vergleich hat folgendes Aussehen.

Abb. II 7.13

Monatlicher Soll-Ist-Vergleich						
SOLL-IST-VERGLEICH						
Informationen Mai 19..						
Nr.	Budgetposition	Budget 19..	Soll Mai 19..	Ist Mai 19..	Soll-Ist-Vergleich abs. / %	Kommentar
	1	2	3	4	5 / 6	7

Zusätzlich zum monatlichen Soll-Ist-Vergleich können auch Abweichungen der gesamten vergangenen Budgetperiode berichtet werden:

Abb. II 7.14

Soll-Ist-Vergleich der gesamten vergangenen Budgetperiode						
SOLL-IST-VERGLEICH KUMULIERT						
Informationen per Mai 19.. (kumuliert)						
Nr.	Budgetposition	Budget 19..	Soll Jan. - Mai	Ist Jan. - Mai	Soll-Ist-Vergleich abs. / %	Kommentar
	1	2	3	4	5 / 6	7

7.5.2 Vor- und Nachteile

Der Soll-Ist-Vergleich ist ein vergangenheitsorientiertes Instrument, das dazu verleitet, nach Schuldigen zu suchen. Bei Planabweichungen lautet die erste Frage oft „Wie konnte das geschehen?". Ziel des Soll-Ist-Vergleichs darf nicht die Suche nach Schuldigen für vergangene Planabweichungen sein, sondern das Lernen aus Erfahrung, aus der Analyse der Abweichungen. Die Frage: „Was können wir besser machen?" soll im Vordergrund stehen und die Führung der Organisation ermöglichen.

Um als controllinggerechtes Instrument bezeichnet werden zu können, sollte der Soll-Ist-Vergleich um eine Erwartungsrechnung erweitert werden, die hilft, die Auswirkungen der aktuellen Entwicklung auf die gesamte Planungsperiode zu berücksichtigen.

An dieser Stelle soll betont werden, daß es nicht das Ziel sein kann, Kosten zu unterschreiten und Leistungen zu überschreiten. Aufgrund der gegenseitigen Abhängigkeit der Teilpläne einer Organisation muß versucht werden, die Ziele möglichst punktgenau einzuhalten. Das darf aber nicht dazu führen, daß budgetierte, aber nicht verbrauchte Beträge am Ende des Budgetjahres noch ausgegeben werden, obwohl dies für die Aufgabenerfüllung nicht erforderlich ist.

7.5.3 Praxisbeispiel

Fortsetzung Fallbeispiel Umweltschutzorganisation aus *Teil II Kapitel 7.4.3*

Abb. II 7.15

Quartals-Soll-Ist-Vergleich der Umweltschutzorganisation

SOLL-IST-VERGLEICH UMWELTSCHUTZORGANISATION

Budgetposition	Plan	Ist	Abweichung abs.	%	Kommentar
Erlöse					
aus Mitgliedsbeiträgen	60.000	58.000	-2.000	-3,33%	Austritt von 20 Mitgliedern
aus sonstigen Spenden	75.000	67.500	-7.500	-10,00%	geringere durchschnittliche Spendenhöhe
öffentliche Förderung	0	0	0		
Verkauf von Handelswaren					
Kappen	16000	15000	-1.000	-6,25%	50 Kappen weniger abgesetzt
T-Shirts	27000	30000	3.000	11,11%	100 T-Shirts mehr abgesetzt
Stofftiere	3000	2250	-750	-25,00%	15 Stofftiere weniger abgesetzt
Aufkleber	200	250	50	25,00%	50 Aufkleber mehr abgesetzt
Schlüsselanhänger	1200	1000	-200	-16,67%	50 Schlüsselanhänger mehr abgesetzt
Summe Erlöse	135.000	125.500	-9.500	-7,04%	
Kosten					
Umweltschutzprojekte					
Projektmitarbeiter	13.650	13.650	0	0,00%	
Mitgliederbetreuer	6.825	6.825	0	0,00%	
freie Mitarbeiter	10.000	12.000	2.000	20,00%	Erhöhung des Stundenlohns
Reisekosten	2.000	2.400	400	20,00%	Treibstofferhöhung
Mitgliederaussendungen	2.500	2.600	100	4,00%	schwerere Aussendung, daher höheres Porto
Sachkosten	7.500	8.000	500	6,67%	höhere Druckkosten
Forschungsprojekte					
2 Forschungsmitarbeiter	27.300	27.300	0	0,00%	
Reisekosten	1.500	1.000	-500	-33,33%	geplante Reise verschoben
Sachkosten	2.500	2.600	100	4,00%	teurere Analysemethode
Publikationskosten	3.000	0	-3.000	-100,00%	keine Veröffentlichung
Verkauf Handelswaren					
Wareneinsatz					
Kappen	8000	8250	250	3,13%	50 Kappen weniger abgesetzt, Preiserhöhung
T-Shirts	9900	11000	1.100	11,11%	100 T-Shirts mehr abgesetzt
Stofftiere	2160	1620	-540	-25,00%	15 Stofftiere weniger abgesetzt
Aufkleber	60	75	15	25,00%	50 Aufkleber mehr abgesetzt
Schlüsselanhänger	900	750	-150	-16,67%	50 Schlüsselanhänger mehr abgesetzt
Flugblatt	1.000	1.200	200	20,00%	höhere Druckkosten
Merchandising Manager	6.825	6.825	0	0,00%	
nicht direkt zurechenbar					
Geschäftsführer	13.650	13.650	0	0,00%	
Büromiete	3.000	3.000	0	0,00%	
Betriebskosten (inkl. Telefon)	4.500	6.000	1.500	33,33%	höhere Telefonkosten
Beratungskosten	500	500	0	0,00%	
kalk. Abschreibung	3.275	3.275	0	0,00%	
kalk. Zinsen	1.125	1.125	0	0,00%	
Summe Kosten	131.670	132.895	1.225	0,93%	
Betriebsergebnis	3.330	-7.395	-10.725	-322,07%	

Abb. II 7.16

Abweichungsanalyse Budgetposition Kappen					
ABWEICHUNGSANALYSE					
Abweichungsanalyse: Budgetposition Kappen					
Planmenge	800				
Planeinstandspreis	10				
Ist-Menge	750				
Ist-Einstandspreis	11				
Budget	Soll-Kosten	Ist-Kosten	Verbrauchs-abweichung	Preisabweichung	
8.000	7.500	8.250	500	-750	

7.6 Erwartungsrechnung
(Rolf Eschenbach)

Kurzbeschreibung

Die Erwartungsrechnung ist eine einfache, zukunftsorientierte und deshalb controllinggerechte Form des Soll-Ist-Vergleichs. Sie wird auch Soll-Wird-Vergleich genannt. Die Erwartungsrechnung sollte als bewährtes betriebswirtschaftliches Lenkungsinstrument in keiner NPO fehlen. Sie dient dazu, den Ausnutzungs-/Erfüllungsgrad eines Budgets während der Laufzeit einer Budgetperiode transparent zu machen, zu kontrollieren und den voraussichtlichen Grad der Ausnutzung/Zielerfüllung zum Ende der Budgetperiode abzuschätzen. Erwartungsrechnungen können sowohl für operative als auch für strategische Budgets vorgenommen werden. Auch für nichtmonetäre Größen (z.B. Anzahl der Mitarbeiter, Bekanntheitsgrad, sportliche Leistungen) können Erwartungsrechnungen aufgestellt werden.

7.6.1 Beschreibung

Die Erwartungsrechnung geht von den geplanten Zielen einer Periode aus, die man auch als Budget oder als Soll bezeichnen kann. Im operativen Bereich umfaßt eine Budgetperiode zumeist ein Jahr, maximal drei Jahre. Die Budgets enthalten zumeist Kosten/Aufwendungen/Ausgaben oder Leistungen/Erträge/Einnahmen. Aber auch Investitionen, Kopfzahlen, Marktanteile, Bekanntheitsgrad, Auslastungsgrad und ähnliche Größen werden budgetiert und dadurch in Erwartungsrechnungen erfaßt.

In der Regel werden die Planzahlen (Soll) in monatlichen Abständen mit den tatsächlich erreichten Ist-Werten verglichen. Dabei werden positive und negative Abweichungen des Ist vom Soll ermittelt. Solche Abweichungen können Ausgabenüber- und -unterschreitungen beziehungsweise Einnahmenunter- und -überschreitungen sein. Das gleiche gilt sinngemäß für Kosten/Leistungen und Aufwendungen/Erträge sowie für alle anderen Planpositionen.

Für die Lenkung einer NPO kommt es jedoch nicht so sehr auf die Dokumentation der Vergangenheit einschließlich etwaiger Abweichungen an. Viel wichtiger ist es, abzuschätzen, wie sich zukünftige Planperioden oder Teile von Planperioden entwickeln werden. Der herkömmliche Soll-Ist-Vergleich analysiert in erster Linie die Vergangenheit. Liegen Planabweichungen vor – und diese sind die Regel –, drängt sich als erstes die Frage auf: „Wie konnte das geschehen?" Diese Frage lenkt den Blick in die Vergangenheit, an der nichts mehr zu ändern ist. Die richtigen Fragen müssen lauten: „Wie geht es weiter?", „Können wir in der Budgetperiode die eingetretenen Planabweichung wieder ausbügeln oder anderweitig kompensieren?", „Können wir trotz Abweichungen im Einzelfall die wichtigsten Eckdaten der Planung noch erreichen?", „Welche Maßnahmen müssen und können während der Planperiode noch ergriffen werden, um am Ende der Budgetperiode eine möglichst genaue Zielerfüllung zu erreichen?"

Es kommt nicht darauf an, Kostenbudgets möglichst zu unterschreiten und Leistungsbudgets zu überschreiten. Weil die verschiedenen Einzelbudgets einer Organisation auf vielfältige Weise voneinander abhängen, ist vielmehr anzustreben, die vereinbarten Ziele (Pläne, Budgets) möglichst punktgenau zu erreichen. Um das zu gewährleisten, müssen von Zeit zu Zeit Erwartungsrechnungen aufgestellt werden, in denen es in erster Linie darauf ankommt, die noch verbliebene Zeit der Budgetperiode zu analysieren und für Maßnahmen im Interesse der Zielerfüllung zu nutzen.

Die einfachste Form einer Erwartungsrechnung hat folgendes Bild:

Abb. II 7.17

Einfachste Form der Erwartungsrechnung				
EINFACHE ERWARTUNGSRECHNUNG				
Nr.	Budget/Plan/Soll 19..	Ist per 31. 3. 19..	Erwartung April - Dez. 19..	vorauss. Ist per 31. 12. 19..
1	2	3	4	5

Spalte 3 zwingt dazu, die im Budgetzeitraum bisher zurückgelegte Zeit zu überdenken und anschließend den Rest der Budgetperiode (Spalte 4) neu zu planen, womit erheblicher Aufwand verbunden sein kann. Daher wird die Erwartungsrechnung in monatlichen Abständen in der Regel nur bei großen Budgets vorgenommen oder bei solchen, die wegen häufiger Abweichungen der genaueren Überwachung bedürfen. Bei weniger sensiblen Budgets kann man auch mit vierteljährlichen Abständen auskommen. Bei Projekten mit vergleichsweise kurzer Laufdauer, wie z.B. einem Kongreß, einem Sportereignis, einem Kirchentag, wird man mit einer Erwartungsrechnung arbeiten, die z.B. die erwarteten Teilnehmer, die Teilnehmergebühren oder den Aufwand für die Verpflegung in kürzeren Abständen als einem Monat erfaßt. Strategische Erwartungsrechnungen wird man in halbjährlichen oder jährlichen Abständen aufstellen.

Die Erwartungsrechnung läßt sich durch weitere Spalten noch informativer gestalten.

Abb. II 7.18

Erweiterte Form einer Erwartungsrechnung							
ERWEITERTE ERWARTUNGSRECHNUNG							
Nr.	Budget/Plan/Soll 19..	Soll per 31. 3. 19..	Ist per 31. 3. 19..	Vorjahr 19.. per 31. 3.	Erwartung April - Dez. 19..	Vorjahr 19.. April - Dez.	vorauss. Ist per 31. 12. 19..
1	2	3	4	5	6	7	8

In zusätzlichen Spalten kann man etwa Prozentanteile oder Ergebnisse der vorausgegangenen Periode ausweisen. Der Kreativität sind kaum Grenzen gesetzt, allerdings muß vor Perfektionismus gewarnt werden: Keine unübersichtlichen Zahlenfriedhöfe schaffen! Deshalb ist es unerläßlich, sich auf die Daten zu beschränken, die notwendige Informationen für die Bewältigung der restlichen Budgetperiode liefern. Die Überfütterung des Managements mit Informationen verursacht nicht allein Kosten, sondern raubt auch kostbare Zeit. Bei der Auswahl von Informationen ist eine Testfrage zu stellen: Benötigt der Informationsempfänger die Information, um seine Aufgaben zu erfüllen? Eine vernünftige Antwort setzt freilich voraus, daß der Informationsabsender die Aufgaben des Informationsempfängers genau kennt. Informationen zur Befriedigung von Neugierde oder Prestigeansprüchen einzusetzen ist nicht vernünftig und ein kostenträchtiger Mißbrauch, den Informationsabsender, z.B. Controller, nicht mitmachen sollten.

Die Ausgestaltung der Erwartungsrechnung findet ihre natürliche Grenze im Papierformat A4 quer. Faltungen sind nicht empfängerorientiert. Der Leser – zumal der, der nicht täglich mit solchen Listen hantiert – verliert sehr bald die Lust, sich mit komplizierten Klappmechanismen herumzuschlagen und wird bald versucht sein, solche Berichte als „Bürokratenkram" ungelesen beiseite zu legen.

Wichtiger noch als die Gestaltung der Listen ist ihre Nutzung. Abweichungen des voraussichtlichen Ist zum Ende der Planperiode von den Budgetansätzen dieser Periode müssen zwangsläufig die Frage nach Korrekturmöglichkeiten während der noch verbleibenden Zeit hervorrufen. Können Überschreitungen bei einer Kostenart durch Einsparungen bei einer anderen Kostenart ausgeglichen werden? Wenn im Kostenbereich kein Ausgleich möglich erscheint, können dann die unvermeidlichen Kostenüberschreitungen durch Leistungsverbesserungen kompensiert werden? Können beispielsweise mehr Spenden eingeworben oder mehr Fanartikel verkauft werden, oder kann man deren Preise anheben?

7.6.2 Vor- und Nachteile

Wer auf ein modernes Lenkungsinstrument wie die Erwartungsrechnung verzichtet, ist darauf angewiesen, das Ende einer Berichtsperiode (meist das Ende des Geschäftsjahres) abzuwarten, um den wirtschaftlichen Erfolg oder Mißerfolg des abgelaufenen Jahres aus dem Jahresabschluß erkennen zu können (Nikolauseffekt). Diese Abrechnung erfolgt meist in der Mitgliederversammlung, in der Generalversammlung oder bei ähnlichen Gelegenheiten. Das Ende der Berichtsperiode liegt dann oft schon Monate zurück, und am Erfolg oder Mißerfolg der Berichtsperiode ist nichts mehr zu ändern. Außerdem sind auch schon wertvolle Monate der laufenden Periode verstrichen, an deren Ergebnissen nichts mehr zu ändern ist. Aus dieser Sichtweise bietet die Erwartungsrechnung ausschließlich Vorteile.

Falsch angewandt, kann die Erwartungsrechnung als eine Sammlung von Schuldbeweisen interpretiert werden. Abweichungen sind zunächst jedoch keineswegs Schuldbeweise, können sich allerdings als solche herausstellen. Zunächst signalisieren sie lediglich, ob Ziele voraussichtlich erreicht oder nicht erreicht werden, und stellen eine Aufforderung an die Leitung der NPO dar, über Korrekturmaßnahmen nachzudenken, solche in die Wege zu leiten und gegebenenfalls über den Erfolg der Maßnahmen Rechenschaft abzulegen. Daß Erwartungsrechnungen Zeit (Geld) kosten, liegt auf der Hand. Tatsache ist, daß im Nicht-NPO Bereich Erwartungsrechnungen zur instrumentellen Grundausstattung eines Unternehmens gehören und Controlling dort ohne Erwartungsrechnung undenkbar ist.

7.6.3 Praxisbeispiel

Die nachfolgenden Beispiele zeigen die vielfältigen Einsatzmöglichkeiten der Erwartungsrechnung.

Abb. II 7.19

Monatliche Erwartungsrechnung für den Vorstand eines Sportvereins – Ausgaben und Einnahmen						
ERWARTUNGSRECHNUNG EINES SPORTVEREINS						
Erwartungsrechnung Mai 19..						
Nr.	Budgetposition	Ist 19.. (Vorjahr)	Plan 19..	Soll per 31. 5. 19..	Ist per 31. 5. 19..	Erwartung 6. - 12. 19..
1	2	3	4	5	6	7
2	Betriebserfolg					
3	Einnahmen					
4	Wettspiele					
5	Meisterschaft					
6	Cup					
7	Sonstiges					
8	Sponsoren					
9	Werbung					
10	Bandenwerbung					
11	Trikotwerbung					
12	Ausstatter					
13	Durchsagen					
14	Sonstiges					
15	Vereinszeitung					
16	Inserate					
17	Verkauf					
18	Linzenzeinnahmen					
19	Fanmaterial					
20	Mitgliedsbeiträge					
21	Leihgebühren					
22	Sonstiges					
23	Σ Einnahmen					
24	Ausgaben					
25	Personal					
26	Spieler					
27	Trainer					
28	Verwaltung					
29	Sonstige (Arzt, Zeugwart ...)					
30	Spielbetrieb					
31	Schiedsrichter					
32	Trainingsplatz					
33	Abgaben					
34	Reise- u. Aufenthaltskosten					
35	Instandhaltung					
36	Sachausgaben					
37	Zeitung					
38	Fanmaterial					
39	Medikamente usw.					
40	Sportutensilien					
41	Σ Ausgaben					
42	Betriebserfolg (23-41)					

Nr.											
43	Finanzerfolg										
44	Einnahmen										
45	aus Beteiligungen										
46	Zinsen										
47	Σ Einnahmen										
48	Ausgaben										
49	für Beteiligungen										
50	Zinsen										
51	Σ Ausgaben										
52	Finanzerfolg (47-51)										
53	Außerordentliches Ergebnis										
54	Einnahmen										
55	Transfers										
56	Spenden, Zuschüsse										
57	Leihgebühren										
58	Sonstiges										
59	Σ Einnahmen										
60	Ausgaben										
61	Transfers										
62	Leihgebühren										
63	Sonstiges										
64	Σ Ausgaben										
65	Außerordentl. Ergebnis (59-64)										
66	Saldo aus gesamter Geschäftstätigkeit (42+52+65)										

Abb. II 7.20

Quartalserwartungsrechnung für einen Gemeindepfarrer – Gottesdienste und Amtshandlungen

ERWARTUNGSRECHNUNG FÜR EINEN GEMEINDEPFARRER

Erwartungsrechnung 2. Quartal 19..

Nr.	Ereignis	Ist 19.. (Vorjahr)			Plan 19..			Ist per 30. 6. 19..			Erwartung VII - XII 19..			Vorauss. Ist 19..		
		Anzahl	Teiln.	Kollekte	Anzahl	Teiln.	Kollekte	Anzahl	Teiln.	Kollekte	Anzahl	Teiln.	Kollekte	Anzahl	Teiln.	Kollekte
1	2	3	4	5	6	7	8	9	10	11	12	13	14	15	16	17
2	Schülergottesd.															
3	Kindergottesd.															
4	Festtagsgottesd.															
5	Sonntagsgottesd.															
6	Taufen															
7	Konfirmationen															
8	Trauungen															
9	Beerdigungen usw.															

Abb. II 7.21

Jährliche strategische Erwartungsrechnung für eine Religionsgemeinschaft				
STRATEGISCHE ERWARTUNGSRECHNUNG				
Nr.	Maßnahme 19..	Ist 31. 12. 19.. (laufendes Jahr)	Erwartung bis 31. 12. 19.. (Folgejahre)	vorauss. Ist per 31. 12. 19.. (Ende d. Planperiode)
1	2	3	4	5
2	Horizont 1 Jahr			
3	Verbesserung bestehender Führungsinstrumente	erledigt	-	-
4	Erweiterung der Autonomie der Gruppenleiter	erledigt	-	-
5	Überarbeitung des individuellen Anreizsystems	verschoben auf nächstes Jahr	-	-
6	Verbesserung des Informationsflusses innerhalb der Gemeinden	begonnen; Ende erst nächstes Jahr	-	-
7	Einsatz eines PR-Beraters	begonnen; Ende erst nächstes Jahr	-	-
8	Horizont 2 Jahre			
9	Einführung neuer Führungsinstrumente	in 3 Pilotgemeinden begonnen	Erfassung restlicher Gemeinden	planmäßiger Abschluß
10	Einführung von Projektteams	noch nicht begonnen	Einführung vorgesehen	planmäßiger Abschluß, evt. 1/2 Jahr Verzögerung
11	Horizont 3 Jahre			
12	Reorganisation der Aus- und Fortbildung der Mitarbeiter	usw.	usw.	usw.
13	Einführung einer Personalbedarfsplanung			
14	Maßnahmen zur Entlastung der Gemeindepfarrer			
15	Verbesserung des Planungswesens der Gemeinden			
16	Horizont 5 Jahre			
17	Klare und einheitliche Positionierung der Kirche in der Öffentlichkeit			
18	praxisnähere Ausbildung der geistlichen Amtsträger			
19	Bilden einer Betreuungskette im Jugendbereich			
20	Institutionalisierung eines Besuchsdienstes auf Gemeindeebene			

7.7 Kennzahlen
(Karin Exner)

Kurzbeschreibung

Die Ermittlung von Kennzahlen dient einerseits dazu, den Entscheidungsträgern einen raschen Überblick über die wichtigsten Daten des Unternehmens zu geben, andererseits ermöglichen sie einen Zeitvergleich, einen Betriebsvergleich sowie einen Soll-Ist-Vergleich. Um Kennzahlen als Führungsinstrument zu verwenden, dürfen einzelne Kennzahlen nicht isoliert betrachtet werden, sondern müssen zu einem System einander ergänzender Kennzahlen zusammengefaßt werden.

7.7.1 Beschreibung

Kennzahlen sind quantitative Daten, die in konzentrierter Form über wirtschaftliche Fakten, Tendenzen und Vorgänge informieren sollen und einen raschen Überblick über die Situation und Entwicklung der Organisation erlauben.

Man unterscheidet folgende Arten von Kennzahlen:

- absolute Zahlen
    - Einzelzahlen
    - Summen
    - Differenzen
    - Mittelwerte

und

- Verhältniszahlen
    - Gliederungszahlen
    - Beziehungszahlen
    - Indexzahlen.

Die begrenzte Aussagefähigkeit einzelner Kennzahlen kann durch die Verknüpfung mehrerer Kennzahlen und die Entwicklung von Kennzahlensystemen gesteigert werden.

Für NPOs kommen Kennzahlen nur dort in Betracht, wo Vorgänge direkt quantitativ oder qualitative Abläufe indirekt über Indikatoren in Zahlenform dargestellt werden können. Die

Entwicklung allgemeingültiger Kennzahlen ist aufgrund der Heterogenität von NPOs nicht möglich. Es ist daher Aufgabe des Controllers, ein an die Bedürfnisse der NPO angepaßtes Kennzahlensystem aufzubauen. Hat die NPO mehrere Leistungsbereiche (im Beispiel der Umweltschutzorganisation: allgemeine Umweltschutzprojekte, die durch Mitglieder und Spenden finanziert werden, Forschungsprojekte und Verkauf von Handelswaren), so empfiehlt es sich, für die verschiedenen Leistungsbereiche auch unterschiedliche Kennzahlen zu entwickeln.

Abb. II 7.22

Kennzahlen für unterschiedliche Leistungsbereiche der Umweltschutzorganisation		
KENNZAHLEN DER LEISTUNGSBEREICHE		
Umweltschutzprojekte	Forschungsprojekte	Verkauf von Handelswaren
Kosten pro Zahlungseinheit Mitgliedsbeiträge + Spenden	Anzahl Veröffentlichungen Kosten pro Veröffentlichung	Umschlagshäufigkeit und Umschlagsdauer des Warenlagers

Während gewinnorientierte Unternehmen im allgemeinen die Ziele Rentabilität, Liquidität, Sicherheit und Unabhängigkeit verfolgen, hat bei NPOs die Liquidität als positiver Zahlungsmittelbestand und als permanente Zahlungsfähigkeit vorrangige Bedeutung. Auf Gesamtorganisationsebene ist es daher sinnvoll, finanzwirtschaftliche Kennzahlen zur Beobachtung und Evaluierung der Liquidität einzusetzen.

Aus der Bilanz können Liquiditätsgrade ermittelt werden, das sind Deckungsverhältnisse von Vermögensteilen zu Verbindlichkeiten einer Organisation:

$$\text{Liquidität 1. Grades} = \frac{\text{liquide Mittel}}{\text{kurzfristige Verbindlichkeiten}}$$

$$\text{Liquidität 2. Grades} = \frac{\text{kurzfristiges UV exkl. Vorräte und Anzahlungen}}{\text{kurzfristige Verbindlichkeiten}}$$

$$\text{Liquidität 3. Grades} = \frac{\text{UV}}{\text{kurzfristige Verbindlichkeiten}}$$

Der Vergleich von Liquiditätsgraden gibt allerdings nur Aufschluß über die Entwicklung der Liquidität, eignet sich jedoch nicht zur Steuerung der zukünftigen Zahlungsbereitschaft. Zur Sicherung der Zahlungsbereitschaft empfiehlt es sich, Finanzpläne aufzustellen. *(siehe Teil II Kapitel 7.3)*

Das working capital ist eine Liquiditätskennzahl, die zeigen soll, inwiefern die Organisation ihre kurzfristigen Verbindlichkeiten aus dem Umlaufvermögen (UV) tilgen kann. Es berechnet sich als Differenz aus dem Umlaufvermögen und den kurzfristigen Verbindlichkeiten:

Working capital = UV - kurzfristige Verbindlichkeiten

Aufschlußreicher ist die Beobachtung des Verhältnisses von Cash-flow zum Fremdkapital. Der Cash-flow (zur Cash-flow-Berechnung *siehe Teil II Kapitel 5.3*) gibt an, wie viele Mittel aus der Organisationstätigkeit in einer Periode zur Innenfinanzierung verwendet werden können.

Der Quotient aus Verbindlichkeiten/Cash-flow zeigt an, in welcher Zeit die Organisation theoretisch in der Lage wäre, ihre Schulden zu tilgen, wenn sie keine Investitionen mehr tätigt:

$$\text{Schuldentilgungsdauer} = \frac{\text{Verbindlichkeiten}}{\text{Cash-flow}}$$

Je größer dieser Quotient ist, d.h. je länger die Organisation brauchen würde, um ihre Verbindlichkeiten zurückzuzahlen, um so geringer ist die Finanzierungskraft der Organisation.

Durch die Berechnung von Umschlagshäufigkeiten kann festgestellt werden, wie oft sich bestimmte Vermögenspositionen in einer bestimmten Periode erneuern. Die Berechnung der Umschlagshäufigkeit erfolgt in der Regel für alle mit dem Waren- beziehungsweise Leistungsdurchlauf zusammenhängenden Positionen (Debitoren, Kreditoren, Warenlager):

$$\text{Umschlagshäufigkeit des Warenlagers} = \frac{\text{Wareneinsatz (Umsatz zu Einstandspreisen)}}{\text{durchschnittliches Warenlager (zu Einstandspreisen)}}$$

Aus der Umschlagshäufigkeit läßt sich die durchschnittliche Umschlagsdauer der jeweiligen Vermögensposition ermitteln:

$$\text{Umschlagsdauer} = \frac{365 \text{ (Jahrestage)}}{\text{Umschlagshäufigkeit}}$$

Da qualitative Ziele in NPOs eine besonders große Rolle spielen, versucht man, mit der Indikatorenrechnung qualitative Vorgänge indirekt über meßbare quantitative Größen zu messen. Die Indikatorenrechnung besteht aus einer Auswahl von Indikatoren, die die relevanten qualitativen Vorgänge in einer Organisation möglichst realitätsnah erfassen und abbilden sollen. Der Aufbau ist dementsprechend organisationsspezifisch zu gestalten, generell gültige Rechenschemen sind nicht anwendbar.

7.7.2 Vor- und Nachteile

Kennzahlen können ein wertvolles Instrument der Unternehmensführung sein, wenn man sich der Grenzen und damit der Gefahren bewußt ist, die mit ihnen verbunden sind. Kennzahlen beziehungsweise Kennzahlensysteme erfassen quantifizierbare Sachverhalte, während qualitative Aspekte dabei weitgehend unberücksichtigt bleiben. Kennzahlen müssen stets in einem

Gesamtzusammenhang gesehen werden und benötigen daher in der Regel eine kompetente Interpretation. Dadurch lassen sich die quantitativen Ergebnisse durch qualitative Aussagen ergänzen.

7.7.3 Praxisbeispiel

Fortsetzung Fallbeispiel Umweltschutzorganisation aus *Teil II Kapitel 7.5.3*

Abb. II 7.23

Kennzahlensystem der Umweltschutzorganisation		
KENNZAHLEN DER UMWELTSCHUTZORGANISATION		
Umweltschutzprojekte		
Kosten pro EURO Mitgliedsbeitrag + Spenden		0,51
Forschungsprojekte		
Anzahl Veröffentlichungen		2
Kosten pro Veröffentlichung		65.850
Handelswaren		
Umschlagshäufigkeit Handelswarenlager		4,23
Umschlagsdauer Handelswarenlager (in Tagen)		86,27
Finanzwirtschaftliche Kennzahlen		
Cash-flow		16.700
Schuldentilgungsdauer (in Jahren)		4,04
	zu Jahresbeginn	am Jahresende
working capital	16.875	16.523
Liquidität 1. Grades	15,58%	8,58%
Liquidität 2. Grades	171,43%	123,02%
Liquidität 3. Grades	275,32%	194,54%

Abb. II 7.24

Indikatoren Soll-Ist-Vergleich zur laufenden Überwachung der Sachzielerreichung einer wissenschaftlichen Hochschule				
INDIKATORENRECHNUNG				
	SOLL-IST-VERGLEICH	Ist	Plan/Soll	Abweichung
	Zahl inländischer Studenten Zahl ausländischer Studenten Verhältnis Bewerber/Studienplatz Abbrecherquote Durchfallquote Vordiplom Durchschnittsnote Vordiplom Durchfallquote Diplom Durchschnittsnote Diplom			
	Termintreue der Lehrveranstaltungen Anteil externer Dozenten Beurteilung Lehrveranstaltungen (*) Beurteilung Prüfungsfächer (**) Belastung der Hochschullehrer			
	Anfangsgehalt der Absolventen			
	Wissenschaftliche Vorträge/HL Zahl ausgerichteter Tagungen/Kongresse Veröffentlichungen A/HL (***) Veröffentlichungen B/HL (****) Erschienene Bücher			
	Abgeschlossene Promotionen Abgeschlossene Habilitationen Rufe/Hochschullehrer			
	Zahl bearbeiteter Forschungsprojekte Umsatz aus Forschungsprojekten Zahl von Projektassistenten			
(*) Skalenendpunkte 1 und 7; beste Beurteilung 7 (**) Skalenendpunkte 1 und 7; beste Beurteilung 7 (***) Veröffentlichungen in Reffereezeitschriften (****) Veröffentlichungen in anderen Fachzeitschriften				

Quelle: Weber, (1991)

7.8 Managementinformationssystem (MIS)/Berichtswesen
(Karin Exner)

Kurzbeschreibung

Das Berichtswesen ist das zentrale Serviceinstrument zur Erfüllung der Informationsfunktion des Controlling. Aufgabe des Berichtswesens ist die Versorgung der Entscheidungsträger der Organisation mit entscheidungsrelevanter Information. Die mit Unterstützung von Controllinginstrumenten ermittelten Informationen müssen durch das Berichtswesen empfängergerecht aufbereitet werden, um als Entscheidungsgrundlage dienen zu können.

7.8.1 Beschreibung

Grundlage für die Führung einer Organisation ist die Versorgung der Führungskräfte mit aktuellen Umfeldinformationen sowie mit Informationen über die eigenen Aktivitäten. Das Berichtswesen umfaßt alle Informationen, die den Entscheidungsträgern zur Aufgabenerfüllung zur Verfügung gestellt werden. Controlling muß das System des Berichtswesens entwickeln und durch die Gestaltung des Informationssystems dafür sorgen, daß die Führungskräfte die internen und externen Informationen erhalten, die zur Erfüllung ihrer Aufgaben notwendig sind. Controlling hat zu gewährleisten, daß die richtigen Informationen rechtzeitig in der richtigen Aufbereitung und in der richtigen Art und Weise an die richtigen Personen und Organe gelangen. Es muß daher den Informationsbedarf der Führungskräfte ermitteln und nach Wegen suchen, diesen Bedarf abzudecken.

Das Berichtswesen muß verschiedenen Anforderungen genügen, damit die Entscheidungsträger die ihnen zur Verfügung gestellten Informationen zielgerichtet verwenden können:

- Den Entscheidungsträgern sind die relevanten und nicht zuwenig oder zuviel Informationen zur Verfügung zu stellen. Das Management muß einerseits die zur Aufgabenerfüllung notwendigen Informationen bekommen, andererseits muß verhindert werden, daß es mit Informationen überlastet wird.

- Die Genauigkeit und der Verdichtungsgrad der Informationen muß den Bedürfnissen der Empfänger angepaßt werden.

- Die Informationen sind so aufzubereiten, daß sie verstanden und zweckentsprechend weiterverwendet werden können. Der Controller hat in diesem Zusammenhang die Aufgabe, das Layout der Berichte oder Formulare sowie gegebenenfalls die Unterstützung durch ein Managementinformationssystem zu planen.

- Die Informationen müssen rasch verfügbar sein, um aktuell zu sein. Nur durch zeitnahe Information wird zeitnahe Führung der Organisation möglich.
- Zur Sicherstellung der Kontinuität der Auswertungen sind die Berichte nach einheitlichen und stetigen Kriterien zu erstellen.

Folgende Berichtstypen sind zu unterscheiden:

- Standardberichte zur laufenden Informationsversorgung
    - Planungsberichte (strategische und operative Planung, Budget)
    - Abweichungsberichte (Monats- und Quartalsberichte)
    - Statusberichte (Bilanz, Geschäftsbericht)
- ausgelöste Berichte und Sonderberichte zur Bewertung und Kontrolle von bestimmten Situationen und Entwicklungen.

Da in NPOs qualitative Aspekte eine große Rolle spielen, müssen im Berichtswesen auch vermehrt qualitative Daten berücksichtigt werden. Dabei sollen Indikatorensysteme helfen, die sich allerdings erst in der Entwicklungsphase befinden.

Als Instrument des Managementinformationssystems eignen sich Eckdatenblätter oder EDV-gestützte Informationssysteme.

In Eckdatenblättern werden die wichtigsten führungsrelevanten Informationen zusammengefaßt. Sie können operative und/oder strategische Inhalte haben. Die Häufigkeit der Berichterstattung ist von der „Reagibilität" des Geschäfts abhängig. Wenn sich wesentliche Erfolgsfaktoren der Organisation rasch verändern können, müssen Berichte in kürzeren Zeitabständen erstellt werden. Planungsberichte sind detailliert für das nächste Jahr und grob für die beiden darauffolgenden Jahre zu erstellen, Abweichungsberichte monatlich oder quartalsweise. Controlling muß die Abweichungen qualitativ interpretieren und ihre Auswirkungen auf die Ziele der Organisation durch eine Erwartungsrechnung darstellen.

Auch für NPOs existieren EDV-gestützte Managementinformationssysteme, die sich allerdings auf die operative, quantifizierbare Ebene konzentrieren. Solche Systeme haben den Vorteil, besonders zeitnahe Informationen zu liefern und den Detaillierungsgrad der Informationen den Anforderungen der Empfänger individuell anpassen zu können. Allerdings treten bei der Einführung von EDV-gestützten Informationssystemen oft erhebliche Akzeptanzprobleme seitens des Managements auf.

7.8.2 Vor- und Nachteile

Das Berichtswesen ist ein unverzichtbarer Bestandteil des Instrumentenkastens des Controlling. Planung und Kontrolle sind nur dann sinnvoll, wenn die Entscheidungsträger einer

Organisation auch über die Inhalte und Ergebnisse informiert werden. Der Controller muß allerdings bei der Gestaltung des Informationssystems darauf achten, die Entscheidungsträger mit Daten nicht zu überlasten. Er darf, vor allem auch in Hinblick auf das oft geringe betriebswirtschaftliche Wissen der Führungskräfte, nicht seitenweise Zahlenreihen abliefern, sondern muß sich auf die wesentliche Information und deren Interpretation beschränken. Außerdem ist eine Auswahl zu treffen zwischen Stetigkeit beziehungsweise Standardisierung der Berichte und größerer Flexibilität, zwischen Genauigkeit und Schnelligkeit sowie zwischen höherem Interpretationsaufwand im Controlling und Wirtschaftlichkeit des Berichtswesens.

Das Berichtswesen darf sich nicht auf den operativen und internen Bereich beschränken. Der Controller muß auch ein System zur Versorgung der Führungskräfte mit strategischen und externen Informationen entwickeln.

Eine Gefahr der zentralen Berichterstellung liegt in der Machtkonzentration im Controlling: Wissenskonzentration an einer Stelle bedeutet auch Machtkonzentration, verbunden mit der Gefahr des Machtmißbrauchs.

7.8.3 Praxisbeispiel

Fortsetzung Fallbeispiel Umweltschutzorganisation aus *Teil II Kapitel 7.7.3*

Abb. II 7.25

Monatsbericht der Umweltschutzorganisation								
MONATSBERICHT								
	Informationen per Monat (kumuliert)				Erwartung zum Jahresende			
Budgetposition	Plan	Ist	Abweichung		Plan	Erwartung bis Jahresende	vorauss. Ist zum Jahresende	Abweichung	
			abs.	%				abs.	%
Erlöse									
aus Mitgliedsbeiträgen									
aus sonstigen Spenden									
öffentliche Förderung									
Verkauf von Handelswaren									
Summe Erlöse									
Deckungsbeiträge der Leistungsbereiche									
DB Umweltschutzprojekte									
DB Forschungsprojekte									
DB Verkauf Handelswaren									
Kosten									
Umweltschutzprojekte									
Forschungsprojekte									
Verkauf Handelswaren									
nicht direkt zurechenbare Kosten									
Betriebsergebnis									
Zahlungsmittelüberschuß/-fehlbetrag									

7.9 Weiterführende Literatur

„Kurzfristige Unternehmensplanung" (Egger, Winterheller, 1996) ist eines der Standardwerke der operativen Unternehmensplanung. Die Autoren stellen durch die Verbindung von Leistungsbudget, Finanzplan und Planbilanz einen Ansatz der integrierten Planung dar. Diese Kombination erlaubt dem Praktiker die Erfolgs-, Liquiditäts- und Bestandssicherung mit aufeinander abgestimmten Planungs- und Kontrollinstrumenten. Die Praxistauglichkeit dieses Buches wird zusätzlich durch die umfangreiche Behandlung von Spezialproblemen der Planung in Handels- und Dienstleistungsbetrieben verstärkt. Daraus lassen sich auch für die operative Führung von NPOs wertvolle Hinweise für die Gestaltung eines operativen Planungssystems ableiten. Ein umfangreicher Anhang mit erprobten Formularen bietet konkrete Anregungen zur Umsetzung der Empfehlungen.

Das umfangreiche Werk „Controlling" (Eschenbach, 1996) verbindet die Konzepte wissenschaftlicher Forschung mit der Erfahrung zahlreicher Praktiker. Dadurch werden der komplexe Inhalt und die umfangreichen Aufgaben des Controlling vollständig und praxisgerecht präsentiert. Der erste Teil des Buches beschreibt die Controllingkonzeption als managementergänzendes System. Im zweiten Teil werden die einzelnen Aufgabenfelder und Instrumente umfassend dargestellt. Dabei spannen die Autoren einen weiten zusammenhängenden Bogen über normative, strategische und operative Arbeitsbereiche im Controlling. Die Instrumente werden nicht nur konzeptionell erklärt, sondern ihre Umsetzung in der Praxis wird mit Beispielen, Formularen und Arbeitsabläufen unterstützt. Der dritte Teil stellt Aufbau und Gestaltung des Controlling vor, wobei auch auf die Besonderheiten von Controlling in Abhängigkeit vom Unternehmensgegenstand eingegangen wird. Der vierte und abschließende Teil ist der Zukunft des Controlling gewidmet.

Teil III
Funktionsübergreifende
Instrumente

1 Instrumente für das Projektmanagement in NPOs

(Koordination: Helene Mayerhofer)

1.1 Projektmanagement in NPOs – Ziele und Funktionen

Im Nonprofit Sektor sind sehr viele Aktivitäten **direkt** als „Projekt" organisiert: Eine Gruppe von Personen hat eine gute Idee oder stellt ein (gesellschaftliches) Defizit fest und möchte diese gemeinsam oder auch mit anderen bearbeiten. Unter Nutzung der verschiedenen Kompetenzen der Gruppenmitglieder wird ein Konzept zur Durchführung entwickelt, die „Nachfrage" für die Leistung wird erhoben, Finanziers werden gesucht, Zeitpläne aufgestellt etc.

Diese Vorgangsweise zur Bearbeitung von gesellschaftlich notwendigen Aufgaben ist für viele Organisationen im Nonprofit Bereich ganz typisch. Dabei handelt es sich um Aufgaben, die beispielsweise nicht von bestehenden Institutionen übernommen werden (können). Weil damit die Zuständigkeiten überschritten würden oder es völlig neue Gebiete betrifft und daher keinerlei Erfahrungen vorliegen. Umgangssprachlich firmieren diese NPOs unter der Bezeichnung „Frauenprojekte", „Arbeitslosenprojekte", „Betreuungsprojekte" etc. In diesen Fällen folgt die Bezeichnung der Form der Bewältigung der Aufgaben in einer speziellen Organisationsstruktur und stellt keine rechtliche Kategorie[8] dar.

Der Begriff „Projekt" wird in verschiedenen Bedeutungen verwendet: als „neues Wort, das die bisherige Terminologie (komplexe Aufgaben, Vorhaben u.ä.) ersetzt", für die spezifische Art der Bearbeitung von Aufgaben und als Bezeichnung für ein eigenständiges soziales System, das temporär zur Erfüllung von Aufgaben etabliert wird. (Gareis, Titscher, 1991, S. 15; *HANDBUCH - Gareis, 1997: Projekte, S. 299*)

Die Etablierung von Projektgruppen zur zeitlich befristeten Aufgabenbewältigung erfreut sich auch bei Unternehmen großer Beliebtheit. Aufgaben, die **neuartig** und **komplex** sind und nicht einzelnen Fachabteilungen zugeordnet werden können, eignen sich besonders für die Bearbeitung in Projekten. Typische Anwendungsfelder sind beispielsweise die Umstellung/Einführung von EDV-Anwendungen, Produktentwicklung und Markteinführung, Organisationsentwicklung etc. (vgl. Kasper, Heimerl-Wagner, 1996, S. 36)

---

[8] Solche Projekte haben oft die Rechtsform der gemeinnützigen Vereine. Die Projektbearbeitung in dieser Form ist dabei meist mit starker basisdemokratischer Orientierung gekoppelt.

Die Bearbeitung von komplexen Aufgaben in Projekt(struktur)en unterscheidet sich deutlich von der traditionellen Bearbeitung in der Hierarchie und weist wesentliche Vorteile gegenüber dieser auf:

- Steigerung der organisatorischen Flexibilität
- Dezentralisierung von Managementfunktionen und Managementverantwortung
- Verbesserung der Akzeptanz von Projektlösungen durch Miteinbeziehung einer größeren Gruppe von Mitarbeitern
- verstärktes Expertenwissen bei inhomogen zusammengesetzten Projektteams und gleichzeitig erhöhtes Potential für kreative und innovative Lösungsansätze
- Qualifizierungspotential durch gemeinsames Arbeiten
- Verbesserung der Kommunikationsbeziehungen in der Organisation.

Für die Bearbeitung der konkretisierten Aufgabenstellung wird mittels Einsetzung von Projektgruppen in einer Organisation eine eigene Struktur geschaffen: Projekte weisen dabei eine – in der Regel zur „Primärorganisation" unterschiedliche – **strukturelle Ausgestaltung** auf, und zwar in der:

- Anzahl und Zusammensetzung der Mitglieder
- Projektleitung und der damit verbundenen Weisungsgebundenheit und Verantwortungsübernahme
- Ressourcenausstattung für die Bearbeitung
- zeitlichen Befristung.

Als „Primärorganisation" bezeichnet man die grundsätzliche formale Struktur der Aufgabenabgrenzung und der Über- und Unterordnung einer Organisation: z.B. Liniensystem (eindeutige hierarchische Einordnung einzelner Funktionsträger). Die Primärstruktur von Profit Organisation oder Nonprofit Organisation kann von einer ausgeprägt hierarchischen bis zu einer reinen Projektstruktur reichen. Je stärker sich die Primärstruktur von einer Projektorganisation unterscheidet, um so größer ist das Problem der Integration und erfolgreichen Bearbeitung von Projekten. Eine verbreitete Form ist die gleichzeitige Arbeit von hierarchisch gegliederten Abteilungen und Projektteams.

Grundsätzlich ist zwischen Projekten zu unterscheiden, deren Mitglieder vollzeitig mitarbeiten und aus ihrer Abteilung herausgelöst sind, und Projekten, die „nebenher" bearbeitet werden, d.h. neben den eigentlichen Arbeitsplatzaufgaben. Im ersten Fall ist volle Konzentration auf die Projektaufgabe möglich, jedoch besteht das Problem der Rückbindung von Mitarbeitern in die ursprüngliche Abteilung. Im zweiten Fall ist die Etablierung einer Projektgruppe organisatorisch leicht zu realisieren, es kann aber zur Verschleppung der Aufgabenbearbeitung und/oder zu physischer und psychischer Überlastung der Projektgruppenmitglieder kommen.

Das Management von Projekten durchläuft verschiedene **Phasen:**

- In der **Startphase** des Projekts ist die Aufgabenstellung zu konkretisieren und relevante Einflußfaktoren (Personen, Abteilungen, Kunden etc. = relevantes Umfeld) zu analysieren sowie in der Konkretisierung zu berücksichtigen. *(siehe Teil III Kapitel 1.2)* Projektgruppenmitglieder sind auszuwählen, Verantwortungsbereiche und Weisungsrechte festzulegen.

- In der **Abwicklungsphase** gilt es, die konkrete Planung von Zeitbedarf, Arbeitsschritten, Kosten etc. durchzuführen sowie Arbeitsteilung zwischen den Projektmitgliedern und Entscheidungsmodalitäten im Team zu vereinbaren. Weitere Aufgaben sind gezieltes Marketing und die Gestaltung des Informationswesens für das Projekt gegenüber dem relevanten Umfeld. Dabei setzt man z.B. die Netzplantechnik zur Ablauf- und Terminplanung beziehungsweise weitere Instrumente ein. (vgl. Patzak, Rattay, 1997)

- Die **Koordinations- und Änderungsphase** schließt an die inhaltliche Bearbeitung in der Abwicklungsphase an und besteht in der Zusammenführung von Zwischenergebnissen, Controlling- und Führungsaufgaben und der Bearbeitung der dadurch entstandenen Änderungserfordernisse.

- In der **Abschlußphase** ist das Ergebnis an das relevante Umfeld weiterzugeben, eine Projektauswertung durchzuführen und das Projektteam aufzulösen. Die Planung der einzelnen Schritte der Projektarbeit und die Implementierung der Projektgruppen in der Organisation sind von zentraler Bedeutung für ein erfolgreiches Projektmanagement. Regeln zur Implementierung von Projektgruppen werden in *Teil III Kapitel 1.3* vorgestellt.

1.2 Projektumfeldanalyse
(Gabriela Riedl)

Kurzbeschreibung

In der einschlägigen Projekt(management)literatur hat sich die Ansicht durchgesetzt, daß die Sicherung des Projekterfolgs stark von der Dynamik und Komplexität des Projektumfelds sowie den Beziehungen in dem und zum Projektumfeld abhängt. Projekte werden dabei als komplexe soziale Systeme mit nach außen offenen Grenzen gesehen, wobei die Ausbildung der internen Projektstrukturen von den Beziehungen und wechselseitigen Erwartungen und Befürchtungen zu seinem relevanten Projektumfeld mitbestimmt wird. „Relevantes" Umfeld sind alle organisationsinternen und -externen Systeme, die den Erfolg des Projekts beeinflussen können und vom Projekt als relevant wahrgenommen werden. (vgl. Gareis, Titscher, 1991, S. 23f.; Gareis, 1993, S. 17; Jenny, 1997, S. 70; Patzak, Rattay, 1997)

> Die Projektumfeldanalyse (PUA), auch Situationsanalyse genannt, ist eine Methode zur strategischen Bewertung von Projekten, die die Komplexität der Projekt-Umfeld-Beziehungen mit der notwendigen Transparenz abbildet, die Erfolgsfaktoren und Grenzen der für den Lösungsprozeß in Frage kommenden Handlungseinheiten erkennen läßt und die Ableitung von gezielten Strategien gegenüber dem relevanten Umfeld ermöglicht. (vgl. Patak, 1996, S. 27) Bei einer frühzeitigen Öffnung nach außen können wesentliche Erwartungen des relevanten Umfelds an ein Projekt analysiert, mögliche Konflikte beziehungsweise Potentiale rechtzeitig erkannt und daraus Strategien zur Gestaltung der Erwartungen und Beziehungen abgeleitet werden. (Gareis, 1993, S. 18) Die Verbesserung der Informationsbasis durch die detaillierte Analyse der kritischen Projekt-Umfeld-Situation soll zudem der Festlegung von unrealistischen Zielen und der Erarbeitung von ungenügend oder falsch fundierten Lösungskonzepten, die nicht oder nur teilweise realisiert werden können, entgegenwirken. (vgl. Litke, 1995, S. 30; Wischnewski, 1996, S. 370) Die PUA geht somit der Formulierung von Projektzielen voraus.

1.2.1 Beschreibung

Eine Projektumfeldanalyse unterscheidet sich von einer herkömmlichen Ist-Aufnahme durch die Einbeziehung von Zukunfts- und Umfeldaspekten, gemeinsam ist allerdings die zeitpunktbezogene Betrachtung. Da sich üblicherweise im Projektlebenszyklus die Erwartungen an ein Projekt und die Beziehungen zum Projekt ändern, ist während der einzelnen Projektphasen eine wiederholte und systematische Analyse der Wirkungen des Projekts auf das Projektumfeld sowie der Projekt-Umfeld-Beziehungen durchzuführen, wobei Art, Umfang und Detaillierungsgrad der PUA phasenabhängig sind. In der Startphase werden eher generelle Probleme und ihre Zusammenhänge erfaßt, in der Abwicklungsphase geht es um die unmittelbaren Auswirkungen möglicher Lösungen, in den Koordinations- und Änderungsphasen steht dagegen die weitere Eingrenzung von Problemen und in der Projektabschlußphase letztlich die Auflösung der Umfeldbeziehungen im Mittelpunkt. (vgl. Gareis, 1993, S. 18; Litke, 1995, S. 30; Patzak, Rattay, 1997, S. 71ff., 144f.) Durch die wiederholten Rückkoppelungsprozesse in den einzelnen Phasen lassen sich wichtige Anhaltspunkte zur Akzeptanz des Projekts im Umfeld sowie Veränderungen im Umfeld im allgemeinen gewinnen, wofür die Aktualisierung von Informationen während des gesamten Projektzyklus im Sinne eines rollierenden Prozesses unerläßlich ist.

Unabhängig von der jeweiligen Projektphase ist bei der Durchführung einer PUA dreistufig vorzugehen (vgl. Schelle, 1996, S. 20; Litke, 1995, S. 30, 192; Patak, 1996 S. 29; Patzak, Rattay, 1997, S. 70ff.):

1. Informationsgewinnung durch Identifikation des Projektumfelds

Zunächst sind die relevanten Umfeldsysteme möglichst vollständig zu erheben, also alle jene organisationsinternen und -externen Systeme, die den Erfolg des Projekts beeinflussen können und vom Projekt als relevant wahrgenommen werden. Beispiele sind Projektmitarbeiter,

-anwender, -manager und -auftraggeber, die Konkurrenz, Behörden, andere Abteilungen, das Management, Kunden, Lieferanten, Medien, Politiker und dergleichen mehr. Dabei ist zu fragen:

1. Wessen Einfluß- und Interessensphären werden durch das Projekt berührt? Wessen Einfluß- und Interessensphären am meisten? (Bildung einer Rangordnung)
2. Von wem ist der Projekterfolg abhängig? Von wem am meisten? (Bildung einer Rangordnung)

Neben diesen Personen, Gruppen, Institutionen und Organisationen sind auch sachlich-inhaltliche Einflußgrößen zu erheben, die zum Gelingen eines Projekts beitragen können. Dazu gehören Gesetze, Marktbedingungen, externe und interne Ressourcen, neue Informationstechnologien, organisationsinterne Routinen und Regeln etc.

2. Informationsaufbereitung

Im nächsten Schritt werden die für den Projekterfolg relevanten Umfeldsysteme nach bestimmten Merkmalen systematisch geordnet, zueinander in Beziehung gesetzt und in Hinblick auf ihren Beitrag zum Projekterfolg bewertet. Diese Vorgehensweise beruht auf der Methode des Logical Framework, die besagt, daß jedes Projekt aus einer Vielzahl von Komponenten und Wirkungsbeziehungen zwischen diesen Komponenten besteht, wobei die Komponenten verschiedene Zustände beziehungsweise Werte annehmen können, die als positiv oder negativ, also als gewünscht oder unerwünscht, zu bewerten sind. Da diese Wirklichkeitsbeschreibungen aber immer einen gewissen Interpretationsspielraum zulassen und für das relevante Umfeld verschiedene oder auch gar keine Bedeutung haben können, sollten die Informationen möglichst im direkten Gespräch ausgetauscht werden. Ist eine direkte Befragung nicht möglich, kann man versuchen, diese Informationen indirekt zu erschließen, indem man sich in die Interessenpositionen hineinversetzt und aus dieser Sicht heraus die zentralen Erwartungen und Befürchtungen der Person, Gruppe etc. formuliert. Dabei ist zu berücksichtigen, daß die erhobenen Informationen unterschiedlicher Natur sein können. Litke differenziert nach Tatsachen, Ereignissen/Veränderungen und Meinungen. Während erstere einigermaßen objektiv nachprüfbar sind, stellen Meinungen aufgrund ihrer Subjektivität nichtabgesicherte Informationen dar. Ihre Einbeziehung in die weiteren Analyseschritte sollte daher nach Maßgabe ihres Informationsgehalts zur Ableitung von Strategien und Maßnahmen erfolgen. (vgl. Litke, 1995, S. 193) In dieser Phase der Projektumfeldanalyse ist zu fragen:

- Welche Bedeutung hat das relevante Umfeld für den Projekterfolg? Welche am meisten? Welche Einflußmöglichkeiten haben sie auf den Erfolg? (konkretisieren und nach ihrer Bedeutung ordnen)
- Was sind die zentralen Erwartungen und Befürchtungen an das Projekt? Wer steht dem Projekt ambivalent oder neutral gegenüber? (konkretisieren und eventuell grafisch durch +/–/±/~ darstellen)

- Wann wird das Projekt aus Sicht des relevanten Umfelds als Erfolg/Mißerfolg betrachtet? (Erfolgs- und Mißerfolgskriterien konkretisieren)
- Wer muß welchen Beitrag aus dem Projektumfeld leisten, um den Projekterfolg sicherzustellen? Wer am meisten? Was brauchen diese Personen, Gruppen etc. dazu?

Diese Vorgehensweise ermöglicht eine übersichtliche und relativ vollständige Darstellung der Einflüsse des relevanten Umfelds auf den Projekterfolg und der Erwartungen beziehungsweise Befürchtungen an das Projekt. Dadurch lassen sich mögliche Chancen der Zusammenarbeit, aber auch Risiken und Konfliktpotentiale erkennen. Der Fragenkatalog kann je nach organisatorischen und projektspezifischen Gegebenheiten gekürzt oder auch ausgeweitet werden.

3. Entwicklung von Strategien und Maßnahmen

Die so gewonnenen Informationen sind eine Voraussetzung für den letzten Schritt der Projektumfeldanalyse, der Ableitung von projektspezifischen Strategien und Maßnahmen zum Umgang mit dem relevanten Umfeld. Dabei ist möglichst detailliert festzuhalten, welcher Art die geplanten Strategien und Maßnahmen sind, wer wofür zuständig ist, bis wann diese Maßnahmen umzusetzen sind und welche Konsequenzen etwaige Versäumnisse bei der Umsetzung haben.

1.2.2 Vor- und Nachteile

Das Instrument der Projektumfeldanalyse erscheint gut geeignet, die Sensibilität der Projektverantwortlichen für mögliche Risiken zu erhöhen, Sachverhalte in übersichtliche Teile zu strukturieren und die wichtigsten Projekteinflußgrößen zu erfassen. Die PUA unterstützt ein Denken in Zusammenhängen durch Reflexion der Beziehungen zwischen den Teilen, was die bewußtere Wahrnehmung der sozialen Vernetztheit und damit der Wechselwirkungen zwischen Projektumfeld und dem Projekt fördern kann. Durch wiederholte Analysen während des gesamten Projektlebenszyklus können Erfahrungswerte gebildet, falls notwendig Strategiekorrekturen vorgenommen und damit realistischere, genauere Pläne gefaßt und umgesetzt werden. Gleichzeitig wird damit eine gezieltere Risikovorsorge möglich, wodurch sich die Erfolgswahrscheinlichkeit bei der Projektdurchführung erhöht. Dieses laufende und rechtzeitige Mitbedenken von Interessen der relevanten Umfeldsysteme kann nicht zuletzt zu einer Verbesserung der Kommunikation zwischen Innen- und Außenwelt und der Akzeptanz der relevanten Umfeldsysteme gegenüber dem Projekt beitragen.

Wie jedem Instrument sind aber auch der PUA Grenzen gesetzt. In der Praxis kommt es häufig zu „halbherzig" oder gar nur einmalig durchgeführten Analysen, vorzugsweise am Projektbeginn, obwohl geänderte Umfeldbedingungen sorgfältigere, mehrmalige Erhebungen nahelegen würden. Die Qualität der PUA hängt jedoch wesentlich vom Ausmaß der Realitätsnähe ihrer Wirklichkeitsannahmen ab. Eine lückenhafte, veraltete oder verzerrte Informationsbasis, die auch durch bewußte Zurückhaltung seitens der Umfeldsysteme, durch Fehleinschätzung seitens der Projektmitarbeiter, durch Kommunikationsmißverständnisse, Zielkonflikte etc. bedingt sein kann, führt üblicherweise zu falschen Schlüssen in Hinblick auf die abzuleitenden Maßnahmen und Strategien. Ein weiteres, dem Instrument inhärentes Problem ist die Erfassung von komplexen Wirkungszusammenhängen. Dabei kann gerade das Bemühen, die Zusammenhänge möglichst vollständig abzubilden, neue Unübersichtlichkeit bringen. Gleichzeitig kann aber auch der umgekehrte Lösungsversuch, die Komplexität zu reduzieren, eine unzulässige Verzerrung der Wirklichkeitsannahmen bewirken. Die Frage nach einem idealtypischen Richtwert für das „richtige" Ausmaß an zu erhebender Komplexität kann an dieser Stelle – nicht zuletzt aufgrund der Vielfalt an Projektformen und Projektbedingungen in der organisatorischen Praxis – nicht beantwortet werden. Vielmehr wird von Fall zu Fall – in Abhängigkeit von den finanziellen, zeitlichen und personellen Restriktionen – durch Rückkoppelungsprozesse mit den relevanten Umfeldsystemen zu prüfen sein, inwieweit die getroffenen Annahmen dem Realitätsverständnis dieser Systeme nahekommen, wodurch wiederum zielgeleitete Korrekturen sowohl in Richtung Ausweitung als auch Einschränkung der Komplexität möglich werden.

1.2.3 Praxisbeispiel

Unter Berücksichtigung der oben vorgebrachten Chancen und Risiken einer PUA sollte bereits bei der Entwicklung einer Projektumfeldanalyse auf die Handhabbarkeit des Instruments geachtet werden. Schelle zieht in diesem Zusammenhang den Schluß, daß „je komplizierter das bereitgestellte Verfahren war, um so geringer war die Nutzung durch die Verantwortlichen". (Schelle, 1996, S. 21) Abzuraten ist daher im allgemeinen von komplizierten, mathematischen Bewertungsprogrammen. In der Praxis hat sich der Einsatz von systematisch entwickelten, möglichst vollständigen Checklisten bewährt, die neben einfacher Handhabung auch die Berücksichtigung individueller Projekterfordernisse gewährleisten. Üblicherweise zeigt sich bereits bei einer ersten Bestandsaufnahme, daß gewisse Informationen nicht (einfach) in das Raster einzuordnen sind. Dies sollte als wertvoller Hinweis entweder zur Adaptierung des Rasters oder zur anderweitigen, angemessenen Berücksichtigung dieser Informationen (z.B. als offene Tagesordnungspunkte für Projektbesprechungen) betrachtet werden. Nachfolgend sind zwei Checklisten zur Analyse von relevanten Umfeldsystemen und von inhaltlich-sachlichen Einflußgrößen auf Projekte beispielhaft angeführt:

Abb. III 1.1

Checkliste 1: Analyseraster zur Erfassung von relevanten Umfeldsystemen						
CHECKLISTE 1						
Umfeld-systeme a) org. intern b) org. extern	Bedeutung für den Projekterfolg 1 ... sehr niedrig 5 ... sehr hoch	Erwartungen (+) Befürchtungen (−) Ambivalenz (±) Neutralität (~) an/gegenüber Projekt	notwendige Beiträge der Umfeld-systeme zum Projekterfolg	Strategien/ Maßnahmen gegenüber Umfeld-systemen	Zuständig-keiten/Zeit-plan

Quelle: in Anlehnung an Patzak, Rattay, 1997, S. 75

Abb. III 1.2

Checkliste 2: Analyseraster zur Erfassung von inhaltlich-sachlichen Einflußgrößen						
CHECKLISTE 2						
inhaltlich-sachliche Projekteinflüsse (Gesetze, Marktbe-dingungen, EDV ...)	Art des Einflusses auf a) Erfolg b) Mißerfolg des Projekts	Konsequenzen für Projekt (Qualität, Termintreue, Kosten, Ressourcen etc.)	daraus abzuleitende Aktionen/ Maßnahmen	Zuständigkeiten/ Zeitplan

Quelle: in Anlehnung an Patzak, Rattay, 1997, S. 79

Abschließend ist zu betonen, daß die PUA als ein Instrument der Risikoeinschätzung unter mehreren zu betrachten ist, das erst durch den gleichzeitigen, abgestimmten Einsatz unterschiedlicher Projektmanagement-Instrumente eine umfassende und damit realistischere Bewertung von Projekt(erfolg)en erlaubt.

1.3 Regeln für die Implementierung von Projektgruppen
(Ruth Simsa)

Kurzbeschreibung

In modernen Organisationen bedient man sich immer häufiger der Einrichtung von Projektgruppen. Viele Projekte sind allerdings aufgrund ungenügender Voraussetzungen von vornherein zum Scheitern verurteilt. Für die erfolgreiche Einrichtung von Projekten sind spezifische Kompetenzen und Rahmenbedingungen notwendig, die in diesem Beitrag in Form von Regeln beschrieben werden.

1.3.1 Beschreibung

Hierarchische wie auch die in vielen NPOs vorfindbaren sehr partizipativen Organisationsstrukturen sind für eine Reihe von Problemstellungen in modernen Organisationen nicht geeignet. Als Reaktion darauf werden oft Projektgruppen eingerichtet.

Diese werden sinnvollerweise für Aufgabenstellungen eingesetzt, die im Rahmen der bestehenden Organisationsform nur ungenügend lösbar sind. In der Regel sind dies zeitlich und inhaltlich begrenzte Aufgaben, die nicht in den eindeutigen Tätigkeitsbereich einer Abteilung fallen und für die der Vorteil kleiner, handlungsfähiger Teams genutzt werden soll.

Viele Projekte scheitern allerdings an ungenügenden Rahmenbedingungen. Gerade in NPOs gibt es eine oft unüberschaubare Ansammlung von Arbeitsgruppen, Projektgruppen, Arbeitskreisen etc. Man weiß oft nicht mehr so genau, welche konkreten Aufgaben sie erfüllen und wem gegenüber Arbeitsergebnisse zu verantworten sind. Solche spontanen Zusammensetzungen bergen natürlich viel an kreativem Potential und mögen für bestimmte Entwicklungen durchaus sinnvoll sein. Oft werden diese Gruppen in der Organisation aber nicht ernstgenommen[9], etwaige mühsam erarbeitete Ergebnisse werden von der Organisation nicht aufgenommen und auch nicht verstanden.

Projektorganisation steht fast immer im Widerspruch zur bestehenden Organisationsform, sei diese nun eher hierarchisch orientiert oder eher basisdemokratisch. Da Projektgruppen aus der „normalen" Organisationsform fallen, werden mit ihrer Einführung aber auch Systemverände-

---

[9] Derartiger „Nicht-Organisation" entstammt vermutlich der zynische Ausspruch: „Wenn ich nicht mehr weiter weiß, gründe ich einen Arbeitskreis."

rungen impliziert, und die Implementierung von Projekten aktiviert daher oft Abwehrmechanismen. Eine Form dieser „Systemabwehr" besteht darin, möglichst viel Unbestimmtheit zu erzeugen, damit Projekte „keinen Boden unter den Füßen bekommen." (vgl. Heintel, Krainz, o.J., S. 2) Um in der Organisation wirksam und erfolgreich zu sein, benötigen Projekte daher in besonderem Maß formale und inhaltliche Klarheit und Absicherung.

Gerade NPOs haben oft Schwierigkeiten mit der Einrichtung und Akzeptanz formaler Strukturen, daher sind die in der Folge vorgestellten zehn Regeln für erfolgreiche Projektarbeit in diesen Organisationen vermutlich besonders wichtig.[10]

Abb. III 1.3

Zehn Regeln für die Implementierung von Projektgruppen
ZEHN REGELN
1. Sorge für einen kompetenten, personell fixierten Auftraggeber!
2. Sorge für einen Projektleiter, der die für das Projekt notwendige Qualifikation, Akzeptanz und Zeitressource besitzt, und lege dessen Kompetenzen und Aufgaben fest!
3. Sorge für eine ausreichende Planung und Budgetierung vor dem Projektstart!
4. Sorge für einen klaren schriftlichen Projektauftrag!
5. Sorge für eine angemessene Zusammensetzung des Projektteams in fachlicher und sozialer Hinsicht!
6. Sorge dafür, daß das Umfeld, die von den Projektergebnissen Betroffenen, ausreichend über das Projekt informiert und von dessen Sinnhaftigkeit überzeugt sind!
7. Sorge für einen markanten Projektstart!
8. Sorge für ein positives Projektklima durch geplante Steuerung und Entwicklung des Teams sowie der Schnittstellen zur Organisation!
9. Sorge für einen laufenden Soll-Ist-Vergleich bezüglich Projektfortschritt, Termin- und Kostenplanung!
10. Sorge für ein eindeutiges und bewußtes Projektende!

---

[10] Nicht nur für NPOs ist die formal und inhaltlich klare Einrichtung von Projektgruppen eine Herausforderung. Die hier vorgestellten Regeln wurden in einer Profit Organisation entwickelt (internes Skriptum der EA-Generali AG) und für den Einsatz in NPOs geringfügig adaptiert.

ad 1: Sorge für einen kompetenten, personell fixierten Auftraggeber!

Ein Auftraggeber ist dann kompetent, wenn er Einfluß auf die für das Projekt notwendigen personellen und finanziellen Mittel nehmen kann. Der Projektleiter ist dem Auftraggeber gegenüber für Ergebnisse verantwortlich, dieser wiederum vertritt das Projekt in der Organisation, ist also die Vermittlungsinstanz zwischen Linien- und Projektorganisation. Auftraggeber kann z.B. der Vorstand oder ein Mitglied des Vorstands sein, der Geschäftsführer, ein Gruppenleiter etc.

Die Anforderungen werden oft vernachlässigt, deshalb „(...) wird im Bereich des Projektmanagements die Schulung und Supervision von Auftraggebern und Entscheidern vernachlässigt und den Projektleitern und -gruppen die Gestaltung der Auftraggeber-Auftragnehmer-Beziehung überdimensional aufgebürdet". (Schmid, 1995, S. 53)

ad 2: Sorge für einen Projektleiter, der die für das Projekt notwendige Qualifikation, Akzeptanz und Zeitressource besitzt, und lege dessen Kompetenzen und Aufgaben fest!

Der Projektleiter wird grundsätzlich vom Auftraggeber ausgewählt, gegebenenfalls allerdings in Absprache mit dessen Vorgesetzten. Bisweilen lehnen gerade Teams in NPOs die Idee der Festlegung eines Teamleiters ab. Erfahrungsgemäß bilden sich in diesen Gruppen aber sehr schnell informelle Führungsstrukturen, die zum einen schwerer durchschau- und kontrollierbar sind und zum anderen in der Organisation oft weniger Gewicht haben als offiziell ernannte Projektleiter.

Der Projektleiter ist die Schnittstelle zwischen dem die Organisation repräsentierenden Auftraggeber und dem Projektteam. Wichtig bei der Auswahl der Projektleitung sind neben fachlicher Kompetenz auch die Akzeptanz im Projektteam und in der Organisation.[11]

ad 3: Sorge für eine ausreichende Planung und Budgetierung vor dem Projektstart!

Projektarbeit kostet Zeit und Geld. Eine gute Möglichkeit, den Erfolg von Projekten von vornherein einzuschränken, besteht darin, beides nicht adäquat zur Verfügung zu stellen. Der „Vorteil" liegt in diesem Fall darin, daß man im nachhinein sagen kann, man hätte in dem betreffenden Bereich ohnehin alles getan – sogar ein Projekt eingesetzt –, ohne in der Organisation wirklich etwas verändern zu müssen.

Schon vor dem Projektstart müssen daher die notwendigen Ressourcen (Personal, Sachmittel, Budget, Zeit sowie Status und Entscheidungskompetenz) möglichst realistisch abgeschätzt und

---

[11] Insbesondere in stark hierarchischen Organisationen dient die Ernennung von Projektleitern oft der Versorgung von Personen mit Leitungsaufgaben bzw. Posten, ohne daß diese Personen die notwendigen fachlichen oder sozialen Kompetenzen haben. Es liegt auf der Hand, daß man mit dieser Besetzungspolitik dem Projekt nichts Gutes tut.

ausreichend sichergestellt werden. Nach der Erstellung eines Zeit- und Budgetplans durch den Projektleiter soll dieser Plan vom Auftraggeber geprüft und ein Budgetrahmen für das Projekt genehmigt werden. Für eine zweckdienliche Planung sind folgende Fragen zu beantworten:

- Was muß getan werden?
- Wann ist etwas zu tun: Grobplanung = Festlegung von Meilensteinen und Projektphasen, Feinplanung = Termin- und Kostenplanung?
- Wer hat was zu tun?

Bei komplexeren Projekten sind in diesem Zusammenhang Vorstudien mit folgenden Inhalten sinnvoll:

- ausführliche Problembeschreibung
- Formulierung von Zielen und möglichen Zielkonflikten
- Formulierung des erwarteten Nutzens
- grobe Schätzung des Aufwands
- Konsequenzen einer Nicht-Durchführung des Projekts.

ad 4: Sorge für einen klaren schriftlichen Projektauftrag!

Die Formulierung eines schriftlichen Projektauftrags dient dazu, unterschiedliche Ergebniserwartungen sowie Vorstellungen hinsichtlich der Ausstattung des Projekts bereits im Vorfeld möglichst abzugleichen. Insbesondere bei längeren Projekten weichen diesbezügliche Sichtweisen mit der Zeit oft stark voneinander ab, ein schriftlicher Auftrag vermittelt hier allen Seiten Sicherheit. Im Projektauftrag sollen folgende Fragen explizit beantwortet sein:

- Projektziele: Für die Lösung welcher Aufgaben/Probleme wird das Projekt eingesetzt? Woran wird konkret gemessen, ob das Projekt erfolgreich war?
- Ressourcen: Welche Mitarbeiter werden in welchem zeitlichen Umfang für das Projekt eingesetzt? Wie sieht der budgetäre Rahmen des Projekts aus?
- Projektende: Wie sieht der Zeitrahmen des Projekts aus? Mit welchem Ereignis wird das Projekt offiziell beendet?

Gute Erfahrungen wurden damit gemacht, den Projektauftrag in einem gemeinsamen, iterativen Prozeß zwischen Auftraggeber und Projektleiter zu formulieren. Es ist hilfreich, auch Änderungen der Projektinhalte, die sich im Arbeitsprozeß ergeben, explizit zu besprechen und schriftlich festzuhalten. Gerade gutarbeitende und hochmotivierte Projektgruppen neigen dazu, mit besserer Kenntnis der Materie auch mehr an Problemstellungen und Lösungsmöglichkeiten wahrzunehmen und sich schlimmstenfalls durch zu hohe Ansprüche selbst zu blockieren.

ad 5: Sorge für eine angemessene Zusammensetzung des Projektteams in fachlicher und sozialer Hinsicht!

Projekte bieten die Chance, die Vorteile von Gruppenarbeit verstärkt zu nutzen. Voraussetzung dafür ist Sorgfalt bei der Zusammensetzung des Teams. Dabei ist sowohl auf fachliche Aspekte Wert zu legen – die für das Projekt notwendigen Kenntnisse müssen im Team vorhanden sein – als auch auf soziale: Die Teammitglieder müssen „miteinander können", d.h. als Gruppe grundsätzlich arbeitsfähig sein. In basisorientierten NPOs lassen sich oft Schwierigkeiten mit der Akzeptanz von Unterschieden beobachten. Wenn eine Aufgabe wichtig ist, dann sollen möglichst alle mitarbeiten oder mitzureden haben. Im Sinne der Arbeitsfähigkeit der Gruppe ist aber darauf zu achten, auch die Grenzen des Teams zu wahren.

ad 6: Sorge dafür, daß das Umfeld, die von den Projektergebnissen Betroffenen, ausreichend über das Projekt informiert und von dessen Sinnhaftigkeit überzeugt sind!

Neben der Wahrung der Teamgrenzen ist auch die Anschlußfähigkeit der Projektarbeit an die Organisation sicherzustellen. Um die Chancen auf Akzeptanz etwaiger Ergebnisse in der Organisation zu maximieren, dürfen Projektgruppen nicht völlig abgekoppelt arbeiten, sondern müssen von Beginn an auch Vermittlungsleistungen erbringen. Beispiele dafür sind:

- Herstellen von Öffentlichkeit und Transparenz über den Projektauftrag und -verlauf sowie von Akzeptanz (Informationstage, Aussendungen, Erforschung von Erwartungen und Bedürfnissen der Betroffenen ...)
- Einsetzen von „überlappenden Vermittlungsinstanzen" (Heitel, Krainz, o.J.) zwischen Linie und Projekt (z.B. Beratungsgruppen, Benennung von Fachexperten als Anlaufstelle für das Projekt ...)
- Informationen über mögliche Konsequenzen der Projektergebnisse für die Betroffenen.

ad 7: Sorge für einen markanten Projektstart!

Der Anfang eines Projekts ist von besonderer Bedeutung, da „Geburtsprobleme" oft den gesamten Projektverlauf begleiten. Ein sorgfältig geplantes und durchgeführtes „kick-off-meeting" in Form einer Klausur als Ort der Schaffung eines rationalen und emotionalen Fundaments (Heintel, Krainz, o.J.) kann unter anderem folgende Funktionen erfüllen:

- Identifikation der Projektmitarbeiter mit dem Projekt
- Klärung der Rollenverteilung, Schaffung von Rollenverständnis und Aufgabenübereinkunft
- Teambildung (Reflexion der Projektentstehung und Teamzusammensetzung, der Erwartungen, der Zuständigkeiten und der gemeinsamen Identität).

ad 8: Sorge für ein positives Projektklima durch geplante Steuerung und Entwicklung des Teams sowie der Schnittstellen zur Organisation!

Fruchtbare Teamarbeit ist keine Selbstverständlichkeit, die quasi neben der eigentlichen inhaltlichen Aufgabe „automatisch" funktioniert. Im Fall von Projektarbeit gilt es, neben den üblichen Anforderungen an Teamsteuerung und Teamentwicklung auch besonderes Augenmerk auf die Parallelität von Projekt und Linienarbeit zu richten und die dadurch gegebenen, oft widersprüchlichen Anforderungen an die Projektmitarbeiter zu managen.

ad 9: Sorge für einen laufenden Soll-Ist-Vergleich bezüglich Projektfortschritt, Termin- und Kostenplanung!

Laufende Reflexion der Teamarbeit im Sinne der Selbststeuerung dient der Früherkennung von Störungen und Abweichungen vom Projektauftrag. Wenn Abweichungen nicht im Einflußbereich der Projektgruppe liegen, dann muß mit dem Auftraggeber möglichst frühzeitig über eine etwaige (schriftliche) Änderung des Auftrags verhandelt werden. Werden Abweichungen von der Gruppe selbst verursacht, so erleichtert die rechtzeitige Wahrnehmung von Fehlleistungen die Selbstkorrektur.

ad 10: Sorge für ein eindeutiges und bewußtes Projektende!

Auch das Ende von Projekten verdient besondere Aufmerksamkeit. Funktional geht es dabei um die Akzeptanz und Umsetzung der Ergebnisse, emotional geht es um Abschließen und „Abschiednehmen":

- abschließende Reflexion der Projektarbeit (Manöverkritik)
- Präsentation von Ergebnissen und Realisierungsvorschlägen
- Überprüfung der Zielerreichung und Abnahme der Ergebnisse durch den Auftraggeber
- bewußte Gestaltung des Abschieds im Projektteam
- Sammlung, Dokumentation und Weitergabe von Lernerfahrungen.

1.3.2 Vor- und Nachteile

Die bewußte Anwendung der vorgestellten Regeln erhöht die Chancen auf erfolgreiche Arbeit innerhalb der Projektgruppe sowie auf Akzeptanz von Ergebnissen in der Organisation.[12] Po-

---

[12] Vereinfacht gesagt, dienen die Regeln in basisorientierten NPOs primär der Sicherstellung formaler Klarheit, in verwaltungsnahen NPOs primär dem „Schutz" der Projektgruppe vor der Linie bzw. vor zu starker Einflußnahme durch die hierarchische Organisation und in den beiden genannten wie auch in wirtschaftsnahen NPOs der Erhöhung der Effizienz und Wirksamkeit von Projektarbeit.

tentielle Risiken liegen in einer halbherzigen Anwendung: Nach dem Motto „Wofür brauchen wir denn das?" lehnen besonders Mitarbeiter basisorientierter NPOs bisweilen schriftliche Vereinbarungen und explizite formale Zuständigkeiten als bürokratisch-einschränkend ab.

Besonderes Augenmerk ist bei Veränderungen geboten, die sich im Lauf der Projektarbeit ergeben. Auch diese sollten explizit verhandelt und schriftlich festgehalten werden und nicht, wie oft beobachtbar, „unter der Hand" vorgenommen werden.

Insgesamt erfolgversprechend ist die Anwendung der Regeln dann, wenn diese nicht nur proforma beachtet werden, sondern auf der Grundlage der Beachtung und Austragung von Konflikten und unterschiedlichen Interessen umgesetzt werden.

1.4 Weiterführende Literatur

Im Buch „Projektmanagement" (Patzak, Rattay, 1997) wird in praktisch orientierter und leichtverständlicher Ausführung ein Leitfaden zur Bearbeitung von Projekten gegeben. Durch die grafische Gestaltung mit vielen Schaubildern sind die Beispiele gut nachvollziehbar, auch wenn dafür Projekte in Unternehmen herangezogen werden.

Konzeptionelle Grundlagen zum Projektmanagement in NPOs finden sich im Teil Projektmanagement im *HANDBUCH* für Nonprofit Organisationen. (Badelt, 1997)

Das Buch „Projektmanagement" (Heintel, Krainz, 1988) zeigt Probleme auf, mit denen bei der Installierung von Projekten in hierarchischen Unternehmen zu rechnen ist, sowie Perspektiven, wie der Widerspruch zwischen diesen entgegengesetzten Organisationsprinzipien zu handhaben ist. Weiters werden Sozial- und Organisationsdynamik und wichtige Gruppenphänomene in Projektgruppen beschrieben und wichtige Kompetenzen für Projektmanagement genannt.

2 Instrumente für das Entscheidungsmanagement in NPOs
(Koordination: Dudo von Eckardstein, Ruth Simsa)

2.1 Entscheidungsmanagement in NPOs – Ziele und Funktionen

Das Leben von Individuen und von Organisationen besteht aus einer Folge von Entscheidungen. Entscheidungen sind Wahlhandlungen; sie verweisen stets auf ein Tun oder Unterlassen in der Zukunft. Sie äußern sich teils in ausdrücklicher und bewußter Wahl zwischen mehreren Alternativen, teils in Wahlhandlungen, die den Entscheidern als solche gar nicht bewußt werden. Sie finden automatisch und quasi nebenbei statt, ohne deshalb etwas von ihrer Bedeutung als Grundlage des individuellen oder organisationalen Handelns zu verlieren.

Entscheiden tut oftmals weh, ist es doch immer auch mit einem mehr oder weniger bewußten Abschiednehmen von Möglichkeiten des Handelns verbunden. Die Entscheider schränken ihren eigenen Möglichkeitsraum ein, als Voraussetzung, sich auf die Realisierung der gewählten Möglichkeit konzentrieren zu können. Deshalb werden an sich sinnvolle Entscheidungen nicht selten unterlassen – eine Entscheidung für Nicht-Entscheiden.

Im Bereich des Entscheidungsmanagements in NPOs geht es zunächst darum, die Organisation entscheidungsfähig zu machen beziehungsweise zu halten und im weiteren die Qualität der Entscheidungen zu fördern. Diese Aufgaben erfordern die Beschäftigung mit Strukturen, d.h. mit der Organisation von Entscheidungsgremien, mit Entscheidungsverfahren und mit der Bereitstellung von Informationen als Rohstoff für Entscheidungen. In der Realität fließen diese Aspekte regelmäßig zusammen, sollten aber im Interesse der Klarheit der Analyse unterschieden werden.

Die im folgenden vorgestellten Instrumente enthalten diese Aspekte zu unterschiedlich großen Anteilen. Die **rationale Entscheidungsanalyse** möchte den Grad der Rationalität und damit der Güte einer Entscheidung erhöhen. Mit dem **Entscheidungsbaum** wird nach Art der Entscheidung eine Empfehlung für die Organisation des Entscheidungsprozesses gegeben. Die **Problem- und Entscheidungsanalyse** trägt zu schärferem Verständnis des Entscheidungsgegenstands bei. Der **kontinuierliche Verbesserungsprozeß (KVP)** stellt einen Organisations- und Verfahrensvorschlag für Verbesserungsmaßnahmen dar, der auf der Einbeziehung der zahlreichen, vielfach nicht als solchen erkannten Experten in einer Organisation beruht. Schließlich weist die **Moderationsmethode** den Weg, wie mehrere Beteiligte produktiv an Entscheidungen zusammenwirken können, ohne daß Beeinträchtigungen der Entscheidungsgüte durch hierarchische und andere Einflüsse sich zu stark auswirken.

Damit ist hier nur eine kleine Auswahl relevanter Instrumente zusammengestellt. Durch den inneren Zusammenhang von Entscheidungsmanagement mit strategischem Management, Veränderungsmanagement und Wissensmanagement finden sich auch in diesen Abschnitten weitere einschlägige Instrumente.

2.2 Entscheidungsanalyse nach Kepner, Tregoe
(Ruth Simsa)

Kurzbeschreibung

Ziel der Entscheidungsanalyse ist es, vorhandene Informationen bei Entscheidungen maximal zu nutzen und bei der Wahl zwischen verschiedenen Möglichkeiten systematisch vorzugehen. Die Entscheidungsfindung durchläuft dabei drei Stufen: 1. Eine klare Definition des Entscheidungsgegenstands sowie der Kriterien, die eine gute Entscheidung erfüllen soll. 2. Die Berücksichtigung vorhandener Alternativen, die in Hinblick auf ihren Beitrag zur Zielerreichung bewertet und ausgewählt werden. 3. Die Bewertung der Durchsetzbarkeit einzelner Alternativen sowie mögliche mit ihnen verbundene Risiken.

Die Entscheidungsanalyse kann grundsätzlich bei allen Entscheidungen eingesetzt werden und kann hohe Transparenz des Entscheidungsprozesses in bezug auf Ziele und angewandte Entscheidungskriterien bieten, nicht aber, wie sie suggeriert, vollständige Rationalität.

2.2.1 Beschreibung

Aufgrund der Beobachtung des Verhaltens erfolgreicher Manager entwickelten Kepner, Tregoe Konzepte und Methoden des „rationalen Managements". Dieses ist ein fortlaufender Prozeß, der es ermöglichen soll, das analytische Denkvermögen von Führungskräften und Mitarbeitern sowie vorhandene Informationen maximal zu nutzen.

Die zu diesen Methoden zählende Entscheidungsanalyse basiert auf dem Denkmodell, eine Wahl zwischen Alternativen zu treffen. Die verfügbaren Informationen werden dabei transparent und systematisch analysiert, mit dem Ziel, die Qualität der Entscheidungsfindung zu verbessern.

Die systematische Methode der Entscheidungsanalyse erfolgt in mehreren Schritten:

- Einsicht, daß eine Entscheidung notwendig ist
- Definition spezifischer, für eine erfolgreiche Entscheidung unerläßlicher Faktoren

- Auswahl jener Maßnahme, die diesen Faktoren am besten entspricht
- Abwägen der potentiellen Risiken einer Entscheidung, die ihre Durchführung gefährden könnten.

1. Die Definition des Entscheidungsgegenstands und Festlegung von Kriterien

In einem ersten Schritt jeder Entscheidung geht es um die Definition der Entscheidungssache, des Themas der Entscheidung. Dieses legt den eigentlichen Zweck und damit den Rahmen für die mit der Entscheidung verbundenen Ziele fest. Dabei ist sorgfältig vorzugehen, da oft die Tendenz besteht, zu schnell über Details verschiedener Lösungsmöglichkeiten zu diskutieren und darüber die Frage „Zu welchem Zweck?" zu vergessen.

Aus der Festlegung des eigentlichen Zwecks der Entscheidung wird ein detaillierter Zielkatalog abgeleitet, das heißt, es werden Kriterien definiert, denen eine gute Entscheidung genügen soll. Dabei wird nach Muß- und Wunschzielen unterschieden. „Die Funktion beider Zielsetzungen läßt sich treffend beschreiben: Die MUSS-Ziele entscheiden, wer ins Spiel kommt, aber die WUNSCH-Ziele, wer gewinnt." (Kepner, Tregoe, 1992, S. 91) Mußziele sind obligatorische, klar meßbare Mindestanforderungen. Alternativen, die nicht alle Mußziele erfüllen, werden sofort ausgeschieden. Ein Beispiel für ein Mußziel bei der Entscheidung für einen neuen Mitarbeiter ist etwa „Mindestalter 30 Jahre". Ist dieses Mußziel definiert, dann werden Bewerber, die dieses Kriterium nicht erfüllen, nicht mehr in die engere Wahl gezogen.

Alle anderen Kriterien sind Wunschziele, die Bewertung und Rangreihung von Alternativen bestimmen. Wunschziele müssen nicht absolut meßbar sein, sie werden je nach ihrer Bedeutung mit einem Faktor zwischen 10 (sehr wichtig) und 1 (wenig wichtig) gewichtet. Eine Zielsetzung bei der Entscheidung für einen neuen Mitarbeiter, die nicht meßbar und daher nicht als Mußziel formulierbar ist, wäre z.B. „gewandtes Auftreten". Wunschziele können genauso wichtig sein wie Mußziele – in diesem Fall werden sie mit einem hohen Faktor gewichtet –, sie können sich aber auch auf weniger wichtige Aspekte beziehen und dementsprechend gering eingestuft werden.

2. Bewertung und Auswahl von Alternativen

Idealerweise beginnt man erst nach der Definition von Entscheidungszweck und Zielen mit der Suche nach Alternativen. Solche, die alle Mußziele erfüllen, werden in der Folge nach ihrem relativen Erfüllungsgrad der Wunschziele bewertet. Bei mehreren Alternativen gewinnt jene, die mit geringstem Risiko alle Zielsetzungen am besten erfüllt.

Steht nur eine Alternative zur Verfügung, so muß entschieden werden, ob sie akzeptabel ist, indem sie entweder an einer idealen Lösung gemessen wird oder die Nichtentscheidung, das heißt die Beibehaltung der bisherigen Situation, ebenfalls als Alternative definiert und bewertet wird.

3. Risikobewertung der Entscheidung

Im letzten Schritt der Entscheidungsanalyse kommen die besten Alternativen noch einmal auf den Prüfstand. Bei der Suche nach möglichen nachteiligen Auswirkungen müssen für jede dieser Alternativen mindestens folgende Fragen beantwortet werden:

- Welche Voraussetzungen für Erfolg wurden bisher in der Analyse übersehen?
- Welche Faktoren innerhalb der Organisation könnten ihre Annahme oder Durchsetzung gefährden?
- Welche externen oder organisationsinternen Veränderungen könnten ihren langfristigen Erfolg beeinträchtigen?

Aufgrund des relativen Zielerfüllungsgrads und der Einschätzung potentieller Probleme wird die nach der Entscheidungsanalyse als optimal eingeschätzte Alternative ausgewählt.

2.2.2 Vor- und Nachteile

Potentielle Vorteile der Entscheidungsanalyse liegen insbesondere in der transparenten und strukturierten Aufbereitung von Entscheidungskriterien. Der Entscheidungsprozeß wird dadurch nachvollziehbarer, was unter Umständen die Akzeptanz der Entscheidung erhöht. Dies kann gerade in NPOs wichtig sein, in denen bei Entscheidungen oft ein vergleichsweise hohes Maß an Konsensorientierung verlangt wird. *(vgl. HANDBUCH - von Eckardstein, Simsa, 1997: Entscheidungsmanagement)* Auch bei Gruppenentscheidungen, die in NPOs tendenziell häufig praktiziert werden, kann diese Methode sinnvoll sein. Damit verbundene Diskussionen können im Zuge der gemeinsamen Auflistung und Gewichtung von Zielen strukturiert werden. Die schriftliche Festlegung der Ziele verringert darüber hinaus die Gefahr, Kriterien zu vergessen beziehungsweise unangenehme, schwer zu erfüllende Ziele zu verdrängen.

Ein Vorteil kann auch darin liegen, Ziele und Kriterien nicht erst anhand konkreter Alternativen zu definieren; liegen Alternativen nämlich einmal vor, dann werden Kriterien oft so formuliert, daß sie intuitiv bereits getroffenen Entscheidungen entsprechen.

Das größte Risiko dieser Methode besteht darin, daß sie Objektivität und Rationalität suggeriert, ohne diese zu gewährleisten. Dicht mit Zahlen beschriebene Tabellen, an deren Ende klare Punktewerte für einzelne Alternativen stehen, vermitteln den Eindruck nicht nur mathematischer, sondern auch inhaltlicher Eindeutigkeit und können so Gegenargumente oft schon im Keim ersticken. Sehr drastisch beschrieb dies ein Manager folgendermaßen: „Das einzige, was Sie bei einer derartigen Präsentation eines Entscheidungsprozesses nicht machen dürfen, ist ein Rechenfehler – dann haben Sie meist schon gewonnen. Die Leute neigen dazu, nachzurechnen, nicht aber, über Inhalte, die in den Zahlen stecken, nachzudenken." Die Definition der Ziele, ihre Gewichtung und auch die zahlenmäßige Bewertung des Erfüllungsgrads der

Wunschziele sind aber höchst subjektiv, hier können Irrationalitäten einfließen, ohne als solche erkennbar zu sein.[13]

Die Beliebtheit von Modellen, die klare Handlungsanleitungen geben und Objektivität versprechen, ist vor dem Hintergrund komplexer und sich rasch verändernder Umweltbedingungen von Organisationen sowie in Anbetracht wenig Sicherheit gebender Managementkonzepte nachvollziehbar. In diesem Sinn entspricht etwa das Konzept des situativen Führens zwar möglicherweise den spezifischen Anforderungen an Führung in modernen Organisationen, aber wenig dem Bedürfnis von Führungskräften nach klaren Handlungsmaximen und Sicherheit. Die Leistungen, die sie versprechen – nämlich Sicherheit und Rationalität –, können sie aber nur scheinbar erfüllen. Auch bei dem hier vorgestellten Modell kommt man um die mit Entscheidungen verbundenen subjektiven, emotionalen und irrationalen Aspekte nicht herum.

Diese Methode kann dann zielführend sein, wenn sie genutzt wird, um den Entscheidungsprozeß zu strukturieren und transparent zu halten, wobei aber – im Bewußtsein, daß hier Irrationalitäten einfließen – viel Sorgfalt auf die Definition und Bewertung von Kriterien und ihre Erfüllung verwendet werden muß und darüber hinaus die in Zahlen ausgedrückten Ergebnisse nicht überbewertet werden dürfen. Eine Führungskraft, die dieses Verfahren als Grundlage für eine Investitionsentscheidung verwendet hatte, meinte, befragt nach ihrer Einschätzung dieser Methode: „Sehr hilfreich – ich habe alle in Frage kommenden Geräte nach der Methode bewertet. Trotzdem habe ich mich dann intuitiv für die zweitbeste Lösung entschieden. Ich konnte nicht genau sagen, warum eigentlich, war aber später mit der Entscheidung sehr zufrieden."

2.2.3 Praxisbeispiel

Eine wissenschaftliche Gesellschaft plante den Umzug in ein größeres Büro. Nachdem die Organisation rasch angewachsen war, war das Büro zu klein geworden, die Entscheidung für ein neues Objekt mußte getroffen werden.

1. Definition des Entscheidungszwecks und der Entscheidungskriterien

Die Definition des Entscheidungsgegenstands lautet: „Wahl des besten Büroobjekts für unseren Verein." Die Entscheidung wurde von allen geschäftsführenden Gesellschaftern im Team

---

[13] Hätte man im folgenden Beispiel die Atmosphäre der Alternative C etwa nur mit zwei Punkten bewertet, wäre Alternative B die beste Alternative gewesen. Hätte die Gruppe allerdings keinen Wert auf das Kriterium „Altbau" gelegt und das Kriterium „Arbeitsatmosphäre" stärker nach der Funktionalität als am Charakter der Räumlichkeiten ausgerichtet, dann hätte Alternative A bezüglich des ersten Wunschziels eine Wertzahl von zehn, Alternative C hingegen nur von drei; in dieser Variante wäre Alternative A gewählt worden.

getroffen und war selbst schon Ergebnis einer vorgelagerten Entscheidung. Aufgrund der beengten Räumlichkeiten hatten die Mitarbeiter begonnen, mehr Arbeiten daheim zu erledigen, worunter die Kommunikation im Team litt. Das Team hatte daher beschlossen, daß in Zukunft wieder mehr in den gemeinsamen Büroräumen gearbeitet und dafür eine Übersiedlung in Kauf genommen werden sollte.

Im nächsten Schritt wurde geklärt, welchen Anforderungen das neue Objekt unbedingt genügen müsse und welche Zusatzkriterien darüber hinaus wichtig seien. Die Aufstellung und Gewichtung von Kriterien erfolgte im Team, wobei im Vorfeld wichtige Klärungsprozesse über Zielsetzungen und Wunschvorstellungen stattfanden.

Ergebnis des Prozesses war folgende Definition von Wunsch- und Mußzielen, wobei der Zielkatalog aus Gründen der Übersichtlichkeit hier nur auszugsweise dargestellt wird:

Mußziele:

1. kein Haus, sondern eine Wohnung beziehungsweise Bürofläche
2. das Objekt muß ein Mietobjekt sein, kein Eigentum
3. monatliche Gesamtbelastung inkl. Betriebskosten nicht höher als 2.500,– EURO
4. mindestens sechs Zimmer

Wunschziele:

Die Wunschziele wurden nach ihrer relativen Bedeutung gewichtet, Zweck dieser Wertskala war das Sichtbarmachen der Wichtigkeit der Ziele untereinander. Das wichtigste Ziel erhielt 10 Punkte, die anderen Ziele wurden daran gemessen: von 10 (= genauso wichtig) bis 1 (= nicht sehr wichtig).

1. angenehme Arbeitsatmosphäre 10
2. gute Erreichbarkeit mit öffentlichen Verkehrsmitteln 8
3. möglichst hohe Quadratmeteranzahl 7
4. Altbau 5
5. zentrale Lage 3
6. möglichst geringe Kosten 2

Die geringe Bewertung des sechsten Punkts bedeutet, daß der Preis bei jenen Alternativen, die das Mußziel der definierten Gesamtkostenbelastung erfüllen, im Vergleich zu den anderen Kriterien keine große Rolle mehr spielt.

2. Auswahl und Bewertung von Alternativen

Zwei Mitarbeiter wurden mit der Suche nach geeigneten Objekten betraut. Beim Gespräch mit Maklern und bei Durchsicht von Zeitungsinseraten wurde bereits auf die Erfüllung der Mußziele geachtet, nur jene Objekte, die diese erfüllten, wurden in die engere Wahl genommen. Der Einfachheit halber werden hier aus einer größeren Anzahl nur drei Alternativen dargestellt.

Bei der Prüfung der Erfüllung von Mußzielen genügt die einfache Frage „Erfüllt die Alternative das Mußziel?". Ist die Antwort bei nur einem Mußziel „Nein", dann scheidet die Alternative aus, werden alle Mußziele erfüllt, dann erfolgt die weitere Bewertung anhand der Wunschziele.

Alternative A ist eine Bürofläche in einem neuerrichteten Bürogebäude am Stadtrand. Für 160 Quadratmeter fallen monatliche Kosten von 2.000,- EURO an, die Anordnung der Innenwände ist noch gestaltbar. Die Atmosphäre ist zweckmäßig-funktional, hat aber in den Augen der Gesellschafter wenig „Gemütliches". Das Gebäude ist mit PKWs sehr gut, mit öffentlichen Verkehrsmitteln aber etwas umständlich erreichbar, von der nächstgelegenen U-Bahnstation muß man mit einem nur in größeren Intervallen verkehrenden Bus weiterfahren.

Alternative B ist eine sehr repräsentative, schön gestaltete Altbauwohnung in einem Haus mit Garten in einem Außenbezirk der Stadt. Die Wohnung mit einer Grundfläche von 130 Quadratmetern hat sechs Zimmer, zwei davon sind aber sehr klein. Nach Einschätzung der Gesellschafter wird dieser Nachteil allerdings durch den Blick ins Grüne aufgewogen. In vorangegangenen Verhandlungen konnten die monatlichen Kosten auf 2.500,- EURO festgelegt werden. Die Erreichbarkeit mit öffentlichen Verkehrsmitteln ist relativ gut.

Alternative C ist eine nahe dem Zentrum gelegene Altbauwohnung. Das Haus ist wenige Gehminuten von einem U-Bahnknoten entfernt. Die Gestaltung der Wohnung entspricht grundsätzlich den Erwartungen, drei der Zimmer gehen aber auf eine stark befahrene, laute Straße. Die Anordnung der Zimmer ist optimal, die Atmosphäre der Wohnung gefällt den Gesellschaftern insgesamt aber weniger gut als jene der Alternative B. Für die 150 Quadratmeter fallen monatliche Kosten von 1.300,- EURO an.

Die Bewertung der Alternativen erfolgte anhand des relativen Erfüllungsgrads jedes Wunschziels, der in Wertzahlen ausgedrückt wird. Jene Alternative, die ein Wunschziel am besten erfüllt, erhält die Wertzahl 10, die anderen Alternativen werden analog dazu eingestuft. Aus der Gewichtung eines Wunschziels und der Wertzahl der Alternativen errechnet man multiplikativ die gewichtete Wertzahl, im nächsten Schritt die Summe der gewichteten Wertzahlen für jede einzelne Alternative. Diese zeigt, wie gut jede Alternative im Vergleich zu allen anderen abschneidet. *Abb. III 2.1* zeigt die Bewertung der Alternativen im beschriebenen Fallbeispiel.

3. Prüfung möglicher Risiken

Die Summe der gewichteten Wertzahlen, nach der Alternative C die beste Lösung ist, bildet die Basis für eine vorläufige Wahl. Im Zuge der Prüfung möglicher Risiken wurden sowohl Alternative B als auch Alternative C, die in der Summe der gewichteten Wertzahlen nicht sehr weit auseinander lagen, noch einmal genauer hinterfragt, wobei insbesondere die Lärmbelastung von Alternative C diskutiert wurde. Man einigte sich schließlich auf den Einbau von Lärmschutzfenstern sowie ein jährliches Rotationsverfahren und entschied sich für Alternative C.

Abb. III 2.1

Die Bewertung der Alternativen hinsichtlich der Wunschziele

ALTERNATIVENBEWERTUNG

Wunschziele	Gewichtung	Alternative A	Wertzahl A	gewichtete Wertzahl A	Alternative B	Wertzahl B	gewichtete Wertzahl B	Alternative C	Wertzahl C	gewichtete Wertzahl C
1. Arbeitsatmosphäre	10	zweckmäßig, aber wenig Charakter	7	70	repräsentativ, schön gestaltet, Grünruhelage	10	100	weniger gut, drei laute Zimmer	4	40
2. Erreichbarkeit	8	schlecht	3	24	relativ gut	8	64	sehr gut	10	80
3. Größe	7	160 m²	10	70	130 m²	4	28	150 m²	8	56
4. Altbau	5	nein	0	0	sehr schön	10	50	ja	8	40
5. zentrale Lage	3	Stadtrand	0	0	Außenbezirk	3	9	zentrale Lage	10	30
6. geringe Kosten	2	2.000,– EURO	5	10	2.500,– EURO	1		1.300,– EURO	10	20
Summe der gewichteten Wertzahlen		Alternative A:		174	Alternative B:		253	Alternative C:		266

2.3 Das Normative Entscheidungsmodell nach Vroom, Yetton

(Ruth Simsa)

Kurzbeschreibung

Ziel dieses Modells ist es, die Entscheidung über Entscheidungsstrukturen, d.h. die Frage, wer in eine bestimmte Entscheidung einbezogen werden soll, zu strukturieren und zu erleichtern. Das Modell baut darauf auf, daß der Erfolg von Entscheidungen von zwei Aspekten abhängt, nämlich von der inhaltlichen Qualität und von der Akzeptanz der Entscheidung. Abhängig von der jeweiligen Gewichtung von Qualität und Akzeptanz werden fünf dazu passende Entscheidungsstile unterschieden, die im Spektrum zwischen autoritärer Einzelentscheidung und Gruppenentscheidung angesiedelt sind. Der Vorgesetzte diagnostiziert die jeweilige Entscheidungssituation anhand eines „Entscheidungsbaums" von sieben Fragen, deren Beantwortung die Zuordnung zu spezifischen Entscheidungsstilen ermöglicht. Das Modell kann in all jenen Situationen hilfreich sein, in denen nicht eindeutig festgelegt ist, wer aller in eine Entscheidung einbezogen werden soll; zusätzliche Hilfestellung für die inhaltliche Entscheidung oder den Entscheidungsprozeß gibt es allerdings nicht.

2.3.1 Beschreibung

Eine wesentliche Frage bei Entscheidungen, die im Rahmen von Organisationen getroffen werden, ist immer, wer sinnvollerweise in den Entscheidungsprozeß einbezogen werden soll. Gerade in NPOs ist oft die Tendenz feststellbar, daß zu viele Personen oder Gruppen in bestimmte Entscheidungen involviert werden; die Folgen sind mangelnde Flexibilität und inadäquater (zeitlicher) Aufwand. *(vgl. HANDBUCH - von Eckardstein, Simsa, 1997: Entscheidungsmanagement)* Die Abstimmung zwischen eher autoritären und eher demokratischen Vorgangsweisen erfordert viel Feingefühl und Kenntnis der Organisation.

Das Modell von Vroom, Yetton beruht auf der Annahme, daß der Erfolg einer Entscheidung immer von zwei Größen abhängt, einerseits von ihrer inhaltlichen Qualität und andererseits von der Akzeptanz durch die Betroffenen. Inhaltliche Qualität setzt ausreichende und richtige Informationen sowie sachliche Angemessenheit der gewählten Alternative voraus. Akzeptanz bezieht sich auf soziale Aspekte, d.h. auf die Frage, wieweit die Entscheidung von den Betroffenen mitgetragen und umgesetzt wird. Entscheidungen werden nur dann Erfolg haben, wenn sie beiden Aspekten Rechnung tragen. Viele inhaltlich adäquate und hochqualitative Entscheidungen scheitern am Widerstand der Betroffenen, andererseits werden Entscheidungen, die zwar von allen Organisationsmitgliedern akzeptiert werden, sachlich aber falsch sind, kurzfristig zu einem erfreulichen Organisationsklima beitragen, langfristig aber sicher nicht zum Erfolg der Organisation. Die Gewichtung von Qualität und Akzeptanz kann je nach Entscheidungssituation und Entscheidungsart variieren und erfordert jeweils unterschiedliche Führungs- und Entscheidungsstile.

Vroom, Yetton unterscheiden nach Ausmaß der gewährten Partizipation am Entscheidungsprozeß folgende fünf Entscheidungsstile:

Autokratisch I (AI): Die Führungskraft trifft die Entscheidung allein und gibt Anweisung zu ihrer Umsetzung. Grundlage für die Entscheidung bilden die momentan verfügbaren Informationen.

Autokratisch II (AII): Die Führungskraft holt Informationen bei den Mitarbeitern ein und entscheidet aufgrund dieser Informationen allein. Die Rolle der Mitarbeiter besteht nicht darin, Lösungen abzuschätzen oder anzuregen, sondern nur in der Beschaffung von Informationen.

Konsultativ I (BI): Die Führungskraft diskutiert das Problem mit einzelnen Mitarbeitern, holt ihre Anregungen und Vorschläge ein und trifft dann selbst die Entscheidung.

Konsultativ II (BII): Die Führungskraft diskutiert das Problem mit den Mitarbeitern in einer Gruppenbesprechung. Dabei holt sie Ideen und Vorschläge ein, entscheidet aber selbst über die Lösung des Problems. Die Entscheidung kann die Vorschläge der Mitarbeiter berücksichtigen, muß dies aber nicht tun.

Demokratisch (GI): Die Führungskraft diskutiert das Problem gemeinsam mit den Mitarbeitern in der Gruppe. Gemeinsam werden Alternativen entwickelt und abgewogen, und man versucht, einen Konsens für eine Entscheidung zu finden. Die Führungskraft moderiert den Prozeß, bemüht sich aber, ihn inhaltlich nicht in stärkerem Maß als andere Gruppenmitglieder zu beeinflussen.

Zur Diagnose der Situation und der Wahl des richtigen Entscheidungsverhaltens werden die aus der empirischen Partizipationsforschung abgeleiteten folgenden sieben Merkmale herangezogen:

1. Qualitätsanforderungen
2. Informationsstand des Vorgesetzten
3. Strukturiertheit des Problems
4. Handlungsspielraum der Mitarbeiter
5. Einstellung der Mitarbeiter zu autoritärer Führung
6. Akzeptanz der Organisationsziele durch die Mitarbeiter

7. Gruppenkonformität.

Ausgehend von diesen Problemmerkmalen, haben die Autoren einen „Entscheidungsbaum" von sieben Filterfragen konstruiert, deren Beantwortung die Diagnose der Situation strukturiert. Die Führungskraft klärt mit Hilfe dieser Ja- oder Nein-Fragen ihre Einschätzung der Situation und folgt dem vorgegebenen Pfad, der – ihren Antworten auf einzelne Fragen entsprechend – in der Folge zu einem der oben angeführten Entscheidungsstile führt.

Abb. III 2.2

Die Einschätzung der Entscheidungssituation
FILTERFRAGEN
A. Gibt es ein Qualitätserfordernis derart, daß vermutlich eine Lösung sachlich besser ist als eine andere?
B. Habe ich genügend Informationen, um eine qualitativ hochwertige Entscheidung selbst treffen zu können?
C. Ist das Problem strukturiert?
D. Ist die Akzeptanz der Entscheidung durch die Mitarbeiter für die effektive Umsetzung wichtig?
E. Wenn ich die Entscheidung selbst treffe, würde sie dann von den Mitarbeitern akzeptiert werden?
F. Teilen die Mitarbeiter die Organisationsziele, die durch eine Lösung dieses Problems erreicht werden sollen?
G. Wird es zwischen den Mitarbeitern vermutlich zu Konflikten über die Frage kommen, welche Lösung zu bevorzugen ist?

Quelle: Jago, 1995

2.3.2 Vor- und Nachteile

Das Modell besticht durch Einfachheit und Klarheit und wird von Managern meist gerne aufgenommen. In der betrieblichen Praxis ist es mit wenig Zeitaufwand anwendbar, um anhand der angebotenen Fragen getroffene Entscheidungen nachträglich zu reflektieren oder um den Prozeß der Entscheidung bezüglich der Zusammensetzung der Entscheidungsträger zu strukturieren.

In der Simplizität liegen allerdings auch die Einschränkungen des Modells. Die Komplexität von Entscheidungssituationen, wie etwa Koalitionsbildungen oder die Wirkung von Gruppenkonflikten etc., wird durch die vorgeschlagenen Fragestellungen nicht vollständig abgedeckt. Darüber hinaus hängt der Erfolg der Wahl eines Entscheidungsstils mit Hilfe dieses Modells wesentlich von der richtigen Einschätzung der Situation durch die Personen ab, die mit diesem Modell arbeiten.[14] Die Frage etwa, ob eine autoritäre Entscheidung von den Mitarbeitern akzeptiert würde, kann natürlich kaum objektiv beantwortet werden, sondern unterliegt den subjektiven Annahmen durch die Führungskraft.

Im wesentlichen kann das Modell Führungskräfte unterstützen, eingefahrene Entscheidungsmuster in der Organisation wie auch in der eigenen Person zu erkennen, auf ihre Angemessenheit zu hinterfragen und in der Folge möglicherweise flexibler in der Wahl des Entscheidungsstils zu werden. Gerade in basisorientierten NPOs mit hohem Anspruch an Mitbestimmung kann das Modell in diesem Zusammenhang auch eingesetzt werden, um kollektiv verschiedene Typen von Entscheidungen zu analysieren und dafür formalisierte Entscheidungsmuster festzulegen. *(vgl. HANDBUCH - Zauner, 1997: Solidarität)*

2.3.3 Praxisbeispiel

In der Regionalsektion einer NPO, deren Haupttätigkeit die Organisation und Durchführung von Krankentransporten ist, sind zwei hauptamtliche und zwölf ehrenamtliche Mitarbeiter beschäftigt. Leiter der Sektion ist einer der ehrenamtlichen Mitarbeiter. Obwohl die Gruppe in den letzten Jahren sehr gut gearbeitet hat, gibt es Spannungen zwischen den Mitarbeitern, da das Engagement der Ehrenamtlichen äußerst unterschiedlich ist. Während einige sehr viele Dienste übernehmen, ist die Mitarbeit von zwei Mitarbeitern sehr unregelmäßig, ein Mitarbeiter gilt unter den Kollegen sogar als „Karteileiche". Der Leiter der Sektion möchte daher eine Entscheidung darüber herbeiführen, ob – und wenn ja, welche – Kriterien an die Mitgliedschaft von Ehrenamtlichen anzuwenden sind. Der Führungsstil in der Abteilung ist eher demokratisch; abgesehen von festgelegten Entscheidungsangelegenheiten der Generalversammlung trifft die Führungskraft allerdings Entscheidungen in der Regel eher unstrukturiert mit jenen Mitarbeitern, die gerade anwesend oder leicht erreichbar sind. Da dieses „Zufallsprinzip" in der Gruppe bereits zu Unstimmigkeiten geführt hat, wird der erste Schritt, nämlich die Festlegung des Personenkreises, der die Entscheidung treffen soll, von der Führungskraft anhand des Modells von Vroom, Yetton vorgenommen:

---

[14] Bei einem Training habe ich dieses Modell von Mitarbeitern einer Abteilung nachträglich auf eine bereits getroffene Entscheidung anwenden lassen. Die Ergebnisse waren trotz gleicher Ausgangslage durchaus unterschiedlich.

A. Die Frage, ob es ein Qualitätserfordernis gibt, wird mit ja beantwortet, daher geht es mit der Frage B weiter.

B. Die Führungskraft hat ihrer Ansicht nach genügend Informationen, um eine qualitativ gute Entscheidung treffen zu können. Aufgrund der langjährigen Mitarbeit kennt sie Möglichkeiten und Einstellungen der Mitarbeiter, sie hat sich darüber hinaus über Modelle der Einbindung Ehrenamtlicher bei anderen NPOs informiert. Die Frage wird mit ja beantwortet, es geht weiter zur Frage D.

D. Die Akzeptanz der Entscheidung durch die Mitarbeiter ist bei allen Mitarbeitern, insbesondere aber bei den Ehrenamtlichen, von großer Bedeutung, die Frage wird mit ja beantwortet.

E. Mitbestimmung ist ein hoher Wert in der Gruppe, im Fall einer Einzelentscheidung durch die Führungskraft würde daher selbst eine ideale Lösung nicht akzeptiert werden.

F. Die Frage, ob die Mitarbeiter die Organisationsziele teilen, die durch die Lösung des Problems erreicht werden sollen, ist in diesem Fall für die Führungskraft nicht leicht zu beantworten. Insbesondere die ehrenamtlichen Mitarbeiter stehen voll hinter den inhaltlichen Zielen der Organisation, die Ansicht, daß für erfolgreiche Arbeit daran aber auch effiziente Organisation notwendig ist, wird nicht von allen geteilt. Dennoch entscheidet sich die Führungskraft für die Antwort ja, die zu Lösung 5, einer Gruppenentscheidung führt.

2.4 Problem- und Entscheidungsanalyse
(Ruth Simsa)

Kurzbeschreibung

Dieses Modell gibt eine sehr klare Struktur vor, mit der die Ressourcen einer beratenden Gruppe bei gewichtigen Entscheidungen unter begrenztem Zeitaufwand möglichst effizient genutzt werden können. Den Hintergrund bildet die Erfahrung, daß Entscheidungen in der Regel erfolgreicher sind, wenn zwischen Auftreten eines zu entscheidenden Problems und der Lösungssuche eine ausführliche Phase der Diagnose und Entwicklung von Entscheidungskriterien eingeschoben wird.

2.4.1 Beschreibung

Üblicherweise gelten jene Personen oder Gruppen als besonders zielorientiert und effektiv, die bei Auftreten eines Problems oder einer Entscheidungsangelegenheit sofort „die Ärmel aufkrempeln" und schnell nach Lösungen suchen. Gerade bei komplexen Entscheidungen in Organisationen zeigt die Erfahrung allerdings, daß es langfristig oft effektiver ist, im Entscheidungsprozeß einen scheinbaren Umweg einzuschlagen und davor eine ausführliche Phase des Beobachtens, Nachfragens und Sammelns unterschiedlicher Sichtweisen sowie eine Phase der Diagnose und des Bildens von Hypothesen über Problemzusammenhänge einzuschieben.

Abb. III 2.3

Der übliche Weg zur Entscheidung
ENTSCHEIDUNGSFINDUNG
Auftreten des Problems, der Entscheidungsangelegenheit   sofortige Suche nach Lösungen |--> Entscheidung

Abb. III 2.4

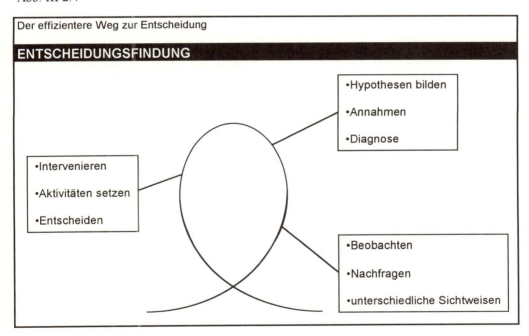

Der effizientere Weg zur Entscheidung

- Hypothesen bilden
- Annahmen
- Diagnose

- Intervenieren
- Aktivitäten setzen
- Entscheiden

- Beobachten
- Nachfragen
- unterschiedliche Sichtweisen

Quelle: Beratergruppe Neuwaldegg, o. J.

Das Modell der Problem- oder Entscheidungsanalyse bietet eine Strukturvorgabe, die dieser Erfahrung Rechnung trägt. Es kann bei komplexeren Entscheidungsangelegenheiten angewandt werden, bei denen der Entscheidungsträger die Möglichkeit hat, eine Gruppe von „Beratern" beizuziehen. Die Größe der Beratergruppe kann dabei von drei bis sechs Personen variieren. Teilnehmer können Kollegen, Mitarbeiter oder auch interessierte Bekannte sein. Mit diesen Modell kommen auch von fachfremden Personen oft sehr qualifizierte Entscheidungen vorbereitet werden. Beim Zeitrahmen ist etwa eine Stunde zu veranschlagen, in der auch bei äußerst differenzierten Entscheidungen bei Einhalten der Strukturvorgabe qualitativ hochwertige Lösungsalternativen erarbeitet werden können. Ziel des Modells ist die fundierte Erstellung von Lösungsmöglichkeiten sowie das Abwägen möglicher Vor- und Nachteile durch die Berater, die Entscheidung muß aber der Berater selbst treffen.

Da sowohl die Berater als auch die Entscheidungsträger meist dazu tendieren, sich nicht an die Struktur zu halten, ist es sinnvoll, eine Person aus dem Beraterkreis als Moderator zu nominieren. Eine seiner Aufgaben liegt darin, Zeitvorgaben festzulegen und auf ihre Einhaltung zu achten, was Fingerspitzengefühl für die Einschätzung der Situation erfordert. Einerseits kann ein gewisser Zeitdruck die Effizienz der Gruppe erhöhen, indem er die Konzentration auf das Wesentliche fördert, andererseits können zu straffe Zeitlimits auch einschränkend auf die Kreativität der Arbeit wirken. Die hier vorgeschlagenen Zeitangaben haben sich in der Arbeit mit dem Modell als in der Regel brauchbar herausgestellt, die konkret allerdings festzulegenden Zeiten werden sowohl von der Komplexität der jeweiligen Entscheidung als auch von der „Eigenzeit" der Beratergruppe abhängen. Ein weiterer Verantwortungsbereich des Moderators ist die Einhaltung der inhaltlichen Aufgaben der jeweiligen Arbeitsschritte. Gruppen neigen bisweilen dazu, statt Kriterien guter Entscheidungen (Schritt 6) lieber gleich mögliche Alternativen mit ihren jeweiligen Vor- und Nachteilen zu besprechen. Oft fällt es Gruppen ohne aktive Unterstützung durch den Moderator auch schwer, ausreichend nachzufragen oder sich auf die Hypothesenbildung einzulassen.

Strukturvorgabe des Modells

In Trainings- und Beratungskontexten werden Strukturvorgaben gemacht, die sich in Details voneinander unterscheiden. Im folgenden wird eine mögliche Strukturvorgabe des Modells mit zeitlichen Richtwerten angeführt und einzelne Schritte davon genauer erläutert.

1. Der Entscheidungsträger schildert sein Problem und gibt eine Problemdefinition aus seiner Sicht.
2. Nachfragen durch die Beratergruppe (15 Minuten für beide Schritte)
3. Diagnose durch die Gruppe (5 Minuten)
4. Reaktion des Entscheidungsträgers, etwaige Korrekturen oder Ergänzungen (3 Minuten)
5. Bildung von Hypothesen durch die Gruppe (15 Minuten)
6. Suche nach Kriterien, denen eine gute Entscheidung genügen soll; zunächst durch den Entscheidungsträger, dann Ergänzungen durch die Gruppe (8 Minuten)
7. Ausarbeitung von Entscheidungsalternativen durch die Gruppe (15 Minuten)

8. Reaktion des Entscheidungsträgers.

Erläuterungen zu einzelnen Schritten:

ad 3. Diagnose durch die Gruppe

In dieser Phase geht es darum, die Entscheidungsfrage noch einmal konkret zu formulieren: „Worum geht es dabei eigentlich?" Die Vervollständigung des Satzes „Das Problem besteht darin, daß..." durch die Berater kann dabei zentrale Aspekte der Situation verdeutlichen. Wichtig ist, daß der Entscheidungsträger sich nicht persönlich beteiligt, sondern vorerst nur zuhört. Im nächsten Schritt hat er Gelegenheit, Ergänzungen oder Korrekturen anzubringen.

ad 5. Bildung von Hypothesen durch die Gruppe

Die Gruppe erörtert Gründe für Problemlagen, Hintergründe der Entscheidung, mögliche latente Funktionen, die die Entscheidung in der Organisation erfüllen soll, mögliche Ursachen und Hintergründe für die Interessen und Verhaltensweisen beteiligter oder betroffener Personen etc. Dabei ist es sinnvoll, zentrale Hypothesen schriftlich festzuhalten (Flipchart).

Getreu der Annahme, daß „Problembringer" ihre (Entscheidungs-)Probleme oft so wahrnehmen, daß sie bei ihren Lieblingslösungen bleiben können, weicht die Diagnose guter Beratergruppen nicht selten von jener der Entscheidungsträger ab. Das Entscheidungsproblem wird in diesem Fall umdefiniert und dadurch möglicherweise alternativen Lösungen zugänglich. Auch dabei ist es wichtig, daß der Entscheidungsträger die Berater arbeiten läßt und nur zuhört.

Diese Phase ist meist die herausforderndste für den Moderator, da es gerade engagierten Beratergruppen oft sehr schwer fällt, nicht sofort Lösungen zu suchen und anzubieten.

ad 6. Suche nach Kriterien

In diesem Schritt schlägt zunächst der Entscheidungsträger Kriterien vor, denen eine gute Lösung genügen sollte, die Beratergruppe kann ergänzen und an möglicherweise Vergessenes erinnern. Zum einen kann es um „harte" Fakten gehen, wobei Kriterien beispielsweise folgendermaßen formuliert werden: Die Alternative, für die wir uns bei der Anschaffung neuer Computer entscheiden, darf maximal xx EURO kosten; der Bewerber für die Stelle als hauptamtliches Mitglied muß eine abgeschlossene Lehre als Bürokaufmann aufweisen. Zum anderen spielen in der Regel soziale Faktoren eine wichtige Rolle, Kriterien können dann etwa sein: Kollege X, der für die Betreuung der EDV zuständig ist, muß mit der Wahl einverstanden sein; der neue Mitarbeiter muß in die Kultur der Gruppe passen. Auch bei diesem Punkt sollten die wichtigsten Aspekte (auf Flipchart) notiert werden.

ad 7. Ausarbeitung von Entscheidungsalternativen durch die Gruppe

Auf Basis der erarbeiteten Hypothesen und Kriterien kann die Gruppe Entscheidungsmöglichkeiten anbieten. Dabei können konkrete Vorschläge für die Auswahl zwischen bereits bestehenden Alternativen sein („wir würden die Wahl von Variante A vorschlagen" etc.) oder – bei noch weniger strukturierten Entscheidungsangelegenheiten – Möglichkeiten der Gestaltung des Entscheidungsprozesses („wir würden die Entscheidung an den Vorstand rückdelegieren, ihm aber folgende Alternativen unterbreiten..."; „wir würden aus allen Bewerbern Herrn A und Frau B auswählen, diese dann zu einem Gespräch mit der Gesamtgruppe einladen und in der Folge die Gruppe entscheiden lassen...."). Die Vor- und Nachteile einzelner Alternativen sollten hier ebenso besprochen werden wie mögliche „Fallstricke". Um die Berater nicht zu beeinflussen, sollte der Entscheidungsträger auch in dieser Phase nicht aktiv mitarbeiten; die tatsächliche Entscheidung muß er ohnehin treffen.

2.4.2 Vor- und Nachteile

Der größte Vorteil des Modells liegt darin, daß es erfahrungsgemäß hochqualitative Lösungen in relativ kurzer Zeit bringt. Die Arbeit der Gruppe erweist sich durch die inhaltlich und zeitlich strukturierende Vorgabe effektiver, als dies etwa in nichtstrukturierten Gruppensituationen beobachtbar ist, und der „Zwang" zur Hypothesenbildung führt oft zu neuen, durchführbareren und qualitativ besseren Entscheidungen.

Nachteile liegen in den hohen Anforderungen der Methode. So ist es in der Praxis oft schwierig, eine geeignete Beratergruppe[15] zusammenzustellen: Nicht jeder hat die Möglichkeit, in Entscheidungssituationen auf diese Ressource zurückgreifen zu können. Auch sind hohe Fähigkeiten des Moderators für eine effektive Arbeit wesentlich.

Anwendungsmöglichkeiten der Methode liegen daher nur im Bereich problematischer oder sehr komplexer Entscheidungen. Leicht abgewandelt, kann die Entscheidungsanalyse auch eingesetzt werden, um Gruppenentscheidungen zu strukturieren. Diese Methode wird erfahrungsgemäß gerade in NPOs häufig genutzt, oft allerdings unstrukturiert und damit sehr zeitraubend. Bei Gruppenentscheidungen nach diesem Modell ist es sinnvoll, einen externen Moderator zu integrieren. Notfalls kann auch ein Gruppenmitglied für diese Rolle nominiert werden, das dann allerdings eigene inhaltliche Ansichten und Interessen hintanzustellen hat. Problemdefinition

---

[15] Wichtig sind vor allem Engagement und ein Vertrauensverhältnis zwischen den Beratern und dem Entscheidungsträger, das es diesem ermöglicht, Schwierigkeiten, Vorbehalte und Interessen offen anzusprechen. Bei ausgeprägten hierarchischen Verhältnissen zwischen Entscheidungsträger und Beratern besteht die Gefahr, daß nur solche Diagnosen erstellt und Lösungen erarbeitet werden, die der Entscheidungsträger nach Einschätzung der Berater goutiert.

und Festlegung der Entscheidungsangelegenheit sowie Festlegung von Anforderungen an gute Lösungen sind Aufgabe der Gesamtgruppe.

2.5 Kontinuierlicher Verbesserungsprozeß (KVP)
(Dudo von Eckardstein)

Kurzbeschreibung

Dieses Instrument der Entscheidungsvorbereitung und Entscheidungsdurchführung in Gruppen wurde bislang schwerpunktmäßig in Unternehmen zur Förderung von Rationalisierungsprozessen eingesetzt. Es kann aber auch als Instrument des Veränderungsmanagements bezeichnet werden, da es dazu dient, die in einer Organisation bei den Mitgliedern vorhandenen Veränderungsvorstellungen und Informationen systematisch zu erheben, auf ihren Beitrag für Verbesserungsmöglichkeiten zu überprüfen, zu bearbeiten und in Entscheidungen beziehungsweise Entscheidungsvorschläge über Verbesserungsmaßnahmen umzusetzen.

2.5.1 Beschreibung

Das Instrument des kontinuierlichen Verbesserungsprozesses (KVP) wurde in Japan als Rationalisierungsinstrument entwickelt und als Kaizen bezeichnet. Als Hauptaufgabe gilt dort, **Verschwendungen** jeglicher Art im Produktionsprozeß (Muda) aufzuspüren, zu beseitigen und auf diese Weise dazu beizutragen, betriebliche Wertschöpfungsprozesse kontinuierlich zu verbessern. Der KVP basiert auf der – für manche – provozierenden Vorstellung, daß jeder Wertschöpfungsprozeß nahezu permanent daraufhin überprüft werden muß, ob und in welcher Weise er rationeller gestaltet werden kann. Es ist zu untersuchen, ob mögliche Verschwendungen durch Einsparung an Zeit (Arbeitszeit, Bearbeitungszeit, Wartezeit, Lagerzeit), an Produktionsgütern (maschinelle Anlagen, Räume) und an Materialien ausfindig gemacht werden können.

Der KVP erfolgt in und durch **Projektgruppen**, die den Qualitätszirkeln ähneln. Gemeinsam ist beiden Instrumenten, daß in Gruppen an Verbesserungsmöglichkeiten gearbeitet wird. Während sich Qualitätszirkel üblicherweise aus den Mitarbeitern eines Produktionsbereichs zusammensetzen, die ansonsten nicht mit Planungs- und Entscheidungsaufgaben befaßt, sondern ausführend tätig sind, umfaßt die Projektgruppe im KVP Mitglieder unterschiedlicher Herkunft: Es finden sich wie im Qualitätszirkel ausführend tätige Mitglieder des Bereichs, der in Hinblick auf Verbesserungsmöglichkeiten bearbeitet werden soll, darüber hinaus aber auch Spezialisten, Vorgesetzte, Mitglieder vor- und nachgelagerter Bereiche, eventuell auch Betriebsratsmitglieder. Bei der Zusammenarbeit der Projektgruppe wird der Grundsatz verfolgt, daß diejenigen vertreten sein sollen, die für die zu bearbeitenden Aufgaben die größte Kompetenz mitbringen.

Unter dem Aspekt der Arbeitsfähigkeit der Projektgruppe ist zu empfehlen, die Zahl der Mitglieder auf sechs bis acht zu begrenzen. Wenn dieses Prinzip jedoch mit der Zusammenführung von Inhabern spezifischer Kompetenz, die für die Aufgabe unumgänglich ist, in Widerspruch gerät, können die Projektgruppen auch eine größere Zahl von Mitgliedern umfassen. In diesem Fall ist allerdings darauf zu achten, daß die Großgruppe sich regelmäßig in Untergruppen organisiert, um genügend arbeitsfähig zu werden. Plenarsitzungen sind nur erforderlich, um Untergruppen zu bilden, zu beauftragen, ihre Ergebnisse zusammenzuführen und abschließend die Entscheidungsvorlagen und Entscheidungen zu bewerten.

Für die Arbeit der Projektgruppe eignet sich am besten eine moderierte Form. *(vgl. Teil II Kapitel 2.6)* Dadurch wird die Möglichkeit geschaffen, strukturiert an der Aufgabe zu arbeiten und Zeit- und Ressourcenverschwendung durch unsystematische Diskussion zu vermeiden.

Die KVP-Projektgruppen werden im Rahmen eines von der Leitung der Organisation initiierten generellen Programms der **Organisationsveränderung** beauftragt. Die Mitglieder einer Projektgruppe führen die Projektaufgaben neben ihren regulären Aufgaben durch. Ihre Mitarbeit ist als Sonderaufgabe zu betrachten, die jedoch im Rahmen der üblichen Arbeitszeiten zu erfüllen ist. Nach Abschluß der Projektaufgabe widmen sich die Projektgruppenmitglieder wieder vollzeitlich ihren regulären Aufgaben.

2.5.2   Vor- und Nachteile

Praktische Erfahrungen zeigen, daß der KVP innerhalb von kurzer Zeit **beachtliche Produktivitätsverbesserungen** bewirken kann. Aus Unternehmen wird berichtet, daß Produktivitätsverbesserungen (Arbeitszeit, maschinelle Kapazitäten, Raumbedarf, Lagerhaltung) zwischen 20 und 50 Prozent erzielt werden konnten. Diese lassen sich aus dem systematischen Zusammenführen von problemspezifischem Know-how und somit aus der Bündelung bislang nicht oder nur punktuell genutzter, in der Organisation jedoch verfügbarer Kompetenz erklären.

Über den Rationalisierungseffekt hinaus liegt ein weiterer Vorteil darin, daß die Mitglieder von Projektgruppen implizit lernen, d.h. ohne sich dessen bewußt zu sein und ohne es direkt zu beabsichtigen. Dieser Lernvorgang leidet auch nicht unter den für organisierte Lernprozesse typischen Transferverlusten. Implizites beziehungsweise nur in diffuser Weise gespeichertes Wissen wird gewissermaßen an die Oberfläche gehoben, durch die Diskussion überprüft, ergänzt und damit in explizites, direkt vermittelbares, praxisrelevantes Wissen umgewandelt. Als weitere Erfolgsursache ist die systematische Infragestellung bisheriger Praktiken zu nennen.

Als nachteilig wird der Zeitaufwand eingeschätzt, der mit der Durchführung eines Verbesserungsprogramms verbunden ist. Da dieser jedoch meist durch den erzielten Erfolg überkompensiert wird, dürften die Vorteile für die Leistungsziele der Organisation überzeugen. Kritisch ist anzumerken, daß aus Verbesserungsprozessen oftmals ein Überhang an Beschäftigten entsteht, der den Arbeitsplatzverlust für einzelne bedeuten kann. Daraus folgt die Empfehlung, daß die Mitglieder von KVP-Gruppen dagegen abgesichert werden müssen, wenn man ihre Mitarbeit gewinnen möchte. In den meisten Fällen ist es ratsam, auch über die Projektgruppenmitglieder hinaus Personalabbaumaßnahmen als Folge von Verbesserungsaktivitäten auszuschließen, wenn sie nicht sozialverträglich (z.B. durch Nichtbesetzung freigewordener Stellen) durchgeführt werden.

In zahlreichen Unternehmen wird der kontinuierliche Verbesserungsprozeß bereits erfolgreich eingesetzt; dem Verfasser ist jedoch kein Anwendungsfall aus dem NPO Bereich bekannt. Argumente für diese bisherige Enthaltsamkeit könnten auf den folgenden Ebenen liegen: Das Instrument ist im NPO Bereich nicht bekannt. Elemente des Instruments wie die Projektgruppenarbeit werden im Rahmen anderer Konzepte des Veränderungsmanagements bereits unter anderer Bezeichnung eingesetzt. Der Druck zu Verbesserungsmaßnahmen im Kosten- und Leistungsbereich wird in vielen NPOs (noch) nicht so stark empfunden, daß systematisch an der Ausschöpfung von Verbesserungsmaßnahmen gearbeitet werden müßte.

2.6 Moderation von Entscheidungsprozessen
(Helene Mayerhofer)

Kurzbeschreibung

Moderation hat das Ziel, die gemeinsame Arbeit mehrerer Menschen ergebnisorientiert anzuleiten. Die Aufgabe des Moderators besteht darin – bei eigener inhaltlicher Neutralität – den Prozeß der Meinungs- und Willensbildung einer Gruppe so zu gestalten, daß alle Teilnehmer daran mitwirken können. Diese Rolle und der Einsatz verschiedener Moderationstechniken ermöglichen den Gruppenmitgliedern, sich auf die inhaltliche Bearbeitung zu konzentrieren. Der Einsatzbereich ist sehr vielfältig und reicht von der Moderation sporadischer Zusammenkünfte (z.B. erstes Treffen einer Bürgerinitiative) bis zur Gestaltung kontinuierlicher Gruppenzusammensetzungen (z.B. Qualitätszirkel). Die Moderation einer Entscheidungsfindung ist dann sinnvoll, wenn das Ausmaß an zu verarbeitender Information hoch ist und/oder viele Personen mit unterschiedlichen Interessen oder Sichtweisen betroffen sind sowie ein zeitlicher Spielraum bis zur Umsetzung vorhanden ist.

2.6.1 Beschreibung

Moderation ist ein „Handwerk, eine Kunst, das Gespräch zwischen Menschen sinnvoll und ergebnisreich zu machen". (Klebert, Schrader, Straub, 1987, S. 3) Das methodische Vorgehen entwickelte sich Ende der sechziger Jahre vor dem Hintergrund des steigenden Bedürfnisses nach Mitsprache in den verschiedenen Lebensbereichen. Die Strukturierung von Kommunikations- und Entscheidungsprozessen nach den Regeln der Moderation bietet die Möglichkeit, mit vielen Beteiligten viel an Information zu bearbeiten. Mit diesem Vorgehen wird im allgemeinen sowohl die Qualität als auch die Akzeptanz von Entscheidungen deutlich erhöht.

Zentrale Elemente der Arbeitsweise sind: Wechsel zwischen Plenum (= Gesamtgruppe) und Kleingruppenarbeit, Visualisierung des Geschehens, Einsatz von Fragetechnik. *(siehe Teil III Kapitel 3)*

Die **Haltung und Aufgaben** von Moderatoren:

Der alleinige Einsatz von verschiedenen Moderationstechniken macht noch keine gute Moderation. Moderatoren müssen eine sich inhaltlich zurücknehmende Haltung einnehmen, und Zutrauen in die Kompetenz der Teilnehmer haben, das richtige Vorgehen zu finden und die richtige Entscheidung zu fällen. Ein Moderator leitet die Gruppe an, ist jedoch nicht „Chef", sondern „besonderes" Gruppenmitglied mit Moderationsfunktion.

Die zentralen **Aufgabenbereiche** kurz zusammengefaßt:

- Übernahme der Gesprächsführung und Gestaltung der Kommunikationssituation: Zielsetzung ist, daß alle Teilnehmer zu Wort kommen, was die Aktivierung der „Stillen" in der Gruppe und das Bremsen der „schnellen und lauten" Teilnehmer verlangt
- Anleitung der Gruppe bei der Problembearbeitung, Entscheidungsfindung etc. mittels konkreter methodischer Vorschläge für eine systematische Vorgehensweise (Bearbeitung in Kleingruppen/im Plenum/durch Einzelpersonen; Zusammenführung der Ergebnisse etc.)
- Ergebnissicherung (eventuell Weiterleitung von Vorschlägen).

Grundlagen zur Erfüllung der Aufgaben:

- Fragen und Bedürfnisse der Beteiligten „führen" die Moderation
- Gruppendynamische Strömungen sind zu beachten
- Verlauf, Fragen, Ergebnisse etc. sind für alle sichtbar zu machen (Visualisierung)
- Regeln der Zusammenarbeit werden vereinbart und ihre Einhaltung unterstützt.

Die Anforderungen machen deutlich, daß es von Vorteil ist, die Bearbeitung von komplexen und/oder stark konflikthaften Entscheidungsprozessen Moderatoren**teams** zu überlassen, auch wenn in der Praxis oft nur eine Person herangezogen wird. Ein Vorgehen im Team ermöglicht folgende Aufgabenteilung: Eine Person übernimmt die aktive Gestaltung der Strukturierung des Ablaufs, die zweite Person konzentriert sich auf gruppendynamische Prozesse. Durch diese erweiterte „Aufnahmefähigkeit" des Moderatorenteams kann die Prozeßgestaltung stärker auf aktuelle Strömungen in der Gruppe abgestimmt werden. Für die ergebnisorientierte und damit erfolgreiche Moderation von größeren Gruppenzusammenkünften (etwa ab 15 Personen) sind ebenfalls Teams empfehlenswert. Die Moderation kann sowohl von internen als auch von externen Personen übernommen werden. Für interne Moderatoren ist die Zurücknahme der eigenen **inhaltlichen** Position von besonderer Bedeutung für die Akzeptanz und das Gelingen der Moderation. Zu Beginn der gemeinsamen Arbeit sollte mit den Teilnehmern besprochen und auch vereinbart werden, in welcher Form der Moderator gegebenenfalls seine Rolle verlassen und etwaige inhaltliche Beiträge deklarieren kann. Bei stark wert- und interessengeladenem Entscheidungsbedarf ist der Einsatz von externen Moderatoren auf jeden Fall zu empfehlen. In Abgrenzung zur Beratung ist klarzustellen, daß Moderatoren keine Berater sind, jedoch moderieren in bestimmten Phasen Berater den Prozeß (z.B. bei Zwischenberichten von Projektgruppen).

Eine Moderation läuft meist in folgenden Schritten ab: **Anwärmen** (Kennenlernen, Erwartungen, Regeln für die Zusammenarbeit), **Problemorientierung** (Sammeln, Ordnen, Bewerten), **Problembearbeitung** (Diskussion und Festhalten der Ergebnisse in Kleingruppen, Präsentation im Plenum), **Entscheidungsfindung** (Vergleich und Bewertung von Alternativen, Entscheidung), **Handlungsorientierung** (Wer macht was mit wem bis wann wie?), **Abschluß** (Feedback, Rückschau und gegebenenfalls Vorschau). Zur moderierten Bearbeitung der einzelnen Teilschritte wird eine Reihe von Techniken herangezogen, wobei die Metaplantechnik in ihrer Entstehung eng mit Moderation verbunden ist. Die Art der Fragen spielt eine zentrale Rolle für den Erfolg oder Mißerfolg der eingesetzten Techniken. *(siehe dazu Teil III Kapitel 3)* Vorteilhaft ist es, die gestellten Fragen für alle Teilnehmer einer Moderation gut lesbar zu visualisieren. In der Folge werden einzelne Methoden exemplarisch vorgestellt.

Kartenabfrage

Einsatzmöglichkeiten: Die Kartenabfrage kann in verschiedenen Phasen der Moderation zum Einsatz kommen. Sie ist immer dann geeignet, wenn es wichtig ist, von jeder Person in der Gruppe – unabhängig voneinander und anonym – Aussagen zu erhalten. Dabei kommen unterschiedliche Einschätzungen (und deren Häufung) deutlicher als durch Diskussion zum Vorschein. Die Bewertung etwa von Vorschlägen ist personen- beziehungsweise positionsunabhängig möglich, und diese sind damit „gleichwertig" diskutierbar (z.B. der Vorschlag des Betriebsratsvorsitzenden ist nicht von vornherein zutreffender als ein anderer). Die Anonymität der Kartenschreiber in der Gruppe erlaubt es, auch unangenehme oder tabuisierte Fragen zu bearbeiten. Die Grenze der Einsetzbarkeit der Kartenabfrage bildet die Anzahl der bearbeitbaren Kärtchen (Aufpinnen und Zuordnung braucht Zeit!).

Vorgangsweise: Der Moderator stellt eine konkrete Frage. Jeder Teilnehmer erhält eine oder mehrere Pinnkarten und schreibt auf diese die Antwort. Damit die Karten gut lesbar sind, soll mit Plakatstift und entsprechend groß geschrieben werden. Im zweiten Schritt werden die Karten vom Moderator umgedreht (= Schrift unten), eingesammelt (sorgt für Anonymität), anschließend auf eine Pinnwand geheftet und dabei vorgelesen. Die Anordung der Karten zueinander wird mit den Teilnehmern gemeinsam erörtert. Die Ergebnisse sind damit für alle Teilnehmer sichtbar geworden und können diskutiert (und auch wieder umgeordnet) werden. Diese Methode bietet eine gute Basis für Entscheidungen über Schwerpunktsetzungen, Auswahl von einzelnen Alternativen etc.

Praktisches Beispiel: Die Frage „Welche zukünftigen Aktivitäten halten Sie für unsere Projektgruppe am wichtigsten?" wurde mit der Kartenabfragetechnik bearbeitet, da sich in der Diskussion zeigte, daß bei den Gruppenmitgliedern große Unsicherheit und große Unterschiede in der Einschätzung vorliegen. Jede Person erhielt drei Karten, um jeweils mit einem Stichwort die Aktivitäten aufzuschreiben. Damit konnten die einzelnen Teilnehmer ihre Interessen einbringen, ohne „falsch zu liegen". Die Karten wurden zu Aktivitätsschwerpunkten (Klumpen) geordnet. In der anschließenden Diskussion wurden diese Schwerpunkte präzisiert, und diese dienten als Grundlage für die Entscheidungsfindung durch Punktbewertung.

Brainstorming

Einsatzbereich: Die Methode des Brainstormings eignet sich sehr gut zur Generierung von kreativen Ideen- oder Lösungsansätzen. Der Begriff wird häufig verwendet, jedoch in der Methodik selten korrekt angewandt. Auf Basis einzeln geäußerter Lösungsideen und deren Visualisierung auf einem Flipchart können bei den anderen Teilnehmern ganz neue Assoziationen entstehen. Diese Ideen haben möglicherweise auf den ersten Blick nichts mit dem Thema unmittelbar zu tun, dies kann aber der Umweg zu einem ganz neuen, kreativen Ansatz sein. Die so enstandene Sammlung bietet die Grundlage für erste Auswahlentscheidungen zur weiteren Bearbeitung, z.B. mittels Punktbewertung.

Vorgangsweise: Eine konkrete Frage wird formuliert, die Teilnehmer rufen den Moderator alle Gedanken, Assoziationen, Einfälle etc. zu, die ihnen spontan dazu oder zu Äußerungen anderer einfallen. Alle Nennungen werden auf einem Flipchart untereinander mitgeschrieben. Wichtig ist, daß keine Bewertungen („Was soll das denn?") vorgenommen werden und keine Diskussionen über die Äußerungen stattfinden. In der Regel ebben die Zurufe nach einer ersten Häufung ab und beginnen nach einigen Minuten erneut zu sprudeln (insgesamt etwa zehn Minuten). Im Anschluß daran liest der Moderator die Nennungen vor, und die Weiterbearbeitung beginnt.

Praktisches Beispiel: „Wie können wir Mitglieder für unseren Verein gewinnen?" könnte eine Fragestellung lauten. Wenn das Brainstorming beendet ist (keine neuen Nennungen mehr), werden die einzelnen Nennungen durchgesprochen, konkretisiert, ergänzt, ausgeschieden etc.

Die verbleibenden und so generierten Alternativen können einer Punktbewertung unterzogen werden.

Punktbewertung/Punktfrage

Einsatzbereich: Die Punktbewertung (auch in Form von Ein- oder Mehrpunktfrage möglich) kann zur visualisierten Positionierung von Teilnehmern zu einer Fragestellung genutzt werden. Mit Klebepunkten wird der individuell präferierte Diskussionspunkt oder Lösungsvorschlag markiert. Durch die Zusammenführung der Bewertung aller Teilnehmer entstehen Häufigkeiten beziehungsweise Präferenzordnungen, die zur Auswahl von nächsten (Arbeits-)Schritten etc. verwendet werden. Mit der Einpunkt- beziehungsweise Mehrpunktfrage kann auch eine individuelle Positionierung zu einer Stimmung, einem Thema etc. abgefragt werden.

Vorgangsweise: Der Moderator verteilt je einen Klebepunkt (bei der Auswahl von mehreren Alternativen auch mehrere Punkte) an die Teilnehmer und fordert sie auf, das für sie wichtigste Thema aus einem schriftlichen Themenkatalog (= Ergebnis des Brainstormings, aus der Kartenabfrage) mit dem Punkt zu markieren. Als Ergebnis werden Häufigkeiten sichtbar, die als Grundlage zur Entscheidung z.B. über die zukünftig zu bearbeitenden Themen dienen oder für die Zusammensetzung von Kleingruppen zur Bearbeitung der Themenbereiche. Eine weitere Vorgangsweise besteht darin, durch das Kleben des Punkts auf einer Skala oder in einem Koordinatensystem eine individuelle Positionierung anzuleiten (z.B. Plakat: „Ich fühle mich jetzt...", Punkt auf einer Skala von 1 bis 10 ankleben).

Praktisches Beispiel: Für die Punktbewertung der Brainstormingergebnisse – „Wenn wir uns jetzt die verschiedenen Vorschläge vergegenwärtigen: Welche drei Ideen erscheinen Ihnen am wichtigsten zur Weiterbearbeitung?" – werden drei Klebepunkte für die wichtigste Idee, zwei für die zweitwichtigste und ein Klebepunkt für die drittwichtigste Idee ausgegeben. Die Teilnehmer punkten ihre Präferenzen, der Moderator summiert die Punkteanzahl (auch dazuschreiben), die Gruppe hat Gelegenheit, dazu Stellung zu nehmen.

Blitzlicht

Einsatzbereich: Ein Blitzlicht eignet sich dazu, rasch ein Meinungs- beziehungsweise Stimmungsbild einer Gruppe zu erhalten. Diese Methode kann zum Einstieg einer Gruppensitzung oder als Kurzform eines Feedbacks (laufend oder zum Abschluß) eingesetzt werden. Ebenso lassen sich damit sehr gut aktuelle Spannungen/Konflikte in einer Gruppe ansprechen.

Vorgangsweise: Der Moderator stellt eine Frage und fordert alle Teilnehmer auf, kurz und prägnant (ein bis maximal drei Sätze) dazu Stellung zu nehmen. Die Abfolge der Aussagen soll „reihum" erfolgen, da dies die Teilnehmer – speziell bei Konfliktsituationen – entlastet.

Praktisches Beispiel: Die Frage könnte lauten: „Wir haben nun die Hälfte unserer vereinbarten gemeinsamen Arbeitszeit hinter uns, wie schätzen Sie unsere bisherigen Fortschritte ein?"

(auch auf Flipchart visualisieren). Die Teilnehmer geben kurz ihre Einschätzung; damit ist es möglich, in der Gruppe aufzuzeigen, wo die Erfolge der Arbeit liegen, aber auch die „Hänger". Für den Moderator sind die Stellungnahmen Rückmeldung und Information zugleich für die Planung des weiteren Vorgehens.

2.6.2 Vor- und Nachteile

Soll nun jede Entscheidungsfindung moderiert werden? Nein. Moderation eignet sich vor allem für Entscheidungen, die ein hohes Ausmaß an zu verarbeitender Information erfordern und/oder eine große Anzahl von Personen betreffen. Weitere Voraussetzung ist auch ein gewisser zeitlicher Abstand zur Handlung.

Moderation ist nicht geeignet für:

- Routineentscheidungen (einfach, wenige Betroffene)
- unmittelbar, schnell zu treffende Entscheidungen (besser: Führungsentscheidung)
- wenn einfache Informationsgrundlagen und/oder bereits bewährte Muster zur Lösung und genug Zeit vorhanden sind (besser: Delegation).

Elemente der Moderation können eingesetzt werden, wenn ein sehr schwieriges Problem vorliegt, aber relativ rasch gehandelt werden muß („Konferenzentscheidung"): Das Know-how von vielen verschiedenen (Fach-)Experten wird damit gesammelt, und Auswirkungen von Alternativen können gemeinsam abgeschätzt werden. (Klebert, Schrader, Straub, 1987, S. 258)

Voraussetzung für einen erfolgreichen Verlauf einer Moderation ist das grundsätzliche Interesse der Teilnehmer einer Gruppe, Klausur etc., gemeinsam Ziele erreichen und Handlungen setzen zu wollen. Moderation dient auch dazu, dieses Interesse zu unterstützen und aufzubauen. Dies kann nicht geleistet werden oder ist wenig sinnvoll, wenn sich die Teilnehmer im „Krieg" befinden (z.B. unterschiedliche Fraktionen im Wahlkampf).

2.6.3 Praxisbeispiel

Moderation einer Sitzung der Mitglieder der Generalversammlung des Vereins „Berufsorientierung für Jugendliche" (rund 50 Mitglieder): Anlaß für die Moderation ist einerseits die Unzufriedenheit der Obfrau mit den langwierigen und auch meist ergebnislosen Diskussionen darüber, welche Schwerpunkte in der zukünftigen Arbeit gesetzt werden. Andererseits sollen die verschiedenen beruflichen wie privaten Erfahrungen und Kompetenzen der Mitglieder als kreative Ressourcen genützt werden. Ziel der Moderation ist die Festlegung von mittelfristigen Arbeitsschwerpunkten.

Voraussetzungen für die Moderation der Sitzung sind

- ein gewisses Ausmaß an geschlossenen Zeitblöcken (zumindest drei Stunden) und
- die Zustimmung durch die Beteiligten (Absprache mit relevanten Personen innerhalb des Vereins über den Einsatz von Moderatoren).

Aufgrund der Teilnehmeranzahl ist es besser, ein Moderatorenteam einzusetzen. Liegen entsprechende Kompetenzen und keine besonderen Konflikte vor, können sowohl interne als auch externe Moderatoren tätig werden. Zu beachten ist, daß diese eher nicht in „führender" Funktion (inhaltliche Neutralität!) tätig sein sollten.

In der Sitzung der Generalversammlung können alle oben vorgestellten Techniken eingesetzt werden.

2.7 Weiterführende Literatur

Standardwerk zum Thema Moderation ist die Arbeitsmappe „ModerationsMethode. Gestaltung der Meinungs- und Willensbildung in Gruppen, die miteinander lernen und leben, arbeiten und spielen". (Klebert, Schrader, Straub, 1996)

Eine Zusammenfassung mit Praxisbeispielen bietet das Buch „KurzModeration" von den gleichen Autoren (1987). Weiters ist das Buch „Moderieren mit System: Besprechungen effizient steuern" (Böhning, 1991) zu empfehlen.

3 Instrumente für das Konfliktmanagement in NPOs
(Koordination: Ruth Simsa)

3.1 Konfliktmanagement in NPOs – Ziele und Funktionen

Das Management von NPOs stellt an Führungskräfte spezifische Herausforderungen. Diese sind nicht zuletzt dadurch bedingt, daß in solchen Organisationen vermutlich mehr oder krasser ausgeprägte Widersprüche auftreten als in Profit Organisationen. Exemplarisch sind dazu etwa das Spannungsfeld von Ökonomie und Wertorientierung oder jenes von Handlungsfähigkeit und Mitarbeiterorientierung zu nennen. *(vgl. HANDBUCH - von Eckardstein, Simsa, 1997: Entscheidungsmanagement)* Diese Widersprüche sind systemimmanent, d.h. nicht auf Fehlleistungen zurückzuführen und sinnvollerweise auch nicht einseitig aufzulösen. Gelänge es etwa den Verfechtern einer ökonomischen Orientierung, eine durchgängige Ausrichtung an betriebswirtschaftlichen Effizienzkriterien durchzusetzen, dann könnte mit dem Verlust der Sinnorientierung auch die Motivation von ehrenamtlichen Mitarbeitern oder die Zahlungsbereitschaft potentieller Spender abnehmen. Ein Sieg der Vertreter einer ausschließlichen Wert- oder Tendenzorientierung wiederum könnte langfristig die Relation von Erfolg und Mitteleinsatz beziehungsweise die Überlebensfähigkeit der gesamten Organisation beeinträchtigen.

Spezifische Konfliktlinien können beispielsweise auch aufgrund der Intermediarität von NPOs durch widersprüchliche Anforderungen seitens des Umfelds oder aufgrund höchst unterschiedlicher Einbindungsmuster verschiedener Mitarbeitergruppen (hauptamtliche Mitarbeiter, ehrenamtliche Mitarbeiter und Funktionsträger, Zivildiener etc.) bedingt sein.

Konflikte bestehen aus widersprüchlichen Interessen, die mit einer gewissen Notwendigkeit von Einigung beziehungsweise kollektivem Handeln verbunden sind. Je mehr Widersprüche in der Organisation bestehen, desto wahrscheinlicher und auch notwendiger ist daher das Auftreten von Konflikten. Die Kunst des Managers besteht darin, Konflikte richtig zu diagnostizieren und produktiv zu handhaben. Zwischen dem Auftreten eines Konflikts und der Suche nach Umgangsformen oder Lösungen ist daher in jedem Fall eine Phase der gründlichen Konfliktdiagnose anzuraten. Konflikte erkennt man daran, daß Personen oder Gruppen miteinander zu streiten beginnen. Persönliche (Schuld-)Zuschreibungen liegen daher oft nahe, können aber den Blick auf tatsächliche Ursachen verschleiern. So kann ein Konflikt zwischen zwei Personen tatsächlich aus zwischenmenschlichen Animositäten oder interaktionellen Fehlleistungen rühren, die Beteiligten können aber auch als Vertreter widersprüchlicher Eigenlogiken organisatorischer Subsysteme in Konflikt geraten sein. Während bei persönlichen Konflikten Instrumente auf interaktioneller Ebene wie etwa die Moderation von Konfliktlösungsgesprächen angewandt werden können, ist es bei systemimmanenten Konflikten wichtig, sie primär „auszuhalten" und nicht vorschnell lösen zu wollen, ihnen einen Ort der Analyse und Austragung zu verschaffen und sie damit für organisatorische Weiterentwicklung nutzbar zu machen.

Wenn die hier vorgestellten Instrumente von Führungskräften eingesetzt werden, dann beziehen sie sich vor allem auf deren mögliche Rolle als Moderator bei Konflikten zwischen Mitarbeitern oder in der Gesamtorganisation. Für Konflikte, in die die Führungskraft selbst involviert ist, sind sie nur bedingt und in einzelnen Aspekten hilfreich.

Instrumente, die quasi in Rezeptform Schritt für Schritt zur Lösung von Konflikten führen, sind aufgrund der Komplexität und Emotionalität des Themas nicht sinnvoll. Die vorgestellten Instrumente bieten vorrangig Hilfestellung bei der Analyse und Diagnose von Ursachen und Funktionen auftretender Konflikte. Dahinter steht die Annahme, daß die richtige Analyse der wichtigste Schritt zu einem produktiven Umgang mit Konflikten ist.

3.2 Fragetechniken
(Ruth Simsa)

Kurzbeschreibung

„Wer fragt, der führt." Gutes Nachfragen bei der Moderation von Konfliktlösungsprozessen kann bereits der erste Schritt zur Lösung sein. Zum einen sind Fragetechniken ein wesentliches Instrument zur Analyse und Diagnose von Konflikten, zum anderen können sie, indem sie den Blick auf alternative Sichtweisen und Handlungsmöglichkeiten eröffnen, bereits der Ansatz zu einem produktiven Umgang mit Konflikten sein. Im folgenden werden zwei unterschiedliche Fragetechniken vorgestellt – das systemisch projektive Fragen sowie das offene Fragen –, die sich nach der Stärke der Steuerung durch den Fragesteller unterscheiden.

3.2.1 Beschreibung

Eine ausführliche Konfliktdiagnose empfiehlt sich in jedem Fall als Zugang zum produktiven Umgang mit Konflikten. Der Einsatz von Fragetechniken im Zuge der Konfliktbearbeitung kann in diesem Zusammenhang unter anderem aus folgenden Gründen sinnvoll sein:

Gerade Konflikte zeichnen sich dadurch aus, daß die Beteiligten sehr unterschiedliche Sichtweisen der Wirklichkeit *(siehe Teil III Kapitel 6)* haben. Bei der Konstruktion dieser Sichtweisen tendieren wir alle dazu, problematische Situationen so zu definieren, daß wir selbst wenig an unserem Verhalten ändern müssen. Das meist unbewußte Motto lautet: „Wie muß das Problem aussehen, damit ich bei meinen Lösungen bleiben kann?" Nachfragen ist hier sinnvoll, um sich als Dritter ein eigenes Bild der Lage zu verschaffen, darüber hinaus kann gezieltes Nachfragen aber auch den Konfliktparteien helfen, ihre Rolle im Konflikt sowie die Sichtweise des Gegners zu verstehen.

Konflikte äußern sich fast immer als Differenzen zwischen Individuen oder Gruppen. Wenn diese Differenzen allerdings der Ausdruck strukturell bedingter Konflikte in der Organisation sind, dann werden Interventionen auf interaktioneller Ebene wenig Erfolg haben. Die Grundlage für erfolgreiche Interventionen ist daher die Bildung möglichst adäquater Hypothesen durch den Moderator und die am Konflikt Beteiligten. Unter Hypothesen versteht man vorerst noch unbewiesene Annahmen darüber, wie beobachtete Ereignisse zu verstehen oder zu erklären sind.

Zum Beispiel: In einer Abteilung entstehen permanent Konflikte zwischen den Mitarbeitern. Mein Vorgehen als Manager wird davon abhängen, welche Hypothesen ich über diese Situation bilde. So kann ich davon ausgehen, daß einer der Mitarbeiter ein schwieriger Mensch ist, mit dem man einfach nicht zusammenarbeiten kann. Ich kann auch zu der Annahme kommen, daß das Führungsverhalten des Abteilungsleiters sehr instabil und unklar ist und dadurch Konflikte produziert werden oder daß der Abteilung im Rahmen der Gesamtorganisation in sich widersprüchliche Aufgaben übertragen sind, die ohne permanente Konfliktaustragung gar nicht wahrzunehmen sind.

Es lohnt sich, die eigenen Hypothesen immer wieder zu reflektieren, da diese Annahmen einen hohen **Selbstbestätigungscharakter** haben. Wenn ich davon ausgehe, daß Mitarbeiter X an einem Konflikt schuld ist, werde ich mit hoher Wahrscheinlichkeit auch Bestätigungen für diese Hypothese finden. Der Konfliktmoderator sollte auch jene Hypothesen hinterfragen, die ihm die Betroffenen nahelegen.

Hypothesen können aber auch **veränderndes Potential** haben. Wenn sie Informationen auf neue Art verknüpfen oder die Ursachen und Zusammenhänge anders als gewohnt herstellen, können sie eine neue Sicht der Wirklichkeit und damit auch neue Lösungen und Handlungsideen ermöglichen.

Erster Schritt bei der Bildung und Reflexion von Hypothesen ist das Nachfragen. Dabei können sowohl der Konfliktmoderator als auch die Konfliktparteien ihre Sichtweisen erweitern, in einen Kontext einbinden und so gestalten, daß Lösungen möglich werden.

3.2.1.1 Systemisch projektives Fragen

> „Wenn man hinterher ganz andere als die gewohnten Antworten haben will, darf man nicht auf die gewohnte Art fragen." (Schmid, 1987)

Diese Fragemethode kommt aus der systemischen Familientherapie und wird im Zusammenhang mit der Konfliktdiagnose vor allem in Beratungsprozessen oft sehr erfolgreich angewandt. Aspekte davon können auch für Führungskräfte hilfreich sein.

Folgende Annahmen bilden den Hintergrund für die Formulierung von Fragen:

Man geht davon aus, daß der Konflikt in dem System einen bestimmten Sinn, eine Funktion hat. Statt die Situation von außen verändern zu wollen, wird daher vorerst die Aufmerksamkeit darauf gerichtet, warum die entstandene Situation gerade so Sinn macht, wie sie ist, beziehungsweise welche Probleme auftreten könnten, wenn der konkrete Konflikt gelöst wäre.

Theoretische Grundlage ist ein wirklichkeitskonstruktivistischer Ansatz, nach dem im Bereich der Kommunikation keine objektive Wahrheit existiert, sondern Wirklichkeit subjektiv von den handelnden Personen konstruiert wird. Diese so geschaffenen Erklärungsgewohnheiten, Bilder der Wirklichkeit und impliziten Schlußfolgerungen sind oft Teil oder Ursache des zu bearbeitenden Problems.

Man konzentriert sich nicht auf Defizite und Fehlleistungen, sondern auf nichtgenutzte Potentiale, aber auch darauf, wie die schöpferische Nutzung dieser Potentiale durch die Wirklichkeitsgewohnheiten des Systems verhindert wird. Die Fragen zielen darauf ab, zu klären, welche Ideen und Verhaltensweisen den Problemzirkel aufrechterhalten.

„Technische" Aspekte systemischen Fragens:
- Zirkuläres Fragen: Diese Art des Fragens verdeutlicht den interaktionellen Kontext von Verhalten (Wer reagiert wie auf was?). Dabei werden durch Fragen Anregungen zu öffentlichen Spekulationen übereinander gegeben. Dementsprechend wird etwa Mitarbeiter A gefragt, wie der Vorgesetzte den Konflikt zwischen Mitarbeiter B und C um die Ausweitung des Mandats der Organisation beschreiben würde, wer seiner Meinung nach am ehesten Vorteile hätte, wenn dieser Konflikt beigelegt würde, wer den Konflikt am besten schüren könnte, welche Fragen für A anstünden, falls B und C einmal keine Lust zu streiten haben sollten etc.
- Hilfreich kann es auch sein, durch Fragen die Beteiligten probehalber bestimmte **Perspektiven einnehmen** zu lassen und dadurch neue **Ideen** und Unterschiede zu bisherigen Sichtweisen, aber auch neue **Zukunftsvorstellungen** oder Visionen in das Konfliktsystem **einzuspielen**. Diese Fragen sind als indirekte Vorschläge zu verstehen, die einen Kontrast zur bisherigen Problemsicht der Parteien anregen können. So könnte etwa Mitarbeiter B gefragt werden: „Angenommen, daß Mitarbeiter C sich entscheidet, nicht mehr auf einer Ausweitung des Mandats zu bestehen, würde dies Ihre Kooperation mit ihm eher verbessern oder verschlechtern?", „Angenommen, daß Sie selbst sich für diesen Punkt nicht mehr einsetzen, wie würde das Ihre alltägliche Arbeit beeinflussen?", „Angenommen, daß die Frage des Mandats an die Generalversammlung delegiert wird, würde das von Ihrem Vorgesetzten gerne gesehen, oder hätte er Schwierigkeiten, die Ergebnisse zu akzeptieren?" Insbesondere „Angenommen, daß..."-Fragen sind geeignet, mögliche künftige Wirklichkeiten zu stimulieren.

- Eine ungewohnte Frage, die die Wirkprinzipien des Systems gut verdeutlichen kann, ist jene nach den Möglichkeiten zur **Verstärkung** oder **Verschlimmerung problematischer Zustände**. Antworten auf die Frage, wer in der Gruppe am ehesten dazu beitragen könnte, daß der Ehrenamtliche X sich noch weniger an Termine hält, zeigen etwa, welches Zusammenspiel den Konflikt aufrechterhält, oder wer überhaupt auf das Verhalten oder Erleben der Beteiligten Einfluß nimmt.
- Um mehr als die ersten Erklärungsmuster der Beteiligten zu erfahren, können Fragen hilfreich sein, die sich auf die Schilderung von **konkret beobachtbarem Verhalten** statt auf jener von zugeschriebenen Eigenschaften beziehen, z.B.: „Welche Verhaltensweisen muß der Mitarbeiter B zeigen, daß C zu dem Schluß kommt, er ist wieder nicht motiviert?", „Welches Verhalten von D führt Sie zu der Annahme, daß man mit ihm nicht vernünftig streiten kann?"

Beispielhafte Auswahl konkreter Fragen:

Im folgenden wird beispielhaft eine Auswahl von konkreten Fragen angeführt, die der Berater oder Konfliktmoderator stellen kann. Die Auflistung dient dazu, Ideen für mögliche Fragenkomplexe anzuregen; wenig sinnvoll wäre es, sie als eine Art Fragebogen unabhängig von der jeweiligen Situation einzusetzen.

Fragen zur Beziehung Konfliktmoderator-Beteiligter
- Wie müßte ich vorgehen, um möglichst wirkungslos zu bleiben?
- Warum haben Sie mich als Konfliktmoderator gewählt?
- Was können Sie dazu beitragen, daß ich Ihnen möglichst gut helfen kann?

Fragen zu Zielen
- Worum geht es aus Ihrer Sichtweise?
- Was wäre das beste Ergebnis, was das unerfreulichste (aus verschiedenen Perspektiven, für wen)?
- Woran würden Sie konkret merken, wenn das Problem gelöst wäre?
- Woran würden Sie konkret merken, wenn sich das Problem verschlimmert?
- Wenn alles so weitergeht wie bisher, was wäre der Gewinn, was der Preis?

Fragen zur Vernetzung des Problems
- Für wen ist das Thema wie wichtig? Warum?
- Wer hat das größte Interesse an einer Lösung?

- Wie würde C den Konflikt zwischen B und D beschreiben, welche Vorteile, welche Nachteile hat er Ihrer Meinung nach von einer Aufrechterhaltung der Situation?
- Wer ist am ehesten daran interessiert, daß alles so bleibt, wie es ist?
- Über welche Aspekte gibt es Einigkeit, worüber gibt es unterschiedliche Ansichten?
- Wie würden die anderen Beteiligten das Thema/Problem beschreiben?
- Wie können Sie ... (z.B. die Anwender, Kunden, Kollegen) dazu bringen, eine bestimmte Lösung zu unterstützen?

Fragen zur Dynamik der Situation/Außenperspektive
- Wie würde ein neutraler Dritter (von einem fremden Stern) die Situation beschreiben?
- Welches Bild/Sprichwort/Motto würde er benutzen?
- Welche Spielregeln und Muster würde er bemerken?

Fragen zur zeitlichen Dimension
- Wie wurde der Konflikt früher behandelt?
- Welche Lösungsversuche wurden bereits unternommen? Mit welchem Erfolg?
- Wann ist der Konflikt erstmals aufgetaucht, wodurch ist er entstanden?
- Welche Bedeutung hat das Thema für die Zukunft?

Fragen zu emotionalen Aspekten?
- Welche Emotionen sind spürbar? Bei wem?
- Wie (durch welches Verhalten) werden Emotionen deutlich (offen, verhalten, aggressiv, resignativ ...)?
- Wie wirken sie sich aus?

Hypothetische Fragen/Szenarien
- Angenommen, es würde ein Wunder passieren, und das Problem wäre am nächsten Montag nicht mehr existent. Wie würde die Situation dann aussehen?
- Beschreiben Sie, was passieren könnte, wenn Sie ... (einen bestimmten Lösungsversuch) in die Tat umsetzen!
- Was-wäre-wenn-Fragen, z.B.: Was wäre, wenn Ehrenamtliche stärker in diese Entscheidung eingebunden würden?
- Unterschiedsfragen, z.B.: Welchen Unterschied müßte B konkret in seinem Verhalten zeigen, damit Sie wieder gerne mit ihm zusammenarbeiten?

3.2.1.2 Offenes Fragen

Beim offenen Fragen geht es darum, von einem Gesprächspartner möglichst viel zu erfahren. Diese Fragetechnik und die dahinterstehende Haltung können sinnvoll sein, wenn der Fragende noch wenig Hypothesen über die Situation aufgestellt hat, die Konfliktsituation noch wenig strukturiert ist und in einem ersten Schritt der Diagnose Informationen über die Problemsicht der Konfliktparteien gesammelt werden sollen. Dennoch kann auch diese Art des Fragens beim Gesprächspartner neue Sichtweisen hervorrufen; ein gutes offenes Interview zeichnet sich dadurch aus, daß der Befragte am Ende mehr weiß oder sieht als davor.

1. Die Haltung des Fragenden

Die wesentliche Voraussetzung für ein gutes offenes Fragegespräch ist eine innere Haltung des Fragenden, die sich durch folgende Merkmale charakterisieren läßt:

1. Ich weiß von nichts:

> Nähe zum Thema ist bei einem offenen Fragegespräch nicht unbedingt von Vorteil, da sie Neugier hemmt und die Gefahr besteht, bestimmte, von der eigenen Sichtweise abweichende Seiten des Problems nicht weiterzuverfolgen. Die Chance, Neues zu erfahren, erhöht sich, wenn es dem Fragenden gelingt, sich innerlich in die Haltung zu versetzen, von dem Problem noch gar nichts zu wissen und vorweg einmal alle Aspekte interessant zu finden.

2. Der Befragte hat immer recht:

> Will man wirklich Neues herausfinden, so muß man davon ausgehen, daß jede Psyche ihre eigene Logik hat, daß der Befragte also aus seiner Sicht heraus „recht hat". Offene Fragegespräche dienen dazu, die Sichtweise des Gesprächspartners kennenzulernen. Diese mit ihm zu verhandeln oder zu kritisieren ist nicht Gegenstand eines solchen Gesprächs. Läßt man durchblicken, daß der Befragte aus eigener Sicht im Unrecht ist, so steigert dies weniger die Auskunftsbereitschaft als vielmehr die Selbstverteidigung.

Gelingt es dem Fragenden, sich für die Zeit des Interviews in diese Haltung zu versetzen, dann ist viel gewonnen. Im folgenden werden „technische Aspekte", d.h. Regeln für die Durchführung offener Interviews, vorgestellt. Diese klingen vielleicht teilweise banal, ihre Umsetzung ist allerdings erfahrungsgemäß oft schwierig.

2. Bausteine der „Technik" des offenen Fragens: Zehn Tips für Fragesteller[16]

1. Zuhören statt reden!

Als Faustregel gilt, daß der Fragende nicht mehr als 10 Prozent der Gesprächszeit reden sollte.

2. Pausen ertragen!

Die Regel „Zuhören statt Reden" ist mitunter schwer auszuhalten, wenn der Befragte Pausen macht und nachdenkt, wenn das Gespräch also nicht sehr flüssig verläuft. Eine Pause kann heißen, daß der Befragte mit einer Frage nichts anfangen kann, in diesem Fall kann natürlich keine Antwort erzwungen werden. Eine Pause kann aber auch bedeuten, daß man gerade einen besonders wichtigen Punkt angesprochen hat oder daß der Befragte beginnt, eine neue Sicht der Situation zu entwickeln. In diesem Fall bringt Abwarten und Zulassen der Pause oft neue, wertvolle Informationen für beide Seiten.

3. Nicht nach einem eigenen Leitfaden oder Schema fragen!

Mit einem vorbereiteten Schema erhält man nur Informationen, die in dieses Schema passen. Wenn man aufgrund von Vorgesprächen schon fundierte Hypothesen gebildet hat, kann es sinnvoll sein, diese durch ein strukturiertes Interview zu überprüfen. Wenn es allerdings wie bei offenen Fragegesprächen darum geht, möglichst viel über die Sichtweise des Gesprächspartners zu erfahren, dann sind Leitfäden einschränkend.

4. Offene Fragen stellen!

Offene Fragen lassen Informationen zu, geschlossene behindern den Informationsfluß. Stellen Sie daher keine Fragen, auf die nur mit ja oder nein geantwortet werden kann. Die Fragewörter was, warum, wie, welche, weshalb können, konsequent angewandt, in kurzer Zeit oft verblüffend viel an Information zutage fördern.

5. Suggestivfragen vermeiden!

Suggestivfragen spiegeln nur die eigene Einstellung zu Sachverhalten wider und beeinflussen dadurch die gegebenen Antworten. Sie bekommen damit möglicherweise Bestätigungen Ihrer Annahmen, selten aber neue Informationen.

6. Keine Reaktion außer Verständnis!

Die (vermuteten) Ansichten des Fragestellers haben erfahrungsgemäß großen Einfluß auf die Antworten des Befragten. Sie erfahren daher um so mehr, je besser es Ihnen gelingt, weder

---

[16] Diese Aufstellung habe ich in verschiedenen Kontexten im Rahmen der Interviewerschulung kennengelernt und leicht verändert, der „ursprüngliche" Autor ist mir nicht bekannt.

Mißfallen und Kritik noch deutliche Zustimmung zu zeigen. Die einzige hilfreiche Reaktion des Fragenden ist Akzeptanz und der Versuch, deutlich zu zeigen, daß man den anderen verstehen will.

7. Den Gesprächsverlauf im Auge behalten!

Folgen Sie mit Ihren Fragen den Gesprächsinhalten des Befragten. Falls dieser das Thema wechselt, so kann es sinnvoll sein, dabei mitzugehen, aber bei Gelegenheit sollte man wieder auf nicht vollständig beantwortete Punkte zurückkommen.

8. Gefühle beachten und behutsam danach fragen!

Emotionen können oft wichtige Informationen sein, daher ist es wichtig, ihnen behutsam nachzugehen, etwa mit den Fragen „Wie haben Sie das empfunden?" oder „Wie war das für Sie?".

Keinesfalls sollte man danach bohren oder auf dem „Zugeben" bestimmter Gefühle bestehen, etwa: „Sie wirken aber schon so, als ob Ihnen das unangenehm gewesen wäre."

9. Fragehaltung nicht aufgeben!

Lassen Sie keinen Rollentausch zu. Werden Sie als Interviewer selbst befragt, so antworten Sie möglichst wenig. Wer fragt, der führt.

10. Zeit haben!

Geben Sie sich nicht zu schnell zufrieden. Stoßen Sie mit Fragen nach. Lassen Sie sich Details erzählen. „Was noch ...", „Wie war das genau ...", „Warum ..." können oft noch unerwartete neue Aspekte hervorbringen.

3.2.2 Vor- und Nachteile

Der Einsatz von Fragetechniken kann in der Konfliktdiagnose sinnvoll sein, um einerseits Informationen als Grundlage für sinnvolle Interventionen zu generieren und um andererseits bei den Konfliktpartnern neue Sichtweisen zu schaffen, die der erste Schritt zu einem produktiven Umgang mit Konflikten sein können. Fragegespräche sind daher ein wesentlicher Bestandteil von Konfliktberatungen oder Konfliktmoderationen.

Führungskräfte, die im eigenen Zuständigkeitsbereich aufgrund ihrer Rolle kaum als Berater im eigentlichen Sinn auftreten, werden das Instrument des Fragens neben anderen Gelegenheiten im Zuge der Moderation von Konfliktsituationen oder Konfliktlösungsprozessen nutzen können. Meist werden dabei nicht komplette Interviews sinnvoll sein, einzelne Aspekte der Fragetechniken können aber auch hier eingesetzt werden. Auch in NPOs wird zunehmend das Instrument des Mitarbeitergesprächs eingeführt. Diese meist strukturierten Gespräche enthalten oft einen offenen Teil, in dem die Anwendung von Fragetechniken sinnvoll ist.

Wenig sinnvoll – weil schnell durchschaubar – ist es, Fragetechniken als Instrument der Manipulation anzuwenden. So scheitern Versuche von Führungskräften, ihre Mitarbeiter vor dem Hintergrund des momentan modernen Schlagworts der „Führungskraft als Coach" mittels „Beratung durch Fragen" unbemerkt zu den von ihnen präferierten Lösungen „hinzuberaten", in der Praxis meist schnell. Wenn ich als Führungskraft eine ganz bestimmte Lösung vor Augen habe, dann ist es sinnvoller, diese direkt vorzustellen, zu erklären und gegebenenfalls Konflikte darüber auszutragen, als so zu tun, als wäre ich in der Rolle eines neutralen Beraters.

3.3 Moderation von Konfliktgesprächen
(Ruth Simsa)

Kurzbeschreibung

Bei Konfliktgesprächen auf persönlicher Ebene kann es sinnvoll sein, einen nichtbeteiligten Dritten zu Konfliktgesprächen beizuziehen. Der Konfliktmoderator kann die beteiligten Personen durch Strukturierung des Gesprächs, Nachfragen und Rückmeldungen dabei unterstützen, ihre wechselseitigen Interessen wahrzunehmen, darüber zu verhandeln und in der Folge gemeinsame Spielregeln der Kooperation festzulegen.

3.3.1 Beschreibung

Bei der Konfliktmoderation geht es darum, die an einem Konflikt beteiligten Personen als neutraler Dritter in einem Gespräch zu unterstützen, das folgende Zielsetzungen haben kann:

- Austausch von Sichtweisen und gemeinsame Benennung des Konfliktgegenstands
- Definition unterschiedlicher Sichtweisen
- Perspektivenwechsel, d.h. Wahrnehmung von berechtigten Interessen und Emotionen des Gesprächspartners
- Klärung von Kooperationsnotwendigkeit und Aushandeln von Spielregeln für weitere Kooperation.

Konfliktmoderationen werden meist bei Paar- oder Kleingruppenkonflikten angewandt, unter der Bezeichnung Mediation gewinnen sie aber auch in größeren sozialen Formationen an Bedeutung.

Ein primär auf personelle Interaktion bezogenes Modell ist die Methode des sachbezogenen Verhandelns. (Fisher, Ury, 1984) An diesem orientierte Interventionen können vor allem in zwei Richtungen zielen:

Erstens geht es dabei um die Trennung von sachlichen und emotionalen Aspekten des Konflikts. Besonders bei eskalierenden Konflikten (Glasl, 1980) kommt es zu starken Emotionalisierungen, die oft nur mehr wenig mit den sachlichen Auslösern des Konflikts zu tun haben, mit sachlichen Forderungen und objektiven Problemen aber eng versponnen sind. Interventionen des Konfliktmanagers können hier darauf abzielen, emotionale und sachliche Aspekte möglichst getrennt zu behandeln. In der Praxis bedeutet das meist, sich vorerst auf die Beziehung der Konfliktparteien und damit verbundene Emotionen zu konzentrieren, um in weiterer Folge wieder Aufmerksamkeit und Spielraum auf der sachlichen Ebene zu gewinnen.

Zweitens kann der Konfliktmanager die Parteien dabei unterstützen, sich statt auf Positionen auf Interessen zu konzentrieren. Konflikte werden schwer lösbar, wenn die Beteiligten bestimmte Positionen in Hinblick auf Ziele, Lösungen oder Konfliktursachen einnehmen. Wenn es gelingt, die den verschiedenen Konfliktpositionen zugrundeliegenden Interessen zu formulieren und anzuerkennen beziehungsweise wechselseitig zu sehen, welche Interessen des anderen verletzt wurden, dann geraten neue Alternativen des Umgangs mit dem Konflikt leichter in das Blickfeld der Akteure.

Beispiel: Eine formulierte Position, über die sich trefflich streiten läßt, wäre etwa: „Ich will, daß Kollege X ab sofort den Aufgabenbereich Y abgibt." Das dahinterstehende Interesse könnte so lauten: „Ich brauche für die Erfüllung meiner Agenden folgende Informationen aus dem Bereich Y ..." Nach Formulierung und Anerkennung des Interesses könnten Gründe für bislang mangelhafte Informationen besprochen und Spielregeln für den zukünftigen Informationsaustausch festgelegt werden.

Abb. III 3.1

Phasen des Moderationsgesprächs und Aufgaben des Moderators	
MODERATIONSGESPRÄCH	
Phasen des Moderationsgesprächs	**Aufgaben des Moderators**
Vorbereitung des Gesprächs	Rahmenbedingungen klären (Zeit, Ort ...)
	Gesprächsanlaß beachten (wer lädt ein, wie kommt es zu der Rolle als Moderator etc.)
	sich über eigene Betroffenheit oder Interessen klarwerden
Einstieg, Festlegen von Zielen des Gesprächs	die eigene Rolle als Moderator klarstellen
	auf Konkretisierung von Zielen und Kriterien und ihre „Meßbarkeit" achten
Benennung des Konfliktgegenstands aus den unterschiedlichen Sichtweisen der Betroffenen „Der Konflikt besteht darin, daß ..."	auf Klarheit der Aussagen achten
	vermutete mangelnde Offenheit oder Destruktivität ansprechen
Ausführliche Diagnose: Ursachen, Hintergründe und Begleitumstände des Konflikts	Nachfragen, Aussagen hinterfragen, wechselseitigen Perspektivenwechsel unterstützen (was hätten Sie an seiner Stelle getan; was glauben Sie, hat Herrn X am meisten geärgert)
	Kommunikationsmuster im Auge behalten und gegebenenfalls ansprechen
Festlegen von Spielregeln für die weitere Vorgangsweise	auf Klarheit, Realisierbarkeit und Überprüfbarkeit achten
	die Parteien zur Einrichtung von Kontrollschleifen anregen

Hinweise für den Moderator
- Erfolgreiche Konfliktgespräche benötigen Ruhe und Zeit. Sichern Sie eine Atmosphäre, in der ungestört ohne Unterbrechungen durch andere Mitarbeiter, Klienten oder das Telefon ausführlich geredet werden kann.

- Klären Sie zu Beginn des Gesprächs Ihre Rolle als Moderator (was können die Beteiligten von Ihnen erwarten, was nicht). Legen Sie dar, warum Sie zu dem Gespräch eingeladen haben oder eine Einladung dazu angenommen haben.

- Strukturieren Sie das Gespräch durch gezieltes Fragen (z.B.: „Sie haben jetzt beide ausgeführt, was Sie aneinander stört, wie müßte denn konkret das Verhalten des jeweils anderen sein, damit Ihre Zusammenarbeit reibungsloser verläuft?" oder „Sie haben jetzt vereinbart, daß Herr X Herrn Y in Zukunft mehr bei der organisatorischen Arbeit unterstützen wird. Welche Aktivitäten kann und soll er dabei im einzelnen übernehmen?"). Bei verfahrenen Dialogsituationen kann auch insofern strukturiert werden, als man für gewisse Zeit Dialoge verhindert und die Partner getrennt zu ihrer Wahrnehmung der Situation befragt. Der jeweils andere soll nicht mitreden, hat aber im Anschluß Gelegenheit zu reagieren.

- Behalten Sie den Prozeßverlauf sowie das Gesprächsverhalten der Beteiligten im Auge und geben Sie Rückmeldungen darüber (z.B.: „Das Gespräch wird immer sehr flüssig, wenn Sie in Ihr Vorwurf-Verteidigungs-Spiel einsteigen. Ich habe aber nicht den Eindruck, daß Sie einander dabei neue Informationen geben, es wirkt auf mich vielmehr, als hätten Sie Gespräche dieser Art schon oft geführt. Wenn es darum geht, konkrete Wünsche aneinander zu formulieren, dann gerät das Gespräch merklich ins Stocken." oder „Seit wir den Punkt einer Neuverteilung der Klienten angesprochen haben, sind Sie, Frau X, sehr ruhig geworden.").

- Beachten Sie bei persönlichen Rückmeldungen an die Gesprächspartner folgende Feedback-Regeln:

    1. Subjektivität: Vermeiden Sie allgemeine Aussagen und Pseudo-Objektivität. Sie können Verhalten nur so beschreiben, wie Sie es wahrnehmen.

    2. Fairneß: Hier geht es um die Gratwanderung zwischen Beleidigung oder Kränkung einerseits und Verharmlosung und falsch verstandener Schonung andererseits.

    3. Beschreibungen statt Interpretationen: Beschreiben Sie das von Ihnen wahrgenommene Verhalten möglichst konkret, und verzichten Sie auf (psychologische) Interpretationen (z.B. „Sie haben länger nichts gesagt." statt: „Sie sind wohl beleidigt?").

Achten Sie insbesondere darauf, daß am Ende des Gesprächs konkrete Vereinbarungen für zukünftige Verhaltensweisen getroffen werden. Halten Sie die Ergebnisse schriftlich fest, und regen Sie konkrete Überprüfungsmaßnahmen an (z.B. ein weiteres Treffen nach zwei Wochen zwecks Rückschau auf die Einhaltung der Vereinbarungen).

3.3.2 Vor- und Nachteile

Die Moderation von Konfliktgesprächen kann aus mehreren Gründen sinnvoll sein:

- Miteinander-Reden als Basis des Miteinander-Handelns: Oft bringt erst die Einladung zu einem Konfliktlösungsgespräch die Beteiligten dazu, ihren Konflikt ausführlich zu besprechen und sich auf die weitere Vorgangsweise zu einigen.
- Emotionalität als Beeinträchtigung des Handlungsspielraums: Konflikte zeichnen sich durch hohe emotionale Beteiligung aus. Dies erschwert den Beteiligten oft, das eigene Verhalten ohne Unterstützung angemessen zu reflektieren und aus eingefahrenen Verhaltensmustern auszusteigen.

Eine wichtige Voraussetzung für effektive Moderation ist inhaltliche Neutralität des Moderators. Ist diese etwa bei einer Führungskraft im Fall eines Konflikts zwischen zwei Mitarbeitern nicht gegeben, dann kann sie jemand anderen als Moderator beiziehen. In manchen Fällen kann es auch sinnvoll sein, nach Anhören der Standpunkte der Betroffenen, als Führungskraft selbst eine Entscheidung über die weitere Vorgangsweise oder die Spielregeln zu treffen. Diese Vorgangsweise ist oft einfacher als die Moderation eines Konfliktgesprächs, birgt aber die Gefahr mangelnder Identifikation der Beteiligten mit der angeordneten Lösung.

3.4 Methoden der Konfliktanalyse: Diagnose von Konfliktsystemen
(Christoph Warhanek)

Kurzbeschreibung

Konflikte können in psychischen und/oder in verschiedenen sozialen Systemen – oft gleichzeitig – auftreten und sind daher häufig überaus komplex und mehrdimensional. Erfolgreiches Konfliktmanagement hängt entscheidend davon ab, ob vorher alle Dimensionen und Aspekte eines Konflikts diagnostiziert wurden. Dafür ist es hilfreich, über ein klares Diagnosekonzept zu verfügen, mit dem man den Konflikt analysieren und vor allem lokalisieren kann. Auf dieser Grundlage ist eine systemadäquate Konfliktintervention möglich.

3.4.1 Beschreibung

Das im folgenden vorgestellte Schema der Konfliktsysteme ist die Weiterentwicklung eines Konzepts von G. Schwarz (vgl. Schwarz, 1985) unter Berücksichtigung des Stands der soziologischen Systemtheorie (vgl. Luhmann, 1984) sowie der Erfahrungen aus der systemischen Konfliktberatung. Es macht deutlich, daß jedes System „seine" spezifischen Konflikte hervorbringen kann.

Abb. III 3.2

Übersicht der Konfliktsysteme			
KONFLIKTSYSTEME			
System	**Konfliktformen**	**Besonderheiten**	**Beispiel**
Personales, „psychisches" System: **Individuum**	**Innere Konflikte** („intrapsychische" Konflikte) Widersprüche in uns selbst: „Zwei Seelen wohnen ach in meiner Brust."	Der Konfliktgegenstand liegt in der Privat- oder Intimsphäre oder sogar im Unbewußten und ist daher oft schwer von innen und besonders schwer von außen zu erkennen.	Persönlicher Zwiespalt: „Soll ich meiner jetzigen Aufgabe treu bleiben oder mich doch noch in der Privatwirtschaft versuchen?"
Interaktionelles Sozialsystem: **Paar**	**Paarkonflikte** Widersprüchliche Beziehungs- und Autonomiebedürfnisse, Individualität vs. Gemeinsamkeit.	Paare – egal ob in Form von Arbeits- oder Privatbeziehungen – haben den höchsten Grad an Emotionalisierung aller sozialen Systeme.	Ein Partner möchte in einem Projekt eine engere Zusammenarbeit, der andere mehr Freiraum.

System	Konfliktformen	Besonderheiten	Beispiel
Interaktionelles Sozialsystem: **Triade**	**Eifersuchtskonflikte** Einer fühlt sich als „ausgeschlossener Dritter".	Sehr hohe Emotionalisierung, dennoch sehr abstrakt: Die Elemente dieses Konfliktsystems sind erstmals nicht nur Individuen, sondern auch Beziehungen.	Ein Vorgesetzter sucht zu einem Mitarbeiter besonders engen Arbeitskontakt, die anderen Kollegen werden „eifersüchtig".
Interaktionelles Sozialsystem: **Gruppe**	**Gruppen- und Teamkonflikte** a) Ich vs. Wir (Muß ich in der Gruppe aufgehen, oder bleibe ich unabhängig, ich selbst?) b) Paar vs. Gruppe (Paarbildungen gefährden den Gruppenzusammenhalt und lösen Konflikte aus.) c) Untergruppe vs. Gesamtgruppe (Spalten sich welche von uns ab?) d) Gruppe vs. Gruppe (Inter-Gruppenkonflikte)	Hoher Grad an Emotionalisierung; viele Gruppenprozesse laufen unbewußt ab und werden daher oft nicht erkannt oder falsch interpretiert. Noch abstrakter als die Triade: Oft werden Gruppenstrukturen und -effekte als Summe oder Resultate von individuellen Befindlichkeiten oder Beziehungen mißdeutet.	a) Wird nur die Gruppenleistung bewertet oder auch die Beiträge einzelner? b) „Schau, schau, die beiden verstehen sich aber besonders gut!" c) „Braucht Ihr uns überhaupt noch zum Arbeiten?" d) „Wir sind einfach besser als die anderen!"

System	Konfliktformen	Besonderheiten	Beispiel
Formelles Sozialsystem: **Organisation**	**Organisationskonflikte** a) Person/Paar/Gruppe vs. Funktion b) Funktion vs. Funktion(-sbereiche)	Hoher Grad an Abstraktion; ohne spezielles Organisationswissen werden Prozesse und Konflikte häufig durch die „interaktionelle" Brille mißdeutet.	a) „Mensch oder Maschinerie?" b) Was hat Vorrang: unpopuläre, aber ökologisch notwendige Maßnahmen oder spendenträchtige Aktionen?
Gesellschaftliches Sozialsystem: **Gesellschaftssystem**	**Gesellschaftliche Konflikte** Werte-, Verteilungs-, Macht- und Kontrollkonflikte in der/zwischen Teilen der Gesellschaft (politisch, ideologisch, religiös, ökonomisch ...)	Hoher Grad an Komplexität, Abstraktion und Unbewußtheit für Individuen, Gruppen und Organisationen.	Was ist „Effizienz" in Sozialpolitik und Entwicklungshilfe? Keynesianer gegen Monetaristen, Religionsunterricht vs. Ethikunterricht ...

3.4.2 Vor- und Nachteile

In der Praxis ist die Anwendung dieses Diagnoseinstruments oft deshalb nicht leicht, weil die Wahrnehmungs- und Analysefähigkeit der von einem Konflikt betroffenen Personen und Gruppen selten ausreicht und darüber hinaus sogar schwer reduziert oder ausgelöscht werden kann:

a) Bestimmte Erbkoordinationen für das Konfliktverhalten (instinktgesteuerte Handlungen), die sich in der Stammesgeschichte des Menschen herauskristallisiert haben, genügen immer seltener den Anforderungen der modernen Zivilisation.

b) Soziale Normen und Traditionen bezüglich Sichtweise und Bewertung von Konflikten, die in unserer Kultur entstanden sind, haben sich häufig als dysfunktional für die Arbeit in modernen Organisationen herausgestellt (z.B. die gerade in Organisationen verbreitete Grundannahme: „Konflikt = Störung, Krise").

c) Unser intellektuelles Rüstzeug ist nur selten der Komplexität und Abstraktheit jener Systeme angemessen, in denen Konflikte aufzutreten pflegen: Konflikte sind kaum jemals

„eindimensional", also nur in einem System alleine angesiedelt. Dies macht das Erkennen und Diagnostizieren schwierig.

Vereinfacht gesagt: Im akuten Konfliktfall handeln wir lieber anstatt zu diagnostizieren – in erster Linie affektiv, in zweiter Linie sozial und erst in dritter Linie rational-kognitiv gesteuert. Doch sogar wenn wir diagnostizieren, erschweren die persönlichen, in unserer Lebensgeschichte erworbenen „Brillen", durch die wir einen Konflikt betrachten, fast immer eine professionelle Diagnose des Konflikts: Wir verfügen über intuitives Erkenntnisvermögen bei Personen oder Gruppen, nicht aber für Organisationen. Dadurch gehen wir häufig mit wenig funktionalen Instrumenten an die Diagnose von Konflikten heran.

Aus diesen Gründen ist es wichtig, daß professionelle Konfliktmanager

a) eine gewisse Distanz zum betreffenden Konflikt herstellen können (was leichtfällt, wenn man selbst nicht wesentlich daran beteiligt ist; ist man jedoch emotional involviert, so ist es sinnvoll, zusätzlich jemanden „Neutralen" heranzuziehen, dessen Wahrnehmungs- und Analysefähigkeit zumindest nicht affektiv getrübt ist) sowie daß sie

b) über ein angemessenes, intellektuelles Instrumentarium zur Diagnose und Intervention in Konfliktfällen verfügen oder in der Lage sind, sich dieses beispielsweise in Form von professioneller Beratung zu verschaffen.

3.4.3 Praxisbeispiel

In einer psychosozialen Einrichtung wurde ein neuer Leiter aus dem Kreis der Kollegen mit großer allgemeiner Zustimmung ernannt. Besonders begrüßt wurde, daß der Neue im Gegensatz zu seinem Vorgänger aus der Praxis kommt, schon lange Teil des Teams ist und persönlich wenig autoritär auftritt. Kurze Zeit später jedoch wurde die Atmosphäre gespannt, die Arbeitseffizienz des Teams sank rapide. Besonders an den Urlaubs- und Außendienstzeiten entzündeten sich immer wieder Konflikte zwischen einzelnen Kollegen und dem Leiter wie auch innerhalb der Gruppe, die zwar jedesmal ad hoc ausgeräumt wurden, freilich ohne daß eine dauerhafte Lösung in Sicht war. Die Stimmung aller Beteiligten wurde sowohl fassungslos als auch ratlos, wie dies alles kommen konnte, nachdem die Ausgangssituation zunächst so harmonisch schien. Der Leiter bekam zunehmend das Gefühl, seiner Aufgabe nicht gewachsen zu sein, die Mitarbeiter wurden immer demotivierter.

Nach einiger Zeit entschloß sich das Team zu einer professionellen Beratung. Dabei wurde versucht, die dumpfe Situation nach konkreten Konfliktquellen und Konfliktgegenständen zu durchleuchten. Als ersten Schritt erarbeitete das Team unter Moderation eines externen Konfliktberaters eine Diagnose des Ist-Zustands, und zwar so, daß man sich der Reihe nach in die Perspektive sämtlicher sechs Konfliktsysteme begab und versuchte, das Problem so zu fassen beziehungsweise zu beschreiben, als ob es sich nur im jeweiligen System abspielen würde. Das

Resultat dieses „Checks" war für das Team doch überraschend, weil sich ein mehrdimensionaler Konflikt herauskristallisierte, der noch dazu woanders lokalisiert war, als man intuitiv angenommen hatte.

a) Intrapsychisches Konfliktsystem:
Der neue Leiter leidet unter dem inneren Zwiespalt, einerseits weiterhin kollegial zu seinen Mitarbeitern bleiben zu wollen wie in früheren Zeiten, andererseits sich von ihnen gewissen Respekt oder eine Art Anerkennung in seiner Führungsaufgabe zu wünschen. Da er sich immer geschworen hatte, niemals ein Amt als Anlaß für autoritär-hierarchisches Gehabe zu nehmen, geriet er durch diesen inneren Widerspruchs in eine regelrechte Pattsituation, indem er zunehmend handlungs- und entscheidungsunfähig wurde.

b) Paar-Konfliktsystem:
Darin vermutete man ursprünglich den Kern der Problematik: Der Leiter „zerstreitet" sich mit jedem seiner früheren Kollegen, alte Freundschaften gehen in die Brüche. Genaueres Hinsehen ergab jedoch entgegen allem Anschein, daß es hier keine wirklichen Konflikte gab: Persönlich verstanden sich alle nach wie vor gut. Dies machte es ja so unverständlich, warum wegen der Urlaube und Anwesenheiten gestritten wurde.

c) Dreiecks-Konfliktsystem:
Eifersucht spielte im gegenständlichen Fall nach einhelliger Ansicht keine Rolle.

d) Gruppen-Konfliktsystem:
Der Streit um Urlaubs- und Anwesenheitszeiten schien ein klassischer Gruppenkonflikt zu sein. Ähnlich wie beim Paar-Konfliktsystem wurde man paradoxerweise auch hier „nicht fündig": Das Team hatte offensichtlich keinen Konflikt, man verstand sich menschlich nach wie vor.

e) Organisations-Konfliktsystem:
Hier steckte „des Pudels Kern". Der Widerspruch Person-Funktion erwies sich als zentral: Auf der einen Seite wollen alle Mitglieder des Teams „kollegial" sein (das bedeutet, daß Emotionen und familiäre Beziehungen das Team charakterisieren sollten), auf der anderen Seite hat das Team schlicht Arbeit zu bewältigen, was formale Beziehungen erfordert (jedes Mitglied hat aufgrund von Arbeitsteilung gewisse Funktionen zu erfüllen, es gibt formale Regelungen für Entscheidungsfindung, Qualitätskontrolle etc.). Sowohl der Leiter als auch die Kollegen konnten diesen Widerspruch nicht auflösen und versuchten daher, den familiären Aspekt zu betonen – auf Kosten des funktionalen Aspekts, also der Erfordernisse der formalen Organisation. Mit diesem Konzept ist jedoch keine Organisation zu führen.

f) Gesellschaftliches Konfliktsystem:
Man war überrascht herauszufinden, daß sich die Personen und auch die Gruppe quasi als (Aus-)Träger gesellschaftlicher Wertekonflikte entpuppten: Effizienz versus „Menschlichkeit". Denn einerseits ist das „Produkt" dieser psychosozialen Einrichtung Hilfe und soziales Engagement; andererseits soll der Weg dorthin mittels einer formellen, effizienten Organisation gegangen werden (die auf Hierarchie, Kontrolle, Sanktion und Autorität nie ganz verzichten kann). Ist es dann nicht undenkbar, einander in dieser sozialen Arbeit formell-

hierarchisch zu begegnen, den Chef oder die Autorität hervorzukehren? Muß man gerade eine nonprofit-orientierte, soziale Tätigkeit nicht auch menschlich gestalten können ohne Hierarchie und Kontrolle?

Der Nutzen dieser Konfliktdiagnose war vielfältig. Der Leiter erkannte, daß sein Bedürfnis nach „Respekt und Anerkennung seiner Führungstätigkeit" keine finstere autoritäre Anwandlung ist, sondern „normal" und schlicht berechtigt in seiner Funktion. Die Gruppe erkannte, daß sie nicht (nur) wie eine „gute, harmonische Familie" leben kann, sondern daß das Erfordernis nach effizienter Organisation bestimmend für ihr Dasein ist. Dies warf auch ein völlig neues Licht auf die bisher ungeliebte Funktionswahrnehmung des vorigen Leiters, der Führung und Kontrolle ausübte. Das Team fand und akzeptierte daher eine Form der Organisation beziehungsweise der Führung, die einerseits dem Prinzip der Effizienz Rechnung trug, andererseits eine möglichst familiäre Umgangsweise erlaubte.

Dem Leiter wurde es nicht mehr verübelt, wenn er sich bezüglich der Anwesenheit und Urlaubsgestaltung ein letztes Gestaltungs- und Entscheidungsrecht vorbehielt und auch gewisse Kontrollfunktionen wahrnahm – auch wenn das „normale" Arbeitsleben weiterhin eher basisdemokratisch und familiär ablief. Man versuchte also, eine Organisationskultur zu finden, mit der die gesellschaftlichen oder „ethischen" Widersprüche zwischen Humanität und Effizienz „verwaltet" werden können. Dadurch wurde die dumpfe, von niemandem handhabbare Situation latenter Konflikte besprech- und verhandelbar, und in weiterer Folge verbesserten sich auch die psychische Verfassung des Leiters, die Motivation der Mitarbeiter sowie die Arbeitseffizienz dieser psychosozialen Einrichtung.

3.5 Soziometrische Übungen als Methode der Konfliktanalyse
(Ruth Simsa)

Kurzbeschreibung

Soziometrische Übungen dienen unter anderem dazu, Konfliktlinien in Gruppen zu verdeutlichen. Das Ziel ist, latent vorhandene Gruppenstrukturen durch strukturierte Vorgaben sichtbar und damit auch besprechbar und veränderbar zu machen. In der Folge werden drei verschiedene Formen soziometrischer Übungen vorgestellt, die sich nach dem Grad ihrer Strukturiertheit unterscheiden: die Differenzenübung, das Soziogramm und das Rollensoziogramm. Abgesehen von der Differenzenübung, die auch in Großgruppen eingesetzt werden kann, sind diese Instrumente in Gruppen anzuwenden.

3.5.1 Beschreibung

3.5.1.1 Differenzenübung

Bei dieser strukturell einfachsten soziometrischen Übung werden die Gruppenmitglieder aufgefordert, sich nach verschiedenen Kriterien im Raum aufzustellen. Dies kann entlang eines gedachten Kontinuums oder in klar abgegrenzten Gruppen erfolgen. Mögliche Fragestellungen können sein:

Die persönliche Haltung zu einer bestimmten Frage, z.B.: „Wer ist dafür, daß Assessments für Ehrenamtliche verbindlich eingeführt werden sollen, wer ist eher dagegen?"

Eigenschaften oder Funktionen der Beteiligten, z.B.: Zugehörigkeitsdauer zur Organisation; Einbindungsmuster wie hauptamtliche und ehrenamtliche Tätigkeit; Funktionsträger versus Mitarbeiter; Mitarbeiter, die direkt mit Klienten arbeiten versus in der Verwaltung Tätigen etc.

Emotionale oder fachliche Nähe, z.B.: „Stellen sie sich nach dem Kriterium zusammen, wie gerne Sie mit jemandem zusammenarbeiten."

Diese Aufstellung verdeutlicht primär vorhandene Strukturen.

So wurde etwa in einer Organisation der Erwachsenenbildung die Frage der Durchführung einer Strategieklausur sehr konflikthaft und emotionalisiert diskutiert. Die Aufstellung entlang eines gedachten Kontinuums mit den Polen „Ich will die Klausur in jedem Fall abhalten." und „Ich bin absolut dagegen." Zeigte – für alle Beteiligten überraschend –, daß eigentlich nur ein Beteiligter dagegen war. Dieser war ein Hauptamtlicher, der nur mit operativen Angelegenheiten beschäftigt und dessen Teilnahme an der Klausur nicht notwendig war. In der Folge zeigte sich, daß Differenzen über inhaltliche Fragestellungen in die Entscheidung über die Abhaltung der Klausur eingeflossen waren und diese emotionalisiert hatten. Auch Schwarz (1990, S. 34) beschreibt die Vorteile der Methode: „Die Erörterung dieser und anderer Unterschiede bringt oft überraschend den Kern des Konfliktes an den Tag. So hatten wir einmal einen Analyseerfolg, als wir die Teilnehmer einer Abteilung, in der es ständig Konkurrenzkonflikte gab, nach der Zugehörigkeit zu zwei Firmen, die 10 Jahre (!) vorher fusioniert hatten, zusammenstellen ließen. Plötzlich war allen klar, daß hier noch immer alte Stammesfehden ausgetragen wurden."

Die einzelnen Gruppierungen können dazu angeregt werden, sich zunächst innerhalb der homogenen Gruppe darüber auszutauschen, was sie von den anderen in dem spezifischen Konflikt unterscheidet, welche Interessen sie bei den anderen vermuten etc. Ein Austausch dieser Sichtweisen verhilft oft auch in Gruppierungen, die viel zusammen arbeiten, zu Aha-Erlebnissen wie: „Wir wußten gar nicht, daß Ihr diese Befürchtungen habt.", „Wir dachten, daß uns in dieser Frage weit mehr unterscheidet.", „Wir sind überrascht, daß Ihr Hauptamtlichen in der Frage des Assessments für Ehrenamtliche so unterschiedliche Meinungen habt." etc.

3.5.1.2 Soziogramm

Mit diesem ursprünglich von Moreno (vgl. Moreno, 1964) entwickelten Instrument kann eine Momentaufnahme der Beziehungskonstellationen einer Gruppe erhoben und dargestellt werden. Üblicherweise werden dabei Aspekte wie Einfluß, Vertrauen und Irritation folgendermaßen verdeutlicht:

a) Jeder Teilnehmer vergibt an andere Gruppenmitglieder insgesamt dreimal zwei Punkte für jene Mitglieder

- die den meisten Einfluß in der Gruppe ausüben
- die ihn am meisten oder am ehesten imitieren
- die am meisten Vertrauen genießen.

Wenn eine Gruppe beispielsweise zehn Mitglieder umfaßt, so kann jedes Gruppenmitglied in jeder der oben angeführten Kategorien maximal neun Punkte (von den anderen neun Gruppenmitgliedern) auf sich vereinigen. Hilfreich ist das Verwenden von verschiedenfarbigen Kärtchen zum Bewerten.

b) Werden Kärtchen verwendet, dann können diese für alle sichtbar vor die jeweiligen Adressaten gelegt werden. Andernfalls kann das Ergebnis auf Flipcharts verdeutlicht werden. Sinnvoll ist es, den jeweiligen Absender anzugeben.

c) Der wesentliche Teil dieser Übung ist die Reflexion der Ergebnisse, wofür ausreichend Zeit reserviert werden sollte. Folgende Fragen können beispielsweise zur Sprache kommen: Ist der von Person A wahrgenommene Einfluß in der Gruppe erwünscht, oder wird er als störend erlebt?; Welche Untergruppenkonstellationen werden deutlich? (durch wechselseitige Vertrauensbekundungen); Was ist der Grund für den Irritationspunkt, den A an B vergeben hat?; Welche Gruppenkonstellationen werden sichtbar? (Untergruppen oder allgemein dichte Vernetzung, gleichverteilter oder polarisierter Einfluß, korrelieren Vertrauen und Einfluß oder genießen grundsätzlich eher einflußlose Mitglieder Vertrauen, etc.)

3.5.1.3 Rollensoziogramm

Bei der stärker strukturierten Form des Rollensoziogramms wird die Wahrnehmung der Rollen einzelner Gruppenmitglieder durch einen Fragebogen erhoben. Jedes Gruppenmitglied füllt den Fragebogen so aus, daß es zu jeder Frage zwei andere Gruppenmitglieder nennt, die für diesen Punkt am ehesten in Frage kommen. Die Anzahl der Nennungen pro Person und Frage wird in der Folge grafisch verdeutlicht und besprochen. Die Fragestellungen sind sinnvollerweise an der Situation und dem Zweck der Durchführung des Soziogramms zu orientieren. Insgesamt sollten nicht mehr als 20 Fragen gestellt werden.

Auch hier gilt, daß das Ergebnis eine Momentaufnahme der wechselseitigen Wahrnehmungen der Gruppenmitglieder ist und somit weder unveränderlich noch objektiv richtig ist.

Abb. III 3.3

Fragebogen für ein Rollensoziogramm[17]

FRAGEBOGEN

Fragebogen zum Verhalten in der Gruppe

Bitte beantworten sie alle 20 Fragen so, daß Sie jedesmal zwei Mitglieder der Gruppe nennen. Bei manchen Fragen fällt dieses sicher schwer – versuchen Sie trotzdem, zwei Personen zu nennen, die Sie „am wenigsten unpassend" als Antwort auf die Frage empfinden.

Zählen Sie sich selbst dabei bitte nicht mit!

Lassen Sie sich von Ihren spontanen, subjektiven Einschätzungen leiten, d.h. versuchen Sie nicht, möglichst objektiv oder wissenschaftlich zu sein.

1. Welche beiden Personen beeinflußten das Geschehen in der Gruppe am meisten?

   ----------------------   ----------------------

2. Welche beiden Personen beeinflußten das Geschehen in der Gruppe am wenigsten?

   ----------------------   ----------------------

3. Welche beiden Personen gingen Konflikten am ehesten aus dem Weg?

   ----------------------   ----------------------

4. Welche beiden Personen waren am ehesten bereit, zur Erreichung einer Lösung in Konfrontation zu treten?

   ----------------------   ----------------------

5. Welche beiden Personen wurden in der Gruppe am meisten akzeptiert?

   ----------------------   ----------------------

---

[17] Entwickelt von Ruth Simsa und Christoph Warhanek, in Weiterentwicklung anderer in Umlauf befindlicher Fragebögen; die Auswertung nach verschiedenen Aspekten kann auch mittels Computerprogramm erfolgen.

6. Welche beiden Personen versuchten am meisten, sich ins Rampenlicht zu rücken?

   ------------------------   ------------------------

7. Welche beiden Personen waren am ehesten bereit, andere Mitglieder zu schützen?

   ------------------------   ------------------------

8. Welche beiden Personen ließen bei der Zusammenarbeit die meisten „Schrullen" oder „Eigenheiten" erkennen?

   ------------------------   ------------------------

9. Welchen beiden Personen bedeutete das Gruppenziel vermutlich mehr als das persönliche Ziel?

   ------------------------   ------------------------

10. Welchen beiden Personen bedeutete das persönliche Ziel vermutlich mehr als das Gruppenziel?

    ------------------------   ------------------------

11. Welche beiden Personen konkurrierten oder rivalisierten mit anderen am stärksten?

    ------------------------   ------------------------

12. Welchen beiden Personen war ein angenehmes und freundliches Gruppenklima am wichtigsten?

    ------------------------   ------------------------

13. Welche beiden Personen achteten am meisten darauf, daß die Gruppe ihre Aufgabe im Auge behielt?

    ------------------------   ------------------------

14. Welche beiden Personen versuchten am häufigsten, bei Meinungsverschiedenheiten zu schlichten?

    ------------------------   ------------------------

15. Welche beiden Personen hatten zu Ihnen während der Arbeit den wenigsten Kontakt?

    ------------------------   ------------------------

16. Welche beiden Personen zeigten die geringste Aktivität?

    ------------------------   ------------------------

17. Welche beiden Personen versuchten am häufigsten, ihren Standpunkt durch Manipulation anderer durchzusetzen?

    ------------------------   ------------------------

18. Welche beiden Personen konnten der Gruppe in verfahrenen Situationen am besten durch Beiträge aus der „Vogelperspektive" (Metaebene) weiterhelfen?

    ------------------------   ------------------------

19. Welche beiden Personen versuchten am häufigsten, ihr Ziel durch Gewinnen von Verbündeten zu erreichen?

    ------------------------   ------------------------

20. Welche beiden Personen würden Sie derzeit bei der Lösung einer Aufgabe am liebsten zur Zusammenarbeit mit Ihnen gewinnen?

    ------------------------   ------------------------

3.5.2 Vor- und Nachteile

Vorteile der Instrumente der soziometrischen Übungen liegen in der klaren Darstellbarkeit von Gruppenstrukturen, wodurch latente Strukturen wie etwa Konfliktlinien an die Oberfläche gebracht werden. Soziogramme sind daher insbesondere in Gruppen angebracht, in denen Konflikte nicht eingestanden werden, sondern unter der Oberfläche schwelen und damit nicht bearbeitbar sind. Harmonisierungstendenzen dieser Art finden sich verstärkt in NPOs mit starker Wertorientierung. Die Organisationsmitglieder fühlen sich stark einer gemeinsamen, „guten"

Sache verpflichtet und sehen Konflikte oft als schwer vereinbar mit dieser Haltung. (vgl. Krainz, Simsa, 1995)

Folgende Risiken sind bei der Anwendung soziometrischer Übungen zu beachten:

- Diese Übungen – insbesondere Soziogramm und Rollensoziogramm – sind üblicherweise mit hoher Emotionalität verbunden. Persönliche Ergebnisse werden schnell als Bewertung der Gesamtperson und weniger als Momentaufnahme der Wahrnehmungen innerhalb einer spezifischen Gruppensituation interpretiert. Um nicht mehr Schaden als Nutzen zu stiften, bedarf es von seiten des Moderators hoher Professionalität und Sensibilität sowie insgesamt hohen zeitlichen Aufwands zur Reflexion und Interpretation der Ergebnisse.
- Konflikte werden durch soziometrische Übungen in der Regel verdeutlicht und dadurch fallweise in der Wahrnehmung der Gruppenmitglieder verstärkt, durch das Instrument per se allerdings nicht gelöst. Die Übungen sollten daher nur dann eingesetzt werden, wenn ausreichend Zeit, Vertrauen und Bereitschaft zur Konfliktbearbeitung vorhanden sind.
- Oft herrscht die Tendenz vor, Ergebnisse zu individualisieren, d.h. primär als Feedback für Einzelpersonen oder als Anlaß für die Klärung von Zweierbeziehungen zu nutzen. Dies kann sinnvoll sein, wenn tatsächlich das Verhalten einzelner Gruppenmitglieder zu Konflikten führt oder wenn der Gruppenkonflikt sich auf eine schwierige Beziehungskonstellation zweier Mitglieder reduzieren läßt. Wenn der Konflikt allerdings in der Gesamtgruppe besteht, dann ist diese Vorgangsweise hinderlich, da sie den Blick auf Gruppenstrukturen tendenziell verschleiert.

3.6 Coaching
(Helene Mayerhofer)

Kurzbeschreibung

Das grundlegende Arbeitsfeld von Coaching besteht in der fachlichen und psychologischen Beratung beziehungsweise Unterstützung von Einzelpersonen (und auch Gruppen) in der Ausübung ihrer Berufsrolle mit der Zielrichtung einer Leistungsverbesserung im weiteren Sinne. Die klassischen Zielgruppen von Coaching sind Manager der mittleren und höheren Ebene sowie freiberuflich tätige Personen. Coaching hat zwei Funktionen: individuelle Personalentwicklung (im Sinne einer Erweiterung von Kompetenzen, Karriereplanung etc.) und „Unterstützung für Freud und Leid" in der Berufsausübung. (Schreyögg, 1996, S. 9) Die Bewältigung von aktuellen Krisen und Konflikten kann dabei ebenso Anlaß zur Inanspruchnahme sein wie die Erfordernis, sich auf eine neue Aufgabe (z.B. Führungsposition) vorzubereiten oder die Reflexion und Orientierung über berufliche Entwicklungsmöglichkeiten.

3.6.1 Beschreibung

Der Begriff des Coachings hat seinen Ursprung im sportlichen Bereich. Der Coach als Trainer und Betreuer eines Sportlers oder einer Sportmannschaft. Seit Ende der achtziger Jahre verwendet man diesen Begriff geradezu inflationär für sehr unterschiedliche und vielfältige Angebote zur Unterstützung beziehungsweise Beratung, wobei die Abgrenzung zu „Supervision", „Einzelberatung" etc. fließend ist. Im Sozialbereich sind seit vielen Jahren Formen von „Einzel- und Teamsupervision" im Einsatz, in denen emotionales Lernen im Vordergrund steht. Charakteristisch für Coaching ist eine stärkere Trainingsorientierung durch die Einbeziehung von fachlichen Aspekten. (Schreyögg, 1995, S. 225) Im Coachingprozeß werden primär berufsbedingte Frage- und Problemstellungen thematisiert, wenngleich Verbindungsstränge zum privaten Bereich existieren.

Die Umsetzung von Coaching außerhalb des Sportsektors erfolgte und erfolgt empirisch betrachtet vor allem in Form von **Einzelcoaching einer Führungskraft** der höheren Ebene durch einen **externen Coach** (also durch eine nicht zur Organisation gehörende Person). Coaching kann damit als neues Personalentwicklungsinstrument in sehr individueller Ausprägung gesehen werden, das grundsätzlich „vorbeugend" oder zur Bewältigung von Krisen und Konflikten herangezogen wird.

Neben der Betreuung von Einzelpersonen verstärkt sich der Einsatz von **Gruppen- und Teamcoaching**. Bei Gruppencoaching werden mehrere Teilnehmer auf gleicher hierarchischer Ebene (z.B. leitende Funktionäre einer Gewerkschaft) betreut; bei Teamcoaching handelt es sich um kontinuierlich im Arbeitsprozeß kooperierende Personen (z.B. Personalvertreter/Personalräte eines Krankenhauses).

Neben der Einbeziehung externer Coaches wird auch der Einsatz von **organisations-/firmeninternen Coaches** zunehmend diskutiert. Bei der Wahl der als Coach in Frage kommenden Person ist besonders wichtig, daß keine direkten hierarchischen Abhängigkeitsbeziehungen bestehen. Coaching von Mitarbeitern durch die eigene Führungskraft ist aufgrund der Leistungsbeurteilungsfunktion nicht erfolgversprechend. Die Offenheit der Mitarbeiter, über ihre persönlichen Problemlagen oder beruflichen Orientierungsfragen zu sprechen, ist eingeschränkt, wenn die Einschätzung der Führungskraft die berufliche Zukunft massiv beeinflußt. Auf der Seite der Führungskraft kommt es zu Rollenkonflikten, insgesamt zum Problem einer „Beziehungskonfusion". (Loos, 1991, S. 150) Dies ist leicht nachvollziehbar, stellt doch bereits die Koppelung der Funktionen – Förderung und Beurteilung[18] – im Rahmen von Mitarbeitergesprächen hohe Anforderungen an die Führungskraft. Geht man davon aus, daß es sich bei Coaching in der Regel um eine tiefer an der Persönlichkeit orientierte Auseinandersetzung mit

---

[18] Zum Thema Widersprüchlichkeit von Förderung und Selektion ebenso wie zu Fragen der Wahrnehmungsproblematik in der Leistungsbeurteilung siehe Lueger, 1992, S. 27ff.

der beruflichen Tätigkeit oder um die Bearbeitung von Konfliktfällen handelt, verdeutlicht sich die zunehmende Schwierigkeit.

Zielsetzungen und Anlässe für Coaching

Betrachtet man Coaching einerseits als sehr individuelles Instrument der Personalentwicklung für Führungskräfte und andererseits als Instrument zur Bearbeitung von Krisenerscheinungen in der beruflichen Tätigkeit, so sind die zentralen Zielsetzungen bereits umrissen:

- Unterstützung zur verbesserten Bewältigung der Arbeitssituation oder einer Krisensituation
- Beratung in der beruflichen Weiterentwicklung
- Bearbeitung von Konfliktfällen
- Begleitung in Veränderungsprozessen aufgrund von „Umbrüchen" innerhalb und im Umfeld der Organisation.

Das Instrument Coaching kann Konfliktpotential reduzieren und Krisen vorbeugen: Der **Übergang einer Person in eine neue zentrale Arbeitsrolle** (z.B. von der Mitarbeiterin zur Vorgesetzten) kann durch Coaching vorbereitet und/oder begleitet werden. Dabei ist zu reflektieren, welche Fach- und Schlüsselqualifikationen noch aufzubauen sind und wie dies am besten geschieht. Die Entwicklung eines eigenen Führungsstils – gekoppelt mit entsprechendem Verhaltenstraining – kann dabei ebenso Gegenstand des Coachings sein wie die Gestaltung der Kommunikations- und Kooperationsformen zu den ehemaligen Kollegen. Die Übernahme der Vorgesetztenfunktion gegenüber ehemals Gleichgestellten birgt besondere Spannungen. Der **Einstieg oder Wechsel einer Person in eine neue Organisation** stellt spezielle Herausforderungen aufgrund der hohen Komplexität (neue Strukturen, Vorgesetzte und Kollegen, Anforderungen etc.). In diesem Fall zeigt sich besonders die Vielfalt an Aktivitäten, die mit Coaching bezeichnet werden. Wird ein erfahrener Mitarbeiter zur Einführung eines neuen Mitarbeiters eingesetzt (die neue Person mit den Gegebenheiten der Organisation vertraut machen, relevante Personen vorstellen etc.), so spricht man zwar manchmal von Coaching, der korrekte Begriff lautet aber Mentoring. Die Komplexität für das Individuum verstärkt sich noch, wenn unterschiedliche **kulturelle Handlungslogiken** innerhalb oder zwischen Organisationen gelten (fachlich-inhaltliches Engagement für die Arbeit im basisorientierten Verein und strategisch-politische Handlungsausrichtung gegenüber den finanzierenden Auftraggebern).

Die individuelle Form des Coachings durch einen externen Coach ist für die Organisation/für den Coachee zwar relativ teuer, trägt aber zur Reduktion von Spannungen und potentiellen Konflikten, zur raschen fachlichen und sozialen Integration in die Organisation ebenso bei wie zur leistungsoptimierten Übernahme von neuen Arbeitsaufgaben. Freiberuflich tätige Personen und Führungskräfte nutzen Coaching auch zur Reflexion über die eigenen beruflichen Entwicklungsmöglichkeiten (Karriereberatung), zur Positionierung in Geschäftsfeldern beziehungsweise zur strategischen Ausrichtung von Aktivitäten unter Einbeziehung des relevanten Umfelds.

„**Feuerwehrcoaching**" umschreibt den Bereich der akuten Konflikt- und Krisenbearbeitung mit dem Instrument Coaching. (Pichler, 1996, S. 182) Dabei kann es sich um bereits „ausgebrochene" Krisen handeln, wie etwa Leistungsabfall, körperliche und/oder seelische Zusammenbrüche. Diese Probleme sind häufig das Ergebnis von „schleichenden Krisen": Sie bahnen sich längere Zeit an (hohe Streßbelastung, gesundheitsbelastende Lebensgestaltung), müssen aber meist erst akut auftreten, um beachtet zu werden. Für Berufstätige des Sozialbereichs stellt speziell das Phänomen „Burnout" (ausgebrannt sein) eine Gefahr dar.

„**Übergänge**" **im Arbeitsteam** sind Anlässe für Gruppencoaching: potentielle beziehungsweise bereits aufgetretene Konfliktfälle – z.B. aufgrund von veränderten Arbeitsanforderungen (etwa durch Patientenerwartungen, neue strategische Ausrichtung, Einstellungsstopp), Wechsel von Kollegen und Vorgesetzten etc. – sind zu bewältigen.

Coaching kann als Instrument im Rahmen von Veränderungsmanagement eingesetzt werden, um Mitarbeiter im **Umgang mit bedeutenden Veränderungen** innerhalb der Organisation, aber auch im Umfeld zu unterstützen: beispielsweise bei der Zusammenlegung von Abteilungen aufgrund von Fusionen, Personalreduktionen und damit verbundenen neuen Organisationsstrukturen, Wechsel der finanziellen Auftraggeber, raschem Wachstum der Belegschaft, Mitgliederschwund etc.

Die **Prinzipien des Coachingprozesses** sind:

- Vertraulichkeit

- Freiwilligkeit

- Transparenz.

Die Vertraulichkeit in der Coachingbeziehung ist ein unumstößliches wie selbstverständliches Muß, um die Zielsetzungen dieser Beratungsform gewährleisten zu können. Informationen – dies gilt auch für positive Rückmeldungen – dürfen nicht an andere Personen weitergegeben und innerhalb der Organisation verwendet werden, was speziell den Einsatz von internen Coaches problematisch macht.

Coaching kann nur angeboten und nicht verordnet werden, denn die Problemeinsicht einer Person oder einer Gruppe, bestimmte Themenbereiche bearbeiten zu wollen (Freiwilligkeit), ist Voraussetzung für den Coachingprozeß. Die Art der Bedeutungszuschreibung des Coachingangebots innerhalb der Organisation (z.B. „Der braucht einen Coach, der kommt nicht zurecht!"; „Da kann man für den Job echt profitieren!") ist von zentraler Relevanz für die Inanspruchnahme solcher Angebote und muß beim internen Marketing des Instruments gezielt beachtet werden. Ist der Auftraggeber von Coaching nicht mit dem Coachee (Klient) identisch, hat der Coach dafür Sorge zu tragen, daß für den Coachee Klarheit über die Vereinbarungen und Rahmenbedingungen herrscht.

Anforderungen an den Coach

- Fachkenntnisse: z.B. betriebswirtschaftliche Zusammenhänge, Grundkenntnisse über das Praxisfeld, psychologische Kenntnisse, Wissen über und Erfahrung mit Lern- und Beratungsprozessen
- Methodenkompetenz: z.B. Moderation, Frage- und Planungstechniken
- Sozialkompetenz: Kommunikations- und Kooperationsfähigkeit, Empathie, Umgang mit Konflikten

Betrachtet man die Ausführungen in der Literatur, so kann diese Liste beliebig fortgesetzt werden, es entsteht ein „Bild einer gottgleichen Person mit universalen Fähigkeiten". (Roth, Brünnig, Edler, 1995, S. 211) Bei der Auswahl eines Coaches sollten die Anforderungen auf die konkrete Zielsetzung abgestimmt werden, wobei betriebswirtschaftliche und psychologische Kenntnisse Grundvoraussetzungen sind. Anbieter von Coaching kommen aus den entsprechenden Berufsbereichen mit Zusatzausbildungen: Betriebswirte, Psychologen, klassische Unternehmensberater sowie Personal- und Organisationsberater (wobei letztere traditionell auf Basis der Kombination von fachlicher und prozeßorientierter Beratung arbeiten).

Konzeptionelle Ausgestaltung der Coachingaktivitäten

Für den Einsatz von Coachingaktivitäten in einer Organisation sind folgende Bereiche zu konkretisieren:

- Zielsetzungen: Bei der Gestaltung einer Personalentwicklungskonzeption sollte das Instrument Coaching in das Gesamtkonzept integriert und mit anderen Maßnahmen abgestimmt werden. Dabei ist festzulegen, welche Themenbereiche im Rahmen von Coaching bearbeitet werden: z.B. Verhinderung oder Minderung von Krisen, die insbesondere in NPOs auftreten (wie etwa Burnout); Unterstützung für die Bewältigung individueller Gestaltungsanforderungen, die aufgrund von vagen Zielvorgaben (selbst durch Finanziers!), kurzfristigen Zeitperioden für Projekte und deren Finanzierungen, geringen Organisationsgrad etc. speziell in NPOs besonders hoch sind.

- Zielgruppen und beteiligte Personen (Einzel- beziehungsweise Gruppencoaching): Welchen Personen auf welcher hierarchischen Ebene soll Coaching zur Verfügung stehen? Einzelcoaching hat den Vorteil des unmittelbaren individuellen Trainings und der spezifischen Betreuung. Gruppen- und Teamformen haben den Vorteil, daß neben dem Coach auch Sichtweisen und Rückmeldungen der anderen Teilnehmer zur Verfügung stehen. Allerdings ist von den Coachees (zumindest zu Beginn) eine höhere Hemmschwelle zur Teilnahme und zur Offenheit zu überwinden.

- Auswahl von Coaches (externer/interner Coach): Bei der Auswahl zwischen externen und internen Coaches ist auf die Zielsetzungen sowie den zeitlichen und finanziellen Rahmen Rücksicht zu nehmen. Je stärker die Krise oder der Konflikt und je höher die Hierarchieebene ist, desto eher sind externe Coaches erforderlich.

- Organisatorische Eingliederung von Coaching: Wo und von wem werden Coachingangebote gemacht (z.B. Personalabteilung, vom direkten Vorgesetzten im Rahmen des Mitarbeitergesprächs)? Wie sind interne Coaches hierarchisch/organisational verankert (z.B. Ehrenamtliche, Zugehörigkeit zur Personalabteilung)?
- Rahmenbedingungen (räumlich, zeitlich, personell): Wo sollen die Coachingsitzungen stattfinden, wie viele Zeiteinheiten stehen Einzelnen und Teams prinzipiell zur Verfügung (und wer entscheidet darüber), wie viele Coaches stehen zur Auswahl ...?
- „Marketing" für die Coachingaktivitäten: Damit Coaching als Konfliktlösungs- beziehungsweise Personalentwicklungsinstrument Wirkung entfalten kann, muß es organisationsintern in positiver Form verankert werden. Eine negative Besetzung eines Beratungsangebots beeinträchtigt die Zugangshäufigkeit entscheidend.

3.6.2 Vor- und Nachteile

Prinzipiell ist davon abzuraten, Coaching als Allheilmittel für jede Problemstellung in einer Organisation anzusehen, denn dies birgt die Gefahr, daß organisationsbedingte und strukturelle Konflikte (z.B. mangelhafte Organisationsstrukturen, zu hohe Arbeitsdichte) lediglich **personifiziert** und nicht bearbeitet werden. Schwierigkeiten in der Arbeitsausübung werden in diesem Fall allein an der Person und ihren individuellen Schwächen/ihrem Versagen festgemacht und die organisationalen Bedingungen ausgeklammert. *(siehe auch HANDBUCH - von Eckardstein, 1997: Personalmanagement, S. 241; Zauner, Simsa, 1997: Konfliktmanagement, S. 332)* Einzelne Personen und Gruppen können und sollen durch Coaching an der Bearbeitung von Konfliktfällen und in der Arbeitstätigkeit unterstützt werden, jedoch dürfen Strukturen und deren Veränderungsbedarf darüber nicht aus dem Blick geraten.

Ein gewisses Risiko liegt im Einsatz von internen Coaches, wenn nur ungenügende Regelungen für die Einhaltung der Prinzipien von Coaching (Vertraulichkeit!) vorliegen. Bei Vorgesetzten als Coaches verstärkt sich dieses Problem entsprechend, da die Doppelrolle Führungskraft und gleichzeitig Coach eine Rollenüberfrachtung bewirkt, darüber hinaus auch Ambivalenzen bei den Mitarbeitern auslöst. Oder aber Coaching bleibt als Instrument wirkungslos – weil an der Oberfläche. Man trifft sich z.B. zu Coachingsitzungen und erfüllt offiziell diese „Pflicht", insgesamt handelt es sich aber um ein belangloses Gespräch ohne Auswirkungen.

3.6.3 Praxisbeispiel

Im Rahmen der Fusion von zwei Krankenhäusern werden verschiedene Abteilungen zusammengelegt; dabei sollen auch Stellen eingespart werden. Zielsetzung ist, eine Personalkostensenkung ohne Kündigung von Mitarbeitern zu erreichen. Ansatzpunkte des Personalmanagements waren die Nutzung der Fluktuation, die Restrukturierung von Arbeitsabläufen, die Qualifizierung von Mitarbeitern für die Bewältigung neuer Arbeitsanforderungen, der Einsatz veränderter Arbeitszeitmodelle sowie die Reduktion von individueller Arbeitszeit (und damit die Aufteilung von Stellen zwischen mehreren Personen). Einzelpersonen und ganze Abteilungen sowie Arbeitsgruppen waren jeweils in unterschiedlichem Ausmaß betroffen.

Zielsetzungen und Grobkonzeption des Coachings:

- Begleitung und Unterstützung von Trägern des Personalmanagements (Führungskräfte)
- Begleitung und Unterstützung von Abteilungen und Gruppen
- Begleitung und Unterstützung von Einzelpersonen bei Fragen innerbetrieblicher und beruflicher Weiterbildung und Weiterentwicklung (Karriere- beziehungsweise Laufbahnplanung, Stellenwechsel)

Damit hatten die Coaches die Aufgabe, die betroffenen Personen und Gruppen (z.B. Führungskräfte, kollegiale Führung, ganze Abteilungen, einzelne Mitarbeiter) im Fusionsprozeß zu beraten. Diese Beratung bezog sich nicht auf die instrumentelle Umsetzung[19] (z.B. des Arbeitszeitmodells), sondern auf Fragen der Informationsbeschaffung und -bearbeitung, der sozialen Kompetenz, der Konflikthandhabung und der motivationalen Unterstützung.

Externe Berater und interne Experten entwickelten ein detailliertes Konzept eines Coachingprozesses; mit dieser Grundlage arbeiteten interne Coaches (Psychologen, Sozialarbeiter). Spezifische Qualifizierungsmaßnahmen für diese wurden zwar angedacht, in Anbetracht der Zeitknappheit im Fusionsprozeß aber nicht durchgeführt. Fachexperten für inhaltliche Umsetzung und Handhabung von Personalmanagement-Instrumenten (z.B. Arbeitszeitmodelle) blieben die jeweiligen Projektteams.

3.7 Weiterführende Literatur

Das Buch „Trainings: Professionell planen, auswählen, durchführen, Qualität sichern" (Warhanek, 1997) enthält eine systematische Erörterung der systemimmanenten Konfliktfelder zwischen Beratern und Trainern einerseits und den Auftraggebern und Klienten in den Organisationen andererseits sowie ausführliche Hinweise für beide Seiten, diese „notorischen" Konflikte professionell zu analysieren und produktiv zu bearbeiten.

Der Artikel „Trainerpaar mit Männergruppe: Erfahrungen und Deutungen psychodynamischer Effekte" (Warhanek, Simsa, 1997) beschäftigt sich mit den konflikthaften Effekten, die eine

---

[19] Die inhaltliche Konzeption zu Weiterbildungsmaßnahmen, Arbeitszeitmodellen etc. wurde in verschiedenen Projektgruppen erarbeitet und stand als „Vorleistung" für die Coachinggruppen zur Verfügung.

von einer Frau und einem Mann geführte Gruppe von Männern verursacht. Die Schlußfolgerungen daraus sind sowohl für Beratungs- und Trainingsgruppen als auch für analoge Führungssituationen anwendbar.

Der Artikel „Trainingsfieber: Über den Begriffswirrwarr in der Trainerlandschaft und seine Folgen für die Unternehmen" (Warhanek, 1998) beschreibt die in sich widersprüchlichen und daher konfliktträchtigen Beweggründe und Entscheidungsroutinen von Bildungsverantwortlichen in Organisationen bei der Beschickung und Durchführung von Bildungsveranstaltungen sowie mögliche Wege, diesen Dilemmata zu entgehen.

Das Buch „Coaching" (Schreyögg, 1996) bietet einen sehr guten Überblick über die verschiedenen Aspekte des Themas: Grundlagen von Coaching als professionelle Managementberatung (Funktionen, Anlässe, Themen und Anforderungen an den Coach), ab Seite 147 widmet sich der Autor der Darstellung eines Coachingkonzepts (mit konzeptionellem Rahmen und methodischer Ausgestaltung).

Die Autoren des Sammelbands „Supervision und Coaching" (Wilker, 1995) beschäftigen sich ausgehend von einer psychologischen Grundorientierung (Teil II S. 201ff.) mit unterschiedlichen Schwerpunktsetzungen zum Thema Coaching. Hervorzuheben ist der Beitrag von Roth u.a., in dem explorative Daten einer qualitativen Erhebung (Befragung von 18 Coaches) dargestellt werden (S. 201-224).

Der Beitrag „Coaching im Krankenhaus" von Otmar Pichler im Herausgeberband „Personalmanagement im Unternehmen Krankenhaus" (Müller, 1996) gibt einen kurzen Überblick über das Themenfeld und reflektiert die Bedeutung von Coaching speziell für Berufsgruppen in diesem organisationalen Kontext.

4 Instrumente für das Veränderungsmanagement in NPOs

(Koordination: Dudo von Eckardstein)

4.1 Veränderungsmanagement in NPOs – Ziele und Funktionen

Zum Management gehören die Dimensionen des Betreibens einer Organisation im Sinne eines gegebenen Potentials sowie der Anpassung dieses Potentials an zukünftige vermutete oder schon deutlich erkennbare Anforderungen und Entwicklungen, seien es solche der organisatorischen Umwelt oder der „Inwelt". Zwischen diesen beiden Dimensionen besteht ein Spannungsverhältnis, das Manager zu bewältigen haben: Der Optimierung und Nutzung eingerichteter Strukturen und Prozesse als der im Prinzip statischen Dimension steht die Veränderung dieser Strukturen und Prozesse in dynamischer Sicht gegenüber – das Charakteristikum des Veränderungsmanagements.

Aus der Position der Leitungspersonen ist als Mindestvoraussetzung geplanter Veränderungen eine strategische Stoßrichtung zu entwickeln. *(siehe Teil II Kapitel 1)* Unabhängig von Instrumenten des strategischen Managements und auch von Unterschieden in den theoretischen Ansätzen erscheint es notwendig, daß die handelnden Personen regelmäßig an Fragen der – möglichen und anzustrebenden – Veränderungen arbeiten. Organisatorisch und zeitlich eignet sich dafür die **Strategieklausur**, die als erstes Instrument vorgestellt wird. Die sogenannte **Zukunftskonferenz** kann als spezifische Ausprägung der Strategieklausur verstanden werden, die stark die Entwicklung einer gemeinsamen Zukunftsperspektive und der dafür notwendigen organisatorischen Energie betont.

Manche Argumente sprechen dafür, bei der Arbeit an Veränderungsprojekten externe, zum Teil auch interne Fachkräfte (meist Berater) zur Unterstützung heranzuziehen. Damit stellt sich aber das Auswahlproblem, dessen Lösung über den Erfolg der Unterstützung maßgeblich mitentscheidet. Wer soll unter den Anbietern auf dem Markt für Beratung in Veränderungsprozessen ausgewählt werden, und aufgrund welcher Kriterien? Die **Entscheidungshilfe** soll den **Auswahlprozeß** aus dem Bereich des Zufalls lösen und zu einer informationsgestützten begründeten Entscheidung führen.

Veränderungsmanagement wird oft mit **Organisationsentwicklung (OE)** gleichgesetzt, was auf die Begrifflichkeit zurückzuführen ist. Im folgenden Abschnitt wird OE aber als ein Instrument gesehen, als einer von mehreren methodischen Ansätzen, mit dem im Rahmen des Veränderungsmanagements operiert wird und der unter anderem durch Beteiligung der Betroffenen und Berücksichtigung ihrer Interessen charakterisiert wird. Eine andere Alternative wäre z.B.

direktives Management, das den Betroffenen Veränderungen vorgibt und von ihnen erwartet, daß sie diese realisieren (was häufig unrealistisch ist, da diese Erwartung das Widerstandspotential der Betroffenen vernachlässigt). Im übrigen sei auf die Instrumente zu Entscheidungsmanagement *(siehe Teil III Kapitel 2)*, Konfliktmanagement *(siehe Teil III Kapitel 3)* und strategischem Management *(siehe Teil II Kapitel 1)* besonders verwiesen.

4.2 Strategieklausur
(Dudo von Eckardstein)

Kurzbeschreibung

Das Management von Veränderungen setzt voraus, daß die verantwortlichen Akteure die strategischen Richtungen entwickeln, in die sich die Organisation bewegen soll. Ein praktisches Instrument des Veränderungsmanagements ist die Strategieklausur, die zur gemeinsamen Bestimmung der strategischen Position und der anzustrebenden strategischen Veränderungen dient. Die Durchführung von Strategieklausuren beruht auf der Annahme, daß strategische Entscheidungen nicht quasi nebenbei getroffen werden können, sondern in der zeitlichen Organisation der Abläufe ausdrücklich berücksichtigt werden müssen.

4.2.1 Beschreibung

Die Strategieklausur stellt eine Zusammenkunft der Mitglieder des Entscheidungsgremiums einer Organisation dar, die formell beauftragt sind, Beschlüsse über strategische Weichenstellungen der Organisation zu fassen. Ziel der Strategieklausur ist es, Raum zu schaffen für die systematische Beschäftigung mit strategischen Fragestellungen, die im Alltagsgeschäft einer Organisation erfahrungsgemäß leicht zu kurz kommen. Die Strategieklausur bildet den organisatorischen und zeitlichen Ort, um unter den Mitgliedern des Entscheidungsgremiums Transparenz über die jeweiligen Sichtweisen der Entscheider zu strategischen Fragen herzustellen. Idealerweise sollten die individuellen Sichtweisen der Entscheider zu einer gemeinsamen Sichtweise zusammengeführt werden.

Zentraler Gegenstand der Arbeiten in der Strategieklausur ist einerseits die Analyse der gegenwärtigen strategischen Position (strategische Analyse, *siehe Teil II Kapitel 1*) und andererseits, darauf aufbauend, die Erarbeitung von strategischen Entscheidungen, mit denen die Organisation sich an die prognostizierten zukünftigen Entwicklungen anpassen will oder diese Entwicklungen beeinflussen möchte.

In erster Linie nehmen an der Strategieklausur sämtliche Mitglieder des formellen Entscheidungsgremiums – d.h. der Geschäftsführung oder des Vorstands einer Organisation – teil. Damit ist die personelle Mindestbesetzung beschrieben. Je nach der spezifischen Kultur der Organisation, insbesondere bei stark konsensbetonten Organisationen, werden darüber hinaus zusätzliche Organisationsmitglieder eingeladen, z.B. die Führungskräfte der zweiten Führungsebene sowie organisationsinterne Spezialisten mit besonderer fachlicher Kompetenz. Von Fall zu Fall werden auch externe Spezialisten als Fachberater oder als Moderatoren hinzugezogen. Wenn an der Strategieklausur auch andere Personen als die formellen Entscheider teilnehmen, sollte man sie als strategievorbereitende Konferenz definieren, der eine abschließende Beschlußfassung der formellen Entscheider folgt.

Erfahrungsgemäß fällt es den Mitgliedern von Entscheidungsgremien, insbesondere wenn diese eine größere Zahl umfassen und durch zusätzliche Personen ergänzt werden, nicht immer leicht, systematisch an einem Thema zu arbeiten. Die jeweilige Parteistellung einzelner Mitglieder und insgesamt gruppendynamische Prozesse tragen dazu bei, daß manche Themen quasi wie von selbst einen überproportional hohen Stellenwert erhalten, weil sie von mächtigen Mitgliedern immer wieder forciert werden, während andere Themen vernachlässigt, verdrängt oder tabuisiert werden, weil sie keine oder zu schwache Promotoren haben oder/und weil es für manche Beteiligte unangenehm oder gefährlich erscheint, sich ausdrücklich damit zu beschäftigen. Moderatoren können Effekte reduzieren, die für eine sachliche Diskussion und Entscheidungsfindung störend sind. Ihre Aufgabe besteht darin, den Verlauf der Sitzungen der Entscheidungsgremien so zu strukturieren, daß die an der Strategieklausur Beteiligten die Gelegenheit erhalten, sich weitgehend auf der Basis einer sachlichen Argumentation und ohne Berücksichtigung des innerorganisatorischen Machtgefüges in den Diskussionsprozeß einzubringen. Diese Chancengleichheit entspricht der Auffassung, daß der Wert eines Beitrags stärker vom jeweiligen Argument als von der Position des Teilnehmers im sozialen Zusammenhang bestimmt wird.

Die Festlegung des Zeitpunkts und der Häufigkeit von Strategieklausuren soll dem jeweiligen Entscheidungsbedarf in der Organisation entsprechen. In vielen Organisationen werden etwa zwei bis drei Strategieklausuren pro Jahr in regelmäßigen Abständen durchgeführt. Darüber hinaus finden Strategieklausuren aus Anlaß besonderer strategischer Problemstellungen statt (z.B. Prüfung einer strategischen Zusammenarbeit mit einer anderen Organisation, Verschmelzung von Organisationen, Aufnahme neuer Geschäftsfelder etc.).

Die Dauer einer Klausur umfaßt üblicherweise eineinhalb bis zwei Tage; sie sollte an einem abgeschiedenen Ort außerhalb des Sitzes der Leitung veranstaltet werden, um die Zusammenkunft gegenüber Ablenkungen und Störungen durch den normalen Geschäftsbetrieb abzuschirmen (z.B. in einem Tagungshotel, das diese Bedingungen garantiert). Was die zeitliche Struktur anbetrifft, so werden positive Erfahrungen berichtet, wenn die Teilnehmer auch im Tagungshotel übernachten und sich vertieft in den sozialen Zusammenhang des Entscheidungsgremiums einbringen. Durch abendliche gesellige und persönliche Gespräche wird die persönliche Verbundenheit der Mitglieder eher gefördert, als wenn sie sich nur in Arbeitssitzungen begegnen.

Für die Vorbereitung einer Strategieklausur ist üblicherweise der Leiter des Entscheidungsgremiums verantwortlich, er kann jedoch Teilaufgaben delegieren. Zur Vorbereitung gehören folgende Funktionen:

- rechtzeitige Terminierung der Klausursitzung
- Wahl eines geeigneten Ortes
- Festlegung der zu behandelnden Themen
- eventuell Beauftragung eines Moderators
- rechtzeitige Bereitstellung von Informationsmaterial, um die Vorbereitung der Teilnehmer auf die Tagesordnung zu verbessern
- Vereinbarung von einzubringenden Berichten, Kurzreferaten etc.

Die **Leitung** der Strategieklausur wird entsprechend der Kultur einer Organisation festgelegt: Bei hierarchiebetonenden Organisationen leitet üblicherweise der Vorsitzende des Entscheidungsgremiums während der gesamten Klausur die Sitzung. Organisationen, die stärker die Gleichrangigkeit der Mitglieder des Gremiums herausstellen, wählen nicht selten ein Rotationsverfahren, so daß die einzelnen Mitglieder jeweils abschnittsweise die Sitzung leiten. Sehr positive Erfahrungen werden auch mit der Leitung oder Moderation durch einen externen Prozeßspezialisten gemacht, der sich hinsichtlich der Vorgehensweise jeweils mit dem Gremium rückkoppelt.

Durchgehendes Prinzip für die Gestaltung des Ablaufs von Strategieklausuren sind die Visualisierung des Prozesses sowie der jeweiligen Themen und die Sicherung gleicher Chancen für die Mitglieder, sich in die Diskussions- und Entscheidungsprozesse einzubringen. Mit Hilfe der **Visualisierung** wird die Aufmerksamkeit der Teilnehmer auf die jeweils zu behandelnden Fragen gebündelt und gleichzeitig die **Dokumentation** des Ablaufs und insbesondere der erreichten Ergebnisse vorbereitet.

Leiter oder Moderator sind auch für die Konzentration des Prozesses auf zu treffende Entscheidungen verantwortlich. Sie haben dafür zu sorgen, daß eine Strategieklausur nicht aus einem mehr oder weniger unverbindlichen Austausch von Gedanken besteht, sondern daß Entscheidungen über konkrete Ziele, über die Beauftragung von Personen, über zu erreichende Zwischenschritte und über ein Zeitgerüst für die Durchführung von Entscheidungen zustande kommen.

Im Rahmen der **Nachbereitung** der Strategieklausur ist zumindest ein Ergebnisprotokoll zu erstellen, das die getroffenen Beschlüsse enthält. Dazu gehört aber auch die Durchführung einer **Erfolgskontrolle** und **Abweichungsanalyse**, um zu überprüfen, ob und in welcher Weise und mit welchem Erfolg die getroffenen Entscheidungen umgesetzt wurden.

Zum Schluß einer Strategieklausur sollten die Teilnehmer den Prozeß der Klausur gemeinsam evaluieren, um neben der inhaltlichen auch eine prozeßbezogene Transparenz über den Ablauf herzustellen. Durch diese Einschätzung der Erfolgsträchtigkeit des Prozesses schafft man Grundlagen für eine eventuelle Veränderung der Abläufe von Strategieklausuren in Zukunft. Die Prozeßevaluierung kann in der Praxis so aussehen, daß der Sitzungsleiter die Teilnehmer um eine Rückmeldung darüber bittet, wie konstruktiv sie die Zusammenkunft empfanden.

4.3 Zukunftskonferenzen
(Alfred Zauner)

Kurzbeschreibung

Mit Zukunftskonferenz (future search conference) bezeichnet Marvin Weisbord, der wichtigste Protagonist dieser Methode, eine mehrtägige strukturierte Zusammenkunft, in der Repräsentanten der unterschiedlichen Gruppen eines Gemeinwesens oder einer Organisation in mehreren aufeinander abgestimmten Phasen wünschenswerte Perspektiven für ihre soziale Einheit entwerfen und konkrete Schritte zu deren Verwirklichung setzen.

Zukunftskonferenzen sind ein wirksames Instrument des organisatorischen Veränderungsmanagements und werden überwiegend in Gemeinwesen und NPOs eingesetzt.

4.3.1 Beschreibung

Der eigentlichen Zukunftskonferenz geht eine Planungsphase voraus, die für das Gelingen des Unternehmens von erheblicher Bedeutung ist und oftmals ebensoviel Zeit in Anspruch nimmt wie die Konferenz selbst. (vgl. Weisbord, 1996a, S. 13) Zentrale Aufgabe in dieser Vorphase ist es, die relevanten Akteure und Anspruchsgruppen eines sozialen Systems zu identifizieren und Repräsentanten dieser Gruppen zur Teilnahme an der Konferenz zu bewegen.

Die Zukunftskonferenz selbst zerfällt in fünf Abschnitte von etwa halbtägiger Dauer, wobei die beiden ersten dem Aufbau einer gemeinsamen Basis, die anderen drei dem Entwurf und der Schaffung einer wünschenswerten Zukunft dienen. Gearbeitet wird in einem großen Konferenzraum in Gruppen bis zu acht Personen. Die Arbeitsergebnisse jedes Abschnitts werden in zunehmend sich verdichtenden Bildern und Textwänden im Raum sichtbar gemacht.

Die erste Arbeitsphase fragt mit Blick auf die persönliche, organisatorische und globale Vergangenheit nach den historischen Markierungen und Entwicklungslinien, die die Teilnehmer mit ihrer Organisation, ihrer Gemeinschaft und dem weiteren gesellschaftlichen Umfeld verbinden. „Durch diesen Blick zurück erkennen die Teilnehmer – mit dem Kopf und mit dem Herz – dass sie schon lange in einem Boot sitzen." (zur Bonsen, 1995, S. 34)

In der zweiten Phase wird zunächst das Augenmerk auf äußere Wirkungskräfte gelegt, die gegenwärtig und künftig auf das System Einfluß nehmen. Diese Einflußgrößen werden mit einer großdimensionierten Mind-Map *(siehe Teil III Kapitel 6)* erfaßt. In einem weiteren, auf die Gegenwart fokussierenden Abschnitt richtet sich der Blick nach innen: Dabei sind jene Seiten des Systems zu benennen, auf die man stolz ist, und jene, die man bedauert. Wurde im ersten Teil der Zukunftskonferenz in heterogenen, möglichst unterschiedlich zusammengesetzten Gruppen gearbeitet, so wird die zweite Phase von neugebildeten homogenen Gruppen bestritten, um unterschiedliche Sichtweisen der Interessengruppen deutlich zu machen.

Die dritte Arbeitsphase wendet sich endgültig der Zukunft zu und beginnt mit Entwürfen einer positiven Vision für das gegenständliche System (Gemeinwesen, NPO, Unternehmen), einer Idealvorstellung dessen, was diese soziale Einheit werden könnte. Diese Zukunftsvisionen sollen von den Gruppen möglichst kreativ dargestellt werden; sie lassen erfahrungsgemäß in ihren Inhalten viele Gemeinsamkeiten erkennen.

Der vierte Schritt soll die in den idealen Zukunftsbildern sichtbar gewordenen, gemeinsamen Elemente im einzelnen aufzeigen: Hier geht es um die Fundierung der „common grounds", also der das Gesamtsystem und alle Akteure tragenden Werte und Grundannahmen, auf die sich zukunftsgerichtete Maßnahmen stützen können. Die projektförmige Konturierung solcher zukunftsweisenden Umsetzungsschritte ist Gegenstand der fünften und letzten Arbeitsphase.

Neben der wiedergegebenen Ablaufskizze scheinen auch jene methodischen Positionen beachtenswert, die einem Moderator solcher Zukunftskonferenzen die Sicherheit geben sollen, nicht selbst manipulativ ins System verstrickt zu werden und zugleich eine bewegende Veränderung des Systems zu fördern. Die Netzwerkzeitschrift der dem Modell verbundenen Konferenzmoderatoren (SearchNEWS, 1995, S. 13) nennt acht Grundsätze, die hier schlagwortartig wiedergegeben werden:

„Guiding Principles of Future Search

1. Get the Whole System in the Room

2. Share Values and Issues Within a Personal and Global Context

3. Focus on Creating, Not Problem Solving

4. Focus on Learning, Not Teaching

5. Support Equal Status

6. Emphasize Personal Commitment and Ownership

7. Use Self-Managing Teams

8. Develop Shared Meaning"

Weisbord betont mehrfach, daß es in Zukunftskonferenzen nicht um die Klärung unterschiedlicher Wahrnehmungen oder Positionen gehe. Ein Schlüsselelement dieser Methodik sei es, daß die Teilnehmer „Bilder von Potentialen" entwickelten, anstatt kopfüber in die Lösung von Problemen einzusteigen. Aufgabe der Moderatoren sei es nicht, unterschiedliche Auffassungen auszuräumen, sondern sie zu hören, zu verstehen und als Teil des Gesamtprozesses zu dokumentieren. (vgl. Weisbord, 1996a und 1996b) Entsprechend lautet ein methodischer Imperativ: „Versuchen Sie nicht, Probleme zu lösen oder Konflikte zu bewältigen, sondern bringen Sie das Problem in einen globalen Zusammenhang und konzentrieren Sie sich auf die Möglichkeiten der Zukunft." (Weisbord, 1996b, S. 16)

4.3.2 Vor- und Nachteile

1.) Zukunftskonferenzen sind ein wirkungsvolles und weltweit verbreitetes Instrument des Veränderungsmanagements. Auch wenn sie inzwischen in mittleren und großen Wirtschaftsunternehmen eingesetzt werden (vgl. zur Bonsen, 1995), so dürfte ihr primäres Wirkungsfeld doch im Bereich lokaler und regionaler Gemeinwesen und im Nonprofit Bereich zu finden sein. Diese Einschätzung legen jedenfalls Fallberichte in den Informationsmedien des weltweit operierenden „SearchNet" der Moderatoren von Zukunftskonferenzen nahe. (vgl. SearchNEWS, 1995)

2.) Das Modell der Zukunftskonferenz von Marvin Weisbord scheint besonders geeignet zu sein, mit großen Gruppen in einem zeitlich und räumlich verdichteten Kommunikationsrahmen Visionen, Grobziele und Maßnahmen zu deren Umsetzung zu erarbeiten. (vgl. zur Bonsen, 1995) Neben einem solchen konkreten Ergebnis wird der immaterielle Nutzen als noch wichtiger eingeschätzt. Dieser besteht „in der gestiegenen Bereitschaft zur Veränderung, in dem ernsthaften Willen zur Umsetzung des Geplanten und in einem größeren Gemeinschaftsgefühl. Kurz: in einem Energieschub." (zur Bonsen, 1995, S. 35)

Zukunftskonferenzen gründen ihren Erfolg auf die positive Energie, die aus gemeinsam entworfenen, attraktiven Zukunftsbildern gewonnen und in konkrete Umsetzungsaktivitäten aller am Prozeß beteiligten Akteure eines differenzierten sozialen Gebildes gefaßt wird. Es erscheint – nicht zuletzt aufgrund der verdichteten kommunikativen Atmosphäre der drei Tage in einem Raum agierenden Großgruppe – zulässig, den unstreitbaren Erfolg von Zukunftskonferenzen einer auf positive Zukunftsentwürfe hin ausgerichteten, kollektiven Autosuggestion zuzuschreiben. Suggestive Kraft erwächst gleichsam aus dem Erleben der in der Abfolge der Aufgabenstellung angelegten Parallelisierung von individueller Lebensgeschichte mit den Entwicklungslinien des sozialen Gebildes und des weltgeschichtlichen Makrorahmens bis hin zur scheinbar zwanglosen Vergemeinschaftung dieser Linien in den „common grounds". Inwieweit die teilnehmenden Individuen und Gruppen die auf diesem Weg methodisch provozierte Erneuerungsenergie in den eingerichteten Innovationsprojekten erhalten und in konkrete Maßnahmen umsetzen können, bleibt in ihrer Verantwortung und ist nicht der Methodik zuzurechnen.

3.) Die von den Protagonisten dieses Veränderungsinstruments der einleitenden Planungsphase zugeschriebene Bedeutung, die im methodischen Imperativ des „Get the whole system in the room" mündet, soll abschließend auch unter dem kritischen Gesichtspunkt der Frage bekräftigt werden, wofür sich diese Methode nicht eignet: Fehlen objektive Anhaltspunkte für die Perspektive einer gemeinsamen, in wechselseitiger Abhängigkeit zu gestaltenden Zukunft, so macht auch eine Zukunftskonferenz keinen Sinn.

4.4 Organisationsentwicklung (OE)
(Peter Heimerl-Wagner)

Kurzbeschreibung

Der Begriff „Organisationsentwicklung" bezeichnet einen bestimmten Weg, Organisationen zu verändern. Sie unterscheidet sich von traditionellen, inhaltlichen Ansätzen vor allem dadurch, daß dabei nicht in einem mechanistischen Verständnis angenommen wird, Organisationen ließen sich willkürlich von außen gestalten, indem man ihnen mitteilt, was und/oder wie sie es zu tun hätten. In der OE geht es vielmehr um die Aktivierung der organisationsinternen Potentiale zur Veränderung. Wer hat es noch nicht erlebt? Alle wissen, wie und warum es besser ginge, und dennoch tut es niemand. Gerade dies sind Gelegenheiten zur OE. Sie versucht zu fördern, was die Organisation und die beteiligten Personen an Innovationspotential bieten. Umgekehrt ist dieses Potential eine Voraussetzung für gelingende OE.

4.4.1 Beschreibung

4.4.1.1 Charakteristika der OE

Die Zielsetzung der OE basiert auf der „Glückliche-Kuh-Hypothese": Glückliche Kühe geben mehr Milch, d.h. zufriedene Mitarbeiter leisten mehr. Die OE verfolgt also gleichermaßen organisationale und personale Ziele: Organisationale Ziele sind die Erhöhung der Effektivität und Effizienz der Organisation sowie ihre Anpassungs-, Innovations- und Lernfähigkeit. Die personalen Zielsetzungen umfassen eine Steigerung der Zufriedenheit und Autonomie der Organisationsmitglieder, die Humanisierung der Arbeitswelt und Möglichkeiten zur Selbstverwirklichung. Charakteristisch für den Ansatz der OE ist der Anspruch der Gleichrangigkeit und Interdependenz dieser beiden Zielsetzungen. Daraus und aus der Tradition der OE lassen sich bestimmte, für sie typische Grundorientierungen ableiten (vgl. Heimerl-Wagner, 1996, S. 541ff.):

- Die **Menschenorientierung** der OE fußt auf einem humanistischen Weltbild, das sich in entsprechenden Menschenbildern – impliziten Grundannahmen über die Natur des Menschen – niederschlägt. *Abb. III 4.1* führt beispielhaft jene beiden Menschenbilder an, die McGregor als „Theorie X" und „Theorie Y" gegenüberstellte. Dabei basiert die OE auf den Grundannahmen der „Theorie Y".

Abb. III 4.1

Die wichtigsten Annahmen der Theorien X und Y	
MENSCHENBILDER	
Theorie X	**Theorie Y**
Der Mensch hat eine angeborene Abscheu vor der Arbeit und versucht, sie soweit wie möglich zu vermeiden.	Der Mensch hat keine angeborene Abneigung gegen Arbeit, im Gegenteil: Arbeit kann eine wichtige Quelle der Zufriedenheit sein.
Deshalb müssen die meisten Menschen kontrolliert, geführt und mit Strafandrohung gezwungen werden, einen produktiven Beitrag zur Erreichung der Organisationsziele zu leisten.	Wenn der Mensch sich mit den Zielen der Organisation identifiziert, sind externe Kontrollen unnötig; er wird Selbstkontrolle und eigene Initiative entwickeln.
	Die wichtigsten Arbeitsanreize sind die Befriedigung von Ich-Bedürfnissen und das Streben nach Selbstverwirklichung.
Der Mensch möchte gerne geführt werden, er möchte Verantwortung vermeiden, hat wenig Ehrgeiz und wünscht vor allem Sicherheit.	Der Mensch sucht bei entsprechender Anleitung eigene Verantwortung. Einfallsreichtum und Kreativität sind weitverbreitete Eigenschaften in der arbeitenden Bevölkerung; sie werden jedoch in industriellen Organisationen kaum aktiviert.

Quelle: McGregor, 1960, zitiert in Staehle, 1994, S. 173

- **Prozeßorientierung:** Denkt man an organisationalen Wandel, steht meist unwillkürlich die Frage nach den Inhalten der Veränderungen im Vordergrund. Worin liegen die aktuellen Probleme? Welche Ziele sollen mit der Veränderung erreicht werden? Worin besteht die Lösung der Probleme? Diese Beschränkung auf die Inhalte der Probleme und ihre Lösungen birgt jedoch zumindest zwei Gefahren: Konzentriert man sich auf die Erarbeitung von Lösungen, werden möglicherweise die Faktoren, die zur Problementstehung beitragen, und ihre Zusammenhänge zu wenig analysiert. Ein anderes potentielles Hindernis für den Erfolg einer Problemlösung ist der mögliche Widerstand der betroffenen Organisationsmitglieder, „für" die die Lösung ausgearbeitet wurde. Werden dagegen die betroffenen Organisationsmitglieder bereits frühzeitig in die Entwicklung der Veränderungskonzepte einbezogen, können Bedenken thematisiert und die Implementationschancen erhöht werden. Die Prozeßorientierung schlägt sich nicht nur in den verwendeten Veränderungsstrategien nieder, sondern auch im Rollenverständnis des Organisationsberaters: Er fühlt sich nicht selbst für die inhaltliche Lösung anstehender Probleme verantwortlich wie der Experte, sondern für das Management der Entwicklungsprozesse. Der Prozeßberater ist also mehr Wegbereiter als Lösungslieferant. Typisch für die Rolle(n) des Organisationsentwicklungsberaters ist demnach ein inhaltlich wenig direktives Vorgehen. Lösungen und Entscheidungen sind durch die Organisation selbst zu erarbeiten, der Berater unterstützt lediglich durch Strukturierung der ablaufenden Prozesse oder zusätzlich durch inhaltliche Anregungen. OE-Berater folgen in diesen Rollen idealtypisch bestimmten Handlungsgrundsätzen:

- „Betroffene zu Beteiligten machen"
- „Hilfe zur Selbsthilfe"
- „Hole die Beteiligten dort ab, wo sie stehen"
- umfassende Diagnose – Informationsrückkoppelung: „Survey-Feedback"
- rollende Planung
- Konfliktbearbeitung
- Kontinuität der Entwicklung.

Neben der reinen Prozeßberatung existiert auch eine Rolle, die dem Berater aktive Beteiligung an der Erarbeitung prozessualer und inhaltlicher Lösungen zuschreibt. Der „Promotor" behält also das Ziel und den Weg der Veränderung im Auge. Da er auch inhaltlich Stellung bezieht und damit Partei für eine mögliche Lösung ergreift, kann er in Verfahrensfragen behindert sein. Diese Rolle stellt daher erhöhte Anforderungen an den Berater.

- **Gesamtsystembezug:** Das Organisationsmodell des „Niederländischen Pädagogischen Instituts" (vgl. Glasl, Sassen, 1983) gliedert Organisationen in sieben Ebenen. *(siehe Abb. III 4.2)* Während die äußeren Ebenen durch Beobachtungen und Gespräche im Vergleich leicht faßbar sind, ist die Ergründung der Organisationsidentität ein schwieriger Prozeß. Der Grundsatz des Gesamtsystembezugs findet seinen Ausdruck im Anspruch, daß sowohl bei der Organisationsdiagnose als auch in der Konzeption von Veränderungen die Zusammenhänge und Wechselwirkungen zwischen den Ebenen im Auge behalten werden. Damit grenzt sich die OE von fachlich orientierten Interventionskonzepten ab, die sich auf ein bis zwei Ebenen beschränken (z.B. Einführung eines EDV-gestützten Informationssystems (Ebene der Abläufe und Prozesse) mit Anpassung der Kommunikationsstrukturen (Strukturebene).

Abb. III 4.2

Sieben Ebenen und die entsprechenden Beobachtungsfelder	
GESAMTSYSTEMBEZUG	
Ebene	**Beobachtungsfelder**
Sachmittel	Betriebsmittel, Materialien, Architektur der Gebäude und ihre Ausstattung etc.
Abläufe	Kommunikationsprozesse, Auftragsabwicklung, Produktionsprozesse etc.
Funktionen	Klarheit und Kriterien der Funktionsabgrenzung, Doppelgleisigkeiten und Widersprüchlichkeiten
Menschen, Gruppen	Verhalten der Individuen, formelle und informelle Gruppenbildung, Machtverteilung, Allianzen, Spiele und Kämpfe etc.
Strukturen	formale Koordinationsstrukturen, Kriterien der Abteilungs- und Bereichsabgrenzung, Entscheidungskompetenzen, Spezialisierung, Hierarchisierung etc.
Unternehmenspolitik	Verhaltensprinzipien, Umgang mit der Organisationsumwelt, Kriterien der Freund-Feind-Abgrenzung, Leitbilder, explizite Werte, Normen und Überzeugungen etc.
Identität	Selbstverständnis, Sinn, Unterscheidung von der Umwelt, implizite Grundwerte, Normen und Überzeugungen etc.

4.4.1.2 Ablauf eines OE-Projekts

Ein idealtypisches OE-Projekt besteht aus vier Phasen, denen Aufgaben und Instrumente zugeordnet werden können. *(siehe Abb. III 4.3)*

- Workshops sind Meetings mehrerer Organisationsmitglieder unter Moderation des Beraters, die konkrete organisationale Fragestellungen zum Thema haben. Im Rahmen von Diagnoseworkshops ist ein grober Problemaufriß möglich. Bei Zielvereinbarungsworkshops steht die Vereinbarung von Entwicklungsrichtungen und Problemlösungsstrategien im Vordergrund.

- Einzel- und/oder Gruppeninterviews sind vor allem in der „unfreezing"-Phase wichtig. Sie helfen dem Berater bei der Vertiefung der Diagnose und den Organisationsmitgliedern bei der Sensibilisierung für mögliche und nötige Veränderungen. In späteren Phasen bieten Gespräche auch den geeigneten Rahmen für interpersonale Konfliktlösungen und die Abstimmung der eingeleiteten Veränderungsmaßnahmen.

- Arbeitskreise: Zur Erarbeitung von Detailkonzepten und Realisierungsplänen eignen sich kleine Projektteams, die aus etwa fünf bis zehn Mitgliedern bestehen und zu einem bestimmten Themenbereich installiert werden. In späteren Projektphasen kann sich der Berater daraus schrittweise zurückziehen, um die Verselbständigung der Veränderungsprozesse zu beobachten und zu fördern. Arbeitskreise berücksichtigen nicht nur inhaltliche Aspekte, sondern sind auch ein Lernfeld für die Entwicklung sozialer und konzeptueller Fähigkeiten.

- Trainings setzen an den individuellen Fähigkeiten einzelner Organisationsmitglieder an. Dadurch sollen neue Impulse in die Organisation getragen und organisationale Veränderungen unterstützt werden. Die Bandbreite reicht von fachspezifischen Trainings über Managementseminare bis zu gruppendynamischen Laboratoriumstrainings zur Verbesserung der innerbetrieblichen Konfliktlösungsfähigkeit.

- Berichte aus Beratersicht sind eine Möglichkeit, Eindrücke der Organisation zu spiegeln. Damit soll am Ende der „unfreezing"-Phase der Veränderungsdruck gesteigert oder in bestimmte Bahnen gelenkt werden. Schriftlich formulierte Veränderungskonzepte als Zusammenfassung der Ergebnisse aus Arbeitskreisen fördern die Verbindlichkeit der Vereinbarungen mit Management und Beteiligten.

- Die Bearbeitung von Selbstdiagnose- und Selbstlernunterlagen durch die Beteiligten eignet sich dafür, das Bewußtsein für organisationale Probleme und ihre Lösungsmöglichkeiten zu erhöhen. Je konkreter der Bezug zu den vorliegenden Problemen ist, um so wirksamer ist dieses Instrument.

- Schriftliche Befragungen sind ein potentielles Instrument bei der Vertiefung der Diagnose, vor allem aber bei der Auswertung des Projekterfolgs. Dabei können sie die nach Ablauf des Projekts notwendigen Impulse für noch nicht realisierte Maßnahmen setzen.

Abb. III 4.3

Phasen eines OE-Projekts		
OE-PROJEKT		
Phase	**Aufgaben**	**Interventionsinstrumente**
Kontraktphase	Rollenklärung, Grobklärung des Projektablaufs, anstehende Probleme aus Klientensicht	Gespräche, schriftliches Exposé, Beratungsvertrag
„unfreezing"	anstehende Probleme aus Sicht der Beteiligten, vertiefende Diagnose aus Berater- und Klientensicht, Ableitung von Ansatzpunkten	Workshops, Einzelinterviews, Selbstdiagnosematerial, Diagnosebericht, Diagnosefeedback, gruppendynamische Trainings
„moving"	Vereinbarung der Ansatzpunkte, Definition des angestrebten Soll-Zustands, Ableitung von Veränderungsstrategien, Erarbeitung von Detailkonzepten und Realisierungsplänen	Workshops, Gespräche, Arbeitskreise, Selbstlernmaterial, Zusammenfassung des Veränderungskonzepts in Form eines „Soll-Berichts", Aktionsplanung, Intergruppenarbeit
„refreezing"	Unterstützung durch die übergeordnete Managementebene, Realisierung der vereinbarten Maßnahmen, Kontrolle	Gespräche, Installierung eines Realisierungsteams, schriftliche Befragungen

4.4.1.3 Bedeutung der OE für NPOs

Zielsetzung und zugrundeliegendes Menschenbild lassen Raum für den mehrfachen Zielbezug von NPOs: Kunden-, Wirtschaftlichkeits- und Mitarbeiterorientierung sind mit dem Konzept der OE grundsätzlich leicht zu verbinden, kein genanntes Ziel muß a priori andere dominieren.

Vor allem kleinere, basisnahe NPOs werden durch die Vorgehensweise der OE nicht mit hierarchisch-direktiven Vorgaben konfrontiert. Daß die Betroffenen am Veränderungsprozeß mitwirken können, erhöht die Anschlußfähigkeit für diese NPOs.

Größeren, differenzierten NPOs ermöglichen OE-Prozesse Erfahrungen mit Autonomie und organisationalem Lernen. OE-Projekte sind damit nicht selten „Gehschulen" für den Weg zu integrierten Organisationen. *(vgl. HANDBUCH - Heimerl-Wagner, 1997: Organisationen)*

4.4.1.4 Leistungsfähigkeit der OE

Der doppelte Zielbezug grenzt auch den Anwendungsbereich der OE ein: Besteht bei Veränderungsprogrammen massive Widersprüchlichkeit der beiden Ziele, wie das beispielsweise bei Rationalisierungsmaßnahmen mit Personalreduktion der Fall ist, ist das Konzept der OE nur bedingt einsetzbar: Wer kann von Betroffenen verlangen, an der Vorbereitung ihres eigenen Arbeitsplatzverlusts aktiv mitzuarbeiten?

In bestimmten Kontexten kann dennoch inhaltliche Unterstützung angebracht sein. Dies tritt meist dann ein, wenn das festgestellte Problem auf einem Wissensdefizit der Organisation beruht und wenn die Problemstellung in der Organisation wenig emotionalisiert ist.

Der OE-Berater wird zwar einerseits für die Projektdurchführung verantwortlich gemacht, hat aber als Stabstelle nicht die notwendigen Entscheidungskompetenzen und formalen Anordnungsbefugnisse, um die Durchführung der einzelnen Teilaufgaben in den jeweiligen Stellen durchzusetzen. Dieser Stab-Linien-Problematik kann entgegengesteuert werden, wenn die entscheidenden Linienstellen, eventuell einschließlich der Leitung selbst, als Teammitglieder in das Projekt eingebunden sind. Dies ist häufig bei OE-Projekten der Fall, in denen ein organisationsinterner oder -externer Berater die Rolle des Projektkoordinators übernimmt. Der entscheidungsbefugte Linienmanager spielt dabei die Rolle eines „Machtpromotors", der Berater jene eines „Fach- und/oder Prozeßpromotors". (vgl. Remer, 1989, S. 294f., mit Bezug auf Witte, 1973)

Auch der Preis des Beraters kann die Bedeutung steigern, die dem Projekt von der Linie entgegengebracht wird. Teure Berater läßt man nicht so häufig warten (auf Gesprächstermine, Entscheidungen, Unterstützungserklärungen etc.). Umgekehrt liegt darin ein wesentliches Handicap organisationsinterner Berater, die scheinbar gleich viel kosten, egal ob man das Projekt aktiv betreibt oder schlummern läßt. Ähnliches gilt für Berater, die von Dritten (z.B. der Holding) finanziert werden und deren Kosten der Organisation nicht zugerechnet werden. Schlechte Startbedingungen haben aber vor allem engagierte Mitarbeiter, die das Projekt selbst und ehrenamtlich initiieren. Der Impuls zur Veränderung sollte aus der verantwortlichen Managementlinie kommen. Auch dabei sei jedoch vor Scheinaktivitäten im Sinne der Abwehrstrategie des Aktionismus gewarnt. Grundsätzlich gilt: Je tiefer das Projekt in der Hierarchie angesiedelt ist, umso begrenzter ist der Handlungsspielraum, der für Veränderungen zur Verfügung steht.

Die Übertragung der inhaltlichen Verantwortlichkeiten an die Organisationsmitglieder stößt dann an Grenzen, wenn sie Themen berührt, für die innerhalb der Organisation noch zuwenig Know-how vorhanden ist.

Die Erfassung und Bewertung des Erfolgs von OE-Projekten ist kaum möglich. Die Kosten und der Nutzen einer Entwicklung sind schwierig abzugrenzen. Einerseits sind externe Einflußfaktoren zu berücksichtigen, die die Entwicklung fördern oder behindern können, andererseits existieren auch andere als die intendierten (= beabsichtigten) Handlungsfolgen („Nebeneffekte"). Daher kann man mit traditionellen Vorher-Nachher-Vergleichen kaum den Erfolg der OE-Interventionen bestimmen. Es scheint hier eine ähnliche Faustregel wie in der Werbung zu gelten: Die Hälfte des Budgets für Veränderungsprojekte ist zum Fenster hinausgeworfen, man weiß nur nicht, welche.

4.4.1.5 Zusammenfassung: Folgen für eine Organisation, die sich auf OE einläßt.

- Die inhaltliche Erarbeitung der Problemlösung bleibt im Verantwortungsbereich der Organisation.
- Der OE-Berater kann nur wirksam werden, wenn er Einblick in das soziale System gewinnt: Voraussetzungen für OE-Prozesse sind daher Offenheit und Konfliktbereitschaft.
- OE-Prozesse dauern meist länger als direktive Interventionsansätze, lassen jedoch höhere Effektivität in Hinblick auf die Ziele der OE erwarten.
- Kein seriöser OE-Berater kann am Beginn eines Prozesses vorhersehen, worauf sich die Organisation einläßt.

4.5 Entscheidungshilfen für die Auswahl und Beauftragung von Beratern
(Norbert Kailer)

Kurzbeschreibung

Der Beratungserfolg hängt insbesondere bei Projekten, die auf Organisationsveränderungen abzielen, stark von der anforderungsadäquaten Auswahl der externen Berater ab. Der Gestaltung des gesamten Auswahlprozesses durch die nachfragenden NPOs – von den Vorüberlegungen, der Suchstrategie, den „Suchfiltern" (Hafner, Reinecke, 1992) und Auswahlkriterien bis zum Vertragsabschluß – kommt deshalb zentrale Bedeutung zu. Diese Punkte werden detailliert behandelt und in einer Checkliste zusammengefaßt.

4.5.1 Beschreibung

Der zunehmende Veränderungsdruck auf NPOs *(HANDBUCH - von Eckardstein, Zauner, 1997: Veränderungsmanagement)* macht zunehmend Veränderungsprozesse notwendig. Diese sollten durch externe Spezialisten unterstützt werden, da gerade die Führungsebene oft deutliche Wissensdefizite hinsichtlich der Gestaltung von Personal- und Organisationsentwicklungsprozessen aufweist. (Kailer, Biehal, 1991) Zudem steht meist intern keine Person mit ausreichender Kompetenz zur Begleitung solcher Prozesse zur Verfügung. Verglichen mit Fachberatungen zu abgrenzbaren Detailproblemen, sind bei Veränderungsprozessen Ziel, Dauer und Ablauf viel weniger voraussehbar und planbar, die Einbeziehung der Betroffenen in das gesamte Beratungsprojekt daher umso wichtiger. Damit gewinnen beratungsmethodische und sozial-kommunikative Beraterkompetenzen entscheidend an Bedeutung.

(a) Interne Vorbereitungsphase

Auch wenn Beratungsaufträge in der Regel eine Diagnosephase vorsehen, ist es wichtig, nicht (vor)schnell „renommierte" oder „empfohlene" Berater zu beauftragen, sondern primär **Aufgabenstellung**, Zielsetzung und **Anlässe** der Beratung abzuklären. Wesentlich ist die rechtzeitige **Information** und Einbeziehung der betroffenen Mitarbeiterkreise. Überlegungen zum **Zeit- und Kostenrahmen** sowie zu den Anforderungen an die externen Berater und zur **präferierten Vorgehensweise** sind ebenfalls anzustellen: Soll der Berater als „Fachspezialist" eine Problemlösung entwerfen oder ein Gutachten verfassen? Soll er an der Umsetzung der erarbeiteten Problemlösungen beteiligt sein? Soll er als „Prozeßberater" (Spezialist für die Steuerung von Änderungsprozessen) tätig werden? (Walger, 1995a) Gerade diese wichtige Phase wird oft übersprungen. Eine beträchtliche Anzahl von Unternehmen beginnt Beratungsprojekte ohne klare Zielvorstellung und mit nur äußerst allgemein formulierten Zielsetzungen.

(b) Beratersuche

Eine Befragung österreichischer Unternehmen aus dem Jahre 1997 (vgl. Scheff, 1997) zeigt, **daß diese bei der Beratersuche vorwiegend den Informationen und Erfahrungen aus ihrem geschäftlichen und persönlichen Netzwerk vertrauen.** **Empfehlungen von anderen Unternehmen** werden von fast 60 Prozent aller Befragten eingeholt, gefolgt von **Empfehlungen durch Steuerberater oder Banken**. Kleine und mittlere Unternehmen setzen auf Vermittlerinstanzen wie das **WIFI** (in Deutschland: RKW, Handwerkskammern), was mit der Inanspruchnahme geförderter Beratungsleistungen zusammenhängt. Etwa ein Drittel der Unternehmen wertet **Prospekte und Selbstdarstellungen** von Beratern aus. Ebenso etwa ein Drittel wird von (nicht ausgelasteten) Beratern persönlich oder durch Telefonmarketing angesprochen. Ein Teil informiert sich auf einschlägigen **Fachmessen** (Beratungsangebote von Herstellern und Großhandel). Die Beratersuche erfolgt auch durch das **Lesen von Fachpublikationen** oder den **Besuch einschlägiger Vorträge, Symposien und Weiterbildungsveranstaltungen** (viele Berater sind gleichzeitig auch als Trainer tätig und nutzen ihre Tätigkeit gezielt im Rahmen ihrer Akquisitionsstrategie).

(c) Festlegung von Auswahlkriterien

Auswahlkriterien sind notwendig, um aus den gefundenen Ansprechadressen eine gezielte Auswahl treffen zu können: Welche Anforderungen werden an einen Berater gestellt (und warum)? Die wichtigsten Auswahlkriterien österreichischer Unternehmen sind:

- Branchen- und Fachwissen des Beraters
- günstiges Preis-Leistungs-Verhältnis
- gute bisherige Erfahrungen mit dem anbietenden Berater
- Referenzen
- breites Angebot, umfassende Problemlösung durch den Berater.

Sowohl aus Kunden- als auch aus Beratersicht stehen die **fachliche Kompetenz** des Beraters sowie ein **günstiges Preis-Leistungs-Verhältnis** an vorderster Stelle (letzteres ist nicht zu verwechseln mit einer Auswahl des Billigstbieters!). Diese Gewichtung zeigt bereits, daß es für die interne Argumentation von besonderer Bedeutung ist, Beratungsleistungen zumindest ansatzweise überprüfbar zu gestalten.

(d) Erstgespräche und „briefing" der Anbieter

Bei eher langfristig angelegten Kooperationen wie z.B. der Begleitung von Veränderungsprozessen muß ein persönliches Vertrauensverhältnis gegeben sein („die Chemie muß stimmen"). Diese Voraussetzung kann nur im persönlichen Gespräch festgestellt werden. Wenn intern Einigkeit über die Auswahlkriterien herrscht, geht es darum, sich über die potentiellen Berater ein näheres Bild zu verschaffen. Dafür sollte man zumindest zwei oder drei Berater ausfiltern und mit ihnen ein (kostenloses) mündliches Erstgespräch vereinbaren.

Die **Information des Beraters** sollte folgendes enthalten (möglichst auch schriftlich):

- Präsentation des eigenen Unternehmens, Daten zur Person der Auftraggeber (auch kurze schriftliche Materialien – Geschäftsbericht, Kataloge, gegebenenfalls auch Produkte, Lebenslauf)
- Darstellung der Ausgangssituation/Problemlage
- Formulierung der Aufgabenstellung, der angestrebten Beratungsziele sowie wichtiger Rahmenbedingungen (z.B. Termine)
- erwartete Inhalte des Angebots (Arbeitsweise, Zeitplan, Kosten/Zahlungsbedingungen, Benennung der Berater, erforderliche Eigenleistung, Abgabetermin).

Umgekehrt dient das Erstgespräch auch der **Information über den Berater**

Der Ausbildungsweg des Beraters und die erworbenen Abschlüsse allein reichen zur Beurteilung seiner **Qualifikation** nicht aus – sie verlieren an Bedeutung, je länger sie zurückliegen. Fragen Sie auch nach in den letzten Jahren **berufsbegleitend absolvierter Weiterbildung** – insbesondere im Bereich der Beratungsmethodik und im sozial-kommunikativen Bereich (z.B. Lehrgänge im Bereich Moderation, Beratung, Training, Personal- oder Organisationsentwicklung, Ausbildung als Supervisor, Lebens- und Sozialberater, Psychotherapeut). Für österreichische Berater ist die Absolvierung einer **Unternehmensberaterprüfung** zwingend vorgeschrieben. Berater aus anderen Ländern können **Mitglieder bei Beraterverbänden** (z.B. BDU, difu, ASCO) sein. Dabei ist zu berücksichtigen, daß es sich um freiwillige Mitgliedschaften handelt, wobei die Aufnahmevoraussetzungen (und deren Überprüfung) hinsichtlich Beratererfahrung und Qualifikation sehr unterschiedlich sind. Zur Einschätzung der **Beratungserfahrung** ist zu erheben, wen der Berater bisher, mit welcher Dauer und welchen Schwerpunkten, beraten hat. Bei einer Beurteilung der **Branchenerfahrung** ist zu differenzieren, inwieweit diese durch Tätigkeit als Mitarbeiter/Führungskraft oder als externer Berater erworben wurde. Wichtig sind auch Informationen über das **Beratungsunternehmen.** Kleine Unternehmen sind möglicherweise flexibler, aber es besteht die Gefahr, daß bestimmte Inhalte nicht abgedeckt werden können oder daß z.B. bei Ausfall des Beraters das Projekt behindert wird. Bei größeren Beratungsunternehmen oder bei intensiver **Kooperation mit anderen Beratern** (z.B. in Form eines Netzwerks) sind diese Gefahren geringer. Reine Referenzlisten mit Namen von Klienten sagen nicht allzuviel aus, daher sollte konkret nach aus Sicht des Beraters vergleichbaren **Referenzprojekten** und **Ansprechpersonen** gefragt werden. Als Referenz werden bevorzugt „gelungene" Beratungsfälle angegeben – aber auch dies sichert noch nicht, daß ein Berater auch in Organisationen mit anderer Kultur und Aufgabenstellung ebenfalls Erfolg hat.

Schließlich ist bei Auskünften und Empfehlungen zu beachten, daß diese – aus unterschiedlichsten Gründen und durchaus auch nicht beabsichtigt – gefiltert, subjektiv gefärbt und unvollständig sein werden.

Der Berater sollte auch seine bevorzugte **Arbeitsweise** darstellen (Vorgehensweise in den einzelnen Phasen des Beratungsprozesses von der Diagnosephase bis zur Umsetzungsunterstützung, Art der Zusammenarbeit mit dem Auftraggeber, insbesondere hinsichtlich der Einbeziehung von Mitarbeitern des Unternehmens, Evaluierung der Beratungsleistung). Falls der Eindruck entsteht, daß es Diskrepanzen zwischen übersandten Präsentationsunterlagen und den mündlichen Ausführungen gibt, sollte dies ebenso angesprochen werden wie eventuelle „Branchengerüchte" über den Berater (besonders wichtig, da diese wahrscheinlich auch die eigenen Mitarbeiter kennen). Auch die **Kostenfrage** muß geklärt werden: Welches Budget will der Auftraggeber für das Projekt (maximal) einsetzen? Entsprechend sollte von Beraterseite zumindest eine Größenordnung der zu erwartenden Kosten angegeben werden (Tagsätze für Beratung/back-office-Arbeit, ungefähre Einschätzung der benötigten Beratungstage).

Ziel des Erstgesprächs ist es, einen ersten persönlichen Eindruck zu gewinnen, da Beratung als kommunikativer Prozeß auf Vertrauen und eine gewisse Harmonie angelegt ist. Deshalb sollten möglichst die Personen daran teilnehmen, die auch am Beratungsprojekt mitwirken. Gerade bei größeren Beratungsunternehmen werden Präsentationen, Top-Level-Gespräche und Vertragsverhandlungen häufig von Seniorpartnern geführt, die am eigentlichen Beratungsprozeß nicht beteiligt sind. (Staute, 1996) Anschließend an die Erstgespräche sollten die Eindrücke und Beobachtungen in einem **internen Auswertungsgespräch** ausgetauscht werden, um mögliche Vorbehalte gegen bestimmte Personen oder Vorgehensweisen rechtzeitig zu erkennen.

(e) Angebotspräsentation

Eine Angebotspräsentation durch die Berater ist schriftlichen Angeboten vorzuziehen, da im persönlichen Gespräch – über die Inhalte hinaus – ein weiterer Eindruck hinsichtlich der tatsächlichen Vorgangsweise der Berater gewonnen werden kann (z.B. durch die Form der Präsentation, durch das Beraterverhalten bei der Diskussion des Konzepts, durch den Umgang mit „Kritikern" usw.). Zu berücksichtigen ist, daß größere Beratungsunternehmen fallweise spezielle Angebotspräsentatoren einsetzen. Jedoch zeigt sich bereits in dieser Phase, ob der Anbieter willens und in der Lage ist, auf spezifische Probleme und Vorgaben des Klienten einzugehen:

- Wurde das Angebot zeitgerecht abgeliefert?
- War der Berater zwischenzeitlich für eventuelle Rückfragen erreichbar?
- Wurde die geschilderte Problemstellung verstanden und darauf im Projektentwurf Bezug genommen, oder handelt es sich lediglich um ein Standardangebot?
- Sind Vorgangsweise und eingesetzte Methoden klar beschrieben?
- Wurden explizite Vorgaben (z.B. Zeit, Termine) berücksichtigt und eventuelle Abweichungen begründet?

Auch an die Auswertung der einzelnen Angebote oder die Präsentationen der eingeladenen Beratungsunternehmen sollte sich wieder ein **internes Auswertungsgespräch** anschließen. Die Entwürfe werden bewertet, z.B. nach folgenden Kriterien:

- Projektziel und Projektdauer
- Beraterkompetenz
- Projektablauf, Methodenplan
- Zusammensetzung des Projektteams (Einbeziehung von Mitarbeitern)
- Art/Häufigkeit der Berichterstattung (Workshops, Präsentationen, schriftliche Berichte)
- Beratungstage (Verhältnis Senior-/Junior-Consultants, Beratung/Ort/back-office-Arbeit)
- realistischer Zeitplan
- Art und Ausmaß der Unterstützung in der Umsetzungsphase (kostenpflichtig?)
- Evaluierungskriterien (eventuell gekoppelt mit einem erfolgsabhängigen Honoraranteil)
- Gesamtkosten (Honorare, Reisekosten, sonstige Spesen) und Zahlungsbedingungen.

Danach ist zu entscheiden, ob ein Auftrag erteilt wird, ob weitere Angebote eingeholt werden, ob noch offene Fragen geklärt werden müssen oder ob z.B. nur ein Teilauftrag vergeben wird. Nach der Entscheidung ist ein **Beratungsvertrag** abzuschließen, der zumindest die oben genannten Punkte konkretisieren sollte. Sinnvoll kann auch eine Aufteilung in Teilprojekte oder die Vereinbarung von „Soll-Bruchstellen" sein (Möglichkeit zur vorzeitigen Vertragsbeendigung zu bestimmten Zeitpunkten, z.B. nach Abschluß der Bedarfserhebung).

4.5.2 Vor- und Nachteile

- Als wichtigster hemmender Faktor in der Zusammenarbeit gilt sowohl bei Beratern als auch bei Unternehmen die **Unterschätzung des erforderlichen Zeitaufwands seitens der Klienten**. Stolpersteine für den Beratungsprozeß ergeben sich, wenn die Phase der internen Vorklärung sowie die als lästig und zu zeitaufwendig empfundene Auswahl verkürzt wird oder zuwenig Wert darauf gelegt wird, Betroffene rechtzeitig über das Beratungsvorhaben zu informieren.

- Die **Einbindung der eigenen Mitarbeiter** muß sowohl bei der Beraterauswahl als auch bei der Vertragsgestaltung berücksichtigt werden, ebenso sind intern Zeitbudgets für die Projektmitarbeiter vorzusehen.

- **Ungenügende Vorinformation der Berater** (beziehungsweise bewußtes Vorenthalten von Informationen) kann zu fehlerhafter Projektplanung führen.

- Viele Unternehmen nennen als wichtiges Kooperationshemmnis die Unklarheit über den Nutzen von Beratung. Daher ist bereits bei der Vertragsvereinbarung zu überlegen, woran der Erfolg der Beratungsleistung gemessen werden soll. Eine gemeinsame Vereinbarung von – allen Beteiligten möglichst plausibel erscheinenden – **Erfolgsindikatoren** hat auch motivierende Wirkung.

- Bei Beratungsprojekten wird oft (bewußt?) nicht geklärt, ob und in welcher Form die Berater auch für eine Nachbetreuung oder für die Begleitung der Umsetzung erarbeiteter Beratungserkenntnisse zur Verfügung stehen.

Abb. III 4.4

Checkliste „Beraterauswahl"	
BERATERAUSWAHL	
Interne Vorbereitungsphase	**Beratersuche**
• Klärung der Aufgabenstellung/Ziele • Beratungsanlaß, Befürworter, Widerstände? • Information der Mitarbeiter • Festlegung von Auswahlkriterien • Welche Informationen benötigt der Berater? • Was muß man vom Berater wissen? • zeitlich-finanzieller Rahmen • gewünschte Formen der Zusammenarbeit (Einbeziehung der Mitarbeiter)	• Empfehlungen von anderen Unternehmen/NPOs, Steuerberater, Banken, Beratungsvermittlern (z.B. WIFI) einholen • Beraterunterlagen auswerten • Besuch einschlägiger Veranstaltungen • Anbieterverzeichnisse • Lesen von Fachpublikationen • Auswahl und Einladung zum Erstgespräch
Erstgespräche/"briefing" der Anbieter	**Angebotspräsentation/Auswahl**

• Informationen über Unternehmen, Aufgabenstellung, Rahmenbedingungen
• Inhalte des zu erstellenden Angebots
• Branchen- und Fachwissen, beratungsmethodische und sozial-kommunikative Kompetenz
• Aus- und Weiterbildung des Beraters
• Beratungserfahrung, Referenzen
• Informationen über das Beratungsunternehmen
• Arbeitsweise, Kostenfrage
	• Sind Auftraggeber-Vorgaben im Angebot enthalten/Abweichungen begründet?
	• verständliche, vollständige Darstellung der Vorgangsweise
	• Bewertung der Alternativen nach:
	  • Projektziel, -dauer, -ablauf, -umfang (Beratungstage, Honorarsatz)
	  • Beraterkompetenz
	  • Einbeziehung von Mitarbeitern/Eigenleistungen
	  • realistischer Zeitplan
	  • schlüssiges Evaluierungskonzept
	  • Mitwirkung bei Umsetzung
	  • Beratungsvertrag mit „Soll-Bruchstellen"

4.6 Weiterführende Literatur

Im sehr lesbar geschriebenen „Berater-Handbuch" von Peter Block (1997) sind insbesondere die Kapitel 4 bis 6, die sich mit Vertragsabschluß und Vertragsbesprechung beschäftigen, auch für die Nachfragerseite sehr interessant.

Der kurze Praxisleitfaden der Innovationsagentur (1997) gibt in knapper Form Hinweise zur Beratersuche, zur Formulierung von Beratungszielen, zu Auswahlkriterien für Berater sowie zur Zusammenarbeit mit Beratern, interessant sind die Kosten- und Preisbeispiele für unterschiedliche Formen von Beratung und ein österreichbezogener Adreßteil.

Speziell das Thema der Auswahl von Beratern und der Zusammenarbeit mit Beratern behandelt Milan Kubr. (1996) Ausführlich geht er auf die Vorphase der Entscheidung für den Einsatz von Consultants, Auswahlkriterien, die Gestaltung der Zusammenarbeit und die Beendigung von Beratungsprojekten ein. Von besonderem Interesse für potentielle Nachfrager ist das Kapitel 9 „On becoming a competent user of consulting services".

Jörg Staute (Pseudonym) (1996) setzt sich im Consulting-Report sehr kritisch mit der Consulting-Szene, insbesondere mit internationalen Beratergruppen, auseinander. Breiten Raum widmet er den Vorgehensweisen bei der Auftragsakquisition und Angebotspräsentation.

Das Buch „Professionelle Beratung: was beide Seiten vorher wissen sollten ..." (Titscher, 1997) bietet einen Leitfaden für die Auswahl von Beratern und den Ankauf von Beratungsleistungen. Es gibt Einblick, wie Beratungsprozesse verlaufen können, welche Methoden dabei angewandt werden und welche theoretischen Hintergründe Berater bei ihrer Arbeit leiten können. Manager finden hier konkrete Unterstützung für die Entscheidung, ob und bei wem Beratung angekauft werden soll, für die Vertrags- und Honorargestaltung sowie für ihre eigene Rolle in einem Beratungsprozeß.

5 Instrumente für das Qualitätsmanagement in NPOs
(Koordination: Claudia Klausegger, Dieter Scharitzer)

5.1 Qualitätsmanagement in NPOs – Ziele und Funktionen

Qualitätsmanagement ist heute auch für NPOs mehr als ein Schlagwort. Je bedeutender dieser Aufgabenbereich für Führungskräfte in NPOs wird, desto mehr werden Informationen und Instrumente verlangt, die Orientierungs- und Umsetzungshilfe für geeignete Qualitätsmanagementmaßnahmen leisten.

Das Repertoire an Themen und Instrumenten hat sich in den vergangenen Jahren explosionsartig vergrößert, so daß es kaum mehr möglich ist, in kurzer Form einen umfassenden Überblick über alle Management- und Qualitätssicherungstechniken zu geben. Der folgende Beitrag ist deshalb eine gezielte Auswahl der bekanntesten und verbreitetsten Qualitätsmanagementtechniken – ohne Anspruch auf Vollständigkeit.

Da der Qualitätsmanagementgedanke in vielen NPOs noch nicht so verwurzelt ist, beschränkt sich die Zahl von Praxis- und dokumentierten Fallbeispielen im Gegensatz zu Profit Unternehmen. Doch überall gibt es Pioniere, die die Umsetzung bereits geschafft oder in Angriff genommen haben und die weiterhin in ihren kontinuierlichen Verbesserungsprozessen *(siehe Teil III Kapitel 2.5)* lernen, was interessierte Organisationen für sich nutzen können.

Der Beitrag beginnt mit Ausführungen zur weithin bekannten **Normenfamilie DIN ISO 9000** als Grundlage für eine **Zertifizierung** von Organisationen. Danach stoßen viele Organisationen auf ihrem Weg zum umfassenden Qualitätsmanagement auf die **Selbstbewertung nach dem Modell der European Foundation for Quality Management (EFQM)**. Dieses noch weithin unbekannte Verfahren bietet vielen Organisationen Hilfe zur Selbsthilfe bei der systematischen und schrittweisen Planung von Verbesserungsprozessen. International und national gibt es in den meisten Ländern Europas auch Bestrebungen, einen **Qualitätspreis** auf der Basis einer Punktbewertung nach diesem Modell zu vergeben.

Weiters umfaßt Kapitel 5 drei Einzelthemen, die immer wieder im Zusammenhang mit der Umsetzung von Qualitätsmanagementaktivitäten benötigt werden:

- **Durchführung von Kundenbefragungen**, bei denen es um das Meßbarmachen der Kundenwahrnehmungen und somit um den externen Qualitätseindruck geht
- **Benchmarking** als Technik des inner- oder zwischenbetrieblichen Vergleichs
- **Qualitätszirkel** als Beispiel für die Mitarbeiterpartizipation bei kontinuierlichen Verbesserungsprozessen.

5.2 Zertifizierung nach ISO 9000

(Claudia Klausegger, Dieter Scharitzer)

Kurzbeschreibung

Die Normenfamilie DIN ISO 9000 ist ein Kriterienkatalog, der die Grundlage bei der Zertifizierung von Qualitätssicherungssystemen bildet. Sie wurde von der International Organisation for Standardisation (ISO) unter Mitwirkung von 53 Ländern entwickelt und stellt jene Normenreihe dar, die weltweit am weitesten verbreitet ist.

Qualitätsmanagementsysteme (QMS) sind grundsätzlich an keinen formalen Zwang gebunden. Um jedoch Dritten gegenüber ein funktionierendes QMS nachweisen zu können, wird es immer wichtiger, ein international anerkanntes Instrument der Qualitätssicherung anzuwenden. Vor allem im industriellen Bereich in Zusammenhang mit Zulieferleistungen hat sich die DIN ISO 9000 heute bereits relativ stark durchgesetzt.

Die Zertifizierung nach der Normenfamilie DIN ISO 9000 bietet eine Möglichkeit, einen beurkundeten Nachweis über das Vorhandensein eines QMS zu erhalten. Dabei bringt die Zertifizierung nach DIN ISO 9000 lediglich punktuell einen Nachweis über die **Qualitätsfähigkeit** eines Unternehmens. Das Zertifikat bestätigt die Einhaltung der Norm, ist aber nicht als Qualitätsauszeichnung für die Produkte oder Dienstleistungen des Unternehmens zu sehen. Die in der Norm festgelegten Forderungen sollen in erster Linie die Verhütung von Fehlern in allen Phasen von der Designentwicklung bis zum Kundendienst gewährleisten. (vgl. Saatweber, 1994, S. 69)

Um eine Zertifizierung zu erreichen, muß sich das Unternehmen einem sogenannten Audit unterziehen, durchgeführt durch eine akkreditierte Zertifizierungsgesellschaft. Dabei wird von einem geschulten Expertenteam überprüft, ob das Unternehmen sein Qualitätssicherungssystem, das vor allem die Aufbau- und Ablauforganisation betrifft, nach den in der Normenreihe festgelegten Anforderungen und Empfehlungen in geeigneter Weise aufgebaut hat und sich in der Ausübung seiner Tätigkeiten danach richtet.

5.2.1 Beschreibung

Eine detaillierte, umfassende Darstellung der Durchführung eines Zertifizierungsvorhabens kann an dieser Stelle nicht gegeben werden, jedoch soll ein Überblick über die wichtigsten Ablaufschritte eine erste Annäherung an die DIN ISO 9000 ermöglichen. Die Bekanntheit und Verbreitung der Normenfamilie hat ein breites Informationsfeld an einschlägigen Publikationen und praktischer Expertise bei Zertifizierungsgesellschaften, spezialisierten Beratungsfirmen und zertifizierten Unternehmen geschaffen, die diesen Prozeß bereits einmal hinter sich gebracht haben. Die für diesen Abschnitt ausgewählten Problemfelder wurden in Zusammenhang mit einem Praxisseminar an der Wirtschaftsuniversität Wien erarbeitet. Das anschließende Fallbeispiel des bfi Wien (**B**erufs**f**örderungs**i**nstitut Wien) soll die Vorgehensweise in einer NPO exemplarisch erläutern.

Aus der Sicht des Zertifikationswerbers lassen sich vier wesentliche Schritte beziehungsweise Phasen eines Zertifizierungsprojekts unterscheiden:

Abb. III 5.1

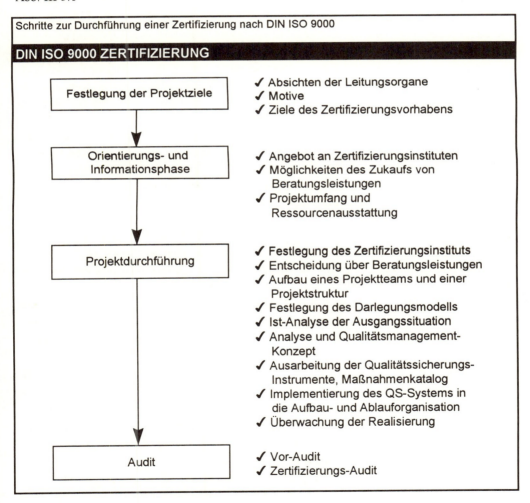

1. Festlegung der Projektziele

Das Qualitätsdenken in der Organisation darf niemanden ausschließen. Es ist oberste Aufgabe der Führungsorgane, einen Zertifizierungsprozeß nicht nur als Idee in die Wege zu leiten, sondern ihn an vorderster Front zu begleiten und vor allem auch intern den Mitarbeitern zu „verkaufen". Dabei ist zu klären, welche Ziele mit dem DIN ISO-Zertifikat angestrebt werden und aus welchen Motiven heraus der Zertifizierungsprozeß eingeleitet wird. In Produktionsbetrieben fällt die Antwort häufig eindeutig aus: Das Zertifikat dient der Selektion der Zulieferbetriebe oder qualifiziert Unternehmen zusätzlich, als Zulieferbetrieb tätig zu sein. Bei Dienstleistungsunternehmen ist diese Motivation oft nicht gegeben. Sie motivieren sich vielmehr über die internen Wirkungen durch die Verbesserungen in der eigenen Aufbau- und Ablauforganisation. Bei einer Befragung unter NPOs in Österreich, an der vor allem Schulen und soziale Einrichtungen teilgenommen haben, dominierten folgende Motive: Erhöhung des Qualitätsbewußtseins der Mitarbeiter, etwas „bewegen" in der eigenen NPO, Unterstützung der Organisationsentwicklung und Umgestaltung von Prozessen. Nicht zu vergessen ist auch die werbliche Außenwirkung des Zertifikats, das bei vielen Anbietern in der Kommunikationspolitik und zur Argumentation schwer visualisierbarer Qualitätsvorteile der Dienstleistungen (mangels objektivierbarer Produktmerkmale) eingesetzt wird. Auch muß sich die Organisation bewußtmachen, daß es sich bei einem Zertifizierungsprozeß um ein längerfristiges Projekt handelt, das einschneidende Maßnahmen in der Organisation verlangt und Kosten verursacht. Die Manager der NPO sollten sich daher einen umfassenden Überblick über die Vor- und Nachteile dieser Qualitätssicherungsmaßnahme verschaffen, vor allem auch darüber, welchen Nutzen sie für die Organisation bringt.

2. Orientierungs- und Informationsphase

Da es sich bei der Zertifizierung nach der DIN ISO 9000 um ein sehr bekanntes und verbreitetes Qualitätsmanagementsystem (QMS) handelt, können interessierte Organisationen umfassende Informationen einholen. Neben Details über die Abwicklung des Zertifizierungsprojekts sollte man sich vor allem einen Überblick über den lokalen Markt an **Zertifizierungsinstituten** (diese dürfen das Zertifikat nach Durchführung des Audits verleihen) und **Zertifizierungsberatern** (diese unterstützen die Organisation bei der Durchführung des Zertifizierungsprozesses und der Umsetzung der Anforderungen der Norm) verschaffen. Vor allem die Beratungskosten sind ein wesentlicher Posten für die Erlangung des Zertifikats. Trotzdem sollte man die Dienstleistungen von spezialisierten Unternehmensberatern in Anspruch nehmen (es sei denn, es besteht bereits ausreichend Expertise in anderen Bereichen der NPO): Berater sparen Zeit, wissen, wie die vorhandenen Ressourcen optimal in das Projekt eingebracht werden können, und heben die Qualität des Ergebnisses. Gleichzeitig bringt der Berater sein generelles Wissen zum Thema Qualitätsmanagement ein, seine Erfahrungen mit bereits erfolgreich abgewickelten Projekten und bietet wesentliche „Übersetzungshilfen" beim Verständnis der nicht unbedingt selbsterklärenden Inhalte der Normentexte an. Ideal sind Berater mit einschlägigen Branchenkenntnissen, sie sind aber nicht Bedingung für einen erfolgreichen Projektabschluß.

3. Projektdurchführung

Die eigentliche Projektdurchführung stellt den zeit- und ressourcenaufwendigsten Teil des Projekts dar. Aus einer nichtrepräsentativen Umfrage (vgl. Floh u.a., 1997) unter zertifizierten Organisationen und Beratern geht hervor, welche Fragen sich während des Entscheidungs- und Implementierungsprozesses seitens der Interessenten am häufigsten stellen:

Ein Punkt, der oft von den zertifizierungsbereiten Interessenten angesprochen wird, betrifft die Anzahl und die Qualifikationen der für den Implementierungsprozeß notwendigen Mitarbeiter. Das ist eine entscheidende **Ressourcenfrage**, da die Projektdurchführung nicht von Einzelpersonen, sondern in der Regel von einem Team abgewickelt wird. Die Anzahl ist laut Auskunft der Berater vom Umfang des Projekts und von der Art der zu implementierenden QM-Instrumente unterschiedlich. Bei der DIN ISO 9000-Zertifizierung hat das Unternehmen, wenn es sich um einen Klein- bis Mittelbetrieb handelt, etwa vier bis sechs Mitarbeiter für das Projektteam abzustellen, bei größeren Betrieben oder Organisationen dementsprechend mehr.

Die Angaben über **Zeitbudgets und Projektkosten** schwanken bei den Auskunftspersonen sehr stark. Die Gesamtdauer des Zertifizierungsprojekts bis zum abschließenden Audit hängt von verschiedensten Parametern ab. Unter anderem kommt es auch auf den Kooperationswillen der Mitarbeiter an. Sind die Widerstände groß, verlängert sich der Zeitraum der Implementierung. Als Durchschnittswert wird eine neun- bis zwölfmonatige Implementierungszeit angegeben, die aber in der Praxis häufig überschritten wird. An dieser Stelle muß noch einmal daran erinnert werden, daß es mit dem Erwerb des Zertifikats alleine nicht getan ist, weil ein Qualitätsmanagementsystem vom Unternehmen permanent gelebt werden muß. Es muß ein kontinuierlicher Verbesserungsprozeß stattfinden, der nicht mit der Implementierung enden darf.

Die **Kostenfrage** wird neben der Nutzenfrage am häufigsten gestellt, wobei die Kosten stark von den jeweiligen organisationsspezifischen Gegebenheiten abhängen. Je nach Umfang und Art der Beratung kann man bei einer ISO-Zertifizierung nach Expertenschätzungen zwischen 11.000,- bis 45.000,- EURO veranschlagen, wobei die externen Kosten durch die Ausbildung eines betriebsinternen QM-Managers erheblich reduziert werden können. Soll ein umfassendes QM-System eingeführt werden, das sich über mehrere Jahre erstreckt (z.B. drei Jahre für ein Krankenhaus), können Kosten für eine solche Beratung von 200.000,- bis 250.000,- EURO und darüber anwachsen.

Die inhaltliche Vorbereitung auf das Zertifizierungsaudit verlangt von der Organisation **Projektmanagementfähigkeiten.** *(siehe Teil III Kapitel 1)* Am Beginn sollte eine **Projektstruktur-** (Aufgabenbereiche und Arbeitspakete) und **Projektzeitplanung** stehen. Verantwortlichkeiten und Aufgaben werden zugeteilt, Ressourcen geschätzt und der Projektverlauf anhand des Masterplans ständig kontrolliert. Inhaltlich umfaßt die Umsetzung unter anderem:

- Aufbau eines Projektteams und einer Projektstruktur
- Schulung der Mitarbeiter
- Festlegen des Darlegungsmodells (Zertifizierung nach 9001, 9002 oder 9003)
- Aufbereitung der Ausgangssituation
- Analyse und QM-Konzept
- Ausarbeitung der QS-Instrumente, Maßnahmenkatalog
- Implementierung des QS-Systems in die Aufbau- und Ablauforganisation
- Überwachung der Realisierung.

Für detaillierte Erläuterungen zu den einzelnen Schritten stehen spezialisierte Berater oder die weiterführende Literatur zur Verfügung.

4. Audit

Die DIN ISO 8402 definiert den Begriff Audit als „eine systematische und unabhängige Untersuchung, um festzustellen, ob die qualitätsbezogenen Tätigkeiten und die damit zusammenhängenden Ergebnisse den geplanten Anordnungen entsprechen und ob diese Anordnungen wirkungsvoll verwirklicht und geeignet sind, die Ziele zu erreichen". (Geiger, 1994, S. 47)

Interne Audits und **Reviewaktivitäten** bereiten auf das eigentliche **Zertifizierungsaudit** vor, das durch unabhängige, externe, von den Zertifizierungsinstituten bestellten Auditoren vorgenommen wird. Diese prüfen zunächst in einem Vor-Audit die vom Zertifizierungswerber normkonform ausgearbeiteten Unterlagen und QS-Instrumente. Nach Durchführung notwendiger Korrekturen und Einarbeitung von Verbesserungsvorschlägen kann die Organisation das Zertifizierungsaudit anmelden, dessen Ablauf gemeinsam mit der Zertifizierungsstelle geplant wird. Als Ergebnis wird ein Abschlußbericht erstellt. Nach bestandener Prüfung wird das entsprechende DIN ISO 9000-Zertifikat erteilt und werden weitere Wiederholungsaudits vereinbart.

5.2.2 Vor- und Nachteile

Zur Implementierung der ISO 9000 Normenfamilie in Unternehmen und Organisationen gibt es bereits umfangreiche Literatur als einschlägiges Praxis- und Erfahrungswissen. Wenn man bei einer objektiven Bewertung der Stärken und Schwächen als Qualitätssicherungssystem von „Glaubensfragen" absieht, können folgende Punkte für eine individuelle Meinungsbildung herangezogen werden. Oess (1994) faßt zunächst einige der **Stärken der Norm** in seiner kritischen Analyse zusammen:

- das umfangreiche Thema „Qualitätspolitik"
- die Standardisierung von Prozessen
- ein System zur Verfolgung von Fehlern
- ein System zur Fehlerverbesserung
- ein Management-Audit für das gesamte System
- ein Zertifikat als sichtbares Zeichen nach außen, das vor allem für Marketing- und Kommunikationsaktivitäten zum Nachweis schwer „begreifbar" zu machender Dienstleistungsqualitäten einen Vorteil im Wettbewerb darstellt.

Demgegenüber führt der Autor folgende **Nachteile** an:

- zu statisch auf die Ist-Situation bezogen
- fehlende Beurteilung der Führungsqualitäten
- fehlende Einbeziehung der betrieblichen Erfolgskriterien
- zu „industrie-lastig", daher problematisch bei der Anwendung auf Dienstleistungsbetriebe.

Besonders der letzte Punkt ist in bezug auf NPOs ein gewichtiges Argument. In der bisherigen Entwicklung der Anwendung der ISO 9000 Normenfamilie hat sich gezeigt, daß die Zertifizierung beispielsweise bei vielen Zulieferbetrieben im industriellen Bereich beinahe ein Muß zur Nachweisführung der Qualitätsfähigkeit gegenüber dem Abnehmer geworden ist. Die Motivation zur Zertifizierung aufgrund dieser Zuliefererrolle fällt bei NPOs in der Regel weg. Betreffend der Motivation durch Qualitätssicherungsmöglichkeiten durch Prozeßbeschreibungen und -standardisierungen, zeigt sich die dienstleistungsspezifische Problematik bei NPOs dahingehend, daß dort sehr komplexe, kaum automatisierte Abläufe und hauptsächlich von Personen erbrachte Leistungsfähigkeiten zur Dienstleistungserstellung eingesetzt werden. Dieser „Produktionsprozeß" einer NPO unterscheidet sich in der Regel maßgeblich von industriellen Fertigungsprozessen, so daß der Prozeßstandardisierung und -beschreibung besondere Bedeutung zukommt. Als abschließender Punkt wird noch einmal auf die Kostenfrage hingewiesen: Beratungskosten, Zertifizierungskosten und die Bereitstellung umfangreicher innerorganisatorischer Ressourcen lassen den Weg einer Zertifizierung nach der ISO 9000 Normenfamilie nur bei größeren NPOs als mögliche Variante zur Etablierung eines Qualitätssicherungssystems erscheinen.

5.2.3 Praxisbeispiel

Das Berufsförderungsinstitut (bfi) Wien sieht sich selbst als „... das führende Institut der arbeitnehmerorientierten Erwachsenenbildung" in Österreich. Es wurde 1959 als gemeinnütziger Verein gegründet. Die Tätigkeit der Organisation ist nicht auf Gewinn ausgerichtet. Die Trägerorganisationen des Vereins sind der Österreichische Gewerkschaftsbund und die Arbeiterkammer Wien. Das bfi Wien beschäftigt 320 fixe und 950 freiberufliche Mitarbeiter und generiert jährlich einen Umsatz von etwa 23 Millionen EURO.

Die Angebotsschwerpunkte liegen in Schulungs- und Beratungsdienstleistungen: So werden im Durchschnitt jährlich mehr als 1.500 Schulungen, 25.000 Beratungen und 180.000 Unterrichtseinheiten für über 15.000 Kursteilnehmer in Form von 2,500.000 „Bildungsstunden" geleistet.

Die folgende Darstellung der Qualitätsmanagementansätze im Bereich der ISO 9000 beruht auf einem Gespräch mit Dkfm. Hans Krainer (zuständiger Qualitätsmanager des Instituts) und Frau Doris Roth, denen für ihre Unterstützung an dieser Stelle noch einmal gedankt sei. (Floh u.a. 1997, S. 56ff.)

Qualitätspolitik und Grundsätze des bfi

Zu Beginn soll die grundlegende Qualitätspolitik des bfi Wien vorgestellt werden:

„Unsere Kunden stehen im Mittelpunkt unseres Handelns."

„Unsere Aufgabe ist es, im Rahmen unseres gesellschaftspolitischen Auftrags Schulungs-, Bildungs- und Beratungsmaßnahmen anzubieten, die den Bedürfnissen und Erwartungen unserer Auftraggeber und Zielgruppen entsprechen."

„Was zählt, ist, was unsere Kunden von unserer Qualität halten." (Krainer, 1997, S. 37)

Überprüft werden diese Grundsätze anhand konkreter Zielvorgaben und permanenter Evaluierung der Leistungen, wobei versucht wird, das erreichte Qualitätsniveau meßbar zu machen. Die Zielvorgaben umfassen beispielsweise:

- Kundenzufriedenheit: gemessen und ausgewertet mit Feedbackbögen (mindestens 70 Prozent der Teilnehmer sollten die Veranstaltungen nicht schlechter als mit „gut" bewerten)
- Teilnahmeerfolg: wird in der Abteilung „Berufsbegleitende Ausbildung und Training" (BAT) mit Frequenzlisten erhoben (mindestens 60 Prozent der Teilnehmer erreichen eine Anwesenheit von mehr als 70 Prozent des gesamten Stundenvolumens der Veranstaltung)
- Drop-Out-Quote: erhoben in den Abteilungen, die im Auftrag des Arbeitsmarktservices Maßnahmen setzen (der Teilnehmeranteil, der eine Schulung nicht beendet, soll 40 Prozent nicht übersteigen)

- Kundentreue: wird vom BAT aus Anmeldelisten erhoben (mindestens 50 Prozent der Teilnehmer sollen, falls angeboten, einen Folgekurs besuchen)
- Prüfungserfolg: bestandene Prüfungen von Abschlußprüfungen oder externen Prüfungen (mindestens 90 Prozent der zu Prüfungen angetretenen Kandidaten sollen bestehen)

Das Qualitätsmanagementsystems (QMS)

Um einen umfassenden Ansatz eines QMS für die Schulungs-, Bildungs- und Beratungsmaßnahmen anbieten zu können, benötigt man ein durchgängiges, in sich geschlossenes System. Dieses System basiert beim bfi auf der ISO 9001.

Abb. III 5.2

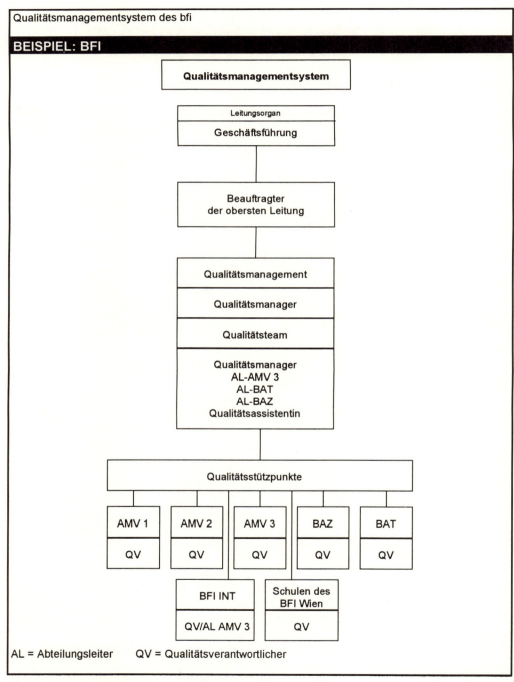

Quelle: in Anlehnung an Floh, u.a., 1997, S. 61

Die Dokumentation

Die Dokumentationserfordernisse werden im bfi auf mehrfache Weise erfüllt:

- **Qualitätsmanagementhandbuch (QH):** Im Handbuch wird festgelegt, wie den Anforderungen der DIN ISO 9000 Normenreihe Folge geleistet werden kann. Es beschreibt, wie das QMS des bfi Wien ausgestaltet wurde, und stellt eine Organisationsnorm dar, die sowohl für externe als auch interne Belange verbindlich ist.
- **Organisationsrichtlinien (ORL):** Die ORL beschreiben detailliert die Abläufe und Prozesse sowie die verschiedenen Verantwortlichkeiten des bfi.
- **Arbeitsanweisungen (AA):** Die AA erläutern detailliert konkrete Tätigkeiten in Ablaufprozessen des bfi.
- **Checklisten (CL):** Die CL sind ebenfalls ein wichtiges Instrument der Dokumentation und bilden gemeinsam mit den Arbeitsanweisungen die Basis der Qualitätsaufzeichnung.

Die Organisation des Qualitätsmanagements

Die oberste Verantwortung liegt beim Geschäftsführer der Organisation. Er gewährleistet die Bereitstellung von technischen, organisatorischen und personellen Ressourcen. Für die Anwendung des QMS ist die Stabstelle Qualitätsmanagement mit dem Qualitätsteam (QT) und dem Qualitätsmanager (QM) zuständig. „Der Qualitätsmanager ist das aus- und durchführende Organ und kann Aufgaben an jedes Mitglied des QT delegieren." (Krainer, 1997, S. 44). Sollte er, aus welchen Gründen auch immer, seiner Tätigkeit nicht nachkommen können, springt stellvertretend der jeweilige Abteilungsleiter ein.

Zuständig für die Dokumentation und die Aufrechterhaltung des QMS sind der QM und in jeder Abteilung ein Qualitätsverantwortlicher. Die zwölf Qualitätsverantwortlichen sind hinsichtlich ISO-Konformität dem QM und hinsichtlich inhaltlicher und organisatorischer Belange ihren Abteilungsleitern unterstellt. Sie sind auch zuständig für die Implementierung, Beobachtung und Einhaltung der ORL, AA und CL in der jeweiligen Abteilung. Rechenschaftspflichtig sind sie gegenüber dem QM.

Die Qualitätsaufzeichnung

Die Aufzeichnungen gliedern sich in schulungs-, beratungs- und systembezogene Aufzeichnungen, mit denen Abläufe und Prozesse bezüglich ihrer Ordnungsgemäßheit überprüft werden sollen.

Im Unterschied zu Dokumenten, die das Soll darstellen, zeigen die Qualitätsaufzeichnungen die Ist-Situation auf. Typische Qualitätsaufzeichnungen sind etwa Teilnehmerlisten, Frequenzlisten, Teilnehmerstammdaten, Testergebnisse, Kursberichte, Feedbackbögen, Prüfungsprotokolle und Aktenvermerke.

Das Schulungsangebot und das Qualitätsteam

Das bfi Wien veranstaltet Workshops, in denen der Mitarbeiter die Handhabung der ORL, CL und AA lernt. Für neu eintretende Mitarbeiter gibt es das interne Weiterbildungsseminar „Einführung in das Qualitätsmanagementsystem des bfi Wien". Das Kursprogramm - also das Produkt des bfi - setzt voraus, daß die freiberuflichen Lektoren sich kontinuierlich aus- und weiterbilden. Auch die fix angestellten Mitarbeiter haben im Sinne des QM die Aufgabe, sich sowohl fachlich als auch funktionsbezogen immer am „state of the art" zu befinden. Um dieses Vorhaben im Institut quantifizieren zu können, bietet die Personalabteilung ein umfangreiches Weiterbildungsprogramm an. Die ORL „Schulung der Mitarbeiter" überprüft dieses Angebot hinsichtlich des QMS.

Das Qualitätsteam des bfi Wien setzt sich aus sechs Personen aus verschiedenen Abteilungen zusammen. Es stellt sozusagen die „Keimzelle" des QMS dar, das bereits abteilungsübergreifend entwickelt wurde. Inhalte wie etwa Prozeßverbesserungen, Fehlervermeidung und Quantifizierung des Qualitätsbegriffs werden in den verschiedenen Abteilungen diskutiert. Auch nach der Zertifizierung des QMS durch das ÖQS (Österreichische Vereinigung zur Zertifizierung von Qualitäts- und Managementsystemen) trifft sich das Team, das man durchaus als Qualitätszirkel bezeichnen könnte, zweimal pro Monat, um die verschiedenen Bedürfnisse und Ideen der Abteilungen aufeinander abzustimmen und zu koordinieren. Darüber hinaus wurden die Zielvorstellungen des QMS, nämlich die Koordination der Erhebung und der Beschreibung des Systems und der Schnittstellen zwischen den Abteilungen und Prozessen, bereits vor der Zertifizierung festgelegt und diskutiert. Dadurch konnte man bereits bei der Implementierung große Synergieeffekte erzielen und die Kosten blieben mit ca. 65.000,- EURO (inklusive Audit), gemessen an der Größe der Organisation, sehr niedrig.

Das Management Review

Durch das Management Review wird das Qualitätssystem (Zustand und Wirksamkeit) des bfi Wien regelmäßig bewertet. Der QM faßt die halbjährlich eingereichten Qualitätsberichte der Abteilungen im Managementbericht zusammen. Inhalte sind die Erreichung der Qualitätsziele und Fehlermeldungen beziehungsweise ihre Behebung. Die Geschäftsführung beurteilt das Management Review und trifft in einer protokollierten Sitzung die notwendigen Entscheidungen.

5.3 Die Selbstbewertung nach dem EFQM-Modell
(Claudia Klausegger, Dieter Scharitzer)

Kurzbeschreibung

Die Technik der Selbstbewertung in Zusammenhang mit dem Modell der European Foundation of Quality Management ist auch unter dem englischen Ausdruck „Self-Assessment" bekannt. Das EFQM-Modell sieht eine Operationalisierung der Leistungen bei der Umsetzung umfassender Qualitätsmanagementaktivitäten (Total Quality Management) eines Unternehmens oder einer Organisation vor. *(siehe Abb. III 5.3)* Diese Bewertung wird vor allem dann eingesetzt, wenn es um die Vergabe eines Qualitätspreises geht (z.B. den European Quality Award oder Austrian Quality Award) und die Preisvergabe objektivierbar, nachvollziehbar sowie die Qualitätsleistungen von Bewerbern dadurch vergleichbar gemacht werden müssen.

5.3.1 Beschreibung

„Die Selbstbewertung ist eine umfassende, regelmäßige und systematische Überprüfung von Tätigkeiten und Ergebnissen einer Organisation anhand eines Modells für hervorragende Geschäftsergebnisse. [...] Der Selbstbewertungsprozeß ermöglicht es der Organisation, ihre Stärken und Verbesserungsbereiche eindeutig festzustellen und führt letztendlich zur Planung von Verbesserungsmaßnahmen, deren Fortschritte überwacht werden." (EFQM, 1995, S. 9)

Die neun Bereiche, in denen der Qualitätsnachweis geführt werden soll, unterscheidet man nach den sogenannten **„Befähigern"**

- Führung
- Mitarbeiterorientierung
- Politik & Strategie
- Ressourcen
- Prozesse

und nach Kategorien, in denen die Qualitätsfähigkeit anhand ausgewählter **Ergebnisindikatoren** nachzuweisen ist („**Ergebnisse**"):

- Mitarbeiterzufriedenheit
- Kundenzufriedenheit
- Gesellschaftliche Verantwortung/Image

- Geschäftsergebnisse.

Abb. III 5.3 zeigt, daß die einzelnen Qualitätsbereiche in der Berechnung der Gesamtqualität unterschiedlich gewichtet werden. Diese Gewichtungsfaktoren werden von den Entwicklern des Modells verbindlich festgelegt und geben häufig Anlaß zu kritischen Fragen oder zu kontroversen Diskussionen. Beachtenswert ist, daß das Thema Kundenzufriedenheit mit 20 Prozent (oder 200 von 1000 Punkten) Gewichtungsanteil den höchsten Stellenwert hat.

Abb. III 5.3

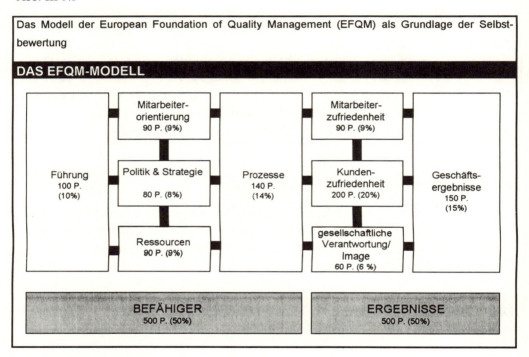

Quelle: EFQM, 1995, S. 11

Welchen Ausgangspunkt und welchen Fortschritt eine Organisation auf dem Weg zur „totalen" Qualität bereits erreicht hat, wird im Zuge des Prozesses der **Selbstbewertung** überprüft. Diese Selbstbewertung erfordert eine große Vorleistung des Unternehmens: In einem beschränkten Umfang eines schriftlichen Reports (nicht mehr als etwa 70 Seiten) dokumentiert die Organisation nachvollziehbar Stärken und Schwächen im Status des Qualitätsmanagements, differenziert nach den Bereichen des Modells. Diese Dokumentation wird von geschulten und zugelassenen **Assessoren** gemeinsam mit der Organisation geprüft und nach einem festgelegten Bewertungsschema mit Punkten bewertet. Im Rahmen des Gesamtmodells können maximal 1000 Punkte – verteilt auf die neun Teilbereiche – erreicht werden. Bei der Vergabe von Qualitätspreisen läßt sich dadurch ein branchenspezifisches Ranking der Bewerber erstellen.

Nachdem sich bereits viele Organisationen mit der Zertifizierung nach der DIN ISO 9000 Reihe beschäftigt haben, folgt oft als nächster Schritt die Selbstbewertung nach dem EFQM-Modell oder die offizielle Bewerbung um einen nationalen oder internationalen Qualitätspreis. In der Praxis setzen die meisten Unternehmen die Selbstbewertung aber nicht als Bewerbung um einen Qualitätspreis, sondern vielmehr als Hilfe zur Selbsthilfe ein. Allein die Beschäftigung mit den Dimensionen des Modells und die partielle Umsetzung von Selbstbewertungs- und kontinuierlichen Verbesserungsschritten bringt die Organisation in ihren Qualitätsmanagementzielen schrittweise weiter.

Für die Entscheidungsfindung und Umsetzung in Zusammenhang mit dem EFQM-Modell werden vom Sekretariat der europäischen Vereinigung beziehungsweise von den internationalen Vereinen umfassende Informationen in Form von Broschüren angeboten. Diese sind in mehreren Sprachen erhältlich, abgestimmt auf die Bedürfnisse verschiedener Branchen und weitgehend selbsterklärend, da die Erläuterungen zahlreiche Beispiele umfassen. In der Regel wird bei der Bestellung eine geringfügige Schutzgebühr verrechnet, es entstehen aber seitens des Interessenten darüber hinaus keine weiteren Verpflichtungen.

Für den öffentlichen Sektor können spezielle Richtlinien angefordert werden, z.B. für die kommunale und staatliche Verwaltung, das Erziehungs- und Bildungswesen sowie das Gesundheitswesen.

In diesen Unterlagen, aus denen an dieser Stelle ein verkürzter Überblick gegeben werden soll, sind die grundlegenden Schritte des Selbstbewertungsprozesses umfangreich beschrieben.

Bei der Selbstbewertung hängt sehr viel von der Überzeugung und dem Engagement der Führungskräfte und der Mitarbeiter ab. Es ist ein ständiger Lern- und Verbesserungsprozeß, der – mit Projektmanagement begleitet – wiederum umfangreiche Planungs-, Analyse-, Auswertungs- und Kontrollaktivitäten umfaßt.

Wie die Punktevergabe und Bewertung im Detail vorzunehmen ist, wird ausführlich in den Broschüren der EFQM erläutert und mit Beispielen illustriert. In der Praxis stehen interessierten Organisationen dazu nicht nur auskunftsbereite Assessoren, sondern in zunehmendem Maße auch selbständige Berater zur Verfügung.

Abb. III 5.4

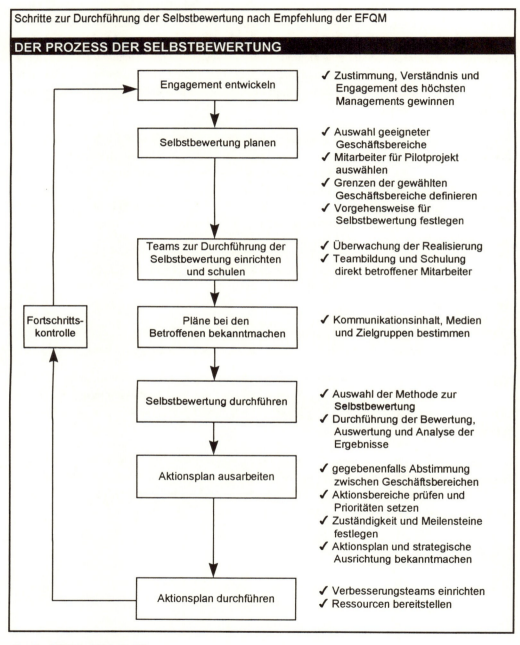

Quelle: EFQM, 1995, S. 37

5.3.2 Vor- und Nachteile

Für eine kritische Bewertung dieser Qualitätssicherungstechnik liegen in der Literatur und der Unternehmenspraxis bei weitem weniger Fälle als bei der ISO 9000 Normenfamilie vor. Dennoch läßt sich aus den Erfahrungen von Profit Unternehmen ein erstes Resümee ziehen.

Als **Vorteile der Selbstbewertung** nach dem EFQM-Modell sind zu nennen:

- umfassender Versuch der Operationalisierung nach dem TQM-Ansatz
- integrative Wirkung durch großes Involvement der Mitarbeiter im Selbstbewertungsprozeß
- Flexibilität bei der Anwendung für die Industrie- und Dienstleistungsbranche
- keine Bürokratisierung der Abläufe
- Berücksichtigung des Benchmarking-Gedankens *(siehe Teil III Kapitel 5.5)*
- Beteiligung bei europäischen oder nationalen Wettbewerben um einen Qualitätspreis auf Wunsch möglich, aber nicht Bedingung.

Diese generellen Vorteile gelten uneingeschränkt auch bei NPOs, trotzdem sind auch einige **Nachteile** zu berücksichtigen:

- derzeit kaum Erfahrungswissen mit NPOs, daher wenige Vorbilder und noch wenig einschlägige Expertise
- zeitaufwendiger Implementierungsprozeß der Selbstbewertung
- Probleme bei der Erfassung und Dokumentation der Dienstleistungsprozesse, wie bei der ISO 9000 ausgeführt
- geringe NPO spezifische Ausführung des ursprünglichen EFQM-Modells erfordert Übersetzungsleistung und Adaption auf betriebliche, organisationale aber auch kulturelle Spezifika einer NPO (vgl. dazu die ausführliche Diskussion der NPO spezifischen Problematik im *HANDBUCH - Matul, Scharitzer, 1997: Qualität*)
- keine externen Wirkungen durch Zertifikat, wie bei erfolgreicher Zertifizierung nach ISO 9000.

Wie die ersten Praxiserfahrungen zeigen, ist das dargestellte Verfahren der Selbstbewertung deshalb bei NPOs sehr beliebt, da es eine Hilfe zu Selbsthilfe darstellt, die schrittweise und kostengünstig für kontinuierliche Qualitätsverbesserungsmaßnahmen eingesetzt werden kann. Dabei hält sich der bürokratische Aufwand in Grenzen, und es kommt zu einer erwünschten Einbeziehung interessierter Mitarbeiter in den Implementierungsprozeß. Die Selbstbewertung nach dem EFQM-Modell ist daher zur Anwendung besonders für kleinere und mittlere NPOs geeignet.

5.3.3 Praxisbeispiel

Abschließend sollen einige Praxisfragen vorgestellt werden, die sich aus einer aktuellen Umfrage unter österreichischen NPOs und einschlägigen Beratern ergeben haben. (Floh u.a., 1997)

Die Erhebung erfaßte vor allem Schulen und Ausbildungsstätten, in geringerem Ausmaß die öffentliche Verwaltung und Gesundheitsdienstleister.

In der Mehrzahl der NPOs organisieren sich Projektteams nicht nur innerhalb der Organisation, sondern es schließen sich vielfach auch mehrere NPOs (z.B. Schulen) zusammen, um eine möglichst effiziente Umsetzung garantieren zu können. Der Einsatz finanzieller Mittel hält sich erwartungsgemäß bei den NPOs in einem bescheidenen Rahmen. Zwei Drittel der Befragten geben an, die Implementierung mit einem Budget von weniger als 3.600,- EURO schaffen zu müssen. Dabei geht es noch bei keiner Organisation um die Teilnahme bei einem Qualitätspreis, sondern um die ersten Schritte der Umsetzung im Sinne der Selbstbewertung nach dem EFQM-Modell.

Der durchschnittliche für die Implementierung veranschlagte Zeitraum beträgt 24 Monate. Als Minimalwert werden sechs Monate, als Maximalwert bis zu drei Jahre angegeben.

Beim Einsatz von „men power" divergieren die Werte ebenfalls sehr stark. Im Durchschnitt sind 32 Personen mit der Umsetzung betraut; die Spannweite ist aber auch hier sehr groß, sie reicht von fünf bis 100 Mitarbeitern. Diese Zahl ist nicht so zu verstehen, daß sich diese Mitarbeiter hauptsächlich der Qualitätsmanagementproblematik widmen, vielmehr sind dabei alle erfaßt, die Engagement im Rahmen des Selbstbewertungsprozesses entwickeln, z.B. in Workshops, bei der Ausarbeitung von Selbstbewertungsrichtlinien etc. Viele dieser Aktivitäten finden außerhalb der Dienstzeit im Rahmen einer eigenen Projektorganisation statt.

Jede der befragten NPOs steht erst am Beginn des Selbstbewertungsprozesses, was den Neuheitsgrad dieses Verfahrens für NPOs illustriert. Da der Selbstbewertungsprozeß ein kontinuierlicher Vorgang ist, müssen nicht alle neun Qualitätsfelder des Modells gleichzeitig erarbeitet und verbessert werden. Der aktuelle Stand der bereits vollständig umgesetzten Kriterien bestätigt das: Keine einzige NPO konnte bisher mehr als drei von den insgesamt neun Kriterien umsetzen. Die Kriterien Mitarbeiterorientierung, Politik & Strategie und Mitarbeiterzufriedenheit scheinen jene Bereiche zu sein, die zuerst in Angriff genommen werden, während die Kriterien Ressourcen und Geschäftsergebnisse bisher von keiner NPO implementiert werden konnten.

Im Unterschied zur Gewichtung der Dimensionen im Modell wird von den befragten NPOs das Kriterium Führung als sehr wichtig eingestuft. Die Kriterien Geschäftsergebnisse und Prozesse finden bei den NPOs am wenigsten Beachtung. Eine Verschiebung oder stärkere Adaptierung der Beurteilungskriterien und ihre Gewichtung anhand des EFQM-Modells wurde in diesem Zusammenhang als diskussionswürdig angesprochen.

Natürlich kamen bei der Befragung auch einige Probleme zur Sprache, die NPOs bisher bei der Implementierung des Selbstbewertungsprozesses nach dem EFQM-Modell zu bewältigen hatten. Konkret wurden genannt:

- die Motivation der Kollegen, die sich in der Regel unentgeltlich, außerhalb der Dienstzeit und auf freiwilliger Basis engagieren
- die Erfassung und Dokumentation von Prozessen in der Organisation
- der Kommunikationsfluß
- der Zeitaufwand
- die Angst vor Veränderungen, die in Ablehnung, Vorurteilen und Widerständen bei den Mitarbeitern münden
- die Kosten
- die zu geringe NPO spezifische Adaptierung des ursprünglichen EFQM-Modells.

5.4 Befragung von Kunden
(Claudia Klausegger, Dieter Scharitzer)

Kurzbeschreibung

Geht man von der Definition aus, daß Qualität die Eignung eines Produkts oder einer Leistung darstellt, festgelegte und vorausgesetzte Erfordernisse zu erfüllen (vgl. Definition laut ISO 8402, 1992), so wird deutlich, daß nicht nur der Anbieter selbst, sondern auch der Kunde Anforderungen an ein Angebot hat, die erfüllt werden müssen. Auch im TQM-Modell der European Foundation of Quality Management (EFQM) zeigt sich, daß die Kunden- und die Mitarbeitersicht wesentliche Dimensionen bei der Beurteilung der Ergebnisse der Qualitätsfähigkeit einer Organisation darstellen. *(siehe Teil III Kapitel 5.3)* Akzeptiert man die Bedeutung der wahrgenommenen Qualität aus Kunden- oder Mitarbeitersicht, so ergibt sich für die Organisation eine Marktforschungsaufgabe, bei der es gilt, den Qualitätseindruck meßbar und damit überprüfbar zu machen. In diesem Abschnitt wird ein Überblick der wesentlichen Schritte für die Planung einer Befragungsaktion gegeben. Da es bei einigen Problemstellungen um klassische Marktforschungstechniken geht, sei an dieser Stelle auf *Teil II Kapitel 3* dieses Buches verwiesen und auf die einschlägige weiterführende Literatur.

5.4.1 Beschreibung

Bei der Planung von Kundenbefragungen sollten im Zuge der Konzeption des Projektes und der Festlegung des Untersuchungsdesigns einige Punkte bearbeitet werden. *(Abb. III 5.5)*

Generell muß an dieser Stelle darauf hingewiesen werden, daß sich seitens der Organisation eine klassische Make or buy-Entscheidung stellt: Ist man vor dem Hintergrund der persönlichen, finanziellen und zeitlichen Ressourcen und in bezug auf das vorhandene Marktforschungs-Know-how in der Lage, die Befragung selbst zu konzipieren, durchzuführen und auszuwerten, oder ist es aus verschiedenen Gründen ratsamer, einen externen Berater oder Marktforscher damit zu beauftragen?

Abb. III 5.5

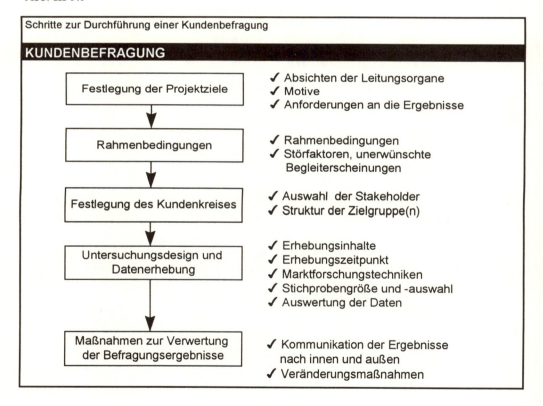

1. Ziele der Befragungsaktion, Anforderungen an die Ergebnisse

Vor jeder Kundenbefragung hat die Projektleitung zu klären, welche Ziele mit der Aktivität erreicht werden sollen. In der Folge wird ein kurzer Überblick über die häufigsten Zielsetzungen gegeben, der auf vielen Praktikerworkshops beruht.

Eines der Hauptanliegen von Unternehmen oder Organisationen ist es, einen Status im Bereich der Kundenzufriedenheit feststellen zu können. Der kundengerichtete Output wird sozusagen anhand geeigneter Kennzahlen bewertet. Je nach Anlage im Untersuchungsdesign können bei geeignetem Detailliertheitsgrad der Befragungsinhalte Probleme lokalisiert und Potentiale für Verbesserungen aufgedeckt werden. Dieses Ziel entspricht quasi einer Stärken-Schwächen-Analyse aus Kundensicht, bei der man subjektive Wahrnehmungen des Kunden meßbar und damit kontrollierbar machen möchte. Damit ergänzen diese Informationen das innerbetriebliche Informationswesen von der Kundenfront und stellen ein weiteres Lenkungsinstrument der Geschäftsleitung dar. Auch anhand von Zufriedenheitskennzahlen können Ziele und Vorgaben in diesem Bereich abgeleitet werden. Zur Zielerreichung und Motivation der Mitarbeiter kann die Erreichung von Kundenzufriedenheitszielen auch in diverse innerbetriebliche Bonussysteme integriert werden.

Ein Teil der Motivation der Organisationen, Zufriedenheitsanalysen in Auftrag zu geben, liegt am externen Druck durch bestimmte „Stakeholder" oder in der Aufforderung zur Nachweisführung im Zuge eines Zertifizierungs- oder Evaluierungsprozesses (z.B. die Selbstbewertung nach dem EFQM-Modell, *siehe Teil III Kapitel 5.3*).

Kontinuierliche Beobachtung der Veränderungen der Kundenstimmung in einer Art Früherkennungssystem läßt nicht nur Zufriedenheit, Bedürfnisse und Erwartungen der Kunden besser erkennen, sondern zeigt auch relevante Veränderungen im Zeitablauf rechtzeitig auf.

Die vorhandenen Zufriedenheitskennzahlen sind nicht zuletzt dann sinnvoll, wenn Vergleichbarkeit zu anderen Mitbewerbern oder Vorbildern in oder außerhalb der Branche hergestellt werden kann. Diese Form des Benchmarkings mit Kundenzufriedenheitsindikatoren ist aber in vielen Branchen noch Zukunftsmusik, da häufig nicht einmal Daten auf einzelbetrieblicher Ebene existieren und ein zwischenbetrieblicher Vergleich die Marktforschungskosten in die Höhe treibt.

2. Rahmenbedingungen und Störfaktoren

Bevor man bei Kundenbefragungsprojekten zur Problematik des Untersuchungsdesigns übergeht, sollte die Projektleitung bestimmte Rahmenbedingungen oder mögliche Störeinflüsse auf das Befragungsprojekt reflektieren.

In diesem Zusammenhang sind zunächst einmal die Marktforschungskosten zu nennen. Vor dem Hintergrund der Glaubhaftigkeit der Ergebnisse sowie der Ressourcen- und Know-how-

Restriktionen innerhalb der Organisation sollten vor allem die Erhebungsaktivitäten ausgelagert und extern beauftragt werden.

Durch die neugewonnenen Informationen, die erhoben, dokumentiert und an die Mitarbeiter weitergeleitet werden, kann Skepsis gegenüber zusätzlich wachsender Bürokratie entstehen: Ergebnisse werden hin und her geschickt, Stellungnahmen eingefordert, Aktionspläne entworfen. Es kommt zu Bedenken, daß auch die Kunden zunehmend mit Befragungen übersättigt werden, da auch andere Anbieter Erhebungen durchführen und bei zu häufigen Befragungen Gewöhnungseffekte eintreten könnten. Diese Bedenken sind insofern zu entkräften, als nicht nur den Mitarbeitern, sondern auch den Kunden der Nutzen aus der Befragungsteilnahme vor Augen geführt werden muß. Gerade in Business-to-Business-Beziehungen ist es heute bereits üblich, regelmäßig Feedback zu geben und zu erhalten. Unternehmen, die regelmäßige Kundenzufriedenheitserhebungen durchführen, machen das in der Regel einmal pro Jahr, keinesfalls aber in kürzeren Abständen.

Wenn ein Kunde um Feedback gebeten wird, erwartet dieser eine diesbezügliche Reaktion des Anbieters, daß auf Anregungen oder Beschwerden eingegangen wird. Kritiker von Kundenbefragungen argumentieren, daß man „schlafende Hunde" besser nicht wecken sollte: Besser gar nicht erst fragen, bevor man eine kritische Antwort erhält und etwas tun muß. Dieses Argument kann nicht akzeptiert werden, da sich dahinter nur die Verhinderung von Kundenfeedback verbirgt. Andererseits bestätigt sich in diversen Projekten immer wieder, daß Kunden begeistert an einer Befragung teilnehmen (hohe Rücklaufquote bei Fragebögen oder große Antwortbereitschaft), daß diese Bereitschaft aber drastisch sinkt, wenn es der Anbieter nicht schafft, bis zur nächsten Befragungsaktion auf das Kundenfeedback zu reagieren.

Zu berücksichtigen ist auch ein möglicher organisationsinterner Widerstand gegen Kundenbefragungen als Sanktions- und Kontrollinstrument. Mitarbeiter wehren sich gegen eine Beurteilung durch den Kunden, versuchen Befragungsprojekte zu verhindern oder zweifeln die Glaubwürdigkeit der Ergebnisse an. Solcher Kritik kann nur durch die Güte des Erhebungsinstruments (Zuverlässigkeit, Genauigkeit, Objektivität der Daten) wirksam entgegengetreten werden. Bei externer Beauftragung der Befragung spielt auch Seriosität und Glaubwürdigkeit des Marktforschungsinstituts eine Rolle. Gegen eine Ablehnung von Kundenbefragungen muß die Geschäftsleitung bei den Mitarbeitern mit aktivem Verkaufen des Projekts reagieren. Das sollte so weit gehen, daß die Beschäftigten nicht nur vom Projekt informiert, sondern gegebenenfalls auch partizipativ in das Projekt eingebunden werden (z.B. Mitarbeiterworkshops für die Entwicklung der Fragebogeninhalte).

3. Festlegung des „Kundenkreises" für die Erhebung

Gerade in Zusammenhang mit Kundenbefragungen stellt sich erneut die bekannte Frage nach den „Stakeholdern". Wer ist für die Organisation „Kunde", und welche der identifizierbaren Kundengruppen sollen in die Befragung einbezogen werden? *Abb. III 5.6* zeigt diese Komplexität am Beispiel einer Bezirksstelle des Roten Kreuzes.

Abb. III 5.6

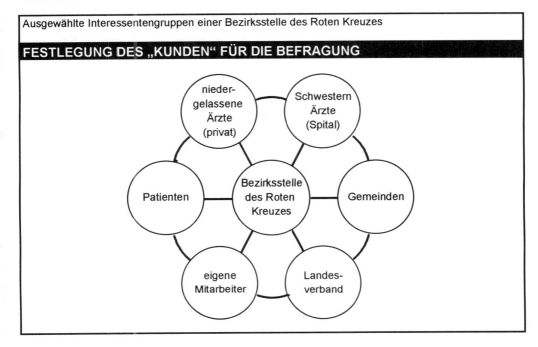

Ausgewählte Interessentengruppen einer Bezirksstelle des Roten Kreuzes

Häufig werden für Kundenbefragungen solche „Stakeholder" ausgewählt, die sich nach Inanspruchnahme eines Angebots ein Bild von der Leistungsfähigkeit der Organisation machen konnten. Je aktueller das Erlebnis der befragten Person ist, desto ergiebiger und konkreter werden die Aussagen ausfallen.

Wenn die Kundengruppen festgelegt sind, ist der Umfang der Erhebung zu bestimmen, aber auch, nach welchem Auswahlkriterium bestimmte Personen bei der Datenerhebung kontaktiert werden. Die Entscheidung über Umfang und Auswahlkriterien der befragten Personengruppe ist aus der Sicht der Marktforschung aus zwei Gründen wichtig: Repräsentativität (Sind die in der Befragung ausgewerteten Ergebnisse geeignet, Rückschlüsse auf die Grundgesamtheit zu ziehen?) und Sicherheit der Aussagen (Wie groß ist die Fehlerwahrscheinlichkeit, daß weitere zufällige Beobachtungen nicht in einem errechneten Toleranzbereich liegen?). Zu den Themen Auswahl der Befragten und Stichprobenziehung gibt es vertiefende Hinweise in der weiterführenden Literatur zum Thema Marktforschung. (vgl. Berekoven, Eckert, Ellenrieder, 1996)

4. Untersuchungsdesign, Datenerhebung und Auswertung

Im Untersuchungsdesign sind wesentliche Entscheidungen über die Inhalte und die Durchführung des Befragungsprojekts zu treffen. Exemplarisch sind ausgewählte Grundlagen bereits in

Teil II Kapitel 3 nachzulesen, deshalb sollen an dieser Stelle die wesentlichen Punkte nur mehr überblicksmäßig aufgezählt werden.

Das Untersuchungsdesign umfaßt unter anderem die Festlegung des Inhalts der Erhebung, meist in Form der Entwicklung eines Fragebogens oder Interviewleitfadens. Prüfkriterien für die Qualität eines Fragebogens sind z.B. die Vollständigkeit, mit der die Kundenmeinung erfaßt werden kann, und die Verständlichkeit sowie der Selbsterklärungsgrad der Fragestellungen.

In manchen Fällen ist der Zeitpunkt der Befragung relevant. Zu vermeiden sind Urlaubs- und besondere Streßzeiten, z.B. die Zeit um die Weihnachtsfeiertage. Daneben ist darauf zu achten, daß die Erhebung nicht zu einem für die Organisation unvorteilhaften Zeitpunkt stattfindet, beispielsweise zu kurz nach einer größeren Umstrukturierung, nach der die neuen Abläufe noch nicht eingespielt sind. In dieser Phase kann es vermehrt zu Unzulänglichkeiten an der Kundenfront kommen, die aber nicht repräsentativ für den üblichen Geschäftsablauf sein müssen.

Das zur Verfügung stehende Repertoire an Marktforschungstechniken wurde schon mehrfach angesprochen. Eine wesentliche Entscheidung ist dabei über die Form der Durchführung der Befragung – persönliche Interviews, Telefonbefragung, schriftliche Befragung, Einsatz elektronischer Medien (z.B. Internet) – zu treffen.

Welche (Stichprobenauswahl) und wie viele Personen (Stichprobengröße) sind zu befragen? Gerade die willkürliche Festlegung der Befragtengruppe kann bei der Argumentation der Ergebnisse in heiklen Entscheidungen zu Erklärungsnotstand führen, wenn die Betroffenen die Richtigkeit der Aussagen anzweifeln können.

Die Auswertung und grafische Aufbereitung der Daten stellt möglicherweise die Organisation vor ein neues Problem. Dem kann durch marktübliche Softwarepakete abgeholfen werden, die bereits ab einer relativ geringen Zahl von befragten Personen große Vorteile beim Handling der Daten bringen. Die Daten sollten unbedingt elektronisch erfaßt werden, z.B. mit MS Excel. Dadurch gewinnt man große Flexibilität für einfache statistische Berechnungen, und die Daten können rasch grafisch umgesetzt werden. Die klassischen Auswertungen bestehen aus einer Auswertung der Häufigkeitsverteilungen der Kundennennungen oder einer Berechnung von Durchschnittswerten bei metrisch skalierter Bewertung. Für professionelle statistische Auswertungen eignen sich komplexere Statistik-Softwarepakete wie SPSS.

5. Maßnahmen zur Verwertung der Befragungsergebnisse

Kundenbefragungen dürfen nie um der Daten selbst willen durchgeführt werden. Die Marktforschung sollte Mittel zum Zweck bleiben und die Erreichung der Projektziele optimal unterstützen. Deshalb sind bereits in der Konzeption des Befragungsprojekts Überlegungen anzustellen, wie die Daten auszuwerten sind und welche Möglichkeiten auf der Managementebene bestehen, um in geeigneter Weise auf das Kundenfeedback reagieren zu können. Einen wichtigen Punkt stellt die Kommunikation der Ergebnisse nach innen und außen dar: Überlegungen, wie man den Kunden für ihre Unterstützung danken kann; ob die Gelegenheit genützt werden sollte, ausgewählte Ergebnisse zum Beispiel im Rahmen von PR-Aktivitäten in die Öffentlichkeit zu tragen etc. Dies fällt leichter, wenn hohe Kundenzufriedenheit herrscht, kann aber auch generell ein gutes Thema der Kommunikationspolitik sein, um die Kundenorientierung der Organisation zu zeigen.

5.4.2 Praxisbeispiel

Als Praxisbeispiel kann an dieser Stelle auf *Teil II Kapitel 3* verwiesen werden, wo ein exemplarischer Ablauf einer Untersuchung am Beispiel einer Kundenbefragung im Schloß Schönbrunn dargestellt wird.

5.5 Benchmarking
(Claudia Klausegger, Dieter Scharitzer)

Kurzbeschreibung

Benchmarking ist eine Methode, um die besten Praktiken sowie dahinterstehende Prozesse zu identifizieren und das gewonnene Wissen zu benutzen, um bessere Standards in der eigenen Organisation zu erzielen. (vgl. Clutterbuck, 1993, S. 5) Es kann zur objektiven Beurteilung nach Stärken und Schwächen einer Organisation, bei der Suche von Methoden und der Förderung der Ideenfindung interner Gruppen, zur Überwindung interner Widerstände gegen notwendige Änderungen oder zur Rechtfertigung der Anwendung von Methoden oder Ressourcen angewandt werden. (vgl. Biber, 1996, S. 14) Benchmarking wird sowohl im **strategischen Bereich** (Vergleich der Grundelemente der Unternehmensstrategie mit dem Klassenbesten) zur Beurteilung der eigenen Unternehmensstrategie *(siehe Teil II Kapitel 1)* als auch im **operativen Bereich** (Konzentration auf Unternehmensprozesse, *siehe Teil II Kapitel 6.7*) eingesetzt. **Internes Benchmarking** beschränkt sich auf Vergleiche mit anderen Abteilungen, Niederlassungen, Profit- und Cost Centers, mit dem Ziel, einheitliche interne Leistungsstandards festzulegen. Das **wettbewerbsorientierte** Benchmarking vergleicht Produkte, Dienstleistungen und Arbeitsprozesse mit jenen der direkten Konkurrenten.

5.5.1 Beschreibung

Wettbewerbsorientiertes Benchmarking verlangt direkten Kontakt mit der jeweiligen Organisation, um die komplexen inneren Prozesse einer Organisation so genau kennenzulernen, daß wesentliche Unterschiede identifiziert werden können. Benchmarking berücksichtigt die zugrundeliegenden operativen Inhalte und die notwendigen Führungseigenschaften. Prozesse und Aktivitäten, die bei anderen Organisationen zu Bestleistungen geführt haben, sollen verstanden und im eigenen Unternehmen implementiert werden. Das funktionale Benchmarking stellt den größten Fortschritt im Vergleich zu herkömmlichen Qualitätsverbesserungsinstrumenten dar. Dabei können Vergleiche mit jeder beliebigen Organisation in jeder Kategorie durchgeführt werden. Voraussetzung ist nur, daß die untersuchte Funktion die „Bestklasse" repräsentiert. „Funktional" bezieht sich also auf die spezifischen Handlungsabläufe innerhalb eines funktionalen Bereichs einer Organisation (z.B. Marketing, Finanzwesen, Personalwesen, Logistik etc.).

Nachfolgend werden in kurzer Form die wichtigsten Schritte vorgestellt, die bei der Durchführung eines Benchmarkingprozesses zu durchlaufen sind. Aufgrund der vielfältigen möglichen Fehlerquellen empfiehlt sich bei erstmaliger Durchführung die Unterstützung von Experten, die bereits umfangreiche Erfahrung bei der Implementierung von Benchmarkingsystemen gewinnen konnten.

Abb. III 5.7

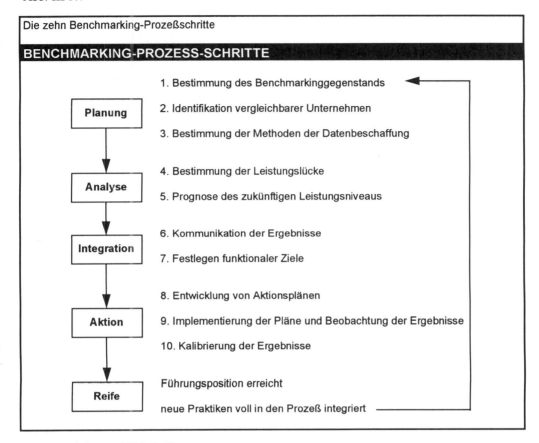

Quelle: vgl. Camp, 1995, S. 20

1. Bestimmung des Benchmarkinggegenstands

Der Benchmarkingprozeß beginnt mit der Festlegung, was „gebenchmarked" werden soll. Zu diesem Zweck müssen alle relevanten Unternehmensprozesse aufgelistet werden. Die Darstellung sollte grafisch erfolgen, z.B. in Form eines Ablaufdiagramms. Die kritischen Maßzahlen werden am besten von einem Team ermittelt und ausgewählt. Benchmarking sollte sich auf die Schlüsselprozesse und die Kernkompetenzen der Organisation konzentrieren. Diese kritischen Erfolgsfaktoren werden vom American Productivity and Quality Center folgendermaßen definiert: „Critical success factors (CSFs) are those characteristics, conditions or variables that have a direct influence on a customer´s satisfaction with a specific business process and therefore on the success of your entire business." (APQC, 1993, S. 7) CSFs sind die quantifizierbaren, meßbaren und überprüfbaren Indikatoren der Schlüsselprozesse, die mit Schlagworten wie Effektivität (Qualität), Effizienz (Durchlaufzeiten) und Wirtschaftlichkeit (Kosten) gemessen werden können. Wurden die Prozesse identifiziert, müssen sie entsprechend ihrer Wichtigkeit in bezug auf die Unternehmensziele geordnet werden. Zur Identifikation des Produkts oder der Dienstleistung sind folgende Fragen zu klären:

Abb. III 5.8

Fragenkatalog zur Bestimmung des Benchmarkinggegenstands
FRAGENKATALOG

✓ Was ist besonders kritisch für den Geschäftserfolg?
   - Kundenzufriedenheit
   - Verhältnis Ausgaben/Umsatz
✓ Welche Bereiche bereiten die meisten Probleme?
✓ Was sind die wesentlichen Leistungen dieses Bereichs?
✓ Welche Leistungen werden Kunden zur Verfügung gestellt?
✓ Welche Faktoren bestimmen die Kundenzufriedenheit?
✓ Welche Probleme wurden bereits identifiziert?
✓ Wo wird Druck aus dem Wettbewerb wahrgenommen?
✓ Welche Art der Leistungsmessung wird eingesetzt?
✓ Welche Komponenten tragen am stärksten zu den Kosten bei?

Quelle: vgl. Camp, 1994, S. 54

Im Falle von Dienstleistungen, wie sie in NPOs zumeist vorliegen, empfiehlt es sich, bei der Identifikation der kritischen Erfolgsfaktoren des Dienstleistungsprozesses auf bestehende Modelle zurückzugreifen; z.B. das Qualitätsmodell von Meyer, Mattmüller, das zwischen der Potential-, der Prozeß- und der Ergebnisqualität unterscheidet, die „Critical Incident Technique" (Methode der kritischen Ereignisse) oder das „Blueprinting" (Abbildung des gesamten Dienstleistungsprozesses als Ablaufdiagramm). Auf dieser Basis können die Untersuchungsobjekte (Leistungen, die betrachtet werden sollen) festgelegt werden, wobei der Detailliertheitsgrad bestimmt werden muß. Für die wesentlichsten Leistungen sollten Kennzahlen entwickelt werden.

2. Identifikation vergleichbarer Unternehmen

Im zweiten Schritt entscheidet man sich für einen Benchmarkingpartner. Aus einer Liste geeigneter Kandidaten sollte – basierend auf einer Kriterienliste (ausgewählte Schlüsselkennzahlen) – eine Auswahl getroffen werden.

3. Bestimmung der Methode der Informationsbeschaffung

Es gibt eine Vielzahl interner und externer Marktforschungsmethoden, um an das notwendige Datenmaterial heranzukommen. *(siehe Teil II Kapitel 3.7)* Wichtig dabei ist, daß die Daten, die aus unterschiedlichen Quellen stammen, auf ihre Übereinstimmung geprüft werden. Häufig wird Benchmarking mit direkten Firmenbesuchen verbunden sein, die durch einen Fragebogen (Diskussionsleitfaden) oder eine Checkliste gut vorbereitet sein sollten.

4. Bestimmung der Leistungslücke

Der vierte Schritt besteht in der Bestimmung der Leistungslücke, d.h. einer Analyse der Daten und ihrem Vergleich mit den internen Funktionen. Durch diesen Vergleich ergibt sich eine positive oder negative Lücke der Wettbewerbs- und Leistungsfähigkeit.

Um sicherzustellen, daß die beobachteten Methoden echte „best practices" sind, sollte sich jede Organisation folgende Fragen stellen:

- Ist die Praktik deutlich überlegen, d.h. wird dem Beobachter augenblicklich klar, daß die Praktik besser ist?
- Ist das quantifizierte Potential groß genug, d.h. ist die Kennziffer der untersuchten Praktik wesentlich günstiger als die eigene?
- Wie ist das Expertenurteil, d.h. erkennen interne Experten oder Berater eine Praktik als überlegen an?
- Wird die Praktik wiederholt beobachtet?

5. Prognose des zukünftigen Leistungsniveaus

Neben der Bestimmung der gegenwärtigen Lücke ist gleichzeitig eine Projektion der künftigen Entwicklung der eigenen Leistung vorzunehmen, es sind aber auch die strategisch und taktisch notwendigen Aktionen festzulegen. Um die neuen Methoden in der Organisation durchzusetzen, sind Ziele zu definieren, die von den eigenen Mitarbeitern verstanden werden und realisierbar sind. *(siehe Teil II Kapitel 3.1)*

6. Kommunikation der Ergebnisse

In der Phase der Ergebnisintegration werden die Erkenntnisse umgesetzt. Um die neugewonnenen Ergebnisse optimal in der Organisation zu integrieren, müssen sie von den Abteilungen und vom Management akzeptiert werden. Voraussetzung ist die Kommunikation der Ergebnisse, der Methode der Datenerhebung und der daraus resultierenden Chancen an alle Organisationseinheiten.

7. Festlegen funktionaler Ziele

Aus den Benchmarks können die eigentlichen funktionalen Ziele abgeleitet werden. Dazu müssen die existierenden Ziele und Zielsetzungsprozesse in Hinblick auf die best practices untersucht werden. In den meisten Fällen werden aufgrund der Benchmarkingstudie Änderungen der laufenden Ziele notwendig sein. Benchmarks können entweder die Ziele in ihrem Ausmaß verändern oder eine völlig neue Prioritätensetzung verlangen. Wichtig ist, daß bei der Änderung der Ziele auch die Auswirkungen auf die eigene Organisation berücksichtigt werden.

8. Entwicklung von Aktionsplänen

Diese Phase konzentriert sich auf die Umsetzung der Benchmarkingerkenntnisse. Bei der Aufgabenverteilung (wer, was, wann, wo) geht man am besten folgendermaßen vor:

Abb. III 5.9

Schritte zur Entwicklung von Aktionsplänen
AKTIONSPLAN
✓ eindeutige Spezifikation der Aufgabe ✓ Planung der Reihenfolge ✓ Zuordnung der notwendigen Ressourcen ✓ Aufstellung eines Zeitplans für die einzelnen Aufgaben ✓ Bestimmung der Verantwortlichkeiten ✓ Bestimmung der erwarteten Resultate ✓ Festlegung der Art und Weise, wie die Ergebnisse gemessen werden

Quelle: vgl. Camp, 1994, S. 227

9. Implementierung der Pläne und Beobachtung der Ergebnisse

Im neunten Schritt werden die eigentlichen Aktionen durchgeführt und die erzielten Fortschritte kontrolliert. Prinzipiell ist das funktionale Management für die Planung und Durchführung des Benchmarkingprozesses verantwortlich, für die Umsetzung können aber auch Projektteams gebildet werden.

10. Kalibrierung der Ergebnisse

„Kalibrierung" bedeutet, die Benchmarkingergebnisse immer auf dem neuesten Stand zu halten. Die Benchmarks müssen laufend auf ihre Gültigkeit überprüft und gegebenenfalls modifiziert werden. In regelmäßigen Abständen – alle ein bis drei Jahre – sollte eine komplette

Neubewertung stattfinden. Der Rekalibrierungsprozeß besteht in einer neuerlichen Durchführung des gesamten Benchmarkingprozesses.

Benchmarking kann in diesem Sinne als Prozeß verstanden werden, der von einer „Business as usual"-Kultur zu einer „Best in class"-Kultur kommen möchte. Dieses langfristige Ziel kann aber nur erreicht werden, wenn das Total Quality Management in der Organisation bereits einen gewissen Reifegrad erreicht hat.

5.5.2 Vor- und Nachteile

Benchmarking bietet bei richtiger Durchführung viele Chancen für die Organisation, allerdings sollte auch den möglichen Problemfeldern ausreichend Aufmerksamkeit gewidmet werden.

Abb. III 5.10

Vor- und Nachteile von Benchmarking

VORTEILE UND NACHTEILE

Typ	Definition	Vorteile	Nachteile
Internes Benchmarking	Vergleich und Analyse ähnlicher Tätigkeiten oder Funktionen innerhalb eines Unternehmens oder mit assoziierten Unternehmen	• Datenerfassung relativ einfach • gute Ergebnisse für diversifizierte, herausragende Unternehmen	• begrenzter Blickwinkel • interne Vorurteile
Wettwewerbsorientiertes Benchmarking	Vergleich und Analyse von Produkten, Dienstleistungen, Prozessen und Methoden bei direkten Konkurrenten	• geschäftsrelevante Informationen • vergleichbare Produkte, Prozesse • eigene Positionierung im Wettbewerb	• schwierige Datenerfassung • branchenorientierte Sichtweise • Gefahr der Adaption nicht optimaler Praktiken
Funktionales Benchmarking	Vergleich und Analyse von Arbeitsabläufen, Prozessen und Funktionsrealisierungen von Unternehmen und Organisationen, die in keinem Wettbewerbsverhältnis stehen	• höchstes Potential zum Finden innovativer Lösungen • Erweiterung des Ideenspektrums • bereitwilligere Akzeptanz von Lösungsmöglichkeiten • Zugang zu entsprechenden Datenbanken	• zeitaufwendige Analyse • eventuell schwierige Transformation der Praktiken auf die eigene Funktion

5.6 Qualitätszirkel
(Claudia Klausegger, Dieter Scharitzer)

Kurzbeschreibung

Unter Qualitätszirkeln (Quality Circle, „QZ") versteht man Arbeitsgruppen, die den Arbeitsprozeß mit explizitem Reformauftrag begleiten und während dieser Zeit keiner hierarchischen Gliederung oder Einbindung unterliegen. Qualitätszirkel umfassen – je nach Größe der Organisation – etwa zehn Mitarbeiter, die sich in regelmäßigen Abständen treffen. Inhalte der Zusammenkünfte können beispielsweise die kontinuierliche Verbesserung von Arbeitsabläufen, die Einführung von Neuerungen oder die Aufrechterhaltung des Kommunikationsflusses zwischen den Abteilungen sein. (vgl. Bosetzky, Heinrich, 1994, S. 170) Häufig wird in Zusammenhang mit Qualitätszirkeln auch die Lernwerkstatt genannt, die als prozeß- und ergebnisorientierte Gruppenarbeit Ähnlichkeiten mit der Zirkelarbeit aufweist. (vgl. Rosenstiel, 1992, S. 115f.)

5.6.1 Beschreibung

Qualitätszirkel werden eingesetzt, um die Leistungsfähigkeit von Organisationen durch verstärkte Einbeziehung der Mitarbeiter sowohl in Hinblick auf die technische Qualität, die Verfahrensqualität als auch hinsichtlich der sozialen Qualität zu verbessern. Die unternehmens-, gruppen- und mitarbeiterbezogenen Teilziele zeigt *Abb. III 5.11*.

Voraussetzungen für das Einsetzen von Qualitätszirkeln sind:

- hohes Engagement der Mitarbeiter
- stark ausgeprägtes Problembewußtsein
- Akzeptanz des Instruments
- die Bereitschaft, Fehler schonungslos aufzuzeigen.

Wie bei jeder organisatorischen Neuerung sind vor der Einführung von Qualitätszirkeln die betroffenen Mitarbeiter aller Ebenen möglichst früh zu informieren und in die konzeptionellen Überlegungen einzubeziehen. Wichtig ist, daß alle Ebenen das Konzept mittragen, insbesondere das obere Management. Der Qualitätszirkelansatz braucht partizipative beziehungsweise kooperative Führungsstile. Die Geschäftsführung oder das obere Management müssen ein Rahmenkonzept entwickeln, das die Ziele für eine zukünftige Kleingruppenarbeit definiert. Dieses Konzept sollte mit dem mittleren Management diskutiert und abgestimmt werden. In der Rahmenplanung sollte auch festgelegt werden, ob die Zirkel auf Dauer Bestand haben sollen oder ob sie sich nach einer vorher festgelegten Sitzungszahl wieder auflösen. Die Leistung der Gruppen ist immer anhand von Sachleistungen zu messen; eine personenbezogene Leistungsbeurteilung ist zu vermeiden.

Die Gruppe selbst setzt sich idealerweise aus Mitarbeitern unterschiedlicher Abteilungen der Organisation zusammen, wobei es wichtig ist, gemeinsame Arbeitsaufgaben und Zielsetzungen festzulegen. Bei der **Gruppenzusammensetzung** sind folgende Stellen im Einzelfall zu definieren: Vor der Einführung von Qualitätszirkeln sollte eine Steuergruppe eingerichtet werden, die mit der Erstellung der Grundlagen betraut wird, die für die Zirkelarbeit notwendig sind. Die Steuergruppe sollte sich aus Mitgliedern der Unternehmensleitung, einem Koordinator und einem Promotor (verantwortlich für die Durchsetzung der Zirkelidee) bestehen. Die Funktion des Koordinators wird in den meisten Fällen von einem Abteilungsleiter eingenommen. Er ist für die Organisation der Zirkelaktivitäten verantwortlich, und ihm ist die Ausbildung der Zirkelleiter sowie die Koordination der eingesetzten Gruppen unterstellt. Darüber hinaus ist er für eventuelle materielle Unterstützung sowie die Vermittlung allenfalls benötigter Experten zuständig. In den Aufgabenbereich des Zirkelleiters (z.B. Qualitätsmanager) fällt die Einschulung der Gruppe bei Methoden und Techniken der Zirkelarbeit (z.B. Brainstorming, ABC-Analysen etc.) und die Moderation des laufenden Gruppenprozesses während der Zirkelarbeit. Dabei sollten auch die gruppendynamischen Aspekte der Teamentwicklung beobachtet werden. Der Moderator oder Koordinator hat den Ort und die Termine der Sitzungen festzulegen und die Zirkelmitarbeiter darüber zu informieren. In der Regel finden die Gruppensitzungen im Abstand von zwei bis drei Wochen statt.

Ein zentraler Punkt jedes Qualitätszirkels ist die systematische, strukturierte Durchführung einer **Problemanalyse**. Als Instrumente können z.B. die Pareto-Analyse, Ursachen-Wirkungs-Diagramme, Metaplan-Techniken oder Kreativitätstechniken eingesetzt werden. Der primäre Zweck der Pareto-Analyse liegt im Herausfinden der wichtigsten Fehlerquellen. Sie geht von der Vorstellung aus, daß etwa 20 Prozent der wichtigsten Probleme bezogen auf die gesamte Fehlerhäufigkeit etwa 80 Prozent der Schwierigkeiten einer Organisation verursachen. Eine Identifikation dieser wichtigsten Probleme kann also einen Großteil der Schwierigkeiten lösen. Es ist zweckmäßig, im Rahmen einer Wertzuordnung der jeweiligen Fehlerart die durchschnittlich von ihr verursachten Kosten zuzuordnen. Vielfach wird es nämlich nicht darum gehen, den häufigsten Fehler vorrangig zu bearbeiten, sondern den kostenmäßig gewichtigsten Fehler. (vgl. Strombach, o.J., S. 44) Folgende Schritte sollten im Rahmen einer Pareto-Analyse durchlaufen werden: Festlegung des Untersuchungsgebiets, Entscheidung über Analysemethode und Analysezeitraum, Datensammlung, Darstellung einer Pareto-Grafik, Zuordnung der Fehler zu den Kosten und Zeichnen einer Fortschrittskurve.

Mit **Ursache-Wirkungs-Diagrammen** wird ein Problem so lange zurückverfolgt, bis die wahrscheinlichste Ursache gefunden wurde. Die wichtigsten vier problemauslösenden Kategorien sind Menschen (Können, Wissen, Wollen), Maschinen (Fähigkeiten, Störungen), Material (Eignung, Gebrauch) und Methoden (Eignung, Anwendung). Im Zuge von Metaplan-Techniken nennen die Gruppenmitglieder auf kleinen Kärtchen stichwortartig Probleme. Der Moderator sammelt die ausgefüllten Kärtchen ein und gruppiert sie thematisch an einer Pinnwand.

(vgl. Strombach, o.J., S. 29) Kreativitätstechniken, z.B. Brainstorming *(siehe Teil III Kapitel 2)*, können in allen Phasen des Problemlösungsprozesses eingesetzt werden.

Da die Einführung von Qualitätszirkeln mit finanziellem Aufwand verbunden ist, ist eine Auseinandersetzung mit der **Kosten-Nutzen-Frage** oder der Start mit einem sogenannten Pilotzirkel zweckmäßig. Kurzfristig ist ein Beobachten und Messen der Ergebnisse relativ leicht möglich, sofern operationalisierte Kennzahlen festgelegt wurden. Nicht unproblematisch ist die Frage der Honorierung der Projektergebnisse, wobei Anerkennung beispielsweise über das betriebliche Vorschlagswesen erfolgen kann. Schwierig wird es überall dort, wo aufgrund der Komplexität einer Situation eine Messung nicht mehr so leicht möglich ist. Vor der erstmaligen Einführung von Qualitätszirkeln sollten entweder ein überbetrieblicher Seminaranbieter kontaktiert werden oder innerbetriebliche Informationsveranstaltungen für die beteiligten Führungskräfte oder Zirkelleiter stattfinden. Eine andere mögliche Informationsquelle ist das Lernen von Organisationen, die Qualitätszirkel bereits erfolgreich einsetzen.

Abb. III 5.11

Ziele von Qualitätszirkeln	
ZIELE	
unternehmensbezogene Teilziele	• Erhöhung der Produktivität • Verbesserung der Produktqualität • Verbesserung der Wettbewerbsfähigkeit • Kosteneinsparungen • Verbesserung der Kundenzufriedenheit
gruppenbezogene Teilziele	• Verbesserung des Informationsflusses • Verbesserung des Teamgeists und der Teamfähigkeit • Verbesserung der Zusammenarbeit zwischen den Abteilungen
mitarbeiterbezogene Teilziele	• verstärkte Identifikation mit der Arbeit und der Organisation • Erweiterung der Kenntnisse und Fähigkeiten • Erhöhung des Verantwortungsbewußtseins • Verbesserung der Arbeitszufriedenheit • Verbesserung der Motivation

Quelle: Bungard, 1991, S. 80

Abb. III 5.12

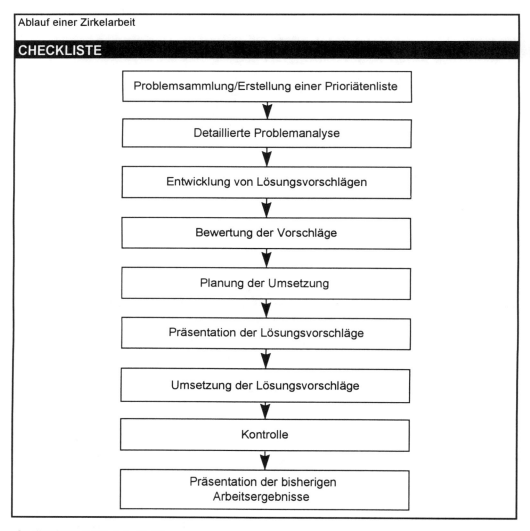

Quelle: Strombach, o.J., S. 35

5.6.2 Praxisbeispiel

Im folgenden soll der Einsatz eines Qualitätszirkels am Beispiel eines Pflegeheims skizziert werden. (vgl. Floh, 1997, S. 87ff.) Das Pflegeheim St. Andrä/Traisen führte zur Verbesserung der Patienten- und Mitarbeiterzufriedenheit ein Projekt mit dem Titel "Koordinationsprobleme beim Krankentransport" durch.

Die **Ausgangssituation** sah folgendermaßen aus: Beim Transport von Patienten traten sowohl seitens der Krankenträger als auch seitens der Patienten immer wieder Stoßzeiten und Leerläufe auf. Einerseits lag die Ursache in einer ungünstigen Festlegung der Therapiezeiten, die für Patienten zu einer Störung der Ruhezeiten oder Mahlzeiten führt, andererseits kam es durch die Überlastung der Aufzüge zu häufigen Defekten und somit zu verlängerten Transportzeiten. Auch die Intransparenz der Therapie-Zeitpläne und die damit verbundene mangelnde Vorbereitung auf die Behandlung bereiteten den Patienten Probleme und wirkten sich negativ auf die zeitliche Einteilung der Therapeuten aus.

Diese komplexe Ausgangssituation wurde genau analysiert und brachte folgende Problemdefinition: willkürliche und nicht auf den Tagesablauf der Patienten abgestimmte Terminvereinbarung zwischen der Station, den Therapeuten im paramedizinischen Bereich und den Krankenträgern.

Als **Ziele** des Qualitätszirkels wurden exakte und transparente Zeitvereinbarung, Verbesserung der Zusammenarbeit zwischen den betroffenen Berufsgruppen sowie Erhöhung der Zufriedenheit auf Patienten- und Mitarbeiterseite festgelegt.

Der **Prozeß "Patiententransport"** wurde folgendermaßen definiert: Den Prozeßbeginn stellt die Verordnung der Therapie dar. Als Prozeßende gilt das Wiedereinlangen des Patienten auf der Station. Vier Meßkriterien sollten die Problembereiche abdecken: Patient ist abholbereit (1), Therapieblatt ist vollständig (2), Transportliste ist vollständig (3), Aufzug ist nicht überlastet (4).

In einem nächsten Schritt wurde eine **Ursachen-Wirkungs-Analyse** durchgeführt, und zwar mit folgenden Ergebnissen:

- Patient nicht abholbereit: Patient und Pflegepersonal waren nicht informiert über die anstehende Therapie.
- Daten des Therapieblatts unvollständig: Häufig wurden vom Stationsarzt bei der Neuverordnung bestimmte, für den Therapeuten und für den Träger wichtige Daten über den Patienten nicht auf dem Therapieblatt vermerkt.
- Daten der Transportliste unvollständig: Aufgrund fehlender Daten der Neuverordnung war auch die Transportliste nie vollständig ausgefüllt, was zu häufigen Rückfragen führte.
- Aufzug blockiert: Dieses Problem trat vor allem während der Stoßzeiten sehr häufig auf.

Im Zuge eines Qualitätszirkels, an dem Mitarbeiter aller betroffenen Bereiche sowie ein Zuständiger für das Qualitätsmanagement teilnahmen, d.h. insgesamt vier Personen, wurden folgende **Lösungsvorschläge** erarbeitet:

- Es wurde beschlossen, im Schwesternzimmer ein Stecksystem zu installieren, anhand dessen festgestellt werden kann, welcher Patient wann und wohin zu Therapien eingeteilt ist.
- Die Therapiezeiten wurden geringfügig verändert, um die Essens- und Ruhezeiträume der Patienten nicht zu stören. Durch diese Maßnahmen konnten auch Stoßzeiten ausgeglichen werden.
- Das Therapieblatt wurde neu gestaltet. Inhaltlich wird es vom Therapeuten festgelegt und vom Pflegepersonal während der Visite angelegt.
- Das Transportblatt wurde modifiziert und um für den Träger wichtige Informationen ergänzt.

Den Abschluß des Qualitätszirkelprojekts bildete die **Erfolgskontrolle**. Bezogen auf die eingangs festgelegten vier Kriterien, konnten folgende Verbesserungen nach der Implementierung des Qualitätszirkels erreicht werden: Der Grad der Nichterfüllung sank beim Kriterium „Abholbereitschaft des Patienten" von 70 auf 40 Prozent, beim Kriterium „Vollständigkeit des Therapieblatts" von 89 auf 70 Prozent und beim Kriterium „Vollständigkeit der Transportliste" von 100 auf 16 Prozent. Die Überlastung des Aufzugs fiel zur Gänze weg.

Zusammenfassend betrachtet, kann das Instrument Qualitätszirkel mit relativ geringen Kosten auch von kleineren oder finanziell schwächeren Organisationen mit durchaus respektablen Ergebnissen durchgeführt werden. Zu beachten ist allerdings, daß sie von ihrer Zielsetzung grundsätzlich eher längerfristig angelegt sind und viele Effekte häufig erst nach einem Zusammenwachsen der Gruppen entstehen. Zu große Ungeduld oder Druck, um kurzfristige Ergebnisse zu erzielen, können bereits in der Vorbereitung von Qualitätszirkeln zu großen Problemen führen.

5.7 Weiterführende Literatur

Interessierten wird empfohlen, eventuell die der Zertifizierung zugrundeliegenden aktuellen Ausgaben der DIN ISO 9000 Normenserie zu erwerben. Das nationale Normungsinstitut, Zertifizierungsgesellschaften oder einschlägige Berater informieren über den jeweiligen aktuellen Stand der Norm. Eine Besprechung sowie Erläuterungen zur DIN ISO 9000 Normenserie sind auch in verschiedenen Literaturhinweisen zu diesem Beitrag zu finden.

Anwendungsbezogene Fragen zum Qualitätsmanagement finden sich weiters bei Stauss (1994) und Kraemer-Fieger, Roerkohl, Kölsch (1996), wobei sich letztere vor allem mit den Schlüsselfragen der Zertifizierung von NPOs auseinandersetzen.

6 Instrumente für das Wissensmanagement in NPOs
(Koordination: Stefan Güldenberg)

6.1 Wissensmanagement in NPOs – Ziele und Funktionen

Wissen ist keine neue Größe erfolgreichen Managements. Seit jeher sorgt das gekonnte Management der Unternehmensressource Wissen für hohe Existenzberechtigung und damit Überlebensfähigkeit einer Organisation in ihrem Umfeld. So hatten beispielsweise schon die Berater im alten Griechenland eine Sonderstellung innerhalb der Gesellschaft. Geheimrezepturen und Patente sicherten und sichern das Überleben vieler Unternehmen, die am Anfang unseres Jahrhunderts gegründet wurden, bis in unsere Tage hinein. In diesem Sinne auch Nonaka (Nonaka, 1991, S. 96):

„In an economy where the only certainty is uncertainty, the one sure source of lasting competitive advantage is knowledge."

Wissen war daher zu jeder Zeit ein kostbares Gut. Gemessen an dieser Bedeutung, ist es erstaunlich, daß dem Management der Unternehmensressource Wissen bisher kaum Beachtung geschenkt wurde. Abgesehen von vereinzelten wissenschaftlichen Publikationen in den sechziger Jahren zur allgemeinen Bedeutung des Wissens in unserer Gesellschaft sowie darauf aufbauenden Arbeiten zu seiner ökonomischen Relevanz, fehlt bis heute jede systematische Auseinandersetzung mit dieser Thematik. (vgl. Boulding, 1966; Machlup, 1962; Porat, Rubin, 1977; Rubin, Huber, 1986) Erst im Zuge der organisationalen Lerntheorie ist auch ein Aufschwung auf dem Gebiet des **Wissensmanagements** zu beobachten.

Der Begriff des Wissensmanagements konnte sich zwar etablieren, doch in der Praxis scheint dieses Thema in den meisten Organisationen bis heute bedeutungslos zu sein. So meint beispielsweise Willke (Willke, 1995, S. 308):

„Wissensmanagement in Organisationen steckt noch ganz in den Kinderschuhen. Selbst Firmen und Einrichtungen, die auf professionelle, wissensbasierte Leistungen ausgerichtet sind, wie etwa Beratungsunternehmen, Zeitungen, Fachzeitschriftenverlage, Fachkliniken, Schulbehörden, Bibliotheken etc., unterscheiden sich in ihrem Wissensmanagement kaum von den Manufakturen des 17. Jahrhunderts. Nahezu alles Wissen steckt in den Köpfen von Menschen; es gibt Listen, Karteikästen und ähnliches, aber das gesamte Arrangement ist eher darauf angelegt, den Zugang und die allgemeine Nutzung des Wissens zu verhindern als zu fördern."

Während sich Macht und Geld im staatlichen Bereich und bei profitorientierten Unternehmen als traditionell gewachsene **Steuerungsgrößen** durchgesetzt haben, ist es insbesondere der

Nonprofit Bereich, in dem die Mitarbeiter dadurch nur unzureichend oder überhaupt nicht motiviert werden können. Wissen ist das einzige dem Organisationstypus NPO angemessene und stimmige Steuerungsmedium *(vgl. HANDBUCH - Zauner, 1997: Solidarität, S. 116f.)*:

Abb. III 6.1

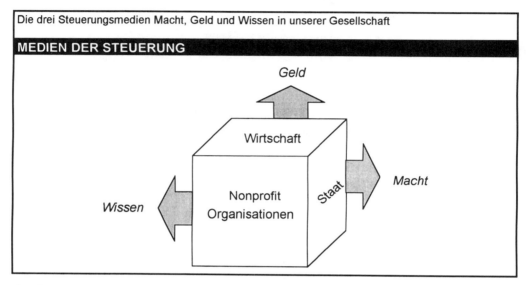

Die drei Steuerungsmedien Macht, Geld und Wissen in unserer Gesellschaft

Quelle: vgl. dazu auch Willke, 1995

Bedingt durch ihre hohe Eignung dürfen Instrumente des Wissensmanagements in einer derartigen Sammlung von Instrumenten für den NPO Bereich nicht fehlen. Deshalb wird im folgenden eine kleine Auswahl vorgestellt.

6.2 Wissenslandkarten
(Alfred Zauner)

Kurzbeschreibung

Wissenslandkarten versuchen das bei unterschiedlichen Wissensträgern in einer Organisation konzentrierte Erfahrungswissen zu bündeln und in schriftlicher oder auch bildlicher Form für alle Mitarbeiter zugänglich zu machen.

6.2.1 Beschreibung

Wissenslandkarten erfüllen keinen Selbstzweck. Es ist also zu fragen, wem eine übersichtliche und handhabbare Zusammenführung des an verschiedenen Orten der Organisation verstreuten expliziten Wissens und die – in diesem Prozeß günstigenfalls mitlaufende – Hebung und Zugänglichmachung impliziten Wissens dienen soll. In betriebswirtschaftlicher Begrifflichkeit ist also zu klären, wer der Kunde einer Wissenslandkarte sein soll und welchen spezifischen Nutzen er aus deren aktiven Verwendung ziehen könnte. Aufgrund der breiteren Auffächerung der Beziehung von Leistungsanbietern und Leistungsbeziehern in NPOs soll im weiteren von den Bedürfnissen der Nutznießer (Kunden, Klienten, Anspruchsberechtigte) die Rede sein.

Ausgangspunkt und Basis bei der Erstellung von Wissenslandkarten ist es, den Kreis der Nutznießer festzustellen und in der Folge, aktuelle und potentielle Bedürfnisse dieser deren detailliert zu erheben und einzuschätzen. Die Leistungsfähigkeit einer Wissenslandkarte hängt davon ab, sich bei ihrer Erstellung nicht nur nach den expliziten Bedürfnissen der Nutznießer auszurichten, sondern in intensivem Dialog auch impliziten, den potentiellen Nutznießern selbst nicht immer bewußten Bedürfnissen und Fragen nachzugehen.

Die so ermittelten Bedürfnisse und Fragen der künftigen Nutznießer sind Ausgangspunkt, aber auch wesentlicher Bestandteil der Wissenslandkarte; sie werden dort dokumentiert und bleiben im weiteren anpassungs- und erneuerungsbedürftig – nicht nur im Rahmen eines turbulenten Unternehmensumfelds.

Im nächsten Schritt gilt es, die vielfältigen Erfahrungen der Organisation im Umgang mit diesen Bedürfnissen und Anforderungen zu heben und zu dokumentieren. In dieser Phase spielen sogenannte „Wissensmakler" eine herausragende Rolle. Damit sind jene Personen gemeint, an die man sich auch im Arbeitsalltag wendet, wenn man etwas wissen und verstehen will. Dabei geht es keinesfalls um pures Faktenwissen, mindestens ebensolches Gewicht hat das Wissen um Beziehungen und Zusammenhänge. Solche Wissensmakler „geben keine Anweisungen, sie bieten auch keine Lösungen. Dafür erzählen sie Geschichten, weisen auf andere Wissensquellen hin und schaffen neue Kontexte für den Fragenden". (Preissler, Roehl, Seemann, 1997, S. 8) Relevantes Wissen liegt nicht immer an der kommunikativen Oberfläche bereit, es erschließt sich manchmal erst aus der Zusammenschau verstreuter Erfolgsgeschichten sowie aus der Analyse vergangener Mißerfolge.

Eine wichtige Funktion von Wissenslandkarten kann in der Verknüpfung unverbundenen, an verschiedenen Orten der Organisation entwickelten Wissens gesehen werden. Preissler, Roehl und Seemann (1997) sprechen bildhaft von „Wissenskupplungen", die verstreute „Wissensinseln" miteinander in Beziehung bringen. Selbst wenn es als immer wichtiger erkannt würde, Wissen in Organisationen zu teilen, sei die Verbindung zwischen solchen Wissensinseln aufgrund tradierter Bereichsegoismen und bekannter Schnittstellenprobleme häufig mit erheblichen Schwierigkeiten verbunden.

Der zentrale Leistungsbereich von Wissenslandkarten liegt in den Augen der Verfechter dieses Instruments in der Fähigkeit, tiefes Verständnis für gegenwärtige Prozesse und Strukturen zu schaffen. Die spezifischen Bedürfnisse der Nutznießer sowie alltägliche Geschäftsabläufe und Arbeitsweisen der Organisation könnten damit expliziert und für alle zugreifbar werden. (vgl. Preissler, Roehl, Seemann, 1997, S. 9)

6.2.2 Vor- und Nachteile

Im folgenden werden schlaglichtartig einige Argumente für den Einsatz von Wissenslandkarten in NPOs skizziert, aber auch Bedenken gegen eine allzu euphorische Anwendungsperspektive angesprochen.

1.) Für den instrumentellen Nutzen einer differenzierten und infolge laufender Pflege aktuellen Wissenslandkarte in NPOs sprechen zwei Besonderheiten des Nonprofit Sektors:

Zum einen ist offenkundig, daß die diskontinuierliche und oft auch nur sporadische Form der Ehrenamtlichenarbeit in NPOs eine intime Kenntnis subtiler und dennoch wichtiger Handlungserfordernisse und Vorgehensschritte kaum zuläßt. Der Bedarf nach einer rasch verfügbaren, verläßlichen, präzisen und aktuellen Orientierungsmöglichkeit ist bei nebenberuflich Tätigen durch ihre geringere Einbindung in die informellen Kommunikationsnetze der Organisation zweifellos größer als bei hauptberuflich Beschäftigten.

Zum anderen weisen NPOs, vornehmlich basisnahe NPOs, erfahrungsgemäß einen höheren Grad an Mitarbeiterfluktuation auf als erwerbswirtschaftliche Organisationen – von der öffentlichen Verwaltung ganz zu schweigen. Die organisationale Verfügbarkeit des aus der alltäglichen Handlungserfahrung erwachsenden Wissens wird unter der Bedrohung häufigen Personalwechsels zu einem prekären Problem – und damit die Sicherung des Erfahrungswissens der Mitarbeiter zu einem vergleichsweise dringlicheren Anliegen des organisationalen Wissensmanagements.

Wissenslandkarten sollen das explizite wie implizite Wissen einer Organisation erfassen und übersichtlich darstellen („Landkarte"). „Sie geben Orientierung und ermöglichen es, im Erfahrungswissen der Firma zu 'navigieren'". (Preissler, Roehl, Seemann, 1997) Diese Formulierung kann zugleich als stimmiger Hinweis darauf gelesen werden, daß Wissenslandkarten in ihren einfacheren Ausprägungsformen eine Vorstufe, in elaborierteren Formen ein wesentliches Teilelement eines informationstechnologisch gestützten Wissensnetzwerks sind.

2.) Eine ungebrochene Übernahme des im Wirtschaftsbereich entwickelten Modells von Wissenslandkarten mit starker Ausrichtung am „Kunden" mag für NPOs heuristisch ertragreich sein, insgesamt ist diese Perspektive aber doch entscheidend zu eng. Henry Mintzberg (1996) hat deutlich gemacht, daß im entwickelten Rechtsstaat westlicher Prägung nicht jede organisationale Außenbeziehung – gleichsam in Verneigung vor dem betriebswirtschaftlichen Effizienzmythos – in die Form einer Kunden-Lieferanten-Beziehung gepreßt werden kann. Gerade NPOs gegenüber tritt das Individuum nicht nur als mehr oder minder zahlungskräftiger Kunde auf, sondern auch als Klient, der professionelle Hilfe sucht oder als anspruchsberechtigter Bürger.

Preissler, Roehl und Seemann (1997) machen auf mikropolitische Schwierigkeiten bei der Erstellung von Wissenslandkarten aufmerksam, da diese personalisiertes Wissen „enteignen" würden. Wissen würde damit Werkzeug für alle, statt Privileg – und Machtbasis – für einzelne zu sein. Personalisiertes Wissen preiszugeben erfordere erhebliches Vertrauen in den Prozeß. Um mit dem Realphänomen mikropolitischer Ängste und Unsicherheitszonen angemessen umgehen und Vertrauen in den überwiegenden kollektiven Nutzen dieses Vorgehens entwickeln zu können, wird die Freiwilligkeit der Teilnahme am Prozeß der Modellentwicklung als unabdingbare Erfolgsvoraussetzung eines solchen Vorhabens erachtet.

Zu beachten ist auch, daß Wissenslandkarten bei der Erstellung und Wartung hohe personelle Ressourcen binden. Sie sind „lebendige Dokumente", die ständig verwendet und erneuert werden müssen. (Preissler, Roehl, Seemann, 1997) Dieses hier in normativem Sinne angesprochene Erfordernis wird von Willke als empirischer Befund aus zahlreichen Fallstudien über besonders innovative Unternehmen bestätigt: „Wissensbasierte 'intelligente' Organisationen entwickeln eine selbstverstärkende Rekursivität der Nutzung und der Generierung von Wissen." (Willke, 1997, S.7) Die Rede ist also von einer durch den Kreislauf von laufender Nutzung, disziplinierter Erfahrungsrückmeldung und -verarbeitung induzierten Lernschleife, in der implizites Wissen der Organisation mitlaufend in explizites, verfügbares Wissen (Nonaka) transferiert wird. Ob und inwieweit sich eine solche, sich selbst in Bewegung haltende Lernspirale in der Organisationspraxis allein im Medium schriftlicher oder auch bildhafter Wissenslandkarten (Mind-Maps, *siehe Teil III Kapitel 6.6*) realisieren läßt, wird eher skeptisch zu beurteilen sein.

6.2.3 Praxisbeispiel

Welchen ideellen, zeitlichen und letztlich auch materiellen Investitionsaufwand die Erstellung einer elaborierten Wissenslandkarte erfordern kann, verdeutlichen Preissler, Roehl und Seemann am Beispiel eines privatwirtschaftlichen Großunternehmens. *(siehe dazu ausführlicher Teil III Kapitel 6.6.3)* Dort zeigt sich aber auch die Leistungsfähigkeit dieses Instruments des organisationalen Wissensmanagements (siehe Preissler, Roehl, Seemann, 1997, S. 9):

„Im Jahre 1993 wurde bei einem führenden, international agierenden Hersteller von pharmazeutischen Produkten damit begonnen, eine Wissenslandkarte zu erstellen. Ausgangspunkt der Intervention war das Problem zu langer Prozesszeiten bei der Zulassung neu entwickelter Produkte. Der Erstellungsprozess dauerte zwei Jahre. Neben drei Vollzeitbeschäftigten, die den

Inhalt sammelten und konfigurierten, waren über 300 Experten an der Erstellung der Karte beteiligt. Wesentliche Schritte zur Erstellung des Inhalts waren

- die Zusammenstellung der elementaren Richtlinien der wichtigen Zulassungsbehörden von pharmazeutischen Produkten,
- die Befragung von Experten in der Firma über gute und schlechte Erfahrungen bei der Erfüllung entsprechender Richtlinien und
- die Klärung der Frage, wer am Zulassungsprozess zu beteiligen ist.

Mit der fertiggestellten Wissenslandkarte konnten die Prozessdurchlaufzeiten stark verringert werden. Doppelarbeit, Kommunikationsprobleme an den Schnittstellen von Zuständigkeiten und das Bereichsdenken vieler Beteiligter wurden durch den Bezug auf die Wissenslandkarte offenbar. Sie half praktisch dabei, Barrieren zu überbrücken und einen neuen, effizienteren Prozess zu schaffen. Die Unterstützungsfunktion der Wissenslandkarte ging bis zu internationalen Kooperationen und der Akquisition einer amerikanischen Firma."

6.3 Soziale Netzwerke
(Alfred Zauner)

Kurzbeschreibung

Einen wohl schon immer genutzten Marktplatz des Wissenstransfers stellen soziale Netzwerke dar. Darunter ist ein personenbezogenes Beziehungsgeflecht zu verstehen, das aufbauend auf gemeinsamen Interessen und Sinnvorstellungen bedarfsorientiert aktiviert werden kann.

6.3.1 Beschreibung

Die loseste und zugleich am weitesten verbreitete Form der wissensrelevanten Verknüpfung von Einzelakteuren ist im sozialen Netzwerk zu finden. Soziale Netzwerke sind ein personenbezogenes Beziehungsgeflecht, womit sie für NPOs eine überaus anschlußfähige, weil kulturnahe Form des basalen Wissensmanagements sein dürften.

Soziale Netzwerke sind gewissermaßen eine „vororganisationale" soziale Erscheinung: Sie entsprechen mit Ausnahme des nicht gegebenen Merkmals der face-to-face-Kommunikation eher den Beschreibungskriterien der Gruppe als jenen der Organisation. Personenorientierung, zeitlich offene Austauschbeziehungen auf Gegenseitigkeit und die relative Unverbindlichkeit bei gleichzeitiger Undelegierbarkeit der aktiven Teilnahme rücken soziale Netze als gesellschaftliche Erscheinungsform in die Nähe basisnaher NPOs, die in ihrem Innenverhältnis vielfach ähnliche organisationskulturelle Verhaltensmuster ausprägen. *(vgl. HANDBUCH - Zauner, 1997: Solidarität, S. 109f.)*

Auch die Funktionsbeschreibung sozialer Netzwerke zeigt die Nähe dieses sozialen Verknüpfungsmusters zum funktionalen Handlungsraum von NPOs. So werden die Funktionsleistungen sozialer Netzwerke auf gesellschaftlicher Ebene in erstaunlicher Parallelität zur gesellschaftlichen Funktionsbestimmung der NPO als intermediärer Vermittlungsorganisation *(vgl. HANDBUCH - Badelt, 1997a: Ausblick, S. 417 f.; Zauner, 1997: Solidarität, S. 112ff.)* gesehen: „Vor allem laufen Netzwerke quer über Funktionssysteme der Gesellschaft (Recht, Wirtschaft, Wissenschaft, Politik etc.) und haben damit vor allem dort Integrationspotentiale, wo die Eigenlogik der Teilsysteme dysfunktional für das Ganze wird." (Boos, Exner, Heitger, 1992, S. 57)

In Abgrenzung von einem grundlegenden Wesenselement von Organisation – Trennung von Stelle/Amt und Person – sind soziale Netzwerke personengebunden. Sie unterscheiden noch nicht in organisatorischer Schärfe zwischen Berufsrolle und Privatperson, ihre spezifischen Handlungsofferte sind auf persönliche identifikatorische Annahme angewiesen.

Soziale Netzwerke funktionieren höchst ökonomisch, da sie auf einem zeitlich gestreckten Tauschprinzip beruhen: Leistung und Gegenleistung, die in der Form von Angeboten aktualisiert werden, beziehen sich auf der Basis des vertrauensgestützten Prinzips erwartbarer Wechselseitigkeit aufeinander. Die Einbindung in etablierte soziale Netze bildet den Kern dessen, was Bourdieu als „Beziehungskapital eines Akteurs" bezeichnet.

Die genannten Grundelemente, aus denen soziale Netzwerke ihre integrierende und organisierende Kraft ziehen, werden von Jarmai (1995) in einem Schaubild entfaltet:

Abb. III 6.2

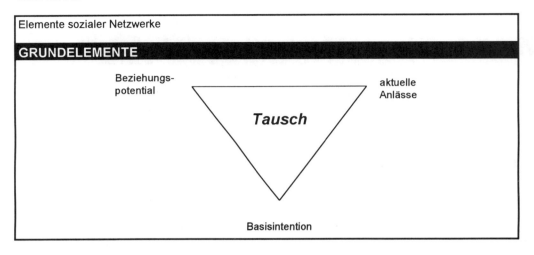

Soziale Netzwerke sind durch geringe Strukturbildung gekennzeichnet, sie existieren im sozialen Möglichkeitsraum ihrer jeweiligen bedarfs- oder anlaßbezogenen Aktualisierung. Wirksamwerden und Überleben sozialer Netzwerke erfordern gleichsam im Gegenzug ein erhöhtes Maß an persönlichem Vertrauen, wechselseitiger Wertschätzung und über die Zeit hinweg auch an allseitiger Nutzensteigerung für die Netzwerkpartner.

Boos, Exner und Heitger (1992, S. 60) verdeutlichen Struktur und Leistungsspektrum sozialer Netzwerke anschaulich auch in einschlägigen Handlungsempfehlungen.

Handlungsanleitungen für soziale Netzwerke (nach Boos, Exner, Heitger):

a) Man achte auf die Ausbalanciertheit der Beziehungen beziehungsweise vermehre den Nutzen seiner Partner.

b) Man fördere Aktivitäten, die eine attraktive Zukunft seiner Netzwerkpartner unterstützen.

c) Man beende Kontakte (auch mit Konkurrenten) im Netzwerk immer so, daß man später wieder anknüpfen kann.

d) Man versuche Dinge im Fluß zu halten, statt sie festzuhalten, d.h. zu dokumentieren oder formal zu entscheiden.

e) Man konzipiere jede Intervention ins Netzwerk als ein Angebot, das auch abgelehnt werden kann.

f) Man nutze Kontakte auch für die nicht anwesenden Dritten.

6.3.2 Vor- und Nachteile

Sind soziale Netzwerke Vorformen der NPO oder basale Instrumente eines personenbezogenen Wissensmanagements? Oder sind sie beides?

Ob soziale Netzwerke aufgrund ihrer fließenden Grenzen – wer Mitglied ist oder nicht, läßt sich nicht eindeutig sagen – als soziale Systeme zu qualifizieren sind oder nicht, scheint zunächst nur eine akademische Frage zu sein. Für die organisatorische Praxis in NPOs dürfte diese Qualität der offenen Grenzen aus zwei Gründen bedeutsam sein:

- Offenheit und Nichtausschließlichkeit von Netzwerken kommen den zentralen Kulturelementen basisnaher NPOs entgegen. Soziale Netzwerke gelten mit Recht als eingeübtes Aktionsfeld von Führungskräften wie Mitarbeitern in NPOs. Es macht aus diesem Blickwinkel auch Sinn, NPOs in umgekehrter Funktionslogik als das organisationale Kondensat von Netzwerkintentionen ihrer Gründer und Mitglieder zu sehen. Netzwerkarbeit sollte damit an Tradition und Erfahrungswelt vieler NPOs anschlußfähig sein.

    Zum Gegenstand des Wissensmanagements werden soziale Netzwerke dann, wenn sie sich nicht nur als Folge und Ausdruck mehr oder minder zufälliger Interessenübereinstimmung oder persönlicher Sympathien darstellen, sondern aus zielgerichteter Managementperspektive dem Aufbau und der Sicherung der organisationalen Wissensbasis dienen.

- Wenn Netzwerke auf die Möglichkeit eines jeweils zu aktualisierenden (Wissens-)Austauschs ausgerichtet sind, erübrigt sich ein hoher organisatorischer und materieller Aufwand, der anfiele, wenn man das für relevant erachtete Wissen in voller Breite innerorganisatorisch vorhalten wollte. Das soziale Netz stellt sicher, bei Bedarf über die eigenen Organisationsgrenzen hinaus auf entsprechende Wissensressourcen zugreifen zu können.

Damit ist wohl auch die Frage positiv zu beantworten, ob die Investition in soziale Netzwerke als solche zum instrumentellen Inventar des Wissensmanagements gezählt werden kann. Aufbau und Pflege von tragfähigen sozialen Netzen innerhalb und über die Grenzen der Nonprofit Welt hinaus wird auch künftig ein unverzichtbares Werkzeug neben anderen, organisatorisch und technisch ausdifferenzierten Instrumenten des Wissensmanagements sein.

In dieselbe Richtung plädiert auch Heitger (1996, S. 142), wenn sie im ersten Punkt ihrer „Gestaltungsprinzipien und -strategien für Wissensmanagement" empfiehlt: „Fördere und etabliere übergreifende stabile Beziehungsnetzwerke, in denen Kooperationsnetze aufgebaut werden und Wissenspotentiale deutlich werden können, die dann bei Bedarf bedürfnis- und anlaßbezogen und schnell Wissensvernetzung und -transfer sichern. Dabei ist auch die Bedeutung von EDV-Netzwerken als Verstärker nicht zu unterschätzen."

6.3.3 Praxisbeispiel

In der Fachliteratur ist man sich einig, daß die Erforschung von organisationaler Wissensarbeit erst am Anfang steht. (zuletzt Willke, 1997) Als Vorreiter einer sich entwickelnden Praxis des Wissensmanagements führt Willke neben den weltweit agierenden Finanzdienstleistern und Beratungsgesellschaften auch einige kleine Unternehmen der Beratungsbranche an. Er verweist in diesem Zusammenhang auf ein österreichisches Beispiel, die „Beratergruppe Neuwaldegg", die ihr Wissensmanagement nicht zuletzt auf ein soziales Netzwerk abstützt. (vgl. Willke, 1995 sowie 1997, S. 12) Die Initiatoren dieses Netzwerks beschreiben – im Anschluß an die Begründung einer Strategie der Begrenzung des inneren Organisationswachstums – Zielrichtung und Praxis der Netzwerkarbeit folgendermaßen (Boos, Exner, Heitger, 1992, S. 58f.):

„Zugleich geht es aber darum, quantitativ wie qualitativ flexibel und kompetent auf den steigenden Beratungsbedarf zu reagieren – was durch die projektbezogene Kooperation mit anderen selbständigen Beratern erreicht wird. Statt mühsam institutionelle Kooperationsvereinbarungen abzuschließen, wird von Fall zu Fall zusammengearbeitet. Als Voraussetzung für die Anschlußfähigkeit hat sich neben einer persönlichen Basis das gemeinsame Interesse an der Weiterentwicklung der Theorie über Beratung herausgestellt. Die Basisintention besteht also aus einem gemeinsamen Qualitätsanspruch an die Beratungsarbeit und dem Interesse, von- und miteinander zu lernen.

Andererseits wurde ein Verein gegründet (Forschergruppe Neuwaldegg), der als Lernstatt für inhaltliche Auseinandersetzungen zur Verfügung stehen soll. Der erklärte Auftrag ist es, die Netzwerkarbeit zu fördern. Diese Netzwerkphilosophie der Beratergruppe hat sich in vielerlei Hinsicht bewährt – sie ermöglicht Wachstum, ohne einen hohen Preis für die Organisationskomplexität zahlen zu müssen. Die Netzwerkarbeit gibt inhaltlich immer wieder neue Impulse für die Beratungstätigkeit – in gewisser Weise kooperieren hier ja auch Konkurrenten miteinander. Dieses Balancieren von Kooperation und Konkurrenz, das typisch für viele Netzwerke ist, hält wach für neue Fragen und Qualifikationsnotwendigkeiten.

Zugleich verlangt die Netzwerkarbeit aber ein hohes Maß an Autonomie (Bindungen eingehen/sich trennen), an Kommunikationsfähigkeit und an Zeit, das eigene Beziehungskapital aufzubauen und es – sozusagen in absichtslosem Engagement – zu pflegen. Dazu gehören solche Beziehungen (Offenheit, positive Grundhaltung), an die man bei „aktuellem Anlaß" jederzeit wieder anknüpfen kann. Wesentlich bei dieser Netzwerkarbeit ist aber vor allem ihre Langfristigkeit, Kontinuität und die permanente Außenorientierung."

6.4 Wissensnetzwerke
(Alfred Zauner)

Kurzbeschreibung

Als Wissensnetzwerk bezeichnet man ein organisatorisch wie informationstechnologisch ausdifferenziertes Instrument des Wissensmanagements, das auf die zugriffsfähige Dokumentation, Aufbereitung und Weiterentwicklung des organisatorischen Wissensbestands zielt.

6.4.1 Beschreibung

Wenn wir es heute im wirtschaftlichen wie im gesellschaftlichen Leben – weithin unbestritten – zunehmend mit komplexen, sich wechselseitig beeinflussenden Aufgaben und Fragestellungen zu tun haben, so erscheint einleitend eine Präzisierung hinsichtlich des relevanten „Wissensträgers" angebracht. Es kann unter dieser Prämisse nicht mehr genügen, in den Ruf nach lebenslangem Lernen einzustimmen und im Weg forcierter Weiterbildung noch mehr Wissen in die individuellen Köpfe der Organisationsmitglieder zwängen zu wollen. Zentraler Bezugspunkt ist viel eher die Gestaltung einer Organisationsarchitektur, die anpassend-korrektives Lernen wie auch kreativ-innovatives Lernen der Organisation selbst fördert.

Untersucht man die Praxis erfolgreicher Unternehmen, die auf dem Gebiet des Wissensmanagements Pionierarbeit geleistet haben, lassen sich aus den dort entworfenen und mit Erfolg praktizierten Modellen einige Kernelemente eines ausgereiften, computergestützten Wissensnetzwerks herausfiltern. Ein Vergleich solcher organisatorisch wie informationstechnologisch elaborierter Modelle – vornehmlich aus dem Bereich wissensintensiver Produktions- und Beratungsunternehmen – zeigt erstaunliche Ähnlichkeiten der berichteten Lösungsansätze und Probleme (vgl. Berger, Schilcher, 1997, S. 133ff.):

- Alle Fallberichte betonen, daß Wissensmanagement primär kein technisches Problem ist. Der Schlüssel zum Erfolg liegt in einer offenen, auf Kooperation und Wissensaustausch angelegten Unternehmenskultur.

- Es herrscht Übereinstimmung, daß die Summe des gesamten Wissens der Organisation nicht nur einseitig abrufbar sein soll, sondern daß ein Dialog zwischen den einzelnen, teils auch räumlich getrennten Mitarbeitern und Kooperationspartnern ermöglicht werden muß, der über die schlichte Weitergabe von Wissen hinaus potentiell auch neues Wissen schafft.

Mit Bezug auf die zum Einsatz kommende Netzwerktechnologie wird zusammenfassend festgehalten:

- Jedes der Unternehmen verfügt über eine oder mehrere Datenbanken, in denen unternehmensweit relevantes Wissen gespeichert wird. Die größte Schwierigkeit sieht man in der Kategorisierung von Wissen und der damit verbundenen Thesaurusbildung. Um die Möglichkeit des Dialogs auch zwischen räumlich getrennten Mitarbeitern oder Kooperationspartnern zu gewährleisten, wurden überall Online-Diskussionsforen eingerichtet.

- Alle Modelle verfügen über Personaldatenbanken, in denen die Mitarbeiter und Kooperationspartner nach Wissensgebieten, Erfahrungsbereichen, spezifischen Kenntnissen und Fähigkeiten etc. geordnet und so themenspezifisch ansprechbar sind.

- In informationstechnologischer Hinsicht geht es um den Einsatz von computergestützter Groupware, die es ermöglicht, Meinungen auszutauschen, Vorschläge zu unterbreiten oder Rückmeldungen über Arbeitsmethoden und Vorgangsweisen zu erhalten. Dieses System erlaubt es, über die Versendung von E-Mails an bestimmte Personen oder Personengruppen hinaus Nachrichten und Anfragen an eine Art elektronisches „Schwarzes Brett" zu hängen und auf Kommentare zu warten. Damit werden auch unerwartete Rückmeldungen provoziert, implizites Wissen wird durch elektronische Dokumentation zu explizitem Wissen, und günstigenfalls wird eine Spiralenbewegung der dialogischen Wissensgenerierung ausgelöst.

Willke (1995) betont die wechselseitige Abhängigkeit von Wissensgesellschaft und der von ihr bereitgestellten Infrastruktur und „intelligenten Organisationen". Durchaus skeptisch merkt er an, es gäbe im Organisationsalltag sehr viel mehr gute Gründe für das Scheitern von Wissensmanagement als für das Gelingen. Soll Wissensmanagement nicht zur bloßen Fassade oder zum nutzlosen Ritual verkommen, so seien eine Fülle von Detailvorkehrungen unabdingbar. *(siehe Teil III Kapitel 6.4.3)*

6.4.2 Vor- und Nachteile

Computergestützte Kommunikation dürfte in absehbarer Zeit zur informationstechnischen Grundausstattung mittlerer und größerer NPOs zählen. Damit rückt rein technisch der Aufbau differenzierter Informations- und Kommunikationsnetzwerke in den Bereich einer organisatorischen Entscheidungsoption. Für größere NPOs und besonders auch für interorganisatorische Netzwerke im Nonprofit Sektor sollte eine elaborierte informationstechnische Infrastruktur für gemeinsame Daten, Wissensbestände und Reflexion den Unterbau eines organisationalen und bereichsübergreifenden Wissensmanagements bilden. Zweifellos kann der Aufbau solcher Wissensnetzwerke aus den Modellen und Erfahrungen Nutzen ziehen, wie sie in der Welt wissensbasierter Profit Organisationen entwickelt wurden.

Innerorganisatorische Vernetzungen werden technisch in Form des Intranets ausgestaltet. NPOs jeder Größenordnung sollten aufgrund der ihnen zugeschriebenen Funktion der Erbringung gesellschaftlicher Vermittlungsleistungen *(vgl. HANDBUCH - Zauner, 1997: Solidarität, S. 112ff.)* daran interessiert sein, über das Internet Informationen und interaktive Kommunikationsangebote auch über die eigenen Organisationsgrenzen hinaus öffentlich zugänglich zu machen.

Gewisse Zweifel an einer wirksamen Umsetzung dieses zukunftsträchtigen, aber auch anspruchsvollen Instruments des organisationalen Wissensmanagements im Rahmen der organisationskulturellen Tradition der NPOs scheinen aber doch angebracht: Aufgrund von Erfahrungen aus erwerbswirtschaftlichen Wissensorganisationen ist das Überleben solcher Wissensnetzwerke von sorgsamer und disziplinierter, durch wirksame organisatorische Steuerungsincentives abgesicherter Pflege abhängig. Diese Erfolgsbedingung dürfte in NPOs auch aus strukturellen Gründen schwieriger sicherzustellen sein als anderswo.

6.4.3 Praxisbeispiel

Das meistbeschriebene Beispiel eines elaborierten computergestützten Wissensnetzwerks ist zweifelsfrei das Wissensmanagement der weltweit agierenden Beraterfirma McKinsey. (vgl. Peters, 1993, S. 517ff., Willke, 1995, S. 313ff.). Das differenzierte Modell erscheint einfach und klar strukturiert. „Man könnte es sich vorstellen als einen großen Wissensbehälter, in den viele Experten einzelne Elemente ihrer speziellen Erfahrung und Expertise einbringen und aus dem jeder Mitarbeiter die ihn interessierenden Elemente aussucht und herausfischt." (Willke, 1995, S. 315) Die wichtigsten Elemente dieses Modells seien hier beispielhaft angeführt: freiwillige Selbstzuordnung aller Mitarbeiter zu einer spezifischen Wissensbasis („Practice Center" oder funktionsbezogene „Competence Center"), ausgestattet mit eigener Datenbank; umfassendes elektronisches Firmenarchiv; Herausgabe eines jährlich überarbeiteten Verzeichnisses der Wissensressourcen („Knowledge Resources Directory"); monatliche Rundbriefe über die besten Ideen und Anregungen; Sicherstellung wechselseitiger professioneller Unterstützung innerhalb von 24 Stunden („Rapid Response Network") etc.

Anhand dieses Beispiels können zahlreiche Bedingungen benannt werden, damit Wissensmanagement auf diesem elaborierten Niveau erfolgreich umgesetzt werden kann. Neben personellen Voraussetzungen – wie beispielsweise die Disziplin bei allen Teams, die Erfahrungen eines Projekts sofort und gründlich auszuwerten, oder die Bereitschaft jedes Nutzers, sich als Experte zur Verfügung zu stellen im Austausch für die Zugänglichkeit anderer – sind auch organisatorische Vorkehrungen zur Stützung und Absicherung zu treffen: vor allem die Verschränkung der abverlangten Disziplin zur Auswertung der laufenden Projekterfahrung mit dem organisatorischen Reputations- und Karrieresystem, die professionelle Pflege der Datenbank durch periodische Entrümpelung nach brauchbaren Kriterien, die spezifische Aufbereitung des Wissens etc. (siehe dazu im einzelnen Willke, 1995, S. 315f.)

6.5 Leiter der Schlußfolgerungen
(Stefan Güldenberg)

Kurzbeschreibung

Wissen stellt ein dem Organisationstypus NPO angemessenes Steuerungsmedium dar. *(HANDBUCH - Zauner, 1997: Solidarität, S. 115ff.)* Wissen entsteht dadurch, daß Daten aus dem Organisationsumfeld in einem ersten Schritt als Informationen wahrgenommen und in einem zweiten Schritt als Wissen gelernt werden.

Neues Wissen in Organisationen kann daher nur durch Wahrnehmung und Lernen entstehen. Die Wahrnehmungsmechanismen einer Organisation sind ein erster Filter und entscheiden über die Aufnahme von neuem Wissen in eine Organisation. Die Wahrnehmung einer Organisation steuert in direkter Art und Weise die Generierung neuen Wissens.

Eine Möglichkeit, **Wahrnehmungsmechanismen systematisch zu analysieren**, bietet das Instrument der „Ladder of Inference" – die „Leiter der Schlußfolgerungen". Das Ziel ist, die mentalen Denkmodelle der Organisation und ihrer Mitarbeiter zu analysieren. Dieses Instrument kann helfen, Kommunikationsprozesse in Organisationen zu analysieren und intuitive Entscheidungsprozesse transparenter zu gestalten.

6.5.1 Beschreibung

Das Instrument der „Leiter der Schlußfolgerungen" wurde zum ersten Mal im Jahre 1992 von William Isaacs in einem internen Arbeitspapier des MIT Center for Organizational Learning vorgestellt. (vgl. Isaacs, 1992, sowie ergänzend dazu auch Innovation Associates, 1992, und Ross, 1994) Das Instrument basiert auf den Überlegungen von Argyris, Schön, die in ihrem Modell des organisationalen Lernens eine Espoused Theory von einer Theory in Use abgrenzen, die zusammen die Theory of Action, unsere Handlungstheorie, bilden. (vgl. dazu ausführlicher Argyris, 1982; Argyris, 1990; Argyris, Putnam, Smith, 1985)

Grundlage dieses Modells ist die Annahme, daß sich jeder Mensch im Laufe seines Lebens, basierend auf Beobachtungen, Erfahrungen und Erfolgen, eine eigene Handlungstheorie aneignet. Eine Handlungstheorie besteht aus selbstgenerierten Annahmen über die uns umgebende „**Wirklichkeit**". Obwohl wir diese Theorie nicht im wissenschaftlichen Sinne testen und begründen können, so glauben wir in der Regel doch, daß nur unsere Annahmen der Wahrheit entsprechen, die Wahrheit offensichtlich und damit klar ist, unsere individuelle Wissensbasis und unsere festen Überzeugungen auf der wirklichen Welt basieren und die Informationen, die wir wahrnehmen, genauso, wie wir sie wahrnehmen, der Wirklichkeit entsprechen. (vgl. Ross, 1994, S. 242)

Da aber jeder Mensch in seinem Leben andere Erfahrungen gemacht hat, daher eine andere Handlungstheorie entwickelt hat und dadurch auch eine andere Wahrnehmung gelernt hat, führt fast zwangsläufig jede Interaktion zwischen Menschen zu Mißverständnissen und Fehlinterpretationen.

In fast allen alltäglichen Situationen in Organisationen passiert etwas, was Argyris als „Leiter der Schlußfolgerungen" (Argyris, 1990, S. 87) bezeichnet. *(siehe Abb. III 6.3)*

Diese Abstraktionsleiter beschreibt einen bei jedem Menschen existierenden kognitiven Pfad der eigenen Wahrnehmung und Einordnung der Wahrnehmung durch zunehmende Abstraktion. Da bei jedem Menschen dieser Wahrnehmungspfad aufgrund der individuellen Handlungstheorie anders aufgebaut ist und andere Filter enthält, führt er in Interaktionen sehr oft zu Verständigungsschwierigkeiten und Fehlinterpretationen.

Jeder Mensch benutzt in seinem Leben immer wieder diese „Leiter der Schlußfolgerungen". Überzeugungen über die Funktionsweise der Welt könnten beispielsweise lauten: „In kritischen Verkehrssituationen hilft immer eine Vollbremsung.", „Ich versuche mich prinzipiell aus jedem Konflikt herauszuhalten." etc.

Ohne diese Grundüberzeugungen würden wir unsere Handlungsfähigkeit verlieren. Wir könnten in kritischen oder gar lebensbedrohenden Situationen nicht schnell genug reagieren, selbst wenn diese Handlung impliziert, möglicherweise auch falsch zu handeln. Aus diesem Grund sind „Leitern der Schlußfolgerungen" und unsere dahinterliegenden Handlungstheorien nichts Schlechtes – ganz im Gegenteil, sie sind ein überlebensnotwendiges Instrumentarium. Diese Aussagen lassen sich uneingeschränkt auf Handlungstheorien von Organisationen übertragen.

Wenn man sich dieser Tatsache bewußt ist, so kann man darangehen, mit seinen „Leitern der Schlußfolgerungen" bewußt zu arbeiten, um dadurch die Wahrnehmungsfähigkeit zu erhöhen und in der Folge Kommunikationsqualität und Überlebensfähigkeit der Organisation zu verbessern. Dabei sollte folgende Reihenfolge eingehalten werden (vgl. Ross, 1994, S. 245):

1. Zunächst sollte man versuchen, die eigenen „Leitern der Schlußfolgerungen" zu analysieren, um sich damit seiner eigenen Art des Denkens verstärkt bewußt zu werden (**Reflexion**).

2. In einem zweiten Schritt sollte man seine Kommunikation und Interaktion mit Dritten aufgrund der wahrgenommenen „Leitern der Schlußfolgerungen" bewußter gestalten und damit eine Art Sensorium für potentielle Mißverständnisse oder Fehlinterpretationen entwickeln (**Antenne**).

3. Im letzten und herausforderndsten Schritt gilt es, sich in die „Leitern der Schlußfolgerungen" des Gesprächspartners hineinzuversetzen und seine Aussagen aufgrund seiner und nicht mehr der eigenen „Leitern der Schlußfolgerungen" zu interpretieren (**Interpretation**).

3. Im letzten und herausforderndsten Schritt gilt es, sich in die „Leitern der Schlußfolgerungen" des Gesprächspartners hineinzuversetzen und seine Aussagen aufgrund seiner und nicht mehr der eigenen „Leitern der Schlußfolgerungen" zu interpretieren (**Interpretation**).

Dieser Prozeß kann von einem Moderator als Prozeßbegleiter unterstützt werden und sollte zuerst auf individueller, im Anschluß daran auch auf kollektiver und organisationaler Ebene durchgeführt werden. Dabei sollten außer dem Moderator nur die unbedingt notwendigen Personen (beispielsweise bei der Analyse kollektiver Denkmuster nur die Teilnehmer der entsprechenden Lerngruppe) anwesend sein. Die Gruppe oder auch der Moderator kann folgende Fragen stellen:

- Was nehmen wir, beispielsweise als Organisation, an Daten aus der Menge der potentiell wahrnehmbaren Daten wirklich wahr?
- Stimmt mit dieser Interpretation wirklich jeder der hier Anwesenden überein, oder gibt es abweichende Interpretationsmuster?
- Wie kommen wir von den Daten zu unseren Überzeugungen?
- Könnten wir einen Fremden, beispielsweise jemand, der außerhalb unserer Gruppe/Organisation steht, unsere Abstraktionsleiter hinaufführen?
- Wenn jemand sagt „Wir kommen zu dem Schluß ...", meint er dann wirklich wir (als Gruppe beziehungsweise Organisation) oder nicht doch seine individuelle Schlußfolgerung oder Abstraktion?

Bei dieser Fragetechnik ist zu beachten, daß nicht danach gefragt wird, wann jemand die Abstraktionsleiter benutzt (da die Benutzung als Normalität angesehen werden kann), sondern wie jemand diese Leiter benutzt.

Abb. III 6.3

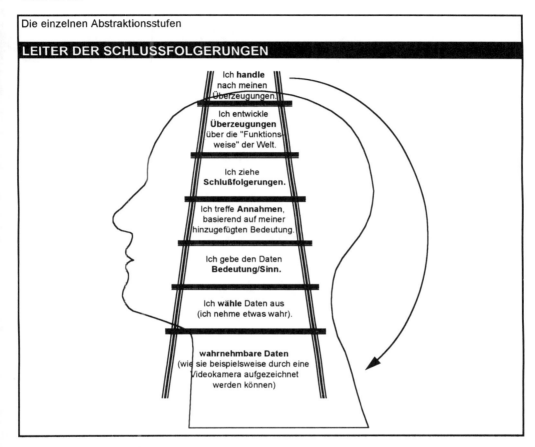

Quelle: in Anlehnung an Ross, 1994, S. 243

6.5.2 Vor- und Nachteile

So einfach sich dieses Instrument erklären läßt, so schwierig ist es, diese Art der Kommunikation zu führen. Wenn einem Organisationsmitglied beispielsweise eine Sache völlig klar und eindeutig erscheint, so ist größte Vorsicht angebracht, und es ist zunächst die Aufgabe der Mitarbeiter, zu bremsen und die Wahrnehmung unabhängig zu überprüfen.

Erst wenn diese Wahrnehmung durch mehrere unabhängige Personen überprüft wurde, kann sie als einigermaßen abgesichert gelten. Unabhängigkeit bedeutet in diesem Zusammenhang, daß die Personen wesentlich andere „Leitern der Schlußfolgerungen" verwenden. So gewinnt dieses Instrument im organisationalen Lernprozeß an Bedeutung und trägt dazu bei, die Wahrnehmungsfähigkeit der Organisation zu stärken. Erste Erfolge wurden in der Praxis beispielsweise bei der Hanover Insurance Company erzielt, die dieses Instrument seit einigen Jahren gezielt einsetzt. (vgl. ausführlicher dazu Senge, 1990, S. 188ff.)

6.5.3 Praxisbeispiel

Die Hanover Insurance Company empfiehlt sich zwar als Praxisbeispiel, kann aber in diesem Rahmen nicht oder nur in verzerrender Kurzform wiedergegeben werden. Statt dessen wird im folgenden ein fiktives Beispiel vorgestellt, das die Vorgehensweise beim Einsatz einer „Leiter der Schlußfolgerungen" verdeutlichen soll.

Eine Kommunikation zwischen einem Vorgesetzten und einem Mitarbeiter könnte – etwas überspitzt, aber dafür um so anschaulicher – beispielsweise den folgenden Verlauf nehmen (vgl. dazu auch ergänzend Reinhardt, 1993, S. 241):

Mitarbeiter: *(Verfolgt das Ziel, seinem Vorgesetzten zu zeigen, daß er sich um seine Arbeit kümmert.)* „Um die kommende Präsentation für Sie vorbereiten zu können, benötige ich noch einige Informationen von Ihnen, wie beispielsweise unsere Mitarbeiterfluktuation der letzten zehn Jahre."

Vorgesetzter: *(Ist in Eile, will es daher so kurz wie möglich machen.)* „Ich glaube, es wäre besser gewesen, ich hätte meine Präsentation gleich selbst gemacht. Sie wissen doch genausogut wie ich, wo Sie diese Informationen finden können!"

Mitarbeiter: *(Ist erschrocken über die für ihn völlig unerwartete Reaktion seines Vorgesetzten. Muß zuerst kurz überlegen, was ihm der Vorgesetzte damit sagen will. Der Mitarbeiter kommt aufgrund seiner Wahrnehmung und seiner Handlungstheorie zu dem Schluß: Der Vorgesetzte hält mich wohl für unfähig, eine Präsentation selbst zu erstellen. Deshalb reagiert er nach einer kurzen Pause verunsichert und verärgert.)* „Wollen Sie damit etwa andeuten, daß ich nicht einmal eine Präsentation selbständig erarbeiten kann?"

Vorgesetzter: *(Ist erstaunt und verärgert über diese Antwort seines Mitarbeiters: Er sieht doch genau, daß ich es eilig habe; das ist doch offensichtlich, wenn ich so reagiere. Warum muß er immer so furchtbar empfindlich sein? Der Vorgesetzte reagiert deshalb seinerseits genauso verärgert auf die Frage seines Mitarbeiters.)* „Was soll denn Ihre Frage? Sie wissen doch ganz genau, daß sich die Unterlagen in unserem Sekretariat befinden."

Mitarbeiter: *(Also doch. Er hält mich für inkompetent, sonst wäre er mir mit seiner Antwort nicht wieder ausgewichen. Außerdem scheint er kein bißchen an meiner Arbeit interessiert zu sein. Er mag mich wahrscheinlich nicht. Er benötigt nur einen Grund, um mich loszuwerden, und hat mir deswegen diese Aufgabe gestellt. Er sucht bestimmt nachher nach Fehlern in meiner Präsentation, die er gegen mich verwenden kann. Ich habe überhaupt keine Lust mehr, *heute noch irgend etwas für diese Firma zu arbeiten. Die Firma honoriert meine Arbeit sowieso nicht!)* Der Mitarbeiter geht schweigend und frustriert an seinen Arbeitsplatz zurück und beginnt, an seinem Computer zu spielen.

In diesem Beispiel sieht die „Leiter der Schlußfolgerungen" beim Mitarbeiter folgendermaßen aus:

Abb. III 6.4

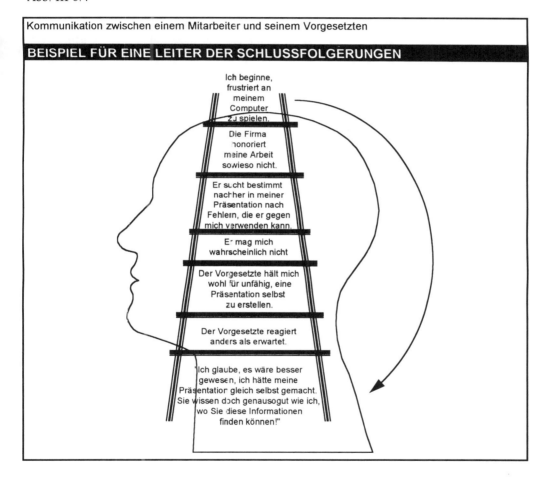

6.6 Mind-Mapping
(Stefan Güldenberg)

Kurzbeschreibung

Mind-Mapping ist ein Instrument zur bildlichen Darstellung von kognitiven Wissensstrukturen. (vgl. Probst, Büchel, 1994, S. 167) Durch Verknüpfung von sprachlicher und bildhafter Darstellung aktiviert Mind-Mapping sowohl die rechte als auch die linke Gehirnhälfte. Während die linke Gehirnhälfte bei Rechtshändern[20] Informationen nacheinander und linear verarbeitet, erfaßt die rechte Gehirnhälfte Prozesse als Gesamtheit und setzt verschiedene Informationen zueinander in Beziehung.

Managementinstrumente sprechen zu einem Großteil ausschließlich die linke Gehirnhälfte an. Mind-Mapping ist ein Instrument, daß auch die rechte Gehirnhälfte der Mitarbeiter aktiviert. Bei richtiger Anwendung kann durch Mind-Mapping systemisches und ganzheitliches Denken gefördert werden, was die Qualität organisationaler Lernprozesse steigert.

6.6.1 Beschreibung

Mind-Mapping ist ein Instrument, das das Potential des menschlichen Gehirns besser nutzt als traditionelle Managementinstrumente. Der Mensch behält durchschnittlich nur 10 Prozent von dem, was er liest, aber 30 Prozent von dem, was er sieht. *(siehe Abb. III 6.5)*

Jede Organisation besteht aus Menschen und ist von deren kognitivem Leistungsvermögen abhängig. Menschen sind deshalb Subsysteme der Organisation. Das menschliche Gehirn als bedeutendstes Subsystem des Menschen ist in diesem Zusammenhang ein Paradebeispiel für ein **komplexes und lernfähiges System**.

Grundlegend ist dabei die Fähigkeit des Gehirns zur Gedächtnisbildung. Dies geschieht mit Hilfe der **Kontaktbildungsfähigkeit** der einzelnen Nervenzellen, die durch Brücken, die sogenannten **Synapsen**, verbunden werden. Diese Synapsen sind die zentralen Bestandteile der Informationsverarbeitung und Wissensspeicherung. Durch sie entsteht im Gehirn ein regelrechtes Wege- und Straßennetz von Nervenzelle zu Nervenzelle – das Wissen wird in Form von **Verbindungsstrukturen** gespeichert. Neues Wissen muß immer an alte Verbindungsstrukturen angeschlossen werden, sonst ist es nutzlos wie eine Straßenbrücke, die einsam in der Land-

---

[20] Bei Linkshändern ist die Situation genau umgekehrt.

schaft steht. Je häufiger dagegen eine Straße benutzt wird, um so breiter wird sie auch. Somit erfolgt die Repräsentation des Wissens nicht in einer oder in mehreren Nervenzellen als Wissensspeicher, sondern in den **Netzwerken**, der Struktur zwischen den Zellen.

Abb. III 6.5

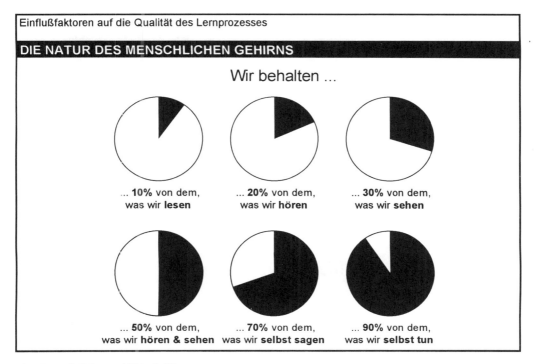

Quelle: vgl. Bühner, 1993, S. 70

Aufgrund dieser Erkenntnisse wurde im Jahre 1974 das Instrument **Mind-Mapping** gestaltet und bis heute weiterentwickelt. Als Erfinder der Methode gilt Tony Buzan, ein englischer Psychologe und Mathematiker. Mind-Mapping versucht die beschriebene Lernstruktur des menschlichen Gehirns zu simulieren, wodurch das Lernpotential des menschlichen Gehirns besser ausgeschöpft wird.

Die Grundzüge der Methode können in wenigen Sätzen erklärt werden. Der routinemäßige und erfolgreiche Einsatz erfordert allerdings einen gewissen Trainingsaufwand. Wichtig dabei ist, daß man jede Gelegenheit nutzt, um Mind-Maps selbst zu erstellen. Nur durch das eigene Tun wird die rechte Gehirnhälfte aktiviert und werden die Vorzüge der Methode erlernt.

Als Voraussetzung zur Erstellung eines Mind-Maps benötigt man ein unliniertes Blatt Papier, das man im Querformat verwendet, und einige Stifte mit unterschiedlichen Farben. Die Struktur eines Mind-Maps ist am folgenden Beispiel zu erkennen:

Abb. III 6.6

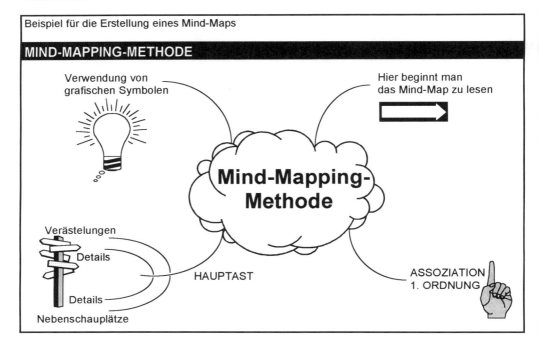

Mind-Maps beginnen im Gegensatz zur linearen Aufzeichnung nicht am oberen linken Rand, sondern in der Mitte des Papiers, um nach allen Seiten hin Platz zu haben. Das zentrale Thema steht dabei in Großbuchstaben in der Mitte des Blatts und wird von einer Ellipse eingerahmt. Von diesem Zentrum aus wachsen Verästelungen in alle Richtungen. Auf jedem Ast stehen Assoziationen, die mit dem Thema in der Mitte in Verbindung gebracht werden. Da das Mind-Map von innen nach außen wächst, nehmen die Assoziationen, die näher in der Mitte stehen, eine höhere Ordnung ein als die Verästelungen am Papierrand. Die Struktur auf dem Papier spiegelt das Netzwerk im Gehirn wider, da die Hauptäste des Mind-Maps die wesentlichen Assoziationen zu einem Thema repräsentieren, während sich die Verästelungen am Rand erst nach längerem Nachdenken oder als Assoziationen von Assoziationen ergeben haben. Die Hauptäste bilden die Hauptgedanken zu einem Thema ab, die Verästelungen Details und Nebenschauplätze. Mind-Maps unterschiedlicher Personen zu ein und demselben Thema können deshalb komplett unterschiedliche Strukturen aufweisen. Sie repräsentieren aber immer die unterschiedlichen mentalen Denkmodelle oder Netzwerke des Anwenders.

Bei der Erstellung eines Mind-Maps gilt es weitere Details zu beachten:

- Um dem Leser eines Mind-Maps bessere Orientierung zu ermöglichen, hat man sich darauf geeinigt, ein Mind-Map im Uhrzeigersinn anzufertigen, beginnend bei der „Ein-Uhr-Stellung".
- Um die rechte Gehirnhälfte weiter zu unterstützen, empfiehlt es sich, die Assoziationen durch Bilder und Symbole grafisch zu illustrieren und verschiedene Denkansätze (Äste zu einem Thema) farblich hervorzuheben.
- Um Deutlichkeit und Lesbarkeit des Mind-Maps weiter zu erhöhen, sollte pro Ast nur ein Schlüsselwort oder Bild verwendet werden. Die Linien/Äste sollten so lang gezogen werden, wie lang die darüberstehenden Worte/Bilder sind. Zusätzlich kann man Linienstärke und Schrift in Größe und Form variieren. Es sollten aber alle Wörter immer in Druckbuchstaben geschrieben werden.

Mind-Maps können in Organisationen in zahlreichen Bereichen eingesetzt werden. Auf der individuellen Ebene eignen sich Mind-Maps:

- für Mitschriften bei Besprechungen, Telefonaten und Vorträgen
- zur Strukturierung von Informationen aus Dokumentationen und Büchern
- als Kreativitätstechnik zur Vorbereitung von Vorträgen und Artikeln.

Auf der organisationalen Ebene bieten sich folgende Einsatzgebiete an:

- Dokumentation und Protokollierung
- Berichtswesen *(siehe Teil II Kapitel 7.8)*
- Konzeption und Planung *(siehe Teil II Kapitel 1)*
- Analyse.

6.6.2 Vor- und Nachteile

Nach entsprechender Übung können neben der Aktivierung der rechten Gehirnhälfte und damit der besseren Nutzung des Potentials des menschlichen Gehirns folgende Vorteile für die Organisation genannt werden (vgl. Hornung, 1992, S. 3):

- Zeitersparnis durch Offenlegung der eigenen mentalen Modelle in Kommunikations- und Entscheidungsprozessen
- Zeitersparnis bei der Aneignung von Informationen
- Kostenersparnis bei der Erstellung von Berichten oder Dokumentationen durch die sehr kompakte Darstellungsform

- Übersichtlichkeit der Wissensbestände einer Organisation
- Sicherung von Wissen für die Organisation
- motivierte Mitarbeiter durch menschengerechtere Arbeitstechniken
- Offenlegung der Beziehungen und Vernetztheit einer Organisation
- Vollständigkeit in Zeiten von Informationsflut und Informationsdichte
- Stimulation des systemischen Denkens und organisationalen Lernens.

Diesen Vorteilen steht lediglich der Nachteil des erforderlichen Übungsaufwands entgegen, der aber nicht unterschätzt werden darf. Nur durch kontinuierliche und beharrliche Anwendung des Mind-Maps kann die rechte Gehirnhälfte aktiviert werden und damit gleichzeitig die Verbindung zwischen analytischem und ganzheitlichem Denken, zwischen linker und rechter Gehirnhälfte erlernt werden. Dazu muß man aber bereit sein, alte, oftmals liebgewonnene und Sicherheit gebende Denkmuster zu verlassen, und das Risiko auf sich nehmen, sich auf die Welt des vernetzten Denkens einzulassen. Den Gewinn, den man dadurch haben wird, verdeutlicht das nachfolgende Beispiel. (ausführlicher bei Seemann, Stucky, 1995, und Schüppel, 1996, S. 200)

6.6.3 Praxisbeispiel

Hoffmann La Roche ist ein Schweizer Konzern, der im Pharmabereich tätig ist. Dieser Bereich gehört zu einer der wissensintensivsten Branchen mit hohen Eintrittsbarrieren und wenig Konkurrenz. Er liegt deshalb dem NPO Bereich sehr nahe. Für die Marktzulassung einzelner Produkte sind äußerst umfangreiche, gesetzlich vorgeschriebene Dokumentationspflichten einzuhalten. Die Dokumentationen enthalten Aufzeichnungen über den gesamten Entwicklungsprozeß einzelner medizinischer Präparate und haben zum Teil einen Umfang von mehreren tausend Seiten. Im Rahmen eines Projekts wollte man die Qualität dieser Zulassungsdokumentationen verbessern, um damit die Markteinführung von Produkten zu beschleunigen. Während des Projekts kam man zur Erkenntnis, daß in den umfangreichen Zulassungsdokumentationen weit mehr an bisher ungenutztem Wissenspotential steckt, als bisher im engen strukturellen Rahmen, einer gesetzlichen Verpflichtung nachzukommen, angenommen wurde.

„Die Dokumente sind nämlich letztlich nichts anderes als die ausführliche Charakteristik des Entwicklungsprozesses, mit einer systematischen Auflistung aller daran beteiligten Wissens- und Entscheidungsträger – also eine Wissens-Landkarte mit Orientierungsfunktion." (Schüppel, 1996, S. 200)

Das Ziel war, eine Wissenslandkarte *(siehe Teill III Kapitel 6.2)* für die gesamte Organisation zu entwerfen. Dabei wird, ausgehend von einem Mittelpunkt, das in der Organisation vorhandene Wissen kreisförmig abgebildet. Durch den Erstellungsprozeß können bisher nicht zugängliche Wissensbestände in die organisationale Wissensbasis geholt werden. Als Ausgangspunkt dienen dabei die folgenden Fragen (vgl. dazu auch Schüppel, 1996, S. 200):

- Wer im Unternehmen braucht wann und wozu welches Wissen?
- Welches Wissen ist beim Ausführenden vorhanden?
- Wo oder bei wem wird gegebenenfalls dieses Wissen intern beschafft?
- Welches Wissen ist nicht zugänglich?

In einem nächsten Schritt können mit zunehmendem Detaillierungsgrad Wissenslandkarten für Unternehmensbereiche, Gruppen bis hin zu einzelnen Arbeitsplätzen erstellt werden. Mit Hilfe von Bildern können bisher auch nicht verfügbare implizite Wissensstrukturen dargestellt und damit zugänglich gemacht werden.

Damit hatte man eine Übersicht, wer innerhalb des Unternehmens über welches Wissen verfügt und in welchem Zusammenhang dieses Wissen angewendet wird. Diese Erkenntnis führte dazu, daß man in der Folge diese Wissenslandkarte in Form eines Wissensbranchenbuchs („Yellow Pages") auf das gesamte Unternehmen übertrug. Zu diesem Zweck wurde eine eigene Abteilung („Knowledge Systems") gegründet und mit der Aufgabe betraut, dieses Buch in der Art und Weise zu erstellen und zu aktualisieren, daß jeder Mitarbeiter den passenden Wissensträger, geordnet nach Problemstellungen, ausfindig machen kann und ihn im Gegensatz zu den bisher geltenden organisationsweiten Abfragemechanismen auch direkt ansprechen kann. *(siehe dazu auch das Praxisbeispiel in Teil III Kapitel 6.2.3)*

6.7 Weiterführende Literatur

Peter Senge, Direktor des Centers for Organizational Learning des MIT, Autor des Bestsellers „The Fifth Discipline: The Art and Practice of the Learning Organization" und derzeit führender Experte auf dem Gebiet der lernenden Organisation gibt in seinem neuesten Werk, dem „Fieldbook" zur lernenden Organisation (Senge, 1994, beziehungsweise deutsche Ausgabe, 1996), ein exzellentes Beispiel für praxisorientierte Forschung. Das Buch enthält eine Fülle von in der Praxis angewandten Instrumenten, beispielsweise auch die Leiter der Schlußfolgerungen, für lernende Organisationen und Wissensmanagement. Ergänzt werden die Instrumente jeweils durch ausführliche Darstellung der Anwender in der Praxis und ihre Erfahrungen mit dem jeweiligen Instrument. Das Buch ist damit eine Fundgruppe für jeden am Thema Interessierten.

Die Mind-Map-Methode kann mit Hilfe des Erfinders Tony Buzan am fundiertesten erlernt werden. In seinem neuesten Werk (Buzan, Buzan, 1996) wird der aktuelle Stand der Gehirnforschung dargestellt und eine anwenderfreundliche Einführung in die Mind-Map-Methode gegeben, die durch zahlreiche Beispiele unterstützt wird.

Für Leser, die auf das Management der Ressource Wissen in Zukunft verstärkt achten wollen und die mehr über die faszinierende Welt des Lernens in Organisationen erfahren wollen, ist das Buch von Güldenberg (1997) empfehlenswert. Es spiegelt den aktuellen Stand der Forschung zur lernenden Organisation wider und liefert zahlreiche Beschreibungen und Praxisbeispiele für den Einsatz von Instrumenten des Wissensmanagements und Wissenscontrolling in lernenden Organisationen (unter anderem einige der hier kurz vorgestellten). Unterstützt durch lesefreundliche Darstellung und Sprache (unter anderem durch die Verwendung der Mind-Map-Methode), wird es dem interessierten Leser möglich, die lernende Organisation in der Praxis zu verwirklichen.

Instrumente des Wissensmanagements können in der Veröffentlichung von Schüppel (1996) in übersichtlicher Form nachgelesen werden. Schüppel entwickelt ein Modell, in dem organisationale Lernprozesse und organisationale Lernbarrieren identifiziert werden. Die Anwendungsmöglichkeiten dieses Modells werden dem Leser anhand eines ausführlichen Praxisbeispiels konkret vor Augen geführt.

Teil IV
Ausblick

1 Besonderheiten der Implementierung von Instrumenten in NPOs

(Stefan Tweraser)

1.1 Besonderheiten in der Managementstruktur von NPOs

Die Implementierung von betriebswirtschaftlichen Instrumenten in NPOs ist immer eine Managemententscheidung, durch die die Organisation der NPO verändert wird. Im Zuge dieser Veränderungen muß zahlreichen formalen und informalen Herausforderungen begegnet werden, die nicht zuletzt durch die besonderen Aufgaben- und Anforderungskataloge begründet sind, die von unterschiedlichen Gruppen an NPOs gerichtet werden. Die Implementierung von betriebswirtschaftlichen Instrumenten wird speziell von folgenden Tatsachen beeinflußt:

- komplexe Zielsysteme in NPOs
- Managementdefizite in NPOs
- informelle Strukturen mit unterschiedlichen Mitarbeitertypen in NPOs
- Widerstände gegen Veränderungen in NPOs.

Nach der Beschreibung dieser Phänomene werden Maßnahmen zur Unterstützung der Implementierung betriebswirtschaftlicher Instrumente vorgestellt. Mit diesen soll die NPO den Anforderungen entsprechen können, die an sie sowohl in sozialer als auch in betriebswirtschaftlicher Dimension gerichtet werden.

1.1.1 Komplexe Zielsysteme

NPOs müssen auf unterschiedliche Gruppen eingehen, die im Umfeld der NPO aktiv sind. Diese Einbindung von NPOs in das Umfeld ist stärker als jene von gewinnorientierten Unternehmen, da in diesen Fällen die Gewinnorientierung meist als betriebswirtschaftliches Oberziel anerkannt wird. Dadurch entfällt in vielen Bereichen der Rechtfertigungsdruck gegenüber dem Umfeld. NPOs können sich aber nicht auf ein einzelnes Oberziel „zurückziehen", da ihre Anspruchsgruppen meist eben keine monetären Ziele verfolgen, wodurch das Zielsystem einer NPO besonders komplex wird. Dabei können unterschieden werden *(vgl. HANDBUCH - Horak, Matul, Scheuch, 1997: Ziele, S. 136ff.)*:

- Leistungswirkungsziele: Eine NPO strebt durch die Leistungen, die von ihr angeboten werden, eine Veränderung von Zuständen oder Verhaltensänderungen an. Dabei haben die unterschiedlichen Anspruchsgruppen unterschiedliche Rollen gegenüber der NPO, und diese will unterschiedliche Veränderungen bei diesen Anspruchsgruppen bewirken. Eine karitative NPO will beispielsweise eine Verhaltensveränderung bei potentiellen Geldgebern auslösen (es soll Geld gespendet werden, wo bisher nicht gespendet wurde), um mit diesen Finanzmitteln bei Hilfsbedürftigen eine Zustandsveränderung (es wird nicht mehr gehungert/weniger gehungert) erreichen zu können.

- Leistungserbringungsziele: Um Wirkungen erzielen zu können, sind Leistungen notwendig. Im Fall der angeführten karitativen NPO werden für potentielle Sponsoren gänzlich andere Leistungen (Spendenaufrufe, Informationsveranstaltungen etc.) erbracht, als für die Hilfsbedürftigen (Geldmittel, Nahrungsmitteltransporte etc.).
- Potentialziele: Damit Leistungen erbracht werden können, müssen in der NPO Fähigkeiten und Ressourcen aufgebaut und organisiert werden. Diese Potentiale werden im Leistungserbringungsprozeß eingesetzt. Die karitative NPO benötigt für ihre Leistungen z.B. Mitgliederverwaltung, Marketingfähigkeiten, Finanzmanagement, Transportlogistik und Beschaffungsmanagement.
- Formalziele: Schließlich will eine NPO ihre Ziele unter der Einhaltung von generellen Wertvorstellungen erreichen. So sollen z.B. Finanzmittel effizient eingesetzt werden.

Diese Vielzahl an unterschiedlichen Zielen, die aufeinander und untereinander abgestimmt sein müssen, stellt besonders hohe Anforderungen an betriebswirtschaftliche Instrumente in NPOs. Verstärkt wird dies noch durch einen Mangel an monetären Meßgrößen der Zielerreichung (Gewinn, Dividende, Shareholder Value etc.), die in gewinnorientierten Unternehmen meist als Erfolgsmaßstäbe herangezogen werden.

1.1.2 Managementdefizite

In Europa sind immer noch Defizite im Management von NPOs festzustellen. Dafür können folgende Gründe angeführt werden *(vgl. HANDBUCH - Horak, 1997: Management, S. 124f.)*:

- Die Komplexität der Zielsysteme von NPOs erschwert den Einsatz herkömmlicher Managementmethoden, da diese meist auf monetäre Zielgrößen ausgerichtet sind. Zwar sind Finanzströme auch für NPOs wesentliche Steuergrößen, durch die Vielzahl der Anspruchsgruppen und ihre Anforderungen an die Leistungen der NPO müssen von dieser aber noch andere – nichtmonetäre, meist nur qualitativ meßbare – Ziele angestrebt werden. Auf den professionellen – außenorientierten, aber selbstgesteuerten – Umgang mit diesen Zielgrößen ist die Führung von NPOs meist nicht vorbereitet.
- Viele NPOs besetzen Nischen, in denen nicht mit unmittelbarer Konkurrenz (im Sinne der Leistungserstellung) gerechnet werden muß. Daraus könnte der Schluß abgeleitet werden, daß im Kernbereich eine betriebswirtschaftliche Einstellung nicht notwendig ist. Dabei wird allerdings übersehen, daß die NPO in wesentlichen Randbereichen (ehrenamtliche Mitarbeiter, Finanzmittel etc.) im intensiven Wettbewerb mit anderen NPOs und Unternehmen steht, die gänzlich andere Leistungen erbringen.
- Viele Führungskräfte von NPOs sind für Führungsaufgaben im betriebswirtschaftlichen Sinn nicht ausgebildet. Sie kommen meist aus dem Leistungsbereich der NPO und verfügen daher auch über einschlägige Bildung (Soziologen, Biologen, Sozialarbeiter etc.). Verstärkt

wird dieses Problem auch durch ehrenamtliche Mitarbeiter im Management der NPO, die primär eine besonders positive Außenwirkung haben.

- Der Zusammenhang zwischen den Leistungen des Managements der NPO und den Zielen der NPO und ihrer Zielerreichung ist meist unklar. Daher ist die Leistungsbeurteilung besonders schwierig und Feedback für die Führungskräfte kaum möglich.

Die dargestellten Managementdefizite machen deutlich, daß der Einsatz betriebswirtschaftlicher Instrumente in NPOs besondere Anforderungen an die verwendeten Methoden und an die Führungskräfte selbst stellt.

1.1.3 Informelle Strukturen mit unterschiedlichen Mitarbeitertypen

Informelle Strukturen *(vgl. HANDBUCH - von Eckardstein, Simsa, 1997: Entscheidungsmanagement, S. 323f.)*, d.h. wenig strukturierte Organisationen mit unklaren Entscheidungswegen, verhindern in vielen NPOs einen transparenten Informationsfluß. Die Existenz dieser Strukturen ist oft auf die Entwicklung der NPO zurückzuführen. Viele NPOs entstehen aus Gruppen von Gleichgesinnten (Sportvereine, Hilfsorganisationen etc.), deren Leistungen vom Umfeld der NPO positiv aufgenommen werden. In der darauffolgenden Wachstumsperiode wird – teils bewußt, teils unbewußt – auf strenge Hierarchien verzichtet. Ungewollt entstehen aber trotzdem informelle Rollen der einzelnen Mitglieder und Strukturen in der Organisation.

Auf Dauer kann aber eine Organisation ohne formelle Strukturen, die im „Alltag" gelebt und nicht durch informelle Strukturen vollständig abgelöst werden, nicht professionell arbeiten. Die Notwendigkeit zur Professionalisierung läßt sich aber auch aus dem generellen Wertewandel im Umfeld, den immer knapper werdenden Finanzmitteln der öffentlichen Hand oder verschwimmenden Konkurrenzbeziehungen ableiten. *(vgl. HANDBUCH - Horak, 1997: Management, S. 125f.)*

Das Problem der informellen Strukturen wirkt noch stärker, wenn ehrenamtliche Mitarbeiter in der NPO tätig sind. Diese sind oft wesentliche Leistungsträger von NPOs *(vgl. HANDBUCH - Badelt, 1997b: Ehrenamtliche Arbeit, S. 359ff.)*, ihre Einbindung erfordert aber erheblichen Organisationsaufwand, der durch stark ausgeprägte informelle Strukturen erschwert wird.

1.1.4 Veränderungswiderstände

Widerstände gegen Veränderungen sind kein Phänomen, das auf NPOs beschränkt ist. Handlungen in Organisationen, besonders jene, die in der Vergangenheit erfolgreich waren, haben eine Tendenz zur Dauerhaftigkeit. Das Management vieler Organisationen – auch von NPOs – - ist stolz auf die Errungenschaften der Vergangenheit, und daher sind Handlungen, die zu diesen Erfolgen geführt haben, in Gegenwart und Zukunft schwer zu verändern. Durch derart eingespielte Verhaltensmuster wird die Annahme und Entwicklung neuer Ideen unterdrückt. Meist werden solche Prozesse auch mit Ressourcen (z.B. Investitionen oder EDV-Systemen) unterstützt, wodurch Änderungen noch schwieriger werden. So ersetzen Ressourcen die Kreativität, und das Unternehmen ist in seiner Vergangenheit gefangen. In der Folge werden Lernprozesse in der Organisation erschwert, und die persönliche Initiative der Organisationsmitglieder nimmt ab.

Auch die Implementierung betriebswirtschaftlicher Instrumente bewirkt Veränderungen in NPOs. Durch Managementinstrumente werden Entscheidungswege verändert, Informationen transparent dargestellt, Verantwortlichkeiten definiert, Ziele vereinbart und kontrolliert. Gegen diese Veränderungen werden meist Widerstände entstehen, mit denen das Management der NPO umgehen können muß.

1.2 Maßnahmen zur Unterstützung der Implementierung

Die beschriebenen Besonderheiten in der Managementstruktur von NPOs können die notwendige Implementierung betriebswirtschaftlicher Instrumente in diesen Organisationen erschweren oder verhindern. Dadurch würde allerdings die professionelle Entwicklung von NPOs und ihre Leistungsfähigkeit gestört.

Die Implementierung von betriebswirtschaftlichen Instrumenten ist eine besondere Form der Innovation in NPOs und sollte daher durch eine Reihe von Maßnahmen unterstützt werden. Entscheidend für den Erfolg ist aber, daß diese Maßnahmen den gesamten Prozeß der Implementierung begleiten. Einzelschritte können zwar in Teilbereichen helfen, wenn in der Folge aber die Unterstützung fehlt, waren auch die Bemühungen in der Anfangsphase vergeblich.

Im Innovationsprozeß unterscheidet man vier Phasen:

- Bewußtsein schaffen
- Bereitschaft erzeugen
- Fähigkeiten aufbauen
- Feedback- und Verstärkungsschleifen nutzen.

In allen vier Phasen spielen die Führungskräfte der NPO eine zentrale Rolle, da ihr Engagement und ihre Unterstützung den Einsatz betriebswirtschaftlicher Instrumente erfolgreich macht. Wird die betriebswirtschaftliche Innovation in NPOs nicht als zentrale Führungsaufgabe gesehen, so kann der Prozeß nicht zum angestrebten Ergebnis führen.

Die zentrale Rolle der Führungskräfte im Innovationsprozeß kann aus dem Promotoren- und Opponenten-Modell nach Witte abgeleitet werden. (vgl. Horak, Pelzmann, 1996, S. 601ff.)

In diesem Modell wird dargestellt, daß Innovationen in Organisationen durch Fähigkeits- und Willensbarrieren der betroffenen Mitarbeiter erschwert und verhindert werden. Fähigkeitsbarrieren bilden sich, wenn Mitarbeiter nicht über das Wissen und die Fähigkeiten verfügen, um den neuen Anforderungen zu entsprechen, die durch Innovationen entstehen. Willensbarrieren basieren auf der Zufriedenheit mit bestehenden Lösungen und der damit verbundenen Unsicherheit gegenüber Neuerungen.

Alle Führungskräfte und Mitarbeiter in einer Organisation können nach dem Modell von Witte in vier Gruppen eingeteilt werden:

- Fachopponenten ver- und behindern Innovationen durch ihr Fachwissen.
- Machtopponenten ver- und behindern Innovationen durch ihren Einfluß innerhalb der Organisation.
- Fachpromotoren helfen Fähigkeitsbarrieren in der Organisation durch Fachwissen zu überwinden. Die hierarchische Stellung von Fachpromotoren ist nicht entscheidend.
- Machtpromotoren helfen Willensbarrieren in der Organisation durch ihren Einfluß innerhalb der Organisation zu überwinden. Dafür ist eine entsprechend hohe hierarchische Stellung erforderlich.

Für einen erfolgreichen Innovationsprozeß ist eine Koalition aus Macht- und Fachpromotor am erfolversprechendsten, durch die sowohl Fähigkeits- als auch Willensbarrieren überwunden werden können. Die Führungskräfte der NPO übernehmen dabei die Rolle der Machtpromotoren, als Fachpromotoren arbeiten interne Spezialisten (z.B. Controller) oder externe Berater. Die Zusammenarbeit von Macht- und Fachpromotor ist in allen vier Phasen des Implementierungsprozesses nützlich.

1.2.1 Bewußtsein schaffen

Der Einsatz betriebswirtschaftlicher Instrumente muß von allen Mitarbeitern der NPO als notwendig und sinnvoll erkannt werden. Dazu gehört primär, die Vorteile zu kommunizieren, die durch den Einsatz dieser neuen Hilfsmittel realisiert werden können. Zentrales Argument dabei ist der wesentliche Beitrag der Instrumente zur professionellen Gestaltung der Beziehungen zwischen der NPO und ihren unterschiedlichen Anspruchsgruppen.

Natürlich darf die Argumentation für den Einsatz betriebswirtschaftlicher Instrumente nicht einseitig sein. Diese Instrumente verursachen zusätzliche zeitliche und finanzielle Belastungen für die NPO und sind oft auch mit Änderungen in der Aufbau- und/oder Ablauforganisation verbunden. Diese Nebenwirkungen der Innovation dürfen in der ersten Kommunikationsphase nicht verschwiegen oder vorschnell „weg-argumentiert" werden, denn Kommunikation soll überzeugen, aber nicht überreden.

Ziel dieser ersten Phase des Innovationsprozesses ist es, Willensbarrieren abzubauen und bei den Mitarbeitern das Bewußtsein zu schaffen, daß durch den Einsatz betriebswirtschaftlicher Instrumente die Leistungsfähigkeit der NPO gegenüber ihren Anspruchsgruppen verbessert werden kann.

Im Kommunikationsprozeß selbst spielen Meinungsmacher in der Organisation eine wichtige Rolle. Diese Personen können die Führungskräfte unterstützen, da sie durch die oft starke Ausprägung informeller Strukturen in NPOs zusätzliche Kommunikationswege nutzen können.

1.2.2 Bereitschaft erzeugen

Im zweiten Schritt des Innovationsprozesses geht es um die Aktivierung der Mitarbeiter in der NPO. Nach der passiven Einsicht sollen die Organisationsmitglieder zur aktiven Teilnahme an der Implementierung betriebswirtschaftlicher Instrumente gewonnen werden. Diese Bereitschaft ist nicht nur während der Entwicklung der Instrumente erforderlich, sondern primär auch während des laufenden Einsatzes.

Die Entwicklung strategischer oder operativer Instrumente kann zwar noch von einem relativ kleinen Team geschafft werden, der Einsatz selbst aber erfordert die Unterstützung der gesamten Organisation. Strategische Planung und Erfolgskontrolle betrifft alle Mitarbeiter; und auch operative „Kleinigkeiten" wie z.B. Kostenstellen- oder Kostenartenpläne sind nutzlos, wenn sie nicht von allen Beteiligten verstanden und aktiv angewendet werden.

Durch die Bereitschaft zur aktiven Mitarbeit wird das Risiko neuer Willensbarrieren verringert, die während des Innovationsprozesses entstehen können. Mitarbeiter, die eine Veränderung in der Organisation aktiv mitgestalten können, sind viel mehr zur Umsetzung der Veränderung bereit als Mitarbeiter, die von Neuerungen passiv „überfahren" werden.

1.2.3 Fähigkeiten aufbauen

Zur Überwindung von Fähigkeitsbarrieren in der Organisation ist der Aufbau von Fachwissen erforderlich. In NPOs sind betriebswirtschaftliche Kenntnisse oft nur wenig stark ausgeprägt, da die Mitarbeiter aus anderen Berufsfeldern in Führungsfunktionen oder kaufmännische Aufgaben „hineinwachsen". Dem Aufbau von Wissen können unterschiedliche Methoden dienen, die einzeln oder in Kombination helfen, die Fähigkeitsbarrieren und die damit verbundene Skepsis gegenüber betriebswirtschaftlichen Instrumenten abzubauen.

- Einzelschulungen
- Gruppenschulungen
- Schulungen durch NPO interne Trainer
- Schulungen durch NPO externe Trainer
- NPO spezifische Schulungen
- offene Schulungen
- Learning-on-the-job
- Learning-off-the-job.

Bei der Auswahl und Kombination dieser Weiterbildungsmaßnahmen kann man auf unterschiedliche Institutionen zurückgreifen. Entscheidend für den Erfolg im Innovationsprozeß ist, daß die Fähigkeiten rechtzeitig aufgebaut werden. Rechtzeitig heißt in diesem Fall, daß jene Mitarbeiter, die in die Entwicklung der Instrumente eingebunden werden, die Weiterbildungsmaßnahmen vor Beginn der Entwicklung abschließen können.

Eine wichtige Rolle beim Aufbau von Fähigkeiten spielen auch externe Berater. Sie können vor allem bei der Entwicklung von Instrumenten und der Implementierung durch Methodenwissen und Erfahrung helfen, Fehler zu vermeiden. Allerdings können Berater dem Management der NPO nicht die Verantwortung für die Entwicklung, die Implementierung und den Einsatz der Instrumente abnehmen. Sie wirken immer nur als Fachpromotoren, während die Machtpromotorenschaft bei der Führung der NPO bleibt.

1.2.4 Feedback- und Verstärkungsschleifen nutzen

Nach der Entwicklung, der Implementierung und dem Einsatz der betriebswirtschaftlichen Instrumente ist es wichtig, aus den gewonnenen Erfahrungen Rückschlüsse für die Weiterentwicklung der Instrumente selbst oder der damit verbundenen Organisationsabläufe zu nutzen. Instrumente sollen der Führung der NPO dienen, daher ist eine Anpassung an die Anforderungen des Managements besonders wichtig. Während der ersten Entwicklung können oft nicht alle diese Anforderungen erkannt werden. Darüber hinaus ist es möglich, daß sich die Anforderungen durch NPO interne oder NPO externe Ereignisse ändern.

Die folgende Abbildung faßt die Maßnahmen zur Implementierung betriebswirtschaftlicher Instrumente zusammen.

Abb. IV 1.1

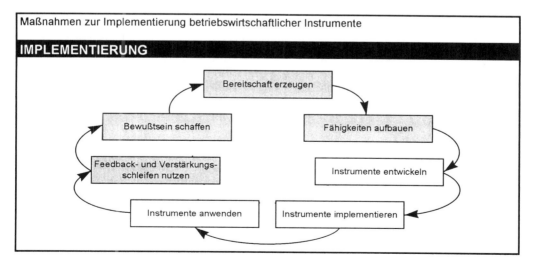

2 Zukünftiger Entwicklungsbedarf an Instrumenten in NPOs

(Christian Horak)

2.1 Grundlagen

In diesem Buch wird eine Vielzahl von Managementinstrumenten aus den verschiedensten Bereichen und Disziplinen der BWL vorgestellt und auf ihre Einsatzmöglichkeit in NPOs überprüft. Es handelt sich somit um eine Ist-Darstellung der Möglichkeiten ohne detaillierte Überprüfung des tatsächlichen Einsatzgrads in der Praxis.

In diesem Kapitel soll der Versuch unternommen werden, die zukünftige Entwicklung des Instrumentenpools sowie des tatsächlichen -Einsatzes und damit den Entwicklungsbedarf in NPOs zu prognostizieren und damit die wichtigsten Entwicklungstrends darzustellen.

Die Inhalte orientieren sich, um einen Vergleich zu ermöglichen, weitgehend am Ausblickskapitel im *HANDBUCH* der Nonprofit Organisation (Badelt, 1997d), wobei hier zwischen allgemeinen Trends und konkreten Entwicklungsnotwendigkeiten nach verschiedenen Instrumentenfamilien differenziert wird, die sich in der Darstellung nach Möglichkeit am Aufbau dieses Buches orientieren. Dabei sollen auch mögliche weiße Flecken auf der Instrumentenlandkarte für NPOs aufgezeigt werden.

2.2 Allgemeine Trends der Instrumentenentwicklung für NPOs

2.2.1 Einsatzgrad betriebswirtschaftlicher Instrumente in NPOs

Zum tatsächlichen Einsatzgrad und zur konkreten Ausprägung von Instrumenten in NPOs gibt es derzeit noch keine umfassenden Erkenntnisse. Einzeluntersuchungen in Teilbereichen[21] deuten darauf hin, daß NPOs im Vergleich zu Unternehmen generell großen Aufholbedarf bezüglich Entwicklungs- und vor allem Einsatzgrad haben. Es ist davon auszugehen, daß eine große Zahl der in diesem Buch vorgestellten Instrumente derzeit nur sehr selten in NPOs zur Anwendung kommt.

Bedingt durch sich laufend erhöhende Anforderungen bezüglich der Führung, bezüglich benötigter Informationen etc., wird der Einsatzgrad betriebswirtschaftlicher Instrumente vor allem in den dienstleistungsorientierten NPOs stark steigen.

---

[21] Untersuchungen sind z.B. aus dem Bereich Rechnungswesen durch Othmar Filliger (Filliger, 1995) bekannt.

2.2.2 Zunehmende Professionalisierung von Dienstleistern in Abgrenzung zu Basisorganisationen

Es ist davon auszugehen, daß zunehmende Professionalisierung im NPO Bereich den Verbreitungsgrad von betriebswirtschaftlichen Instrumenten erhöhen wird. Dies gilt laut Badelt mit Sicherheit nicht für alle NPOs. Der Trend zur Basisorganisation als Alternative zum sich einem Unternehmen annähernden Dienstleister im NPO Sektor hat auch auf den Instrumenteneinsatz Auswirkung, indem es zu einer Polarisierung kommen wird. Die professionellen Dienstleister werden ihr Instrumentarium ausbauen und perfektionieren, die Basisorganisationen werden sich schon rein aus Ressourcengründen auf das notwendige Minimum beschränken. Damit ist in Zukunft sicher keine einheitliche Entwicklung zu erwarten.

2.2.3 Zunehmende Anforderungen aus dem Umfeld

NPOs sind verstärkt einem Legitimationsdruck aus dem Umfeld ausgesetzt. Zur Abfederung dieses Drucks sind umfassende Informationen aus vielen Bereichen erforderlich (Umfeld selbst, Rechnungswesen, Personal etc.), die rationell und ressourcenschonend mit betriebswirtschaftlichen Hilfsmitteln erarbeitet werden können. Daher steigt die Bedeutung von entsprechenden Instrumenten.

Dieser Effekt wird durch die zunehmende Marktorientierung im NPO Bereich forciert. Die geschützten Bereiche für NPOs verlieren an Dominanz, ohne Informationen kann man auf dem Markt nicht bestehen.

2.2.4 Pauschale Übertragung der Instrumente aus dem Unternehmensbereich

Überlegungen zum Instrumenteneinsatz in NPOs bauen derzeit meist darauf auf, daß man das herkömmliche, in Unternehmen bewährte Instrumentarium heranzieht und auf den NPO Bereich zu übertragen versucht. Eine ähnliche Vorgangsweise wird in diesem Buch vorgenommen. Es gibt daher derzeit kaum speziell für den NPO Bereich entwickelte Instrumente, sondern in erster Linie Adaptionen aus dem Unternehmensbereich.

In Zukunft wird man auch stärker den anderen Weg beschreiten müssen (d.h. Instrumente spezifisch für NPO Fragestellungen zu entwickeln), um auf die besonderen Fragestellungen des NPO Managements noch besser eingehen zu können. Dies gilt z.B. für – auch die in diesem Buch am Rande behandelten – Fragen rund um die Erfolgsmessung in NPOs, die derzeit nur sehr eingeschränkt mit dem herkömmlichen Instrumentarium bearbeitet werden können.

2.2.5 Wo liegen die Grenzen der Optimierung?

In diesem Band wird eine Vielzahl von Instrumenten für den Einsatz in NPOs vorgestellt. Die Umsetzung dieser Ansätze in ihrer ganzen Fülle stellt eine NPO vor ein gravierendes Ressourcenproblem: Wie viele Instrumente mit welchem Feinheitsgrad kann sich eine NPO leisten? Auf diese Frage gibt es aufgrund der Heterogentität der NPOs keine einheitliche Antwort. Generell gilt, daß Managementinstrumente nicht zum Selbstzweck werden dürfen.

NPOs übernehmen eine spezielle Verantwortung für die Verwendung der ihnen anvertrauten Gelder. Die Verbesserung und Verfeinerung von Instrumenten hat neben einer hoffentlich vorhandenen Nutzen- auch eine Kostenkomponente. NPOs werden sich zukünftig verstärkt der Frage stellen müssen, wo für sie das optimale Kosten-Nutzen-Verhältnis liegt, wobei hier im Vergleich zu Unternehmen auch verstärkt qualitative Beurteilungskriterien zum Einsatz kommen werden.

Durch diese Tatsache ist automatisch von einer gewissen Einschränkung des Perfektionsdenkens für NPO Instrumente auszugehen. Die oft zitierten 10 Prozent Restgenauigkeit, die aber ein Vielfaches an Aufwand verursachen, werden in NPOs tendenziell kaum ermittelt werden, außer sie werden von außen explizit gefordert.

Der Gestaltungsgrad der NPO Instrumente wird auch von der allgemeinen Frage abhängen, wie hoch der Anteil der nicht direkt dem Zweck der NPO dienenden Kosten sein darf. (z.B. Wie perfekt dürfen Fundraising-Konzepte sein, die mit zunehmendem Perfektionsgrad auch einen steigenden Ressourceneinsatz verursachen?)

2.2.6 Zunehmende Bedeutung qualitativer Aspekte

Entsprechend dem Zielsystem einer NPO, haben qualitative Aspekte eine zunehmend größere Bedeutung für Managementfragestellungen. In diesem Bereich gibt es sehr wenige Möglichkeiten der Übertragung von Erkenntnissen aus der klassischen BWL, daher hat der NPO Bereich beziehungsweise die NPO Forschung die Möglichkeit, aktiv neue Instrumente zu entwickeln und einzusetzen. Dies betrifft vor allem alle Aspekte der Erfolgsmessung und Erfolgssteuerung in NPOs, wo es noch viele weiße Flecken auf der Instrumentenlandkarte gibt, die auch durch dieses Buch nicht komplett aufgefüllt werden können. Es werden zunehmend Erkenntnisse aus anderen Disziplinen (z.B. Psychologie im Rahmen der Supervision als Teil von Selbstevaluation etc.) in den Instrumentenkasten integriert werden.

Der NPO Bereich hat die große Chance, als aktiver Instrumentenentwickler Vorgaben für den Unternehmensbereich zu leisten.

2.2.7 Kooperationsmodelle gewinnen an Bedeutung

NPOs werden zukünftig verstärkt gefordert sein, Ziele gemeinsam zu erreichen und dafür Kooperationen und Allianzen einzugehen. Dies bedingt auch die gemeinsame Entwicklung und den abgestimmten Einsatz von Instrumenten. Derzeit werden viele Instrumente von einzelnen Organisationen parallel ohne Abstimmung mit anderen entwickelt. Hier müssen gemeinsame Wege beschritten werden, um Synergien so optimal wie möglich zu gestalten.

2.3 Spezieller Bedarf an Instrumenten in einzelnen Anwendungsbereichen

Die Darstellung einzelner Entwicklungsperspektiven orientiert sich nach Möglichkeit an der Gliederung des vorliegenden Buches. Die Entwicklungen sollen als Richtschnur für in Zukunft entstehende weitere Auflagen dienen und noch vorhandene Lücken in der Werkzeugkiste des NPO Managements schließen.

2.3.1 Instrumente für das strategische Management

NPOs stehen gerade in Zeiten des allgemeinen Wandels unter einem enormen Rechtfertigungs- und damit auch Identitätsdruck. Unterschiedliche und komplexe Umfeldeinflüsse und Erwartungen der Anspruchsgruppen zwingen NPOs zunehmend, ihren Zielfindungsprozeß und die Ableitung strategischer Stoßrichtungen zu formalisieren.

Die in diesem Buch angebotenen Instrumente umfassen in erster Linie das strategische Standardrepertoire, da der strategische Managementprozeß keine gravierenden Differenzen zu Unternehmen aufweist. Großteils werden NPOs in den nächsten Jahren mit der schrittweisen Nutzung dieses Repertoires beschäftigt sein.

Zukünftig wird gerade das Mission-Statement beziehungsweise Leitbild als Grundlage für den strategischen Prozeß enorm an Bedeutung gewinnen müssen. Die vorgestellten Einzelinstrumentarien werden in ihrem Ausprägungsgrad für NPOs noch weiter verfeinert werden (z.B. Definition von Kernkompetenzen für NPOs). Durch die zunehmende Bedeutung des Wettbewerbs können Instrumente wie die Portfolio-Analyse, die ursprünglich auf der Wettbewerbsprämisse aufbauen, noch besser in NPOs eingesetzt werden.

Für die NPO spezifische Gestaltung von strategischen Allianzen werden eigene Modelle und Ablaufprozesse notwendig sein, die in der nächsten Zeit entwickelt werden müssen.

2.3.2 Erfolgsmessung, Evaluation

Diesem Aspekt wird in naher Zukunft wesentlich mehr Bedeutung zukommen als heute. Bezeichnend ist, daß in diesem Buch noch kein eigenes Kapitel für diesen Bereich vorgesehen ist, sondern sich Teilbereiche in verschiedenen Kapiteln wiederfinden. Einzelne Bausteine der Erfolgsmessung (Kundenzufriedenheitsanalyse, Selbstevaluation durch Supervision), die zumeist aus verschiedenen Disziplinen stammen, müssen zu einem sinnvollen Gesamtsystem zusammengeführt werden.

NPOs haben einen großen Bedarf an umfassenden und abgestimmten Systemen zur Erfolgsmessung und Erfolgssteuerung. Derzeit ist aber vor allem im Sozialbereich von einer abgestimmten Entwicklung keine Rede.[22]

Der Schwerpunkt der Entwicklung wird bei der Integration von qualitativen und quantitativen Erfolgsbestandteilen liegen. NPOs haben die große Chance, daß hier entwickelte Instrumente in Zukunft auch in Unternehmen Verwendung finden könnten. Aber auch in letzter Zeit in der Privatwirtschaft eingesetzte Instrumente, wie z.B. die Balanced Scorecard *(siehe Teil II Kapitel 1.8)*, die beide Dimensionen verbindet, werden Eingang in den NPO Bereich finden.

2.3.3 Einsatz neuer Medien

Der Erfolg und das Überleben der NPOs wird in Zukunft noch stärker von guten Informationen als Entscheidungsgrundlage abhängen. Qualität (Schnelligkeit, Genauigkeit etc.) und Quantität der Informationen werden durch neue Medien (Internet etc.) erhöht. NPOs werden sich dieser Entwicklung nicht verschließen können und sowohl aktiv als auch passiv verstärkt diese Medien nutzen. Spezifische Anforderungen (z.B. Wie bekomme ich über Internet bestmöglich Kontakte zu meinen Spendern?) sind bei der Planung von Einsatzmöglichkeiten zu berücksichtigen. Für Informationsprovider entstehen dadurch spezifische Anforderungen.

2.3.4 Lobbying zur besseren Vertretung der Interessen von NPOs

In weiterem Sinn kann Lobbying auch als Instrument bezeichnet werden und muß daher entsprechende Erwähnung finden. NPOs können ihre Interessen derzeit kaum gemeinsam durchsetzen. Die Gründe sind vielfältig, liegen aber oft in der mangelnden Kooperationsbereitschaft untereinander. Man verzichtet nicht auf den persönlichen Vorteil zugunsten des allgemeinen Wohls.

Lobbyismus gewinnt aber für NPOs eindeutig an Bedeutung. Gemeinsames Auftreten gegenüber anderen Interessentengruppen (z.B. Subventionsgeber etc.) oder Einbringen von Meinungen in der EU sind wichtige Anliegen für den NPO Sektor generell, der sich über Lobbyismus das entsprechende Gehör verschaffen wird müssen.

Wer die Regeln des Lobbyismus nicht beherrscht, wird sich in Zukunft mit seinen Anliegen viel schwerer durchsetzen können. Dazu muß die Managementlehre auch für NPOs entsprechende Unterstützungsmöglichkeiten anbieten, und die NPOs müssen die Kunst des gemeinsamen Lobbyings rasch erlernen.

---

[22] So werden z.B. in Deutschland von den großen Wohlfahrtsverbänden parallel verschiedene Systeme der Qualitätsmessung sowie Evaluationsansätze entwickelt; eine Abstimmung erfolgt dabei praktisch nicht.

2.3.5 Veränderung der Finanzierungsstruktur: Neue Finanzierungsmodelle

Neben der Ausschöpfung der traditionellen Finanzierungsmöglichkeiten werden NPOs in Zukunft zunehmend Bedarf an alternativen Finanzierungsmöglichkeiten haben, um im Wettbewerb um Geldmittel zu bestehen. Dies wird durch die erkannte Notwendigkeit der Schaffung mehrerer Finanzierungsstandbeine zur Risikominimierung verstärkt. Sind z.B. Venture Capital Modelle auf den NPO Bereich übertragbar? Unter dem Motto „Not macht erfinderisch" wird es zu laufenden Neuentwicklungen kommen müssen.[23]

Dabei ist die Kreativität der NPOs sowie der Finanzierungsspezialisten gefragt, um die insgesamt drohende Finanzierungskrise auf der Individualebene zu mindern oder abzuwenden.

2.3.6 Verfeinerung des Rechnungswesens

Der zunehmende Legitimations- und Rechtfertigungsdruck zwingt die NPOs, verstärkt detaillierte Rechnungswesensysteme einzusetzen, wobei gerade in der Kosten- und Leistungsrechnung die Besonderheiten der NPOs noch nicht adäquat berücksichtigt sind. Spezielle Lösungen für Leistungserfassung und die Besonderheiten der Erlösebene (Problematik von direkten und indirekt zurechenbaren Erlösen) in NPOs müssen weiter verfeinert und umgesetzt werden.

Gerade neue Trends wie Target Costing, Strukturkostenmanagement etc. können in einer angepaßten Ausprägungsform in NPOs neue Erkenntnisse liefern.

Großer Bedarf besteht an spezifischen, auch qualitative Größen berücksichtigenden Kennzahlensystemen.

2.3.7 Entwicklung NPO spezifischer Software

Softwarelösungen werden in diesem Buch nicht explizit behandelt. Trotzdem muß man sich damit auseinandersetzen, daß in zunehmendem Ausmaß speziell für NPOs entwickelte Software zum Einsatz kommt oder kommen wird.

Derzeit findet man spezifische Lösungen bereits in der Spendenbewirtschaftung, in der Mitgliederverwaltung, im Merchandising etc. Dieser Trend wird sich in den nächsten Jahren verstärken. Großer Bedarf besteht z.B. bei spezifischer Controlling-Software (hier gibt es bereits Ansätze, z.B. eine NPO Applikation für SAP R/3) sowie bei spezifischen Leistungserfassungssystemen.

Das Problem liegt generell bei der Finanzierbarkeit mächtiger Lösungen sowie bei der Einführung der EDV-Lösungen in der NPO.

---

[23] Wer hat z.B. vor zehn Jahren das Merchandising als Geldquelle für NPOs auf breiter Basis forciert? Wie verbreitet waren zu diesem Zeitpunkt heute übliche Fundraising-Aktionen?

2.3.8 Qualitative Controllinginstrumente

Im Controlling muß man in einem ersten Schritt die quantitativen Controlling-Instrumente optimieren; auf diesen Aspekt konzentriert sich auch dieses Buch. Mittelfristig muß ein umfassendes Controllingsystem im NPO Bereich auch mit qualitativen Instrumenten ausgestattet sein, die einen sinnvollen Soll-Ist-Vergleich ermöglichen sollen (z.B. Wirkungsmessung, Indikatorensystem etc.).

2.3.9 Personalmanagement für Ehrenamtliche

Ehrenamtliche Arbeit wird dem Trend nach zunehmend ein Engpaßfaktor werden. NPOs müssen daher besondere Anstrengungen anstellen, um das ehrenamtliche Arbeitspotential zu optimieren. Für diese Aufgabe benötigen sie Instrumente aus dem Werkzeugkasten des Personalmanagements, die bei bestimmten Aspekten an die ehrenamtliche Arbeitssituation angepaßt werden müssen. Bedarf besteht vor allem an der Schaffung spezifischer Anreizsysteme für ehrenamtliche Mitarbeiter.

2.4 Zusammenfassung

Viele NPOs beginnen gerade erst, die vorhandenen Standardinstrumente der Betriebswirtschaftslehre für ihren Bereich intensiver zu nutzen, und stoßen dabei immer wieder auf Grenzen der herkömmlichen Lösungen. Die auf den ersten Blick ableitbare Ansicht, daß es keine großen Anpassungen beim Einsatz in NPOs geben muß, ist bei näherer Betrachtung nicht haltbar.

Je feiner die Systeme entwickelt werden, desto mehr Detailprobleme sind in NPOs spezifisch zu lösen. Die hier angedeuteten Entwicklungen sind erst der Anfang. Die Zielsetzungen der NPOs erfordern aber eine sehr sorgfältige Kosten-Nutzen-Rechnung, die eine ungebremste Entwicklung und Perfektionierung neuer Instrumente im Vergleich zu Unternehmen einschränken wird.

Das bedeutet, daß zumindest in nächster Zeit überwiegend mit adaptierten Instrumenten aus der Privatwirtschaft gearbeitet werden wird, da diese keine weiteren großen Entwicklungskosten verursachen.

Literaturverzeichnis

ALBRECHT, F. (1993): Strategisches Management der Unternehmensressource Wissen: Inhaltliche Ansatzpunkte und Überlegungen zu einem konzeptionellen Gestaltungsrahmen, Frankfurt/Main

APQC (1993): The Benchmarking Management Guide, Portland

ARGYRIS, C. (1982): Reasoning, Learning and Action, San Francisco

ARGYRIS, C. (1990): Overcoming Organizational Defenses, Boston

ARGYRIS, C., PUTNAM, R., SMITH, D. M. (1985): Action Science, San Francisco

ARNOLD, H.J., FELDMANN, D.C. (1986): Managing Individual and Group Behaviour in Organizations, New York

BADELT, C. (1997a): Ausblick: Entwicklungsperspektiven des Nonprofit Sektors, in: BADELT, C. (Hrsg.): Handbuch der Nonprofit Organisation, Stuttgart, S. 413-424

BADELT, C. (1997b): Ehrenamtliche Arbeit im Nonprofit Sektor, in: BADELT, C. (Hrsg.): Handbuch der Nonprofit Organisation, Stuttgart, S. 359-386

BADELT, C. (1997c): Zielsetzungen und Inhalte des „Handbuchs der Nonprofit Organisation", in: BADELT, C. (Hrsg.): Handbuch der Nonprofit Organisation, Stuttgart, S. 1-17

BADELT, C. (Hrsg.) (1997d): Handbuch der Nonprofit Organisation, Stuttgart

BEISHEIM, M. (1997): Seminarunterlagen „Assessment Center", unveröffentlicht

BERATERGRUPPE NEUWALDEGG (Hrsg.) (1996): Personalmanagement bye bye?, Wien

BERATERGRUPPE NEUWALDEGG (Hrsg.) (o. J.): Teamarbeit und Teamentwicklung, unveröffentlichte Arbeitsunterlage, Wien

BEREKOVEN, L., ECKERT, W., ELLENRIEDER, P. (1996): Marktforschung, 7. Aufl., Wiesbaden

BERGER, H., SCHILCHER, A. C. (1997): Wissensmanagement in Nonprofit Organisationen, Diplomarbeit, Wirtschaftsuniversität Wien

BERNHARDT, S. (1997): Finanzierungsmanagement in NPOs, in: BADELT, C. (Hrsg.): Handbuch der Nonprofit Organisation, Stuttgart, S. 247-273

BIBER, M. (1996): Benchmarking-Modelle und ihre Anwendung im Dienstleistungsbereich, Diplomarbeit, Wirtschaftsuniversität Wien

BONSEN zur, M. (1995): Simultaneous Change. Schneller Wandel mit großen Gruppen, in: Organisationsentwicklung, 14. Jahrgang, Nr. 4, Basel, S. 31-43

BOOS, F., EXNER, A., HEITGER, B. (1992): Soziale Netzwerke sind anders, in: Organisationsentwicklung, 11. Jahrgang, Nr. 1, Basel, S. 54-61

BOSETZKY, H., HEINRICH, P. (1994): Mensch und Organisation, Köln

BOULDING, K. E. (1966): The Economics of Knowledge and the Knowledge of Economics, in: American Economic Review, 56, S. 1-13

BROCKHAUS, N. (1994): Die Messung der Dienstleistungsqualität im Kulturbereich, Diplomarbeit, Wirtschaftsuniversität Wien

BUBER, R., MEYER, M. (Hrsg.) (1997): Fallstudien zum Nonprofit Management, Stuttgart

BÜHNER, R. (1993): Der Mitarbeiter im Total Quality Management, Düsseldorf

BUNGARD, W. (1991): Menschen machen Qualität, Ludwigshafen

CAMP, R. C. (1994): Benchmarking, München

CAMP, R. C. (1995): Business Process Benchmarking: Finding and Implementing Best Practices, USA

CHANDLER, A. D. jr. (1962): Strategy and Structure. Chapters in the History of Industrial Enterprise, Cambridge

CLUTTERBUCK, D. (1993): Simply Seeking Best Practice, in: Managing Service Quality, September, S. 5-6

CORSTEN, H. (1988): Betriebswirtschaftslehre der Dienstleistungsunternehmungen – Einführung, München, Wien

DEISER, R. (1995): Vom Wissen zum Tun und zurück: Strategisches Know-how Management an den Grenzen der Organisation. Workshop-Unterlagen zur Tagung „Know-how flott machen" des Gottlieb-Duttweiler-Instituts am 9./10.2.1995, Rüschlikon

DIETZEL, H., KLIMA, V., GARBSCH-HAVRANEK, C. (1990): Personalentwicklung in der ÖMV-Gruppe, in: DIETZEL, H., GARBSCH-HAVRANEK, C. (Hrsg.): Personalmanagement, die neue Praxis, Wien, S. 89-106

DIETZEL, H.U., GARBSCH-HAVRANEK, C. (Hrsg.) (1990): Personalmangement, die neue Praxis, Wien

DIN ISO 8402 (1992): Qualitätsmanagement und Qualitätssicherung, Begriffe, Deutsches Institut für Normung e.V.

DONABEDIAN, A. (1980): The Definition of Quality and Approaches to its Assessment, Vol. I, Michigan

DONNELLY, H.J., GEORGE, W.R. (Hrsg.) (1981): Marketing of Services, AMA Proceeding Series, Chicago

DRUCKER, P. F. (1990): Managing the Nonprofit Organization, New York

DRUCKER, P. F. (1993): The five most important Questions you will never ask about your Nonprofit Organization, San Francisco

DUDEN (1970): Das Bedeutungswörterbuch, 10. Band, Mannheim

EBNER, H., KÖCK C. M. (1996a): Qualität als Wettbewerbsfaktor für Gesundheitsorganisationen, in: HEIMERL-WAGNER, P., KÖCK, C. (Hrsg.): Management in Gesundheitsorganisationen, Wien

EBNER, H., KÖCK, C. M. (1996b): Das Personal als strategische Ressource im Qualitätsmanagement des Krankenhauses, in: MÜLLER, M. (Hrsg.): Personalmanagement im Unternehmen Krankenhaus, Wien, S. 114-133

ECKARDSTEIN von, D. (1997): Personalmanagement in NPOs, in: BADELT, C. (Hrsg.): Handbuch der Nonprofit Organisation, Stuttgart, S. 227-246

ECKARDSTEIN von, D., SIMSA, R. (1997): Entscheidungsmanagement in NPOs, in: BADELT, C. (Hrsg.): Handbuch der Nonprofit Organisation, Stuttgart, S. 315-330

ECKARDSTEIN von, D., ZAUNER, A. (1997): Veränderungsmanagement in NPOs, in: BADELT, C. (Hrsg.): Handbuch der Nonprofit Organisation, Stuttgart, S. 345-358

EFQM (1995): Selbstbewertung 1996. Richtlinien für den Öffentlichen Sektor: Erziehungs- und Bildungswesen, Brüssel

EGGER, A., WINTERHELLER, M. (1996): Kurzfristige Unternehmensplanung: Budgetierung, 9. Aufl., Wien

ESCHENBACH, R. (1997): Strategisches Controlling, in: GLEICH, R, SEIDENSCHWARZ, W. (Hrsg.): Die Kunst des Controlling, Stuttgart 1997, S. 93-113

ESCHENBACH, R. (Hrsg.) (1996): Controlling, 2. Aufl., Stuttgart

ESCHENBACH, R., HORAK, C. (1997): Rechnungswesen und Controlling in NPOs, in: BADELT, C. (Hrsg.) Handbuch der Nonprofit Organisation, Stuttgart, S. 275-298

FILLIGER, O. (1995): Rechnungswesen von privaten Nonprofit-Organisationen: Stand und Verbesserungsmöglichkeiten, Zürich

FISHER, R., URY, W. (1984): Das Harvard-Konzept, Frankfurt, New York

FISSENI, H., FENNEKELS, G. (1995): Das Assessment-Center, Eine Einführung für Praktiker, Göttingen

FLOH, A. u.a. (1997): Instrumente des Qualitätsmanagement in NPOs, unveröffentlichte Seminararbeit am Institut für Absatzwirtschaft, Wirtschaftsuniversität Wien

FOGAL, R. (1994): Designing and Managing the Fundraising Program, in: HERMAN, R. (Hrsg.): The Jossey-Bass Handbook of Nonprofit Leadership and Management, San Francisco, S. 369-381

FREDERICK, W., POST, J, DAVIS, K. (1992): Business and Society: Corporate Strategy, Public Policy, ethics, New York

FREEMAN, E. (1984): Strategic Management – A Stakeholder Approach, Marshfield

GAISER, B., KAUFMANN, L. (1997): Strategische Ziele in konkreten Kennzahlen darstellen, in: Blick durch die Wirtschaft, September, Nr. 184, S. 1-3

GAREIS, R. (1993): Zusammenhänge zwischen Projekten und Qualität, in: GAREIS, R.: Projekte & Qualität, Wien, S. 13-23

GAREIS, R. (1997): Projekte und Projektmanagement in NPOs, in: BADELT, C. (Hrsg.): Handbuch der Nonprofit Organisation, Stuttgart, S. 299-313

GAREIS, R. (Hrsg.) (1991): Projekte & Personal, Wien

GAREIS, R. (Hrsg.) (1993): Projekte & Qualität, Wien

GAREIS, R., TITSCHER, S. (1991): Projektarbeit und Personalwesen, in: GAREIS, R. (Hrsg.): Projekte & Personal, Wien, S. 15-38

GEE, A.D. (Hrsg.) (1990): Annual Giving Strategies, Washington

GEIGER, W. (1994): Die Entstehung, Erstellung und Weiterentwicklung der DIN ISO 9000-Familie, in: STAUSS, B.: Qualitätsmanagement und Zertifizierung: von ISO 9000 zum Total-Quality-Management, Wiesbaden, S. 27-62

GESCHKA, H., HAMMER, R. (1997): Die Szenario-Technik in der strategischen Unternehmensplanung, in: HAHN, D., TAYLOR, B. (Hrsg.): Strategische Unternehmensplanung – Strategische Unternehmensführung, Heidelberg, S. 464-489

GLASL, F. (1980): Konfliktmanagement: Diagnose und Behandlung von Konflikten in Organisationen, Bern

GLASL, F. (Hrsg.) (1983): Verwaltungsreform durch Organisationsentwicklung, Bern

GLASL, F., SASSEN von, H. (1983): Reformstrategien und Organisationsentwicklung, in: GLASL, F. (Hrsg.): Verwaltungsreform durch Organisationsentwicklung, Bern, S. 17-47

GRIEFF, J. (1986): Prospect Research, in: QUIGG, H. (Hrsg.): The Successful Capital Campaign, Washington, S. 37-51

GROSSMANN, R. (Hrsg.) (1995): Veränderung in Organisationen, Wiesbaden

GRÜNIG, R., MAASS, R. (1996): Strategische Planung in Nonprofit-Organisationen, in: Verbandsmanagement Nr. 1, S. 16-22

GÜLDENBERG, S. (1997): Wissensmanagement und Wissenscontrolling in lernenden Organisationen – ein systemtheoretischer Ansatz, Wiesbaden

HAFNER, K., REINEKE R.-D. (1992): Beratung und Führung von Organisationen, in: WAGNER, H., REINEKE, R.-D. (Hrsg.): Beratung von Organisationen, Wiesbaden, S. 29-78.

HAHN, D., TAYLOR, B. (Hrsg.) (1997): Strategische Unternehmensplanung - Strategische Unternehmensführung, 7. Aufl., Heidelberg

HAMEL, G., PRAHALAD, C.K. (1994): Competing for the future, Boston

HANSELMANN, M. (1995): Managementinstrumente zur Steigerung der Qualitätsfähigkeit, Diss., St. Gallen

HASITSCHKA, W. (1984): Ökologisches Marketing, in: Marketing - Zeitschrift für Forschung und Praxis, 1984/4, S. 245-254

HASITSCHKA, W., HRUSCHKA, H. (1982): Nonprofit-Marketing, Wien

HEIMERL-WAGNER, P. (1996): Veränderung und Organisationsentwicklung, in: KASPER, H., MAYRHOFER, W. (Hrsg.): Personalmanagement, Führung, Organisation, 2. Aufl., Wien, S. 541-567

HEIMERL-WAGNER, P. (1997): Organisationen und NPOs, in: BADELT, C. (Hrsg.): Handbuch der Nonprofit Organisation, Stuttgart, S. 189-209

HEIMERL-WAGNER, P., KÖCK, C. M. (Hrsg.) (1996): Management in Gesundheitsorganisationen, Wien

HEINEN, E. (1987): Unternehmenskultur, München

HEINTEL, P., KRAINZ, E. E. (1988): Projektmanagement – eine Antwort auf die Hierarchiekrise?, Wiesbaden

HEINTEL, P., KRAINZ, E. E. (o.J.): Führen von Projektgruppen, Organisations- und Sozialpsychologische Aspekte, Seminarunterlagen, Klagenfurt

HEITGER, B. (1995): Elemente für die Architektur lernender Organisationen, in: HERSTEINER, Zeitschrift für Managemententwicklung, Heft 2, Wien, S. 11-14

HEITGER, B. (1996): Von der Weiterbildung zum Wissensmanagement, in: BERATERGRUPPE NEUWALDEGG (Hrsg.): Personalmanagement bye bye?, Wien, S. 117-145

HEITGER, B., SCHMITZ, C., GESTER, P.-W. (Hrsg.) (1995): Managerie - Systemisches Denken und Handeln im Management, 3. Jahrbuch, Heidelberg

HERMAN, R. (Hrsg.) (1994): The Jossey-Bass Handbook of Nonprofit Leadership and Management, San Francisco

HOFFMANN, W., KLIEN, W., UNGER, M. (1996): Strategieplanung, in: ESCHENBACH, R. (Hrsg.): Controlling, 2. Aufl., Stuttgart, S. 211-313

HOLM, K. (1991): Die Befragung I, 4. Aufl., Stuttgart

HOPFENBECK, W. (1995): Allgemeine Betriebswirtschafts- und Managementlehre, 9. Aufl., Landsberg/Lech

HORAK, C. (1995a): Controlling in Nonprofit-Organisationen, 2. Aufl., Wiesbaden

HORAK, C. (1995b): Strategien für Anspruchsgruppen – Eine Alternative für NPO? Tagungsband des 2. Österreichischen NPO-Kongresses, Wien, S. 11-46

HORAK, C. (1997): Mangement von NPOs, in: BADELT, C. (Hrsg.): Handbuch der Nonprofit Organisation, Stuttgart, S. 123-134

HORAK, C., MATUL, C., SCHEUCH, F. (1997): Ziele und Strategien von NPOs, in: BADELT, C. (Hrsg.): Handbuch der Nonprofit Organisation, Stuttgart, S. 135-158

HORAK, C., PELZMANN, L. (1996): Psychologische Regeln für die Einführung und Durchsetzung von Controllingsystemen, in: ESCHENBACH, R. (Hrsg.): Controlling, 2. Aufl., Stuttgart, S. 579-604

HORNUNG, A. (1992): Mind Mapping ...: Kreative Arbeitstechniken im Controller-Alltag, in: controller magazin, Nr. 5, S. 2-7

HÜTTNER, M. (1997): Grundzüge der Marktforschung, München

IDW (Institut der Wirtschaftsprüfer) (1995): Stellungnahme WFA 4/1995; Zur Rechnungslegung und Prüfung spendensammelnder Organisationen, in: Die Wirtschaftsprüfung 20/95, S. 698-705

INNOVATION ASSOCIATES (1992): Systems Thinking: A Language for Learning and Acting. The Innovation Associates System Thinking Course Workbook, Framingham

ISAACS, W. (1992): The Ladder of Inference, Working Paper, MIT Boston

JAGO, A. (1995): Führungstheorien – Vroom-Yetton-Modell, in: KIESER, A., REBER, G., WUNDERER, R. (Hrsg.): Handwörterbuch der Führung, 2. Aufl., Stuttgart, S. 1058-1075

JARMAI, H. (1995): Matrix versus Netzwerk – Wie bewältigen wir Integration in einer multilokalen Weltwirtschaft? in: HEITGER, B., SCHMITZ, C., GESTER, P.-W. (Hrsg.): Managerie. Systemisches Denken und Handeln im Management, 3. Jahrbuch, Heidelberg, S. 41-62

JENNY, B. (1997): Projektmanagement in der Wirtschaftsinformatik, Wien

JESERICH, W. (1981): Mitarbeiter auswählen und fördern, München

JURAN, J. M. (1988): Juran on planning for Quality, New York

KAILER, N., BIEHAL, F. (1991): Organisationsentwicklung - Sichtweisen und Erfahrungen österreichischer Führungskräfte, Wien

KAILER, N., HEIMERL, P., KALCHER-FORMAYER, W. (1990): Unternehmer - Unternehmen. Ein Instrument zur Entwicklung von Klein- und Mittelbetrieben, Wien

KAPLAN, R., NORTON, P. (1992): The Balanced Scorecard – Measures that drive Performance, in: Harvard Business Review, Jan./Feb., S. 71-79

KASPER, H., HEIMERL-WAGNER, P. (1996): Struktur und Kultur in Organisationen, in: KASPER, H., MAYRHOFER, W. (Hrsg.): Personalmanagement, Führung, Organisation, 2. Aufl., Wien, S. 9-107

KASPER, H., MAYRHOFER, W. (Hrsg.) (1996): Personalmanagement, Führung, Organisation, 2. Aufl., Wien

KATTNIGG, A. (1990): Ansätze für Controlling in Sozialhilfeeinrichtungen, Linz

KATTNIGG, A. (1995): Strategische Planung in Nonprofit-Organisationen, Internationale Tagung 1995 des ÖCI, Wien, S. 1-15

KEPNER, C., TREGOE, B. (1992): Entscheidungen vorbereiten und richtig treffen, Landsberg/Lech

KIESER, A., REBER, G., WUNDERER, R. (Hrsg.) (1995): Handwörterbuch der Führung, Stuttgart

KLEBERT, K., SCHRADER, E., STRAUB, W. (1987): ModerationsMethode. Gestaltung der Meinungs- und Willensbildung in Gruppen, die miteinander lernen und leben, arbeiten und spielen, Hamburg

KLIEN, W. (1995): Wertsteigerungsanalyse und Messung von Managementleistungen, Wien

KLIMECKI, R., PROBST, G., EBERL, P. (1991): Systementwicklung als Managementproblem, in: STAEHLE, W. H., SYDOW, G. (Hrsg.): Managementforschung 1, Berlin, S. 103-162

KNAUFT, E. B., BERGER, R. A., GRAY, S. T. (1991): Profiles of Excellence, San Francisco

KNYPHAUSEN, D. V. (1993): Why Are Firms Different?, in: Die Betriebswirtschaft 6/1993, S. 771-792

KOMPA, A. (1989): Personalbeschaffung und Personalauswahl, Stuttgart

KOTLER, P., BLIEMEL, F. (1995): Marketing – Management, Stuttgart

KRAEMER-FIEGER, S. (1996): Qualitätsmanagement in Non-Profit-Organisationen: Beispiele, Normen, Anforderungen, Funktionen, Formblätter, Wiesbaden

KRAINER, H. (1997): Das Qualitätsmanagementsystem des bfi Wien, Wien

KRAINZ, E., SIMSA, R. (1995): Gute Menschen. Zur Beratung von Freiwilligen-Organisationen, in: GROSSMANN, R. (Hrsg.): Veränderung in Organisationen, Wiesbaden, S. 255-272

KRICKL, O. (1995): Business redesign: Neugestaltung von Organisationsstrukturen unter besonderer Berücksichtigung der Gestaltungspotentiale von Workflowmanagementsystemen, Wiesbaden

KROEBER-RIEL, W. (1984): Konsumentenverhalten, 3. Aufl., München

LECHNER, K., EGGER, A., SCHAUER, R. (1996): Einführung in die Allgemeine Betriebswirtschaftslehre, 16. Aufl., Wien

LITKE, H. D. (1995): Projektmanagement. Methoden, Techniken, Verhaltensweisen, 3. Aufl., München, Wien

LOOS, W. (1991): Coaching für Manager. Problembewältigung unter vier Augen, Landsberg/Lech

LUEGER, G. (1992): Die Bedeutung der Wahrnehmung bei der Personalbeurteilung. Zur psychischen Konstruktion von Urteilen über Mitarbeiter, München u.a.

LUEGER, G. (1996): Beschaffung und Auswahl von Mitarbeitern, in: KASPER, H., MAYRHOFER, W. (Hrsg.): Personalmanagement, Führung, Organisation, 2. Aufl., Wien, S. 345-387

LUHMANN, N. (1984): Soziale Systeme – Grundriß einer allgemeinen Theorie, Frankfurt

MACHLUP, F. (1962): The Production and Distribution of Knowledge in the United States, Princeton

MANN, R. (1973): Praxis strategisches Controlling mit Checklists und Arbeitsformularen – von der strategischen Planung zur ganzheitlichen Unternehmensführung, Landsberg/Lech

MÄNNEL, W. (1995): Zur Bedeutung der Prozeßkostenrechnung, in: MÄNNEL, W. (Hrsg.), Prozeßkostenrechnung, Bedeutung, Methoden, Branchenerfahrungen, Softwarelösungen, Wiesbaden, S.†15-22

MÄNNEL, W. (Hrsg.) (1995): Prozeßkostenrechnung, Bedeutung, Methoden, Branchenerfahrungen, Softwarelösungen, Wiesbaden

MANSFIELD, E. (1991): Microeconomics, 7. Aufl., New York

MATUL, C., HORAK, C., SCHEUCH, F. (1997): Ziele und Inhalte von NPOs, in: BADELT, C., (Hrsg.), Handbuch der Nonprofit Organisation, Stuttgart, S. 1-17

MATUL, C., SCHARITZER, D. (1997): Qualität der Leistungen in NPOs, in: BADELT, C. (Hrsg.), Handbuch der Nonprofit Organisation, Stuttgart, S. 387-412

MC GREGOR, D. (1960): The human side of enterprise, New York

MEFFERT, H. (1991): Marketing, Wiesbaden

MEFFERT, H., BRUHN, M. (1995): Dienstleistungsmarketing, Wiesbaden

MERTINS, K. u.a. (1994): Benchmarking – ein Managementwerkzeug, in: Zeitschrift für wissenschaftliche Forschung, 7/8

MEYER, A., MATTMÜLLER, R. (1987): Qualität von Dienstleistungen – Entwurf eines praxisorientierten Qualitätsmodells, in: Marketing ZFP, Heft 3 August, S. 187-195

MILLAR, M. (1990): Evaluating Success, in: GEE, A. (Hrsg.): Annual Giving Strategies, Washington, S. 215-219

MINTZBERG, H. (1996): Managing Government. Governing Management, in: Harvard Business Review, May-June, S. 75-83

MORENO, J. L. (1964): Psychodrama, New York

MÜLLER, M. (Hrsg.) (1996), Personalmanagement im Unternehmen Krankenhaus, Wien

NONAKA, I. (1991): The Knowledge Creating Company, in: Harvard Business Review, Nr. 6, S. 96-104

OESS, A. (1994): Total quality management: die ganzheitliche Qualitätsstrategie, Wiesbaden

OSTERLOH, H., FROST, J. (1996): Prozeßmanagement als Kernkompetenz, Wiesbaden

PATAK, M. (1996): Projektmanangement amnesty international, unveröffentlichtes Skriptum, Wien am 28. und 29. Juni, S. 1-57

PATZAK, G., RATTAY, G. (1997): Projektmanagement: Leitfaden zum Management von Projekten, Projektportfolios und projektorientierten Unternehmen, Wien

PERRIDON, L., STEINER, M. (1995): Finanzwirtschaft der Unternehmung, München

PETERS, T. (1993): Jenseits der Hierarchien. Liberation Management (deutsche Ausgabe), Düsseldorf

PICHLER, O. (1996): Coaching im Krankenhaus, in: MÜLLER, M. (Hrsg.): Personalmanagement im Unternehmen Krankenhaus, Wien, S. 177-192

PORAT, M. U., RUBIN, M. R. (1977): The Information Economy, Washington

PRAHALAD, C. K., HAMEL, G. (1990): The Core Competence of the Corporation, in: Harvard Business Review, May-June, S. 79-91

PREISSLER, H., ROEHL, H., SEEMANN, P. (1997): Haken, Helm und Seil: Erfahrungen mit Instrumenten des Wissensmanagements, in: Organisationsentwicklung, 16. Jahrgang, Nr. 2, Basel, S. 4-16

PROBST, G., BÜCHEL, B. (1994): Organisationales Lernen: Wettbewerbsvorteil der Zukunft, Wiesbaden

QUIGG, H.G. (Hrsg.) (1986): The successful Capital Campaign, Washington

REIBNITZ von, U. (1987): Szenarien – Optionen für die Zukunft, Hamburg

REINHARDT, R. (1993): Das Modell organisationaler Lernfähigkeit und die Gestaltung lernfähiger Organisationen, Frankfurt/Main

REMER, A. (1989): Organisationslehre, Berlin

RISAK, J., DEYHLE, A. (Hrsg.) (1991): Controlling - State of the Art und Entwicklungstendenzen, Wiesbaden

ROSENSTIEL von, L. (1992): Grundlagen der Organisationspsychologie, Stuttgart

ROSS, R. (1994): The Ladder of Inference, in: SENGE, P. M.: The Fifth Discipline Fieldbook. Strategies and Tools for Building a Learning Organization, New York u.a., S. 242-246

ROTH, W.-L., BRÜNNIG, M., EDLER, J. (1995): Coaching – Reflexionen und empirische Daten zu einem neuen Personalentwicklungsinstrument, in: WILKER, F.-W. (Hrsg.): Supervision und Coaching. Aus der Praxis für die Praxis, Bonn, S. 201-224

RUBIN, M. R., HUBER, M. T. (1986): The Knowledge Industry in the United States 1960-1980, Princeton

SAATWEBER, J. (1994): Inhalt und Zielsetzung von Qualitätsmanagementsystemen gemäß den Normen DIN ISO 9000 bis 9004, in: STAUSS, B.: Qualitätsmanagement und Zertifizierung: von ISO 9000 zum Total-Quality-Management, Wiesbaden, S. 63-92

SASSEN von, H. (1985): Arbeitspapier für das „Steirische Innovationsprogramm", Graz

SCHARITZER, D. (1994): Dienstleistungsqualität – Kundenzufriedenheit, Wien

SCHAUER, R. (1990): Controlling – eine Herausforderung für Kammern und Verbände?, in: WEBER, J., TYLKOWSKY, O. (Hrsg.): Konzepte und Instrumente von Controlling-Systemen in Öffentlichen Institutionen, Stuttgart, S. 45-69

SCHEFFER, J. (1997): Kooperationen von KMUs und externen Know-how-Trägern – Impulse für eine Qualitätsdiskussion: erste Ergebnisse einer empirischen Erhebung, in: GdWZ (Grundlagen der Weiterbildung, Heft 3/97, S. 127-130

SCHEIBE-JAEGER, A. (1996): Finanzierungs-Handbuch für Non-Profit-Organisationen, Der Weg zu neuen Geldquellen, Regensburg

SCHELLE, H. (1996a): Projektmethoden und -techniken im Überblick, in: STREICH, R. K., MARQUARDT, M., SANDEN, H. (Hrsg.): Projektmanagement. Prozesse und Praxisfelder, Stuttgart, S. 15-31

SCHELLE, H. (1996b): Projekte zum Erfolg führen, München

SCHERTLER, H. (1991): Unternehmensorganisation: Lehrbuch der Organisation und strategischen Unternehmensführung, München

SCHEUCH, F. (1982): Dienstleistungsmarketing, München

SCHEUCH, F. (1996): Marketing, 5. Aufl., München

SCHEUCH, F. (1997): Marketing für NPOs, in: BADELT, C. (Hrsg.): Handbuch der Nonprofit Organisation, Stuttgart, S. 211-226

SCHMID, B. (1987): Gegen die Macht der Gewohnheit, in: Organisationsentwicklung 4/87, S. 21-42

SCHMID, B. (1995): Wege in die Zukunft!?. Gedanken zur Situation im Bereich Personal- und Organisationsentwicklung, Training und Beratung, in: Organisationsentwicklung 1/95, S. 44-53

SCHREYÖGG, A. (1995): Coaching – wer braucht das? in: WILKER, F.-W. (Hrsg.): Supervision und Coaching. Aus der Praxis für die Praxis, Bonn, S. 225-247

SCHREYÖGG, A. (1996): Coaching. Eine Einführung für Praxis und Ausbildung, Coaching für den Coach, Frankfurt, New York

SCHÜPPEL, J. (1996): Wissensmanagement – Organisatorisches Lernen im Spannungsfeld von Wissens- und Lernbarrieren, Wiesbaden

SCHWARZ, G. (1985): Die Heilige Ordnung der Männer – Patriarchalische Hierarchie und Gruppendynamik, Opladen

SCHWARZ, G. (1990): Konfliktmanagement: sechs Grundmodelle der Konfliktlösung, Wiesbaden

SearchNEWS (1995): Exploring Common Ground for Community Action, No. 4, Philadelphia

SEEMANN, S., STUCKY, S. (1995): Practical Management of Knowledge. Workshop-Unterlagen zur Tagung „Know-how flott machen" des Gottlieb-Duttweiler-Instituts am 9./10.2.1995, Rüschlikon

SEICHT, G. (1995): Moderne Kosten- und Leistungsrechnung, Wien

SENGE, P. M. (1990): The Fifth Discipline (The Art and Practice of the Learning Organization), New York

SENGE, P. M. (1994): The Fifth Discipline Fieldbook: Strategies and Tools for Building a Learning Organization, New York u.a.

SONNE, J. (1997): Greenpeace: Fundraising und Marketing einer internationalen Umweltorganisation, in: BUBER, R., MEYER, M. (Hrsg.): Fallstudien zum Nonprofit Management, Praktische BWL für Vereine und Sozialeinrichtungen, Stuttgart, S. 349-376

STAEHLE, W. (1994): Management, 7. Aufl., München

STAUSS, B. (1994): Qualitätsmanagement und Zertifizierung: von ISO 9000 zum Total-Quality-Management, Wiesbaden

STAUSS, B. (1994): Qualitätsmanagement und Zertifizierung: von ISO 9000 zum Total-Quality-Management, Wiesbaden

STAUSS, B., HENTSCHEL, B. (1991): Dienstleistungsqualität, in: WiSt Heft 5 Mai, S. 238-244

STAUTE, J. (1996): Der Consulting Report - Vom Versagen der Manager zum Reibach der Berater, Frankfurt, New York

STREICH, R.K., MARQUARDT, M., SANDEN, H. (Hrsg.) (1996): Projektmanagement: Prozesse und Praxisfelder, Stuttgart

STROMBACH, M. (o.J.): Qualitätssicherung und mehr Engagement durch Quality Circles, Stuttgart

SZIROTA, H. (1997): Schloß Schönbrunn, in: BUBER, R., MEYER, M. (Hrsg.): Fallstudien zum Nonprofit Management, Stuttgart, S. 85-112

TIETZ, B., ZENTES, J. (1980): Die Werbung der Unternehmung, Hamburg

VÖLK, N. (1997): Aspekte der Zufriedenheit mit einer Kulturdienstleistung, Diplomarbeit, Wirtschaftsuniversität Wien

WAGNER, H., REINEKE, R.-D. (Hrsg.) (1992): Beratung von Organisationen, Wiesbaden

WALGER, G. (1995a): Idealtypen der Unternehmensberatung, in: WALGER, G. (Hrsg.): Formen der Unternehmensberatung, Köln, S. 1-18

WALGER, G. (Hrsg.) (1995b): Formen der Unternehmensberatung, Köln

WEBER, J. (1991): Controlling in öffentlichen Organisationen (Non Profit Organizations), in: RISAK, J., DEYHLE, A. (Hrsg.): Controlling – State of the Art und Entwicklungstendenzen, Wiesbaden, S. 295-326

WEBER, J., TYLKOWSKI, O. (Hrsg.) (1990): Konzepte und Instrumente von Controlling-Systemen in Öffentlichen Institutionen, Stuttgart

WEISBORD, M. (1996a): Zukunftskonferenzen 1: Methode und Dynamik, in: Organisationsentwicklung, 15. Jahrgang, Nr. 1, Basel, S. 5-13

WEISBORD, M. (1996b): im Gespräch mit J. FLOWER, Zukunftskonferenzen 2: Ein wirkungsvolles Werkzeug für die Entwicklung gesunder Gemeinden, in: Organisationsentwicklung, 15. Jahrgang, Nr. 1, Basel, S. 14-23

WEISBORD, M., JANOFF, S. (1995): Future Search: An Action Guide to Finding Common Ground in Organizations und Communities, San Francisco

WHITERS, C. (1986): Before the Campaign Begins: an internal audit, in: QUIGG, G.-H. (Hrsg.): The Successful Capital Campaign, Washington D.C., S. 13-22

WILHELMER, D.: Projektmanagement, unveröffentlichtes Skriptum der EA-Generali, Wien

WILKER, F. (Hrsg.) (1995): Supervision und Coaching. Aus der Praxis für die Praxis, Bonn

WILLKE, H. (1995): Systemtheorie III: Steuerungstheorie: Grundzüge einer Theorie der Steuerung komplexer Sozialsysteme, Stuttgart u.a.

WILLKE, H. (1997): Wissensarbeit, in: Organisationsentwicklung, 16. Jahrgang, Nr. 3, Basel, S. 4-18

WISCHNEWSKI, E. (1996): Modernes Projektmanagment. PC-gestützte Planung, Durchführung und Steuerung von Projekten, Braunschweig, Wiesbaden

WITTE, E. (1973): Organisation für Innovationsentscheidungen: das Promotorenmodell, Göttingen

WOLLNITZ, G. (1983): Marketing in der Gesundheitsvorsorge, Baden-Baden

ZAUNER, A. (1997): Von Solidarität zu Wissen. Nonprofit-Organisationen in systemtheoretischer Sicht, in: BADELT, C. (Hrsg.): Handbuch der Nonprofit Organisation, Stuttgart, S. 103-119

ZAUNER, A., SIMSA, R. (1997): Konfliktmanagement in NPOs, in: BADELT, C. (Hrsg.): Handbuch der Nonprofit Organisation, Stuttgart, S. 331-344

ZEITHAML, V. A. (1981): How consumer evaluation processes differ between goods and services. in: DONNELLY H. J., GEORGE, W. R. (Hrsg.): Marketing of Services, AMA Proceeding Series, Chicago, S. 186-190

ZIMMER, D., BRAKE, J. (1993): Ganzheitliche Personalauswahl, Grundüberlegungen, Instrumente und praktische Hinweise für Führungskräfte, Bamberg

Weiterführendes Literaturverzeichnis

BADELT, C. (Hrsg.) (1997): Handbuch der Nonprofit Organisation, Stuttgart

BENDELL, T., BOULTER, L., KELLY J. (1993): Benchmarking for Competitive Advantage, London

BEREKOVEN, L., ECKERT, W., ELLENRIEDER, P. (1996): Marktforschung, 7. Aufl., Wiesbaden

BLOCK, P. (1997): Erfolgreiches Consulting – Das Berater-Handbuch, Frankfurt/Main

BÖHNING, U. (1991): Moderieren mit System: Besprechungen effizient steuern, Wiesbaden

BOLENDER, S. (Hrsg.), (1998): Managementtrainer: Was Unternehmen über Trainings wissen müssen, Frankfurt

BOSETZKY, H., HEINRICH, P. (1994): Mensch und Organisation, Köln

BRUHN, M. (1996): Qualitätsmanagement für Dienstleistungen. Grundlagen, Konzepte, Methoden, Berlin u.a.

BUBER, R., MEYER, M. (Hrsg.) (1997): Fallstudien zum Nonprofit Management, Stuttgart

BUNGARD, W. (Hrsg.) (1991): Menschen machen Qualität, Ludwigshafen

BUZAN, T., BUZAN, B. (1996): Das Mind-Map-Buch: Die beste Methode zur Steigerung ihres geistigen Potentials, Landsberg/Lech

DIN ISO 9000 (1993): Qualitätsmanagement: die neuen Entwürfe der Normenreihe/DIN, Stand Juni 1993, Berlin

DRUCKER, P. F. (1990): Managing the Nonprofit Organization, New York

ECKARDSTEIN von, D. (1997): Personalmanagement in NPOs, in: BADELT, C. (Hrsg.): Handbuch der Nonprofit Organisation, Stuttgart, S. 345-356

ECKARDSTEIN von, D., SIMSA, R. (1997): Entscheidungsmanagement, in: BADELT, C. (Hrsg.): Handbuch der Nonprofit Organisation, Stuttgart, S. 315-330

EGGER, A., WINTERHELLER, M. (1996): Kurzfristige Unternehmensplanung: Budgetierung, 9. Aufl., Wien

ESCHENBACH, R. (Hrsg.) (1996): Controlling, 2. Aufl., Stuttgart

EWERT, R., WAGENHOFER, A. (1997): Interne Unternehmensrechnung, 3. Aufl.,

FISSENI, H., FENNEKELS, G. (1995): Das Assessment-Center, Eine Einführung für Praktiker, Göttingen

GLASL, F. LIEVEGOED, B. (1993): Dynamische Unternehmensentwicklung. Wie Pionierbetriebe zu Schlanken Unternehmen werden, Bern, Stuttgart

GROTTENTHALER-RIEDL, G., RADESCHNIG, P. (1997): Verkehrsclub Österreich – Der Identitätsfindungsprozeß einer NPO, in: BUBER, R., MEYER, M. (Hrsg.): Fallstudien zum Nonprofit Management, Stuttgart, S. 63-84

GÜLDENBERG, S. (1997): Wissensmanagement und Wissenscontrolling in lernenden Organisationen – ein systemtheoretischer Ansatz, Wiesbaden

HAMMAN, P., ERICHSON, B. (1994): Marktforschung, Stuttgart

HEIMERL-WAGNER, P., KÖCK, C. M. (Hrsg.) (1996): Management in Gesundheitsorganisationen: Strategien, Qualität, Wandel, Wien

HEINTEL, P., KRAINZ, E. E. (1988): Projektmanagement – eine Antwort auf die Hierarchiekrise? Wiesbaden

HEITGER, B., SCHMITZ, C., GESTER, P.W. (Hrsg.) (1995): Managerie - Systemisches Denken und Handeln im Management, 3. Jahrbuch, Heidelberg - fraglich ev. ganz weg

HENTZE, J. (mehrere Auflagen): Personalwirtschaftslehre 1 und 2, Bern, Stuttgart

HÖRNELL, E. (1992): Improving Productivity for Competitive Advantage, London

HORVÁTH, P. (1994): Controlling, 5. Aufl., München

INNOVATIONSAGENTUR (Hrsg.) (1997): Der Leitfaden für den Umgang mit Unternehmensberatern – gut beraten, Wien

KARLÖF, B. (1995): Benchmarking Workbook (With Examples and Ready-Made Forms), Chichester

KARLÖF, B., ÖSTBLOM, S. (1993): Benchmarking, Chichester

KASPER, H., MAYRHOFER, W. (Hrsg.) (1996): Personalmanagement, Führung, Organisation, 2. Aufl., Wien

KEMMETMÜLLER, W. (1993): Einführung in die Kostenrechnung, 4. Aufl., Wien

KLEBERT, K., SCHRADER, E., STRAUB, W. (1987): KurzModeration, Hamburg

KLEBERT, K., SCHRADER, E., STRAUB, W. (1996): ModerationsMethode. Gestaltung der Meinungs- und Willensbildung in Gruppen, die miteinander lernen und leben, arbeiten und spielen, Hamburg

KRAEMER-FIEGER, S., ROERKOHL, A., KÖLSCH, R. (Hrsg.) (1996): Qualitätsmanagement in Non-Profit-Organisationen. Beispiele, Normen, Anforderung, Funktionen, Formblätter, Wiesbaden

KUBR, M. (1996): How to select and use consultants – A client´s guide, Geneva

LUEGER, G. (1996): Beschaffung und Auswahl von Mitarbeitern, in: KASPER, H., MAYRHOFER, W. (Hrsg.): Personalmanagement, Führung, Organisation, 2. Aufl., Wien, S. 345-387

MARCH, J. G. (1990): Entscheidung und Organisation, Wiesbaden

MEFFERT, H., BRUHN, M. (1995): Dienstleistungsmarketing, Wiesbaden

MÜLLER, M. (Hrsg.) (1996): Personalmanagement im Unternehmen Krankenhaus, Wien

NEUBERGER, O. (1988): Miteinander arbeiten - miteinander reden, 11. Aufl., München

NEUBERGER, O. (1995): Die Probleme selbst in die Hand nehmen. Möglichkeiten der Beratung in einem eskalierten Konflikt, in: VOLLMERG, B. u.a., Nach allen Regeln der Kunst, Freiburg

PATZAK, G., RATTAY, G. (1997): Projektmanagement: Leitfaden zum Management von Projekten, Projektportfolios und projektorientierten Unternehmen, Wien

PERRIDON, L., STEINER, M. (1995): Finanzwirtschaft der Unternehmung, München

PICHLER, O. (1996): Coaching im Krankenhaus, in: MÜLLER, M. (Hrsg.): Personalmanagement im Unternehmen Krankenhaus, Wien, S. 177-192

REISS von, M., ROSENSTIEL von, L., LANZ, A. (Hrsg.), (1997): Change Management. Programme, Projekte und Prozesse, Stuttgart

RÖHRENBACHER, H. (1987): Intensivkurs Kosten- und Leistungsrechnung für Fortgeschrittene, Wien

ROSSO, H. (1991): Achieving Excellence in Fund Raising, A Comprehensive Guide to Principles, Strategies and Methods, San Francisco

SAUER, H. (1995): Die Ermittlung des betrieblichen Bildungsbedarfs als Voraussetzung einer systematischen Personalentwicklung: grundsätzliche Überlegungen und praktische Ansätze, Egelsbach u.a.

SCHMITZ, C. (1995): Wer braucht schon Konflikte?, in: HEITGER, B., SCHMITZ, C., GESTER, P. W. (Hrsg.): Managerie. 3. Jahrbuch. Systemisches Denken und Handeln im Management, Heidelberg, S. 120-144

SCHREYÖGG, A. (1996): Coaching. Eine Einführung für Praxis und Ausbildung, Coaching für den Coach, Frankfurt, New York

SCHÜPPEL, J. (1996): Wissensmanagement – Organisatorisches Lernen im Spannungsfeld von Wissens- und Lernbarrieren, Dissertation, Wiesbaden

SCHWEIGER, G., SCHRATTENECKER, G. (1995): Werbung, 4. Aufl., Stuttgart

SEICHT, G. (1992): Die Prozeßkostenrechnung – Fortschritt oder Weg in die Sackgasse, in: Journal für Betriebswirtschaft, 42. Jg. Heft 6, S. 246-267

SEICHT, G.: (1997) Moderne Kosten- und Leistungsrechnung, 9. Aufl., Wien

SENGE, P. M. u.a. (1994): The Fifth Discipline Fieldbook: Strategies and Tools for Building a Learning Organization, New York u.a.

SENGE, P. M. u.a. (1996): Das Fieldbook zur Fünften Diszipin, Stuttgart

STAUSS, B. (1994): Qualitätsmanagement und Zertifizierung: von ISO 9000 zum Total-Quality-Management, Wiesbaden

STAUTE, J. (1996): Der Consulting Report – Vom Versagen der Manager zum Reibach der Berater, Frankfurt, New York

TITSCHER, S. J. (1997): Professionelle Beratung: was beide Seiten vorher wissen sollten ..., Wien u.a.

VOLK, H., WOLFSFELLER, H. (1993): Leitbildentwicklung im Jugendring, Gauting

VOLLMERG, B. u.a. (1995): Nach allen Regeln der Kunst, Freiburg

VROOM, V. H., YETTON, P. W. (1973): Leadership and Decision-Making, Pittsburgh

WARHANEK, C. (1997): Trainings: Professionell planen, auswählen, durchführen, Qualität sichern, Wien

WARHANEK, C. (1998): Trainingsfieber: Über den Begriffswirrwarr in der Trainerlandschaft und seine Folgen für die Unternehmen, in: BOLENDER, S. (Hrsg.): Managementtrainer: Was Unternehmen über Trainings wissen müssen, Frankfurt/Main, New York, S. 47-60

WARHANEK, C., SIMSA, R. (1997): Trainerpaar mit Männergruppe: Erfahrungen und Deutungen psychodynamischer Effekte, in: ZS Gruppendynamik 1/97, Leverkusen, S 45-49

WATSON, G. (1992): The Benchmarking Workbook: Adapting Best Practices for Performance Improvement, Portland, Oregon

WATSON, G.. (1993): Benchmarking: Vom Besten lernen, Landsberg/Lech

WILKER, F. (Hrsg.) (1995): Supervision und Coaching. Aus der Praxis für die Praxis, Bonn

ZIMMER, D., BRAKE, J. (1993): Ganzheitliche Personalauswahl, Grundüberlegungen, Instrumente und praktische Hinweise für Führungskräfte, Bamberg

Stichwortverzeichnis

Absatzabweichung 248
Absatzmarketing 93
Abweichungsanalyse 248
Abweichungsberichte 266
Akquisition 118
akquisitorische Aufgaben 116
Aktiva 203
Akzeptanz 296
Altersstruktur 158
Analyse
   strategische 350
Anlagevermögen 205
Anspruchsgruppen 22
Arbeitsgruppen 279
Arbeitskreise 279
Assessment Center 150
Assessoren 384
Audit 376
   intern 376
Aufgaben- und Verantwortungszuordnung 67
Aufwendungen 199
Ausbildungsstätten 388
Ausgaben 194; 199
Austrian Quality Award 383
Auswahl-AC 152
Auswahlinterview 144
Auswertungsgespräch
   intern 366

Balanced Scorecard 58
Befragung von Kunden 389
Befugnis 70
Benchmarking 395
   funktional 396
   intern 395
   wettbewerbsorientiert 395
Benchmarkingpartner 398

Benchmarks 400
Berater 302
   externer 363
Beraterauswahl 369
Beratergruppe Neuwaldegg 418
Beratersuche 364
Beratung 340
Beratungsunternehmen 366
Beratungsvertrag 367
Berichte
   Abweichungsberichte 266
   ausgelöste 266
   Planungsberichte 266
   Sonderberichte 266
   Standardberichte 266
   Statusberichte 266
Berufsförderungsinstitut (bfi) Wien 378
Beschaffungsmarketing 93
Beschäftigtenkategorien 158
Beschäftigungsabweichung 249
best practices 399
Bestandsrechnung 203
Beurteilungsgespräch 136
Beurteilungsseminar 150
Bewegungsbilanz 244
Bilanz 203
Bilanzidentität 204
Bilanzklarheit 204
Bilanzkontinuität 204
Bilanzvorsicht 204
Bilanzwahrheit 204
Bildungsbedarfsanalyse 162
Bildungsplanung 162
Blitzlicht 311
Brainstorming 310
Briefing 110
Budget 228

Budgetierung
   stufenweise 230
Budgetierungsprozeß 227

Cash Cow 47
Cash-flow 172; 237
Cash-flow-Berechnung 172
Coach 344
   externer 341
   interner 341
Coachee 342
Coaching 340
Coachingprozeß 343
Controlling
   operatives 225
Corporate Identity 109
Cost Center 209
cost driver 218

Database-Marketing 110
Delegation 69
delegieren 70
Diagnose von Konfliktsystemen 328
Differenzenübung 335
Direkt-Marketing 109
Distributionspolitik 116
Distributionssystem
   direktes 120
   indirektes 120
Dogs 47
doppelte Buchführung 199

Eckdatenblätter 266
EFQM-Modell 383
Eigenkapital 205
Einflußanalyse 40
Einnahmen 194; 199
Einnahmen-Ausgaben-Rechnung 194
Einstellungsinterview 144
Einzelberatung 341
Einzelcoaching 341

Einzelkosten 208
emotionales Lernen 341
Entscheidungen 287
   strategische 350
Entscheidungsanalyse 288
Entscheidungsbaum 298
Entscheidungsgegenstand 289
Entscheidungshilfen für die Auswahl und
   Beauftragung von Beratern 363
Entscheidungsmanagement 287
Entscheidungsträger 302
Entwicklungs-AC 152
Entwicklungsgespräch 136
Erfahrungsseminar 150
Erfolgsfaktoren
   kritische 30
Erfolgsrechnung 199
Eröffnungsbilanz 245
Erträge 199
Erwartungsrechnung 253
   einfache 254
   erweiterte 255
   strategische 259
European Quality Award 383
externer Berater 363
externer Coach 341

Fachopponent 441
Fachpromotor 362; 441
Feuerwehrcoaching 343
Finanzbuchführung 193
Finanzierungsmanagement 167
Finanzierungsprojekte 49
Finanzplan 236
fixe Kosten 213
Fokusprojekte 49
Formalziele 438
Forschergruppe Neuwaldegg 418

Fragen
  offenes 321
  suggestives 322
  systemisch projektives 317
  zirkuläres 318
Fragetechniken 316
Fragezeichen 47
Fremdkapital 205
Führungsdienstleistungen 225
Führungskräfte-Portfolio 161
Führungsleistungen 225
Fundraising 168; 186
Fundraising-Entscheidungsbaum 182
Fundraising-Kosten-Chart 168
Fundraising-Managementprozeß 176
Fundraising-Outsourcing 183
Fundraising-Prozeß 186

Gegenleistungspolitik 123
Gemeindepfarrer 258
Gemeinkosten 209
Gesamtkostenverfahren 200
Gewinn 203
Gewinn- und Verlustrechnung (GuV) 199
Gift Range Chart 176
Globalszenarien 36
Gruppen- und Teamcoaching 341
Gruppendiskussion
  führerlose 152
Gymnasium 26

Halo-Effekt 147
Handlungstheorie 422
Heim für obdachlose Kinder 213
Hoffmann La Roche 432

Idealbildeffekt 147
Ideenfilterung 100
Implementierung 437
Implementierung von Projektgruppen 279
Indikatorenrechnung 264

Information des Beraters 365
Informationen 265
Informationsfunktion 265
informelle Strukturen 439
inhaltliche Qualität 296
Innovationsprozeß 440
Interessengruppen 22
Internet 421
Interview
  strukturiertes 322
Intranet 421
ISO 9000 372
Ist 248; 254

Kaizen 305
Karrieregespräch 136
Karriereplanung 340
Kartenabfrage 309
Kennzahlen 260
Kernprodukte 78
Kommunikation 109
  externe 110
  interne 110
Kommunikationspolitik 109
Kommunikationsziele 93
Konferenzentscheidung 312
Konflikte 315
Konfliktmanagement 315
Konfliktsysteme 329
Kontinuierlicher Verbesserungsprozeß (KVP) 305
Kontrolle 247
Kontrollfunktion 231
Korrekturfunktion 248
Korrekturmaßnahmen 249
Kosten 208
  fixe 213
  regressive 214
  sprungfixe 213
  Strukturkosten 231
Kostenarten 208
Kosten-Nutzen-Frage 405

Kostenrechnung 193
Kostenstellen 209
Kostenträger 209
Kostentreiber 218
Krankenhäuser 345
Krankentransporte 299
kritische Erfolgsfaktoren 289
Kunde 80
Kundenbedürfnisse 80
Kundenbefragung 390
Kundenzufriedenheit 391

Ladder of Inference 422
Lebenshilfe-Verein 201
Leistungsbudget 226
Leistungserbringungsziele 59; 438
Leistungspolitik 94
Leistungswirkungsziele 437
Leistungsziele 93
Leitbild 15; 16; 17
Leitbildentwicklung 20
Leiter der Schlußfolgerungen 422
Lenkungsinstrument 253
Lernen
    emotionales 341
Liquidität 174; 236; 261
Liquidität 1. Grades 261
Liquidität 2. Grades 261
Liquidität 3. Grades 261
Lobbying 449
Logistikaufgaben 119
logistische Aufgaben 116

Machtopponent 441
Machtpromotor 362
Make or buy-Entscheidung 390
Make or Buy-Frage 110; 182

Management
    operatives 225
    rationales 288
    strategisches 13
Managementdefizite 438
Managementinformationssystem (MIS)/Berichtswesen 265
Männergesangverein 196
Marketing 93
Marketinginstrumente 93
Marktanteil
    relativer 45
Marktanteils-Marktwachstums-Portfolio 45
Marktforschung 126; 393
Marktforschungsprozeß 128
Marktwachstum 45
McKinsey 421
Menschenbilder 357
menschliches Gehirn 428
mentale Denkmodelle 430
Metaplantechnik 309
Mind-Mapping 428
Mission 15
Mission Statement 15; 16
Mitarbeiter-Gespräch 136
Mittelherkunft 203; 243
Mittelschulverbindung 26
Mittelverwendung 203; 243
Moderation 308
    von Entscheidungsprozessen 307
    von Konfliktgesprächen 324
Moderationsgespräch 326
Motivation 67
Muda 305
Mußziele 289

Niederländisches Pädagogisches Institut 358
Nikolauseffekt 256
normatives Entscheidungsmodell 296
Nutzwertanalyse 53
Nutzwerte 57

OE-Projekt 361
offenes Fragen 321
ökonomische Prüfung 99
operative Planung 228
operatives Controlling 225
operatives Management 225
Organisation 65
organisations-/firmeninterner Coach 341
Organisationsberater 358
Organisationsentwicklung (OE) 356
Organisationsentwicklungsberater 358
organisationsspezifische Szenarien 36
Organisationsveränderung 306
Österreich Werbung 114
Outsourcing-Frage 182

Pareto-Analyse 404
Passiva 203
Pensionistenwohnheim 53
Periodenerfolgsrechnung 209
Personalauswahl 145
Personalentwicklung 340
Personalmanagement 135
Personal-Portfolio 160
Personalstrukturanalyse 157
Pflegeheim St. Andrä/Traisen 406
Planbilanz 243
Planung 229; 247
 operative 228
Planungs- und Kontrollregelkreis 247
Planungsberichte 266
Planungsbeurteilungsfunktion 248
Portfolio 43
Portfoliomanagement 43
Postkorb 152
Potentialanalyse 29
Potentialprofil 31
Potentialziele 438
Präsentationen 152
Preisabweichung 249
Primacy- und Recencyeffekt 147

Primärerhebung 127
Primärorganisation 272
Problem- und Entscheidungsanalyse 300
Produktfamilie 102
Produktivitätsverbesserungen 306
Produktlebenszyklus 94
Produktlinie 102
Produktwerbung 109
Prognose 229
Programmpolitik 101
Projekt 271
Projektarbeit 280
Projektauftrag 282
Projektende 282; 284
Projektgruppen 271; 279; 305
Projektleiter 281
Projektmanagement 271
Projektorganisation 272
Projektstart 281; 283
Projektumfeldanalyse 273
Projektziele 282
Prozeßberater 358
Prozeßkostenrechnung 218
Prozeßlandkarte 83
Prozeßorientierung 84
Prozeßpromotor 362
psychosoziale Einrichtung 332
Public Relations 109
Punktbewertung/Punktfrage 311
Punktwertmethode 101

qualitative Strategiebewertung 52
Qualitätsfähigkeit 372
Qualitätsmanagement 371
Qualitätsmanagementsysteme (QMS) 372
Qualitätspolitik 378
Qualitätssicherung 372
Qualitätszirkel 305; 403
quantitative Strategiebewertung 51

rationales Management 288
Rechnungswesen 193
regressive Kosten 214
relativer Marktanteil 45
Religionsgemeinschaft 259
Ressourcengewinnungsziele 93
Risikobewertung 290
Rollensoziogramm 336
Rollenspiele 152

Salzburger Festspiele 105; 121
Schloß Schönbrunn in Wien 131
Schlüsselfaktoren 30
Schlüsselprozesse 83
Schuldentilgungsdauer 262
Schulen 388
Sekundärerhebung 127
Selbstbewertung 383; 384
    Prozeß 386
Self-Assessment 383
Shareholder Value 51
Sicherungs- oder Präventivfunktion 247
Similar-to-me-Effekt 147
Slogan 15
Soll 248; 254
Soll-Ist-Vergleich 246; 250
Soll-Wird-Vergleich 253
Sonderberichte 266
soziale Netzwerke 414
Soziogramm 336
soziometrische Übungen 334
Spendenklassen 176; 178
Sportverein 229; 257
sprungfixe Kosten 213
Stakeholder 22
    interne 24
    primäre 24
    sekundäre 24
Stakeholder-Analyse 22
Stakeholder-Map 23
Standardberichte 266

Star 47
Stärken-Schwächen-Analyse 30
Statusberichte 266
Strategie 58
Strategiebewertung 50
    qualitative 52
    quantitative 51
Strategieentwicklung 51
Strategieimplementierung 58
Strategieklausur 350
strategische Analyse 350
strategische Entscheidungen 350
strategische Erwartungsrechnung 259
strategische Instrumente 14
strategisches Management 13
Stromgrößen 172
strukturiertes Interview 322
Strukturkosten 231
stufenweise Budgetierung 230
Suggestivfragen 322
Supervision 341
System-Grid 42
systemisch projektives Fragen 317
Szenarien
    Globalszenarien 36
    organisationsspezifische 36
Szenarioanalyse 36
Szenarioerstellung 39
Szenariotrichter 38

Teilkostenrechnung 212
Total Quality Management 383

Umlaufvermögen 205
Umsatzkostenverfahren 200
Umschlagsdauer 262
Umschlagshäufigkeit des Warenlagers 262
Umweltschutzorganisation 232; 241; 245; 252; 263; 267
Unternehmenswerbung 109
Upgrading-Aktion 171
Ursache-Wirkungs-Diagramme 404

Vampirprojekte 49
Verantwortung 70
Verbrauchsabweichung 249
Verbundwirkungen 102
Verein „Berufsorientierung für Jugendliche" 312
Verein für betriebliche Aus- und Weiterbildung 211
Verein Lebenshilfe 206
Verfahrens- und Potentialziele 59
Verlust 203
Vollkostenrechnung 207
Vorstellungsgespräch 144

Wahrnehmung 422
Wahrnehmungsmechanismen 422
Werbebotschaft 112
Werbekampagne 110
Wertprinzip 125
Widerstände gegen Veränderungen 439
Wirklichkeit
   unterschiedliche Sichtweisen 316
Wissen 409
wissenschaftliche Gesellschaft 291
Wissenslandkarten 410
Wissensmakler 411
Wissensmanagement 409
Wissensnetzwerke 419
Wissensträger 419
Wissenstransfer 414
working capital 238; 261
Wunschziele 289

Zertifizierung nach ISO 9000 372
Zertifizierungsaudit 376
Zertifizierungsberater 374
Zertifizierungsinstitute 374
Ziel- und Konsistenzprüfung 99
Ziele 228
Zielsystem einer NPO 60
zirkuläres Fragen 318
zukünftiger Entwicklungsbedarf 445

Zukunftsbilder 354
Zukunftskonferenzen 353
Zuschußprojekte 49

Kurzvorstellung der Autorinnen und Autoren

Mag. Stefan Bernhardt

Assistent des Geschäftsführers der Telekom-Control GmbH (Österreichische Gesellschaft für Telekommunikationsregulierung mit beschränkter Haftung), Mitglied des NPO Forschungsschwerpunkts der WU Wien, Gründungsmitglied des Instituts für Nonprofit Forschung an der WU Wien.
NPO relevante Forschungs- und Arbeitsschwerpunkte: NPO Finanzierungsfragen, strategisches Ressourcen-Management in NPOs, Change Management, Management von Universitäten

Dr. med. Heinz Ebner

Leiter des Bereiches QM im Wiener Krankenanstaltenverbund, österreichischer Vertreter bei Forschungsprojekten der EU zur Qualitätssicherung und Qualitätsverbesserung im Krankenhaus, freier Berater für Qualitäts- und Organisationsentwicklung, geschäftsführender Gesellschafter der Koeck Ebner & Partner Gesellschaft
NPO relevante Forschungs- und Arbeitsschwerpunkte: Qualitäts- und Organisationsentwicklung in Gesundheitsorganisationen

o. Univ.-Prof. Dipl.-Kfm. Dr. Dudo von Eckardstein

Leiter der Abteilung für Personalwirtschaft der Wirtschaftsuniversität Wien
NPO relevante Forschungs- und Arbeitsschwerpunkte: Lehre und Forschung zu betriebswirtschaftlichen, insbesondere personalwirtschaftlichen Fragestellungen, Beratung und Training in Profit und Nonprofit Organisationen, Mitglied des Entwicklungsteams für den Fachhochschulstudiengang „Sozialmanagement"

o. Univ.-Prof. Dipl.-Ing. Dr. Rolf Eschenbach

Vorstand des Instituts für Unternehmensführung der Wirtschaftsuniversität Wien, Gründer und Geschäftsführer des Österreichischen Controller-Instituts und der Contrast Consulting Wien
NPO relevante Forschungs- und Arbeitsschwerpunkte: strategisches und operatives Management und Controlling in Unternehmen und NPOs, Materialwirtschaft, Schwerpunkte im Nonprofit Sektor: Sport, Kirchen, Kommunen

Mag. Karin Exner

Assistentin am Institut für Unternehmensführung der Wirtschaftsuniversität Wien
NPO relevante Forschungs- und Arbeitsschwerpunkte: Bewertung von Innovationen, Unternehmensgründung

Mag. Elisabeth Fröstl

Assistentin am Institut für Unternehmensführung der Wirtschaftsuniversität Wien
NPO relevante Forschungs- und Arbeitsschwerpunkte: Instrumente des strategischen und operativen Managements und Controlling

Dipl.-Math.oec. Dr. Stefan Güldenberg

Universitätsassistent am Institut für Unternehmensführung der Wirtschaftsuniversität Wien und Vortragender des Österreichischen Controller-Instituts
NPO relevante Forschungs- und Arbeitsschwerpunkte: Wissensmanagement, organisationales Lernen, Qualitätsmanagement, Systemtheorie, Unternehmensberatung, Schwerpunkt im Nonprofit Sektor: Ausbildungssystem

Mag. Tarek Haddad

Universitätsassistent am Institut für Unternehmensführung der Wirtschaftsuniversität Wien und Vortragender des Österreichischen Controller-Instituts
NPO relevante Forschungs- und Arbeitsschwerpunkte: Turnaround Management

Mag. Dr. Peter Heimerl-Wagner

Fachbereichsleiter für Organisation und Personalmanagement an der Fachhochschule für wirtschaftsberatende Berufe in Wiener Neustadt, Trainer und Berater in und für Gesundheitsinstitutionen sowie wirtschaftliche Organisationen, Lektor des Universitätslehrgangs für Krankenhausmanagement der Wirtschaftsuniversität Wien
NPO relevante Forschungs- und Arbeitsschwerpunkte: organisationaler Wandel, insbesondere in NPOs und öffentlichen Organisationen

Mag. Dr. Christian Horak

Partner der Contrast Management Consulting GmbH und Vortragender des Österreichischen Controller-Instituts, Lektor an der Wirtschaftsuniversität Wien und Leitungsteammitglied des ISMOS-Universitätslehrgangs
NPO relevante Forschungs- und Arbeitsschwerpunkte: Bereichsleiter Nonprofit Organisationen Contrast Management Consulting und Österreichisches Controller-Institut Wien

Univ.-Prof. Dr. Norbert Kailer

Betriebswirt und Wirtschaftspädagoge, Professor für Personal und Qualifikation, Institut für Arbeitswissenschaft der Ruhr-Universität Bochum
NPO relevante Forschungs- und Arbeitsschwerpunkte: Personalmanagement, Kompetenzentwicklung/berufliche Weiterbildung, Unternehmensberatung, Klein- und Mittelbetriebe

Mag. Dr. Claudia Klausegger

Universitätsassistentin und Lehrbeauftragte am Institut für Absatzwirtschaft (Marketing, Ordinarius Prof. Scheuch) der Wirtschaftsuniversität Wien
NPO relevante Forschungs- und Arbeitsschwerpunkte: Umweltmanagement und Konsumentenverhalten, insbesondere grenzüberschreitende Konsumentenforschung

Mag. Dr. Helene Mayerhofer

Universitätsassistentin und Lehrbeauftragte an der Abteilung für Personalwirtschaft der Wirtschaftsuniversität Wien, freiberufliche Trainerin und Beraterin
NPO relevante Forschungs- und Arbeitsschwerpunkte: Personalentwicklung (Einführungsprozesse, Qualifizierung und Laufbahnplanung), Veränderungsprozesse in Profit und Nonprofit Organisationen, geschlechtsspezifische Aspekte der Erwerbstätigkeit, Personalmanagement in Gesundheitsorganisationen

Ing. Erich Prisching

Freier Mitarbeiter bei der Koeck, Ebner & Partner Beratungsgesellschaft bei Beratungsprojekten in Wiener Krankenhäusern
NPO relevante Studien- und Arbeitsschwerpunkte: derzeit Studium an der Fachhochschule Wiener Neustadt für wirtschaftsberatende Berufe, Vertiefung: Organisation und Marketing, Organisationsentwicklung und Beratung im Gesundheitsbereich

Mag. Gabriela Riedl

Vertragsassistentin und Lehrbeauftragte der Abteilung für Personalwirtschaft an der Wirtschaftsuniversität Wien, freiberufliche Trainerin in privaten und öffentlichen Unternehmen
NPO relevante Forschungs- und Arbeitsschwerpunkte: innere Kündigung von Arbeitnehmern, Personalentwicklung, Arbeitsorganisation, Arbeitszeit

Mag. Dr. Dieter Scharitzer

Universitätsassistent und Lehrbeauftragter am Institut für Absatzwirtschaft (Marketing, Ordinarius Prof. Scheuch) der Wirtschaftsuniversität Wien, Lehrbeauftragter für „Dienstleistungsmarketing" an der Johannes Kepler Universität Linz und für „Praxismanagement" an der Veterinärmedizinischen Universität in Wien, weitere ausgewählte Lehrgänge: ISMOS-Lehrgang, Krankenhausmanagement
NPO relevante Forschungs- und Arbeitsschwerpunkte: Marketing für Dienstleistungen, Marketing für Freie Berufe und instrumentelles Marketing-Controlling, besonders zu den Themen: Dienstleistungsqualität und Kundenzufriedenheitsforschung in Zusammenhang mit Dienstleistungen im Profit und Nonprofit Bereich sowie Untersuchung von Business-to-Business-Beziehungen

o. Univ.-Prof. Dkfm. Dr. Fritz Scheuch

Institut für Absatzwirtschaft der Wirtschaftsuniversität Wien
NPO relevante Forschungs- und Arbeitsschwerpunkte: Marketing, Entwicklung von Grundlagen und praktischen Marketinganwendungen in den Sektoren Dienstleistungsmarketing, Marketing in NPOs, Marketing für öffentliche Institutionen, kulturelle Leistungen und Institutionen

Mag. Dr. Ruth Simsa

Universitätsassistentin am Institut für allgemeine Soziologie und Wirtschaftssoziologie der Wirtschaftsuniversität Wien, Trainerin und Beraterin in Wirtschafts- und Nonprofit Organisationen
NPO relevante Forschungs- und Arbeitsschwerpunkte: Organisationssoziologie, Gruppendynamik, Organisationsberatung und Managementtraining

Brigitte Tschirk

Assistentin im Fachbereich Personalmanagement, Führung und Organisation an der Fachhochschule Wiener Neustadt
NPO relevante Studienschwerpunkte: Organisations- und Personalberatung sowie Revision und Treuhandwesen

Mag. Dr. Stefan Tweraser

Unternehmensberater bei McKinsey Österreich
NPO relevante Forschungs- und Arbeitsschwerpunkte: Unternehmensführung, Strategien- und Organisationsentwicklung

Dr. Christoph Warhanek

Selbständiger Berater, Managementtrainer und Supervisor mit den Schwerpunkten Veränderungs- und Entwicklungsprozesse, Bildungsmanagement, Führung, Kommunikation, Team und Konflikt, Lehrtrainer der Österreichischen Gesellschaft für Gruppendynamik und Organisationsberatung (ÖGGO), Lektor für Gruppensoziologie und Gruppendynamik an verschiedenen Universitäten
NPO relevante Forschungs- und Arbeitsschwerpunkte: Bildungsmanagement, Beratung, Training, Führung, Kommunikation, Team- und Konfliktmanagement in Organisationen

a. o. Univ.-Prof. Dr. Alfred Zauner

Universitätsdozent an der Wirtschaftsuniversität Wien und Organisationsberater, Lehrtrainer und Lehrberater der Österreichischen Gesellschaft für Gruppendynamik und Organisationsberatung (ÖGGO)
NPO relevante Forschungs- und Arbeitsschwerpunkte: vergleichende Forschung zu Entwicklungsproblemen von Wirtschaftsunternehmen, öffentlicher Verwaltung und NPOs, beratende Unterstützung des Managements von Veränderung und Bewahrung in Organisationen